# 莱芜钢铁总厂
# 年鉴 1993

《莱芜钢铁总厂年鉴》编辑部

# THE YEARBOOK OF LAIWU IRON AND STEEL COMPANY

中国经济出版社

(京)新登字 079 号

**责任编辑**　袁放尧
　　　　　　邢洪海

**莱芜钢铁总厂年鉴**

莱芜钢铁总厂年鉴编辑部编

*

中国经济出版社出版发行

（北京市百万庄北街 3 号）

（邮政编码：100037）

山东新华印刷厂德州厂印刷

*

787×1092 毫米 16 开本　24 印张　28 插页　560 千字

1994 年 9 月第 1 版　　1994 年 9 月第 1 次印刷

印数 1—1000

ISBN7—5017—2945—X/Z・397

定价：79.00 元

# 《莱芜钢铁总厂年鉴》编辑委员会



# 《莱芜钢铁总厂年鉴》编辑部

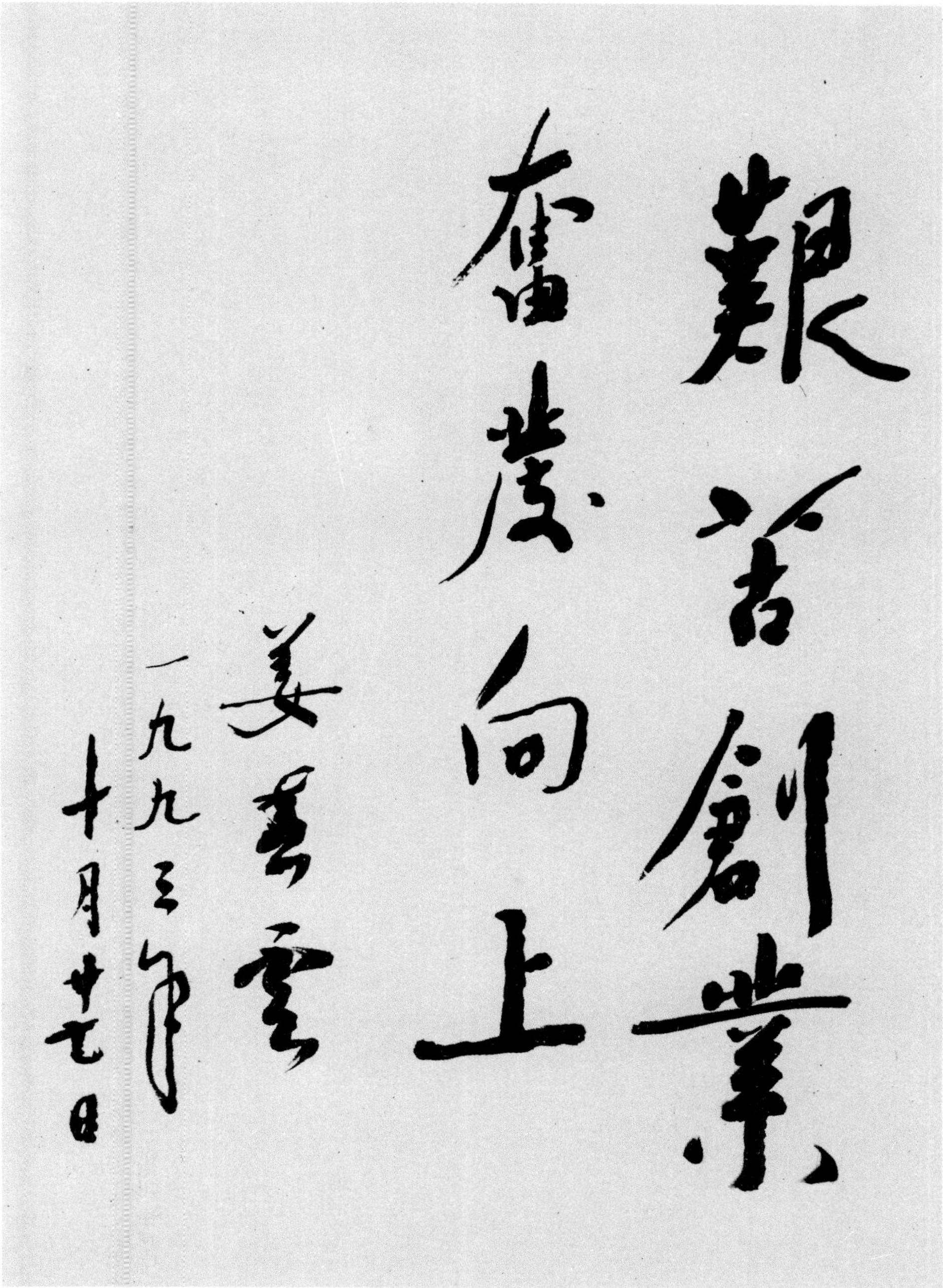


中共中央政治局委员、山东省委书记姜春云为莱钢题词。

1993年10月27日，中共中央政治局委员、山东省委书记姜春云视察莱钢。

1993年 2 月25日，山东省人大常委会主任李振（中）到莱钢检查指导工作。

1993年11月11日，中共山东省委副书记、省人大常委会副主任马仲才（前排右二）到莱钢检查指导工作。

1993年10月1日，中共山东省委副书记、副省长李春亭（左四）到莱钢检查指导工作。

1993年6月16日，中共山东省委常委省纪委书记谭福德（右二）到莱钢检查指导工作。

1993年10月20日，中共山东省委常委、宣传部长董凤基（中）到莱钢检查指导工作。

1993年6月3日，中共山东省委常委、省政法委书记孙淑义（左二）到莱钢检查指导工作。

1993年5月29日，原冶金部部长李东冶（中）到莱钢检查指导工作。

1993年8月21日，冶金部副部长吴溪淳（左三）到莱钢检查指导工作。

新建750立方米高炉雄姿。

1993年6月4日，750立方米高炉流出第一炉铁水场景。

新建105平方米烧结机。

扩建后的第二铁厂现代化原料场。

750立方米高炉中央控制室。

到当年设计、当年建成、当年投产的1号连铸机。

新建3号25吨氧气顶吹转炉在兑铁。

改造后的特钢中轧车间在生产。

锻压股份有限公司轧钢车间改造工程竣工投产。

人造金刚石生产线。

一号竖炉改造工程竣工投产。

焦炉改烧高炉煤气系统投入生产。

莱矿选矿废水处理。

# 重大工程论证、审查会

中国国际钢铁投资公司。莱钢轧机项目在北京开标。总厂副厂长刘培钧（右三）参加了开标仪式。

莱芜铁矿谷家台矿区恢复建设技术论证会在莱芜召开。厂长李景常（右六），副厂长、总工程师王认清（左四）参加了会议。

莱钢冷带改造工程论证会在莱芜召开。副厂长、总工程师王认清（中）参加了会议。

1993年8月7日，莱钢股份制改组咨询项目指导委员会第一次会议在济南召开。总厂领导李景常（左三）、姜开文（左五）、李名岷（左一）参加了会议。

1993年12月8日，亚行对莱钢技术援助项目协调会在北京召开。总厂领导李景常（右三）、李名岷（右一）参加了会议。

莱钢扩建项目亚行联合融资贷款转贷担保协议签字仪式在北京举行。总厂领导李景常（右三）、李庆（右一）参加了会议。

1992年12月30日，莱钢锻压股份有限公司召开创立会暨第一次股东代表会。总厂副厂长兼公司董事长李庆在大会上讲话。

1993年5月22日，莱钢合资项目山东鲁碧建材有限公司举行开业典礼。

莱钢与大邱庄津海集团公司联营热轧型钢达成协议。总厂领导李景常（前排左五）、姜开文（前排左四）、李庆（前排左三）参加了签字仪式。

1993年6月29日，莱钢被评为中国工业技术开发实力百强企业，名列第52位。在冶金企业中列第17位，在地方钢铁骨干企业中列第3位。

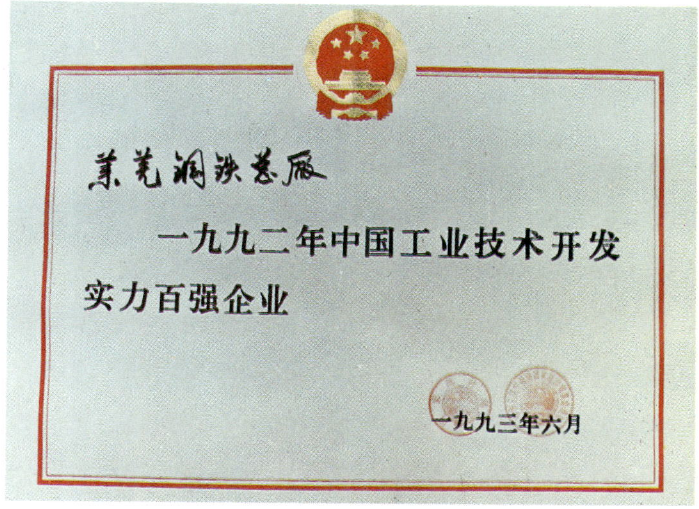
莱芜钢铁总厂

一九九二年中国工业技术开发实力百强企业

一九九三年六月

1993年8月24日，莱钢召开科技工作会议。

总厂领导为做出显著贡献的单位和个人颁发荣誉证书和奖金。

总厂副厂长、总工程师王认清代表总厂分别与15个二级单位签订科技承包合同。

# 会议动态

1993年11月，莱钢获'93全国企业营销知识竞赛暨市场营销优胜企业称号，总厂副厂长于昌忠（右二）代表莱钢受奖。

1993年6月17日，全国地方钢铁企业信息调研网会议在莱钢召开，总厂副厂长李庆参加了会议。

1993年8月26日，冶金系统大中型企业干部岗位培训制度研究课题研讨会在莱钢召开，总厂副厂长宋兰祥出席会议。

1993年11月22日，冶金部委托莱钢研制成功的冶金部3号软件推广座谈会在莱钢召开。

李景常厂长（左）和美国友人合影。

李景常厂长（右一）在美国考察。

总厂党委书记姜开文（右二）与意大利友人合影。

总厂党委书记姜开文（前排右三）陪同吴仪部长（右二）会见意大利达涅利公司负责人。

总厂副厂长王认清（右二）会见德国黑辛格公司总裁。

总厂副厂长王认清（右一）会见日本节能援助项目来厂考察团成员。

李名岷副书记（左二）等厂领导会见瑞士银行客人。

总厂副厂长刘培钧（前排左二）在韩国进行考察。

总厂副厂长刘新芝（右三）在日本考察。

总厂副厂长李庆（中）和德国友人在一起。

总厂副厂长宋兰祥（右三）在美国考察。

总厂副厂长陈玲棠（右三）在意大利考察。

# 文化生活

纪念毛泽东同志诞辰一百周年大型图片展览。

丰富多彩的民间艺术表演。

新建职工住宅小区一角。

贯通钢城的新兴路。

莱钢艺术团在为职工演出。

新落成的集商贸、办公于一体的劳动大厦。

茁壮成长

标准化职工食堂

新建程控电话机房。

总厂领导在研究莱钢长远发展规划。

八届全国人大代表、莱钢总厂厂长李景常。

中共十四大代表、莱钢总厂党委书记姜开文。

# 莱芜钢铁总厂发展成就

## 钢

**1970～1993累计480万吨**

1983～1993年平均增长28.2%

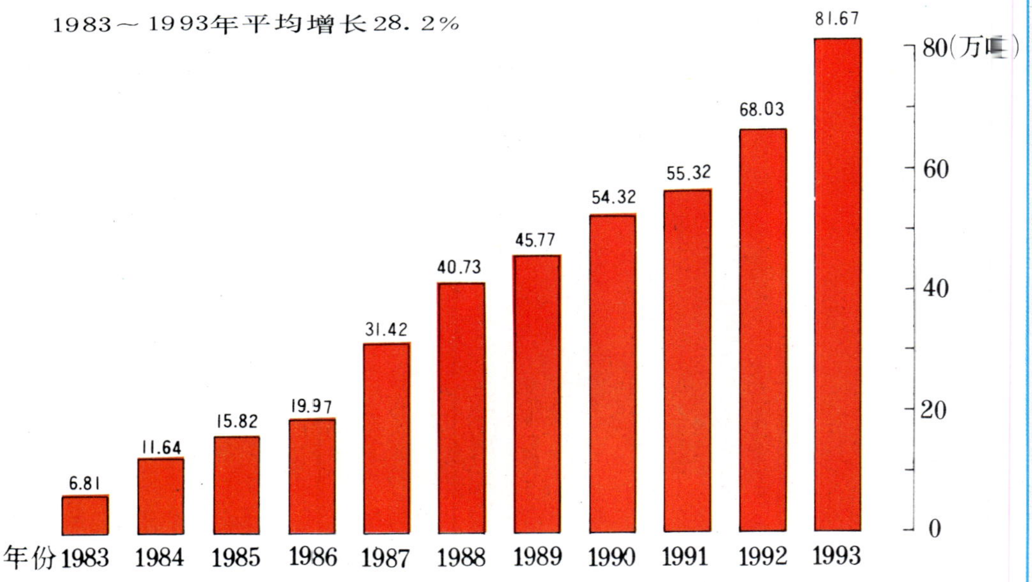


## 生 铁

**1970～1993累计913万吨**

1983～1993年平均增长8.13%

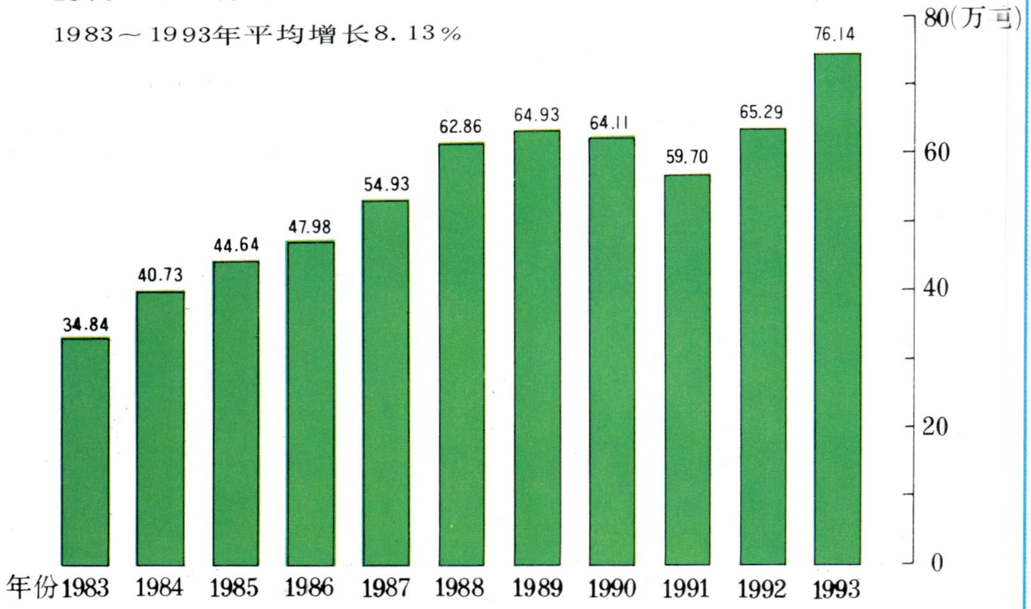

钢　材

1970～1993累计279万吨

1983～1993年平均增长24.72%

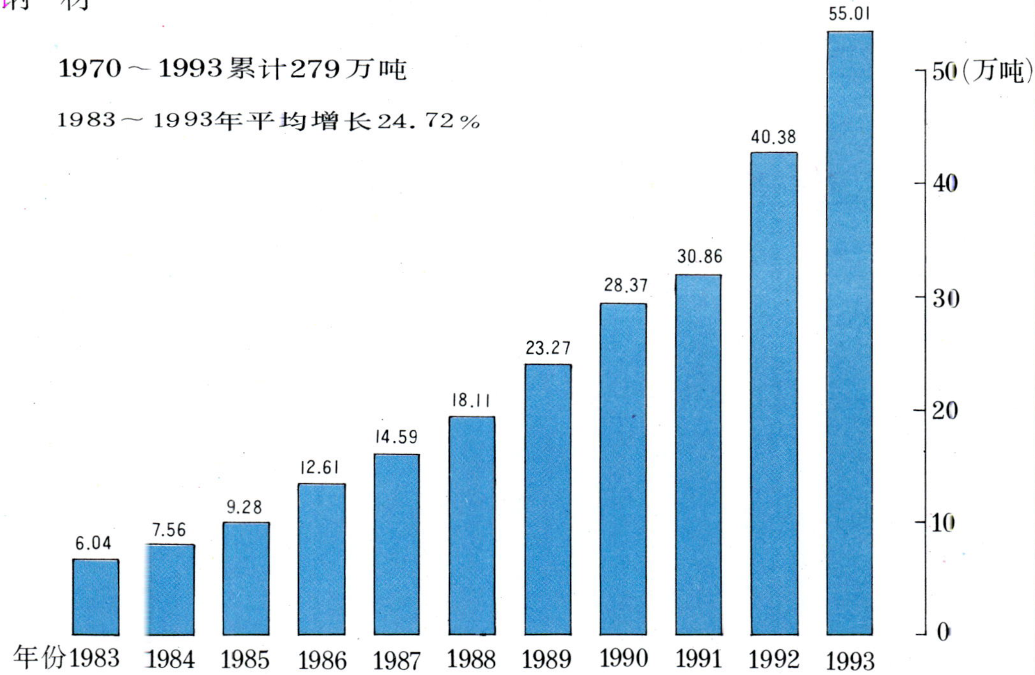


工业总产值

1990～1993年
平均增长10.74%（按90年不变价）

1983～1989年
平均增长12.8%（按80年不变价）

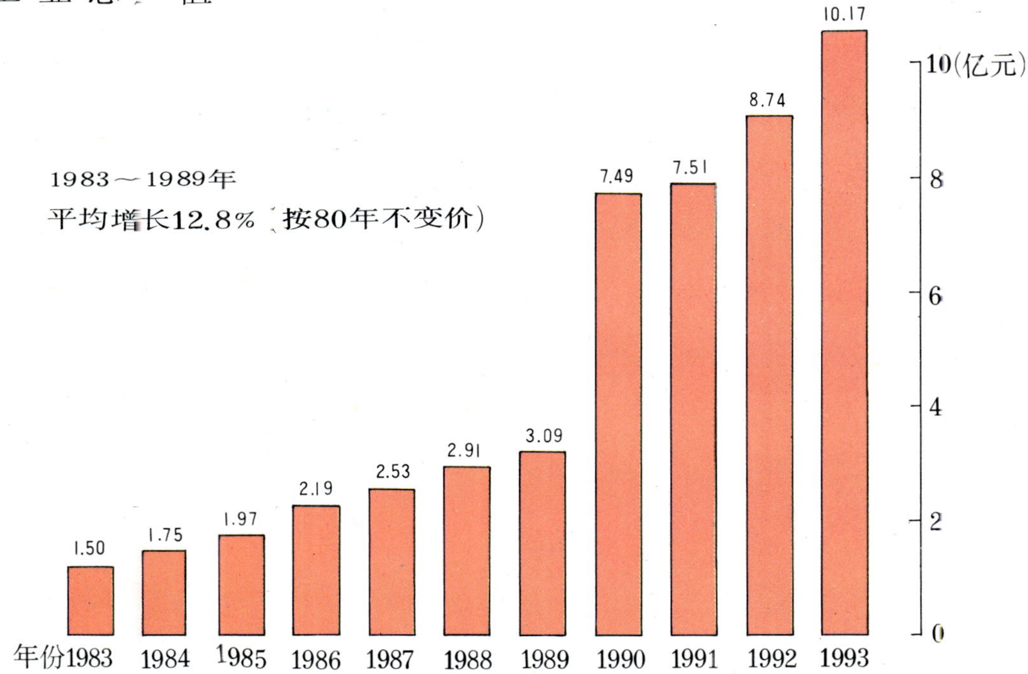

利　税

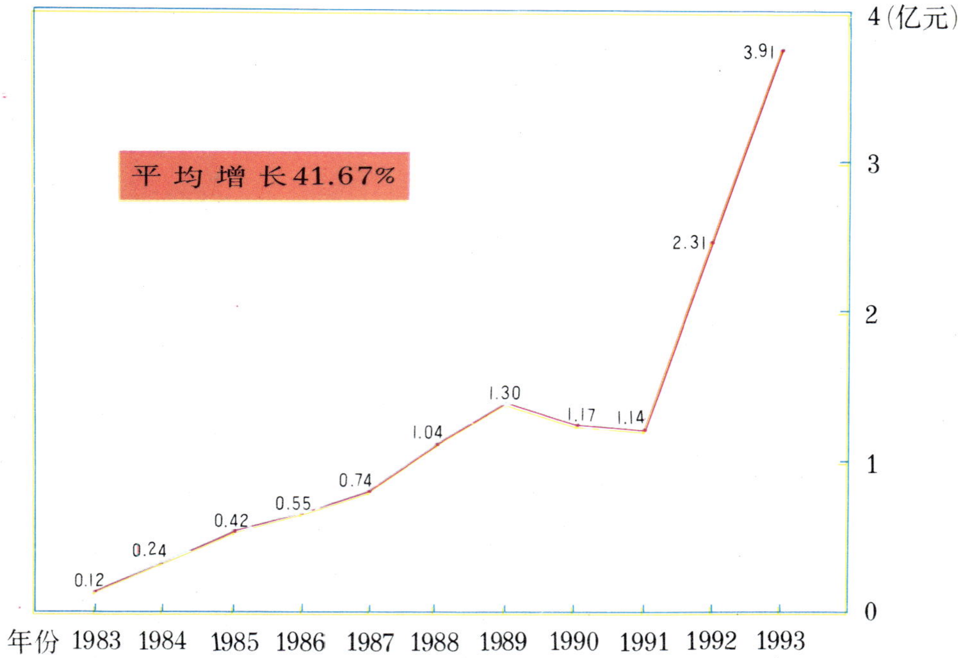
4(亿元)
3.91
平均增长41.67%
3
2.31
2
1.30
1.17
1.14
1.04
1
0.74
0.55
0.42
0.24
0.12
0
年份 1983 1984 1985 1986 1987 1988 1989 1990 1991 1992 1993

销　售　收　入

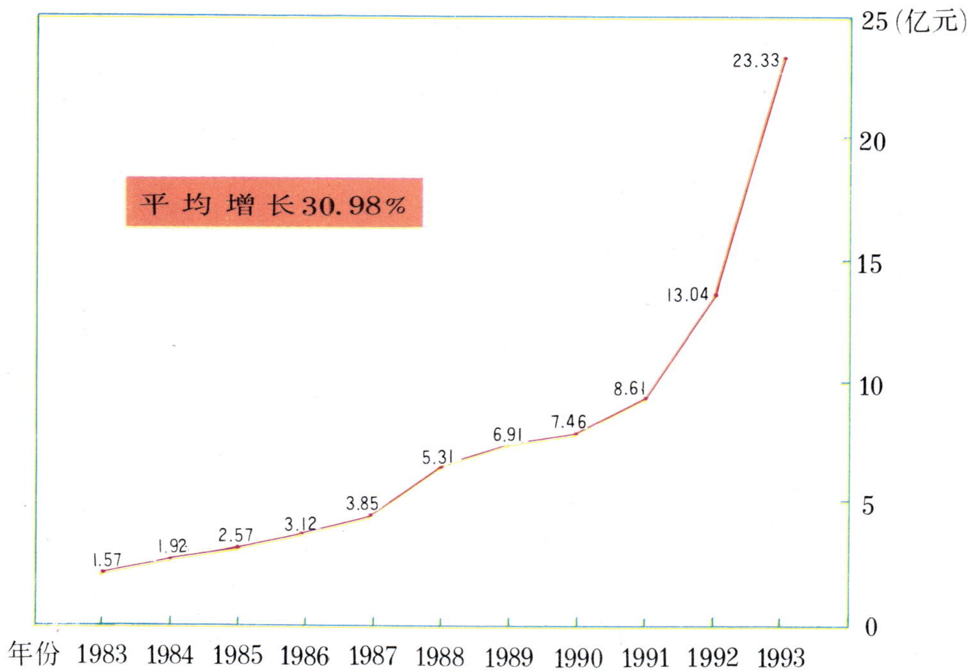
25(亿元)
23.33
20
平均增长30.98%
15
13.04
10
8.61
7.46
6.91
5.31
5
3.85
3.12
2.57
1.92
1.57
0
年份 1983 1984 1985 1986 1987 1988 1989 1990 1991 1992 1993

# 编辑说明

1993年是莱钢生产经营、基本建设及改革取得突破性进展的一年。这一年，莱钢认真贯彻、学习邓小平建设有中国特色社会主义理论和党的十四大精神，依靠技术进步，强化科学管理，加大改革力度，加快改扩建步伐，速度、效益同步增长，创出了前所未有的好成绩，促进了两个文明建设的发展。为了全面系统地总结1993年及今后工作的经验与教训，更好地适应市场经济发展需要，加强与外界的信息交流，总厂领导决定，编辑1993年《莱芜钢铁总厂年鉴》，此后每年出版一部。

本鉴编写的指导思想是：全方位、多角度、客观系统地反映莱钢在建设有中国特色社会主义理论指导下，深化改革、转换机制，一业为主、多种经营，开拓市场、增强实力，推动莱钢经济上台阶的新情况、新发展、新经验、新成就，旨在为各级领导提供决策依据，为各部门有关人员提供资料信息，为宣传莱钢、研究莱钢、振兴莱钢服务。

本年鉴采用分类编辑法，共设莱钢概况、1993年来厂视察的省部级领导讲话、总厂领导讲话、专论专文、大事记、二级厂矿单位概况、基建与技术改造工程、专业管理、科技进步、改革开放、党群工作、行政工作、人事与机构、人物名录、统计资料、附录等16个类目。除领导讲话、专论专文、大事记、人事与机构、人物名录、统计资料等综合内容外，一般由类目、分目、条目3个层次构成。根据内容的需要，二级厂矿单位概况、改革开放类目中体制改革部分，在分目和条目之间增设了“子分目”层次。为突出特点和重点，基建与技术改造、改革开放类目中部分条目直接反映在目录中。为便于检索，三级目的字号、字体及编排方式，均有明显区分，条目统一用黑体字加【】标示。

本卷记述时限原则为1993年1月1日至12月31日，统计资料部分上溯到1991年，领导讲话、照片个别止于1994年1月。按年鉴标期的一般习惯是上年内容标下年的时间，但这样标期，常常给人带来检索上的不便，为提高检索效率，编委会意见“当年内容，标当年时间为好”，故本年鉴标期为1993年。

本年鉴的编辑过程中，力求做到资料翔实、客观记述、语言精炼、文字规范，以增强本鉴的科学性、资料性、可读性。

本鉴稿件由各有关厂矿单位、部门提供，主管负责人审阅。主要数据由计划处统计科提供并审阅。

本鉴编辑出版，得到各级领导、二级厂矿单位及各部门的大力支持和协作，在此深表谢意。由于编辑经验不足，水平所限，疏漏和错误之处，敬请读者指正。

《莱芜钢铁总厂年鉴》编辑部

1994年7月

# 目　　录

目　录



## 4. 专论专文



## 5. 大事记



## 6. 二级厂矿单位概况

## 7. 基建与技术改造工程



## 8. 专业管理



## 9. 科技进步



## 10. 改革开放

## 11. 党群工作



## 12. 行政工作



## 13. 人事与机构



## 14. 人物名录



## 15. 统计资料

## 16. 附录

# 1. 莱钢概况

## 1993年莱钢概况

**【基本情况】** 莱芜钢铁总厂(以下简称莱钢)始建于1970年1月。经过24年的建设发展,已形成拥有电炉钢和转炉钢两大生产系统,包括矿山采选、烧结、焦化、炼铁、炼钢、轧钢以及相应的动力、运输、机械、建筑安装等综合配套的省属大型钢铁联合企业。

莱钢为国家二级企业、国家一级计量单位、全国名优产品售后服务优秀企业、全国思想政治工作优秀企业。到1993年底,共完成投资19.38亿元,形成固定资产原值14.21亿元,净值10.02亿元。下属24个二级厂矿、单位,42个机关处室,共有职工35220人,其中高级专业技术人员633人,中级专业技术人员1829人,初级专业技术人员3446人。全厂占地面积1285.2万平方米。

莱钢已经建成投产的主要设备有:750立方米高炉1座、620立方米高炉1座、125立方米高炉2座、100立方米高炉2座、105平方米烧结机1台、50平方米烧结机2台、8平方米球团竖炉2座、25吨氧气顶吹转炉3座、5吨电炉4座、四流小方坯连铸机1台、42孔焦炉2座、6000立方米制氧机2台、3200立方米制氧机2台、2500吨水压机1台、750毫米初轧机1架、650毫米轧机1架、550毫米轧机2架、300毫米轧机5架、330毫米轧机3架、280毫米轧机5架,形成的年生产能力为:铁矿石90万吨、选矿处理能力115万吨、石灰石30万吨、焦炭50万吨、生铁121万吨、转炉钢100万吨、电炉钢15万吨、初轧坯43万吨、钢材57万吨、水压机锻件12000吨、水泥10万吨,与此相配套的动力、运输、建筑安装等基本达到设计要求。

建厂以来,共生产钢480.47万吨,生铁913万吨,钢材278万吨。主要产品种类为热轧圆钢、热轧带钢、冷轧带钢和圆管坯、方管坯,还有铸造生铁、炼钢生铁、焦化产品、大锻件、水泥、电解铜、金刚石和机修产品等,产品已达70余种200多个号类。现有国、部、省优产品15个,其中船用二级锚链钢获国优银牌,20锰硅螺纹钢筋、40铬热轧圆钢和铸造生铁获部优产品称号。部分初轧方坯、圆钢、锻件、叉车货叉、氟石精矿和针织内衣等产品 分别销往美国、日本、泰国、韩国、新加坡及台湾、香港等国家和地区。连续7年被评为山东省重合同守信用企业,1992年按销售收入排序,在全国500家最大工业企业中名列第111位。

1987年国家批准莱钢利用外资进行改扩建,总投资3.6亿美元。主要项目包括矿山、炼铁、炼钢、轧钢及公用辅助设施,含23个单项工程。整个工程分两期进行。以新建1座750立方米高炉、1台105平方米烧结机和原料场扩建为主体的改扩建一期工程于1991年7月1日开工,1993年6月初基本建成投入试生产。改扩建二期工程也已全面展开。整个工程将于

1996年3月全部建成投产。经过"八五"的改扩建和"九五"的挖潜改造，莱钢将形成两条技术装备先进、布局合理的生产线，即：高炉——铁水预处理——转炉——炉外精炼——连铸连轧的转炉钢生产线；超高功率电炉——炉外精炼——连铸连轧的电炉钢生产线。总体规模达到200～220万吨钢。

**【1993年生产经营指导思想】** 认真贯彻落实党的十四大精神，解放思想换脑筋，抓住机遇快发展，以市场为导向，坚持"一个中心，两个第一"，坚持两个文明一起抓，生产建设一起上，二三产业共同发展，依靠职工群众，依靠科技进步和科学管理，深化改革转换机制，深挖潜力，开拓经营。

**【工厂方针】** 深化改革换机制，加快发展增能力，开拓市场创效益，实现利润争两亿。

**【主要任务目标】** 1.经济效益：实现利税超过3亿元，利润确保1.5亿元，力争2亿元。销售收入确保15亿元，力争17亿元。2.产值和主要产品产量：实现工业总产值118190万元。生产钢82.5万吨，生铁80万吨，钢材55万吨。全员劳动生产率36200元/人年。3.质量品种：保持国优、部优和省优产品称号，重点产品实物质量进一步提高。4.安全生产：实现重大设备事故、火灾事故、交通责任事故、污染事故以及人身工亡事故为零。5.可比产品总成本按同口径降低1—2%。全年节能降耗效益在去年基础上增长500万元。6.固定资产投资71391万元，其中利用外资改扩建40120万元，其它技改技措投资31271万元。7.在确保实现各项奋斗目标的前提下，人均收入增长15%以上，生活福利设施明显改善。

**【经济效益】** 全厂实现利税39143.26万元，其中利润22310.04万元，税金16833.22万元，分别比上年增长69.79%、87.63%和50.79%。实现销售收入233322.49万元，比上年增长78.88%。销售利润率9.56%，资本利润率35.61%。

**【主要产品产量】** 全年实现全民工业总产值101645.56万元，比上年增长16.31%。生产钢81.6万吨、生铁76.1万吨、坯材55万吨，分别比上年增长20.07%、16.63%和33.63%。铁矿石、铁精粉、球团矿、石灰石、大锻件、水泥、金刚石、焦炭、机修总量、汽车货运量、火车货运量均超额完成全年生产计划。

**【节能降耗】** 全年锭——材成材率85.28%，比上年提高2.49%；连铸比达到24.66%；吨钢综合能耗1194千克，比上年降低190千克；吨钢可比能耗985.9千克，比上年降低8.3千克；转炉钢钢铁料消耗1124.77千克/吨，比上年降低0.65千克/吨；电炉钢冶炼电耗581.33千瓦/吨，比上年降低6.8千瓦/吨。在620立方米高炉后期炉况不稳，一铁高炉所用焦炭质量较差，炼铁焦比、工序能耗上升幅度比较大的情况下，节能降耗创出新水平，晋升为国家一级节能企业。科技开发进入全国工业技术开发实力百强企业行列，名列第52位；其中在全国17家冶金企业中名列第10位，在6家地方冶金企业中名列第3位。

**【质量品种】** 全厂考核的35项质量指标，34项可比指标中有33项保持稳定提高，主要产品质量稳定提高率达100%。经上级部门多次抽查，15种国、部、省优产品均保持了称号。厂内产品实物质量抽查保持稳定，产品质量在用户中仍享有很高的声誉。全年共开发焊管坯、高强度打包带、船用管坯C10和C20、转炉炼45号钢、ϕ130毫米大圆钢等6种新产品。

**【安全环保】** 在生产任务重、投产竣工项目多的情况下，积极推行安全生产目标管理、"双标"管理，加强对改扩建和大中修项目管理力度，使安全指标基本与上年持平，环保指标好于上年，基本实现了安全文明生产。

**【固定资产投资】** 1993 年计划安排投资 75534 万元，其中，利用外资改扩建工程 40854 万元，技改及其它项目 34680 万元。到 1993 年底，共完成投资 62425 万元，其中，利用外资改扩建工程 36109 万元，技改及其它项目 26316 万元，分别为计划的 82.64%、88.39%和 75.88%。

**【利用外资改扩建工程】** 改扩建一期工程实现了建设速度快、质量好、投资省的目标，试生产情况良好。750 立方米高炉自 6 月 4 日建成出铁投入试生产以后，高炉利用系数逐月提高，12 月份达到 1.5；混铁炉、3 号转炉建成投产，并发挥效益；白云石竖窑开始试生产。这些项目的建成投产，为利用外资改扩建工程积累了丰富的经验，为实现 80 万吨钢目标创造了保证条件，也为 1994 年实现 100 万吨钢和今后的发展奠定了基础。与此同时，自备电站已具备发电条件；丈八丘、清泥沟水源地配套工程具备供水条

**【三项制度改革】** 以转换机制、增强活力、提高劳动生产率和工作效率为目标，积极稳妥地进行了劳动、人事和分配制度改革。人事制度开始引入竞争机制，二级厂矿单位全部实行部室制，全厂机关职能机构由改革前的 387 个，精减为 119 个，精减幅度为 69.25%。通过四定、双考和双向选择、竞争上岗，全厂共分流富余人员 60007 人。全厂编制定员由改革前的 35963 人，压减为 29956 人。其中干部到工人岗的 541 人，工人竞争到干部岗的 933 人。全员劳动生产率 44470 元/人年，比上年提高 37.84%，其中，由于人员压减使全员劳动生产率提高 18.51%。本着多劳多得，分配向苦、脏、累、险和技术高、责任重、贡献大的岗位倾斜的原则，在全厂推行了岗位技能工资制。本着“先开渠，后放水”的原则，围绕莱钢产前产后服务，兴办了一些生产、服务项目，妥善安置分流人员，稳定职工队伍，富余人员安置率达 93%。通过三项制度改革，全厂初步形成了新的运行机制。

8次进厂，莱钢有关部门配合专家组在机构重组、财务测算、管理信息系统分析等方面做了大量的基础工作，经过双方共同努力，专家组已提出了一个中期报告，莱钢、亚行和咨询专家组就整体的有关问题达成了共识。

**【横向经济联合】** 以钢铁生产为龙头，以发展经济技术合作为纽带，积极发展外向型经济，初步形成了开放型的新格局。同台商合资兴办了鲁碧建材有限公司，并参股海南国际招商股份有限公司；同济南一些单位创立了“三和”和“汇力”公司；同徐州利国矿山和莱州铁矿联营，拓展了原料供应基地；同大邱庄和莱芜市特钢厂联营，拓宽了产品深加工渠道；同日照进行海产养殖联营，为改善职工生活提供了条件。另外，在北京、济南、海南等地设立办事处、经贸公司，建立了莱钢的对外窗口。

**【精神文明建设】** 在生产建设任务重，改革日益深化的形势下，在加快生产经营、工程建设和改革步伐的同时，全厂各级党政工团组织和广大职工认真学习《邓小平文选》第三卷和《中共

个，新增就业人员2000多人，全厂集体企业和第三产业从业人数已达8260人。集体经济的壮大和第三产业的发展，在服务生产、安排就业、方便职工、增加效益等方面发挥了重要作用。

**【职工生活】** 职工生活福利设施和城市化建设取得较大进展。程控电话建成开通，投入使用。新兴路南段、钢城路、前进路简易通车，改变了厂区面貌。12950平方米职工宿舍和公共福利设施竣工，缓解了职工住房紧张的矛盾，改善了职工的生活环境。职工收入比上年有较大幅度的增长。各种形式的文娱体育活动丰富了职工的业余文化生活。

（夏建华　徐庆忠　蒋淑华）

## 莱钢党政领导成员名单

李昌棠　厂长、党委副书记

## 获省以上荣誉单位

莱钢被评为全国工业技术开发实力百强企业

特钢厂炼钢车间炼一工段甲班获全国“五一”劳动奖状、全国先进班组称号

特钢厂炼钢车间炼一工段QC小组获全国优秀质量管理小组称号

莱钢获1993全国企业营销知识竞赛暨市场营销优胜企业称号

莱钢被评为全国投入产出调查先进集体

莱钢被评为全国清产核资先进集体

莱钢被评为全国钢铁信息工作先进单位、全国地方钢铁企业信息工作先进单位

莱钢工会被评为全国模范职工之家

特钢厂中轧车间工会被评为全国模范职工小家

特钢厂工会被评为全国群众体育工作先进集体

莱钢被省政府授予重合同、守信用企业称号

焦化厂炼焦车间热修班获山东省富民兴鲁劳动奖状

第一铁厂、运输部、轧钢厂、第一中学、韩旺铁矿被评为省级文明单位

莱钢总厂、第一铁厂、轧钢厂、运输部被评为全省思想政治工作优秀企业

石灰石矿人武部被省政府、省军区授予民兵带建先进单位称号

莱钢医院被评为省级清洁单位

莱钢被评为山东省清产核资先进集体

炼钢厂炼钢车间炼一工段QC小组获山东省优秀质量管理小组称号

机械厂金工车间热处理QC小组获山东省优秀质量管理小组称号

第一铁厂被评为全省工会工作先进单位

莱钢工会生产生活部被评为山东省群众生产工作先进单位、劳动保护工作先进单位

莱芜铁矿被评为山东省劳动保护工作先进单位

韩旺铁矿被评为山东省劳动保护工作先进单位

运输部机务段891机车包乘组被评为山东省工业企业安全建设先进班组

轧钢厂初轧车间轧钢乙班被评为山东省工业企业安全建设先进班组

第一铁厂工会女职工委员会被评为山东省先进女职工委员会

特钢厂中轧车间工会、机械厂铸铁车间工会、韩旺铁矿选矿车间选矿乙班工会小组、焦化厂炼焦车间热修班工会小组被评为山东省模范职工小家

莱钢团委、特钢厂团委、轧钢厂团委被评为山东省青少年学雷锋先进集体

莱钢团委被评为山东省青春立功活动先进单位

莱钢被评为全省冶金系统安全生产先进单位

总厂安环处被评为全省冶金系统安全工作先进单位

总厂审计处被评为全省冶金系统审计工作先进单位

总厂干部处被评为全省干部档案管理先进单位

## 获莱钢荣誉单位

**文明单位：**

第一铁厂　运输部　轧钢厂　韩旺铁矿
机械厂　动力部　新泰冶炼厂
技工学校　焦化厂　职工教育中心
汽运公司　莱钢医院　第一中学
莱钢宾馆

**思想政治工作优秀单位：**

第一铁厂　轧钢厂　运输部　动力部
机械厂　韩旺铁矿　新泰冶炼厂
莱钢医院　技工学校　焦化厂
汽运公司　职工教育中心

**党建工作先进单位：**

中共莱钢第一铁厂委员会
中共莱钢轧钢厂委员会
中共莱钢莱芜铁矿委员会
中共莱钢炼钢厂委员会
中共莱钢韩旺铁矿委员会

**先进党支部(总支：)**

莱芜铁矿马庄矿区党总支
莱芜铁矿业庄矿区党总支
莱芜铁矿选矿厂磨矿工段党支部
石灰石矿机修车间党支部
第一铁厂高炉车间党总支
第一铁厂原料车间党总支
第二铁厂第一烧结车间党总支
特殊钢厂机动车间党总支
特殊钢厂小型成材车间党总支
特殊钢厂炼钢车间生产一工段党支部
炼钢厂连铸车间党支部
轧钢厂初轧车间党总支
焦化厂炼焦车间党支部
机械厂铸钢车间党支部
新泰冶炼厂一车间党支部
动力部燃气车间党支部
运输部机修段党支部
建筑安装工程公司第三建筑工程队党支部
交通汽车运输公司汽车一队党支部
附属企业公司针织厂开坯车间党支部
生活服务公司液化气站党支部
商业总公司百货大楼党支部
莱钢医院妇产妇幼党支部
莱钢医院铁铜沟门诊部党支部
韩旺铁矿采矿车间党支部
沂蒙冶炼厂聚合铝车间党支部
总厂党委办公室党支部
档案管理处党支部
莱钢620立方米高炉大修改造工程指挥部党支部

**科技管理优秀单位：**

特殊钢厂　莱芜铁矿　炼钢厂　轧钢厂
科技处

**推进企业管理现代化先进单位：**

总厂企管办　炼钢厂　轧钢厂　特殊钢厂
焦化厂　动力部　第二铁厂

**安全环保先进单位：**

莱芜铁矿　韩旺铁矿　轧钢厂　焦化厂

**安全生产先进单位：**

第一铁厂　炼钢厂　新泰冶炼厂
沂蒙冶炼厂　动力部　运输部
汽运公司　生活服务公司

**环保工作先进单位：**

机械厂　第二铁厂　石灰石矿　莱钢医院

**清洁车间：**

莱芜铁矿选矿厂　莱芜铁矿萤石厂
莱芜铁矿职工医院　特殊钢厂机动车间
附属企业公司保健饮料厂
炼钢厂连铸车间　焦化厂环保车间
第二铁厂第一烧结车间
韩旺铁矿采矿车间　韩旺铁矿选矿车间
韩旺铁矿机修厂　韩旺铁矿汽车运输公司

**质量管理先进厂矿：**

特殊钢厂　炼钢厂　轧钢厂
锻压股份有限公司　焦化厂　机械厂
第一铁厂　韩旺铁矿
**质量管理先进处室：**
技术监督处　科技处　总厂调度室
供销处　原料处　工程管理处
总工程师办公室　生活服务公司
**保密普法教育先进单位：**
莱芜铁矿　特钢厂　第一铁厂　炼钢厂
轧钢厂　汽运公司　总厂机关
**职工教育先进单位：**
动力部　机械厂　轧钢厂　炼钢厂
韩旺铁矿　锻压股份有限公司
莱芜铁矿　焦化厂　第二铁厂　特殊钢厂
第一铁厂
**社会治安安全单位：**
轧钢厂　特殊钢厂　焦化厂　机械厂
莱钢医院　动力部　第一铁厂　汽运公司
建安公司　附属企业公司　教育中心
技工学校　运输部　商业公司
莱芜铁矿　石灰石矿　韩旺铁矿
沂蒙冶炼厂　新泰冶炼厂
**公安保卫工作先进集体：**
公安处刑警队　公安处治安科
公安处经济民警大队直属一中队
动力部保卫科　特钢厂保卫科
轧钢厂保卫科　焦化厂保卫科
汽运公司保卫科　医院保卫科
机械厂保卫科
**计划生育红旗单位：**
机械厂　第一铁厂　运输部　焦化厂
新泰冶炼厂
**计划生育先进单位：**
轧钢厂　动力部　特殊钢厂　炼钢厂
生活服务公司　第二铁厂　莱钢医院
石灰石矿　教育中心
**计划生育"三为主"文明达标单位：**
总厂机关　商业总公司　汽运公司
自动化部

# 2.1993年来厂视察的省、部级领导讲话

## 中共中央政治局委员、山东省委书记姜春云到莱钢调查研究时的讲话（摘要）

（1993年10月27日）

这几年莱钢认真贯彻党的路线、方针、政策，勇于开拓创新，在如何办好国有大中型企业方面走出了一条路子。莱钢发展快，变化大，有许多好经验，主要有这样几点：一是有一个团结战斗的领导班子。党政领导齐心协力干事业、办企业，围绕经济建设这个中心，一个目标、一股劲，形成强大的合力。有些企业生产经营之所以不景气，甚至亏损，很重要的原因是班子问题，或者软弱无力，或者不团结，搞两驾马车，这样力量就散了。莱钢有团结坚强的领导集体，这是最重要的。二是有一支敢打硬仗、富有战斗力的职工队伍。这支队伍在厂党政班子领导下，表现出了很高的觉悟，良好的作风和严明的纪律。有了这样的队伍，不管是生产任务、扩建任务还是销售任务，都能保质保量完成。全心全意依靠工人阶级，这是一条根本的经验。工人阶级是最有觉悟、最守纪律，特别能战斗的阶级，是社会主义现代化建设的主力军。莱钢全心全意依靠工人阶级，充分调动全厂职工的积极性、创造性，这是莱钢事业发展的保证。三是走了一条技改扩建的正确道路。这些年，莱钢围绕扩大生产能力，改善质量品种，上了不少项目，搞了不少工程，特别是技术改造有突破。这是改变企业面貌，产品上档次、上水平，增强竞争力，大幅度提高经济效益的有效途径。加快建设步伐，使产品更新换代，增强产品的生命力、竞争力，这点莱钢搞得很好，希望继续坚持下去。技术改造是长期的任务，要不断地搞改造，常改常新，常新常胜，这也符合小平同志关于"科学技术是第一生产力"的英明论断。企业要发展，就要抓第一生产力，搞技术、人才、智力开发，在技术上居于领先地位。四是狠抓了深化改革和转换企业经营机制。莱钢三项制度改革和股份制试点都已取得明显成效，下一步，如果全厂实行股份制，这对莱钢来说是一个很大的转变。企业的机制会更好，更有活力。莱钢的发展从根本上讲得益于改革。今后，要按照党的十四大精神，围绕建立社会主义市场经济体制的总目标，扎扎实实地建立现代企业制度，也就是瞄准市场，进入市场，根据市场的需求，调整和完善企业内部机制，使企业逐步达到公司化、集团化、现代化。五是莱钢非常重视企业管理。全厂已经形成了一整套管理制度，管理逐步规范化。有先进的管理才有先进的水平，有先进的水平才能取得最好的效益。这一点在许多企业是薄弱的。管理方面的潜力是巨大的，把管理抓好，就能出速度、

出效益、上水平，这是已被莱钢和许多企业的实践所证明了的经验。总之，莱钢这几年坚持“两手抓、两手硬”的方针，以经济建设为中心，加强党的建设，加强思想政治工作，深化民主管理，这些方面做得都好，很有成效，这是保证事业不断发展的重要条件。莱钢各级党组织的政治核心作用、战斗堡垒作用和广大党员的先锋模范作用发挥得好。莱钢这几年的发展变化，不仅仅表现在生产的增长，水平的提高上，也表现在企业的领导素质、党员干部和职工素质的提高上。莱钢的经验是全面的，对全省的企业有重要的借鉴作用，要很好地系统地总结一下。

莱钢今年生产 80 万吨钢，明年生产 100 万吨钢，经过努力，到本世纪末达到 200 万吨钢的规模，目标是很鼓舞人心的。莱钢和整个工业战线一样，也面临着良好的发展机遇。现在形势很好，国际国内的条件好，莱钢的基础条件好，更应抓住机遇，加快发展。钢铁同农业一样，是基础产业，用途非常广泛，需求量非常大。可以说，各行各业都离不开钢铁。各行各业的发展，带动钢铁工业的发展；钢铁工业的发展，保证和支持各行各业的发展。随着经济不断的发展，对钢铁的需求量越来越大，要求越来越高。一方面是给你们压担子；另一方面也为你们放开手脚，有所作为提供了机会。莱钢在这样好的条件下，在现有的基础上要乘胜前进，努力奋斗，登上新台阶。应该有这样的信心和决心。莱钢一定要更快更好地发展，为莱芜市乃至整个山东经济的发展做出新的更大的贡献。特别要加强同地方的联合，带动周围地区经济的发展。

要把后勤保障系统分离出来。后勤保障系统分离出来，既可以提高劳动生产率，又能摆脱企业办社会的包袱；另一方面使后勤保障单位能够加大压力，搞创收，为国家做贡献，为社会做贡献。同时可以改善这部分职工的生活，这对莱钢，对社会都有好处。希望你们认真地考虑一下，积极探索这方面的路子。目前，国有大中型企业都面临这个问题，莱钢如果在这方面走出一条路子，创造出成功的经验，对全省所有企业特别是大中型企业都有指导意义。

## 中共山东省委副书记、省人大常委会副主任马仲才到莱钢调查研究时的讲话（摘要）

（1993 年 11 月 11 日）

这次来看了一些新建工程，我非常高兴。1 号连铸机同国外的水平没什么两样，很气派；750 立方米高炉确实很漂亮。这对莱钢职工的鼓舞特别大。目前 200 万吨钢正向莱钢广大职工招手，已看得很清楚。物质变精神，这种力量了不得。目前莱钢的主要制约因素是不配套。要知道，利用外资是要还款的，应该千方百计加快工程进度。只有周期短，尽快配套上去，才有还款能力。尽管还款周期比较长，但是建设周期越长，还本付息的压力就越重。应该看到这一点。周期短、达产快、效益好，还款能力就强了。现在的钢材市场形势我看是暂时的。我们国家到 2000 年钢材还缺 2000 万吨，只是现在国家宏观调控，许多工程停下来了。就是国家计委正常的工程，钢材也不够，这一点不必担心。资金紧张，除内部挖潜，出去催款，还要向省里汇报，让省里帮助解决部分困难。这种状况在莱钢发展史上已经经历过好几次了，是正常的。

莱钢从建厂就有艰苦奋斗、无私奉献的精神，也就是莱钢的精神，这是无价之宝。莱钢在山沟里，非常困难，尽管现在条件好一点，但同城市比还不行，能把这支队伍稳住，必须发扬艰苦创业、无私奉献的精神。要把莱钢的精神进一步升华。过去提把莱钢建成人人向往的地方，现在已经看到了，达到200万吨钢的规模，有了钱就什么都好办了。但是光有钱没有企业是不行的。现在青年人中有一种拜金主义、享乐主义思潮，城市里好多企业本来条件很好，但是工作就是上不去。

城乡一体化建设，为企业发展创造了非常好的环境。莱芜市经济发展了，为莱钢发展创造了非常好的社会环境；莱钢发展了对地方也是一个推动。二者要融为一体。厂办社会将来必须分离出去。实行股份制不容易，首先资产评估就是一个非常大的任务。转换大中型企业的机制，根本的途径就是股份制，我们国家不走这条路就没有出路，而且是转换经营机制，调动职工积极性的根本出路。不搞股份制不行。大企业搞起来，谈何容易，但是要搞就要扎扎实实地搞，搞成规范化的真正股份制，而不是不伦不类的。谁先搞谁主动。莱钢三项制度改革搞得不错。另外。莱钢建厂20多年，离退休职工多了，将来职工的社会保障是个大问题，这个问题要同市里统盘研究。从现在就要开始制定规划，分步实施，将来离退休职工实行社会化保险就好办多了。这个问题国外有现成的经验，我们可以借鉴。

# 中共山东省委副书记、副省长李春亭到莱钢调查研究时的讲话（摘要）

（1993年10月1日）

莱钢各方面工作都取得了令人鼓舞的成果，形势越来越好。对莱钢的班子和工作，省委、省政府是满意的。关于莱钢下一步如何发展，我讲几点意见：

一是规划和奋斗目标要积极可靠。莱钢大的规划格局，改扩建工程和老厂改造，确定的基本项目是可行的。钢到九五年末达到120万吨以上，要从工艺上搞好配套衔接，炼铁、炼钢和连铸、连轧要统盘考虑。在规划上，确定一个指导思想，就是必须培植起自己的拳头产品、主导产品，必须按照高技术水平、高市场占有率和高效益这“三高”来研究部署自己的改扩建和老企业的改造，宁可别的少干或者不干，也要把主力用到这方面。这样在规划的指导原则上才可以立于不败之地。现在，莱钢的三期工程要积极着手规划、研究论证，在二期工程接近结束前再集中研究一次，确定下一步发展目标。

二是搞工业必须解放思想，更新观念。在解放思想过程中，要按照小平同志建设有中国特色社会主义理论、党的十四大精神和中央6号文件，围绕建立社会主义市场经济体制，来研究分析领导层还有哪些方面思想解放得不够，大家始终不要忘记抓住机遇、加快发展这个主题。企业的改革，怎样利用和适应市场机制来发展自己；两个文明建设如何结合，上层建筑如何和经济基础结合，思想政治工作如何为经济建设服务，形式和内容怎样统一起来，这些都是大的课题，需要认真研究加以解决。解放思想不是一劳永逸的，而是一个长期的不断的过程。不到社会主义市场经济体制完全建立，这个问题就一直是我们各级党政组织必须注意的大问题。

三是要继续深化改革。当前企业改革最根本的问题就是围绕建立社会主义市场经济体制，按照《条例》，在转换内部机制上作文章，要从领导体制、管理体制两个方面统盘考虑。解决企业机制问题，有政企分开的问题，有政府放权的问题，有产权如何划分的问题，解决这些问题要有一个过程。现在企业改革要把出发点和立足点放到如何促使企业法人是主人，职工不是雇佣的，也是企业的主人，然后怎么使企业法人、职工与企业形成命运共同体。莱钢的股份制改组，不仅要在亚行的评估指导下形成一套方案，而且莱钢、省体改委、冶金总公司要联合起来，既把国际上股份制好的东西拿过来，又把有中国特色社会主义优越性的方面融进去。国有企业还可以通过引进外资嫁接改造，对中小企业实行国有民营来深化改革，要通过三项制度改革推动整个机制的转换，还要解决好企业办社会、“大而全”、“小而全”的问题

四是要抓好优化结构。主要抓好两个方面：首先要加快企业组织结构调整，培植山东能在市场经济中抗风浪的“联合舰队”，特别是在当前宏观调控的情况下，更要把注意力放到搞经济联合上。莱钢的发展，要抓住钢铁产品这个主体，同时要放开手脚，发展多种经营、多种产业，思路要广。省内可以搞，国内可以搞，时机成熟还可以到国外去搞。其次要有自己的主导产品。地方钢铁如何在大钢的夹缝中生存发展，莱钢要做好这篇文章。企业内部的结构调整，必须按国际企业化管理，就是现代化、专业化管理的要求来办。要选择好自己的产品，要以科技为先导调整产品结构，以 迎接“复关”。使企业不是封闭式的生存和发展，而是能在市场经济的海洋里迎接国际、国内两个市场的挑战，立于不败之地。

五是要抓好班子建设，重视人才。任何一个地区、部门、企业，工作的好坏，关键在班子，要按照小平同志的讲话、江总书记的讲话和党的十四大精神，把领导班子的自身建设放在首位。领导干部要掌握小平同志建设有中国特色社会主义理论，还要多学一些科学技术文化等方面的知识。领导班子必须和党中央保持一致，坚持社会主义，依法经营，不搞歪门邪道；要严于律己，各方面都起带头作用，把群众带起来。要尊重知识，尊重人才，搞好对知识分子的选拔、培养、使用，特别是对那些有作为的知识分子要压担子，政治上要关心，生活上要照顾。要加强对干部职工的教育，按照培养“四有”职工队伍的要求去下功夫作文章。要做到“两手抓、两手硬”。当前，要按照中央和省委的部署，积极认真开展反腐败斗争，以经济建设为中心坚定不移，反腐败坚定不移，两者必须有机结合起来。

## 山东省副省长陈建国到莱钢调查研究时的讲话（摘要）

（1993 年 9 月 4 日）

莱钢是山东省重点钢铁企业。多年来，在全省钢铁工业和国民经济发展中发挥了重要作用。今天看了 750 立方米高炉、1 号连铸机、开坯车间、热带车间、螺纹钢筋和特钢生产车间。听了李厂长的介绍很受鼓舞，感到莱钢近几年发展很快，变化很大。莱钢在深化改革、配套扩建、企业管理、技术进步和技术改造等方面都有很大进步，取得了好成绩。

一是深化改革抓得好。你们按照中央和省里的部署，结合莱钢实际，积极稳妥地推进了三项制度改革，调动了职工特别是一线职工的积极性，稳定了一线职工。今天看了炼铁、炼钢、轧钢生产岗位职工精神面貌很好。莱钢股份制试点工作进展顺利，其他各项改革情况也是好的。通过改革，使企业内部经营机制大大转换。

二是扩建技改抓得好。你们坚持高起点高标准，积极引进采用先进技术和工艺，对现有设备进行嫁接改造，使装备水平不断提高，工作抓得很有成效。莱钢 750 立方米高炉是全省最大的高炉，也是采用新技术新工艺最多、装备水平最高的高炉。一期工程从开工到投产不到两年，工期、质量都很好，高炉从 6 月份开始试生产，

现在利用系数已超过了1，管理等多方面也逐步成熟。一号连铸机建设达产在全国冶金行业创出了水平，连铸车间建设生产现场管理很好，比我看过的一些国外企业并不逊色，某些方面比他们还要好。莱钢抓扩建抓技改抓到了点子上。只要你们坚持不懈地抓好技术进步和技术改造，抓好配套扩建，你们“八五”和2000年的发展规划就一定能实现，莱钢技术装备水平和企业发展后劲就会大大提高和增强。

三是企业管理抓得好。今天看一些车间感到莱钢的现场管理搞得不错，有些车间尽管是老车间，但现场管理却达到了较高水平。冶金企业摊子大，工艺流程长，管理起来比较困难，特别是莱钢当年出于战备需要建厂。布局分散，你们在这种客观条件下，管理工作搞到这个水平是很不错的，说明你们做了大量工作。

四是经济效益好，莱钢1～7月份利税比去年同期分别增长了两倍和三倍，科技开发基金也提得很高，并全部用于扩建和技术改造，增强了企业发展后劲。你们上半年产量增加不多但效益很好，这 既有价格因素，也是你们立足内部加强管理，降低消耗，降低成本的结果。

五是莱钢党政领导班子团结好。莱钢领导班子富有开拓精神，事业心强，工作抓得紧。能够紧紧围绕生产建设这个中心团结一致，互相配合，互相支持。莱钢各方面工作之所以取得这样好的成绩，发生这样大的变化，关键是有一个好班子。对莱钢的工作和领导班子，省委、省府是满意的。

六是莱钢发展前景好。你们的发展规划听后很受鼓舞，而且现在已经看到了眉目。实现莱钢发展目标，关键是抓好九四、九五年，只要抓好这两年，九六年再扫扫尾，你们达到年产钢150万吨规划完全可以实现，再经过进一步改造挖潜配套，2000年达到年产200万吨钢的规模。到那时，莱钢不仅在省里是大企业，在全国地方骨干钢铁企业中的地位也将进一步提高。你们去年在全国500家最大工业企业中排111位，要争取九六年进入100位。

目前，企业生产经营中突出的问题是资金紧张，下一步随着国家宏观调控政策的到位，资金紧张的矛盾将逐步缓和，但在一段时间内仍会紧张，而且，钢材市场价格，供需形势也会发生变化，你们要面向市场，立足内部做好各方面的工作，适应市场变化克服当前困难。要把功夫真正下在深化企业改革，加强管理和技术进步、技术改造上。希望你们继续抓好企业内部改革，进一步转换经营机制，增强企业活力。对企业的改革，包括冶金总公司体制的改革，省里要进一步研究，你们要按照省里部署搞好改革，莱钢的改革要同冶金总公司的改革衔接起来。江泽民同志最近指出，深化国有大中型企业的改革，一是坚定不移地贯彻《条例》，转换企业经营机制；二是加快配套改革，为企业创造良好的外部环境；三是加强国有资产管理，逐步建立现代企业制度。这是个大课题，你们要注意很好地研究。要继续抓好技术进步和技术改造，向技术进步要效益，努力提高产品质量和服务质量，开发新产品 ，提高市场竞争力。继续抓好企业管理，向管理要效益。坚持眼睛向内，练内功，挖内潜，靠加强管理降低消耗成本，提高效率和效益。冶金企业工序多、流程长，潜力很大，在管理上要大做文章。要认真学习借鉴邯钢经验，认真贯彻全省企业管理工作会议精神，提高经营管理素质和水平，取得更大的效益。

# 原冶金工业部部长李东冶到莱钢调查研究时的讲话(摘要)

(1993 年 5 月 29 日)

在部、省委、省府及冶金总公司的领导下,莱钢这几年做了大量工作,取得了突出的成绩,发展很快。

莱钢作为 1970 年建的三线厂子,这 23 年确实不容易,变化很大。听了景常同志的介绍,看了几个车间,我感到很高兴。可以讲,你们的 750 立方米高炉是名符其实的宝钢大高炉的缩影,总图布置、工艺流程都很合理,可以叫“小宝钢”。整个莱钢从无到有,从小到大,由落后到先进,现在是全国地方钢铁企业“十八罗汉”有其一,值得祝贺。我向你们表示亲切的慰问!

莱钢的发展很有希望。从全国来讲钢铁很有希望,对搞钢铁的同志来讲,英雄有用武之地。我们这么大一个国家,四化建设刚开始,大规模用钢也是刚开始。几千万吨钢解决不了问题,必须上亿,没有亿吨以上的钢是不行的。目前国内基础薄弱,需要大量的钢材。影响我国经济上新台阶的主要问题是交通、能源和原材料等基础设施和基础工业,而要害是钢,核心还是钢。所以小平同志说,要想一切办法把钢搞上去,宁可借点外债,担点风险,也要把钢搞上去。总之,中国大量需要钢,钢铁工业大有希望,搞钢铁的同志有用武之地。

莱钢扩建配套改造是走了一条好路。老企业改造,过去讲先小后大,先易后难,投资少,见效快。现在手里有钱了,就可以干点大买卖。老企业的改造起点一定要高,必须坚持两条,一是把落后的变成先进的。大修大改,小修小改,逢修必改,采用先进技术、先进工艺,把落后的变成先进的,否则就不改。莱钢 750 立方米高炉是“小宝钢”,世界一流水平,80 年代技术水平,在先进的基础上还要不断改造,越改越先进,紧跟世界潮流。二是小的要变成大的,要实事求是,根据需要,通过改造提高生产能力。莱钢 620 立方米高炉改造成 750 立方米高炉符合这两条,符合改造原则,你们要从这两个炉子做起,沿着这条路走下去。750 立方米高炉建起来后要点火试生产,热负荷试车。这一阶段是整个设备系统的考核期,主要目的是暴露问题,千方百计找存在的问题,要吹毛求疵,问题暴露的越早越好,最怕的是有问题暴露不出来。设计人员、施工人员、设备制造人员、操作人员,各方要拧成一股绳,一个目标,从设备上、工艺流程上找问题,找出来及时处理好。这不是追究责任,而是看设备合理不合理,花这么多钱上这个项目,必须做到“安全、顺行、稳定、高产”。因此,这段时间的工作一定要抓的紧而又紧。

一期工程设备先进,技术先进,能不能安全顺行稳产高产,发挥效益,要害在管理。管理一定要严,先进的设备、先进的工艺、先进的技术必须有先进的管理,落后的管理办法管理先进的设备不行。人员必须加强培训,提高管理水平,提高技术素质,如果不提高素质,要求不严,先进的工艺技术也生产不出好东西。在这方面,希望你们下决心抓好,既然是“小宝钢”就要有一套管理“小宝钢”的新办法。“小宝钢”这顶帽子戴上去,也是紧箍咒,各方面必须严。你们要将宝钢的技术经验学到手,加以推广。希望“小宝钢”在高炉管理上摸索一套经验,在全国有指导意义。

根据当前形势,要加快改革开放步伐,钢铁企业要搞得更好更活,要一业为主,多种经营。要跨行业、跨部门、跨地区、跨国界经营,只要对发展经济有利就要干。不管白猫黑猫抓住老鼠就是好猫。狗也可以抓耗子,不管狗、猫,只要能抓住老鼠就行。发展经济是全党的中心工作,小平同志讲,判断姓资姓社的标准,一是发展生产力,二是增强综合国力,三是改善人民生活。不管是什么社会,什么主义,什么党,谁执政谁就得发展生产,否则就得跨台,这一条非常重要。只要是发展生产将经济搞上去,一不犯法,二不违纪,我说就可以搞。你们可以搞个远洋公司,5 万~10 万吨的轮船搞个三五条,既能将产品运出去又能将所需要的原料运进来。国内几个大厂起来后,每年光矿就有 1000 万吨的运输量,都让外国人去运,一方面受限,另一方面钱都让他们挣去了。因此,你们要开阔思路,将来不但在国内,也要在国际上搞公司,多方面发展。希望莱钢不仅要成为山东的大户,还要成为全国的大户。

# 冶金部副部长吴溪淳到莱钢调查研究时的讲话(摘要)

(1993 年 8 月 21 日)

莱钢基础管理和连铸建设达产工作成绩突出。有些车间现场管理搞得不错,750 开坯车间在国内同类车间中可以说是最干净的车间,中轧车间现场管理也不错。你们在山沟里这样一个客观条件下,能搞出这么个水平还是很不容易的。希望你们继续保持这个好的传统,继续努力,把基础管理工作提高到一个新的水平。莱钢连铸建设达产在全行业创出了新水平,如果都象莱钢这样,全国连铸发展就快了。

莱钢利用外资改扩建工程进 展不错,特别是一期工程工期短、质量好,现在关键是抓达产达效。你们要象抓连铸那样抓好一期工程达产。750 立方米高炉系统装备水平高,管理要跟上,要坚持高标准,严要求,总厂要提出一个达产目标,全力以赴开展攻关。高炉系统 能不能尽快达产,关键在于设备的维护调试,要把设备问题排排队,属于哪个部门的问题要落实责任,限期解决,要集中设备维修人员,把设备调试好,使设备正常运转,原料要搞好,要稳定,为高炉稳定顺行、尽快达产创造条件。要给大家讲清楚,利用外资发展钢铁,是党中央、国务院的重要决策。莱钢是全行业利用外资扩建的试点企业,利用亚行贷款,国家就批准了莱钢一家,亚行在中国钢铁工业投资也只有莱钢一个项目,投资效果在国际上是有影响的。莱钢改扩建能不能成功,效益好不好,不仅在国内有重要影响,在国际上也将会产生很大影响。因此,一期工程无论如何要抓好达产达效,不能久拖。今年全行业新投产的高炉不少,企业之间有个比试问题,看谁的高炉建设快,调试好能够尽快达产。莱钢在连铸上打了个大胜仗,在全行业创出了水平,750 立方米系统达产也应该创出较好水平。

莱钢产品质量在全行业是排头兵。我赞成李厂长提出的质量是永恒的主题的观点。永恒的主题就要好上加好,现在你们的热带表面质量不错,但包装就不够好,在热带包装上要采取点措施,下点功夫。在产品质量上要精益求精,不能满足于现状。搞市场经济,企业靠产品竞争,下一步还面临“复关”的考验,质量上不去,就没有竞争力。希望你们继续努力,保持你们质量排头兵的荣誉。

要搞好产品的深加工。莱钢现在大都是初级产品,搞产品深加工大有可为。搞产品深加工是投资少、收益大的事 ,还可以安排富余人员,安排富余人员光靠服务业不行,必须立足于扩大生产项目。你们要在产品深加工上大做文章,提高企业经济效益。

(调研室提供)

# 3. 总厂领导讲话

## 团结奋斗　开拓前进
## 努力登上年产百万吨钢的新台阶

——总厂厂长李景常在莱钢第六届职工代表大会第四次会议上的工作报告

（1993 年 12 月 15 日）

各位代表，同志们：

现在，我向大会报告工作，请审议。

### 一、今年以来的工作回顾

今年以来，我厂总的形势是好的。生产经营上了新台阶，改扩建一期工程建成投产，各项改革进展顺利，职工生活得到改善。全厂呈现出安定团结、蓬勃发展的新局面。可以说，今年是我厂抓住时机，加快发展，团结奋斗，开拓前进的一年，是全厂两个文明建设取得丰硕成果的一年。

**一是生产经营创出了新水平，速度效益同步增长**

经济效益大幅度提高。1～11 月份，全厂实现利税 35289.61 万元，比去年同期增长 73.80%，其中利润 20547.13 万元，税金 14742.48 万元，分别比去年同期增长 96.89% 和 49.39%。实现销售收入 176237.21 万元，比去年同期增长 55.75%。预计全年利税可达到 3.7 亿元，利润 2.1 亿元以上，销售收入可达到 19 亿元。

产值和主要产品产量大幅度增长。1～11月份，实现全民工业总产值92066万元，比去年同期增长14.8%。生产钢72.6万吨，生铁67.8万吨，分别比去年同期增长17.2%和13.3%。在全国地方骨干钢铁企业中，钢产量由去年的第9位上升到第6位，生铁产量由去年的第8位上升到第6位。生产无缝管坯1.87万吨，焊管坯和热带17.86 万吨，成品钢材 26.51 万吨，总计生产坯材 46.24 万吨，比去年同期增长 29.6%。焦炭、铁矿石、铁精粉、石灰石、水泥、电解铜、金刚石、聚合铝等产品产量和火车、汽车货运量、周转量、动力供应量都比去年同期有较大幅度的增长。机修产品较好地完成了计划。在生产与建设任务重、大面积交叉的复杂情况下，安全环保工作得到进一步的重视和加强。经过努力，预计可以实现全年产钢 80 万吨的奋斗目标，生铁可达到 76 万吨。

质量品种和销售服务进一步改善。1～11 月份，总厂列入考核的 34 项质量指标完成 30 项，冶金部考核的 9 项质量指标全部完成。优质产品产值率和产量率分别达到41.97%和

39.12%。15种国、部、省优产品继续保持了优质产品的称号。新开发和正在试制焊管坯、船用四级锚链钢、船用管坯钢、转炉炼45号钢、130毫米大圆钢、高强度打包带六个新产品。我厂被评为第二届“山东省重合同守信用企业”。

节能降耗有了新的进步。1～11月份，连铸比达到25.01%，结束了我厂连铸比为零的历史。钢材综合成材率达到85.28%，比去年同期增长2.65个百分点，由去年在全国地方骨干企业中排序第35位上升到第27位。吨钢综合能耗1209千克/吨，比去年同期降低13.4%。我厂晋升为国家一级节能企业。节能降耗效益约6500万元。

**二是改扩建和技改成绩显著，一期工程试生产情况良好**

1～11月份，完成总投资53880万元，其中利用外资改扩建工程32217万元，其它基建技改工程21663万元。改扩建一期工程实现了建设速度快、质量好、投资省的目标，6月4日750立方米高炉顺利流出第一炉铁水，试生产几个月取得了较好的成绩。二期工程建设全面展开。3号转炉、混铁炉建成投产，2号连铸机即将进行热负荷试车。自备电站基本达到了发电条件。中小型轧机、合金钢连铸机和钢包精炼炉等国外引进设备已完成招标并签订了合同，引进1台落地镗床可望近期到货。马庄三期工程年底可完工，谷家台试采进展顺利，韩旺上河矿区采场接续工程基本建成。石灰石矿扩建正在施工。沂蒙冶炼厂压机已增加到18台。50吨电炉工程完成初步设计和“三通一平”，引进设备陆续到厂。今年以来共完成技术改造39项，有8项新技术新工艺通过了上级鉴定。1号连铸机在拉坯成功半个月后的2月份产量达到月设计平均水平，创出全国小方坯连铸机建设达产速度的最好水平。一铁3号高炉大修改造、特钢中轧改造、锻压轧机改造、焦化厂1号焦炉改烧高炉煤气工程、韩旺选矿第三系列技改工程、新泰冶炼厂再生铜和铜管生产线改造以及开源节水等技改项目都创出了较好的水平。我厂进入全国工业企业技术开发实力百强企业行列，居第52位。靠科技进步增加效益约17000万元。

**三是集体经济进一步壮大，第三产业蓬勃发展**

1～11月份，全厂附属企业公司系统完成产值12008万元，实现利税822万元。新上项目28个，新增就业人员1015人，截止11月底，全厂集体企业和第三产业从业人数已达80[illegible]7人。集体经济的壮大和第三产业的发展，在服务莱钢，安排就业，方便职工，增加效益等方面发挥了重要的作用。

**四是厂区面貌发生了新的变化，职工生活进一步改善**

职工生活福利设施和城市化建设取得较大进展。新兴南路、钢城路主车道已简易通车。职工宿舍开工20239平方米，，预计到年底可竣工108532平方米。公共福利设施开工32000平方米，已竣工19700平方米。程控电话开通。技校搬迁顺利完成。职教中心食堂投入使用。附属企业公司劳动服务大厦、中心区浴室接近建成。一中教学楼、医院病房大楼、大学生公寓、新建宾馆等几座高层建筑和中心区门诊楼、菜市场等均已开工建设，铁铜沟俱乐部门诊楼二期准备工作就绪，即将破土动工，可按原计划明年建成投入使用。环境保护和厂区绿化美化有了新的进步，职工工作生活环境有了改善。预计全年职工人均收入比去年有较大幅度的增长。职工食堂、托幼园所和浴室达标率分别达到88%、88%和50%。各种形式的文娱体育活动丰富了职工的业余文化生活。

此外，全厂的计划生育、职工培训、文化教育、医疗卫生、商业服务、公安武装、审计监察、劳动人事、档案管理、法律事务和老干部工作等，都取得了较好的成绩，在两个文明建设中发挥了积极的作用。

各位代表，同志们！今年以来取得的所有成绩，是我们认真贯彻落实邓小平同志南巡重要谈话和党的十四大精神，以及中央和省委一系列指示精神的结果，是各级党政工团组织带领全厂职工顽强拼搏，团结奋斗，共同努力的结果。广大职工代表以对莱钢生产建设和今后发展高度负责的精神，在生产经营、改扩建和改革等工作中，充分发挥了参政议政和骨干带头作用，为我厂两个文明建设作出了积极的贡献。在此，我代表总厂党政工领导向在座的各位代表和同志们，并通过你们向全厂职工、离退休老同志和职工家属表示衷心的感谢和诚挚的敬意！

回顾今年以来的工作，主要有以下几点体会：

**（一）抓住市场，适应市场，才能取得好的经济效益**

今年以来，在生产经营上我们始终坚持“一个中心，两个第一”的方针，以市场为导向，以效益为中心，全厂上下同心干，一切围绕市场转。上半年，我们紧紧抓住钢铁市场旺销的有利时机，开足马力增产增效，采取灵活的价格政策，加强供产销运的衔接协调，快发快运快收，面向市场，开拓经营，取得了好的经济效益。进入7月份以来，随着国家加强宏观调控政策的逐步到位，市场发生急剧变化，我们充分发挥转炉、电炉两条生产线的优势，及时调整产品结构，生产适销对路、高质量、高附加值的产品。同时，以贯彻落实中央6号文件和全国冶金电话会议精神为契机，在全厂广泛开展以查经营思想，查假冒伪劣，查管理漏洞为主要内容的“三查”活动，动员全厂上下端正经营思想，转变经营作风，加强内部管理，提高产品质量，强化产品销售，改进服务质量，组织催收货款。在市场由旺转平，价格不断回落的情况下，仍然取得了较好的经济效益。实践使我们深刻体会到，在社会主义市场经济条件下，企业只有面向市场，不断地适应市场，才能在激烈的竞争中立于不败之地。

**（二）突出重点，抓住关键，才能掌握生产建设工作主动权**

今年以来，我们在工作上，坚持统揽全局，突出重点，审时度势，注重抓主要矛盾和薄弱环节。对关系生产建设和莱钢发展全局的重要工作，紧抓不放，一抓到底，从人、财、物力上给予保证支持。比如，实现今年生产经营总体目标，铁是关键，而铁的生产又在于620立方米高炉能不能稳定顺行，一期工程能不能尽快建成投产并达产达效。一期工程成功与否，不仅直接关系到生产经营目标的实现，而且在全省全国都有一定的影响，事关莱钢全局。为此，我们一方面坚持“稳铁保钢促材”的生产组织方针，千方百计强化620立方米高炉护炉措施，加快一铁3号炉大修改造，使整个生产经营在620立方米高炉设备严重老化，生产建设大面积交叉的情况下，基本保持了稳定增长的势头。另一方面，动员甲、乙、丙、丁各方，开展一期工程决战，使高炉系统于5月底基本建成。750立方米高炉热负荷试车成功后，不失时机地组织开展750立方米高炉达产达效攻关，使高炉在试生产中创出了较好的水平，利用系数逐月提高。实践证明，今年以来我们围绕提高效益，在生产建设上采取的一系列重大措施，抓住了要害，抓出了成效。不仅保证了今年生产建设总体目标的实现，而且为明年登上百万吨钢的台阶，乃至莱钢今后发展奠定了坚实的基础。

**（三）依靠科技，强化管理，才能不断上台阶上水平**

科技进步和科学管理是企业发展的两个轮子，是企业上台阶上水平的根本所在。在生产建设中，我们坚持“科学技术是第一生产力”的方针，把科技进步和科学管理有机地结合起来，一方面走“科技兴厂”之路，推进技术进步；一方面立足内部，加强管理，练内功，挖内潜。进一步强化“科技兴厂”意识，推行科技承包，充分发挥科技人员的作用，对有突出贡献的科技人员给予表彰奖励，激发了科技人员的积极性。增加科技投入，大搞技术开发，推进技术进步，加快技术改造，推动了生产的发展。比如：通过新建连铸和以理顺轧钢工艺为重点的一系列技术改造，提高了技术装备水平，既扩大了规模，消灭了三火成材，又为提高产品质量，优化产品结构奠定了基础，增强了企业竞争能力和发展后劲。认真贯彻全省企业管理工作会议精神，坚持严格管理，从严治厂的方针，针对“三查”中查出的问题，认真组织整改，强化基础管理和各项专业管理，加强班组建设，夯实管理基础，狠抓现场管理，推进现代化管理，使企业整体素质有了明显的提高。

**（四）深化改革，转换机制，才能解放和发展生产力**

深化改革，转换经营机制，是经济体制改革的中心内容，也是企业走向市场的内在要求。今年以来，我们以贯彻《条例》为核心，以增强企业活力，适应社会主义市场经济发展为目标，在内部推行了一系列改革。一是积极稳妥地推进了劳动人事分配制度改革。整个“三改”在试点的基础上，今年在全厂推开，第一批 17 个厂矿单位上半年完成。总厂机关和服务单位“三改”也基本完成。在“三改”中，通过“双考”和“双向选择”，实行竞争上岗，推行了岗位技能工资制，向苦、脏、累、险和技术高、责任重、贡献大的岗位倾斜。结合“三改”，按照精简效能的原则，精简机构，压缩富余人员。坚持先开渠后放水的原则，妥善安置富余人员。经过改革，在企业内部初步建立起了“干部能上能下，职工能干能工，人员能进能出，工资能升能降，上岗靠竞争，收入靠贡献”的激励机制，调动了职工的积极性，提高了劳动生产率和工作效率。二是有计划有步骤地推进股份制改组工作。加强对锻压、冷带两个股份制试点单位的指导，保证试点顺利进行。配合亚行聘请的咨询专家进行股份制改组咨询，专家组已先后七次来厂，经过双方的共同努力，目前，专家组已提出了一个中期报告。还进行了人员培训、清产核资等工作。为实施改制方案奠定了基础。另外，在集中统管、横向经济联合、扩大对外开放等方面迈出了新的步子。同台商合资兴办了“鲁碧建材有限公司”，还分别在北京、济南办起了两个经贸公司，并参股海南国际招商股份有限公司。改革的深化，使企业内部经营机制得到转换，给生产建设注入了新的生机和活力。

**（五）党政工团一个目标一股劲，全心全意依靠职工群众，才能战胜一切困难，不断开创新局面**

今年以来，各级党政工团齐心协力，坚持两手抓，两手硬的方针，围绕生产建设这个中心，一个目标，一股劲，形成了克难制胜的强大合力。各级党政工团共同组织开展“抓机遇、求发展”主题系列活动、“三查”活动和反腐败斗争，共同组织开展“决战十二月，保钢八十万”的劳动竞赛。组织广大职工认真学习邓小平同志建设有中国特色社会主义理论和党的十四大精神，以及中央领导同志的一系列指示精神，使广大职工思想进一步解放，机遇意识、改革意识和市场经济观念进一步增强。围绕生产建设和改革的重点、难点和热点问题，做好思想政治工作，加强舆论宣传，强化民主管理，关心职工生活，为生产建设和改革提供了强大的政治保证和精神动力。广大职工群众以与莱钢同呼吸、共命运的主人翁责任感，关心莱钢发展，体谅企业困难，积极投身生产建设和改革之中，主动为企业分忧解难。发扬“团结奋斗，艰苦创业，改革创新，争创一流”的莱钢精神，在各自岗位上，为提高经济效益，为莱钢的建设发展，兢兢业业地工作，默默无闻地奉献。积极拥护改革，支持改革，参与改革，顾大局，守纪律，自觉服从安排，保证了改革顺利进行。实践再一次证明，有一个团结战斗的各级领导班子，有一支敢打硬仗、富有战斗力的职工队伍，这是我们搞好生产建设和改革等各项工作的根本保证，也是莱钢发展振兴的希望所在。

各位代表，同志们！今年以来，我们取得的成绩是显著的。但是，在工作中也出现了一些不容忽视的问题。比如，由于多种原因，双八十奋斗目标中生铁产量难以完成；部分产品的实物质量仍存在一些问题，个别产品的质量问题还比较严重，对提高效益和莱钢信誉有一定影响；下半年以来，“三角债”急剧上升，资金紧张成为当前困扰生产建设的突出矛盾；生产还不够稳定，设备事故、工伤事故，特别是重复性事故较多；随着改革的深入，由于相应配套措施跟不上，产生一些新的矛盾，需要逐步解决；管理上还存在一些薄弱环节等。出现这些问题，原因是多方面的，既有外部环境变化等客观原因，也有内部管理工作上的原因，但根本的原因是我们的思想观念、管理体制和经营机制、工作方法和办事效率等还不能很好地适应社会主义市场经济的需要。对上述这些问题，必须引起高度重视，认真总结经验教训，加大措施，努力改进，使我们今后的工作更主动更好一些。

## 二、1994年工作指导思想和任务目标

各位代表，同志们！1994年是莱钢发展史上非常关键、非常重要的一年，是莱钢登上100万吨钢新台阶的一年。党的十四届三中全会，确立了建立社会主义市场经济体制的总体规划，指出要紧紧抓住国际国内的有利时机，加快建立社会主义市场经济体制，实现国民经济持续、快速、健康的发展，为加快改革开放和现代化建设指明了方向。我们必须统一思想，认清形势，不失时机地加快莱钢发展进程，努力登上新的台阶。明年全厂工作总的指导思想是：认真贯彻党的十四大和十四届三中全会及省六次党代会精神，抓住机遇，加快发展，紧紧围绕提高经济效益这个中心，坚持生产建设并举，两个文明一起抓，深化改革换机制，加强管理练内功，依靠科技挖潜力，充分发挥职工群众的积极性，进一步增强适应市场、运用市场、开拓市场的能力，努力登上规模经济、质量品种、综合经济效益的新台阶，全面完成明年的各项任务目标。总的要求是：全面抓好生产、建设和改革三件大事，迈出新步伐，实现新突破；坚持："一个中心，两个第一"的方针，立足内部，练内功，挖内潜，登上百万吨钢新台阶，实现速度和效益的统一；根据资金到位情况和网络计划要求，加快利用外资改扩建工程进程，增强企业发展后劲；按照建立现代企业制度的要求，积极推进企业内部改革，完善三项制度改革，抓紧抓好全厂股份制改组，增强企业活力，建立适应社会主义市场经济的新的企业管理体制。

我们的口号是：团结奋斗九四年，产钢超过一百万；两个文明结硕果，实现利税五亿元。

主要任务目标是：

1. 经济效益：力争实现销售收入27亿元以上，实现利税5亿元以上，其中税金2亿元，利润3亿元。

2. 产值和主要产品产量：全年实现工业总产值154650万元，力争生产钢103万吨，生铁81万吨，钢材67万吨。

3. 质量品种：保持现有的国、部、省优产品称号，主要产品实物质量进一步提高；开发2.0×200mm热带等4个新产品。

4. 安全生产：实现重大设备事故、火灾事故、交通责任事故、污染事故以及人身工亡事故为零。

5. 全年固定资产投资100108万元，其中：利用外资改扩建工程44187万元，其它基建技改和福利设施项目55921万元。

6. 在效益增长的前提下，全年人均收入比今年提高20%以上。有重点地搞好职工生活福利设施和城市化建设。

完成以上任务目标，核心是实现利税五亿元，这是一切工作的出发点和立足点，基础是实现100万吨钢的目标。实现100万吨钢的目标，是莱钢加速发展，在激烈的市场竞争中立于不败之地的必然选择，也是全省冶金工业和山东经济发展的客观要求，它标志着莱钢真正进入大型钢铁企业的行列。明年达不到这个目标，与我厂在全国地方钢铁企业中的地位不相称，与我厂改扩建和技改的大量投入不相称，与我厂深化改革、转换机制的应有成果不相称，也与我厂这支能打硬仗的职工队伍的水平不相称。因此，我们要横下一条心，团结奋斗，全力以赴，实现100万吨钢的目标，提高经济效益，为山东经济和我国钢铁工业的发展，作出应有的贡献。

明年莱钢加快发展步伐，登上100万吨钢的新台阶，具备许多有利条件。从外部环境来

说，随着《中共中央关于建立社会主义市场经济体制若干问题的决定》的贯彻落实，必将有力地推动改革开放和现代化建设。预计明年国民经济仍将保持一定的发展速度。经济发展必然带动重点建设和原材料工业的发展，市场将会保持相对稳定和较好的态势，钢铁企业仍有加快发展的时机。从企业内部而言，我们已经具备了登上100万吨钢新台阶的基础和条件。今年生产经营和改扩建创出了新的水平，取得了显著的成绩，为明年上台阶积累了经验，奠定了基础。特别是750立方米高炉、3号转炉已经投产并发挥效益，2号连铸机年底将热负荷试车，从而使莱钢具备了钢铁双百万吨的生产能力。生产规模的扩大和生产能力的配套，使我们能够充分发挥既有特钢又有普钢的优势，生产市场需要的品种，增强企业的市场适应能力和抗风险能力，迎接市场竞争的挑战。改革的进一步深化，将给生产建设增添新的动力源泉。三项制度改革和股份制改组等一系列改革措施，将有利于转换经营机制、提高经营管理水平和经济效益，有利于建设和改造资金的积累和筹集。另外我们有一支敢打硬仗的职工队伍，有团结奋斗、勇于开拓进取的各级领导班子。这是我们能够克难制胜、上台阶上水平的根本保证。

在看到对莱钢发展有利方面的同时，我们必须清醒地看到不利的因素，看到严峻的一面。一方面，三角债上升、资金紧张，目前我厂人欠、欠人都达到近四亿元，从各方面的情况分析，这种状况可能要持续到明年一季度；受宏观调控的影响，钢材市场由旺转平，价格逐步回落，估计一季度前不会出现旺销。另一方面，生产组织难度较大。620立方米高炉将在明年初停炉大修扩容改造，因受设备供应的制约，预计明年不会发挥效益。这样重要的生产工序、生产能力长时间间断，将给原材料、动力、能源、运输及生产组织的平衡带来许多困难；明年生产任务重，改扩建工程紧，股份制改组进入关键阶段，各项任务交叉，工作压力相当大；我厂规模能力的扩大，新工艺新项目的不断投入，管理思想、管理制度、管理方法都需要与之相适应。

总之，分析明年上新台阶的形势，可以概括为一句话：基础条件具备，困难、矛盾很大，关键在工作。可以说是机遇与挑战并存，抓机遇快发展仍然是主题。因此，既不要盲目乐观，对困难和矛盾宁可估计得足一些，又不要畏难退缩。只要坚定信心，真抓实干，我们就一定能战胜各种困难，实现明年的奋斗目标。

## 三、完成1994年任务目标的主要措施

各位代表，同志们！1994年是莱钢上规模、增能力、上水平、增效益的一年，也是莱钢发展史上承前启后，继往开来的一年。全厂职工一定要增强机遇意识、竞争意识和发展意识，要有危急感和紧迫感，进一步解放路思想，更新观念，树立信心，勇于开拓，坚定不移地完成明年的各项任务目标。为此，必须扎扎实实地抓好以下几点：

**（一）深挖内部潜力，加快发展步伐，向规模要效益**

实现100万吨钢的目标是提高全厂综合经济效益的重要措施，也是明年的主要任务之一。因此，要认真贯彻“一个中心，两个第一”的方针，把完成100万吨钢的目标作为全厂的一项重要任务，分解落实到各厂矿、单位、处室，从一月份起，一个月一个月地抓落实，努力提高规模经济效益。

切实加强生产经营组织协调，确保增产增效。由于明年市场变化和内部生产波动因素都比较大，因此，加强生产经营组织协调是实现100万吨钢的重要一环。要围绕适应市场、开拓市场、最大限度地提高效益的要求，在全厂真正建立快节奏、高效率、反应灵、供产销运一体化的生产经营指挥协调机制，坚持计划服从市场、长计划短安排的原则，切实加强市场调查分析，及时根据市场的需求变化，研究、调整生产经营策略，调整生产经营计划，协调解决生产经营过

程中若矛盾和问题。各单位、各部门和全厂职工要牢固树立大局观念，确立全厂一盘棋的思想，服从生产调度指挥，严肃调度指令，严格按生产经营计划组织生产。产供销运之间，上下工序之间，单位与单位之间要互相创造条件，互相提供方便，共同克服困难，充分发挥莱钢的整体优势，提高全厂的综合经济效益。

理顺生产工艺，抓住薄弱环节，确保稳产高产。明年生产经营中的主要矛盾是铁和钢的工艺平衡、衔接以及氧气、煤气、运输等外部条件的平衡适应问题。因此，生产组织的重点是抓好生产各环节的平衡，深入挖潜，增铁、增钢、保材，确保生产上台阶。生铁是明年生产的主要制约因素，要切实解决炼铁工艺、技术、管理上的问题，千方百计抓好铁的生产，确保高炉稳定顺行。620立方米高炉将于明年初停炉，因大修改造设备供应等因素影响，明年将难以发挥作用，二铁厂生产任务主要靠750立方米高炉来完成。因此，要力争750立方米生产50万吨生铁，正确处理生产与建设的关系，加强对750立方米高炉的管理，完善应有的技术条件，尽快提高操作水平，实现达产达效的目标。一铁厂要在保证生铁质量的前提下，确保全年生产生铁31万吨。要加强原材料的采购供应，保证矿石、铁精粉、焦炭等炉料的质量，为高炉生产创造良好的外部条件。在620立方米高炉停炉大修改造期间，要切实抓好与有关单位的生铁、钢锭、钢坯的来料加工等协作关系，以最大限度地减少工序能力的闲置浪费。钢是明年生产的重点，在铁的生产波动比较大的情况下，要顺利实现100万吨钢的目标，必须加强对炼钢生产的系统管理，解决生产不均衡性、氧气制约和质量品种等问题，千方百计保证炼钢生产。要专题研究完成100万吨钢的铁水缺口问题，研究上化铁炉的可能性和综合效益分析、评价。要提高转炉钢生产管理水平，既要增加产量，确保全年产钢85万吨，又要提高质量，保证品种；要抓好连铸生产，全厂连铸比争取达到50%。动力、机动部门要加强对制氧设备的管理，确保氧气的正常供应。特钢厂、轧钢厂、锻压股份有限公司、附属企业公司等成材单位，要按总厂年度计划要求，在保证产品质量、品种规格的前提下，努力增产。在产量大幅度提高的情况下，有关部门和单位要互相配合，认真做好铁水调运，锭、渣、坯、材的运储、周转、销售，做到物流畅通。同时抓好煤气、电力、工业用水等动力能源的平衡、供应，保证生产的需要。

**（二）提高产品质量，降低产品成本，向市场要效益**

市场竞争主要是质量品种的竞争、成本的竞争和营销策略的竞争。因此，我们必须强化市场观念和竞争意识，进一步加强对产品品种结构和营销策略的研究，提高质量，降低成本，生产适销对路的产品，以优取胜，以快取胜，以廉取胜，提高企业的综合经济效益。

加强质量管理，提高产品质量。质量是产品的生命，也是企业的生命。我厂近几年来在质量管理方面抓得很有成效，质量信誉是比较高的，但是必须清醒地认识到，由于我们今后几年尚存在一些落后工艺与新上工艺交叉运行的状况，从技术和管理上都给我们的质量工作带来新的问题，需要我们认真对待，尽快适应，少出问题或不出问题。因此，要进一步学习贯彻《产品质量法》和GB/T19000—ISO9000系列标准，提高全厂职工的质量意识、法制意识；进一步完善以质量为中心的生产经营管理体系，加强质量控制和检查、监督，特别是工序质量监督，从原材料进厂到产品出厂每道工序都要严格把关，严格执行工艺纪律和操作规程，从严考核，强化质量责任，完善和落实质量否决制；进一步加强质量攻关，对新投入的工艺要尽快制定出与之相适应的操作规程，要充分发挥新上检测手段和自动化手段的作用；增加质量投入，努力提高产品实物质量，降低废品损失，生产市场需要、用户满意的产品，提高莱钢的产品信誉和市场竞争能力。

严格成本核算，努力降低产品成本。降低成本是企业管理的硬功夫、真本事，是企业参与竞争的重要途径。全厂各单位特别是各级领导一定要增强成本意识和资金的时间价值观念,按新会计制度的要求,提高财务管理水平,修订完善厂内市场价格核算管理办法,在成本测算和控制上下功夫、用力气,严格成本否决,千方百计降低消耗,降低原材料和设备采购成本,压缩费用支出,使成本、费用控制在总厂下达的计划以内。进一步强化资金管理,杜绝计划外支出和铺张消费的现象。要以效益为中心,以增产、节能、降耗为重点,在全厂大力开展“双增双节”活动,增产节约,增收节支,清仓利库,修旧利废,最大限度地降低产品成本,提高综合经济效益。

强化市场营销,提高市场竞争能力。在市场经济条件下,销售工作在企业生产经营中的地位十分重要。只有做到产出来,卖出去,收回来,才能保证生产经营实现良性循环。因此,要在全厂建立灵活高效的营销机制,切实树立以效益为中心的营销思想,加强对市场的调查预测,及时了解掌握价格、资源、政策等方面的信息,根据市场形势和用户特点,采取灵活有效的价格和销售策略,什么产品效益好就卖什么,用户需要什么就干什么。加强销售力量,建立健全销售责任制,研究制订促销奖励政策,调动销售人员的积极性;进一步强化服务意识,充分做好销售服务工作,树立良好的企业形象。抓住国家注入资金的时机,组织好货款回收;大力拓宽销售渠道,建立稳定的销售基地,充分发挥我厂驻外机构和经贸公司的作用,立足省内市场,积极开拓省外市场、国际市场,向市场要效益。

**(三)依靠科技进步,加强企业管理,向科技、管理要效益**

依靠科技进步,依靠科学管理,提高企业素质,这是增强市场竞争力,增强企业活力,加快发展的两个轮子,也是完成明年各项任务目标的重要保证。

发挥科技先导作用,提高技术素质。实现100万吨钢的目标,关键在于理顺生产工艺,解决制约生产的薄弱环节。因此,要把科技工作的重点放在攻关键、上水平、上档次上,进一步增加科技投入,大力推进技术改造,提高装备水平。技改技措项目要坚持短、平、快,坚持做好技术论证,讲求投入产出效益。条件不成熟不要轻易列入计划,一旦列入计划就要按要求完成。进一步完善科技承包和科技奖励政策,调动科技人员的积极性和创造性,发挥专家的作用,开展全厂性的技术攻关活动,发动职工进行小改小革,对生产设备、生产工艺方面的关键问题进行技术攻关,特别要搞好750立方米高炉和连铸等新上项目的攻关。进一步吸收消化新上项目的先进技术,理顺工艺,增产降耗,提高产量,提高质量,优化品种,多生产品种钢。市场是变化的,要根据市场变化及时调整产品结构,加大新产品的开发力度,真正做到生产一代,储备一代,研制一代,增强市场的适应能力。明年重点开发2.0×200mm热带等新产品,要加强技术开发力量,充实开发手段,加强新产品开发攻关,保证新产品研制开发工作顺利进行。

加强企业管理,提高管理素质。管理出水平、出效益。管理工作总的要求是:练内功,挖内潜,标准要高,要求要严,科学管理,依法治厂。明年经济责任制的基本原则是,以效益为中心,以实现100万吨钢为目标,加大奖惩力度,在分配上拉开差距,严格考核,充分体现按劳分配、多劳多得、增效增收的原则。继续实行“一体两翼”承包模式,单位承包指标与纳入考核的基本工资和全部奖金实行分档挂钩考核。对三产单位,同主要产品产量(产值)和内部利润挂钩,达到什么档次,就得到什么档次的工资总额;对动力、运输、自动化部等同生产密切的辅助生产单位,同全厂铁、钢、材产量和内部利润挂钩,同时加大工作质量的考核力度;对新投产项目,实行达产承包,促进尽快达产达效;对厂处级领导干部,为适应改革发展趋势和向股份制运行机制过渡,奖金由总厂统一考核发放。同时继续执行连续三个月挂钩指标完不成计划的厂矿,对厂矿长给予黄牌警告,连续半年完不成计划,就地免职的规定。除特殊情况外,考核一律不搞照顾,不搞预借拉平,在全厂真正建立激励机制和约束机制。全厂各单位要从抓基础工作入手，加强管理，坚持高标准，严要求，奖优罚劣，严格执行各项管理制度，堵塞管理中的漏洞，夯实管理基础。特别是新上项目的单位，要健全制度，严格规程，加强职工业务技术培训，以适应达产达效的要求。继续以定置管理、标准化作业为重点，强化现场管理，提高现场管理水平，大力推广应用现代化管理方法和手段，提高管理素质。各单位、各部门要认真贯彻“安全第一，预防为主”，“保护环境，造福人民”的方针，落实各项安全规章制度，加强安全管理，增强职工的安全意识，实现安全生产、建设，文明生产、建设，620立方米高炉停炉前要加强特护，制订严密的停炉方案，保证安全顺利停炉；加强环保工作，坚持“三同时”，落实安全环保责任制，加重奖罚力度，对环保设施要加强维护，保证正常运行。加强设备的管理维护，关键设备要推行点检制，在设备事故管理上考核要严格，杜绝重复事故的发生，确保设备安全运行，努力实现安全生产五为零的目标。

**（四）加快建设速度，控制项目投资，向建设要效益**

明年我厂固定资产投资总额为100108万元，其中外资48444万元，内资51664万元。利用外资改扩建工程投资44187万元，其它基建技改和福利设施项目投资55921万元。当前，资金紧张是制约我厂生产和建设最突出的矛盾。因此，固定资产投资总的方针是：集中资金保重点，加快发展上水平。只要资金条件有可能，争取多保一点，特别是投资省、见效快对生产经营有重要影响的项目，要从资金上重点保证。为保证工程顺利进行，必须立足于多创效益，采取多种形式，多方面筹集资金，严格投资项目的管理，严格控制投资，千方百计开源节流，立足内部，争取外援，量入为出，量力而行。对项目按轻重缓急排队，实行滚动计划，有条件的就千方百计保，暂时不具备条件的先缓一缓。这样既能保持一定的发展速度，又能适应资金状况和外部经济形势的变化，取得最佳经济效益。

全力以赴搞好利用外资改扩建工程建设。明年钢区工程除3号连铸机之外全部建成，轧钢系统工程土建基本完成，具备安装条件，利用外资的辅助配套设施基本建成，工程时间紧，任务重，要采取得力措施加强工程管理。千方百计筹集资金，尤其用足用好用活外资，同时尽量压缩库存。在资金紧张的情况下，总体规划不变，对1993年、1994年开工的项目，按照资金到位情况，保重点工程建设，集中力量打歼灭战，充分发挥投资效益，改扩建工程是莱钢发展振兴的希望工程，各单位、各部门、全厂职工都要关心支持工程建设，为工程建设开绿灯。特别是有改扩建任务的厂矿，要把工程建设摆到重要议事日程，当作大事来抓，协调处理好生产与基建的关系，为确保生产建设顺利进行做出贡献。进一步加强对工程的组织领导和指挥协调，认真总结一期工程的建设经验，突出以甲方为主体，以总进度为中心，发挥全面协调全方位服务的作用，贯彻落实工程监理制和业主责任制，强化工程管理，切实抓好工程设计和工程管理，妥善处理生产基建交叉的矛盾，及时解决工程建设中出现的各种问题，千方百计抢进度、保质量、保安全、创效益，确保工程顺利进行。

加快重点技改技措工程建设步伐。620立方米高炉大修改造工程和50吨电炉工程是明年的关键工程，要加强领导，统筹规划，吸取750立方米高炉建设过程中的经验教训，严把高炉设计和设备施工质量关，充分做好各方面的准备工作，精心组织，精心施工，用最快的速度、最好的质量，顺利完成工程建设任务。620立方米高炉大修扩容改造，一方面要抓好施工组织，一方面要筹措资金，抓好设备制作和关键材料的供应工作。50吨电炉力争明年建成投产。

**（五）深化企业改革，转换经营机制，增强企业活力**

深化改革，转换机制，是企业在社会主义市场经济体制建立完善过程中的一项根本性任务。明年我厂改革的总体思路是：以“三改”、股份制改组为重点，深化改革，建立新型的适应社会主义市场经济需要的管理体制和经营机制。

进一步完善三项制度改革，建立灵活高效的竞争激励机制。三项制度改革的根本目的是建立竞争激励机制和灵活高效的管理体制，提高劳动生产率和工作效率。因此，明年要深化完善“三改”，巩固“三改”成果，重点处理好“三改”的遗留问题，做好岗位技能工资的收尾和调整工作，同全国全省工资制度改革相衔接，同全厂股份制改组相衔接；总厂机关和各单位要结合股份制改组，做好机构调整工作，根据新机构，进行职责划分，定编、定员、定岗。同时，各单位按照高效、统一、灵活的原则，逐步理顺部室制的内部管理关系和职能，真正建立机构精、指挥灵、协调好、效率高的运行机制。进一步完善三项制度改革的配套制度，认真做好职工，特别是下岗职工的思想政治工作，稳定职工队伍。实行全员合同制，确立在社会主义市场经济中法制化的用工关系，明确企业和职工的权利和义务，实现用工制度的根本改革。

集中精力搞好股份制改组。股份制改组是从深层次上解决旧体制的弊端，转换经营机制，建立现代企业制度的有效途径，是企业脱胎换骨的改革，我厂明年股份制改组的主要任务是：配合国外专家组，确立莱钢整体改制方案，做好资产评估、产权界定、业绩审查、效益预测等改制前的准备工作，争取下半年创立公司，四季度发行股票并上市。因此，要重点做好四件事：一是做好改组的舆论宣传工作。全厂职工，特别是各级领导要认真学习股份制知识，了解股份制、认识股份制，正确理解和领会股份制改组的意义，增强改革的承受力。莱钢进行股份制改组，不论从近期还是长远看，不论对进股份公司、还是不进股份公司的单位和职工来说，都是有利的一件大好事，这是毫无疑义的。二是配合国外专家做好改制方案的制定、实施工作。股份制改组是一项涉及到全厂结构性调整的系统工程。因此，在方案制订选择上，要按照省委、省政府的要求，坚持高起点、高标准、规范化，机构设置要遵循精简高效的原则，与市场经济相适应，既符合国际惯例，又要适合国情、厂情。三是完成资产评估工作。资产评估涉及全厂方方面面，各厂矿单位要积极配合，下大力气搞好资产清查、产权界定等各项工作，确保国有资产保值、增殖。四是认真做好公司重组、莱钢重组以及股票发行上市的各项准备工作。我厂股份制改组是由亚行聘请国外专家进行咨询的，成功与否，涉及到莱钢、省和国家在国际上的政治影响，因此，要把股份制改组工作作为一项重要工作抓紧抓好。

大力发展第三产业，积极探索开放型发展的新路子。随着改革的深化，大力发展第三产业将是我厂的一项重要任务。要加强领导，加强规划，正确引导，按照上级和总厂的有关规定，逐步纳入规范化统一管理的轨道，开辟渠道，积极开发为生产、生活服务的项目，妥善安置企业改组的分流人员，确保积极健康的发展，为提高全厂的整体效益发挥积极的作用。同时积极探索横向联合、与外商合资合作等新的发展思路，加快我厂发展步伐。

**（六）坚持两手抓，两手硬的方针，紧紧依靠职工群众，增强企业凝聚力**

各位代表，同志们！要全面完成明年的任务目标，必须坚持两手抓，两手硬的方针，一手抓生产、建设、改革，促进企业全面发展，一手抓精神文明建设，为企业发展提供有力的保证。职工群众是生产力的主体，发展社会主义市场经济，深化企业改革，实现各项任务必须全心全意依靠职工群众。全厂各单位、各部门，各级党政工团组织，要把学习《邓小平文选》第三卷作为一项重大的政治任务切实抓好，用建设有中国特色的社会主义理论统一全厂职工的思想，提高职工贯彻执行党的基本路线和发展社会主义市场经济的自觉性、坚定性；要围绕明年的任务目标，做好深入细致的思想政治工作，弘扬莱钢精神，使职工增强对完成明年生产、建设、改革任务艰巨性和重要性的认识，与企业同呼吸、共命运，充分调动职工的积极性。要切实加强职工教育，以开展岗位培训和继续工程教育为重点，逐步建立和完善岗位培训制度、证书制度、资格考试和考核制度，提高职工的政治思想素质和技术业务素质。切实加强民主管理，充分发挥职工参政议政的作用。企业的重大决策，特别是关系职工切身利益的问题，要充分尊重和听取职工群众的意见，取得群众的理解和支持。城市化建设是造福职工，造福后代的事业。明年要把城建及职工生活福利设施建设作为一项重要工作抓紧抓好。尽管当前资金十分困难，明年初也不会有大的好转，也要千方百计多方筹措，搞好急需的生活福利、文化娱乐设施建设，抓好道路、建筑和绿化。我在六届三次职代会上提出的要办的几件事，要在三年左右的时间内全部完成。也就是在明年、后年相继完成。明年新兴路全线贯通，同时协助地方建成钢城路，还要同地方一起安排好府前路建设和城建规划、建设。进一步改善职工的居住生活条件，争取再用2年左右的时间使中心区暖气、煤气到户；明年开工建设职工住房10万平方米，铁铜沟生活区门诊楼和职工俱乐部建成投入使用，各厂矿的生活福利设施要统筹规划，逐步配套建设，做到道路宽畅、建筑新颖、环境优美。生产建设上台阶，生活服务工作也要上台阶。全厂各单位要把改善职工生活放在重要位置，加强管理，增设服务网点，提高服务质量；各级领导要把群众的疾苦冷暖放在心上，尽力解决职工关心的实际困难和问题，解除职工的后顾之忧。要切实加强对离退休职工的管理服务工作，关心他们的生活，使他们老有所养，老有所乐，老有所为。加强计划生育工作，控制人口数量，提高人口素质。完成明年的各项任务，力量在群众，关键在领导。各级领导班子都要加强自身的思想作风建设和廉政建设，领导干部要带头学习《邓小平文选》第三卷，学习社会主义市场经济理论和现代化企业管理知识，解放思想，转变观念，顾全大局，深入实际，树立脚踏实地、开拓进取、廉洁勤政的工作作风，带领广大职工，更好地完成本单位本部门担负的任务。按照省委及总厂党委的部署和要求，继续抓好反腐败斗争，搞好教育，有什么问题就解决什么问题，务求实效。同时加强社会治安，严厉打击一切违法犯罪活动，稳定厂区社会治安秩序，为生产、建设、改革创造良好的外部环境。

各位代表，同志们！1994年莱钢生产、建设和改革任务光荣而艰巨。让我们认清形势，坚定信心，团结奋斗，开拓前进，努力登上年产百万吨钢的新台阶，为莱钢振兴发展而努力奋斗！

## 总厂厂长李景常在莱钢深入开展反腐败斗争加强党风廉政建设工作会议上的讲话

（1993年9月15日）

同志们：

我们这次召开的深入开展反腐败斗争、加强党风廉政建设工作会议，认真传达学习了江泽民总书记的重要讲话和中纪委第二次全体会议精神，传达了全省深入开展反腐败斗争、加强党风廉政建设工作会议精神和姜春云等省委领导同志的讲话。江泽民同志的重要讲话、中纪委二次全会和全省深入开展反腐败斗争、加强党风廉政建设工作会议精神非常重要，认真贯彻好、落实好，对于我们全面贯彻执行党的基本路线、深入开展反腐败斗争，加强党风廉政建设，确保我厂两个文明建设的顺利进行具有十分重要的意义。根据中央、省委关于近期反腐败斗争的部署，结合我厂的实际，下面，我代表总厂党委和行政，就我厂开展反腐败斗争、加强党风廉政建设问题讲几点意见：

**一、认清形势，端正态度，提高对开展反腐败斗争重要性、必要性的认识。**

正确估价全国、全省和我厂反腐败斗争的形势，对于我们开展反腐败斗争有着至关重要的意义。江泽民同志在分析全国反腐败斗争的现状时讲了两句话："一句是，我们党的路线是正确的，党的主流是好的，大多数党员和干部是廉洁奉公的。十多年来，我国经济的巨大发展和社会的全面进步是广大党员、干部同群众团结奋斗的结果，反腐败斗争也是有成效的，这些都是基本的事实。另一句是，在党内、在国家机关中确实存在着腐败现象，有些方面还在滋长和蔓延，广大党员、干部和群众深感忧虑，迫切希望采取坚决措施加以解决。我们不能否定党的主流是好的，也不能低估了腐败现象的严重性和危害性。"他还一针见血地指出："腐败现象是侵入党和国家健康机体的病毒，如果我们掉以轻心，任其泛滥，就会葬送我们的党，葬送我们的人民政权，葬送我们的社会主义现代化大业。"邓小平同志更是严肃指出："如果我们党不严重注意，不坚决刹住这股风，那末，我们党和国家确实要发生会不会'改变面貌'的问题。这不是危言耸听。"这些论述的基本精神和要求，全党都要认真贯彻执行。

近几年来，我们始终坚定不移地贯彻党的基本路线，在加强党风廉政建设、反对腐败方面做了大量的工作，取得了明显的成绩。一是认真贯彻了党的基本路线，始终坚持了"两手抓，两手硬"的方针。各级党政领导较好地树立了"两手抓、两手硬"的思想，把"两手抓"的含义深入理解为不是党政领导各抓一手，而是党政领导分别都要"两手抓，两手硬"，为反腐败、加强党风廉政建设奠定了思想基础；二是紧紧围绕生产、建设和改革的中心任务开展党风廉政建设。两级党委紧密结合生产、建设和改革的实际，加强党风廉政建设，较好地促进了生产、建设和改革等项任务的完成。如，最近组织开展的以查经营作风、查假冒伪劣、查管理漏洞为重点的"三查"活动，共查出全厂存在的上述三个方面的问题3421条，许多问题已经或正在责承有关单位或部门进行整改解决，这一活动对促进全厂经营作风、产品质量、服务质量和管理水平的提高起了很大作用；三是加强了党风廉政方面的制度建设。在党风廉政建设方面建立了一系列的规章制度，基本做到了党风廉政建设有章可循。最近，总厂又制定下发了《关于保持清正廉洁的具体规定》(十不准)，对于各级党员领导干部廉洁自律、对于监督各级干部不犯或少犯错误起了积极的推动作用；四是加强了党风廉政建设的正面教育，提高了广大党员的党性觉悟。通过政治学习、三会一课等形式，对党员进行了党的基本路线、党的宗旨、反腐倡廉等方面的正面教育，有效的增强了各级干部和广大党员的党性觉悟；五是认真查处了一批党内违法违纪案件。今年上半年，共立案17起，已结案12起，共处理处分违纪案件6人，进一步严肃了党纪。通过上述工作，我厂的反腐倡廉工作取得了明显的成效，党风廉政建设得到新的加强，涌现出了一大批清正廉洁、无私奉献的好党员、好干部，为职工群众做出了表率。职工群众对此是满意的。但是也必须清醒地看到，我厂的反腐倡廉工作离中央和省委的要求还有很大差距。在社会上一些腐败现象的影响下，一些党员干部的党性观念开始淡漠，有的甚至忘记了全心全意为人民服务的宗旨，单纯追求个人利益。以权谋私、行贿受贿、公费旅游、贪图享乐、讲排场、比阔气、铺张浪费、官僚主义、形式主义以及过多的招待应酬活动等消极腐败现象和不正之风在我厂都一定程度地存在着，有的还很严重，职工群众对此十分不满。这些问题不解决，势必会极大地影响党在群众中的威信，影响职工群众的情绪，影响企业生产建设和改革任务的完成。甚至有些党员干部会犯罪，被腐蚀掉。因此，我们必须从党和国家生死存亡的高度和企业发展、个人成长进步等多方面来正确认识当前反腐败斗争的重要性、必要性，用邓小平同志关于端正党风、加强廉政建设、反对腐败的一系列论述和江泽民同志在中纪委二次全会上的讲话精神统一广大党员干部和全厂职工的思想，认真贯彻落实好全省深入开展反腐败斗争、加强党风廉政建设工作会议精神，增强对反腐斗争的重要性的认识。借这次反腐败斗争，认真解决好我厂在党风廉政建设方面存在的问题，防止腐败现象在我厂滋长和蔓延，更好地促进我厂两个文明建设的发展。

中央和省委领导一再强调指出：这次反腐败斗争在县处级以上党政机关进行。我们作为企业，也要认真开展这项斗争，在这一问题上，要注意克服两种模糊认识：一是要克服与已无关的思想。各级党委要充分认识企业反腐败斗争的重要性，在组织好中央和省委有关反腐败斗争文件学习的基础上，认真结合企业存在的各种腐败现象和职工群众反映强烈的各种不正之风给企业两个文明建设带来的消极影响，统一对企业开展反腐败斗争必要性的认识；二是要克服对反腐败斗争缺乏信心，认为解决不了什么问题的思想。有的同志认为，反腐败过去提了不少，没有办多少实事，对反腐败缺乏信心，等待观望。这种态度要不得。这次反腐败斗争，中央、省委态度坚决，总厂领导也已几次开会研究，决心认真贯彻中央、省委指示精神，狠抓落实，有什么问题解决什么问题。不管涉及到谁，都要认真处理。因此，要把提高干部职工认识、树立信心放在反腐败斗争的首位。相信，只要紧紧依靠广大职工群众，动真的，来实的，反腐败斗争就能深入开展下去，就一定能取得明显成效。当然也不要把企业完全等同于党政机关，要从企业实际出发，切实解决好存在的问题。

**二、从实际情况出发，明确我厂反腐败斗争的任务和重点**

中央、省委明确确定，这次反腐败斗争在党政机关进行，重点放在党政领导机关和司法部门、行政执法部门、经济管理部门。我们也必须从我厂的实际出发，认真学习好中央、省委关于开展反腐败斗争的指示精神，借中央、省委惩治腐败的强劲东风，切实加强我厂的党风廉政建设。当前要重点抓好三个方面的工作：

（一）从领导干部做起，切实解决好廉洁自律问题

加强党风廉政建设能否取得实效，关键在各级领导。中央和省委都把解决领导干部的廉洁自律问题作为这次反腐败斗争的首要环节，充分表明了对消除腐败现象的坚定决心。各级领导干部要带头深入领会中央、省委关于反腐败的一系列重要指示精神，带头用中央提出的五条要求和省委提出的保持清正谦洁的十条规定严格要求自己，并以此为标准，认真对照检查自己。有些标准虽然是对党政机关而言的，但其基本精神和基本内容也适合我们企业。各级领导干部必须认真搞好自查自纠，对存在的问题坚决纠正，没有的也要引以为戒；要带头开展好批评和自我批评，敢于揭短亮丑，主动接受职工群众的监督。省里要求县以上机关的党组织专门召开一次党内民主生活会，讲清问题。我们虽然对此不作统一要求，但各级领导干部也应进一步增强组织观念和纪律观念，有需要说清楚的问题主动讲出来，有些不好在会上讲的，可找党政主要负责同志或上级领导讲；要带头大兴廉洁勤政之风，办实事、求实效。“打铁先得自身硬”、“上梁不正下梁歪”，各级领导干部要按照党章、准则的规定和江泽民民同志提出的“六十四字”创业精神严格要求自己，廉洁自律，自尊自爱，堂堂正正做人，扎扎实实做事，绝不能因贪一时之利而葬送自己的前程，也绝不能因为利用职权为自己和家属子女、亲朋好友捞取好处而坏了名声。要防微杜渐、严以律己，不能总是用社会上的某些不良现象为自己开脱，认为和社会上某些人、某些事相比，自己占点小便宜算不了什么大问题等。须知，许多违法犯罪的人往往是从小事不注意而开始走向犯罪深渊的。在实际工作和日常生活中，要求群众做到的，自己首先做到，要求群众不做的，自己坚决不做。

心中要增强群众观点，多关心群众疾苦，多为职工群众办实事，让广大职工群众从我们各级领导干部的实际行动中看到端正党风的希望；要带头抵制不正之风，敢于同腐败现象作坚决斗争。作为领导干部，仅仅做到洁身自好是不够的，还要对一些不良现象敢抓敢管。能否做到这一点，是衡量一个领导干部政治上是否坚强、党性原则高低的重要标准。各级领导干部要善于听取职工群众的意见和反映，顶住"关系网"的压力和说情风，敢于碰硬，认真排查处理职工群众反映的问题和一些案件线索。不管是谁，只要违犯了党纪、政纪、法纪，都要严肃对待，坚决处理，决不能心慈手软。只要我们各级领导干部思想作风过硬，带头廉洁勤政，我们莱钢的党风廉政建设就能搞好，莱钢的小环境就会越来越好。

（二）从莱钢实际出发，切实解决群众反映强烈的问题

前面已经讲过，我厂党风廉政建设这几年一直抓得比较紧，成效比较大，职工群众比较满意。但是也不可否认，我厂仍存在不少问题，有些情节还比较严重。结合前段"三查"和职工群众的反映，应主要解决以下几个方面的问题：一是以权谋私问题。有的干部、党员经营思想不端正，存在以权、以职谋私和吃拿卡要的现象；有的单位、部门确实有不给好处不办事，给了好处乱办事的行为；有的利用职权兴办经济实体，为小团体和个人捞取好处；还有的甚至公开敲诈用户。二是贪污受贿问题。有些人借兴办"三产"联营企业、借大宗原材料和设备备件采购等机会接受贿赂，私收回扣。三是盗窃公共材物问题。有些单位，盗窃现象明显增多，有的甚至内外勾结，肆无忌惮地行窃。四是财经纪律执行不严的问题。不少单位私设小金库，私自销售产品和残次品；计划外开支多。在采购、基建、销售的某些环节中有帐目不清的现象，有的甚至出现大额的呆帐、死帐和债权、债务纠纷。五是讲排场比阔气的问题。花钱大手大脚，互相攀比，争相购买高档社控商品现象有所抬头。外出学习等活动一度比较乱。当然，根据工作需要，有计划的安排有关人员，到外地甚至到国外参观学习是必要的，但不少单位不经批准多次组织到南方学习参观，致使差旅费增支较多。今后，上级有关部门和社会团体组织的出国活动，除已经批准的和特殊情况外，原则上不准参加。公费吃喝现象没有得到有效控制，机关有的处室下去吃喝拿要。六是官僚主义、形式主义问题。有些领导干部不关心职工群众的疾苦，不注意倾听群众的呼声，有脱离群众的现象；有的工作作风不扎实，喜欢搞形式主义，作表面文章，报喜不报忧等。上述问题，影响企业发展，影响职工情绪和厂区安定，必须认真解决。总厂党委将借这次反腐败斗争的东风，对发现的问题逐条进行研究，制定整改措施；各单位、各部门也要借机把已经发现的问题排排队，明确责任，限期整改。要通过艰苦细致的工作，把存在的问题认真解决好，例如加强管理、堵塞漏洞问题，各单位要结合已发现的问题，建章立制，完善手续，对有问题的环节该整顿的整顿，该换人的换人，该处分的处分，决不能马马虎虎，草率应付；再如狠刹公款吃喝风问题，各级领导干部一定要立说立行，从自身做起。除了对外正常的业务往来以外，任何人都不得巧立名目，随意扩大用公款招待应酬活动。今后要坚决杜绝机关处室到基层吃喝拿要现象，如有人顶风而上、不听招呼，一经发现，严肃处理。除了对吃请的人处罚外，对请吃的单位也要根据情节给予认真处理。还有领导干部以权谋私问题。这方面虽然大部分同志做得较好，但少数人不自觉，行为不检点，在职工群众中造成很不好的影响。对这方面的问题要从严查处。总之，要通过实实在在的具体行动，把广大职工群众反映强烈的问题逐一加以认真解决，以振民心、顺民意、正厂风，促进我厂两个文明建设的健康发展。

（三）从莱钢实际出发，认真查处案件

中央、省委对查处大案要案态度非常坚决，省里九月底要查结一批案件。我们莱钢这方面的工作要从实际情况出发，有什么查什么，把执纪办案作为反对腐败、加强党风廉政建设的突

破口来抓，不能两眼光盯着大案要案。大案要案当然要坚决查处，不管涉及到谁，都要一查到底；一般的案件也不能放松，对发现的案件线索要严肃对待，认真查结。要鼓励群众监督和举报，对群众来信反映或电话举报的问题要认真对待，该取证的取证，该立案的立案。要努力克服当前办案中存在的取证难、查结难、处理难的问题，想方设法，对症下药，攻克难关。领导干部在这方面要率先做出样子，做到不护短、不掩盖，敢于讲真话，办实事。当前普遍存在一种怪现象，即谈起腐败现象，人人咬牙切齿，深恶痛绝，但具体到一个单位，一件事，一个人，往往遇到问题又都回避；平时议论纷纷，真取起证来，又无人站出来讲话。这是很不正常的事情。今后在查处案件中要动真的，来实的，对发现的案件线索决不捂捂盖盖，大事化小，小事化了，对已查明的案件，要及时依法依纪处理。触犯刑律的要以法惩处。对那些群众反映大，查处难度大的案件，党政主要领导要亲自抓，抓出成效。对那些在查处案件中为当事者说情护短，甚至严重阻挠办案工作的，要进行严肃处理。

**三、开展反腐败斗争要注意的几个问题**

（一）抓好正面教育

这次反腐败斗争是对广大党员、干部和群众进行党风、党纪和廉洁勤政教育的好时机。各级党政组织要紧密配合反腐败斗争的开展，加强对广大党员干部的思想政治教育。特别要抓好厂处级以上党员干部的学习教育。必须明确，要从根本上消除腐败现象，一靠完善的制度和法律，二靠干部职工良好的思想素质。因此，抓好教育，是治本的措施。要坚持用邓小平同志建设有中国特色社会主义的理论武装党员干部，深入进行一次党的纲领、宗旨、理想、纪律的教育，进行社会主义、集体主义和爱国主义教育，进行正确的人生观、价值观和道德观的教育，大力弘扬艰苦奋斗、无私奉献、廉洁勤政的优良传统，增强各级领导干部和广大党员、职工抵制拜金主义、享乐主义和极端个人主义等腐朽思想侵蚀的能力；要进一步加强"两手抓"的教育，引导干部、职工明确发展社会主义市场经济、深化企业改革，必须坚持两个文明一起抓，任何时候都不能忽视和放松思想改造、党的建设和强有力的思想政治工作，自觉在搞好生产建设的同时，加强思想道德建设，增强拒腐防变的能力；要加强正面典型的宣传教育。对廉洁勤政的先进典型，要大力宣传，造成一种廉洁勤政光荣，贪污浪费可耻，人人争当艰苦奋斗、廉洁奉公模范的舆论氛围。宣传报道工作要坚持团结、稳定、鼓劲、正面宣传为主的方针，大力宣传反腐败斗争、加强党风廉政建设的重要性和必要性，宣传落实中央、省委指示精神、开展反腐败斗争所取得的成果，促进反腐倡廉工作的不断健康发展。

（二）认真把握政策界限，严格依法依纪办事

姜春云同志在省委这次会议的讲话中指出："这次反腐败斗争中，集中打击的只是极少数腐败分子，对大多数党员来说，重要是个教育问题。不能扩大打击面。在查处案件过程中，一定要以事实为依据，以法律为准绳。"同时，他还强调了要区分几个界限。姜春云同志的这段讲话对于我们把握好这次反腐败斗争的方向和政策界限有很强的指导意义。在具体工作中，必须切实做到定性准确，证据确凿，处理恰当。不能感情用事，更不能借机整人。对那些情节较轻，又主动讲清楚的人和事，可以从轻处理，而对那些执迷不悟、顶风而上、情节严重的人，则要从重处理。我们要通过扎实有效的工作，发挥政策的威力，既不放过一个坏人，也不能冤枉一个好人，把发现的问题逐个解决好。同时，要注意处理好不搞群众运动与发动群众的关系。要通过积极的工作，充分调动和保护群众支持反腐败斗争的积极性，可设立举报箱和举报电话，鼓励群众举报，热情接待群众来访，积极处理群众反映的问题。也要防止个别别有用心的人借机煽风点火，影响厂区的安定团结和生产建设的顺利进行。

（三）加强领导，建立制度，堵塞漏洞

开展反腐败斗争是涉及企业全局工作的大事，这项工作搞好了，企业的管理水平、生产建设发展就会得到很大的提高，职工就能焕发出高涨的生产建设积极性。因此，反腐败斗争必须在党政统一领导下进行，总厂党政根据中央、省委的部署，还要专门研究制定一个实施意见，会后发给大家。全厂各级各部门，要认真贯彻落实。要建立责任制，实行一级抓一级，一级带一级。对一个部门、一个单位的考核，不仅要看生产建设任务完成的如何，还要看坚持两手抓，加强党风廉政建设的成绩如何。对那些问题不少，而又麻木不仁，顶着不办，我行我素的，要追究单位党政主要负责人的责任。纪委、监察处、公安处、组织部、干部处以及审计处、财务处、计划处等部门要协同作战，分工负责。各级党政组织要大力支持他们依法依纪对消极腐败现象进行坚决处理。各级纪检、监察部门的同志要发扬实事求是、秉公办事的优良传统，努力加强自身建设，提高业务素质，适应发展社会主义市场经济的新形势，研究加强执纪办案工作的新思路，不辜负职工群众的期望，积极履行好自己职责，推动党风廉政建设的不断发展。

各级党政组织都要把解决这次反腐败斗争中发现的问题作为重点任务抓紧抓好。要逐项分析研究，建章立制，堵塞漏洞。下一步企业管理要突出重点，加强薄弱环节的管理。既要做好防患于未然的工作，更要做好“亡羊补牢”的工作。对那些出了问题的部位，要明确责任，分工负责，限期整改，并抓好检查落实。谁主管、谁负责。整改措施不力的要给予严肃处理。总之，我们要通过深入开展反腐败斗争，找出问题，解决问题，健全制度，促进企业生产建设更快更好地发展。

（四）正确处理开展反腐败斗争同生产建设的关系，通过加强党风廉政建设，促进生产建设的发展。

开展反腐败斗争，必须紧紧围绕生产建设这个中心。从根本上说，二者是一致的。只有反腐败斗争得到深入开展，腐败现象得到有效遏制，职工群众才会气顺、劲足，生产建设和企业管理也才能登台阶、上水平。因此，要克服那种把二者对立起来的错误观点。通过深入扎实的工作，克服消极现象，堵塞各种漏洞，抓住下半年剩下的宝贵时光，推动生产建设更快发展。

今年1～8月份，经过全厂职工的共同努力，生产经营总的情况不错。一是经济效益创出好水平，实现销售收入135389.07万元，比去年同期增长74.54%，实现利税28141.93万元，比去年同期增长173.21%，其中，利润16657.2万元，税金11484.73万元，分别比去年同期增长306.78%和85.07%。二是主要产品产量有较大幅度增长。实现全民工业总产值62[illegible]85.62万元，比去年同期增长8.14%。生产钢[illegible]5873吨，生铁439773吨，钢材254663吨，分别比去年同期增长10.64%、1%和6.10%。管坯、铁矿石、铁精粉、石灰石、电解铜、水泥、金钢石、聚合铝、汽车货运量等都比去年同期有较大幅度增长。但是也存在一些问题，由于受国家宏观调控政策的影响，莱钢面临一系列矛盾和问题。一是市场发生较大变化，钢材价格开始回落；二是资金极度紧张，人欠欠人数直线上升，目前，我厂人欠1.7亿元，欠人2.1亿元；三是部分产品产量欠产，完成全年钢铁双八十的任务十分艰巨。四是产品实物质量存在许多问题，成份偏析、夹灰分层、裂纹等老问题仍然存在。五是设备重复性事故较多。因此，四季度总的要求是：要正视困难，看到问题，采取措施，坚持“一个中心，两个第一”，抓住冶金生产的黄金季节，加强经营管理，狠挖内部潜力，面向市场，增产适销对路、高质量的产品，降低成本，提高效益，坚定不移地完成全年任务目标。

**今后三个多月要重点抓好以下几项工作：**

1.加强生产组织，坚定不移地完成全年双八十的目标

（1）加强生产调度指挥，努力增产增效。抓好生产组织协调，确保生产稳定顺行，这是完成全年任务的关键。各单位要牢固树立大局观念、全局意识，上下工序之间要互相协调，互相创造

条件。原料部门要千方百计采购高质量的原料，为高炉稳产顺行奠定基础。一铁、二铁要加强高炉操作，确保高炉稳产高产顺行。750立方米高炉要继续攻关，解决技术设备方面的问题，挖掘设备潜力，提高利用系数努力增产。9月份确保高炉利用系数达到1.5；转炉生产要创造条件，努力增产。特别是3号转炉要尽快投产顺行，为全年32万吨钢做贡献；钢材生产，要适应市场需要，及时调整产品结构，生产适销对路的高效产品，最大限度提高经济效益。

(2)进一步加强管理，提高产品质量，降低成本。要从严管理，从严考核。提高管理水平，堵塞管理漏洞。要认真贯彻和遵守《质量法》，深入开展"质量月"活动，下决心解决产品质量方面存在的问题。技术部门、质量管理部门、生产单位要联合攻关，进一步加强质量的考核力度，提高产品实物质量，满足用户需要。要深入挖潜，节能降耗，努力降低成本，遏止成本上升的势头。

(3)强化销售，开拓经营。要加强对销售政策的研究，根据市场形势，灵活经营。要进一步加强销售力量，壮大销售队伍，加强产、销、运的衔接协调，确保产品发出去、资金收回来。要进一步提高服务质量，提高企业信誉。继续抓好催收货款的工作，各单位各部门催款任务必须完成。

(4)加强资金管理，严格控制支出。可花可不花的钱坚决不花，集中财力保生产经营，保重点工程建设，保职工收入。

(5)搞好现场管理，做到安全文明生产。总厂将于9月24日召开一期工程总结表彰会。省委省府领导和有关部门、有关单位的负责人前来参加。为此，各单位要很好地抓一下，使现场管理面貌有较大的改观。

2.不断深化改革，增强企业活力

(1)进一步巩固三改成果。三改已近收尾，要切实做好三改的收尾工作，理顺管理体制，妥善安置富余人员。同时，要做好机关三改的准备工作。

(2)扎扎实实地做好股份制改组工作。有关部门要统力合作，本着积极稳妥的原则，扎扎实实做好各项工作。

3.抓好改扩建工程建设，确保工程顺利进行

一期工程要抓紧收尾工程的建设。钢区工程要按总体网络计划要求有条不紊地进行。3号转炉要抓好工程收尾，确保投产、顺行、高产；2号连铸要加快工程进度，确保11月份建成投产。其它各项工作也要按要求，积极做工作，特别是50吨电炉工程和620立方米高炉大修改造工程要做好前期准备工作。

同志们，深入开展反腐败斗争的大环境，必将为我厂生产建设的快速发展创造更好的外部条件。我们必须进一步增强机遇意识，通过深入开展反腐败斗争，进一步增强企业实力，克服当前企业面临的困难，努力完成全年各项经济技术指标。我相信，只要全厂上下齐心协力，认真扎实地落实好中央、省委关于反腐败斗争的指示精神。我厂的党风廉政建设和生产建设的各项工作就一定能取得新的更大的胜利！

# 总厂厂长李景常在莱钢科技工作会议上的讲话

（1993 年 8 月 24 日）

同志们：

这次科技工作会议是一次总结表彰的大会，也是一次动员大会。会上，认清同志对近一年来的工作进行了全面总结，对今后的工作作了部署和安排，并且表彰奖励了对我厂科技工作做出贡献的有关单位和个人。这次会议开得很好，对于进一步动员全厂广大职工，特别是广大科技工作者，团结奋斗，努力实现今后我们莱钢的生产建设和各项任务起到了非常好的动员作用。只要全厂的科技工作者动员起来，发挥积极性，我们的很多事情就好办了，特别是今后面临非常繁重的生产建设任务，需要广大科技工作者做出更大贡献。在此，我代表总厂党政领导向受表彰的单位和个人表示热烈祝贺！向长年战斗在我厂科技领域，为我厂科技工作作出贡献的广大科技工作者表示崇高的敬意！

关于近一年来的科技工作，认清同志已作了全面总结，对今年的工作也作了全面安排，我都同意这些意见，希望各单位认真落实，特别要按照新一轮承包合同的要求，把各项工作做好。下我就有关科技工作讲几点意见：

## 一、要充分认识新形势下“科技兴厂”的重要性和紧迫性

随着社会主义市场经济的逐步建立，特别是我国即将“复关”，我们企业面临着国际国内两个市场的激烈竞争。企业是市场竞争的主体，要想在市场经济中生存和发展，企业必须增强市场竞争力。其中重要的是加强科技开发，加强技术进步，依靠科技进步，依靠科学管理，降低成本，提高产品质量，提高市场占有率，提高竞争力。这是任何一个企业，必须抓住不放的问题。谁对这个问题认识的充分，认识的水平高，谁就能打主动仗；谁认识不到这一点，谁就会在激烈的竞争中落伍，甚至被淘汰。

科技进步是当前各国经济发展特别是钢铁工业发展的一个非常重要的问题。当前，世界钢铁工业，已经进入了在技术改造、技术进步基础上的结构优化为主流的发展阶段。从冶炼到加工成材的各环节上技术进步都取得了一系列重大进展，在工艺技术上，对传统的钢铁结构影响最大的是全连铸工艺、电炉短流程工艺和各类连续轧制线的发展，以及以电子计算机为核心的自动控制技术的广泛应用，这是当前钢铁行业非常关键的环节。谁在这方面发展的好，谁就会取得领先地位，谁就会占领市场。这一点我们都了解的比较清楚。日本的钢铁工业之所以在短短的 20 年内能够和原来钢铁工业最发达的美国一比高低，就是因为日本抓住了这些主要的环节，在规模扩张的同时，充分利用钢铁工业的每一次重大技术进步，象氧气顶吹转炉技术、连铸、全连铸技术等应用的既快又广泛。现在日本的连铸比已经达到 95.4%，领先于其它产钢大国。现在以北美为代表的小钢厂发展很快。小钢铁厂发展快，就是因为技术改造比较容易，象美国小钢铁的发展占到 40%，现在美国大钢多数损亏，真正搞得好的是小钢铁厂。最有代表性的是纽考钢铁公司，年产一、二百万吨钢，但成本最低，效益最好，职工收入最高，代表美国先

进技术，代表美国钢铁工业发展方向。美国好多企业、大部分是中小钢铁企业，短流程生产，一般是电炉冶炼，然后连铸、成材，成本相当低，咱们现在一般的是从矿山、高炉、转炉、最后到轧钢，流程长。当然，中国也不能简单地照搬短流程。因为外国电力充足，废钢供应充足，这是基本条件，所以发展短流程工艺要从中国的实际出发。最近，玲棠同志到冶金部汇报连铸情况，部领导希望大力推广铁水脱硫、炼钢炉外精炼、全连铸工艺。这是发展方向，今后，我们莱钢不仅股份制企业将要面对国际市场，可能还要成为跨国公司，就从国内来说，现在的冶炼工艺，没有铁水脱硫、精炼也很不适应。很难从根本上解决一些钢种，如转炉炼管坯的工艺、质量问题。装备水平上去后，化验、检验水平也必须上去，化验、检验水平上不去，先进的生产工艺水平就不可能得到充分发挥。这些都属于技术关键的环节，对此应该花钱的必须花钱，该上的工艺一定要上去，并达到一定的水平。我们的目标是1996年转炉钢全连铸。

依靠技术进步参与竞争，是我国钢铁工业总的发展趋势。不靠技术进步竞争，只靠规模是不行的。我国的钢产量很快就要达到亿吨，今年计划是8600万吨，到本世纪末要达到1.05亿—1.1亿吨，达到这个数量没问题，质量、品种能不能上去是非常关键的问题。在数量上，我国很快就要成为世界数一数二的钢铁大国，但在质量、品种上还远远不够。要上质量品种的新台阶，主要是上科学技术的新台阶。目前，我们莱钢面临怎样提高技术水平，引进消化先进技术的问题。如连铸问题，到九五年四季度转炉要实现全连铸，电炉连铸比要进一步研究探讨，能不能达到百分之五六十。

走科技兴厂之路，大力推进科技进步，这是莱钢发展振兴的必然选择。科技兴厂，既要有先进的装备，又要有科学的管理和高素质的操作人员、管理人员，二者是相辅相成的，是企业管理中最重要的因素。现代化大生产哪一项也离不开先进技术，哪一项也离不开科学管理。莱钢利用外资改扩建，特别是技术改造为我厂技术水平的提高奠定了基础，怎样合理地利用先进技术，这是摆在全厂各级领导，特别是广大科技工作者面前的一个非常大的课题，选择什么样的生产线，怎么布置才能花钱少、上得快、保质量、保水平、效益好，这大有文章可作。同样一个项目，在不同的地方效果是不一样的。不同的人去建设去管理效果也是不一样的。1号连铸机就是明显的例子。改扩建工程建设进度很快，750立方米高炉6月4日出铁，7月份利用系数接近1，8月份上、中旬达到1.044，其中中旬达到1.259，在许多条件不具备的情况下，能达到这样的水平是不错的。这是组织全厂的力量，特别是全厂的技术专家攻关的结果。现在还有许多技术上、设备上的问题还没有解决，需要在今后认真研究解决，争取利用系数半年达1.8～1.9，打出好水平。

## 二、整个莱钢的发展必须坚定地依靠科技进步

莱钢的发展必须坚定地依靠科技进步。实现今年“双八十”的目标，乃至1996年、1997年实现150万吨钢、本世纪末登上年产200万吨钢的台阶，主要靠改扩建，靠技术进步和技术改造。有了科技进步，我们实现上述这些目标就有了可靠的保证，就能赶上全国、全省的步伐，甚至在国际上占有一定的位置。几年来，我们所走过的路程也证明了这上一点。这几年，不仅生产有了发展，产量有了提高，而且技术有了进步，特别是新上了一些省内外叫的响的技改项目。如果没有这些项目，我们的可比产品成本、成材率等技术经济指标也不会取得新水平、好水平，也不会取得这样好的经济效益。如果我们不是在科技进步上做了一些扎实有效的工作，取得了一些进展，莱钢就不会在全国17000家大中型工业企业中跻身于技术开发实力百强之列。单论经济实力莱钢是排不进去的。按销售收入，莱钢在全国500家大工业企业中，1991年排第

140位，1992年排第111位，在大中型工业企业科技开发百强企业中排52位，这都是我们依靠科技进步多年奋斗的结果。因此，要以科技为先导，促进莱钢振兴发展。总的要求是依靠科技进步，在扩大生产规模、扩大生产能力的同时，着眼于优化工艺技术和产品结构，全面提高企业的技术素质，增强企业竞争力和发展后劲。

优化工艺技术和产品结构是一个企业最基础的工作、最基本的条件。我厂长期以来，尽管在管理上下了不少功夫，但是，由于我们过去的装备水平比较低，致使经济实力脆弱，产品质量上档次难，消耗高，成本高。多年的实践使我们感到，没有一定的技术装备水平，想生产出适销对路、高质量、低消耗、低成本的产品是根本不可能的。所以，我们要经过改扩建和技术改造，把莱钢的整个工艺装备水平提高到一个能够与国际国内市场竞争相适应的水平。我厂扩建项目大局已定，但再上一些什么样的技改技措项目，这需要专家们进行很好地论证。在生产建设中，有好多课题需要研究。要围绕生产技术难题进行技术攻关。比如我们即将要上的2号、3号连铸机和其他一些引进项目，许多新技术都需要研究消化，引进的需要消化，国产的需要改造。50吨电炉工程是省里重点技改工程，也有好多技术问题需要解决，有许多先进技术需要掌握。比如相配套外部条件问题，供电问题等，需要很好地研究。同时，在生产过程中、管理过程中都会暴露出一些新问题，这也需要我们去解决。围绕技术经济指标上水平，也有许多薄弱环节要攻克，也需要大力开展攻关活动，在技术指标上要做到先进的更先进，落后的赶上来。总之，随着莱钢的发展，摆在广大科技人员面前的课题是无穷无尽的。广大科技人员在莱钢生产建设中是可以大有作为的。今天受表彰的同志，有的是较好地完成了领导交办的技术课题，有的是自己主动找课题、挑重担，主动承担课题攻关，取得了出色的成绩。今后要开展技术进步项目建议奖活动。专家应在莱钢生产过程中，生产技术指标的改善上，在技改技措项目的建设上，在科技工作的管理上发挥重大的作用。为莱钢的技术进步和发展做出更大的贡献。

质量是企业的生命。我厂的产品质量总体上是比较好的，这次冶金部副部长吴溪淳同志到莱钢来，对我们的质量工作给予较高评价，但也提出了一些问题。我们在技术上还要做大量的工作。要围绕“一个中心、两个第一”，围绕着提高综合经济效益推动技术进步，在这方面广大科技人员大有作为。

## 三、加强领导，完善政策，更好地调动科技人员的积极性

加强科技进步，关键在于人才，在于充分发挥科技人员的积极性、创造性。因此，要加强领导，提高认识，进一步理顺科技管理体制，增强广大科技人员的责任感、使命感和光荣感，调动一切积极因素，加快科技进步，促进莱钢不断发展。

进一步完善科技承包奖励政策。科技承包是鞍钢的经验，是适合我厂实际的好办法。各个单位都要按科技承包合同狠抓落实，取得好效益。总工办、科技处、钢研所、技术监督处、设计院、自动化部等技术主管部门，要加强科技工作的管理、协调、研究、指导和组织实施。科技人员在工作中做出了贡献，就应该得到承认，应该给予表彰和奖励，贡献大的要重奖。我们既不要把大家参与的工作都归到一个人身人，也不要抹杀那些起了主导作用的科技人员的贡献，奖励办法要不断完善，更加合理，但不能搞平均主义。这次表彰奖励的面较大，除了以当年工作为主，还带有总结奖励以往工作的内容。如620立方米高炉采用多项先进技术，加上科学管理，炉龄已11年多了，这次表彰奖励的就有为高炉长寿做出积极贡献的单位和个人。今后，对工作出突出贡献的都要适时进行嘉奖，除了个别项目当时进行表彰外，要形成制度。利用每年一次的科技工作会议，对有功的科技人员进行嘉奖。当然，奖励不是调动科技人员积极性的唯一办法。

调动科技人员的积极性，首先要尊重他们，爱护他们，放手让他们去干，给他们创造施展才能的机会，这是科技人员很看重的问题。对科技人员从工作上、思想上、生活上都要给予关心和帮助，行政领导和专家要结合，互相理解和体谅。论证技术问题要造成专家敢于发表意见，尤其是不同意见的良好空气，只有畅所欲言，集思广益，才会形成正确的决策。各个单位，各级领导，要充分认识这个问题，重视和做好这方面的工作。

大力培养各类专业技术人员。各类专业技术人员是莱钢科技工作的"中坚"力量，今后，这支队伍不仅要逐步扩大，而且要逐步提高水平，以更好地适应莱钢发展的需要。要通过各种形式和渠道，大力培养和积极引进专业人才。广大科技工作者要面向生产，面向未来，自觉学习，接受新知识，不断提高技术业务水平。同时新老工程技术人员要团结一致，以便把科技工作做得更好。要进一步加强科技宣传工作，积极利用各种形式宣传科技兴厂、科技进步的重要性，宣传科技人员的典型和先进事迹，要使科技工作真正地热起来，越热越好，真正使"科学技术是第一生产力"的思想深入人心。

同志们，"八五"乃至今后一个时期，将是莱钢大发展的时期，也是广大专业技术人员大显身手的黄金时期，希望广大科技工作者和专业技术人员，充分发扬科学求实的精神，自尊、自爱、自信、自强，勇于进取、勤于思考，刻苦钻研，自强不息，充分发挥聪明才智，不辜负全厂职工的希望和重托，为莱钢的发展振兴做出新的更大的贡献。

# 总厂厂长李景常在莱钢学习《邓小平文选》第三卷动员会上的讲话

（1993 年 11 月 11 日）

同志们：

今天，我们隆重召开学习《邓小平文选》第三卷动员大会，目的是在全厂迅速掀起一个学好、用好《邓小平文选》第三卷的热潮，使全厂各级领导干部、全体党员和广大职工进一步深刻领会、运用建设有中国特色社会主义的理论，增强机遇意识，加速我厂生产建设和深化改革各项工作的健康发展。下面，我讲四个问题：

**一、深刻认识《邓小平文选》第三卷发行的重大意义**

邓小平同志是我国改革开放和现代化建设的总设计师，是建设有中国特色社会主义理论这一当代中国马克思主义的创立者。《邓小平文选》第三卷，汇集了从十二大鲜明地提出建设有中国特色社会主义的命题，到 1992 年视察南方发表重要谈话这一时期邓小平同志的主要著作，展现了建设有中国特色社会主义理论体系的逐步形成的历史全貌，集中体现了当代中国马克思主义的精华。这部著作系统地阐述了建设有中国特色社会主义理论的基本思想和基本观点，科学地回答了什么是社会主义和怎样建设社会主义这个首要的根本的问题，它的出版发行，标志着我们党的思想理论建设发展到了一个新的历史阶段，为进一步落实十四大提出的用邓小平同志建设有中国特色社会主义理论武装全党的战略任务，积极、全面、正确地贯彻执行党的基本路线，不断夺取社会主义现代化建设的新胜利，提供了最好的教材和最有力的武器。

建设有中国特色社会主义理论，是中国共产党领导人民开创社会主义现代化建设事业新局面的光辉旗帜，是指引我们胜利前进的科学指南。江泽民同志在学习《邓小平文选》第三卷报告会上指出："理论思维的成熟是党成熟的一个重要标志。改革开放十五年来，我们党在理论上取得的最大收获，就是在马克思主义基本原理与中国实际相结合的第二次历史性飞跃中，创立了建设有中国特色社会主义理论。这一理论，第一次比较系统地初步回答了中国这样的经济文化比较落后的国家如何建设社会主义、如何巩固和发展社会主义的一系列基本问题，用新的思想、观点，继承、丰富和发展了毛泽东思想，是马克思主义同中国实际相结合的最新成果，是当代中国的马克思主义。"这段论述，深刻地阐明了建设有中国特色社会主义理论的历史地位。如同确立毛泽东思想为党的指导思想使中国革命势如破竹地向前发展，并迅速取得胜利一样，党的十四大提出用邓小平建设有中国特色社会主义理论武装全党，也必然使我国改革开放和社会主义现代化建设向着既定的伟大目标胜利前进。

学好《邓小平文选》第三卷，对于我厂进一步抓住机遇、加快发展具有很强的现实意义。当前、我们正在集中精力抓好生产建设和深化改革的各项工作，全力推进莱钢在本世纪内抓机遇、登台阶、上水平。要实现我们的宏伟目标，需要全厂党员、干部、职工思想统一，齐心协力，真抓实干，特别是各级党员领导干部思想要解放，步调要一致。而使我们思想解放、精神振奋、步调一致的最好办法就是深入、系统地学习好《邓小平文选》第三卷。我们莱钢人素有团结奋斗、艰苦创业的光荣传统。去年以来，通过认真贯彻小平同志南巡谈话和十四大精神，思想得到很大解放，全厂职工锐意进取，大胆开拓，勇于改革，使莱钢得到很快发展，取得了令人振奋的成果。但是，解放思想不是一劳永逸的。我们许多同志，包括一些领导干部，思想中仍然有种种疑虑，小成即满、思路不活、开拓不够的现象仍大量存在，部分职工对建设有中国特色社会主义理论的学习重视不够、领会不深。有的想问题、办事情囿于以往的经验和办法之中，有的不能全面理解中央坚持"两手抓，两手硬"的指导思想，把经济发展中出现的问题和社会上某些丑恶现象的滋长归罪于改革开放和发展社会主义市场经济；还有的对社会主义的前途信心不足，对如何坚持走有中国特色的社会主义道路认识不清，凡此种种，都需要我们坐下来，系统地学习小平同志的一系列重要论述 只有认识高了，方向明了，干劲才足，生产建设和深化改革的各项工作才能得到又快又好的发展。

**二、学习《邓小平文选》第三卷要把握其精神实质**

《邓小平文选》第三卷内容丰富，博大精深，概括了邓小平同志关于建设有中国特色社会主义理论的基本内容和基本精神。学习《邓小平文选》第三卷，要发扬理论联系实际的马克思主义学风，在学习原著上多下功夫，在统一思想上多下功夫，注意学习邓小平同志观察、分析、解决问题的立场、观点和方法。要认真学习关于解放思想、实事求是的观点，这是贯穿建设有中国特色社会主义理论的精髓。通过学习，进一步做到解放思想和实事求是的统一。坚持用辩证唯物主义和历史唯物主义世界观、方法论去分析问题和解决问题，增强坚持解放思想、实事求是的思想路线的自觉性，这是我们必须把握的精髓和实质；要认真学习关于社会主义本质和根本任务的观点，加深对"只有社会主义才能救中国，只有社会主义才能发展中国"的认识，坚定走有中国特色社会主义道路的信心；要认真学习关于坚持党的"一个中心，两个基本点"的基本路线一百年不动摇的观点，这是邓小平同志创立的建设有中国特色社会主义的核心内容和总纲领，通过学习，把握住一个根本的立足点，就是集中力量把自己的事情办好，把经济尽快发展起来。还有关于坚持"三个有利于"判断标准的观点、关于改革是中国第二次革命的观点、关于抓住时机加快发展、争取隔几年上一个新台阶的观点、关于科学技术是第一生产力的观点、关于"两手抓，两手硬"和加强党风廉政建设、反对腐败的观点等等。这些重要观点，具有很强的现实针对性和鲜明的时代特征，是对马克思主义的重大发展和最新贡献。我们在学习中，要紧紧抓住这些新的思想、新的观点、新的概念，加深理解，吃透精神，变为自觉行动。

**三、要加强对学习的领导，精心组织，精心安排**

从现在起，各级党组织要把学习《邓小平文选》第三卷摆在党的思想建设和干部理论教育的主要地位，高度重视，认真组织。总厂党委已经对学习《邓小平文选》第三卷作了具体安排，文件已发给大家。各单位要根据总厂党委的统一部署，尽快作出具体部署，根据不同层次、不同情况，分别提出学习要求，切实把学习任务落到实处。领导干部要带头学习、带头运用。要重点抓好处以上领导干部的学习，让处以上领导干部先学一步，学深一点，真正弄懂、弄通，掌握其基本原理和精神实质。总厂党政领导准备集中一段时间通读原著，然后分专题学习讨论。各二级单位党委也要集中时间、集中精力组织好学习讨论活动，以实际行动和学习成果，带动广大职工群众的学习。学习要采取多种形式，讲求实效，把集中学习和个人自学结合起来。处以上领导干部要通过办学习班、读书会或分批分期进党校学习等形式，把学习活动组织扎实。机关干部和广大职工主要利用政治学习和业余自学等形式进行学习，要妥善安排，择要学好。党校要把学习《邓小平文选》第三卷纳入教学计划，作为重要课程，贯穿到各种班次的教学中去。报纸、电视台和广播等新闻舆论部门，要加大对《邓小平文选》第三卷学习的宣传力度，组织系列专题文章和报道，介绍和阐述《邓小平文选》第三卷的重要理论观点，回答人们普遍关心的热点、疑点和难点问题，为群众解惑释疑，推动学习的深入发展。

**四、发扬理论联系实际的优良传统，把握加快发展这一主题，促进莱钢生产建设的更快发展**

以经济建设为中心，坚持发展、加快发展，是《邓小平文选》第三卷的中心思想，是建设有中国特色社会主义理论的重要基石。坚持党的基本路线不动摇，首先是坚持以经济建设为中心不动摇。我们要通过学习和领会小平同志坚持发展、加快发展的思想，进一步增强机遇意识和发展振兴莱钢的责任感和紧迫感，集中精力抓好莱钢生产建设和深化改革的各项工作。把实现莱钢的迅速发展放在一切工作的首位，牢牢把握发展这一主题，抓住机遇，加快发展，把莱钢的事情办好，使莱钢在八五、九五期间实现大跨度发展。

当前，生产建设任务十分繁重，临近年底，各项工作比较繁忙，各级党政组织要处理好学习同生产建设的关系，明确学习《邓小平文选》第三卷是促进生产建设发展的最大动力；实现生产建设的快速发展是学习《邓小平文选》第三卷的最终结果，防止就学习抓学习、坐而论道、形式主义的现象。各单位要认真贯彻落实好总厂计划会议精神，运用解放思想与实事求是相统一的思想方法，制定好完成明年目标的措施，确保明年莱钢登上100万吨钢的新台阶；要认真抓好年底的生产建设工作，统筹安排，保证全年各项任务的完成。产、供、销各环节加强协调平衡，保证生产稳定顺行。强化销售，加强资金管理，控制支出，集中财力办大事；继续抓好深化改革的各项工作，通过"三改"，提高机关办事效率，增强莱钢活力和适应市场的能力，建立与莱钢加快发展相适应的内部机制。

同志们，《邓小平文选》第三卷的发行，是全党、全国人民政治生活中的一件大事，我们一定要按照中央、省委的要求，努力学好新一卷《邓小平文选》，把用建设有中国特色社会主义理论武装全党的任务落到实处。全厂各级党政组织和广大党员、干部、职工，要以学习《邓小平文选》第三卷为动力，团结一致，扎实工作，为全面完成莱钢生产建设的各项目标努力奋斗！

# 围绕一百万　全面上水平
# 切实加强新形势下的政治工作

## ——总厂党委书记姜开文在莱钢政治工作会议上的讲话
## （1994 年 1 月 8 日）

同志们：

今天，我们召开全厂政治工作会议，目的是认真总结回顾 1993 年政治工作取得的成绩，分析政治工作面临的新形势，研究部署今年政治工作的任务，进一步推动我厂政治工作登台阶、上水平，用强有力的政治工作，保证今年百万吨钢及各项生产建设改革目标的完成。

1993 年是我厂政治工作取得突出成绩的一年。一年来，各级党组织认真贯彻党的十四大精神、八届全国人大一次会议精神和十四届三中全会精神，组织各级领导干部和广大党员、职工认真学习《邓小平文选》第三卷和《中共中央关于建立社会主义市场经济体制若干问题的决定》等一系列重要文件，狠抓了邓小平同志建设有中国特色社会主义理论的学习和宣传，坚持用这些理论统一广大党员和全体职工的思想，通过开展各种形式的学习和教育活动，广大干部职工坚持党的基本路线的自觉性和坚定性进一步增强，全厂政治工作取得了可喜的成绩：

——党的建设得到进一步加强。两级党委狠抓了党的思想、组织、作风建设。认真贯彻落实了全国国有企业党建工作座谈会和全省城市党建工作座谈会精神，进一步落实了党委工作目标责任制。召开了党建工作座谈会、优秀党员事迹报告会，加强了各级领导班子建设，党组织的政治核心作用、战斗堡垒作用和党员的先锋模范作用得到进一步发挥。认真贯彻了中纪委二次全会精神。根据中央和省委的部署，结合我厂实际，深入开展了反腐败斗争。召开了全厂深入开展反腐败斗争、加强党风廉政建设工作会议。总厂党委制定了党员领导干部廉洁自律的十条规定，在解决群众反映强烈的问题、领导干部廉洁自律和查处案件方面取得较大进展。

——积极探索新形势下思想政治工作的新思路、新方法，思想政治工作有新的改进和加强。在生产建设和深化改革任务繁重的情况下，各级党组织紧紧围绕“双八十”目标的实现和改扩建一期工程的建成投产，做了大量深入细致的思想政治工作；在三改过程中，各单位党委在方案制定、落实及理顺职工情绪、化解矛盾和发展三产安置富余人员等方面做了大量工作。各单位党政组织就新形势下思想政治工作的途径和方法等问题进行了许多有益的探索，增强了思想政治工作的有效性。

——精神文明建设取得新成绩。开展了社会主义思想教育、新时期“六十四”字创业精神教育和莱钢精神教育，狠抓了企业文化建设、职业道德建设和社会公德教育，开展了文明单位评选和“双十佳”（十佳文明窗口单位、十佳文明窗口职工）创建活动，提高了职工的道德水平，增强了职工爱岗敬业的责任感；职工业余文化活动丰富多采；文化阵地、职工住房、厂区环境得到较大改善。职工思想稳定。全厂形成了风正、气顺、干劲足的小气候。

——群众组织工作有新的起色。各级党组织加强了对群众组织的领导。各群众组织发挥自身优势，结合生产建设和改革的实际开展工作，较好地发挥了群众组织的桥梁和纽带作用。认真贯彻了全总十二大和省总十大精神，工会四项职能得到较好落实。社会主义劳动竞赛有新的突破。民主管理和班组建设取得较大进展。总厂工会被全总评为“全国模范职工之家”。各级团组织围绕中心工作，在青工岗位培训、技术比武、青年突击队等方面做了大量的工作，青年科技成果显著，在中国青年科技博览会上获2项金奖、4项新星奖。武装工作、老干部工作、治安保卫工作等也都取得了新的成绩。

回顾去年我厂的政治工作有三个突出特点：

**一是指导思想明确，工作重点突出。**党委始终坚持用党的基本路线和中央指示精神统一一班人的思想，注重加强班子的自身建设。党政领导班子牢固树立了“两手抓，两手都要硬”的指导思想，对党的基本路线的理解不断加深，党政思想统一，互相支持。党委工作坚持服从、服务于经济工作，对中心工作参与得深，保证得实，注重在抓大事、议大事、揽全局方面做工作。去年，党委根据形势和任务的要求，开展了“抓机遇，快发展”主题系列活动，有效的促进了全厂生产建设和深化改革的发展；开展的“三查”(查经营思想、查假冒伪劣、查管理漏洞)活动，对提高产品质量和服务质量，提高企业管理水平，维护企业声誉起了很大作用。年底，及时组织开展了“保钢八十万”劳动竞赛，各级党组织在关键时刻发挥了重要作用，有力地保证了全年80万吨钢生产任务的圆满完成。在三改和股份制改组筹备过程中，两级党委积极参与，靠上去做深入细致的思想工作。一些单位的党委还直接承担了改革的组织和领导工作，为改革的顺利进行做出了积极贡献。

**二是工作预见性较强，倾向性苗头性问题抓得准。**党委能够及时把握一些比较敏感的问题，并积极做好超前工作。去年，针对职工在“三改”、户口“农转非”、招工、分房等问题上的反映和一些不安定的苗头，两级党委做了大量深入细致的思想政治工作，维护了厂区的安定。同时，党委还与行政组织一道，积极寻求解决问题的办法。在真心实意地为职工群众办实事、解决实际问题方面有新的作为，提高了党组织的凝聚力和感召力。

**三是注重改革和探索，政治工作富有实效性。**两级党委积极探索新形势下加强政治工作的新思路，从实际出发，在转变工作作风、改进工作方法方面做了大量卓有成效的工作。紧紧围绕中心任务，组织开展行之有效的主题系列活动，在鼓实劲、调动积极性上下功夫，有效地促进了两个文明建设的发展。针对我厂进行股份制改组的实际，党委对股份制条件下党组织的地位作用、党的机构设置、党委工作的开展、思想政治工作的改进等一系列新问题进行了超前研究，在一些重大问题上形成了共识，为股份制改组后政治工作的顺利开展奠定了基础；各级党政组织还加强了对坚持两手抓、加强和改进政治工作方面的理论研究和实际探讨，总结了一些政治工作的新经验。总厂和一铁厂、轧钢、运输部获全省“思想政治工作优秀企业”称号。

1993年的政治工作还有一些不足之处，与新形势的要求还有一定的差距。如党委参与重大决策方面还没有走向规模化、制度化，工作发展也不够平衡，个别单位在参与决策问题上工作不够深入；在党员教育和管理方面还有一些薄弱环节，少数党员先锋模范作用发挥得不够充分等等。这些问题都有待于我们认真研究和解决，使我厂的政治工作不断得到加强。

关于九四年政治工作的思路和任务问题，党委几位常委进行了认真的研究，并征求了部分二级单位党委书记的意见。制定了党委工作要点(已发给大家)。具体工作我就不在这里面面俱到地讲了，只着重强调三个方面的问题：

## 一、关于政治工作面临的形势和任务问题

1994年是建立社会主义市场经济体制的关键一年，也是加快改革、加快发展至关重要的一年。政治工作面临新的形势和更加艰巨的任务。从全国来说，在去年下半年加强宏观调控取

得积极成效、国民经济蓬勃发展的基础上，今年将继续深入贯彻小平同志南巡谈话和十四大精神，加快发展和改革，促进国民经济进一步得到持续、快速、健康发展。党的十四届三中全会通过的《决定》，勾画了我国社会主义市场经济体制的基本框架，为进一步全面深化改革指明了方面。围绕建立社会主义市场经济体制和现代化企业制度，国家将出台一系列深化改革的新举措和新的法律法规，在加大改革力度、推进改革进程方面迈出大的步伐。国有企业改革作为建立新经济体制的中心环节，将成为深化改革的重点；从我厂情况来说，今年是莱钢发展史上非常关键、非常重要的一年。抓住机遇、加快发展仍是今年工作的主题。我们面临着难得的历史发展机遇和艰巨繁重的生产建设、深化改革任务：一是生产建设要大跨度发展，登上 100 万吨钢的新台阶，二期工程全面开工建设。六届四次职代会确定了 1994 年实现 5 亿元利税、103 万吨钢、81 万吨铁、67 万吨材和全年固定资产投资 10 亿元的目标。生产经济任务之重、扩建改造压力之大是过去从没有过的；二是深化改革进入实质阶段。围绕建立产权明晰、权责明确、政企分开、管理科学的现代企业制度，必须进行深层次的综合配套改革，今年我厂要在股份制改组方面取得实质性进展。进行股份制改组，实现企业经营机制的根本转变，是企业脱胎换骨的改革。三项制度改革也要进一步深化。同时，随着社会主义市场经济体制的建立和改革的深化，职工生活方式日趋多样化，人们的需求、价值观等将日趋复杂，要求理解、尊重和民主的意识不断增强。对文化生活也提出了新的要求。职工对国家宏观经济形势和企业的发展变化更加关心。经济生活中出现的问题和企业存在的资金紧张、三角债增加、价格波动等，都影响职工的思想稳定。社会上存在的腐败现象、拜金主义、享乐主义、极端个人主义及书刊、音像等文化市场的混乱，都对职工，特别是青少年人生观、价值观的形成产生消极影响。职工关注的一些热点问题，由于一时难以得到全部解决，也存在许多潜在的思想问题。因此，做好政治工作、充分调动各方面的积极性，确保生产建设和深化改革各项任务的完成决非易事。

从以上分析可以看到，党的建设、思想政治工作、精神文明建设的任务不是轻了，而是更重了；政治工作决不是可有可无，而是必须得到新的改进和加强。因此，在新的一年里，我们必须以党的十四大精神和三中全会《决定》为指针，坚定不移地贯彻两手抓、两手都要硬的指导思想，以保证全年 100 万吨钢、重大改造扩建工程和股份制改组的顺利实施为目标，以创新务实的工作作风和奋发向上、争创一流的精神面貌，全面提高职工队伍素质，为完成我厂九四年各项任务创造良好的政治环境。

## 二、关于如何进一步发挥党组织政治核心作用的问题

发挥党组织的政治核心作用，是十四大重申的国有大中型企业“三句话”领导体制的重要内容。是新《党章》赋予企业党组织的重要职能。去年，经中央领导同志同意下发的国有企业党建工作座谈会纪要（中办厅字〈93〉32 号文）中明确提出：“必须坚持企业党组织的政治核心地位，更好地发挥政治核心作用”。十四届三中全会《决定》也明确提出：“企业中的党组织要发挥政治核心作用，保证监督党和国家方针政策的贯彻执行。”发挥党组织政治核心作用是由大企业在国民经济中的地位决定的，也是加强党的阶级基础的必然要求和公有制为主体的性质在领导体制上的客观反映。不论改革如何深化，不论企业实行什么样的组织形式，都必须坚持社会主义方向，发挥党组织的政治核心作用。因此，我们必须坚定不移贯彻落实好中央的方针政策，切实担当起发挥好政治核心作用的重大责任。

从我厂情况来看，总厂和大部分二级单位党委，政治核心作用发挥得比较好。但也有些单位党委在这个问题上还存在一些不顺的地方。

为此，我着重就如何发挥党组织政治核心作用的问题强调以下六个方面：

**1. 加强党委自身建设问题**

加强党委自身建设是发挥党委政治核心作用的基础和关键。党委一班人应不断地提高理论水平、政策水平和领导水平，能够站得高、看得远，大事抓得住，全局揽得了，真正成为职工信赖的政治核心。让职工感到企业的发展离不了党组织，解决与职工密切相关的实际问题离不了党组织，解惑释疑、理解和把握党的方针政策更离不了党组织。这就要求党委成员在工作头绪多、任务重的情况下，抓紧学习，做清醒的政治工作者和有作为的实干家，增强工作的原则性、预见性和创造性。要认真贯彻民主集中制原则，不断增进班子团结，特别是党政一把手更要搞好团结，统一好思想，并善于调动全体成员的积极性。班子成员之间要坦诚相见，多谈心、多沟通，大事不马虎，小事不在乎，齐心协力干事业。

要认真抓好党风廉政建设。严格执行上级和总厂党委关于党政领导干部廉政自律的规定，自觉抵制拜金主义、享乐主义、极端个人主义的侵蚀。密切联系群众，不搞特殊化。要带头继续深入组织好反腐败斗争。最近，省纪委又明确提出了1994年反腐败工作的思路、政策不变，三项任务不变，工作重点不变的要求，我们各级党组织要肩负起领导反腐败斗争的责任，在去年工作的基础上，本着有什么问题解决什么问题的指导思想，抓好案件查处，把腐败斗争搞得更加富有成效。

**2. 参与企业重大决策的问题**

参与企业重大问题的决策是《党章》赋予企业党组织的神圣职权。各级党组织要责无旁贷地履行好这一职责，克服"怕越位"等片面认识，真正发挥好党组织的保证监督作用，理直气壮地参与企业各重大决策。

要参与企业重大问题的决策，就必须提高党委的领导水平和决策能力。不仅要有较高的政治素质而且要懂经营、会管理，有相当的经济头脑和战略眼光。党委一班人要适应加快发展社会主义市场经济的要求，下苦功夫学习市场经济知识，把握市场经济的特点和规律，加强对市场、金融、外贸等经济管理理论和国家新的法律法规及一些新知识、新技能的学习。特别对那些与企业深化改革、走向市场直接相关的重要法规、重大改革举措、国内外重要信息等要明明白白。这样，才能在企业制定决策时讲得出有较深见地的、通晓全局的意见和建议，而不是只表示"同意"、"可以"或讲一些无关紧要的话。

在参与企业重大决策问题上，总厂和部分二级单位做了不少有效的探索，积累了一些可行的经验。要进一步明确以下几点：(1)参与决策的内容，主要是管好企业的发展方向，为企业的发展提供预见性、超前性的思路，为行政形成决策提供依据，而不是事无巨细、眉毛胡子一把抓，就是说大的方面必须参与。如企业的长远规划、经营目标、年度计划、重大改革措施和技改技措项目、机构设置、中层干部任免、工资调整、重要的奖金分配方案和落实全心全意依靠工人阶级的方针等，都必须党政共同商量，作出正确科学的决策；(2)在干部任免程序上，严格按照总厂已明确的规定进行；(3)企业重大决策必须坚持党政领导班子集体研究，由厂长根据集体研究的意见拍板决策，增强决策的民主性；(4)党政分工抓好落实。党委主要是围绕生产经营，发挥政治优势，通过党支部的战斗堡垒作用和党员的先锋模范作用的发挥，带动全体职工，保证决策的顺利实施和工厂目标的实现。同时，党委要做好拾遗补缺的工作和强有力的思想政治工作。今年要根据中央、省委有关指示精神，在党委如何参与企业重大决策问题上进行认真的研究和探讨，力求有新的突破，并形成制度，总结出我们的经验。各级党组织都要以高度的责任感，认真做好这方面的工作。

**3. 强化企业自我约束机制问题。**

十四届三中全会《决定》明确指出："建立现代企业制度，是发展社会化大生产和市场经济的必然要求，是我国国有企业改革的方向。"建立现代企业制度要求企业产权关系明晰，成为享有民事权利、承担民事责任的法人实体，要求企业自主经营、自负盈亏、自我约束、自我发展，按照市场需求组织生产经营，不断提高劳动生产率和经济效益。今后政府不再直接干预企业的生产经营活动。这一方面为企业发展创造了更加宽松的外部环境，另一方面，企业的责任和风险比以前更大了，企业必须尽快形成新的激励机制和自我约束机制，实现由过去过多地依赖政府，到自主经营、主动适应市场的转变。党组织要抓住企业发展的重大问题多做工作，为企业深化改革、健康发展掌握方向。去年我们在全厂组织开展的“三查”活动，实际就是查问题、揭矛盾、强化自我约束机制的一种形式，实践证明效果很好。开展的反腐败斗争也是这样。上级并没有对企业提出具体要求，我们从实际出发，有什么问题就查什么问题，有效地遏制了几股歪风，促进了企业发展。随着社会主义市场经济的不断发展，党委要按照市场经济的要求，和行政领导一起，在内部经营管理、劳动纪律以及营销、财务工作等方面建立起一整套自我约束机制，保证国有资产的保值、增值，保证企业管理水平和经济效益的不断提高，也避免一些同志犯错误。应当说，去年各级党组织和纪检组织在强化企业自我约束机制方面，工作是很得力的，取得了不少成绩，受到各方面的好评。今年，在这方面要进一步强化措施，加大工作力度，持之以恒地抓下去，不断有所创新和突破。

**4. 进一步落实党管干部原则的问题**

党管干部的原则在我厂落实得比较好。总厂党委曾专门就这个问题召开了一次党委书记座谈会，对干部的任免程序形成了比较一致的意见，我们的做法也得到了上级的肯定和不少外单位的赞同。但这项工作在我厂内部发展不够平衡。在坚持党管干部原则问题上，要进一步抓好落实，注意正确处理坚持党管干部原则同厂长用人权的关系。坚持党管干部原则，就是要坚持党的干部队伍“四化”方针和德才兼备的标准，在任免干部时坚持必要的程序，支持厂长依法行使好用人权，保证《企业法》、《条例》赋予厂长用人权的落实。党委要加强对干部的培养、教育、考察和监督，切实抓好领导班子和干部队伍的思想作风建设，从制度上保证干部的素质。必须克服在干部问题上“撒手不管”和“越俎代庖”两种倾向。

**5. 加强基层党组织建设和股份制企业党的建设问题**

几年来，我们致力于基层党支部(总支)建设，采取了不少有效的措施，每年召开一次支部(总支)工作经验交流会，对加强和改进支部工作起了很大作用。但是也遇到了一些问题，特别是三项制度改革以后，兼职支部书记明显增多。如何处理新的问题，使基层党建工作不但不能削弱还应得到新的加强？我想必须明确三个问题：一是兼职要“兼起来”。就是说必须保证兼职书记有足够的时间和精力抓好支部工作。党政组织要大力支持兼职党务干部的工作，为他们开展工作创造好的条件。党委要加强对兼职支部书记的帮助和引导，指导他们重视支部工作，学会“弹钢琴”，不能当挂名书记；二是工作要“实起来”。支部工作必须紧紧围绕生产建设这个中心任务来开展，在发挥党支部战斗堡垒作用上狠下功夫。一些必要的制度和党建工作的优良传统必坚持。如三会一课等。如果基层党的制度荒废了，党的组织也就形同虚设了。三是对党员要“管起来”。发展社会主义市场经济必须强化党员的先锋模范作用。随着改革的深化，对党员的教育和管理更应加强。要结合新的形势对党员进行全心全意为人民服务的宗旨教育。对党员要高标准、严要求，不能使党员混同于一般群众。在关键时刻和急难险重的任务中要注意发挥党员的带头作用；在学习重要文件、进行政治动员以及一些重大政治活动中，要先党员后群众，充分体现党员的先进性。

今年我厂将在股份制改组方面迈出实质性步子。实行股份制以后，党建工作只能加强不能削弱。全国国有企业党建工作座谈会对这个问题作了明确规定。实行股份制后，要坚持企业的社会主义方向不动摇，坚持党组织的政治核心作用不动摇，坚持全心全意依靠工人阶级的指导方针不动摇，坚持“两手抓，两手硬”不动摇。党委发挥政治核心作用主要体现在这么几个方面：保证党的路线、方针、政策的贯彻执行，保证企业合法经营和国有资产的保值增值，保证行政领导政令畅通和生产经营任务的完成；支持股东代表大会、董事会、监事会和总经理依法大胆行使职权；通过多种渠道积极参与企业重大问题的研究和决策；领导好思想政治工作、精神文明建设和群众组织工作；依靠全体职工和股东办好企业。

**6.加强对群众组织领导的问题**

加强对群众组织的领导，是发挥党组织政治核心作用的重要方面。党委要继续坚持定期听取群众组织工作汇报、研究群众组织工作的制度。注意指导各群众组织结合新形势、新任务，不断探索改进和加强各自工作的途径和方法。要把坚持以生产建设为中心、推动生产建设快速发展放在群众组织工作的中心位置；要让群众组织发挥各自优势，组织职工参与改革、推动改革，为从根本上转换国有企业经营机制、建立现代企业制度做出积极的努力；要发挥群众组织的党联系群众的桥梁和纽带作用，加强民主管理，维护职工合法权益，维护厂区环境的稳定，充分调动各方面的积极性；各群众组织要加强自身建设，积极改进工作方式和工作方法，增强工作的针对性和实效性，在建立社会主义市场经济体制中不断有新的作为。

## 三、关于加强思想政治工作和精神文明建设的问题

**1.认真抓好政治理论的学习，坚持用建设有中国特色社会主义理论武装党员、职工的头脑。**各级党组织要按照“学马列要精、要管用”的原则，组织广大党员、职工认真学习马列主义、毛泽东思想，特别要学好邓小平同志建设有中国特色社会主义理论。今年，要把学习《邓小平文选》第三卷摆在党的思想建设和党员干部理论教育的主要地位，作为一项主要的政治任务，加强领导，精心组织，切实抓好。学习要突出处以上领导干部这个重点，下决心让各级领导干部坐下来系统地学点理论，进一步解放思想，更新观念，增强贯彻党的基本路线的自觉性和坚定性。江泽民同志最近强调指出，各级领导干部要多挤一点时间学习，少搞一点应酬；多做些调查研究，少一些主观主义；多干些实事，少说些空话。元月四日《人民日报》社论也强调，不断吸取营养，充实自己，多学习，多调查研究，多干实事，互相联系，缺一不可，其中打头的是学习。因此，我们要深刻领会，遵照执行；要抓好十四届三中全会《决定》的学习和宣传。针对建立现代企业制度企业应做的工作和出现的新情况、新问题，抓好理论研讨和政策研究，理解《决定》的基本内容和贯彻《决定》的重大意义，积极主动地做好深化企业改革的各项工作。

**2.围绕实现100万吨钢这条主线，做好扎实有效的思想政治工作。**实现100万吨钢是全厂的大局，是党政工团组织的中心任务。各级党组织要以此为目标，制定确保100万吨钢实现的具体措施。大力做好宣传鼓动工作，凝聚人心、增强斗志，在全厂形成齐心协力登上100万吨钢新台阶的强大声势；积极参与到生产建设中去，急生产所急，帮生产所需，同行政组织一起，分析形势，研究办法，分担压力，广泛开展调查研究，了解生产，关心市场，及时预见生产建设和经营中的问题，善于集中群众的智慧和才干，组织攻关。过去我们开展的主题系列活动，对动员群众、调动积极性起了很好的作用。今年要结合新的形势和任务，把这一活动继续深化。围绕“保钢100万、全面上水平”，在党内外开展扎实有效的系列活动，把方方面面的积极性充分调动起来；要继续抓好劳动竞赛、民主管理、班组建设、青年突击队等经常性工作。在总结以往劳动竞赛经验的基础上，研究保钢100万社会主义劳动竞赛的新思路，使竞赛更具有广泛性和激励性；各级党组织和群众组织都要多做

关心职工生活、帮助职工解决实际问题的工作，把改善物质条件和搞好精神激励有机地结合起来。注意做好分配中的思想政治工作，进一步建立和完善奖勤罚懒、多劳多得的制度。

3. **认真做好深化改革中的思想政治工作。要重点做好股份制改组中的思想政治工作**。突出抓好实行股份制重大意义的宣传和股份制知识的教育。大力宣传企业产品和企业优势，提高我厂在国内外的知名度。针对职工群众对股份制的种种疑难问题，做好解难释疑工作，统一认识，为实行股份制做好充分的思想和舆论准备。目前，我们对股份制的知识还比较贫乏，要抓紧学习和研究；三项制度改革后还有一些遗留问题，要做的思想工作也很多。各级党组织必须以高度的责任感，做好疏导和化解矛盾工作。发展三产方面还有不少问题。要加强调查研究，不断拓展三产领域，加强管理，完善制度。要注意在改革中维护职工的合法权益，切实帮助职工解决实际困难。对职工关注的热点、焦点问题要积极妥善地给予解决。最近，总厂与地方政府多次协商，制定出了解决部分老单身职工子女户口农转非的办法。好事要办好，这要依靠各级党政组织多做过细的工作。

4. **认真抓好精神文明建设**。精神文明重在建设，在深化改革、建立社会主义市场经济体制的过程中，决不能放松精神文明建设。这不是口号，是十几年改革开放经验教训的基本总结。今年，精神文明建设要进一步加大力度，提高质量，真抓实干，务求实效。要认真开展以"爱厂、爱岗、敬业"教育实践活动为主要形式的精神文明建设系列活动，激发职工爱岗位、当主人、做奉献的社会主义劳动热情。继续深入开展好创建评选"十佳文明窗口单位"和"十佳文明窗口职工"活动，提高全厂的工作质量和服务水平。狠抓社会公德和职业道德建设，大力弘扬正气，抵制歪风。对勤勉敬业、好学上进、甘于奉献的先进模范人物，要大张旗鼓地进行宣传和奖励，让他们政治上光荣，经济上实惠；对拜金主义、享乐主义、极端个人主义等不良倾向和各种腐朽生活方式，要旗帜鲜明地加以反对，坚决扫除各种丑恶现象的苗头。采取堵、导、建相结合的办法，净化文化市场，建立文化阵地，开展丰富多采的业余文化活动，用健康向上的精神食粮培养职工队伍，引导职工树立正确的人生观和价值观。在这方面，要特别注意持之以恒，抓住不放，不图短期效应，而是立足入心、入脑，点滴入微、潜移默化，这对职工，特别是青少年正确人生观、价值观的形成非常重要。精神文明建设就是要在致力于莱钢小环境上下功夫，在一点一滴上作文章，用实劲、做实功，长期坚持必有成效。

今年，政治工作任务重，头绪多。为了进一步加强政治工作，党委决定从今年开始实行以党委目标责任制为主要形式的政治工作全面考核办法。就是要在去年党委工作目标责任制的基础上，进一步拓展内容，建立包括两个文明建设各项目标在内的党委全面工作责任制，切实加强党的建设、思想政治工作和精神文明建设。希望全厂各级党组织进一步转变作风，抓住机遇，真抓实干，使党委工作围绕一百万吨全面上水平，为确保全年各项奋斗目标的圆满完成而努力奋斗！

# 进一步开展“抓机遇、快发展”主题系列活动，促进我厂生产建设登上新台阶

## ——总厂党委书记姜开文在全厂“抓机遇、快发展”主题系列活动座谈会上的讲话

（1993年6月25日）

同志们：

年初，总厂党委为了深入学习、贯彻、落实党的十四大精神，进一步解放思想、更新观念，围绕经济工作开展思想政治工作，提高思想政治工作的针对性、有效性，动员全厂广大党员、干部和职工群众及时抓住主客观条件给我们带来的有利机遇，全面完成生产建设各项奋斗目标和深化改革、转换经营机制等各项任务，制定了在全厂开展“抓机遇、快发展”主题系列活动的意见。到现在，“抓、快”活动已经开展了将近半年。今天我们召开这个座谈会，目的就在于总结、交流前一段“抓、快”活动情况、做法和经验，启发、拓展深入开展“抓、快”活动的思路，从而使全厂的“抓、快”活动开展得更加扎实有效、富有成果，确保今年各项任务的全面完成。

## 一、统一认识、创造载体，“抓机遇、快发展”活动初见成效。

抓住机遇，加快发展是十四大的基本精神，也是今年召开的八届人大一次会议的中心议题。从我们莱钢的实际情况来看，抓机遇、快发展亦是我们全厂当前和今后几年贯穿各项工作的一个基本指导思想和行为主线。这项活动搞得好，就能极大地促进全厂的生产经营和建设上台阶、创水平，实现莱钢的高速发展，也能极大地推动企业改革的深化，实现经营机制的平稳转换。从刚才几个单位发言介绍的情况来看，上半年全厂群众性的“抓、快”活动已广泛地开展起来了，整个活动已初见成效，突出表现为三个特点：

**1. 统一思想，形成共识**

总厂党委“抓机遇、快发展”主题系列活动意见发出之后，各单位党政领导十分重视，认为这是新形势下思想政治工作结合经济工作一道去做的有效形式，是全面贯彻落实党的十四大精神的实际措施，也是推动莱钢发展的精神支持。因此大多数单位和机关处室立即进行研究部署。首先，制定了活动计划和实施方案，并成立了以党政领导同志为首的活动领导机构，明确了办事、协调机构，并召开各种会议进行动员部署，开动各种宣传机器，进行大张旗鼓的宣传，使“抓、快”活动一开始就造成了一个强烈的争创氛围。其次，各单位党委根据总厂党委意见，认真组织广大干部职工学习邓小平抓住机遇，加快发展的论述，层层进行政治形势、经济形势、宏观形势、莱钢形势教育，澄清在机遇和发展问题上的模糊认识，使全厂的“抓、快”活动建立在一个较高的认识基点上。深入组织学习党的十四大和全国八届人大一次会议做出的抓住机遇，加快发展的总体部署，使全厂干部、职工了解宏观经济发展大局，振奋求发展、求富强的激情，唤起投身莱钢大建设、大发展的工作热情，使全厂的“抓、快”活动有了一个坚实的思想支撑点，成为全体莱钢人的自觉行动。第三，各单位党委结合本单位生产建设和职工思想实际组织开展了“什么是机遇，机遇在哪里”的大讨论，引导职工认识机遇，珍惜机遇，以科学态度对待机遇，以强烈的责任感抓住机遇。我曾多次讲过，我们莱钢面临三大机遇，即：加快改扩建

工程建设的重大发展机遇;当前钢材市场持续上扬的良好经营机遇;建立社会主义市场经济体制、转换经营机制,实行股份制改组的重大改革机遇。我们只要抓住发展机遇,使一期工程尽快达产达效,使后续工程如期开工建设,莱钢的发展和腾飞是指日可待的;我们只要抓住市场机遇,充分利用现有设备和资源,在保证品种、质量、降低成本的前提下,创造历史最好利润水平,为莱钢发展聚集资金,为改善职工生活、生存环境提供物质条件是完全可以实现的;我们只要抓住改革机遇,加快三项制度改革步伐和股份制改组进程,使莱钢成为一个自主经营、自我积累、自我发展的社会主义商品生产者和经营者的目标也是可以实现的。

2.**一条主线,多种载体**

"抓机遇,快发展"主题系列活动,是融思想政治工作与生产建设于一体,既有虚功,又要实干,既出精神产品,又出物质产品的关系莱钢全局的综合性工作。从某种意义上讲,人们对抓住机遇,快发展的认识高,振兴莱钢、发展莱钢的干劲和热情就高,工作的效果就好。因此,要使抓机遇,快发展活动结出丰硕的果实,就必须借助丰富多彩而又符合本单位实际的活动载体来实现。从上半年开展活动的实际效果来看,行之有效的载体主要有四种类型。一是融"抓机遇,快发展"活动于形势任务教育、市场经济教育、效益竞争观念教育和主人翁责任感教育等系列教育之中,通过教育使干部职工了解形势,看到机遇,明确责任,为国家、为企业的加快发展而尽主人之责。如韩旺铁矿根据矿山发展状况和职工思想实际在全矿组织开展的"凝聚力、向心力"系列教育就属于这种情况,且已经收到了较好效果。二是融"抓机遇,快发展"活动于各种劳动竞赛之中,通过劳动竞赛来实现加快发展的目的。炼钢厂根据本厂实际提出了"学连铸、实现工程建设高速度、快达产;学济钢,实现管理标准化;学雷锋、培养职工爱业、敬业精神"的"三学三比"活动思路,成效明显。机关党委组织开展了学雷锋,增强机关人员的职业道德和社会公德意识活动;为搞好廉政建设制定了机关党员干部廉洁勤政守则;为了转变作风,搞好为基层服务,开展了"优质服务杯"劳动竞赛活动。轧钢厂立足岗位创效益,为实现增产增效、优质增效、管理增效、技术增效、创新增效,开展了以"优质、服务、降耗、增效"为主要内容的创记录,创优质服务,赛质量、赛降耗、赛安全和个人赛技能、班组争模范、工序赛指标,单位夺优胜的竞赛活动。石灰石矿开展了以"破记录、夺金杯、夺金牌"为主要内容的劳动竞赛;动力部根据本身的业务工作范围开展了多项劳动竞赛活动,都取得了明显效果。三是融"抓机遇、快发展"活动于党组织目标管理和党性实践活动之中,充分发挥党组织和党员在抓快活动中的战斗堡垒作用和先锋模范作用。全厂广泛开展了堡垒杯、先锋杯、党员责任区、党员先锋岗等系列活动,要求广大党员在岗位创效益中率先垂范,无私奉献。特殊钢厂、建安公司等单位在"抓快"活动中要求党员在急、难、险、重任务面前打头阵挑重担,提出"一个小组一面旗,一个党员一颗星"的口号,具有很强的号召力,收到了很好的效果。二铁厂在党员中开展了"增党性、换脑筋,为工厂目标出力献策"活动,开辟了党员形象录,党员事迹光荣榜,有力地推动了全厂生产建设任务的完成。四是融"抓机遇、快发展"活动于精神文明建设和企业文化建设之中,通过精神文明建设来认识机遇、把握机遇,推动企业发展。坚持精神文明和物质文明都要抓,两只手都要硬,两个成果都要是"抓机遇,快发展"活动的题中应有之意。不少单位通过"抓、快"活动来提高干部、职工的思想道德素质和主人翁意识,开展职业道德再教育。要求思想政治工作"站中心,上一线,进市场",做到政治宣讲到一线、服务到一线,调研到一线,把思想政治工作做到基层,做到人头。要求广大职工以对国家负责、对用户负责,对企业负责的态度生产优质产品,为人民服务,为社会服务。很多单位还积极创造条件,开展丰富多彩的企业文化活动,通过知识性、趣味性和启迪性的活动,使职工提高机遇意识,增强加快发展的历史责任感。

3. 功在启动，重在务实

“抓机遇、快发展”主题系列活动目的就是用“机遇难得”这一逼人的形势来动员各级领导干部和全厂职工积极为国家，为企业快速发展而出力。因而各单位都把功夫用在发动群众工作上，把落脚点放在生产建设上。特殊钢厂党委，在“实”字上下功夫，在“效”字上做文章，紧紧扣住“快发展”这个大思路，找出了生产经营中的难点和重点，有的放矢的开展工作。轧钢厂选准生产突破口，开足马力创高产，提出了班超产、旬破万、日产千吨家常饭的口号，月月超计划完成任务。莱芜铁矿党委在全矿组织开展了“抓质量、降成本、抢进度、创效益”活动，要求各生产单位找内因，练内功，挖内潜，找出质量、成本、效益方面的问题所在，制定出了改进措施，以高质、高效、低成本确保全年产量、利润指标的全面完成。机械厂党政领导确立了为莱钢改扩建工程制造非标大型设备，带动全厂机械制造能力上台阶、上水平的战略思路，进行广泛动员，推动各项工作全面发展。第二铁厂把确保620立方米高炉稳产高产顺产，750立方米高炉投产达产达效，作为抓机遇、快发展的立足点，兵分两路，在750立方米高炉一线，针对新岗、新人、新设备多的特点，把提高操作水平，作为抓住机遇的突破口，广泛开展技术学习和技能竞赛。在620立方米高炉一线，把高炉稳产高产、安全运行、节能降耗作为重点，组织开展产量、质量、安全、管理节能竞赛。一铁厂以高炉生产、高炉大修、后勤优质服务三条线为“抓、快”活动舞台，把落脚点放在创高产、创效益上。附属企业公司突出“两手抓”，即一手抓现有生产能力的高产高效，一手抓项目建设，广开门路，快速发展。

在“抓、快”活动中，各单位坚持“一业为主，多种经营”的发展战略，根据三项制度改革的目标，挖掘自身优势，抓住机遇，快速出击，全厂集体经济得到迅速发展。到目前，附属企业公司已有5个开发项目建成投产，4个合资联营项目正在考察论证和正在试生产。石灰石矿与台商合资兴办的山东鲁碧建材有限公司已经正式挂牌开业。许多厂矿、单位都发挥自身优势，创办经营开发项目。动力部把整个电修车间推向市场，使其成为自负盈亏、自主经营的对外经营实体。总厂机关焊管厂已开始动工建设，济南贸易开发公司已开始营业，北京、海南贸易窗口正在筹建，下一步还准备在烟台、威海、日照等地建立贸易基地。全厂多种经营的迅速发展，为我们尽快适应市场经济的要求，加快企业改革步伐，妥善安置富余人员，壮大集体经济和顺利进行股份制改组工作发挥积极的作用。

上半年“抓、快”活动的有效开展，有力地推动了全厂生产经营、工程建设和企业改革三大任务的完成。在生产经营方面，总厂抓住钢铁产品旺销、价格上扬的大好时机，千方百计组织高速、均衡生产，一至五月份生铁、钢、钢材分别达到25万吨、29万吨和22万吨，实现利税1.92亿元，其中利润1.16亿元，分别比去年增长208.9%和391.78%。在工程建设方面，一期工程750立方米高炉已于6月3日顺利点火开炉，进入了热负荷试车阶段，钢区建设正按网络计划加紧建设，有些项目已进入设备安装阶段，其他的工程建设项目，也进展顺利。在企业改革方面，上半年，三改工作取得突破性进展，股份制改组工作正在加紧筹备。

总之，上半年“抓机遇，快发展”活动开展起点比较高、动作比较快，取得了明显的效果，也积累了一些经验，为新形势下思想政治工作围绕经济工作一道去做拓宽了路子。但我们应该看到，“抓、快”活动无论是人们对活动的认识理解程度，还是活动的广度和深度、活动的组织形式，离要求都还有一定的差距。概括起来，主要是一些同志的认识不到位，动作不大，活动的深度和广度有限。一些干部、职工把“抓、快”活动仅仅看成是一项独立的单项活动，缺乏组织活动的积极性和科学态度。个别单位的领导还把“抓、快”活动与本单位的工作对立起来，以工作忙，顾不上为借口，放松对“抓、快”活动的领导。

在活动的发动、实施上，一些单位动作迟缓，幅度不大。总厂党委发出开展活动的意见一、两个月之后，有的单位才研究，作安排。在活动的进展过程中，既缺乏广泛深入的宣传教育，又没有细致有效地组织指导，发一纸通知就完事大吉，也有一些单位对本单位到底面临那些机遇，怎样才能抓住机遇，思路不清，心中无数，因而措施不得力。所有这些思想认识和工作上的不足，影响了“抓、快”活动的质量。希望各单位会后对前一段的整个活动情况作一次深入的分析、研究，找出不足，加以改进。

## 二、认清形势，明确任务，进一步提高开展“抓、快”活动的自觉性

“抓机遇、快发展”主题系列活动，开展了近半年时间，成绩很大。但如前所述，我们一些同志的思想认识和实际工作都还有相当距离。因而切实解决各级党政领导同志对当前形势、机遇的认识问题，进而提高各级干部、职工开展“抓机遇、快发展”活动的自觉性，是把“抓、快”活动推向深入的关键一环。首先，对形势、机遇要有一个清醒的认识，增强机遇意识，坚定搞好“抓、快”活动的信心。当前，国内形势和国际环境为加快改革和发展提供了难得的机遇。党的十一届三中全会以来的14年，我国经济体制发生了深刻的变化，国民经济有了很大的发展。为今后加快发展奠定了良好的基础。去年小平同志视察南方重要谈话和党的十四大的召开，极大地调动了人民群众的积极性，改革和建设取得了新的成就。从国际上看，尽管遇到了一些这样那样的问题，但总的来说，仍然有利于我们加快改革开放和现代化建设步伐，这是一个难得的历史机遇”。正如邓小平同志，春节时在上海特别指出的：“对中国来说，大发展的机遇并不多，中国与世界各国不同，有着自己独特的机遇”。“当然走一步回头看一步是必要的，要注意稳妥，避免损失，特别是避免大的损失”。这就要求我们抓住机遇，加快发展，必须从实际情况出发，坚持解放思想与实事求是相统一。不仅有高度的热情，同时又有求实的精神，做到加快发展，尽力而为；从实际出发，量力而行。

莱钢的形势如同全国一样，前面所讲的三大发展机遇的优势没有改变。上半年生产建设全面发展，经济效益创历史最好水平也是事实，但在这大好的形势和难得的机遇面前，我们必须保持清醒头脑，对下半年的形势发展作出正确判断，采取正确的对策。下半年，我们的生产建设任务十分艰巨，要全面完成生产、建设和深化改革等各项任务，全厂干部、职工要付出艰辛的劳动。生产经营要全面完成今年的各项奋斗目标，压力很大。进入6月份以来，钢材虽然仍然走俏旺销，但资金回收困难现象的出现已显示出大市场环境正在发生变化，对此我们要有足够的认识，正确的对策，以不变应万变，使自己立于不败之地。改扩建任务相当艰巨，750立方米高炉要实现三个月达产，还需要克服设备、技术、管理、操作等一系列问题，钢区建设和其他技措项目要按施工网络计划，尽快建成投产，对我们也是严峻的考验。下半年改革的任务也非常繁重，三项制度改革要全面付诸实施，股份制改组要加快步伐，这一切都要我们付出巨大的努力。可以说，下半年我们是前景光明、机遇依在、任务艰巨、困难很大。因此，深入开展“抓机遇、快发展”主题系列活动是我们变压力为动力，全面完成各项奋斗目标的有效手段和途径。

其次对“抓机遇，快发展”主题系列活动，要有一个辩证统一的理解。只有对活动有了正确的理解，才能对活动作出科学的安排。机遇，是一种客观存在，是社会的政治、经济、思想、文化所造成的一种社会综合态势。抓住机遇是人们对机遇这一客观存在的认识和认识的深化。而加快发展则是人们利用机遇的能动的出击。由此不难看出，抓机遇、快发展是有机的统一。那种认为“抓机遇、快发展”是口号的浅薄认识是十分有害的。在如何对待机遇问题上，江泽民同志曾有科学的论述：“要有时代的紧迫感，抓住机遇；要有历史的责任感，珍惜机遇；要有科学

的态度，用好机遇”。机遇。作为一种社会综合态势，出现在一个国家、一个民族面前不是常有的。而且往往稍纵即逝。因而机遇一旦出现，就应咬住不放，全力发展自己。如果我们虽然认识到机遇，但由于工作拖沓、失误，而贻误时机，则要成为千古罪人；当然我们认识了机遇，还必须有科学的态度，一切从客观实际出发，有条件能搞多快就搞多快，暂时没有条件加快发展的不要勉强，要避免大的起伏。只有对活动有深刻的理解，才能对活动作出科学的安排；只有对活动作出科学安排，才能收到良好效果。

### 三、深入教育，加强领导，把“抓机遇、快发展”主题系列活动推向一个新水平

下半年的“抓、快”活动要上新水平，我再强调四点：

第一，用邓小平建设有中国特色社会主义理论武装全体党员、职工，为我们的“抓机遇、快发展”活动奠定坚实的思想基础，提供有力的理论指导。抓住机遇、加快发展本身是邓小平建设有中国特色社会主义理论的重要内容，开展“抓、快”活动是对建设有中国特色社会主义理论的实践，民族要发展，需要有民族精神，时代要前进，需要时代精神，邓小平坚持有中国特色社会主义理论是我们这个民族，在这个时代凝炼而成的精神财富，是激励全党和全国各族人民为实现社会主义现代化不懈奋斗的力量源泉。用这一理论武装全党，大则关系到国家存亡，民族兴衰，小则关系到企业生存，事业成败。因此，下半年，各单位要按总厂党委的部署，把组织好邓小平建设有中国特色社会主义理论的学习，作为“抓机遇、快发展”主题系列活动的重要内容之一，作出统盘安排，各级领导干部尤其要带头学好。具体意见由党委宣传部部署实施。

第二、加强“抓、快”活动的舆论宣传，使全厂每一个职工对国家、对莱钢所面临的众多发展机遇，有一个比较清楚的认识，进一步提高广大职工的机遇意识、参与意识。在宣传教育的实施上，既要有深度，有穿透力，又要有一定的声势，造成浓厚的气氛。要结合生产经营实际，把宣传教育贯穿整个活动的全过程，通过广泛深入的宣传教育，不仅要使广大职工认识到什么是机遇，而且要让职工明白抓什么，怎么抓。要使职工认识到各个具体的工作岗位对于整个车间、单位乃至全厂生产建设所具有的作用，使人们懂得出色地干好本职工作就是抓住了机遇，为加快发展尽了力。可以说，生产战线上的职工，努力降低成本，增加产量，就是抓住了机遇；建设战线的职工，最大限度地保质量、抢进度，使工程尽快建成投产，就是抓住了机遇；物资供应系统的职工，努力降低采购成本，及时提供合格、充足的物资供应，就是抓住机遇；后勤服务系统的职工，努力为生产建设一线提供优质服务就是抓住了机遇；从事思想政治工作的同志，卓有成效的宣传教育，及时做好生产建设和深化改革中的思想政治工作，最大限度地调动职工生产积极性和创造性，就是抓住了机遇。总之，通过强有力的宣传教育，使每一个莱钢人懂得，只要做好自己的本职工作，就是抓住了机遇，就是为加快发展做出了贡献。

第三、紧紧围绕中心工作开展活动，追求最大的活动成果。

“抓机遇、快发展”主题系列活动，既是思想政治工作结合生产建设一道去做的有效形式，也是全面完成各项生产建设任务的重要措施和手段。“抓、快”活动开展得如何，关键要看是否能够圆满实现今年的各项奋斗目标。生产单位和服务单位的情况不同，生产单位和生产单位之间，服务单位与服务单位之间情况也不一样，都有自己的特点。因此，对于各单位“抓、快”活动的方式方法、组织形式、活动节奏等等，总厂不作统一要求，但各单位在活动的着眼点和落脚点上必须紧紧围绕本单位的职工思想实际生产建设工作实际。既不允许为活动而活动，做表面文章，也不允许疏于组织领导，放任自流。总厂党委的活动意见之所以没有对活动的方法步

骤作统一要求，目的就在于让各单位结合具体实际，创造出适合本单位特点的活动载体，增强活动效果。

深入开展“抓、快”活动，一定要创造出富有成效的活动载体。一般说，一个好的活动载体，一要主题鲜明，服务于生产建设；一要形式灵活，为基层职工所乐于参与，还要有相应的检查考核手段，这样才能保证活动的效果。各单位在总结前一段“抓、快”活动情况的时候，重点要对前一段的活动载体进行分析，看看是否紧扣中心工作，是否为职工群众所接受，是否有明显效果。要对活动载体不断修正和创新。我希望在年底的“抓、快”活动总结表彰会上，能够看到一批富有实效的活动载体和先进典型。

第四、思想政治工作在“抓、快”活动中要继续“贴中心、上一线、进市场”。深入基层、做到一线。服从、服务于生产建设这个中心，是思想政治工作适应新形势的必然要求。坚持以经济建设为中心，思想政治工作必须突出短、平、快，讲求效益，渗透企业生产经营全过程，没有不需要思想政治工作的生产建设工作。下半年，我们的生产建设任务繁重，企业内部改革步子加快，因此而产生的大量的思想认识问题，还有待于进一步化解、疏导。总之，在当前莱钢大建设大发展的新时期，我们的思想政治工作担负着极为重要的责任，具有光荣的历史使命。各单位要在“抓、快”活动中，注意发挥各级政工干部和管理干部的积极性和创造性，大胆创造新方法、探索新路子，在“抓机遇、快发展”活动中总结出一套思想政治工作“贴中心、上一线、进市场”的成功的、富有成效的新方法、新经验，使思想政治工作更好地为生产建设服务，推动我厂生产建设登台阶、上水平。

同志们，“抓机遇、快发展”主题系列活动，是总厂党委提出的一项贯穿全年的重要工作，是充分发挥我们的政治优势，确保全年各项生产建设任务顺利实现的重要保证。希望通过今天这个座谈会，对下一步的活动起到一个很好的促进作用。会后各单位要认真落实这次会议精神，吸取先进经验和做法，对下一步的“抓、快”活动方案进行补充和修订，使全厂的“抓、快”活动继续扎实有效的深入开展。

# 总厂党委书记姜开文在莱钢科技工作会议上的讲话

（1993 年 8 月 24 日）

同志们：

这次科技工作会议意义重大，开得很成功。会议展示了我厂科技工作的巨大成果，进一步明确了科技工作的广阔发展前景。这次会议的胜利召开，是我厂“科技兴厂”战略的充分体现。会上，一批科技工作者受到表彰奖励，既反映了总厂党政领导对科技工作的高度重视，又展现了我厂广大科技工作者的智慧和才干。去年以来，我厂广大科技工作者，紧紧围绕生产建设的实际，兢兢业业，埋头苦干，在技改技措、节能降耗、提高质量、技术开发、工程设计等各个方面，都做出了十分可喜的成绩，对我厂经济效益的大幅度提高和使我厂跨入“技术开发实力百强企业”行列都做出了突出的贡献。借此机会，我代表总厂党委，向受到表彰奖励的科技人员表示热烈的祝贺！向所有从事科技工作的管理人员、技术人员和工人表示衷心的感谢！下面，我再强调三点：

**一、企业必须把科技工作放在突出位置**

近几年来，我厂重视科技、尊重人才的风气日益浓厚，科学技术是第一生产力的观念逐步深入人心。随着社会主义市场经济的不断发展，企业只有依靠科技进步和提高劳动者素质，才能在激烈的市场竞争中永远立于不败之地。市场经济靠的是竞争。企业在市场上的形象和价值，或者说企业对社会的贡献，集中体现在产品上。而产品的价值体现在品种和质量上，品种和质量又主要取决于技术的含量和水平。谁的技术先进，谁的产品质量高，谁就能受到市场的欢迎，谁的效益就好。这已是被事实所证明了的。因此，全厂党政工团各级组织都必须十分重视科技工作，都要为科技工作的迅速发展创造良好的环境和条件。从长远的观点看，企业发展要靠两个轮子：一是管理；二是技术进步。技术进步主要靠三个因素：一是规划方案。没有好的规划方案，只能是盲目的蛮干；二是资金。没有资金，一切都等于零；三是人。这是技术进步的关键。规划的实施，资金的落实也都需要人去实现。因此，要在全厂树立人才观念，重视人才，爱护人才，惜才如命。我们之所以重奖科技人员，目的也是造成一种重视人才的舆论。各级领导要积极创造条件，努力造成一种重视人才的舆论氛围。各级党政领导要带头重视科技工作，不断强化科技观念，强化人才观念，不断增加科技投入，积极创造有利于科技进步和科技人才成长的环境；对广大科技工作者要做到政治上爱护，生活上关心，工作上支持。切实帮助他们解决实际问题。要制定向科技人员倾斜的政策，对那些紧密结合我厂生产建设实际，长期奋战在生产和科研一线，为企业两个文明建设做出突出贡献的科技人员，要大胆给予奖励。特别突出的要给予重奖。今后重奖科技人员要形成制度，不断激发科技工作者奋发进取、勇克难关的积极性；各级党政领导和科协组织、科技主管部门等，要经常同科技人员一起研究科技工作，有针对性地提出研究课题和主攻方向，各单位要象特钢、炼钢、轧钢、莱矿那样，想方设法组织、协调广大科技工作者最大限度地发挥好技术优势和技术潜力。党委要不断加强对科协的领导，指导科协组织履行好自己的职责，通过科协的积极努力，不断激发广大科技工作者献身科技的积极性。

**二、就我厂来说，科技工作要上水平，需要抓好以下几个环节**

一是要在全厂上下树立敢于重奖科技人员的观念。不管是管理人员、科技人员还是工人，只要是为莱钢做出突出贡献、创造了可观的效益的，经过评审，就可以奖励，甚至重奖。平均主义、大锅饭越来越不适合市场经济的发展。在企业，奖励也是分配的一种形式，是管理中极其重要的一个方面。搞得不好，不仅不能起到激励的作用，还会引起影响积极性的不良后果。在这方面，我们还缺乏经验。去年我们对科技人员进行一次奖励，效果是好的。今年的奖励面较大，主要的有两个原因：一是今年我们进入了科技开发实力百强企业，一些参与决策管理、方案制定和对主要指标的突破有直接贡献的设计者和组织者受到了奖励；二是有几个项目效果明显，一些对项目有突出贡献的人员受到了奖励。大企业的技术进步是个复杂的系统工程，需要众多的科技人员做出贡献。对有突出贡献的人要敢于重奖。要形成这样一个观念和舆论。将来，企业要在市场的激励竞争中提高竞争能力和抗风险的能力，没有科技进步作为坚强的后盾，是站不住脚的。

二是对当年投资、当年见效甚至当年可以收回投资的项目要引起重视。要有所突破。审批手续要简化，要充分尊重和重视科技人员的意见，尊重和重视有经验的一线工人的意见，要做好论证但要简化程序，打破条条框框，多干，多创，进一步解放思想。象中轧改造、一号连铸机这样的项目，要千方百计克服困难，干上去。

三是要多方投资，不等不靠。要多渠道筹措资金，总厂、分厂，个人、集体，厂内、厂外甚至国内、国外的资金都要。在这方面，思路要广，渠道要宽，办法要多。千方百计筹措资金。要解放思想，开拓经营，可以搞合作、合营、合资，多渠道解决资金问题。

四是要把科学管理和技术进步结合起来，这是企业发展的两个轮子。两个轮子必须一起转，相互促进，共同提高。共同促进企业经济效益的的提高。

五是要尽快完善我厂的总体规划。大的方面定下来后，要抓好配套建设。这是我厂当前紧迫的任务。有关厂矿和有关的科技人员要针对本厂的情况积极提出建议，把总厂总体规划尽快确立下来。

**三、广大科技工作者要振奋精神，迎接挑战，为我厂生产建设的不断发展做出新的贡献**

近几年，我厂的技术装备水平得到较快的提高，一些主要设备得到技术改造，新建了一批具有同类企业先进水平的项目。但是，这仅仅是初步的。从总体而言，我们的装备水平和技术素质还都比较低，广大科技工作者的潜力还很大。作为科技工作者，一定要从莱钢长远发展的角度，从市场竞争归根结底是科技竞争的高度来认识和对待自己所从事的工作，勤奋学习，努力进取，不断提高业务素质、科技水平和解决问题的能力。目前，莱钢条件还比较艰苦，莱钢的振兴发展还需要广大科技人员做出十分艰苦的努力，广大科技工作者，要发扬无私奉献的精神，扎根莱钢，铺下身子，潜心研究，立志攻关，力争近几年内，不断使我厂的科技工作有新的突破。从事科技工作，必须同工人群众相结合，同生产建设的实际相结合，只有这样，才能真出成果，出大成果。要提倡以老带新，团结协作的新风尚，鼓励科技人员同职工群众一道攻克难关。那些甘当人梯、不求名利、默默奉献、扎实工作的科技工作者同样应当受到人们的尊重，同样应当给予及时的奖励。

同志们，加速社会主义现代化建设步伐的大环境，为我们莱钢的振兴发展提供了难得的历史机遇，也为广大科技人员施展才华搭起了无比广阔的舞台。去年，我厂在全国科技实力百强企业评比中获得了名列52位的较好名次。这说明，我厂的科技工作已经开始步入正规，具备了较好基础，更让人高兴的是，全厂对科技兴厂已形成共识，各级党政领导对科技工作日益重视，广大科技人员振兴科技发展莱钢的积极性空前高涨。我相信，广大科技工作者一定不辜负全厂职工的期望，抓住机遇，肩负起发展科技，振兴科技的责任，不断创造新的更大的业绩！

# 总结经验　再接再厉
# 把我厂科技进步工作推向新阶段

——总厂副厂长兼总工程师王认清

在莱钢科技工作会议上的讲话

（1993年8月24日）

同志们：

我们这次科技工作会议，主要议题是总结一年多来我厂技术进步工作的主要成绩和基本经验，布置今年下半年科技工作任务；表彰和嘉奖在科技工作中做出重要贡献的单位和个人；动员全厂科技人员努力把我厂科技工作提高到一个新水平，为我厂的发展做出更大的贡献。

下面，我根据总厂领导研究的意见讲三个问题：

**一、1992年我厂科技工作的回顾**

1992年是莱钢生产大发展的一年，也是我厂科技工作取得长足进步的一年。一年来，广大科技工作者在总厂领导下，认真贯彻邓小平同志视察南方重要谈话和党的十四大精神，同全厂职工一道团结奋斗，为实现我厂生产、建设和改革三大任务做出了积极贡献，取得了显著成绩。

——管理机构逐步理顺。为了适应新形势的需要，加快我厂科技进步的步伐，促进大科技工作体系的建立，经过努力，基本理顺了工作机构：即总工办作为综合协调、科技处作为技术管理、技术监督处作为质量保证、钢研所作为技术开发，以及设计院作为工程设计等方面组成的科技管理体系已经形成，运转正常。

——技改技措取得显著进步。遵循"总体规划、合理布局、远近结合、技术先进"的原则，从莱钢总体结构和整体效益出发，相继实施一批对总厂生产经营和未来发展有着重大影响的技术改造项目。一铁厂竖炉易地大修改造成功，特钢厂中轧车间、锻压厂轧钢车间、附属企业公司小型轧钢厂的技术改造都已实现。全部改造完成后，年增产钢材15万吨，提高成材率2～3个百分点，结束了长期困扰我厂的三火成材局面，使这三个车间都可以达到吃150方坯连铸坯一火成材，年经济效益1.5亿元左右。特钢中轧改造在基本不停产的前提下，仅用了五个月就完成了设计、施工安装任务，并于12月30日开始试生产，树立了当年论证、当年施工、当年投产的典范。炼钢厂1#连铸机工程也在年内实现设计、施工和热负荷试车，并于今年元月16日拉坯成功。从二月份起就达到设计的月产量。在我国连铸建设达产史上写下了光辉的一页，并多次受到部、省领导的赞扬和好评。竖炉改造也达到建设周期短、达产快、效益好的效果。

煤气平衡工作取得可喜的成绩。铁水保温措施、均热炉空气煤气双预热技术；1号焦炉改用高炉煤气加热；转炉煤气回收工程等一批节能措施和项目实施顺利，有的已经完成，投入使用。

为满足工业与民用水的需要，在开源节流两方面采取了重大的措施，以解决"水"的困扰。去年实施的技措项目有8项，实施后预计可增加供水1000立方米/时。

为解决莱钢铁矿石的不足而采取的业庄井下大水矿山充填法试采已获成功，谷家台试采、韩旺铁矿上河采区扩建等工程都进展顺利，相应地解决了许多重大的技术问题

——节能降耗工作成绩显著。在全厂范围内深入开展的以节能降耗、提高成材率、工序管理为主要内容的三项指标竞赛活动，认真贯彻冶金部关于"节能降耗创水平，上台阶"文件精神。由于各级领导重视，指标核定先进合理，执行考核严肃认真，奖励及时兑现，因此取得了良好的效果，1992年在工业总产值较上年增长16.51%的情况下，能耗只增长7.2%，实现了节能增产。主要消耗指标下降，吨钢可比能耗994千克/吨，比上年降低5千克/吨吨钢综合能耗1.38吨/吨，比上年降低200千克/吨，炼铁毛焦比659.7千克/吨，比上年降低9.32千克/吨；炼钢钢铁料消耗1117.97千克/吨，与上年持平，仍保持先进水平。全年节焦、节电、节油折标煤3.88万吨。1992年锭一材综合成材率为82.78%，比上年提高一点五三个百分点。今年上半年由于1号连铸机投产和1992年轧钢一火成材改造作用的发挥，综合成材率已达到85.9%，这个指标已达到同行业的中等以上水平。结束了我厂长期以来，在地方骨干企业中综合成材率倒数二、三名的落后局面。通过三项指标竞赛，去年共获得经济效益达2700万元。为我厂在原燃料、电力运费全面提价的情况下，实现可比成本降低0.18%，做出了积极贡献。

——质量管理工作进一步加强，产品实物质量稳定提高。根据"深入贯彻标准，完善体系，夯实基础，提高素质、减废减损，质量升级"的方针，狠抓实物质量，特别在市场购销两旺、钢材供不应求的情况下，做到萝卜快了也要洗净泥，实现了"保优、保奖、降损"的目标。冶金部考核的9项质量指标稳定提高率达100%，15种产品保持了国家和省部优产品称号。质量异议和异议损失明显减少，服务质量进一步加强，我厂被评为"全国名优产品售后服务优秀企业"。

——技术开发工作开始走向正规，并取得

可喜成绩。以国内外市场为导向，以增强企业活力为目标，在开发新产品，应用新技术、新工艺、新成果方面做了大量工作。全年共完成技术开发项目 19 项，投入技术开发基金 2757 万元。开发非调质大规格三级锚链钢等 8 个新产品。标准化工作不断加强，92 年采用国际标准产值率达 89.3%，较上年提高 3.6 个百分点。有 28 项技术进步项目受莱钢总厂奖励，其中 6 项获省科委、省冶金总公司奖励。继二级锚链钢之后，500 热带又获省经委优秀新产品一等奖。

——工程设计完成历年来最多工作量，基本保证了生产建设生活福利设施建设的要求。科技信息工作面向生产，为解决生产中技术难题提供了大量有价值的信息，《莱钢科技》和《莱钢科技信息》的印发数量不断增加；群众性科技活动及“五小”成果等蓬勃开展。对提高我厂经济效益起了很好的作用。

——大张旗鼓嘉奖科技人员，调动了广大科技人员的积极性。在去年召开的莱钢科协“三大”会议上，总厂对做出贡献的科技人员给予嘉奖。这体现了总厂党政领导对贯彻“科学技术是第一生产力”方针的坚决态度，弘扬了尊重知识尊重人才的良好风尚。在全厂职工特别是广大科技人员中引起强烈反响，科技人员的积极性空前高涨，干劲倍增，大家为莱钢的发展而忘我工作。

今年上半年，国家经贸委、国家统计局为了进一步推动我国工业企业技术进步工作的开展，树立典型和榜样，在不检查，不评比的情况下，运用工业企业技术进步监测系统，经专家对企业指标体系测算，研讨、核实，具有权威性的首次公布了我国 1992 年“工业技术开发实力百强企业”名单，我厂榜上有名，名列第 52 位。这无疑对提高我厂的社会知名度，为股份制的实施，为国内外企业、专家对我厂的信任与合作带来积极的影响。我相信我们全厂都一定会珍惜这一来之不易的在全国 40 万家企业，1.7 万家大中型企业中产生的技术开发实力百强企业荣誉，并继续为加强全厂的技术进步而努力工作。

1992 年我们取得上述巨大成绩，无不凝聚了科技工作者的心血和汗水，是全体科技人员和全厂职工共同努力实现的。在此，我代表总厂党政领导，对在各岗位上锐意进取，无私奉献的广大科技人员和全体职工表示衷心的感谢！

在充分肯定成绩的同时，我们还必须清醒地看到科技工作中的问题和不足。一是技术进步工作开展还不平衡，个别技改项目实施中未严格按论证的方案执行，影响了总体经济效益。个别技术经济指标在全国地方骨干企业中的位次下降，消耗上升。二是从科技管理体系来看，专业配置、人员配备难以适应我厂技术进步和技改工作的繁重任务和形势的需要。三是基础工作还需要进一步加强等等。这些都有待我们今后努力加以改进。

## 二、1992 年科技工作的几点体会

1992 年，科技工作确实有了明显的进步，成绩显著。对此我们主要有以下几点体会：

1. 领导重视是开展科技工作的重要保证。一年来，我厂各级领导深入学习邓小平同志南巡重要谈话和党的十四大精神，市场意识、竞争意识、科技意识进一步增强。充分认识到实现莱钢腾飞必须抓住机遇，迎接挑战，坚定不移地依靠技术进步和提高劳动者素质。李景常厂长在莱钢科协“三大”讲话中指出：“莱钢发展振兴，必须依靠科技。科技兴厂这是我们的发展战略”，并要求各级领导和广大科技工作者，清醒地认识到自己肩负的历史重任，增强责任感、紧迫感和危机感，大力推进技术进步，为莱钢振兴多做贡献。1992 年我厂科技工作之所以取得丰硕成果，是各级党政领导高度重视，正确决策，关心支持的结果。事实证明，哪里领导重视，哪里的科技工作就开展的有声有色。特钢中轧车间改造在五个月内完成，创出了一流的速度，一流的业绩，就是特钢厂党政领导对科技工作重视的范例。

2. 技术改造必须坚持从莱钢总体效益出发。莱钢作为一个钢铁联合企业，是一个有机整

体。无论是生产经营还是配套发展必须有个总体规划、总体布局，从总体效益出发。一年来，我厂技术改造工作较好地贯彻了这一指导思想。一是冲破"左"、旧、小观念的束缚，坚持高起点、高标准，改造落后的生产工艺流程，尤其是对制约莱钢发展，影响总体效益的工序，配套地进行技术改造，如三个轧钢车间进行的技术改造就是针对三火成材，消耗高、成材率低的突出问题进行的，解决了多年困扰我们的大难题。二是啃硬骨头，对长期制约莱钢生产的煤气问题进行调查分析，综合平衡，提出了十大措施，随着这些措施的落实，使我厂煤气制约生产的紧张状况不断缓解，保证了1992年钢材净增10万吨，为完成今年55万吨(可能更多些)钢材生产任务创造了条件。三是以总厂炼铁系统为一个整体，创造条件优化炼铁炉料结构，目前工作正在进行，预期炉料结构优化后，生铁产量可以增加，质量可以改善，焦比可以进一步降低。随着这些技改措施的全面完成和达产，我厂经济效益必将有大幅度提高。

3.节能降耗工作必须把争创一流指标作为立足点。在社会主义市场条件下，要提高我厂产品的竞争能力，一个很重要方面就是改变我厂劳动生产率低，消耗高的状况。据报导，去年我国钢铁工业吨钢能耗较发达国家平均水平高20～30%，综合成材率低8～10%。近年来，发扬莱钢争创一流的企业精神，瞄准先进，真抓实干，在节能降耗方面取得了实实在在的成绩。我们要努力把工作搞得更好，争取通过几年的艰苦努力，使我厂主要的消耗指标在全国同类企业中达到一流的水平。

4.质量工作必须以稳定提高实物质量为重点，以用户满意为目标，以增加质量技术投入为手段。随着社会主义市场机制的不断发展和完善，质量(包括产品实物质量和服务质量)真正成为企业的生命。近几年来，我厂的质量工作从各级领导到生产一线工人都付出了艰辛的劳动，产品实物质量稳定提高，创出了15种国家和省部优产品。三级锚链钢通过英国劳埃德船级社认可，热轧螺纹钢筋享誉省内外，颇受建筑行业的欢迎。但目前我们还有一部分生产工艺落后、在线检测手段不足、技术投入还不够多，产品实物质量不能经常地保持稳定。针对这些问题在继续加强常规质量管理的同时，已经开始增加并将继续增加质量技术投入。

5.技术开发必须将重点置于着眼未来。我厂技术开发工作取得一定的成绩，开发了一批新产品。为尽快提高开发新产品的档次，形成规模产量，缩短与先进企业的差距。我们还需要坚持以战略的眼光，超前决策，加快技术开发步伐，真正做到生产一代、研制一代、储备一代，不断保持并增强企业的后劲，只有这样我们才能在激烈的市场竞争中永远立于不败之地。

6.充分调动广大科技人员的积极性，是提高科技工作的关键。江泽民同志在十四大报告中指出："知识分子是工人阶级中掌握科学文化知识较多的一部分，是先进生产力的开拓者，在改革开放和现代化建设中有着特殊的作用。能不能充分发挥广大知识分子的才能，在很大程度上决定着我们民族的的盛衰和现代化建设的进程。"十一届三中全会以来，尊重知识，尊重人才越来越成为全社会的共识。市场竞争说到底是人才的竞争。莱钢在落实知识分子政策，调动科技人员积极性方面作了卓有成效的工作。去年又对在科技工作中做出较大成绩的科技人员实行嘉奖，今年在这次会议上，将在更大的范围内，更高的档次上，对为我厂跨入技术开发实力百强企业，对在科技管理优秀单位和优秀技术进步项目中做出重要贡献的有关领导和科技人员进行嘉奖。进一步嘉奖科技人员，必将更大地调动全厂科技人员和科技管理人员的积极性，使广大科技工作者在生产、建设的主战场上心情舒畅地施展才能。一个以科技人员为骨干，广大职工为主体的技术进步高潮，将会到来，这是莱钢的希望所在。

## 三、1993年下半年科技工作的任务

1993年，我们不仅要实现钢铁双80万吨，

力争双 85 万吨,钢材 55 万吨,利润 2 亿元的奋斗目标,而且要完成包括改扩建和技术改造项目在内的固定资产投资计划,为企业发展增添后劲。我们莱钢三万职工一定要同心同德,再接再厉,紧紧依靠科技进步,以科学技术为第一生产力,推动生产建设的发展。

我厂科技工作总的指导思想是:认真贯彻党的十四大精神,适应社会主义市场经济的需要,以经济效益为中心,以技术进步为手段,以技术开发为先导,以技术改造为途径,加速实现科技兴厂。

1993 年下半年技术工作重点抓好以下几个方面:

一、抓紧解决好生产、建设关键环节的技术难点,确保实现今年全厂生产经营目标。下半年全厂生产、建设面临的任务十分繁重,对技术工作也提出新的更高的要求,我们要集中力量,突出抓好生产、建设中那些关系全局、影响重大的关键项目、关键环节,依靠科技,增产增效,保证全厂今年奋斗目标的完成。

首先是确保改扩建工程项目的投产达产。750 高炉系统达产达效工作,自备电站,3 号转炉、2 号连铸机等按时竣工投产,并搞好基建与生产的衔接工作,都有非常复杂的技术工作,全厂科技工作者都要为这些影响莱钢全局的建设项目尽职尽责,尽心尽力。掌握好新设备的技术性能,要及时协调好项目投产以后有关生产的安排与平衡,以 1 号连铸机工程的竣工达产为样板,使新投产的项目,迅速发挥作用。二是进一步搞好煤气平衡,确保 55 万吨钢材任务的完成。焦化厂 1 号焦炉改用高炉煤气加热工程已顺利完成,焦化厂在这项工程上态度积极,措施得力,值得表扬。焦炉改烧高炉煤气后每小时可以替换出焦炉煤气 4000 多立方米,可掺混成混合煤气近 $m^3/h$,意义重大。轧钢厂 12 号均热炉推广应用。750 高炉投产以后焦、高炉煤气的比例已发生新的变化,焦炉煤气越显短缺,要不断探索直接烧高炉煤气的措施、方法和范围,同时有关部门要研究在混合煤气热值允许的前提下,适当增大高、焦炉煤气比例,也是缓解煤气紧张的措施之一。三是积极改善炼铁炉料结构,提高焦炭质量。尽快解决两个铁厂炉料结构不合理的问题。首先在大幅度增加酸性球团矿的产量的同时,提高烧结矿的碱度,实现高碱度烧结矿配酸性球团矿的合理炉料结构。焦炭质量要满足高炉大型化和高强度冶炼的要求,我们既要面对煤炭资源的现实,又要有所突破,研究包括原料基地、配比、进厂检验、存放和使用一整套办法。各部门要通力协作,今年拿出试行方案。四是把解决好困扰和威胁我厂生产建设最严重的问题——工业与生活用水,当做一项特殊工作抓紧抓好,做到开源节流。在开源方面,关键是增加紧迫感和危机感,抓紧实施已研究确定的各项措施。要突出抓好节流方面的工作,强化管理,减少跑、冒、滴、漏,尽快扭转因生产工艺落后,管理不善而浪费严重的局面。要以科技进步为手段实现工业水的复用和多次复用,凡新上项目,水的复用率要达到 95%以上,老的生产项目也要经过改造提高到 90%。

同时,要继续开展节能降耗、提高成材率、工序管理三项指标竞赛活动。要在总结前两年经验的基础上,进一步完善和提高。增加保位次和晋位次奖,将搞好与厂劳动竞赛及经济责任制考核的衔接。

二、大力加强技改工作,努力提高我厂的装备技术水平,今年 4 月初,省委省政府发出《关于加强企业技术改造工作的决定》,确定在“八五”前两年改造的基础上,后三年把大中型企业基本改造一遍。大中型企业的技术改造,按“三四三”的步骤进行:到“八五”末,使 30%的大中型企业得到系统的改造,主要工艺、装备、技术水平达到当代国际先进水平;40%的得到较系统的改造,主要工艺装备、技术水平达到国内先进水平,30%的得到专项改造,关键工艺、装备、技术水平达到国内先进水平。全省多方筹措技改资金,今后五年全省技术改造投资约 1000 亿元,其中有 500 亿元用于大中型企业。这是省委省政府的一项重大战略举措,体现了发展社会主义市场经济的要求，决定着我省经济发展的前途和命运。赵志浩省长最近指出：技改工作，热得还不够。说明今后仍然要大力加强技改工作。

我们莱钢如何进行技术改造，也同样是摆在我们面前的一项十分重要的工作。因为莱钢的技术装备水平参差不齐，一方面我们的改扩建项目从装备水平看，基本上可以达到国际和国内八十年代水平，另一方面建厂初期的装备，多数属于五、六十年代的水平，个别改造的部分也仅仅是国内七、八十年代的水平。这两部分装备水平很不协调，我们有条件在吸收改扩建工程中引进的新技术、新设备，将现有设备改造成八十年代水平。如620高炉大修就是这样做的。重点是采用高新技术特别是微电子技术改造传统产业，尽快提高控制水平。大型技术改造要结合总体技术结合、总体产品结构的调整来进行。各厂矿、各主管部门要根据本单位、本系统所存在的主要问题，搞一个远近结合的规划，多方筹措资金一定要把技改工作搞好。要通过改造使我厂的主要工艺、装备、技术水平至少也要达到国内先进水平，进入40%的行列，并有一部分达到国际先进水平。

三、加强质量工作，提高产品的技术含量和质量，积极应用新技术，开发新品种。要抓好500热带轧制过程的微机控制，热轧圆钢的在线检测和连铸生产线的在线检测，微机优化轧辊孔型设计等一批为保证产品质量投入的技术进步项目。此外，各单位根据各自的情况，抓紧投资少、见效快、效益好的短平快项目的建设。新产品开发，重点是开发一批高技术含量和高附加值的高效产品。继续明确这一原则：一年内收回投资的短平快项目，多多益善，不受规模的限制。同时，要加强技术开发机构的建设。尽快把工艺试验室建起来，为技术开发创造条件，机构要不断完善，力量也要继续加强。要加强科技信息工作，拓宽信息渠道，扩大信息来源，还要切实加强厂内科技信息的沟通与交流，把科技信息用好用活，为生产经营、基本建设和企业管理服务。

产品重量是市场竞争条件下企业生存能力的重要标志，科技工作要把不断提高产品实物质量作为重要内容，每个科技人员都要通过自己的实际工作，为提高产品质量贡献力量。要适当增加技术投入，包括检测措施和检测手段、技改技措等。关于这方面的工作，已经在质量工作会上讲的很多了，这里就不展开讲了。

四、搞好科技攻关和科技效益承包，落实和完善奖励政策，充分调动科技人员的积极性。科技攻关要体现集中力量打歼灭战的原则，针对生产中存在的问题，组织攻关，抓紧抓好。科技承包今年要有突破性进展，走向规范化、正规化、制度化，通过承包调动广大科技人员的积极性。今年承包要创纯效益1500万元以上。在这次会议上，科技承包项目要进行签字。

要深入开展群众性科技活动。和工会、科协、团委一起协作广泛开展合理化建议活动和五小活动。我厂多年来的经验证明，抓好群众性科技活动是搞好科技的有益补充，希望工会、科协、团委等各群众组织同行政技术主管部门一道，继续搞好这方面的工作。

要进一步落实和完善表彰奖励科技人员的政策。李景常厂长在多次会议上表示，表彰奖励有重要贡献的科技人员，要形成制度，这充分体现了总厂党政领导对科技人员所做贡献的肯定和鼓励，也表明了我厂坚持科技兴厂的决心，必将大大推动科技进步工作不断登上新的台阶。同时还蕴藏了另一层含义，那就是对莱钢广大科技人员寄予厚望，希望广大科技人员心系莱钢，在生产经济和基本建设各方面，在“把莱钢建成令人向往的地方”的事业中，献策献计，有所作为，建立功勋，在这次会议上对科技工作中做出重要贡献的同志又进行了嘉奖。相信受到奖励的同志一定会正确认识和对待荣誉。由于嘉奖有重要贡献的科技人员工作，我们还仅仅是开始，推选与评定还缺乏经验。这次我们主要是结合对我厂跨入全国技术开发实力百强企业和对提高总厂经济效益作用比较大的几个项目进行的。对于嘉奖科技人员的工作，我们还要进一步探索和总结，以使之逐步完善。希望各级领导要做好工作，使嘉奖工作能在生产建设中起到更积极的作用。

同志们：当前全国改革开放步伐不断加快。我厂在这良好的大环境中，将以更快的步伐前进。去年几项大的技改工程都已投入生产，今年投产的750立方米高炉系统、钢区的几大工程，都将逐步发挥效益，给莱钢发展增加后劲。但由于各项价格改革措施的出台，增支因素加大，加之最近国内市场的变化，钢材价格回落，资金紧张，使我们企业的发展处在机遇和挑战共存的环境。我们一定要加速技术进步的步伐，勇敢地去迎接挑战。以我们卓有成效的技术工作提高我们在竞争中的实力，克服企业发展中的困难，保证莱钢未来发展宏伟目标的实现。我们全体科技人员必须明确自己肩负的历史责任，充满信心地承担起这个责任，充分发挥自己的聪明才智，在总厂的领导下，同全厂职工一道，共同努力，为莱钢的发展，贡献我们的智慧和力量。

# 认清形势　迎接挑战<br>进一步搞好我厂的质量工作

## ——总厂副厂长兼总工程师王认清<br>在莱钢质量工作会议上的讲话<br>（1993年3月20日）

同志们：

这次莱钢质量工作会议，主要任务是，总结我厂1992年的质量工作，表彰在质量战线上，为我厂产品实物质量的提高做出贡献的先进集体和个人，传达贯彻全国冶金质量工作会议精神，安排部署今年的工作，按照社会主义市场经济的要求和企业面临的市场环境，研究今年质量工作的思路，进一步动员各级领导干部和广大职工，认清质量工作的新形势，扎实有效地工作，全面开创质量工作的新局面。下面，我受总厂全面质量管理委员会的委托，讲两个问题：

### 一、1992年质量工作的回顾

1992年，我厂广大干部职工，认真落实邓小平南巡谈话和“十四大”精神，加快了发展步伐，生产和建设取得了令人鼓舞的成绩。全年实现生铁产量65万吨，钢产量68万吨，实现利税2.3亿元，其中利润1.19亿元。固定资产投资加快，全年完成固定资产投资3.6亿元。

1992年是我厂生产和建设登上新台阶的一年，也是我厂质量工作继续得到加强和向前发展的一年。一年来，全厂广大干部职工，认真贯彻“深入贯标，完善体系，夯实基础，强化考核，减废降损，质量升级”的质量方针，紧紧围绕莱钢的经营目标，以市场为导向，充分发挥质量在经营机制转换中的作用，立足提高实物质量，强化基础工作，不断完善企业内部的质量体系，全面完成了“保优、保奖、降损”的质量目标。为我厂经济效益的提高做出了较大的贡献。

——1992年我厂质量指标稳定提高，品种结构进一步优化。列入总厂考核的35项质量指标，超计划完成的有31项，完成计划率达88.57%，28项可比指标稳定提高率89.29%，冶金部考核的9项产品质量指标稳定提高率保持100%。在品种结构上，我们加大了适销品种的产量，全年生产热轧带肋钢筋67968吨，与91年相比增加了产量26881吨，还开发了非调质锚链钢等八个新品种，进一步拓宽了市场。

——我厂产品实物质量在市场旺销的条件下，保持稳中有升的势头，优质产品产量和产值率分别为57.02%和8.73%。与91年相比分别提高了0.94和4.98个百分点。产品的双标产量率和产值率分别提高了1.02和3.62个百分点，我厂15种优质产品，经国家、部和省技术监督检查机构的多次抽查，保持了优质产品的称号，总厂重点产品实物抽查合格率保持稳定，质量异议减少，过去反映比较突出的带钢夹灰分层，有较大改进，碳素结构钢热轧圆钢已打入了国际市场。

——质量投入增加，提高了产品质量的保证能力。我厂已经完成和正在实施的炼钢厂微机数据采集、轧钢厂的微机控制烧钢、锻压厂的轧钢车间改造、特钢厂的中轧车间改造、1号连铸机等大型技改项目质量投入比例较大，又为我厂产品质量的进一步提高、增加品种创造了新的条件。技术监督处炼钢化验室的改造，主要仪器设备达到了国内一流水平，将大大提高钢分析的准确性和及时性。

——质量管理成效显著。经过全厂不懈地努力，1992年保持了山东省质量管理奖单位称号，同时，又有一个被命名为国家级的优秀QC小组，更值得高兴的是，我厂1992年荣获“全国名优产品售后服务优秀企业”称号，大大提高了我厂的知名度和企业的信誉。

同志们，1992年，我厂之所以能够取得这样的成绩是我厂全体干部职工和质量战线上的同志牢记质量第一的方针，辛勤耕耘，忠于职守，勤奋工作的结果，在此，我代表总厂党政领导，向全体职工、质量战线上的同志，特别是向1992年为我厂的质量工作做出突出贡献的先进集体和个人表示衷心的感谢。

成绩的取得来源于我们的工作，回顾过去的一年，我们重点作了以下几方面工作：

(一)以贯标为突破口，不断完善质量管理体系

为有效的宣贯《质量管理和质量保证》国家标准，总厂制订了贯标三年规划和年度实施计划。在实施步骤上，我们首先把贯标教育作为第一道工序，由总厂组织举办六期标准系列学习班，196名总厂副处级以上干部及机关处室的科级干部参加了培训。在总厂办班的基础上，总厂对六个二级单位举办了八期标准培训班。

通过学习使领导干部提高了对贯标重要意义的认识和贯标的积极性。在抓教育的同时，总厂还在第二铁厂进行了试点，第二铁厂积极努力，勇于探索，为我厂贯标工作提供了经验，其它单位也积极行动，做了大量的基础性工作和前期准备工作，从而带动了各项质量管理活动的开展。

(二)集中精力，全面提高产品实物质量

各单位围绕提高实物质量，做到眼睛向内找问题，查原因，落实措施，确保产品质量。在进厂原料上，严把质量关，几次发现并处理了以硫酸渣冒充矿粉及劣质原料的进厂问题，有效地保证了原料质量和我厂的效益；莱矿在外购矿比例大，矿石性质复杂，矿石成份波动大的情况下，加强购矿管理和选矿过程的工艺控制，铁精矿品位达到66.03%，较好地完成了总厂下达的66%的计划。石灰石矿围绕提高石灰石质量，强化管理，石灰石合格率、CaO品位与1991年相比明显提高。

炼钢环节，在提高命中率、稳定成份、减少夹杂、改善钢锭质量方面；轧钢环节，在防止划伤减少折叠、耳子，解决锚链钢纵裂，标准件钢冲裂、齿轮钢锻裂方面都做了一些具体的工作。技术监督处进一步充实了抽查队伍，加大了抽查履盖面，增加了抽查频次，在监督上也由过去的成品检验把关，逐步重视工艺过程的监督，对关键及重点品种以及问题多的产品，从炼钢到成材进行跟踪监督抽查，同时，还制订了“轧钢工序监督要点”。

(三)强化了质量激励机制，有效的调动了职工的积极性

为有效提高职工抓产品质量的自觉性，1992年我厂及时修改了质量否决权实施办法，除保留了原来的质量指标系数，抽查合格率和质量事故系数外，又将内控合格率和工艺纪律的执行情况，纳入了否决权的内容，严格执行。

全年共否决奖金额达26万元，同时，总厂还设立了10大项，70个分项的质量嘉奖，做到及时鼓励那些工作做得好的单位，据统计1992年发到各单位的质量嘉奖额达100万元。这些措施的实施做到了有奖有罚，从各方面调动了职工的积极性。技术监督处还同总厂工会密切配合，认真组织了“质量品种杯”劳动竞赛活动，通过竞赛促进了工作。经认真地评比，炼钢厂、第一铁厂、特钢厂、技术监督处捧走了“质量品种杯”，由于全厂努力，总厂也夺得了山东省冶金总公司质量杯。

(四)开展了降低不良品，提高一次合格率活动

按照冶金部关于在全行业开展降低不良品损失，提高一次合格率的活动的布置，总厂在制订不良品、一次合格率统计办法和考核细则的基础上，做了大量的组织发动工作，质量与财务部门密切协作，理顺了统计程序，健全了正常的报表体系，为开展这项活动找准了方向。炼钢厂领导对这次活动认识高，行动快，在炼钢工序开展了提高了一次合格率活动，已初见成效。

同志们，我们在肯定成绩的同时，我们还必须清醒地看到在质量工作中还存在着诸多不容忽视的问题，应该说，我厂的质量工作，不论在管理上，实物质量上，还是在一些人的思想观念上，还不能适应新形势发展的需要。看不到这些问题，我们的工作就不能进步。在这里，我想多谈一点，以引起大家的重视。

存在的问题主要有以下几个方面：

(一)产品质量还不够稳定

一年来，产品质量虽然总体水平上有所提高，但还不够稳定。

$M_{20}Mn$ Ⅱ级锚链钢是我厂唯一的国优产品，也是1992年我厂计划赶超国际先进实物质量水平的产品，为保证质量，我厂规定要按内控标准判定出厂，而在执行中不严格。从整体控制水平上看，七项指标的特性值，有五项低于1991年水平。500热带质量问题仍然不可忽视，1992年共检验500热带5583炉，性能合格的5178炉，合格率只有92.75%，其中942炉改判，检验力学性能时仍发现1659炉有分层现象，分层率占29.72%，虽然比1991年降低，但仍很严重。从用户反映的问题看，优钢部分反映出的问题如裂纹、折叠、中心增碳、缩孔、结疤、J9不合等较突出。全年发生这一类质量异议达29次。其次，标准件钢的冲裂、管坯钢的裂纹用户反映也很集中，给用户造成的损失很大。热轧带肋钢筋的定尺问题仍然没有解决。甚至有的产品还达不到标准的质量要求。

(二)工艺纪律执行不严，产品质量受控能力差

例如：出口钢材中出现的问题可反映我厂的质量控制状况。1992年3月，我厂准备出口泰国的2300吨钢材，转炉冶炼、炼成率73.28%，开坯后转到特钢厂开成110平方毫米坯试轧∅75毫米圆钢312吨，表面质量，全部不符合出口钢材的要求。后改为电炉冶炼(3044吨)，这次出口，先后我厂准备的钢锭9402吨，成材2222吨，占准备钢锭的23.63%，成份波动大，表面质量差，炼成率低，充分反映了质量控制上存在的问题。

再者，1992年混钢事故时有发生，用户反映强烈。其原因，一是，中间环节，掉队钢管理不善造成归队错误；二是，转送中不同钢种同规格的钢坯混装；三是传票及描号错误造成混钢；四是，钢材发货中多件少件造成。特别是装炉出炉不按操作规程操作。这些充分反映了管理上存在的问题。

(三)质量检测手段有待进一步充实完善

先进的检测手段，是指导生产保证产品质量极重要的环节，可以说1992年在这方面我厂的投入是比较多的，许多项目将要发挥作用。但检测手段还很落后，有的还是空白，有待进一步充实提高。有些化验手段越来越不适应生产发展的需要，在线自动检测差距更大。

(四)质量观念有待进一步更新

1992年，供求关系发生了重大变化，钢材市场好转，在新的形势下，一些干部职工的质量

意识淡薄了，质量管理削弱了，"萝卜快了不洗泥"以至出现了一些极不正常的现象，产品不经检验就入库发货，在生产上违规违制操作，更有甚者，出现了殴打检查员的现象。这些都是制约我们质量提高的严重问题。

回顾 1992 年的工作，可以说成绩是很大的，存在的问题也是实实在在的。技术和管理上的问题，经过努力可以解决，甚至办得很好。但质量意识是最根本的问题，解决不好，我们就会在社会主义市场经济的大潮中打败仗。这一点务必引起全厂职工，特别是各级领导干部的高度重视。

## 二、1993 年质量工作的任务

建立社会主义市场经济体制，是党的十四大确定的我国经济体制改革的目标，是我国经济体制改革和国民经济发展理论上的重大突破，是历史性的转折。过去"质量第一"是作为方针提出来的，但在计划经济体制下，贯彻起来，却自觉或不自觉地带有不彻底性。随着社会主义市场经济的建立和关贸总协定缔约国地位的恢复，国内国际市场融为一体，竞争将更加激烈，因此，"质量第一"应该是企业的自觉行为，探索在新形势下质量工作的新思路是摆在企业面前的重大课题，谁早认识到，谁就早主动，未雨绸缪 我们从现在起就必须有紧迫感、危急感，正确估计企业面临的形势，有充分的思想上和工作上的准备。

1993 年莱钢的经营任务相当重，李景常厂长在安排今年的工作时要求，各级领导要牢固树立效益观念，将提高经济效益作为一切工作的出发点和落脚点，把应该得到的效益拿回来，要面向市场开拓经营，全方位扩大销售渠道，立足全省，面向全国走向世界，积极参与竞争，提高市场占有率和经济效益。因此，不论生产经营任务的要求，还是形势的需要，都要求我们对质量工作不能有丝毫的松懈。

今年我厂质量工作总的思路是紧紧围绕莱钢的生产经营目标，"以市场为导向，以满足用户要求为目的，按照社会主义市场经济的要求，完善质量体系，全面提高实物质量，为企业转换经营机制服务"。要着力抓好以下几方面的工作：

(一)进一步更新观念，提高质量意识

江泽民同志指出"在当今技术突飞猛进，竞争不断加剧的情况下，要想提高产品质量，必须下决心，抓好干部和职工的技术培训及教育，提高职工队伍的素质，增强提高产品质量的责任心"。全厂职工要牢固树立质量是企业生命的思想，要真正把这一思想贯穿到各项工作中去，扎根到各级领导的脑海中。

《中华人民共和国产品质量法》已经第七届全国人民代表大会常务委员会第三十次会议通过，今年 9 月 1 日就要施行，要尽快组织全厂干部职工利用各种形式学习《产品质量法》，掀起学法用法的高潮，提高职工的质量法制观念，同时，进一步完善管理制度，做到遵法、守法，把质量工作纳入法制化的管理轨道。

(二)继续开展贯标工作

推行《质量管理和质量保证》系列标准是巩固全面质量管理成果，促进管理规范化，保证和提高产品质量、服务质量的有效途径，也是产品走向国际市场不可缺少的极其重要的条件。经过 1992 年的工作，全厂已对标准的内容及贯标的意义有了较为清楚的了解，有了一定的基础，现在国家已等同采用 ISO9000 标准，并转化为 GB/T1900 国家标准，总厂已预订了《质量管理和质量保证 GB/T19000(ISO9000)》新系列国家标准宣贯录像教材，要根据新标准，进一步充实教育。这项工作，从冶金部看，1993 年主要是抓好学习标准，培养骨干，制定细则模拟认证，等待国家授权认证机构，我们不要等待，要在进一步吃透精神的基础上，结合行业特点和企业实际，按照 1992 年制订的贯标计划和部署进行，坚持梯次推进，滚动前进的原则，逐步在全厂范围内推开。在推行过程中，也可以采用派出去，请进来的办法，大力借鉴国际国内的先进经验，为我所用，少走弯路。

(三)强化工序管理,提高产品质量的受控能力

1993年我们仍要以12个主要产品为龙头,以工序控制为突破口,着力解决两线和各点上的质量问题。所谓线主要是普钢线和特钢两条生产线。所谓点普钢线上突出的化学成份波动大,表面质量差和热带的质量,特钢线上的成分不稳和成材上存在着的这些工序点上的问题。在生产过程中要采取强有力的措施,严格贯彻精料、精炼、精轧、精整的方针,严格工艺纪律,减少违章,使生产过程处于受控状态,确保产品质量。针对一些关键问题,可以由科技处牵头,钢研所,技监生产厂参加继续开展质量攻关,加强工序控制。

降低不良品,提高一次合格率活动,已经开展一年多,经过大量的工作,基本上理顺了工作程序,健全了体系。希望质量、财务部门密切配合,进一步做好第一阶段的摸底工作,并在此基础上,安排好下一步的攻关,找出关键环节,开展工序分析,落实攻关措施。据1992年不完全统计,一些工序的一次合格率还是比较低的,仅炼钢、开坯、轧钢三个工序,不良品损失就达546万元(若按新口径计算,损失还要大),因此,质量效益的潜力很大,希望能提高认识,真正把质量工作与我厂的经济工作有机地结合起来,扎实有效地开展下去。

(四)依靠技术进步,增加质量投入,提高产品质量

质量体系是实施质量管理,由组织机构、职责、程序、过程和资源构成的有机整体。质量体系是从质量管理和质量保证的需要提出的,资源、包括设备、人员均属质量体系的要素。完善质量体系,首先要有与产品质量相适应的装备和工艺技术,国务院和冶金部都强调增加质量投入的问题。科学技术是第一生产力,质量上档次、上水平,要依靠科学技术的进步。科技工作围绕质量品种要及时采取必要的措施,适应市场需要,不断开发新品种。根据用户的具体要求,通过技术手段解决质量上的突出问题。炼钢的炉外脱硫和炉外精炼,650大圆钢的矫直机,修磨酸洗、二铁厂的炉外脱硫,连铸和轧钢的在线检测等,这些对产品质量有重大影响的项目,要尽快付诸实施。

检测手段是质量体系的要素之一,我们要逐步扭转检测手段落后的局面。今明两年重点配备炼钢化验室,第二铁厂化验室和大电炉化验室,全厂合理布点,提高装备水平。

(五)强化标准管理,完善标准体系

这次全国冶金质量工作会议,已经明确,今年冶金部在产品标准方面要作大改革,其目标是,根据市场供求关系和用户不同层次的需要,进一步减少强制性标准的比例,今后冶金部将依靠冶金产品标准体系表和市场需要来调整标准结构,减少国家和行业标准,鼓励企业自定水平高,符合市场要求并具有竞争力的企业标准,促进产品标准从生产检验型向贸易型转变。这是一项新的政策,其目的不外乎是放开手脚让有条件的企业快上。科技处要进一步强化标准化工作,及时掌握标准信息和先进的实物质量信息,选择一批有条件的产品,制订企业标准,做到标准先行,努力赶超先进的实物质量水平,逐步形成具有我厂特色的拳头产品。

(六)强化监督力度

在社会主义市场经济还不完善的情况下,国家针对社会上出现的不良现象,对产品质量的监督将进一步加强,我们绝不能有半点的忽视。社会上的监督要求我们把住产品质量关,企业更离不开监督。要进一步提高技术监督队伍的素质,更好地行使把关和预防、报告的职能,指导企业质量工作。坚持"不合格产品不发质保书"的要求。质量否决权制度,今年又作了修改,要紧紧抓住考核这一环,引导职工对产品质量的注意力,激发责任感。

(七)努力搞好质量跟踪和质量信息工作,作好售后服务

戚部长在去年的冶金工作会议上曾提出,企业质量的好坏要多听用户的意见,主要靠"社会评价企业,用户评价质量",冶金部已决定对

15个钢材品种和2个耐火材料品种进行质量跟踪，参加跟踪的有28家钢铁企业和6个耐火材料企业。并要求企业根据自己的情况，进行跟踪。我厂虽然不属冶金部跟踪的范围，但从质量改进的角度看，这是一项非常有意义的工作，要在去年设立跟踪卡的基础上进一步发展和完善。武钢的“抓信息把握市场，抓质量赢得市场，抓品种适应市场，抓服务巩固市场”的提法值得我们借鉴。供销、质量两个部门要紧密配合，广开质量信息渠道，完善信息的搜集、传递与处理程序，更好地指导我厂的质量工作和生产经营。在为用户服务上要更上一层楼，保持售后服务优秀企业的称号。

（八）加强基础工作

技术操作规程是我们生产合格产品和优秀产品，实现安全操作的依据，原始记录是我们从事管理的第一手资料，又为操作规程科学化提供信息，这两点相辅相成，我们要严格操作纪律的同时，努力做好操作规程的优化，为提高产品质量创造条件。同时，对原始记录进行整顿，达到书写规范，准确。这两点非常重要，过去也多次强调，但始终未能解决好，希望在93年能有新的起色。

同志们，严峻的质量工作形势摆在我们面前，全国的大气候和行业的形势，对我们抓好质量工作既是一种挑战，更是一种机遇，让我们认清形势，解放思想，振奋精神，实事求是，开拓前进，为开创我厂质量工作的新局面，为莱钢再登新台阶做出新的更大的贡献。

# 总厂党委副书记李名岷在莱钢处级干部学习《邓小平文选》第三卷读书班上的讲话

（1993年11月20日）

同志们：

四天多的读书班就要结束了。读书班期间，大家聚精会神地通读了《邓小平文选》第三卷，并结合学习《中共中央关于建立社会主义市场经济体制若干问题的决定》，看了中央党校辅导报告录像，进行了一天的交流讨论。大家反映，这期读书班时间虽然短，但收获很大，不仅比较系统地、完整地了解了邓小平建设有中国特色社会主义的理论体系，而且进一步加深了对邓小平作为中国改革开放和社会主义现代化建设总设计师的全新认识。有的同志讲，通过学习，坚定了信念，加深了理解，增强了信心。此外，从办读书班这一具体形式来看，也使我们再次认识到对于党的重要文件、重大理论的学习，小集中脱产培训仍然是一种有效的组织形式。总之，这期读书班取得了成功，突出表现为五个特点：一是参加学习的同志热情高，态度刻苦，行动自觉，纪律严明。参加学习的各位书记、处长，以饱满的政治热情，坚持按时参加学习，认真读书，较好地完成了学习任务；二是坚持读原著，参加读书班的同志在有限时间内，大都认真系统地通读了邓选全书，有的阅读了其中的大多数文章。大家反映，邓小平同志的文章简短、精炼、深邃，寓意深远，提倡什么，反对什么，旗帜鲜明。读来亲切，思来深刻，具有强烈的责任感、时代感，表现出了崇高的民族精神。不系统地读原著，是无法领略其中的奥妙的；三是坚持在把握邓小平理论体系上下功夫。大家认为，邓小平建设有中国特色社会主义理论是一个完整的体系，内容丰富，博大精深，我们应该系统掌握。而掌握邓小平理论体系的根本，是邓小平同志在带领全党开创社会主义现代化建设事业中积累的基本经验、基本理论和基本路线。解放思想，实事求是，把马克思主义基本原理同我国的具体实际结合起来，走自己的路，这是我们党的基本经验；社会主义的本质是解放生产力、发展生产力，社会主义的目的是达到共同富裕，这是我们党的基本理论；一个中心，两个基本点是党的基本路线。坚持党的基本路线要一百年不动摇。离开了党的基本经验、基本理论、基本路线，就无法全面把握邓小平理论体系，就抓不住理论体系的精髓；四是坚持理论联系实际的好学风。大家在读书中，坚持边读书，边思考，边记笔记。在讨论中紧密联系自身和单位的思想、工作实际，畅所欲言，开诚布公，既讲对理论的理解，又讲思想上的收获；既讲自身感受，又讲群众反映；既讲认识提高，又讲事业进步。整个读书班充满着读书、明理、解惑、律已、务实的气氛；五是不少同志已初步理出了带领本单位干部职工，特别是领导干部学习好《邓小平文选》第三卷的思路。大家认为，领导干部集中一段时间通读原著，是一项基本的理论建设和思想建设，忽视不得，也懈怠不得。必须切实抓紧抓实，抓出成效。学习邓小平理论是否有成效，不仅有个时间、形式、方法问题，更有个感情、信念和态度问题。只有引导全体党员、干部以高昂的政治热情去学《邓选》，才能领会实质，掌握精髓，指导我们的实践。

学习班就要结束了，但学习《邓小平文选》第三卷，用建设有中国特色社会主义理论武装广大干部、党员和全体职工是一项长期的任务。下面，就如何深入学习《邓小平文选》第三卷，谈三个问题：

**一、要充分认识学习《邓小平文选》第三卷的重要意义**

最近，中央召开了学习《邓小平文选》第三卷报告会，江泽民总书记在会上发表了重要讲话，中共中央专门作出了学习《邓小平文选》第三卷的决定。中央电台、电视台、各大报连续报道了各级党组织、各级政府以及全国各地认真学习《邓小平文选》第三卷的情况，一个波澜壮阔的学习《邓小平文选》第三卷的热潮正在兴起。我们应该充分认识学习《邓小平文选》第三卷的重要意义。

第一，新一卷《邓小平文选》是近十年来邓小平同志领导我们推进改革开放和社会主义现代化建设丰富经验的理论总结，是指导我们前进的理论指南，伟大的革命实践需要伟大的革命理论，伟大的革命理论指导伟大的革命实践。在中国这样一个经济文化落后的国家，建设社会主义，巩固和发展社会主义，是一项前无古人的全新事业。邓小平同志总结了我国几十年社会主义建设成功和挫折的经验教训，借鉴了其他社会主义国家兴衰成败的经验教训，在领导我国改革开放和现代化建设中，继承并发展了毛泽东思想，创立了建设有中国特色社会主义的理论，实现了马克思主义与中国实际相结合的第二次飞跃，比较系统地回答了中国这样一个比较落后的国家如何建设社会主义、如何巩固和发展社会主义等一系列基本问题。《邓小平文选》第三卷同第二卷，汇集了邓小平同志在形成和发展建设有中国特色社会主义理论过程中最重要、最富有独创性的著作，它内容丰富，博大精深，洋溢着鲜明的时代精神，闪烁着马克思主义真理的光辉。它立足的基础是党和人民的崭新实践。它的价值已经在我们的实践中得到证实，并将在今后的实践中进一步得到证实。在我国民主革命时期，毛泽东思想为我们党树立起了一面伟大旗帜，指引我们完成了民主革命的任务，顺利地进入了社会主义。在社会主义现代化建设时期，邓小平建设有中国特色社会主义的理论，又为我们党树立起了一面伟大旗帜。十几年来，我们正是由于高举起这面旗帜，依靠这个精神支柱，我们的党、我们的国家才得以克服困难，排除干扰，稳步走上了社会主义现代化建设的正确轨道，取得了举世瞩目的伟大成就。历史和现实的经验一再表明，坚持邓小平同志建设有中国特色社会主义的理论，就是坚持马克思列宁主义、毛泽东思想。只要我们按照这个理论指引的方向、道路和三步走的发展战略干下去，一直干到下世纪中叶，达到世界中等发达国家的水平，一个富强、民主、文明的社会主义现代化国家就一定能巍然屹立在世界的东方。

第二，认真深入地学习《邓小平文选》第三卷，是提高领导干部理论素养和社会主义建设本领的根本措施。当前国际形势风云变幻，国内改革开放和社会主义现代化建设出现了许多新情况、新问题，这些都需要我们去认识，去分析，有一些实际问题需要我们去解决。只要我们认真深入地学习《邓小平文选》第三卷，并掌握精神实质，就能认清方向，通观全局，坚定信念，就能够坚持基本理论和基本路线不动摇。现在，社会主义建设的任务很重，学习的任务也很重，要求领导干部学科学，学经济，学管理。当前，最重要的是要潜心研读《邓小平文选》第三卷。学习建设有中国特色社会主义理论，要孜孜不倦，学以致用，融会贯通。从大处说，像我们这样一个大党大国，各级领导干部的知识结构、政治思想水平、马克思理论水平和治国能力的高低，直接关系到党的命运和国家的前途。从企业来说。我厂是山东的大型企业，我们各级干部政治思想水平、理论水平、政策水平、领导能力的高低，也关系到我厂今后的发展前途。我们党历来极为重视对马列主义、毛泽东思想的学习和运用。这次让大家坐下来认真深入地研读新一卷《邓小平文选》，就是要大家更好地用建设有中国特色社会主义理论武装头脑，用这一理论指导我们的各项工作。我们这些人学习的好一些、深一些，回去以后，可以更好地带动广大党员和职工学习《邓小平文选》第三卷。

## 二、学习《邓小平文选》第三卷要抓住重点

《邓小平文选》第三卷汇集了从党的十二大鲜明地提出了建设有中国特色社会主义的命题，到1992年视察南方发表重要谈话这一时期邓小平同志的主要著作。这一卷与第二卷展现了建设有中国特色社会主义理论体系逐步形成的全貌，集中体现了当代中国马克思主义的精华。它提出了一系列具有时代精神和民族精神的新观点、新思想。所以，我们组织大家学习《邓小平文选》第三卷，要求原原本本地通读原著，在通读的基础上，分专题进行学习。对重点内容，要反复地学习、研究、加深理解。《中共中央关于学习〈邓小平文选〉第三卷的决定》中指出，学习邓小平同志的著作，要联系当前的形势和任务，紧紧抓住和深入领会解决思想、实事求是的思想路线；关于社会主义本质的科学论断和"一个中心，两个基本点"的基本路线；关于一手抓物质文明、一手抓精神文明，一手抓建设、一手抓法制，一手抓改革开放，一手抓惩治腐败等一系列"两手抓，两手都要硬"的基本方针；关于维护国家的独立和主权、发扬民族自尊心、自信心、致力于振兴中华的爱国主义精神。《决定》中指出的这五个方面内容，就是我们学习中要抓的重点。同志们在学习时，还可以根据实际情况，确定重点学习篇目。学习中要注意把握以下几个重点问题：

（一）解放思想，实事求是，是贯穿建设有中国特色社会主义理论全部观点的精髓，也是贯穿《邓小平文选》第三卷的一条主线。党的十一届三中全会以来，我们党进行的改革开放和社会主义现代化建设事业，是一项全新的事业。这项事业，马列著作中没有讲过，也没有别国的经验可以借鉴。我们用马列主义理论作指导，一切从本国的国情出发，在实践中学习，在实践中探索，在实践中提高，在实践中总结经验，通过实践检验我们的理论、路线、方针、政策是否正确。如果不敢解放思想，不敢实事求是，许多事情我们都不敢做，也做不成；如果不解放思想，不坚持实事求是，不敢实践，也无法认识什么是对的，什么是错的，什么是应该坚持的，什么是应该抛弃的。正是由于我们坚持了解放思想、实事求是，在实践中发展真理、检验真理，抛弃了那些对马克思主义的某些原则的、本本的、教条式的理解，抛弃了那些对社会主义不科学的，甚至是扭曲的认识，抛弃了那超越社会主义初级阶段的不正确的思想，坚持用辩证唯物主义和历

史唯物主义的世界观和方法论去分析问题、解决问题，我们的改革开放和社会主义现代化建设事业才取得了如此辉煌的成就。所以，希望大家在学习新一卷《邓小平文选》时，要牢牢的把握解放思想、实事求是这个精髓，做到理论和实践相结合。

（二）《邓小平文选》第三卷反复强调的一个主题，就是“只有社会主义才能求中国”、“只有社会主义才能发展中国”。我们要坚持社会主义、首先要搞清楚什么是社会主义、怎样建设社会主义这个基本理论问题。《邓小平文选》第三卷紧紧抓住这个首要的基本的理论问题，总结了正反两方面的经验教训，排除了一系列的错误观点，明确指出：“贫穷不是社会主义，发展太慢也不是社会主义；平均主义不是社会主义，两级分化也不是社会主义；僵化封闭不能发展社会主义，照搬外国也不能发展社会主义；没有民主就没有社会主义，没有法制也没有社会主义；不重视物质文明搞不好社会主义，不重视精神文明也搞不好社会主义。过去我们总结社会主义特征有五、六条，如实行生产资料公有制，按劳分配，坚持共产党领导，人民当家作主，消灭剥削等等。从社会主义特征来说，这些都是对的。但是，这些特征并没有揭示出社会主义的本质。社会主义最根本、最重要的是发展生产力。生产力不发展，社会就不能进步，社会主义不充分发展生产力，就无法最终战胜资本主义，就无法创造雄厚的物质基础，因而也就无法向共产主义过渡。过去讲社会主义特征若干条，既讲了社会主义的生产关系，又讲了社会主义的上层建筑，就是没有讲生产力。所以，邓小平同志在去年南巡谈话中着重强调：“社会主义的本质是解放生产力，发展生产力，消灭剥削，削除两级分化，最终达到共同富裕”。邓小平在许多文章和讲话中，反复强调，要扭住经济建设这个中心不放，抓住时机，发展自己；在社会主义初级阶段，以公有制和按劳分配为主体，其他经济成分和分配方式为补充；建立社会主义市场经济体制；解放和发展生产力；坚持“两手抓，两手都要硬”，要培养“四有”新人，要坚持在改革开放中打击经济犯罪和其他犯罪分子；要提倡清正廉洁，反对腐败等等。所有这些，都是为了充分体现社会主义的本质和优越性，都是为了创造充满生机和活力的社会主义。我们学习新一卷《邓小平文选》，必须紧紧抓住这个首要的基本理论问题，提高对于“一个中心，两个基本点”的基本路线的认识，坚持党的基本路线一百年不动摇，坚定不移地走自己的路。

（三）学习《邓小平文选》第三卷要牢牢抓住爱国主义精神这个重点。新一卷《邓小平文选》在理论上还有一个明显的特点，就是把社会主义与爱国主义相统一。中国是一个发展中的国家，所以能够在当今世界多极格局中占有一极的地位，就是因为中国是一个独立自主的国家，就是因为我们坚持从自己的实际出发，建设有中国特色社会主义。邓小平同志强调，面对风云变幻的国际局势，我们要集中精力把自己的事情办好，把经济发展起来，使人民的生活不断提高，这是我们对自己民族的责任，也是对世界对全人类的责任。我们坚持社会主义，坚持维护世界和平，中国永远不称霸，永远不搞扩张。我们也反对任何形式的霸权主义和强权政治。“任何外国不要指望中国做他们的附庸，不要指望中国会吞下损害我国利益的苦果。”学习新一卷《邓小平文选》，要牢牢抓住这一爱国主义精神，深刻领会关于民族自尊心、民族自信心、民族自豪感的论述；关于维护主权国格的论述；关于用中国历史教育青年、教育人民的论述；关于中华民族要在社会主义基础上发展起来，为人类做出较大贡献的论述，推动中国的发展，促进中华民族的振兴。

**三、学习《邓小平文选》第三卷要认真读原著**

在座的同志们都担负着领导工作。要想进一步提高自己的领导水平，就必须提高自己的理论修养。总厂举办这次读书班，让大家坐下来，认真通读新一卷《邓小平文选》，就是为了更好地用建设有中国特色社会主义理论武装头脑。要通过学习，进一步提高认识，统一思想，增强坚持党的基本路线的自觉性、坚定性。同时，大家还有一个任务，就是回去以后，带领全体党员和广大干部职工认真学习《邓小平文选》第三卷。各单位一定要把这次学习组织好，领导要带头学习好，不能因为工作繁忙而有所放松。这里有两个问题要说一下：

一是，学习《邓小平文选》第三卷要认真读原著。我们这次组织《邓选》的学习，采取分层次学习的方法。广大职工的学习，由总厂党委宣传部编写宣讲材料，向职工讲解《邓小平文选》第三卷的基本内容和主要观点。科级以上领导干部的学习，要注意认真阅读邓小平同志的原著。《邓小平文选》第三卷的一个重要特点，就是从中国的实际出发，同改革开放和社会主义现代化建设的实践紧密相联，具有很强的现实针对性和鲜明的时代特征。所讲的理论深入浅出，用语朴实，简洁明快，而内容博大精深，观点鲜明，逻辑严密，论证有力，贯穿着彻底的辩证唯物主义和历史唯物主义的世界观和方法论。不论是各级干部，还是广大党员、群众，都是能够读懂的。《邓小平文选》第三卷论述分析的这十年中间的国际国内大事，大都是我们在改革开放和现代化建设中亲身经历的或是在我们身边发生的事，与我们国家、民族乃至个人的命运密切相关。这些文章读起来分外亲切，只有认真读原著，才能更好地理解文中阐发的深刻道理，掌握其精神实质。通过认真读原著，既能够系统地了解邓小平同志的战略思想和战略原则，又能够学习他运用马克思主义的立场、观点、方法研究新情况、解决问题的求实态度和创新精神。这对于指导我们做好工作有着极其重要的意义。

二是，学习《邓小平文选》第三卷，要注意理论联系实际。我们党历来提倡理论联系实际，学习《邓小平文选》第三卷同样要理论联系实际。首先，我们学习邓小平同志的原著，要联系十几年来改革开放和社会主义现代化建设的实际，边读书，边思考，既可以加深对原著的理解，又可以总结实践中的经验教训。这对于我们提高理论水平很有益处。其次，要注意联系我们的工作实际和思想实际，分清哪些是正确的，哪些是错误的，对的就坚持，错的就改正。特别要注意澄清一些模糊认识，决不能人云亦云。搞社会主义建设，搞改革，会遇到许多新情况、新问题，不经实践很难判断是正确还是错误，我们通过学习，理论联系实际，提高我们的认识水平，提高我们对重大是非问题的判断能力，激发广大干部、党员和职工群众大干社会主义的热情和历史责任感，为全面实现明年我厂生产建设和改革的各项目标做出最大的努力。

各单位党委中心组的学习和广大党员、干部、职工的学习要尽快做出安排。

## 总厂党委副书记李名岷在莱钢“先锋杯”征文、“堡垒杯”电视评选活动总结表彰会议上的讲话

（1993 年 9 月 3 日）

同志们：

这次“先锋杯”征文和“堡垒杯”电视评选活动总结表彰会议，总结了我厂上半年开展“先锋杯”征文和“堡垒杯”电视评选活动的情况，交流了基层党支部建设工作的经验，表彰了“两杯”活动的先进集体和先进个人，对于进一步加强我厂的基层党支部建设，发挥党支部的战斗堡垒作用和党员的先锋模范作用将起到积极的推

动作用。

今年上半年，我厂各级党组织紧紧围绕生产建设的中心工作，狠抓了基层党组织建设和党员队伍建设。特别是"先锋杯"征文、"堡垒杯"电视评选活动的开展，有力地推动了全厂的党支部建设。支部工作的指导思想进一步明确，支部工作的目标进一步落实，支部班子建设得到新的加强，基层支部建设的整体水平进一步提高，党员的党性觉悟和组织纪律观念进一步增强，"先锋杯"征文和"堡垒杯"电视评选活动中报道的先进党支部和优秀党员就是我厂基层党组织建设成果的展现，他们的事迹生动感人，他们的经验值得借鉴。希望通过"两杯"活动，进一步把我厂的基层党组织建设提高到一个新的水平。

关于如何进一步加强支部建设问题，刚才茂祥同志已经讲了很好的意见。这些意见都很切合我厂实际，希望大家认真贯彻落实。根据当前我厂支部建设的情况，我再谈几点要求：

**一、必须把党支部建设放在十分重要的位置切实抓紧抓好**

基层党支部是党在社会基层组织中的战斗堡垒，是党组织凝聚党员和职工群众的战斗堡垒，是完成生产建设各项任务的战斗堡垒。支部工作是党的全部工作的基础。没有强有力的支部工作，党委的一切工作都无从谈起。因此，必须把支部工作放在十分重要的位置，认真抓紧抓好，切实发挥党支部的战斗堡垒作用。用强有力的支部工作去保证党委各项目标的实现和生产建设各项任务的完成。

当前，随着社会主义市场经济的建立和发展，在一些单位出现了放松支部建设的倾向，认为，发展社会主义市场经济，只要把经济工作搞好了，生产建设任务完成了就行，支部工作搞好搞坏无所谓。有的甚至认为，抓支部建设会影响经济工作。这种认识是极其片面的和错误的。在当前强调抓住机遇，加快经济发展的时期，必须正确处理中心工作与党建工作的关系的问题。经济工作是一切工作的中心。支部工作必须坚定不移服从和服务于经济建设这个中心。这是丝毫不能动摇的。但是，决不能借口抓经济而放松党的自身建设，更不能忘记坚持"两手抓，两手硬"是整个社会主义建设时期必须遵循的根本方针。支部建设作为党的建设的一个重要组成部分，有其自身的工作目标、内容、方法和程序，这些工作抓好了，就会对经济工作产生强大的促进作用。实践已经证明，党的建设和经济工作是相辅相承、相互促进的。哪个单位的支部建设抓得好，党支部的战斗堡垒作用和党员的先锋模范作用就发挥得好，基层党组织的凝聚力和对职工群众的吸引力就强，生产建设的各项任务就完成得好。因此，我们必须进一步认识支部建设的重要性，把支部建设放在十分重要的位置，切实抓紧抓好。

**二、切实加强支部领导班子的思想作风建设**

一个单位的工作搞得好不好，关键在于一个单位的领导班子，同样，一个支部的工作搞得好不好，关键在于支部领导班子。随着我厂三项制度改革的完成，兼职的基层支部书记所占的比例有所扩大。这对支部书记的政治素质和组织领导能力提出了更高的要求。支部书记身在基层，职位虽然不高，但是所起的作用和对职工的影响却是非常大的，党的路线方针政策要通过他们向广大党员和职工群众传达；党员和职工群众的思想动态要通过他们向上反映。职工的思想问题要靠他们通过深入细致的思想工作去化解矛盾，理顺情绪。他们与职工群众接触最多。他们的形象如何对职工群众的影响很大。因此，加强支部领导班子的思想作风建设是一项十分重要的任务，各级党委要在选配好支部领导班子的同时，加强对他们的培养教育，采用多种形式，对专、兼职支部书记进行培训，提高他们的思想水平和工作水平。支部书记要充分认识自己工作的重要性，进一步加强自身修养，努力学习，潜心研究新形势下做好支部工作的新途径和有效方法，提高两手抓的本领。兼职支部书记要善于处理抓支部工作同抓生产建设工作的关系，拿出一定的精力，认真抓好支部工作。支部书记要积极主动地搞好支部班子的团结，和行政领导协调好关系，为行政领导分忧解难。同时，要落实支部民主集中制，重大问题要经过集体研究，避免个人说了算。各级干部要自觉廉政勤政，做到清正廉洁。当前，中央提出，要在近期在全国开展一次反腐败斗争。关于这个问题，省委还要召开专门会议研究部署，我厂也将根据中央和省委的指示精神，召开专门会议进行部署。在总厂未作出安排之前，各单位不要等，中央关于近期反腐败的一些精神，各大报纸都已刊登了，要先组织广大党员和全体职工学习好文件和中央的指示精神，做好充分的思想准备和积极的工作，自觉克服消极腐败现象，力争在近期内取得明显成效。与此同时，要继续抓好密切联系群众的工作，切实关心群众疾苦，帮助群众解决实际问题，真正把群众的冷暖放在心上。在这方面，支部工作有着特殊的优势，只要我们每个基层党组织和广大党员都能同群众打成一片，党的工作、企业的工作就有了坚实可靠的基础。

**三、认真抓好党员队伍的思想道德建设**

抓好党员队伍的思想道德建设是支部建设的一个重要内容，也是提高党员素质，增强凝聚力、战斗力和吸引力的重要措施。从总体上说，我厂的党员队伍是好的，绝大多数党员都能够以党员的标准要求自己，保持了党员的先进性。但也必须清醒地看到，社会上出现的拜金主义、享乐主义、极端个人主义和一些消极腐败现象必然会对党员、职工的思想产生消极的影响，有些党员的思想开始滑波。因此，各级党组织要进一步加强对党员的思想道德教育。要在党员中突出抓好建设有中国特色社会主义理论的学习，用这一理论统一广大党员的思想，增强贯彻执行党的基本路线的自觉性。在党内思想教育方面，要理直气壮地坚持必要的制度。如：三会一课制度、民主生活会制度和一些必要的学习制度等，都应该继续坚持，不能把这些有效的制度和方法统统说成是形式主义，更不能因为改革而把这些有效的制度改掉。通过这些有效的形式，进一步加强党员的党性锻炼，教育广大党员在发展社会主义市场经济的新形势下，树立正确的价值观和世界观，提高思想道德修养，始终保持党员的先进性。希望各级党组织要在继承过去的一些好的形式的基础上，不断探索支部工作的有效途径，不断增强支部工作的活力和实效性，将支部工作提高到一个新水平。我相信，通过这次“先锋杯”征文和“堡垒杯”电视评选活动，我厂的基层支部工作一定会上一个新台阶。在此，预祝更多的党支部在企业两个文明建设中，工作不断改进和加强，取得新的成果，获得新的成就。

# 加大措施　加快步伐<br>夺取改扩建工程建设新胜利

——总厂副厂长刘培钧在莱钢基本建设工作会议上的讲话

（1993 年 1 月 8 日）

同志们：

在 1992 年刚刚过去，1993 年开始之际，今天我们召开全厂基本建设工作会议，共商我厂九三年的基本建设大计，这必将对我们更好地完成九三年的建设任务和全面完成改扩建任务起到巨大的推动作用。我们这次会议的中心议题，是以党的十四大精神为指针，全面总结九二年我厂基本建设的经验，研究如何抓住千载难逢的大好时机，加大措施，加快步伐，迅速掀起莱钢第二次建设高潮，全面完成九三年的基本建设任务。为我厂的振兴发展创造新的条件。

## 一、1992年改扩建工作情况

1992年，我厂不仅生产经营取得了令人鼓舞的成绩，各项改革迈出了新的步伐，而且基本建设也取得了突破性进展，尤其是以亚行贷款批准生效为转机，改扩建工程进入全面实施阶段，形势发展也是令人鼓舞的。其主要标志是：

**(一)利用外资贷款基本落实**

亚行贷款经过长期搁置以后，1991年底亚行对莱钢项目进行了再评估，我们在1992年先后完成了国内转贷协议、再转贷协议、担保协议，股份制试点批文等一系列法律文件，促使亚行董事会于1992年3月31日通过了对莱钢的贷款，双方代表4月21日正式签订了1.33亿美元的贷款协定、项目协议和技术援助协议，7月24日贷款正式生效，现已经具备提款条件。与此同时在人民银行的帮助下，先后与日本长期信用银行，兴业银行进行谈判，于9月28日在亚行总部签订联合融资贷款协议，贷款5300万美元。与日本输出入银行进行了3500万美元联合融资资贷款的第一轮谈判。在中钢公司的帮助下，落实商业贷款1000万美元。至此，全部利用外资贷款2.53亿美元，已落实1.96亿美元。

**(二)设备国际招标工作进展顺利**

随着亚行贷款的逐步落实，我们抓紧进行了对3号连铸机、中小型轧机、焊管机组等三项主体工程的设备招标工作，按照亚行的工作程序，先后完成了聘请外国咨询专家、联合编制国际招标标书及其审查工作，7月15日获准登报招标。成立了招标机构，制定了招标办法和评标标准，安排了招标日程，到年底3#连铸机和焊管机组第一阶段的招标(即技术招标)都已完成，进入第二阶段的商务招标，比原定计划提前一个多月，进展是顺利的。中小型轧机的技术招标工作将于2月上旬结束，预计可以按期完成。

**(三)一期工程建设进展顺利**

一年来，一期工程在建筑市场变化大、施工力量和机具不足的情况下，克服重重困难，取得可喜成果。到年底，整个工程除烧结车间水塔，高炉车间风机、冲渣系统以外，其它单项工程主体建筑基本完成，设备安装全面展开。一期工程自建设起累计完成投资23817万元(其中1992年完成19428万元)，完成土石方59260[illegible]立方米(其中1992年完成399959立方米)，砌石61997立方米(其中1992年完成2508[illegible]立方米)，砌砖22148立方米(其中1992年完成20273立方米)，工业管道82604米(其中1992年完成80640米)，敷设电缆104210米(其中1992年完成93340米)，金属结构安装6[illegible]31吨(其中1992年完成4878吨)，设备安装5970吨。

电站工程自建设起累计完成投资5[illegible]15万元(其中1992年完成2990万元)，占总投资的86.5%。目前锅炉及其辅机进行仪表调试，汽轮机组进入调试阶段，主控楼具备送电条件，煤场、除渣、煤气清洗系统正在安装。

**(四)二期工程准备工作全面展开，部分工程开工建设**

二期工程的各个项目都已做出计划安排，编制了总体网络计划，确定了管理体制，制订了管理办法。其中石灰石矿扩建工程已于7月1日开工建设；轧钢站已于10月10日开工建设；通讯工程的室内部分基本完成，室外线路的线杆已立完；其他工程的设计、征地、设备订货、三通一平等前期准备工作都已经全面展开。

**(五)大型技改项目进展较快**

为了适应生产的急需，我们抓紧了大型技改项目的各项工作。一是1号连铸机工程经过一年奋战，到年底全部建成，进行了热负荷试车；二是620立方米高炉大修完成了主要设备订货；三是特钢厂电炉工程完成了征地、三通一平，于10月1日破土动工；四是莱矿马庄三期工程和谷家台矿区试采工程，韩旺上河矿区扩建都进展比较顺利。

1992年我厂改扩建工程累计完成投资26956万元，创造了我厂建设史上的最好记录。我们所以取得这样的成绩，如果总结我们的经验主要有以下几点：

第一，以邓小平南巡讲话、党的十四大和全省开放工作会议精神指引下，我们的思想得到了进一步解放，对加快莱钢发展的宏伟目标，全厂上下思想统一，步调一致，坚持生产、建设一起抓，两不误，形成了生产、基建互相支持、互相促进，共同发展的新局面。全厂各单位在生产经营中坚持两个第一的原则，坚持以经济效益为中心，开展了卓有成效的工作，使全年利税过两亿，利润过亿元，这就为改扩建工程的顺利展开创造了良好的物质条件；有扩建项目的单位，如二铁厂、炼钢厂、石灰石矿、运输部、动力部、特钢厂、莱矿、韩旺铁矿等单位对扩建工程非常重视，几乎所有的单位都是一把手抓改扩建，同时成立了比较健全得力的工作班子，工作主动，行动迅速，为改扩建工程顺利进行提供了强有力的组织保证。第二，广大职工以主人翁的姿态积极参加改扩建工作。尽快完成改扩建任务，实现百万吨钢的宏伟目标，极大地增强了职工的参与意识和奉献精神，有不少单位主动要求承担改扩建任务，有不少职工积极为工程建设出主意提合理化建议。建安公司、运输部、动力部、机械厂、自动化部等承担改扩建工程施工和设备加工任务的单位，领导和职工都以主人翁精神，认真组织、精心施工、严格把关，所承担的任务干的质量高进度快，为莱钢人争了光；各处室的同志，尤其是现场指挥部的同志，长期靠在现场，不辞劳苦，不计报酬，掌握工程管理的主动权；在外面搞招标工作的同志，与外商谈判、翻译资料、研究方案经常彻夜不眠，加快了工作进度，提高了工作质量。这种全厂上下，全力以赴搞建设的形势，是我们各项工程在较短时间能取得突破性进展的保证。第三，在工程管理上始终坚持以总进度为中心，抓住工期进度、施工质量和工程造价三个关键，开展管理工作。充分发挥了建设单位的主导作用，促使施工单位组织会战抢工期。为了加强工程质量管理监督检查，我们的质监人员，工程管理人员和设计管理人员做到那里施工那里就有监督，就有管理，保证了工程质量，一期工程质量合格率达到100%，主体工程优良率达到80%。第四，以良好的服务为工程施工创造好条件，促进工程建设，开展优质服务活动，争得工程管理的主动权，为严格执行合同创造了较好的环境、减少了扯皮。一是资金供应及时，总厂财务处和改扩建计财处的同志千方百计筹措资金，做到了进度款不拖不欠，按规定拨足了备料款，并在施工单位资金周转困难时，还帮助他们解决部分资金；二是材料供应及时，改扩建建材处，做到送料到现场，计划处、总调度室、供销处和特钢厂、水泥厂、锻压厂等单位千方百计组织生产工程急需用料、保证了工程需要，一期工程累计供应钢材29773吨(其中1992年供20314吨)；木材6244立方米(其中1992年供4732立方米)，水泥61088吨(其中1992年供48632吨)，各项工程没有发生因为材料供应不上而影响施工的现象；三是设备供应比较及时，一期工程机械设备2345台套已到货2338台套，基本上没有影响安装；四是较好地解决了生产与基建、基建与基建的矛盾交叉，一期工程指挥部、总调、机动处、动力部、运输部、二铁厂同施工单位协调一致，抓住三线(铁路线、公路线、地下地上生产管线)和两点(高炉现场、原料场)上的主要难点，缓解矛盾，减少影响，收到较好效果；五是在指挥部办公室的协调下，二铁厂、动力部、炼钢厂、计控室、生活服务公司、城建办、宾馆大力配合，为施工单位、设计单位和设备制造厂家的现场服务人员提供了较好的食宿、工作条件。由于上述服务工作做的好，为施工创造了比较好的条件，在工程管理中争得了主动权。第五，面对当前基本建设改革的新形势和利用外资贷款的实际，我们坚持边干边学，学习基本建设的各种规范，学习利用外资贷款的程序，学习兄弟单位的经验，并注意结合我厂实际，消化吸收，收到较好地效果。设计院、外经处、计财处、预算处、工程处等部门在编制招标文件、贷款文件、承包合同等法律文件方面，严肃认真，有的文件修改几十次才定稿，保证了文件质量，基本上没有出现大的失误，减少了扯皮现象，为工程建设争取主动，赢得时间。

## 二、1993年改扩建工作安排

1993年在我们整个改扩建工程建设的进程中是至关重要的一年，也是莱钢发展史上迈出更大步伐登上新的台阶的一年，李景常厂长在全厂六届三次职代会上提出了实现双八十的目标，并对基本建设工作提出了加快发展增能力和完成固定资产投资71391万元(其中利用外资项目和大型技措项目投资51511万元)的要求，根据这个基本目标要求，我们对1993年改扩建工程作如下安排：

### (一)目标任务

1993年改扩建工程的计划安排涉及41个单项工程，10多个厂矿，总投资51511万元(其中利用外资扩建项目40120万元)，任务相当繁重。这个计划安排总的指导思想是：以亚行工用程序和总厂规划目标为依据，以750立方米高炉“五一”流铁水和钢区五项工程基本建成为重点，以抢进度为中心，精心安排，全厂动员，加大措施，加快步伐，夺取工程建设新胜利！

主要任务目标是：确保一期工程5月1日流铁水；确保轧钢区工程基本建成；确保区工程具备开工条件；确保三个国际招标项目设备招标订货，设计基本完成；确保与主体工程相配套的公用辅助设施同步建成。

工作的重点是一期工程、钢区工程和设备国际招标工作。在具体安排上，上半年要以750立方米高炉投产为重点，同时抓紧钢区工程的开工和设备的国际招标订货；下半年以钢区工程建设为重点，同时抓好国际招标项目的设计。

### (二)完成1993年改扩建任务的有利条件和不利因素

1993年改扩建工程的形势十分严峻，用一句话可概括为任务重、时间紧，外部制约因素增加，困难多，工作难度大。

为什么说任务重、时间紧？从投资项目内容规模看，今年改扩建计划安排5个亿，超过1986年至1992年完成投资的总和，建成了就可以实现年产100万吨钢的能力，任务量可以说是相当重，但是，我们又不能认为任务重就可以不完成。因为如果这个计划实现不了，就将严重影响我们整个利用外资扩建工程的总进程，影响全厂生产经营目标的实现。这决不是耸人听闻，我们大家都知道，莱钢利用外资扩建工程按照亚行贷款的进程安排，要在1996年3月全部建成投产，进入还款期，如果不能按期建成，就形不成生产能力，就没有能力还款，出现这种情况，莱钢将在政治上、经济上、信誉上在国内外蒙受无可挽回的损失，我们从现在算起到1996年3月，还有三年零三个月的时间，初步匡算利用外资项目的投资要20多个亿，到1992年底我们累计完成了3.7105亿，还有17个亿，平均每年要完成近6亿，而今我们安排了4个亿，从总体上考虑，计划安排不是大了是小了，如果我们连这个计划也完不成，势必进一步给后两年增大压力，那将是很危险的，一旦后两年承受不了，就没有了回旋余地。因此在今年一期工程即将竣工，大批利用外资工程尚不能开工之际，尽量多的安排一些我们能够开工的项目是势在必行，这样才能确保整个利用外资计划的实现。另一方面从厂内生产经营看，总厂提出今年实现双“八十”的目标，九五末要达到年产钢150万吨，主要靠的是改扩建上去增加生产能力，如果没有750立方米高炉“五一”流铁水，双“八十”的目标难以实现，如果没有钢区工程早日建成，九五末150万吨钢也难以达到。因此，今年确保“五一”流铁水，确保钢区工程基本建成，具有十分重大的意义。从战略上考虑，在当前改革开放竞争激烈的大环境中，不进则退，小进也是退，我们只有抓住当前有利时机，加快建设速度，提高莱钢竞争力，才能使莱钢在激烈地竞争中立于不败之地。因此说今年我厂改扩建任务重、时间紧的形势是莱钢内外部主客观条件决定的，我们只有面对现实，提高紧迫感，加快工程进度，才是唯一出路。

为什么说我们1993年面临的外部制约因素增加，困难多、工作难度大呢？这主要是在改革开放新形势下，全国范围的基本建设高潮已经形成，预计在一定时间内回落势头不大。在这种情况下，改扩建工程的某些外部条件仍在向不利的方向转化，一是施工队伍转紧，事实上在一期工程建设中，我们已经尝到了施工力量不足的苦头，今后将更吃紧。今年按照工程量测算，我们大约需要1万人的施工力量，落实施工队伍有很大困难；二是材料采购难，材料紧缺而且价格上涨；三是设备订货难，设备制造厂家任务饱满，不急于接受订货，工期和价格都成了有利于设备厂家的筹码，目前看设备价格比一期工程订货时有成倍增长的趋势；四是国内配套资金筹措将会转紧，因为国家为了控制可能出现的经济过热会采取措施，限制信贷规模，银行资金就会短缺，如果出现这种情况，我们就可能面对国外资金花不出去，国内资金不足的局面。基本建设外部制约因素的增加，搞不好就会使我们一些工程想开工开不了，或者造成控制投资的困难，这就大大增加了工作难度，我们必须引起足够重视，增强责任感、危急感，采取得当措施，迎接市场挑战。

当然，我们完成1993年改扩建任务也有许多有利条件，一是上级领导重视，全力支持和帮助，总厂对工程建设决策果断正确；二是我们的工作已经全面展开，有了一定的基础；三是经过几年的实践积累了一定经验，工程管理的制度、章程比较健全；四是各二级单位尤其是有改扩建工程任务的单位积极性比较高；五是外资基本落实，厂内生产经营效益比较好，在资金上能够给予更多的支持。只要我们抓住机遇，充分利用有利条件，我们是有信心战胜困难的，也是一定能够战胜困难的。

**（三）完成1993年改扩建工程建设任务的主要措施**

面对1993年改扩建工程建设的艰巨任务，我们必须采取有力措施，真抓实干，保证各项目标的实现。

1. 解放思想、换脑筋，迎接市场经济的挑战，确保工程建设条件的落实。

基本建设市场的变化，给我们带来很多不利因素，造成很大困难，这些困难的核心，是我们如何控制工程投资的问题，就是说在平衡落实工程建设资金、设计、施工力量、设备、材料等条件时，要正确运用市场经济规律，我们的思想应该进一步解放，以适应市场经济的要求。第一在建设资金的筹措中，要充分利用已经落实的资金，把资金用活用好，抓住机遇开拓生财、聚财的路子，变死钱为活钱，努力做到在建设中让资金升值。第二在材料、设备采购中，也要解放思想，正确处理好保证供应和节约开支的关系，在解决工作的重点、难点时，思路要开阔，方法要灵活，一切从莱钢整体利益出发；只要是对加快工程进度，提高工程质量有好处，又确实有帐可算，就是说真能带来较大的效益，就要敢花小钱挣大钱。第三在施工队伍选择中，要充分利用竞争机制，尽量采用招标择优选择施工队伍，设备订货也要尽量采用招标、议标方式，采用名厂名牌产品，保证设备质量。第四在设计工作上立足于快、立足于好，首先要保证各项工程的按时开工，为此要采取一些特殊政策鼓励设计人员加班加点多出图。对民用建筑、通用设施的设计，可以想办法走捷径，例如选好了方案后，能买现成图纸少加修改即可用上的，就会节省设计时间，加快工程进度。第五是要广开思路，在节支增收上下功夫，发挥我们工程规模大，施工时间长，资金落实较好的优势，利用已经到位资金使用上的时间差，实现资金升值。

2. 坚持以甲方为主体的基本建设管理体制，实行业主责任制。

以甲方为主体的基本建设管理体制，是基本建设投资体制变革以后主要的管理形式，因为建设单位作为投资的主体，在市场经济条件下，比其他单位更关心投资效益，工程质量的好坏，早投产或晚投产，其经济利害最大的是建设单位，这个道理我们一定要想得通。我们甲方要义不容辞的把工程全面管起来。我们的一期工程以及其他工程都采用以甲方为主体的管理体制，都收到了很好的效果。以甲方为主体的管理体制的核心，就是工程建设的各方以甲方为主体组成利益共同体，参加建设的各方各负其责，甲方要主动的急工程之所急，积极协调各方关系，解决各种问题。目前国家推行业主责任制，它是以甲方为主体的基本建设管理体制的深化，他进一步明确了投资、建设、收益相统一，权力、责任、利益相一致的关系，我们要很好地落实。

在这种形势下，我们作为改扩建工程的投资主体，负债建设，就要进一步切实负起责任，把整个工程建设工作管起来，在设计管理中要把好设计方案、装备水平等关口；在施工管理中要进一步抓好工期进度和施工质量；在投资控制管理中进一步抓好合同管理和预决算管理，以便全面实现我们的建设意图，保证工程建设达到预期目标。

3.发挥莱钢的整体优势，充分调动总厂、分厂两个积极性，努力实现投资的高效益。

今年改扩建工程任务重、时间紧，项目多而且分散，要想搞好今年的工程建设，必须发挥全厂的整体优势，发挥总厂和分厂两个积极性，共同努力才能搞好，为了更有效地调动两个积极性，指挥部已经与各二级单位进行了充分的研究，确定在一部分有改扩建项目的二级单位实行项目二级管理。制定了二级管理暂行办法，明确各自的责任。二级管理办法的基本点就是：主要专业管理由指挥部各处室对口负责，施工现场管理及部分专业管理的现场工作，由项目管理作为建设单位的代表全面负责。实行二级管理的目的在于充分发挥二级单位的优势，妥善解决建设项目之间，生产与基建之间的交叉矛盾，弥补指挥部管理人员不足，形成在指挥部统一领导之下，专业管理处室和项目所在单位密切配合的管理体系，对项目建设的内容、质量、投资、工期进行全面有效管理，以保证工程建设按照总厂的设计方案，投资规模、工期、质量要求如期建成。在前段贯彻落实二级管理办法的过程中，存有一些模糊认识，“要么我一切都说了算，要么撒手不管”，这种倾向在指挥部处室和二级单位都不同程度的存在，下一步在实践中我们要进一步把关系理顺。我们是一个钢铁联合企业，任何一个项目的建设都必须符合莱钢的整体利益。同时也有一个工艺之间互相配套衔接的问题，还有一个经济上的承受能力和投资效益问题，因此任何项目都必须实现总厂的建设意图，这就需要改扩建指挥部实行宏观控制和主要的专业管理，控制和管理的原则是要确保建设项目按计划建设，又不束缚二级单位现场管理职能的发挥；二级单位要着力搞好现场施工管理和部分专业管理在现场的工作，实现总厂的建设意图，在项目投资规模、方案变更、装备水平、预决算审查等重大问题上，一定要按程序办，按制度办，要克服随意性。要防止随意扩大建设规模，增加建设内容等问题的发生。

只要我们严格执行改扩建指挥部制定的二级管理办法，两个积极性都得到充分发挥，我们的工程建设会搞的更快更好。

4.突出重点，真抓实干。

今年改扩建工作的重点就是坚定不移地确保750立方米高炉5月1日流铁水，确保钢区工程基本建成，确保三个国际招标项目设备订货并搞完设计。我们只有抓住这三个重点，把工作搞上去，才能保证利用外资扩建项目顺利进行，才能保证总厂生产经营目标的实现。

现在看一期工程有所拖期，要保证“三一”流铁水，关键是抓好设备安装，第一阶段，也就是一、二月份，要突击把设备安装上，实现2月28日各系统无负荷联动试车完这个目标，“五一”流铁水就有希望。目前看不利因素不少，尤其是春节来临，对施工不利。总厂确定今年春节现场指挥部和改扩建指挥部不放假，同时要做好施工单位的工作，让施工单位也不能放假，坚决把工期抢回来，一期工程剩下的时间不多了，要实行日调度，做到当天任务当天完。与750立方米高炉"五一"流铁水相配套的水、电工程要抓紧施工，要提前具备供水、供电条件。我们要为施工单位创造好的施工环境，安排好他们节日期间的物质文化生活。第二个阶段，也就是三、四月份，进入热负荷试车，可能会冒出这样、那样的问题，我们要加强领导，集中精力，全厂动员，保工程投产，现场有些修配改的任务来不及与制造厂交涉，就要在我们厂内就地解决，各单位应从大局出发，在人力、物力、技术上给予支持。二铁厂的生产准备工作应抓紧落实，进一步的检查生产准备的各项工作，缺什么赶快补，要确保顺利投产。各有关单位，尤其是档案管理部门，要认真抓好档案资料的搜集整理，为竣工验收做好充分准备。

二期工程要按照总体网络计划，各负其责地把各项工程管好建设好。重点要抓好钢区工程建设，钢区工程项目多，要求今年基本建成，当前突出的问题是设计跟不上，开不了工，为了确保今年建成，经反复研究确定，3号转炉要在春节前开工，2号连铸、炉衬车间、煤气柜工程都要在3月份开工，脱硫最迟要在5月份开工，这些项目都要在年内先后建成投产，尤其是设计，施工队伍选择，材料准备，设备订货等工作都要围绕这个目标抓紧进行，保证开工和施工条件。

与二期工程相配套的水、电、公路、铁路、通讯等工程，也要全面安排抓紧落实，满足工程建设和投产需要。

中小型车间、焊管车间和3号连铸三个设备国际招标的项目在搞好设备招标订货的同时，要抓紧搞好现场条件准备，今年年底要拆迁场平完，具备开工条件。

要加快特钢厂电炉二程的建设。最近，总厂已经确定购买德国一座倒闭的50吨电炉炼钢厂的设备，有关部门要抓紧谈判签约，争取6月底前把设备运到厂，设计院在拿到资料后，要抓紧时间设计，争取明年上半年建成投产。

二铁厂的620立方米高炉大修改造工程的前期工作要抓紧进行，确保明年4月停炉大修。第二台105立方米烧结机，今年八、九月份要开工建设，确保明年上半年建成投产。

在抓好工业项目建设的同时还要认真抓好今年安排的改扩建配套的公共福利设施的建设，今年要开工建设的主要设施有医院大楼、宾馆大楼和科技大楼，还有钢城路、新兴路等主要交通干线，以及3万平方米大临宿舍、环境绿化等项目，我们要争取经过两三年的努力，从根本上改变莱钢的环境面貌，使我们职工、家属的生活质量有较大幅度的提高。实现我们早就提出的把莱钢建成令人向往的地方的美好愿望。

5. 落实经济责任制，严格考核，兑现奖罚，促进工程建设。

落实经济责任制是一条行之有效的管理措施，在今年的改扩建工程管理中，总厂指挥部下了决心，一定要严格考核，兑现奖罚，把落实经济责任制作为今年的重要管理措施。改扩建工程指挥部已经制定了1993年改扩建工程两个经济责任制考核办法，一个是指挥部内部各处室考核办法，一个是对有改扩建项目的二级单位的考核办法，既要把考核结果纳入总厂经济责任制考核，同时指挥部也要实行特殊政策。总的想法就是根据总厂编制的总体网络计划，各二级单位编制出各个项目的网络计划，由指挥部审查认可后作考核依据，每月(或按工程节点)对各单位进行考核，进行奖罚。按照二级管理办法规定应该由扩建指挥部提供的设计、材料、设备、资金等建设条件，指挥部各主管处室要千方百计保证供应，供应的好坏，要严格考核，也要纳入经济责任制进行奖罚，确实要做到奖勤罚懒、奖优罚劣，调动各方面的积极性。

6. 在工程建设中搞好精神文明建设。

完成1993年的建设任务需要动员全厂力量，真心实意、扎扎实实搞好工程管理，要做大量的教育和发动工作，要提高全厂职工，尤其是改扩建工程指挥部和有扩建任务的二级单位的管理人员的责任感，必须认真地、广泛地开展一系列的精神文明建设活动，以保证工程建设顺利进行。一要广泛地开展1993年改扩建任务的重要性、紧迫性、艰巨性的宣传教育，提高广大建设人员、管理人员的紧迫感、责任感。二要广泛开展劳动竞赛和合理化建议活动，调动职工人人关心建设、参与建设的积极性，三要在基本建设管理中加强廉政建设，加强纪律性，增强法制观念，对外交往业务中，要坚持廉洁奉公，维护企业利益和国家利益。

同志们，我们现在正处在一个经济大发展的新时代，我相信，只要全厂职工能够一切从莱钢大局出发，团结奋战，顽强拼搏，我们就一定能够夺取今年基本建设的新胜利，莱钢发展的宏伟目标就一定能够实现！

# 总厂副厂长刘新芝在全厂计划生育工作总结、表彰大会上的讲话

（1993年2月24日）

同志们：

总厂召开这次大会，主要是总结去年的工作，表彰1992年度全厂计划生育工作先进集体和个人，部署今年的计划生育工作任务，动员全厂职工群众进一步认清形势，统一思想，再接再厉，继续努力做好计划生育工作，确保完成1993年全厂计划生育各项指标，使我厂的计划生育工作再上新水平。下面，我根据总厂党、政领导和总厂计划生育委员会研究的意见，讲以下几个问题：

## 一、1992年我厂计划生育工作基本情况

1992年是莱钢生产、建设登上新台阶的一年，也是计划生育工作取得显著成效的一年。一年来，我厂各单位、各部门认真贯彻执行党中央、国务院《关于加强计划生育工作，严格控制人口增长的决定》，大力加强基层基础工作，深化人口基础知识教育，使全厂职工的人口忧患意识和人均观念进一步增强。全厂计划生育工作在前几年取得显著成绩的基础上，又有新的发展，控制人口增长的能力不断增强，计划生育工作质量明显提高，各单位抓工作突出了“早、严、细、实”，依法管理进一步落实，宣传教育更加广泛深入，网底工程建设普遍得到重视。从完成任务情况看，1992年全厂结婚262对，晚婚率99%，比计划指标提高4个百分点，出生婴儿434人，其中计划内一胎431人，二胎3人，晚育率、计划生育率均达100%，比计划指标分别提高4个百分点和1个百分点。出生与人流比为1：0.18，比计划指标低0.12。根据1992年《计划生育目标管理责任制》执行情况的检查和综合考核，全厂23个单位中（不包括韩旺铁矿和沂蒙冶炼厂），有18个单位达到了总厂规定的获奖标准，经研究决定，授予运输部、动力部、新泰冶炼厂、技工学校为计划生育红旗单位；授予汽运公司、莱芜铁矿、轧钢厂、焦化厂、二铁厂、附属企业公司、机械厂、职教中心为计划生育先进单位；授予特钢厂、总厂机关、炼钢厂、商业公司、自动化部为计划生育“三为主”文明达标单位；授予刘爱荣、智秀荣、李三玲等31名同志为总厂计划生育先进工作者荣誉称号，在此，我代表总厂党、政领导向取得优异成绩的红旗单位、先进单位、先进工作者和为我厂计划生育工作积极带头、辛勤工作的各级干部、共产

党员、共青团员，特别是常年工作在计划生育第一线的同志表示亲切的慰问和衷心的感谢！

回顾去年的我厂计划生育工作主要表现在以下几个方面：

**（一）各级领导真抓实干，全面落实基本国策**

去年以来，从总厂到各单位都把计划生育工作提到重要议事日程，做到定期研究部署，定期检查指导，坚持了党政一把手亲自抓，总负责，重视程度高于任何一年。去年总厂党、政领导多次开会研究计划生育工作，听取计划生育工作汇报。李景常厂长年初就如何加强计划生育工作，讲了三点重要意见。总厂党、政领导还亲自上岗到位，深入基层调查研究、指导工作。去年总厂先后召开6次计划生育工作会议，并实行了一月一次的计划生育干部工作例会制度，及时通报情况，研究工作措施，解决存在的突出问题。各二级单位党、政一把手也根据本单位的具体情况，制定了相应的措施。运输部等单位党、政领导，把计划生育工作作为加强思想政治工作的一项重要内容，和开展“四有”教育、创建文明活动紧密结合起来，实行综合治理。轧钢厂、附属企业公司等单位的主要领导亲自协调、指导、督促、检查计划生育工作，带头参加本单位举办的计划生育学习班。机械厂、炼钢厂等单位加强了对计划生育工作的领导，调整了计划生育机构，配备了得力的计划生育干部。动力部、二铁厂等绝大多数单位对计划生育工作从人、财、物方面给予支持，为计划生育工作的顺利开展提供了良好的环境。

各有关部门也都充分发挥了各自的优势，总厂文明办每季度组织一次计划生育情况调查，把计划生育纳入精神文明考核。各级组织都把晚婚、晚育宣传教育当作自己的重要任务。计划、财务、组织、人事、劳动、公安、宣传、教育、医疗卫生部门都从各个方面积极配合、支持计划生育工作，发挥了重要作用。

**（二）基层建设和基础工作进一步加强**

去年我厂认真贯彻了上级有关抓基层、打基础、抓网底、上水平的指示精神。全厂上下把基层基础工作摆到了突出的位置。一是各单位计生人员深入到车间班组、到人，查阅户口、证件、核实年龄，对已婚育龄妇女和未婚0—49岁人员全部进行了调查摸底，建档立册，使全厂三级网络都做到了底数精、情况明，掌握了计生工作主动权。二是针对基层存在的不同问题，总厂议定了许多指导性意见，使全厂队伍建设、网络建设、管理水平、服务质量等都有较大进展。目前全厂计划生育队伍有付科级以上专职干部12名，占全厂计生干部的34.3%，有11个单位配备了科级、付科级专职计生干部，各单位都配备了必要数量的思想素质好，管理能力强的计划生育宣传员，形成了宣传教育、药具发放、联系育龄妇女，把服务活动深入到车间班组，落实到人的工作网络。三是各单位在建立健全育龄妇女档案的基础上，还做到了定期及时调整，使档案与实际情况保持一致，确保了人口与计划生育统计工作的高质量。为严格履行生育审批程序，总厂计生办制定了《生育计划管理和审批程序的规定》，在全厂实行“准生证”制度，做到了持证怀孕和生育证、结婚证、身份证三证年龄一致。全厂与100多对育龄夫妇签订了“晚育保证书”，对病残儿和二胎生育建立了严格的审批制度和审批程序。认真贯彻执行了《流动人口计划生育管理规定》，各单位把来厂探亲的亲属作为流动人口重点对象进行管理，堵住了计划外生育的漏洞。全厂以落实计划生育目标管理为动力，以严格人口计划管理为立足点，在围绕育龄妇女的科学化管理和超前服务上做文章，抓检查，抓考核，把工作建立在扎实可靠的基础上。在优化服务方面，以总厂医院为中心，各院所为纽带的妇幼保健网络，去年为未婚青年查体405人，优生优育咨询102人，为0—4岁儿童开展计划免疫3946人，普查普治妇女病6441人次，为提高人口素质，保护广大妇女、儿童的身体健康发挥了重要作用。总厂医院妇产科大力推广避孕节育新技术，去年为职工群众做四种节育手术5614例，较好地保证了广大育龄妇女避孕节育措施的落实。

**（三）广造舆论，形成气候，促进了各项工作的落实**

去年，我厂各单位以党中央、国务院《决定》和山东省《条例》为主线，以计划生育"三为三"工作方针为指导，突出抓了人口与计划生育基础知识教育。各单位利用元旦、春节等有利时机、利用广播、黑板报、宣传栏、标语牌、报纸等多种形式进行了舆论宣传。在宣传工作中坚持了四个结合：一是把政策教育和基础知识教育相结合，分层次有针对性地抓了基础知识教育，普遍对未婚青年进行婚前教育，对已婚育龄妇女定期统一授课，并利用放映优生优育，避孕录像等进行宣传、指导。全厂统一购置了4300多册人口与计划生育基础知识教育书刊，分发给男女青年进行学习。职教中心、技工学校、莱钢一中等学校分别开设了人口教育和青春期教育课。二是把系统教育和群众喜闻乐见的多种形式教育结合起来。各单位在系统教育的基础上，抓住一切机会，运用演讲会、文艺演出、知识竞赛等多种形式进行宣传，寓教于乐，寓教于群众自觉参与之中。总厂计生办和托幼办联合组织了1200人参加的优生、优育、优教知识竞赛答题活动。计划生育协会举办了全厂计划生育工作研讨会，动力部组织了广大干部、职工、家属，自编、自演的计划生育文艺会演，石灰石矿利用国庆"十·一"文艺晚会演出计划生育文艺节目。莱矿、新泰冶炼厂等18个单位，组织了计划生育知识竞赛，特钢厂开展了计划生育板报展评活动。去年全厂共出黑板报393期，宣传栏174期，展出挂图400幅，各单位组织计划生育知识竞赛20余人次，被莱钢以上单位采用宣传稿件50余篇。三是把宣传教育和抓制度落实结合起来，在搞好宣传教育的同时，对重点单位重点人抓了各项措施的落实，如签定"合同书"、"保证书"制度，走访登记制度等。四是把宣传教育与服务结合起来。主要是结合孕情检查，药具发放、家庭走访等进行。这些活动的开展，有力地促进了宣传教育的深入和计划生育工作的落实。全厂广大团员青年积极响应晚婚、晚育、实行计划生育的号召，仅去年一年就有350多名青年推迟了婚期，为我厂"两个文明"建设做出了贡献。

**（四）落实《条例》，抓好晚婚晚育是计划生育的龙头，也是关键的基础措施之一**

对此，《山东省计划生育条例》已有明确的规定，这些规定具有法律效力，是我们执行晚婚、晚育的法律依据。《条例》要求各级政府、各部门、各企业单位和每个公民都必须正确理解，全面认真地贯彻的执行。任何为我所取，降低标准的做法都是错误的，是违背政策和法律的。去年我们在反复学习《条例》的基础上，按照《条例》男25周岁、女23周岁以上初婚为晚婚，晚婚并按计划生育第一个孩子的为晚育的规定和泰安市的要求，去年初婚人数比往年减少46%，当年就少生婴儿20余人，予计九三年将少生100多个婴儿，为缓解生育高峰，控制人口增长做出了应有的贡献。还有些单位认真清理了多年来执行计划生育政策法规方面的情况，对查出的早婚早育和违纪超生者进行了严肃处理，维护了计划生育政策的严肃性。

1992年全厂计划生育工作取得的显著成绩应该充分肯定，但是，我们必须清醒地看到，我们工作中仍然存在一些不容忽视的问题，主要表现在以下几个方面：一是个别单位领导的思想认识问题仍然没有解决好，对计生工作的要求起点低，认为只要完成生育计划指标就算合格了，对上档次、上水平，实现"三为主"的要求不明确，使本单位的计划生育工作长期没有大起色。二是少数单位计生工作人员热情不高，缺乏应具备的知识和管理工作能力，不适应计划生育工作的需要。三是对党的计划生育方针、政策、《条例》和我厂的规章制度执行还不是那么认真严格，改户口、改年龄、早婚、早育、钻空子、偷生的现象时有发生。四是宣传教育工作仍然抓的不够。五是人工流产率高、服务设施，服务质量仍需进一步提高。上述这些问题务必引起各级领导的高度重视。

## 二、1993年计划生育工作目标和任务

严格控制人口增长是一项长期的战略任务。我们要以党的十四大和江泽民总书记在十四大报告中关于"计划生育工作决不能放松，必须实现既定的人口控制目标，坚持优生优育，提高人口质量"的要求为指针，紧紧围绕抓基础，上水平这个中心，以落实"三为主"实现孕前型管理为主攻目标，进一步解放思想、更新观念，把我厂的计划生育工作推向一个新水平。

今年全厂计划生育工作总的要求，人口自然增长率要控制在7‰以内。计划生育10项考核指标是：(1)晚婚率达到92%；(2)晚育率达到95%；(3)计划生育率达到100%；(4)人口出生统计合格率达98%；(5)药具应用有效率达到98%；(6)生流比在1.03以内；(7)人口与计划生育基础知识教育普及率达到95%；(8)责任区内流动人口符合政策生育和节育措施落实达到100%；(9)计生干部岗位培训应知应会率达到100%；(10)新生儿先天缺陷出生率控制在8‰以内。

为完成今年的奋斗目标和任务要求，要切实抓好以下几个方面的工作：

**(一)进一步提高对计划生育基本国策的认识，真正做到两种生产一起抓，两个成果一齐要**

去年工作的实践再次证明，一个单位计划生育工作的好坏，关键在于领导的认识、决心和真抓实干。党中央多次指出：实行计划生育既是我国面临的一项重要而紧迫的任务，又是一项长期的艰巨的战略任务，对于这一基本国策，在今后相当长的时期内，决不能有丝毫忽视和放松。江泽民总书记强调：人口问题既是一个社会问题，又是一个经济问题，实现我国经济发展战略目标，经济本身增长和逐步提高人口素质关系也很大，这是一个问题紧密联系的两个方面，在集中精力把经济建设搞上去的同时，要坚持不懈地把计划生育工作抓紧抓好，把人口控制住。我们各级干部一定要认真领会中央领导讲话精神，提高计划生育基本国策的认识，继续坚持党政一把手亲自抓，负总责，主要领导必须亲自监督，亲自研究解决问题，在人、财、物等方面都要给予尽可能的支持，对计划生育工作人员政治上关心爱护，工作上严格要求，热情支持，对他们工作中的困难及时解决，为搞好计划生育工作创造良好的条件。

各单位要在抓好生产建设的同时，对计划生育工作要认真进行分析，总结经验，找差距，明确任务，制定措施，保证生产建设和计划生育两个成果双丰收。

**(二)全面落实"三为主"工作方针，使计划生育整体工作上新水平**

计划生育整体工作上新水平，必须全面落实"三为主"的方针，严格按照省计划生育工作"三为主"达标考核标准，制定出我厂的计划生育"三为主"达标标准，并把标准坚决落实好。

"三为主"(即：宣传教育为主、避孕节育为主、经常工作为主)是计划生育工作上水平，上档次的迫切要求。"三为主"达标标准包括组织领导、基层网络建设、人口计划管理、依法管理计划生育工作；人口与计划生育基础知识教育、社会舆论宣传、培训功能、孕前服务、技术服务网络、优生优育、考核办法等。全面落实"三为主"方针，今年要重点抓好三个方面的工作。

1.抓队伍，抓网底，进一步强化基础工作

要培训和造就一支能打善战的计划生育专职队伍。具体做到配齐、配好、管好。配齐，就是配齐人员，健全队伍。配好，就是注意计划生育干部的文化素质和工作能力，不胜任的要调整。总厂计生办要根据省计生委统一规划要求，因地制宜，采取多种形式做好计生干部的培训工作。各厂矿单位对计划生育小组进行应知应会的培训。管好，就是进一步落实工作范围，完善岗位目标责任制，建立一整套工作职责、任务目标，奖惩办法等一套完整的制度。做到：严、紧、实、精、深、细。

抓网底，除计生专职干部外，每个车间由原

来的宣传员信息员，改为计划生育小组长，并且明确职责，落实待遇。另外，要充分发挥计划生育协会的作用，做好组织发动群众工作。我厂大部分单位都成立了计生协会组织，但是还没有充分发挥应有的作用，有的失去了存在的价值。各单位要更新观念，提高认识，使协会担负起组织发动群众的重任，通过协会搞好群众性的自我教育、自我管理、自我监督、自我服务。

强化基础，总的要求是计划生育工作微机化、网络化、规范化、经常化、制度化。总厂计生办今年要争取把微机搞上去，把全厂的育龄妇女纳入微机管理。各单位都要建立育龄妇女档案，建立健全“两卡六薄”等各项基础工作。要该入网的入网，该建档的建档，该上墙的上墙。

2. 进一步做好宣传教育工作，提高广大职工群众实行计划生育的自觉性。

党中央《决定》指出：实行计划生育事关千家万户，是一项极其艰巨细致的工作。落实“三为主”的方针，首先就是宣传教育为主。宣传教育是做好计划生育工作的关键。根据中央和省人口计划生育基础知识教育规划要求，在继续抓好舆论环境的同时，积极开展人口与计划生育基础知识教育。

(1)要充分利用各种形式，宣传党的计划生育方针政策，宣传人口理论，人口形势，优生优育，避孕节育及晚婚、晚育。要充分利用报纸、广播、电视、壁报、黑板报、标语牌、书刊、演讲、知识竞赛等多种宣传工具，宣传形式，进行广泛的宣传，形成强大的舆论环境。

(2)积极开展人口与计划生育基础知识教育

开展人口与计划生育基础知识教育，首先要抓好三个落实：即组织落实、阵地落实、内容落实。要制定出教学制度、教学计划、学员守则和考核办法。在教育过程中要坚持四个结合：一是坚持培训宣传教育骨干和育龄人群的自我教育相结合；二是普遍教育与自我教育相结合；三是集中教育与经常教育相结合；四是编班教育与开展各类竞赛活动相结合。各单位要结合自己的实际，采取多种形式和方法；如脱产培训、集中上课、分散自学、也可把人口教育纳入政治学习和岗位培训教育之中，去年莱钢医院和二铁厂采取了这种形式，收到了良好的效果。总之，通过开展各种宣传教育，使广大干部群众提高对实行计划生育重大战略意义的认识，增加法制观念，掌握计划生育、优生优育、避孕节育的科学知识，更新生育观念，提高实行计划生育的自觉性。

3. 抓好实现孕前型管理为主攻目标的经常服务工作

搞好孕前型管理，最大限度地降低流产引产率，这样既有利于育龄妇女的身体健康，又有利于出勤率的提高和避免不必要的经济损失，也是计划生育工作上水平的具体体现。今年我们要以实现孕前型管理为主要目标，实现孕前型管理，努力做到一对夫妇终生只怀一次孕，只生一个孩子。这项任务是十分艰巨的。这就要求我们全体计生干部和育龄妇女小组长，把工作做深做细。既要大力宣传普及人口与计划生育基础知识教育，宣传避孕节育知识和计划生育政策，增强群众的计划生育政策法制观念和自我约束意识，提高落实节育措施的自觉性。又要通过我们的深入细致的工作，把已婚妇女的怀孕情况全部掌握起来，做到信息准确，反馈及时，处理果断，坚持以预防为主，实现孕前型管理。同时，要做好避孕药具的服务工作，对每一位服用药具的人员，坚持“三上门”服务，力争药具应用有效率达到98%以上。对育龄妇女的管理要进行分类指导，对允许生育的对象进行优生优育指导，对不允许生育的，要因人而宜落实好节育措施。医疗卫生部门要大力推广和开展节育新技术，保证节育手术质量，努力提高放环节育有效率。

**(三)坚定不移的执行党的现行生育政策确保目标的完成**

生育政策是计划生育工作的生命线，只有稳定政策，才能稳定人心，才能使计划生育长期的坚持下去。党中央和省分别在《决定》和《条例》对生育政策有明确的规定,我们要坚定不移地贯彻执行党中央和省的现行生育政策、法规。要坚决执行《条例》中关于晚婚晚育年龄的规定,保证完成目标责任制规定的各项指标和要求。从前面我讲的10项考核指标可以看出,今年我们的考核标准比往年更高、更硬了,这就对我们的工作提出了更严的要求,我们要继续实行计划生育一票否决权和离职审计、追踪奖惩制度。对弄虚做假涂改年龄等违纪现象要严肃处理。对《条例》中关于优待和奖励的条文也应认真执行,做到该奖的奖,该罚的罚,以鼓励职工群众依法实行计划生育的自觉性。

**(四)加强协作,齐抓共管,发挥整体功能**

计划生育工作是一项社会系统工程,涉及面广,政策性强,这就需要各级党政领导的统一组织、指挥和协调,各部门、各单位要共同努力,密切配合,树立全局观念,增强协作意识,共同完成这一任务。去年我厂各个部门在这方面都做了大量的工作,有力地促进了计划生育工作的开展。今后随着工作的不断深入和保证计划生育工作各项任务的完成,更需要各部门齐心协力,齐抓共管,充分发挥整体功能,需要制定配套政策措施,以形成有利于我厂计划生育工作的大环境。各部门在制定政策,诸如:分配住房、户口管理、劳动就业等方面都要同落实计划生育、晚婚晚育相协调。前几年,有的单位制定分配住房条件时过于偏重是否进行结婚登记,致使不少男女青年为了能分到住房而千方百计地提前登记结婚,今后各部门在研究制定有关的政策时,都要考虑到对计划生育工作、晚婚、晚育的影响,不要让坚持晚婚、晚育的青年吃亏。同时,各部门都要以战略眼光对待计划生育工作。要知道计划生育工作虽然不能直接创造社会物质财富,但它是以减少人口和消费,提高人均收入水平的形式实现社会效益和经济效益的特殊效益型工作。对于广大基层计划生育工作人员,也要给予精神上的鼓励和物质上的支持。全厂广大计划生育工作者也应该加强自身建设,努力学习科学文化知识,刻苦钻研业务,提高自己的业务素质和组织管理能力,适应工作的需要。要有求新创新意识和勇攀高峰的奋斗精神,充分发挥参谋和助手作用,完成肩负的重任。

同志们:党的十四大报告把"不断改善人民生活,严格控制人口增长,加强环境保护"作为1990年代一大任务之一,再次表明我们党对人口控制和计划生育工作的态度,同时也指明了计划生育工作方向。让我们齐心协力,开拓前进,使我厂计划生育工作再上新水平,为加快国民经济发展做出新的更大贡献。

# 总厂副厂长宋兰祥在莱钢三项制度改革动员大会上的讲话

(1993 年 4 月 20 日)

同志们:

今天,我们召开全厂三项制度改革动员大会,主要目的是简要通报前段改革情况,部署三项制度改革任务,全厂动员,统一思想,明确目标,集中力量,迅速把三项制度改革在全厂推开。为转换企业经营机制,适应社会主义市场经济的要求,促进莱钢生产建设的发展做出贡献!刚才,特钢厂和运输部分别介绍了他们三改工作的情况。下面,我根据总厂党政领导和三项制度改革领导小组研究的意见,讲三个问题。

## 一、统一认识,明确任务,增强紧迫感,加快三改步伐

我厂是全省三项制度改革试点单位之一,从去年开始做准备工作,大体经历了文件起草、职代会通过、上级审批、方案实施准备和试点五个阶段。今年初,省冶金总公司以鲁冶劳字第一号文件转发了省劳动局《关于莱芜钢铁总厂〈三项制度试点实施方案〉的复函》,正式批准我厂进行三项制度改革。根据省里的要求和景常同志的意见,我厂所属二级单位三改工作在时间安排上,要于今年上半年全部结束。总厂机关的改革二季度拿出方案,待二级单位搞完后立即展开。三改工作在全厂全面推开,范围广,工作量大,难点多,要求高,时间短,为此,各单位要集中力量,加快步伐,搞好三改。并把这一要求作为全厂的指导思想贯彻到三改工作中去。

加快步伐,搞好三改。首先要深刻认识三改的重大意义。一是对深入贯彻党的十四大和八届人大一次会议精神具有重要意义。江泽民总书记在十四大报告中指出:"转换国有企业特别是大中型企业的经营机制,把企业推向市场,增强它们的活力,提高它们的素质,这是建立社会主义市场经济的中心环节,是巩固社会主义制度和发挥社会主义优越性的关键所在。"李鹏总理在政府工作报告中强调:必须坚持深化改革和扩大开放,劳动工资制度改革要取得突破性进展。作为国有大中型企业,我们应该以改革的实际行动,认真贯彻这些精神,自觉地按照中央、省里的要求,围绕转换机制,增强活力,走向市场这个中心,搞好三项制度改革。二是对革除现行分配制度中存在的弊端,打破平均主义大锅饭,促进社会主义市场经济的发展具有重要意义。现行劳动工资制度基本上是高度计划经济的产物,其最大弊端是忽视了企业的经济主体地位,忽视了企业的用人用工权,在分配上严重存在着平均主义问题。如果说这种劳动分配制度对计划经济的发展曾起到积极作用的话,那么在社会主义市场经济条件下,已成为妨碍职工积极性发挥的羁绊,必须对其进行改革。三项制度改革正是从消除这些弊端入手,通过搞活用工、用人、分配制度,进一步激发全体职工的积极性和创造性,达到改善管理,转换机制,适应社会主义市场经济新形势要求的目的。这是三改要解决并且能够解决的一个重大问题,是改革社会主义生产关系,使之适应社会主义生产力发展的一项重要内容和重大步骤。三是对提高全厂劳动生产率和经济效益具有战略意义。莱钢从一建厂就形成摊子大、人员多、产量低的局面,劳动生产率和经济效益相对低下。1992 年,我厂在全国地方骨干钢铁企业中,职工人数占第 4 位,而劳动生产率占第 32 位,人均实现利税占第 29 位。目前,全国 30 万吨钢以上钢铁企业共 51 家。我厂排第 25 位,处中游水平。由于我们人员多,人均钢产量却处在中下游水平,不但无法和宝钢、首钢等大钢厂相比,本省的济钢、青钢也高出我们一块。因此,要提高劳动生产率和经济效益,除了提高钢产量外,必须在人的问题上做文章,在改革上做文章。必须精减机构,压缩人员,大力发展第三产业,开拓新的经营门路。这一点,对莱钢的发展至关重要。四是对莱钢股份制改组具有重要意义。我厂是省体改委批准、亚行技术援助的股份制改组试点单位。三改工作是股份制改组的基础和条件,三改工作搞得好,就能为加快股份制改组打下坚实基础,提供有力的保证;三改工作搞不好,机构庞大,人员臃肿,就会增加股份制改组的难度,延误莱钢发展的进程。三改工作不但与股份制改组有直接关系,还与其它改革工作,如完善我厂集中统管体制、住房改革等密切相关。三改搞好了,可以更好地统一全厂职工对改革的认识,坚定改革的信念,积极参与改革的实践,有利于带动其他改革工作的深化和发展。简言之,改革也是一场革命,也是解放生产力,它不但影响莱钢的当前,还决定莱钢的未来!改革的这些重要意义,各级领导务必要有深刻的认识,并以此教育和统一全厂职工的思想认识。

加快步伐，搞好三改。要在深刻认识其重要意义的前提下，进一步明确改革的主要任务，扎扎实实地为完成这些任务积极努力。十四大明确提出，我国经济体制改革的目标是建立社会主义市场经济体制。我厂三改的中心任务就是围绕适应社会主义市场经济的要求。逐步建立起“干部能上能下，职工能干能工，人员能进能出，工资能升能降，上岗靠竞争，收入靠贡献”的企业经营机制。通过改革，进一步增强我厂自主经营、自负盈亏、自我发展、自我约束的能力，加快莱钢振兴发展的进程。具体地说主要有四项任务。一是深化用工制度改革。打破干部、工人，全民、集体的身份界线，企业内部统称“莱钢职工”。在科学定编、定员、定岗、定责的基础上，考试考核竞争上岗，并签定《岗位责任书》，实现企业内部合同化管理。同时，在全厂建立起上岗、试岗、下岗培训、待岗、厂内待业的劳动力动态管理机制。二是深化人事制度改革。主要是进一步深化和完善行政管理人员、专业技术职务聘任制和从工人中聘用干部的制度，对技术职称和职务实行评聘分开。对副科以下管理人员实行干办员制度，建立健全对各类管理（技术）人员严格的考核制度。三是深化分配制度改革。通过实行岗位技能工资，解决平均主义“大锅饭”问题，根据劳动技能、劳动责任、劳动强度和劳动条件，适当拉开分配差距，向一线、高技术岗位和苦脏累险岗位倾斜。四是改革劳动保障制度，加快社会保障制度建设。逐步建立起国家基本保险、企业补充保险和个人储蓄保险相结合的养老保险机制。进一步明确这些任务，是加快步伐、搞好三改的重要保证。

加快步伐，搞好三改。还要充分利用我们的有利条件，总的看，我们时逢改革开放的春天，外部环境、内部条件都极为有利：从外部看，党的十四大和八届全国人大一次会议的召开，为企业深化改革奠定了基础，指明了方向，提供了难得的机遇；省劳动局对我厂三改的批复和总公司的要求，是指导我厂搞好三改的重要依据；全国部分冶金企业的三改实践，为我们提供了有益的借鉴和成功的经验。从内部说，我们经过较长时间的准备和试点，为三改的全面推开打下了有力的基础：一是具备了思想基础。通过召开职工代表大会讨论方案，通过报纸、电视、广播等媒介的舆论宣传，通过试点单位的现身说法，通过一系列不同形式的思想教育工作，改革思想已经深入人心，职工的承受能力大大增强。企业的出路在改革，企业的活力在改革，转换机制、走向市场靠改革，已成为全厂职工的共识。在这种共同思想的基础上，各个单位、广大职工已从“要我改革”变为“我要改革”，职工支持改革、参与改革的意识明显增强，从两个试点单位的问卷调查看，90%以上的职工对三改表示满意和支持，试点以外的其他单位，也表现了很高的热情和要求。统一的思想认识，良好的群众基础，是我们改革的首要条件。二是具备了一定的工作基础。从总厂到分厂大都成立了三改领导小组和办事机构，并开展了大量的工作；我厂已形成比较完整的三改方案和配套文件，经过试点单位实践，证明是可行的，是适应我厂实际情况的；三改工作的总基础——通过运用科学方法进行的岗位测评工作，绝大多数单位已经完成；在人事工作方面，全厂也超前做了一些工作，如对行政干部实行聘任制，工人可以通过竞争进入管理岗位等，我们都进行了积极探索和尝试。另外，各二级厂矿不等不靠。主动工作，在精减机构、压缩人员、发展第三产业方面也做了大量的工作，为三改的全面推开创造了积极的条件。三是试点单位工作扎实、效果良好，为在全厂推开闯出了路子。从去年下半年开始，我们在特钢和运输部进行试点，最近，经过总厂验收，认为两个单位按照总厂三改方案，做了大量扎实的工作，较好地完成了三改的目标任务，达到了预期的目的，同意两个单位正式运行。从运行情况看，效果良好，调动了职工的积极性。归纳两个单位的经验，主要有 6 条可供借鉴：第一条是主要领导亲自抓，有关部门靠上抓，有一个事业心强、业务素质高、精明强干的工作班子；第二条各项基础工作扎实，按照三改工作自身的特点，制订工作网络计划，从基础工作开始，不搞形式，不走“捷径”。试点单位的实践证明，只要把基础工作做好了，竞争上岗、富余人员的安置以及岗位技能工资的兑现等几个所谓难点问题，就能水到渠成，避免错乱；第三条真心实意地依靠职工群众，充分发挥工会组织和职代会的作用，增强改革的透明度，广泛地听取职工群众的意见，多做说明解释工作，对职工反映强烈，确实不尽合理的问题，要充分听取和采纳；第四条把妥善安置富余人员作为关键环节抓好，做到凡是服从组织安排的人员，都有事干、有饭吃。第五条问题就地解决，矛盾不上交；第六条坚持改革和生产互相促进的原则，抓改革，促生产。特钢厂由 33 个科室精减为五部一室，压减人员 687 名，人员机构减少了，但生产却有了新的提高。一季度钢和钢材产量比去年同期分别增长 27.86%和 24.97%，劳动生产率提高了 16.65%。运输部人员压减了 18.49%，但铁路货运量、周转量比去年同期有大幅度提高。四是有稳定的生产建设和较好的经济效益作基础。今年以来，我厂克服 620 立方米高炉后期生产和改扩建一期工程建设的重重困难，生产经营和改扩建双双取得明显成绩。一季度全厂生产钢 183807 吨，材 134451 吨，分别比去年同期提高 16.58%和 46.15%。实现利税 11470 万元，利润 7100 万元，分别比去年增长 212.94%和 520%。750 立方米高炉热风炉陶瓷燃烧器已于 4 月 3 日点火，流铁水的日期已指日可待。我厂生产经营和改扩建在艰难困苦中取得的这些成绩，不但坚定了全厂职工战胜困难、夺取胜利的信心，也是我们加快步伐，搞好三改最重要的工作基础和物质保证。

总而言之，加快步伐、搞好三改，我们面临着较好的时机和条件，要不失时机、抓住机遇，进一步增强紧迫感和责任感，统一思想，明确任务，坚定信念，充分利用各种有利条件，以饱满的热情把我厂三改工作扎扎实实，卓有成效地抓好。

## 二、理清思路，着力抓好七项重点工作

三项制度改革涉及面广，内容多、头绪杂，必须理清工作思路，掌握政策规定，逐项抓好落实。

**（一）关于四定工作**

定编、定员、定岗、定责，是我厂三改工作的基础，贯穿于整个改革过程，必须作为重点抓好。根据全厂现有各类人员的构成，我厂“四定”工作大体按工业生产、基本建设、社会服务及第三产业三大类分别进行。全厂工业生产人员由操作人员、管理人员和专业技术人员构成，总体定员控制在两万人以内；基建人员包括建筑安装、生产准备以及项目管理设计人员，大体控制在 5000 人左右；其他人员主要是生活后勤、社会服务、厂办集体和第三产业（包括生活、城建、房产、文教、卫生、商业、附属企业公司等）要从工业生产中分离出来，划归第三产业，定员编制自成系统。

为了实现全厂工业生产人员不突破两万人的目标，各单位必须严格执行总厂下达的定员方案，超定员部分一定要减下来。全厂管理人员要严格控制在职工总定员的 12%以内，其中总厂机关管理岗位定员控制在 4%；二级厂矿一般控制在 8%左右。为实现这个目标，各单位要把定员指标逐级分解、落实到车间科室、工段、班组和岗位，工作量达不到 6—6.5 小时的岗位，要坚决予以撤并；凡需调岗或增岗的，必须报经总厂编委审批；凡属宽打窄用、造成有定员不需要配人的空岗、虚岗，其岗位定员指标一律由总厂收回；补缺勤人员一律按主要生产岗位的 4%进行配备。总之“四定”工作要严肃认真，从严控制，要坚持贯彻“宁缺毋滥”的原则。

**（二）关于双考工作**

对职工进行考试考核、竞争上岗，是提高职工整体素质的关键。双考的目的，是将那些责任心强、业务技术好、工作有能力的职工推上岗位，使其在岗上发挥更好的作用，最大限度地提

高工作效率和劳动生产率。

双考工作主要抓好两个环节：一是弄清双考的范围和内容。要按照三改配套文件《关于管理人员、专业技术人员考试考核的实施办法》和《关于工人考核上岗的试行办法》，分清楚哪些人员要进行考试，哪些人员可以免试？哪些人员实行开卷考试，哪些人员实行闭卷考试？考试考核都包括哪些内容，具体方法步骤怎样掌握？这些问题是搞好双考工作的前提。二是要严格双考标准。各单位在双考中一定要严肃认真、坚持标准、加强领导。考试成绩优异、考核结果优秀者可在新编定员内优先上岗；考试合格、考核称职者由单位领导选聘上岗；考试不合格或考核不称职者，不能上岗。各单位一定要把住标准关、质量关，切实通过双考，促进全厂职工素质上新台阶。

**(三)关于双向选择**

在企业内部实行双向选择是搞活我厂用工制度的重要内容，是向企业用人自主、劳动者择业自由的用工制度迈出的根本性一步。双向选择是用工单位与劳动者双方互相选择认可的过程。在我厂现有条件下，双向选择还要受种种条件的限制，只能在一定范围内进行。我厂双向选择的基本规定是：自我选择操作岗位者，一般在本人所在车间内选择1～2岗；自我选择管理(技术)岗位者，一般在本人所在分厂内选择一致三个岗。实行双向选择，原则上要先机关、后车间；先管理(技术)岗位，后操作岗位；先高岗次、后低岗次。具体步骤分五步；第一步自我申请；第二步民主推荐；第三步岗位考核竞争；第四步组织选择审定；第五步签订岗位责任书。

实行双向选择必须坚持四条原则。一是公平竞争的原则。要打破干部工人身份界线，操作岗位可以选择管理(技术)岗位，管理(技术)岗位也可以选择操作岗位，要一视同仁，要为竞争者尽可能提供必要条件。二是稳定一线的原则。能不能满足一线生产的需要是检验双向选择成败的标志，这就要在分配上拉大生产一线与其它岗位的差距，要引导生产一线职工选择自己最熟悉、最擅长、最有竞争力的工作。同时，用工单位要在充分考虑职工多项选择的基础上，首先要满足生产一线的需要。三是用其所长、人尽其才的原则。四是保护老职工、女职工的原则。许多老职工将自己的青春年华贡献给了社会主义建设，他们不讲报酬，自觉奉献，多是生产工作中的骨干，只是由于年纪大了，难以在体力上与青年人竞争，因此在改革中要注意保护老职工的利益。同时，要维护女职工的合法权益，杜绝歧视妇女现象。运输部在双向选择中，把女职工能干的岗位留出来，只在女职工范围内竞争，这个做法值得借鉴。

**(四)关于《岗位责任书》的签订**

《岗位责任书》是为了完成全厂总体目标制订的一种具有合同性质的书面契约，它规定了用工单位和劳动者双方的责、权、利关系。在社会条件还不完全成熟、全员劳动合同暂不能实行的条件下，签订《岗位责任书》就成为我厂内部实现合同化管理的基本形式。签订《岗位责任书》具有明显的激励作用和约束作用，通过对双方责、权、利的明确规定，可以激励企业每个职工为实现岗位目标努力工作。岗位责任书的这种积极作用，对实现竞争上岗和劳动力的动态管理具有最实际的意义。因此，要重点抓好两点：第一点、必须制订明确的岗位职责。《岗位责任书》主要有五项内容构成，其中岗位责任一项由各单位自已制订，其余四项总厂做了统一规范。必须明确岗位职责是整个岗位责任书的核心内容，制订得好坏，直接影响到一个班组、一个车间、一个分厂甚至全厂生产任务的完成。因此，制定岗位职责一定要有全局观念，通盘考虑，并做到量化具体化，便于操作考核。第二点，要按照总厂制订的程序签订岗位责任书。这个问题配套文件规定的很清楚，我就不多讲了。应说明的一点是，《岗位责任书》的签订程序与干部工人管理权限以及干部聘任程序有所不同，这主要在从有利于完成岗位职责，减少中间层次，加大约束力为出发点来考虑的。这样做，体现了层层负责、层层保证的原则，丰富了原有的各种领导管理关系和民主管理内容，可以更好地发挥每一个职工、每一个岗位的积极性，为完成全厂目标积极工作。

**（五）关于机构设置问题**

分厂机构设置问题大家都非常关心，许多单位在这方面已经做了一些探索。总厂总的想法是，二级厂矿机关原则上按五部一室的体制来设置，但机构设置必须适应生产经营的需要，不搞一刀切。人数较多、工艺比较复杂的单位，可以适当多设个部门，比较小的单位也可以少于“五部一室”，这要具体情况具体对待，但不管多设或少设，都必须经总厂批准。实行部室制，在部室设主任、副主任，部室主任一般由副厂级领导兼任，下设一至两名副主任（正科级），部室以下不设科级管理机构。业务面宽、管理幅度较大的部室，可在副主任以下设业务科长、副科长。同时对副科长以下管理人员实行科办员制度：设主办科员、科员、助理科员、办事员、部室副科长以上干部在总厂编委下达的科级干部职数内配备，并实行聘任制；各级科员和办事员在总厂编委下达的管理人员编制定员内配备。并按照其政治表现、业务能力以及学历、资历等条件，实行晋升制。

**（六）关于生产富余人员的安置问题**

生产富余人员的安置涉及到稳定大局，影响着改革的成败，特别是在目前社会保险体系和社会劳动力调节机制还不够健全的情况下，安排好富余人员，具有非常重要的意义。我厂安置富余人员的基本原则是：分厂消化为主，总厂调剂为辅，总厂机关富余人员一律由附属企业公司安置。安置的总体思路是，立足莱钢优势，发挥各自潜能，形式多种多样，不断增加容量。让富余人员有活干、有饭吃，使富余人员逐步变成“富裕”人员。安置的主要途径：一是发展厂内集体和第三产业，在挖掘现有安置潜力的基础上，结合莱钢生产实际，发挥总厂、分厂两个积极性，新建一批具有一定规模的原材料加工、产品深加工以及为钢铁生产配套服务的项目，实现“八五”末全厂第三产业安置总能力达到万人规模。二是经过对生产富余人员的转岗培训，选择合格者充实新竣工投产的项目。三是组建一批实体性经贸公司。四是建立莱钢劳务市场，进行劳务输出和内部调剂。五是对符合规定条件的，实行提前退养制度。六是清退计划外用工，并纳入我厂三改工作的重要议事日程，作为三改的重点工作抓好。目前，我厂有一支庞大的临时工队伍，要利用这次改革来一次大清理。生产确实需要的，该留的要留，但要纳入定员编制；生产可要可不要的一律辞退；我厂富余职工经过培训，部分人员可转到原来临时工的岗位上来。这项工作做好了，就能为我厂劳动力的管理打下好的基础。

**（七）关于实行岗位技能工资问题**

实行岗位技能工资是对我厂现行工资制度的重大改革。其主要特点：一是工资构成比较复杂。岗位工资是由基本工资和辅助工资构成。其中，基本工资部分由岗位工资、技能工资、年功工资三个单元构成；辅助工资是基本工资以外按规定发给职工的其他工资性收入，包括奖金、挂率工资、效益工资等等。岗位技能工资与原工资结构相比较，单元构成趋于复杂。二是工作容量大，与其它工作联系性强。实行岗位技能工资必须做大量的基础工作，几乎涉及三改的全过程，与岗位测评，定员定额，考试考核，竞争上岗，岗次划分，都有直接的联系。另一方面岗位技能工资本身的工作也是大量的，如工资的测算、实施范围的确定、各类人员岗次的划分等等，哪一项工作做不好也不行。三是政策性强，职工群众最关注。实行岗位技能工资，必须严格执行政策规定，符合政策规定的就办，不符合政策规定的就不能办。同时，岗位技能工资的实施，直接涉及到职工的切身利益，必然是职工群众最关心的热点，岗位技能工资所具有这些特点，决定了它在三改中的重要位置。因此，我们必须全面、慎重、扎实地做好工作，保证其顺利实施。

工作上要抓好四点：一是必须做好以岗次划分为主要内容的各项基础工作。岗次划分是职工关注的焦点，是实行岗位技能工资的核心，各单位必须在岗位测评的基础上，根据总厂下达的最高岗级和平均岗级，搞好岗次划分。划分岗次要充分体现公平合理的原则，要全面考虑职工的承受能力和向一线艰苦岗位倾斜问题。只要真正做到公平合理，岗次划分被绝大多数职工所认可，实施岗位技能工资就有了基础。二是必须拉开生产一线、艰苦岗位与一般岗位的分配差距。这次我厂对管理（技术）岗位设置12个岗次，对操作岗位设置10个岗次，操作岗位的10岗比二级单位厂矿长的岗位工资还高，岗位工资93元。操作工岗位的9岗，也就是高炉炉前工、电炉转炉炼钢、浇钢、轧钢工等工种，对应管理层正处级的工资水平，岗位工资90元。操作岗位从十岗到一岗，岗位工资差距为68元，管理岗位差距为77元。这个标准体现了生产一线、艰苦岗位与一般岗位的差别，拉开了分配差距，希望各单位结合本厂实际，认真贯彻好这个标准。实行岗位工资后，必须做到一岗一薪，易岗易薪，岗变薪变。三是必须对职工正确引导。三项制度改革最根本的目的是转换企业经营机制，发展生产力，提高经济效益。实行岗位技能工资是为实现这个目的服务的，而决不是仅仅为了升级，为了长钱。要正确引导职工，使广大职工认识到，提高职工生活水平的前提是企业发展，只有企业发展了，经济效益提高了，职工才有实惠，生活水平才能提高。因此要把干劲、把精力用在生产发展上。我厂实行岗位技能工资，全厂人均增资34.96元，全厂平均岗次5.03岗。这就是这次岗位工资的家底。因此，希望大家要从莱钢的全局考虑，防止站在局部利益上争岗次、争工资现象的发生。四是验收合格后才能兑现工资。早验收合格早兑现，晚验收合格晚兑现，不搞一刀切。各单位要抓紧工作，在认真完成各项基础工作的前提下，向总厂三改办提出验收报告，经验收合格后兑现岗位技能工资，验收不合格，不能兑现工资。

## 三、加强领导，统筹协调，保证三项制度改革的顺利进行

三项制度改革是一项系统工程，尽管我们做了一定的准备工作，具备了较好的基础条件，但必须清醒地看到，摆在我们面前的困难还很多，难度还很大，任务艰巨而繁重。为此，我们必须在抓好三项工作的同时跟上其他措施，做到硬件、软件全面到位，以强有力的工作保证三项制度改革的全面完成。总的要求是："集中力量，加快步伐，确保质量，工作做细，不出乱子"。具体要做好以下几点：

（一）要强化组织领导。强化组织领导是加快步伐，搞好三改的关键。各级领导必须走上改革的第一线，既当指挥员，又当战斗员，要按照"既定政策，又教方法"的要求，指导三改的健康发展；各单位要挑选责任心强、业务素质好的同志，进一步充分三改领导小组和办事机构，明确责任，集中办公，突出进行；各级党政工团都要发挥各自优势，关心改革，支持改革，参与改革，从各自角度做好工作；总厂三改办公室要加强对各单位的工作指导，深入下去，调查研究，总结经验，纠正偏差，为全厂改革服好务。

（二）要全心全意依靠职工群众。工人阶段是这场改革的主体，必须把完成三改的重任放在依靠职工群众的基点上，要把全心全意依靠群众，既作为一个重要的指导思想，又作为一项重要的工作原则，努力做到思想上重视，制度上保证，工作上落实。各单位制订改革实施意见，要广泛听取职工群众的意见，充分反映职工群众的愿望和要求，增加改革的透明度，充分发挥各级工会、工厂管理委员会、职代会以及主席团长会的作用，并主动接受职工的民主监督，使职工成为改革的主力军，使改革成为职工的集体意志，真正做到职工群众全员发动，全员参与，全员执行，全员落实。

（三）坚持标准，保证质量，防止走过场。我厂三改的方针是"大胆、积极、稳妥、有效"。这四个方面是一个统一的整体。大胆、积极、稳妥是实现"有效"的条件和保证，"有效"是大胆、积

极、稳妥的目的，是我们三改工作的出发点和落脚点。“有效”就是保证质量，不走过扬，扎扎实实地实现三改目标。这就要求各个单位严格执行总厂三改方案和有关配套文件，认真抓好各项工作，不能因基础工作麻烦而绕开走，对定员定额、机构设置、岗次划分等关键问题，一定要按总厂要求，毫不含糊地落实到位。对涉及全局、群众敏感的政策性问题，全厂要统一政策，统一步伐，统一标准，不允许开口子，搞变通。保证质量是改革工作的生命，也是验收一个单位三改工作是否合格的否决条件，对此，各单位一定要高度重视。

（四）要做过细的思想政治工作。“工作做细，不出乱子”，是我们进行三项制度改革最基本的要求。改革既然是各方面利益关系的调整，必然会给企业和职工带来压力，不可避免地会影响少数职工的一些眼前利益或暂时利益。因此，要充分发挥我厂思想政治工作的优势，教育引导职工自觉地以个人利益服从国家利益，局部利益服从整体利益，眼前利益服从长远利益。三项制度改革，要求思想政治工作必须细，必须实，必须有针对性和说服力，必须坚持面上的工作与个别人的工作结合起来。对可能引起的思想振荡，一定要跟上相应的措施，就地解决、矛盾不上交。同时要加强宣传工作，充分发挥舆论引导作用。试点单位的实践证明，舆论声势大，宣传深入，职工群众对改革承受能力就强，改革的进展就快，效果就好。各级宣传部门和电视、广播、报纸等新闻单位，要坚持以正面引导为主，加大宣传改革的份量，把职工群众改革的积极性引导好、保护好、发挥好，形成全厂上下热情支持改革、积极参与改革的生动局面。

（五）要坚持改革、生产建设互相促进的原则。改革是为了发展生产，生产的发展是检验改革成功的尺度。各单位要从一开始，就坚持改革、生产建设两手抓，把改革的落脚点放在促进生产上。今年我厂生产建设任务极其繁重，我们要以改革为动力，真正通过改革，解放和发展生产力，最大限度地提高全厂经济效益

同志们，以邓小平同志南巡重要谈话为契机，以党的十四大和八届人大一次会议的召开为标志，我国发展经济、加快改革开始进入一个新的历史发展时期，全厂三万多名职工一定要认清形势，解放思想，转变观念，积极投身到改革的洪流中来，为转换企业经营机制，发展生产和提高经济效益，为莱钢“八五”末实现 100 万吨钢、“九五”末实现 200 万吨钢的宏伟目标，做出我们积极的贡献！

# 副厂长陈玲棠关于莱钢改扩建一期工程建设暨试生产情况的报告

（1993 年 10 月 18 日）

莱钢利用亚洲开发银行贷款进行的改扩建一期工程（即 750 立方米高炉系统），在国家计委、中国人民银行、冶金部和山东省委、省政府领导的关怀及各有关部门的大力支持下，在青岛海关、济南铁路分局和莱芜市及钢城区政府的热情帮助下，经过甲、乙、丙、丁各单位近两年的艰苦奋战，750 立方米高炉已于 1993 年 6 月 4 日开炉出铁，目前正在进行试生产。为便于各位领导和专家检查指导工作，现将工程建设和试生产情况报告如下：

## 一、工程建设情况

莱钢改扩建一期工程，主要是新建750立方米高炉一座，105平方米烧结机一台，原料场改造及相应的公用辅助设施。设计规模为年产炼钢生铁50万吨，冷烧结矿92万吨，工程占地面积27.48平方米，设备总重11948吨，装机容量27354千瓦。

该工程工艺流程紧凑，装备水平较高，新技术应用广泛，在设计上主要吸取了宝钢和国内其它高炉的先进技术，具有八十年代国内同类型企业的较高水平。高炉采用无料钟炉顶，鼓风机从日本引进，水渣采用转鼓过滤装置脱水。烧结机采用节能型点火器，烧冷系统采用抽风烧结与鼓风冷却工艺，并配有三电场除尘、干式布袋除尘。原料由汽车、火车受料槽及火车翻车受料、皮带输送，由堆取机堆取，采用了皮带电子称定量圆盘配料和混匀工艺。整个工程主要工艺生产线自动化，电气控制采用可编程序控制器(PC984)系统，仪表控制采用以微机为核心的智能仪表和常规仪表系统。工程中的环保设施完善，对生产中的粉尘、污水和噪间均建有相应的治理设施。

该工程由马鞍山钢铁设计研究院设计，自控系统软件编程由莱钢自动化部承担，施工任务由中国二十冶金建设公司、工程所需设备由中国冶金设备总公司成套，主要施工材料由莱钢自行组织供应。铁道部十四工程局、泰安市第一建安公司和莱钢建安公司承担。

这项工程于1991年5月16日举行开工典礼，7月1日正式开工。1992年底土建工程基本完工，1993年2月底设备安装基本完成并开始单机试车，5月17日无负荷联动试车完。1993年5月12日原料场开始负荷试车，5月19日105平方米烧结机开始热负荷试车，6月3日750立方米高炉点火，6月4日9时30分冶炼出第一炉铁水。

该工程概算投资34779.45万元。其中，基建投资26481.45万元，建设期利息和涨价预备金8298万元。到1993年9月底累计完成投资34633万元。完成土石方73.53万立方米，混凝土12.376万立方米，砌砖2.54万立方米，砌石7.21万立方米，安装工业管道172.624千米，敷设电缆489.4千米，金属结构安装7993吨，耐火材料砌筑6111吨，设备安装12493吨，非标设备制作1693吨，竣工建筑面积8.28万平方米。

经过各方面的共同努力，工程建设实现了速度快、质量好、投资省的奋斗目标。一是建设工期从开工到750立方米高炉出铁用了23个月的时间，比冶金部工期定额缩短10个月；二是工程质量经山东省冶金工程质量监督中心站检查评定，全部工程质量合格，主体工程达到部优标准；三是工程投资决算预计可控制在概算投资的110%以内；四是历时近两年的施工建设，没有发生大的设备事故，确保了莱钢620立方米高炉后期稳定生产，有力地促进了一期工程建设，做到了生产、基建两不误。通过这项工程建设，锻炼培养了一批工程技术人员和工程管理人员，探索和积累了向社会主义市场经济过度条件下进行大规模工程建设的宝贵经验。

## 二、试生产情况

我厂改扩建一期工程750立方米高炉开炉出铁后，经过6月份近一个月的热负荷试车，从7月份进入试生产阶段。经过三个多月的试生产。现在750立方米炉日产生铁已基本稳定在1000吨左右，月平均利用系数超过$1.3t/m^3\cdot d$；最高日产生铁达到1234.81吨，利用系数达到$1.6t/m^3\cdot d$。

按照产冶金部和省政府领导的要求，以及我厂确定的“半年达产”的奋斗目标，第二铁厂及各有关单位密切配合，经过三个月的试生产，正在向顺利的渡过“管理关、操作关、设备关”前进，取得了较好的成绩。主要的工作有如下个方面：

第一，强化生产管理，完善技术规程。针对一期工程装备水平比较高的状况，我们明确地提出了“用现代化管理方法，管理现代化高炉”的指导思想，对各环节技术规程、各岗位操作规程和责任制，坚持边试边改，完善了各种规程和制度，正在理顺各生产环节的关系，突破了管理关。

第二，严格操作管理，稳定生产操作。根据新工人多、实践经验少的突出特点，我们高起点、严要求，将提高新工人技术素质作为强化生产操作管理的重点，认真做好各工种工人的岗位技术培训，经严格的考试竞争上岗，并在生产操作中狠抓了“学规程、反违章”活动，普遍提高了工人的技术素质和实际操作能力，面对现实，决心突破操作关。

第三、加强设备维护，稳定设备运行。一期工程从原料受卸到高炉渣、铁处理，整个冷、热生产线都是新建的。从某种意义上讲，一期工程是新建了一个配套齐全的烧结厂和炼铁厂。为稳定设备运行，一方面针对新设备问题较多的情况，加强了维修力量，对设备维护定岗定人定责，维修人员跟班作业，及时处理了试生产暴露出来的各种问题；另一方面根据新技术应用广泛和试生产的需求从机关处室和有关厂矿抽调各专业骨干力量，对制约生产的关键问题进行技术攻关。李景常厂长亲自挂帅任攻关领导小组组长，陈玲棠、于昌忠两名副厂长将主要精力靠在现场组织协调，每天召开攻关协调会，研究解决了大量的技术问题，为试生产顺利进行发挥了重要作用，突破设备关。

第四，加快基建收尾，创造达产条件。在抓好生产环节各项工作的同时，将尽快完善达产条件作为试生产工作的重要一环。抓紧进行了原料场第二台堆取料机和翻车机等项目施工，消除了试生产暴露出来的设计和施工缺陷问题，完成了场地清理、场平和总图道路。

我厂改扩建一期工程试生产还在紧张的进行中，我们将以这次总结表彰会为动力，进一步加强管理，认真组织，努力实现半年达产的奋斗目标，以报答各级领导对我们的殷切期望。请各位领导和专家给予指导和帮助。有关的具体情况，在此就不详细汇报了。

## 三、几点体会

莱钢改扩建一期工程，是由国务院批准的莱钢利用外资扩建项目的重要组成部分，建设资金主要是国内配套资金，由山东省和企业自筹。这项工程是山东省“八五”重点建设工程，是莱钢“八五”期间实现100万吨钢生产能力的关键。建设速度的快慢、质量的好坏，关系着莱钢及省冶金经济全局。正如张瑞凤副省长在开工典礼上讲的那样：“搞好这一工程建设，不仅关系到莱钢生产能力的增加、宏伟目标的实现，而且关系到我省冶金工业的发展，关系到我省‘八五’计划目标的实现。”

为了搞好这项工程建设，从开始我们就坚持高起点、高标准、严要求。从思想认识上将它作为关系莱钢前途命运的工程，作为莱钢为山东经济的振兴做更大贡献的工程。从落实建设条件、建立管理机构和制度，到采取的管理方法和措施，都进行了反复的论证和周密的计划。为确保这项工程高速优质建成，在工程开工前，我们就明确提出了“以甲方为主体、以总进度为中心，质量第一、安全第一和力争以一流的管理、一流的服务，创造一流的速度、一流的质量、一流的效益”的指导思想；确定了“一定一保两保证”的工程目标，即：“确定工期20个月，主体工程达到冶金部优质工程标准，保证工程投资不突破概算，保证不发生重大事故”。针对工程建设与生产交叉进行的特点，我们提出了坚持“生产建设两不误”的工作方针。

在工程建设过程中，我们就是按照上述指导思想和工作方针开展工程工作的。经过各方面的共同努力，现在可以说预期目标已基本达到，工程建设和试生产的实践，使我们有以下几点深刻的体会：

**（一）上级领导和有关部门的关怀与支持，是工程成功的重要保证**

在莱钢改扩建一期工程建设的全过程中，我们始终得到了上级领导部门的关怀和支持。

国家计委、中国人民银行、冶金部和山东省及各有关部门的领导，对工程建设给予了极大的关怀。山东省李春亭副省长从前期准备到施工建设的全过程都非常关心，在项目审批过程中亲自向国家主管部门做工作，使工程较快地批准开工；为解决建设资金，几次召开省府有关部门和各大银行会议，落实了资金渠道；在工程建设和试生产过程中，多次到现场视察工作和听取情况汇报，作出明确指示，解决了许多困扰工程进展的重大问题，对我们搞好工程建设和试生产给予了很大地鼓励和鞭策。张瑞凤副省长亲自为工程剪彩奠基，鼓舞了参战人员的斗志，陈建国副省长亲自到莱钢视察工作，有力地促进了工程建设和试生产工作。冶金部王汝林、殷瑞钰、吴溪淳副部长等领导同志先后亲临现场，对工程建设和试生产提出了许多指导性意见。国家计委工业一司和外资司给我们解决了工程计划和引进外资计划。中国人民银行国际金融组织司为我们落实了亚行贷款。冶金部计划司在工程立项和前期准备工作中做了大量工作。中钢公司为我们引进了一期工程所需的进口设备，建设司在工程建设中协调解决了不少实质性问题，设备总公司保证了成套设备供应，生产司和科技司在试生产中给予热情帮助和指导。山东省计委、经委在审批计划、筹措资金和落实外部条件等方面给予了大力支持；省建委在施工招标和工程管理方面做了大量工作；省人民银行、省工商行、省中行、省建行和省国托，为我们解决了工程贷款和企业债券发行；省冶金总公司加强对工程的领导，在计划、筹资和工程管理及质量监督多方面给予关心和帮助。青岛海关和济南铁路分局在设备材料的进口和运输等方面给予了很大支持。莱芜市和钢城区及各乡镇在落实建设条件、兴修道路、维持厂区治安和组织地方劳力等方面给予了很大帮助。

实践使我们深刻体会到，没有上级领导和各级有关部门的关怀和支持，就没有这项工程建设的成功。为此，请让我代表莱钢总厂党政领导和全厂职工，对所有关心支持工程建设的各级领导，对给予热情帮助的各有关单位和地方政府，表示衷心的感谢！

**（二）审时度势调整方案，争取先期开工，是工程成功的重要前提**

莱钢利用外资改扩建准备工作从 1986 年上半年开始，1987 年 3 月国家计委批准项目建议书，并列入国家利用外资发展 1000 万吨钢规模。1989 年 7 月国务院批准项目的可行性研究报告，同年 9 月与亚洲开发银行草签了贷款协议。为使一期工程能够尽早开工建设，1988 年下半年我们成立了现场管理机构，1989 年 8 月开始现场三通一平，同年 9 月完成了初步设计审查，11 月进行了主要设备招标订货。按原计划 1990 年 4 月一期工程开工建设。但是由于 1989 年动乱影响，使莱钢利用外资改扩建工作进展受阻，拖延了时间。在当时，一期工程不马上开工，莱钢面临着许多严重的困难，一是主要机械设备已订货，工程不马上开工，设备到货后无法存放。。二是莱钢 620 立方米高炉第二代炉役已到后期，设备老化严重，一旦高炉倒下，不仅莱钢将陷于基本停产状态，而且直接影响山东冶金工业的平衡。三是全厂职工对莱钢改扩建热切关注，盼望已久，工程建设再拖延，将影响职工队伍的稳定。四是莱钢“八五”期间要跨入百万吨钢的大型钢铁联合企业行列，750 立方米高炉上不去，这个目标就不能实现。在严重的困难面前，我们立足于当时生产和稳定职工队伍及莱钢的长远发展需要，决心在困境中求生存、求发展，坚定地作出改扩建“不等、不靠、不停”的正确决策。一方面调整扩建工程实施方案，决定利用外资项目分步实施，争取先利用国内资金集中力量干一期工程，以解决生产急需。另一方面千方百计做工作，争取尽早落实亚行贷款和改扩建工程全面开工。

我们的想法和调整后的实施方案，得到了省政府和冶金部领导的赞同与支持，也得到了国家计委和中国人民银行等部门的理解。但尽管如此，一期工程要开工，当时仍有两个关键的问题难以解决，一是国家规定凡是利用外资项目在外资不落实前不批项目计划,二是国内筹资困难。为了解决这两个问题,在省政府和冶金部领导的关怀及各有关部门的大力帮助下,我厂几位主要领导上下奔波,不辞千辛万苦,经过一年多的艰苦努力,终于落实了国内配套资金来源,在亚行贷款还未正式生效前国务院于1991年4月批准了开工计划,并被国家列为"八五"期间首批新开工项目。

我厂改扩建一期工程能够在众多困难的条件下批准开工建设,首先我们应该感谢上级领导的关心支持。同时,我们也深深体会到,企业要发展,就必须解放思想、更新观念,要敢于试、敢于闯,要有远大的目标和坚定的信心,有条件上,没有条件千方百计创造条件也要上。这项工程批准开工,全厂5万多名职工和家属受到了极大地鼓舞,增强了凝聚力和向心力。

**(三)抓住机遇,加快发展,是工程成功的重要条件**

抓住机遇,加快发展,这是时代的要求,也是企业的根本出路。我厂改扩建一期工程开工建设,给"莱钢人"带来了希望,为企业注入了生机和活力。为搞好这项工程,我们不失掉任何一个良机。尤其是在施工建设过程中,我们以邓小平同志南巡重要谈话和党的十四大精神为指针,认真贯彻省委、省府"深化改革、加快发展"的精神,牢牢抓住各种机遇,加大工作措施,加快工程建设步伐。

一是引入竞争机制,进行工程招标,取得了良好的效果。三年治理整顿期间,由于国家压缩基建投资,使设备制造和建筑市场一度疲软。我们在工程开工前进行了主要机械设备招标和施工招标,订购、贮备了大部分钢材、木材。开工后又通过议标抓紧订购了皮带机和电气仪表设备。通过招标竞争好中选优,不仅保证了工程进度和质量,而且有效地控制了工程投资。特别是在设备招标中,对于一些关键的设备,如烧结机、堆取料机、炉顶设备等,不片面地追求节省费用,主要看设备的质量和可靠性。实践证明,这些设备虽然当时看价格较高,但质量可靠,实现了一次试车成功,对尽快达产达效也将起到良好的作用。

二是千方百计筹措资金,保证了资金供应。在中国人民银行国际金融组织司和省计委、省各大银行及省冶金总公司的大力支持下,我们广开筹资门路,在不到两年的时间内共筹措资金40164万元。其中,省筹16830万元,省冶金总公司6908万元,莱钢自筹12770万元,外资3656万元(683.42万美元)。资金及时到位,保证了工程需要,为工程顺利进行发挥了重要作用。

三是强化工程管理,抢进度、保工期。一期工程开工后,尤其是邓小平同志南巡重要谈话后,我国基本建设领域发生了急剧变化,我们抓住这个机遇,强化管理,采取切实可行的措施,千方百计抢进度。为确保工期,我们广泛采用网络技术管理,实行经济手段、行政手段、思想政治工作三管齐下。特别是1992年初李春亭副省长到我厂视察,提出今年"五一"流铁水目标后,我们进一步加大工作力度,一方面总厂领导将主要精力放在一期工程上,另一方面各单位竭尽全力支持工程建设。李景常厂长、姜开文书记和王认清、刘培钧、陈玲棠副厂长靠在现场协调指挥,在试车的关键阶段,每晚组织召开三方调度会,本着"大事不过三天,小事不过夜"的原则,及时研究解决了数千计的工程问题。强有力地指挥协调,为加快工程进度、保证工期起了十分重要的作用。

**(四)坚持以甲方为主体,各方团结奋战,是工程成功的关键**

我厂改扩建一期工程是负债建设,投资主体的地位,决定着莱钢既是工程最终的受益者,又是风险和压力最大的承受者。因此,我们责无旁贷的要担负着工程的全面责任。在近两年的施工建设过程中,我们同工程各方本着"相互理解,相互信任,相互支持"的原则,认真坚持"一个中心、两个第一、三个一流"的指导思想,采取可行的措施努力争取实现"一定一优两保证"的工作目标,对以甲方为主体的基本建设管理体制和试行业主责任制作了探索和尝试，形成了具有莱钢特色的“三个为主”的管理模式。

1. 工程管理坚持甲方为主，突出发挥甲方的主导作用。

工程管理是甲方的主要职责。一项工程建设速度快慢、质量好坏，与甲方管理水平的高低有直接关系。在一期工程建设中，我们强化工程管理，主要抓了三方面的工作：

第一、以甲方为主体建立健全管理机构和管理制度，使工程建设全面体现甲方的意志。为加强工程的组织领导，我们成立了由莱钢总厂厂长任指挥，有建设、施工、设计、设备单位和地方政府领导参加的工程联合指挥部。联合指挥部作为工程的最高领导机构，通过定期召开会议，协调解决了施工建设中的各种重大问题。对于那些重大问题，如确定工程目标、编制总体网络计划、重大质量问题的处理等，一方面我们与乙丙丁各方充分协商，充分听取他们的意见；另一方面在意见不一致时，我们强调必须由甲方说了算，工程各方必须服从甲方的意见，服从统一的指挥和调度。为加强工程管理，我厂成立了由一名副厂长任指挥的一期工程指挥部，下设9个专业组室，代表总厂全面负责现场管理工作。在组织工程建设过程中，一期工程指挥部班子团结，齐心协力；各专业组室忠于职守、各负其责，与施工、设计、设备单位对口建立了管理网络。通过定期召开综合协调会和专业会，及时解决了大量的具体问题。同时，我们制订了工程各方共同贯彻国家计委“基本建设40条”的具体实施办法和五项办事准则，并对工程的进度、质量、安全管理和治安保卫、现场鉴证、设备材料供应、经济结算、中间交工验收及档案资料管理等方面都制定了明确的规定。统一了标准，明确了责任。为确保工程顺利进行，我们强化协调功能，加强对各方面工作的协调，做到了工作协调一致，行动步调一致。

第二，坚持以总进度为中心，抓工程进度突出“抢”字。我厂改扩建一期工程从开工到建成出铁，工程建设始终处于抢进度状态。为确保工期，我们坚持以总进度为中心，在工程开工前，编制了以20个月工期为主线的总进度网络计划，经各方领导签字共同组织，在施工过程中，我们将总进度计划分解，编制了以进度为中心，以施工力量平衡和图纸、设备、材料、资金供应为保证条件的“六位一体”网络计划。网络计划的实施，既使工程计划形象化，又增强了大家紧迫感和责任感。工程各方按照网络计划要求，以确保20个月的工期和实现今年“五一”流铁水为目标，团结奋战，抢进度、赶工期，那里拖了那里就千方百计加大措施抢回来，各环节的工作紧紧围绕抢进度高速运转，快节奏、高效率，看准的问题快速决策，不拖泥带水。工程建设尤其在后期，切实显示了紧张的气氛和“抢”的形势。

第三，发挥甲方主导作用，对工程跟踪管理，全面负责。在现场管理中，我们采取专业管理与综合管理相结合、部门管理与全面管理相结合的方式，对工程的进度、质量和安全实行跟踪管理，全面控制。我们坚持的总的原则是“严格管理，不以包代管”，具体问题的处理是“解决关键问题不分甲乙”，谁干对工程最有利就由谁干，而且是“先干了再说”，不扯皮，不推诿。这样做，我们总的想法就是要以甲方有效的工作，帮助乙方、带动乙方、促进乙方的工作，最终求得快速建成高质量的工程。如试车工作，按合同规定，无负荷联动试车由施工单位组织，用方配合，但是为抢工期，我们与施工单位共同组织试车，在试车的最后关键阶段直接以甲方为主组织进行。特别是自控系统，原定由设计单位编程，施工单位调试。但因种种原因，我厂自动化部承担了这项工作。这项工作他们以前从来没干过，没有经验，但他们不畏艰难，边学边干，在鞍山自动化研究所的帮助下完成了软件编程，并在不足一个月的时间内实现了各系统PC挂机一次调试成功，推动了工程迅速进展，大大缩短了试车过程。

2. 甲方自身工作坚持以服务为主，主动服务、优质服务。

保证资金、图纸和设备材料供应，是工程顺

利进行的前提条件，也是甲方的重要职责。为此，在工程建设中，我们抓住这些关键的问题，积极主动的开展工作，努力做到优质服务。在省府有关部门、省各大银行和马院及中国冶金设备总公司等单位的大力支持下，经过我厂财务处、计财处、设计院、设备处、建材处、供销处和机械厂经过各方面的共同努力，保证了建设资金和施工图及时到位，设备材料满足了工程需要，为施工创造了良好的条件。现在可以说，象这项工程建设条件如此好的，在我厂建设史上还是不多见的。每项建设条件的落实，都应该说是我们坚持以服务为主，主动服务、优质服务的结果。整个工程共供应设备 12493 吨，供应钢材 28484 吨、木材 9887 立方米、水泥 96775 吨。尤其在处理与生产的交叉矛盾方面，我们认真坚持“生产、基建两不误”的思想。本着“提前预测，主动协调，解决矛盾”的原则，紧紧抓住铁路线、公路线、地下地上生产管线和高炉及原料场工程这些与生产交叉的重点，积极稳妥的开展协调工作，一期工程指挥部和二铁厂、动力部、运输部、焦化厂等单位紧紧配合、协调一致，较好地解决了与生产的交叉矛盾，创造了良好的场地条件。

3. 处理经济问题坚持以共同利益为主，做开明甲方。

在工程建设中，甲乙丙丁各方通过工程联结在一起，既有一个共同的目标，又是各为其利，实质上是一个矛盾的统一体。我们认为，我厂改扩建一期工程建设成功的一个重要原因，是我们在处理经济问题上能够坚持以共同利益为主，兼顾建设单位和施工、设计等单位的利益，做开明甲方，千方百计调动各方的积极性，最大限度地激发参战人员的劳动热情。为了实现这一目的，在工程建设中，我们认真探讨在社会主义市场经济条件下工程管理的路子，既利用行政手段和加强思想政治工作，更注重发挥经济手段的作用。在处理经济问题上，克服小农意识，算大帐，不在局部利益上扎圈子。我们总的想法和做法是该花的钱不小气，敢于花，买个快速度、高质量，得到一个效益大提高、生产大发展。为此，我们以无偿借款和帮助联系银行贷款的方式，解决了施工单位资金周转困难。出于对当时工程招标有关情况的考虑，为抢工期，除在零星工程措施费上给予适当的照顾外，还在合同以外为施工单位增加了部分赶工奖和工程款。同时，为解决施工力量不足的矛盾，我们从生产厂矿调集了大批技术力量和机具无偿的支援施工单位，不收取一分钱。在生活方面，我们尽全力提供方便，较好地解决了施工单位和设计、设备服务人员的食宿、交通、办公场所和生活物资的供应。每逢重大节日，总厂领导都带着礼品亲临现场慰问。

实践证明，工程建设坚持以甲方为主体，建设单位积极主动地服好务，做开明甲方，是保证工程成功的基本条件。同时，工程各方协调一致、团结奋战，对工程顺利进展乃是至关重要的。

二十冶金建设公司把钢区工程列为重点，在人力、物力、财力上给予了很大支持。在施工的关键阶段，公司几位主要领导多次来现场指导，并有一名副书记和一名副经理轮流靠在现场；现场指挥部的领导积极组织指挥施工，部分处室和二级公司的领导在现场分工负责，协调解决了施工中的大量问题。在施工中，他们以确保合同工期和争创部优工程为目标，以总进度为中心，强化了工程质量和安全管理。通过优化组合、小段承包、工程节点与奖金挂联等措施，努力克服施工力量和施工机械的不足，先后组织开展了五大战役，有力地推动工程顺利进行，工程质量也保持了较高的水平。今年 1 月，高炉、烧结工程设备安装因受土建工程拖期的影响，出现了困难局面。为了抢回工期，他们开展了攻坚战，为稳定施工人员，公司党政主要领导李福年、尹容福等同志来现场同施工人员一块过春节，大年初一就组织机关干部放电缆。3 月下旬，工程进入分系统联动试车的关键阶段，为抢进度、赶工期，他们适时提出了 8 项重要措施，公司党、政和纪委领导放下家里的工作，蹲在现场组织指挥。现场指挥赵景武和副指挥赵振清同志带病坚持工作，杨培荣和沈民生两位副指挥同工人一样日夜奋战在工地上。各二级单位和广大施工人员鏖战苦战，顽强拼搏，每天工作十几个小时，有时24个小时连轴转，有的同志疲劳困乏倒睡在澡堂内和餐桌上。他们的艰苦劳动，促进了工程建设，也得到了大家的承认。因此，金结公司一队、一公司筑炉队、二公司一队和二队，先后分别夺得施工进度、施工质量和安全施工、文明施工优胜红旗，鲁庆、高国臣、魏朝友等同志先后获得"十佳"个人称号。

十四局承担的原料场受卸系统工程，是整个一期工程开工最晚的一个系统。这个系统不仅与生产交叉严重，而且大部分在地下，施工难度较大。为了不影响莱钢生产建设大局，十四局想莱钢所想，急工程所急，局、处领导多次来现场督战。现场指挥部在郭明文指挥的带领下，精心组织，主动工作，克服重重困难，较好地解决了与生产的交叉矛盾，既保证了生产的正常进行，又使工程进度满足了原料受卸需要。在施工中，广大施工人员切实发扬了革命军人的优良传统，忘我劳动，无私奉献，不少同志家在农村麦秋两季雇人帮忙，也不离开莱钢工地；许多同志如张云龙、郭来详等，在近两年的施工中没休过一个节假日和星期天，有的同志亲人重病住院也不能回去照顾，夜以继日的战斗在工地上；有对年轻夫妇，他们的婚礼在这里举行，蜜月在工地上度过，为了莱钢的建设贡献了青春和爱情。特别是今年5月20日晚，甲乙丙三方调度会决定，十四局占在火车受料槽铁路路基上的临时工棚和几十吨工材料必须在次日上午全部搬走。接到调度令后，他们连夜组织，冒雨搬迁，40多名同志奋战一个通宵完成了任务，为铁路铺设赢得了宝贵时间。十四局的领导和同志们正是着这种顾全大局的精神，在顺利完成汽车、火车受料系统工程后，又抓紧进行了翻车机系统的施工，为原料受卸创造了较好的条件。

泰安市第一建筑安装公司虽然是一支分包队伍，但他们能够本着对莱钢负责、对工程负责的精神，加强施工管理，严把工程质量关。公司的几位领导多次来现场检查指导工作，现场指挥宿端英、副指挥杜仰堂同志顾全大局，施工人员团结奋战，为设备安装备创造了较好的条件。尤其在烧结150m²烟囱施工中，他们不畏艰难，精心组织，科学安排，昼夜奋战近4个月，提前完成了施工任务，保证了施工质量和施工安全。为此，贾友元栋号在"四面流动红旗"竞赛中夺取安全施工优胜红旗，冯立堂同志获得了"十佳"个人称号。

马鞍山钢铁设计研究院急工程所急，于1992年6月基本完成了施工图设计。为确保工程顺利进行，院领导多次来现场指导工作，先后派出18个专业的一百多名设计人员来现场服务。现场服务人员一方面搞好图纸复查，尽量将问题消灭在图面上；另一方面热情为施工服务，不怕苦、不怕累，及时解决了施工、调试中出现的设计问题。如副总设计师王贤周、谢秀锦同志，他们作为马院现场负责人工作认真负责，处理问题及时；高级工程师胡鉴远、易滋润、胜金良等同志，把莱钢的事情当作自己的事；陶德琴、黄昌明等同志工作不分份内份外，服务热情周到。马院的同志们为工程解决了大量的设计问题与技术问题。在试车的关键阶段，总设计师胡煜林坐阵现场，热情指导，为试车顺利进行起了积极的作用。

中国冶金设备总公司在设备成套供应中，认真负责，热情服务。公司副总经理金忠、郑懋森等领导同志多次来现场指导，并且亲自协调解决设备供应和运输矛盾。沈德龙、刘振玺、刘清祝等同志从设备招标订货、监制、运输，到安装调试各个环节，都做了大量工作。既保证了设备及时供应，又总体上保证了设备的质量。在他们积极组织下，沈阳有色冶金机械厂、山东电缆厂等单位设备供货及时，沈阳长桥胶带公司等单位现场服务周到，尤其是济南开关厂急工程所急的精神给我们留下了深刻印象。

莱钢建安公司和机械厂在施工和设备制造中充分发扬"主人翁"精神，自我加压，顾全大局，不讲条件、不讲价钱，克服重重困难，圆满完成了各自承担的工作任务，为工程建设做出了重大贡献。

我厂改扩建一期工程顺利建成，是甲乙丙丁各方团结奋战的结果，所有参加工程施工、设计、设备制造等单位的领导和同志们都为之付出了大量的艰苦劳动，付出了智慧、心血和汗水，莱钢人是永远不会忘记的，他们的丰功伟绩将永远载入莱钢建设发展的史册。为此，我代表总厂党政领导和全厂5万名职工及家属，对他们表示衷心的感谢和崇高的敬意！

**（五）强化质量管理，确保工程质量，是工程成功的根本**

工程质量是工程建设的命根子。在一期工程建设中，我们立足于和着眼于“争取部优工程”的目标，坚持“百年大计，质量第一”的方针，始终将工程质量放在首位，加强管理，严格把关。一是建立健全质量管理机构和管理制度，保证了组织落实和制度落实。二是严把设备、材料的质量关。一方面严格按质量要求组织材料供应，不合格的材料不采购、不使用。如高炉、热风炉砌筑所需的耐火砖，为保证质量，我们组织大批力量对80多万块砖逐块检查，不允许一块不合格的进入炉体。另一方面认真做好设备监制工作，抽调大批专业人员对一些关键设备驻厂监制，从根本上保证了设备质量。三是严把工程实物质量关。在省冶金工程质量监督中心站的指导帮助下，质量管理和监督人员本着“质量问题不留情面，没有商量余地”的原则，采取定点与巡视相结合、重点把关与全面控制相结合、工序监督与严肃签证相结合的办法，对工程质量进行全面的管理和监督，做到了上道工序不合格不进行下道工序，不合格工程坚决进行返工处理。四是工程质量与经济利益挂钩。在与施工单位签订的施工合同上，我们就明确了质量奖罚规定。在工程施工中，严格签证手续，工程质量不合格，质监部门不签证，预算部门不审核预算，财务部门不拨付工程进度款。五是深入开展质量竞赛活动，促进了各施工单位之间的竞争。六是广泛开展群众性质量管理活动。成立QC小组并进行有针对性的质量攻关，促进了工程质量的提高，保证了工程质量。

**（六）充分做好生产准备，生产人员提前介入，是试生产顺利进行的重要因素**

在工程建设阶段，充分做好生产准备，让生产人员提前介入，监督工程质量，提前了解和熟悉设备性能，消化设计意图，对工程交工后迅速组织生产，发挥了重要作用。我们主要做了三个方面的工作：一是让生产管理人员参与设计过程和工程管理。二是生产准备与工程建设同步进行。1991年10月，总厂成立了一期工程生产准备领导小组，下设办公室，负责生产准备工作的安排和协调。二铁厂等生产单位也相应成立了生产准备工作机构。通过一系列工作，从招工定编、人员培训、生产管理规程编制，到能源介质的平衡、大宗原燃物料和备品备件的贮备，都做了较好的准备，为负荷试车和试生产奠定了基础，三是生产人员提前介入参与试车工作。在设备单机试车阶段，我们就组织生产人员上岗，一方面配合试车，另一方面监督工程质量，检查安全隐患和看管设备。

**（七）强化工程档案管理，工程硬件与软件两手抓**

为搞好一期工程档案资料的管理，我们改变了过去先抓硬件后抓软件的习惯做法，在加强工程管理的同时，非常重视并强化了工程资料的管理。一是健全组织早动手。工程开工前成立了基建档案科，开工后档案管理人员现场办公与各施工单位建立了交竣工资料联合办公室，加强了技术指导工作；二是建立制度统一标准。根据冶金部工程资料管理的有关规定，制订了符合工程实际的资料管理标准和办法，甲乙双方依据这些统一的标准开展工作；三是工程资料与实体交竣工同步进行。在高炉出铁后及时组织各专业人员对工程交工资料进行严格的审查验收，在两个多月的时间内基本上完成了全部工程近7万张竣工图的审查。整个工程档案资料可组4000多卷，现在已完成整理组卷工作，分类编号及装订工作即将完成，为工程竣工验收创造了良好的条件。

**(八)加强思想政治工作，是确保工程成功的重要手段**

在工程建设中，我们除了依靠行政手段、经济手段外，还注重加强了思想政治工作。一是加大宣传力度，调动各方面的积极性。工程开工前和建设过程中，我们多次召开全厂性动员大会，李景宵、姜开文等总厂领导亲自作动员报告。在施工建设中，我们利用广播、电视、报纸和工程快迅及时宣传报道工程情况和先进事迹，增强了大家的光荣感、责任感、紧迫感，激发了参与意识和全身心投入的奋战精神。二是深入开展劳动竞赛和优质服务活动。组织开展了以进度、质量、安全和文明施工为主要内容的"四面流动红旗"竞赛和"双十佳"活动。机关各处室服务到现场，积极开展义务劳动；各生产厂矿主动为工程建设开绿灯、让方便，大力支持。三是加强党组织建设，充分发挥战斗堡垒作用和党员的模范带头作用。四是大力加强勤政廉洁教育，广大职工在经济活动中保持了高度的"主人翁"责任感。

各位领导、同志们，莱钢利用外资改扩建一期工程，经过各方面的共同努力，现在已经建成、进行试生产，正向达产目标奋进。我们将进一步总结经验、教训，在改扩建二期和620立方米高炉大修改造等工程建设中，发扬成绩，吸取教训，为莱钢"八五"末、"九五"前期实现150万吨钢和本世纪末实现200万吨钢规模努力奋斗，为山东经济的繁荣昌盛和国家冶金工业的全面振兴做出更大的贡献。

以上报告不当之处，请领导和同志们批评指正。

谢谢大家。

# 明确责任　强化管理<br>为莱钢生产建设登台阶创造良好的安全环境

——总厂副厂长于昌忠在莱钢<br>安全环保工作会议上的讲话<br>（1993年1月3日）

同志们：

今天召开总厂1993年安全环保工作会议，议题是总结去年安全环保工作；表彰先进单位，命名清洁车间，部署一九九三年安全环保工作。

## 一、1992年安全环保工作基本情况

过去的一年，我厂在上级部门的指导支持下，经过全厂职工的努力，生产经营取得了好的成绩。经济效益、产值和主要产品产量等指标创出了历史最好水平，全年实现利税预计23000万元，比去年增长一倍以上。生产生铁65.28万吨，钢68.02万吨，钢材40.37万吨，分别比1991年提高9.36%、22.9%、30.83%。铁精粉、石灰石、焦炭、水泥、大锻件、电解铜等产品产量也均有较大幅度增长。改扩建和主要技改工程有了新进展，深化改革迈出了新的步子。全厂安全环保工作认真贯彻落实"安全第一、预防为主""保护环境、造福人民"的方针，强化管理，取得了较好成绩。全年无重大设备、火灾、污染事故，工亡2人，重伤6人，按可比口径与1991年相比，工亡减少2人，重伤增加2人，轻伤减少16人，千人负伤率0.11，比1991年降低了0.04个千分点，岗位粉尘浓度合格率达78.23%，比1991年提高了1.06个百分点，污染物综合排放合格率为82.41%，比去年提高了5.34个

百分点，废水排放达标率为81.59%，废气排放达标率为42.04%，分别提高5.17、0.79个百分点，环境质量得到改善。

回顾去年安全环保工作，主要有如下几点：

**（一）继续推行目标管理，狠抓责任制度落实**

年初总厂召开会议，确定继续推行"1025"安全环保管理目标，强调深化、落实、提高，总厂与34个二级厂矿和有关处室签订了安全环保经济责任承包书。会后，各单位通过多种形式贯彻总厂会议精神，统一思想，层层签定责任书，分解目标，落实到人头。各单位在冶金部《安全生产责任制度》的基础上，进一步充实补充安全生产责任制，做到了党政工团齐抓共管。

**（二）标准化作业和班组安全建设基础工作进一步深化和提高**

岗位标准化作业的推行，规范了对人的行为动作的管理。上标准岗，做标准事，对纠正习惯违章，减少事故起到重要的作用。炼钢厂自发生炉前烫伤事故后，进一步完善标准化作业规程，控制了类似事故发生。轧钢厂厂长带队检查标准化作业，执行情况，当面口试，查看动作，并组织修订了13个岗位的操作标准，使其更有操作性；500带钢车间行车工段举办"行车标准化作业对手比武"，标准化作业深入人心，已定成为自觉行动。莱矿选厂根据生产变化修订了标准化作业程序，增强针对性和操作性。1992年我厂安全标准化作业工作得到了进一步深化和提高，作业面不断扩大，目前已达90%。

继续开展安全合格班组活动，深化班组安全建设并与工会开展的班组升级活动有机结合，取得了好的效果。针对多年来班组长自身肇事多的情况，突出了对班组长的监督。特钢厂继续推行安全环保管理考核班组长，生产任务考核副班组长，体现了第一责任人负责安全的做法。增加了班组长、工会小组长、党小组长"三长"监护制。在群众中广泛开展了"三不伤害"活动。轧钢厂还在"三不伤害"防护卡中增加家属意见栏，并要求是党、团员的职工必须党团组织审核，这样即加强"三不伤害"防护措施的针对性，又发挥了党团组织和职工家属的监督作用。去年共评出安全生产优秀班组144个，先进班组277个，安全合格班组757个，占全厂生产班组总数的66.6%。

**（三）强化现场安全管理，确保生产建设顺行**

一是继续深入开展"四三"管理活动。从抓现场劳保护品穿戴和劳动纪律入手，深入反"三违"。针对部分职工劳保护品穿戴不齐全，狠抓了职工的自我防护。去年我厂仅因安全帽戴的规范就避免了5起大的人身伤害事故。遵章守纪的现象都有不同程度加强。严肃处理违规违制人员，教育与经济处罚相结合。1992年，全厂主要生产厂矿对违规违制人员罚款6万余元。抓检查促整改。各单位的安全检查厂月检、车间周检、班组日检查已形成制度，发现隐患及时整改。二铁厂重视现场检查和隐患整改工作，在一期工程施工与生产严重交叉的情况下，落实各项措施，取得了全年工伤事故为零的好成绩。配合机动部门认真组织对行车、起重设备、锅炉压力容器及"三气"的专业检查，促进了设备管理和安全运行。

二是加强危险源点的分级管理。厂矿、车间、班组、岗位四级危险源控制网员，采取控制和预防措施，对易触发而造成事故的危险源点的控制管理，采取双向承包，即对易触发造成事故的重大源点纳入承包。对设备大中小修，都要求有详细的检修方案及不安全因素的有效控制措施，安全管理人员靠上抓落实，保证了任务的顺利完成。620立方米高炉超期服役，是一大危险源，各级领导十分重视，护炉措施得力，职工精心操作，为完成总厂生铁产量做出了贡献。

三是加强对施工现场的安全管理。1992年，我厂改扩建和技术改造任务量大，不安全因素多，给安全管理工作提出了更高的要求。施工单位必须拿出详细的安全施工方案，制定得力的安全管理措施，并做到"三到现场"，即：安全教育到现场，安全措施到现场，安全监督到现场，及时协调严格管理，较好地保证了各项施工任务的完成。

四是开展多种形式竞赛活动，促进安全环保工作的深入开展。认真组织发动开展“百日安全无事故”活动，与工会、党委、共青团、教育处组织开展的“夺杯赛”、“党员身边无事故”、“青安杯”、“小卫士”活动等各类竞赛结合起来，发动面广、扎实，促进了各项安全措施的落实。

**（四）大力开展安全环保教育，进一步提高全员安全环保意识**

1992 年新工人入厂三级安全教育 899 人，教育面达 100%；举办电工、行车、焊接、厂内车辆等特种作业人员培训班 9 期，取证 344 人；为厂内职工摩托车培训取证 550 人；利用广播电视进行安全教育，放录像 175 场次；出黑板专栏 562 期；举办安全竞赛图展 73 场，举办了首届交通安全知识竞赛获莱芜市第二名。通过宣传教育，促进了安全工作的深入开展。

在环保宣传上加大力度，形式多，效果好。为庆祝联合国环境与发展大会的召开，开展了环保系列宣传活动，在 6 月 5 日世界环境日，厂长发表了《功在当代，利在千秋》的电视讲话；莱钢报出了世界环境日专版；4 月 30 日，组织了吉尼斯孔孟之乡齐鲁儿女保护环境签名绘画活动，厂领导和 1600 多名职工在 10 米长卷上作画签名；进行了环保图版展览，举办了首届环保知识竞赛，总厂代表队在全省环保知识电视大赛中获三等奖；利用暑假组织 20 名中小学生参加了山东省环保夏令营活动；举办了莱钢环保干部培训班。

**（五）加速了污染源点治理，改善环境质量**

去年，我厂为治理污染投资 240 余万元，收到了很好的环境效益、经济效益和社会效益。机械厂 5 吨电炉除尘是总厂厂长与泰安市长签定的责任书项目，它们采用炉外排烟钩形吸罩除尘，全部承包，9 月底竣工试运行，烟气捕集率达 85%，净化率达 99%，排尘浓度为 4.5mg/nm³。锻压厂轧钢废水处理复用，年节水 30 万吨，节支 7 万元。石灰石矿投资 73 万元进行水泥磨尾、窑尾除尘改造，也收到了良好效果，目前水泥磨尾烟尘排放浓度为 7nm³，每年可回收水泥近 500 吨，二年内可收回全部投资。莱矿碴子山选矿投资 10 万余元，年回收精粉可达 1 万吨，价值 200 万元。这些项目见效快，成功率高，效果好。

我厂以《环保管理条例》、《环保经济责任制考核办法》进行严格考核，把环保设施纳入生产设施管理与维护，提高污染物除去率。如焦化厂堵死东井高浓度酚水送生化处理，减少了外排污染物，每月减少上交排污费 4.4 万元。动力部实现废水闭路循环，二铁废水集中复用，减少了外排水量。目前全厂工业用水的重复利用率为 88.01%，吨钢耗新水量由原来的 34.29 降到 27.69 吨，新、改、扩建项目加强了“三同时”管理。

继续开展创建清洁车间活动，各厂矿领导重视，成立了“创清”领导小组，积极治理污染点，使车间环境发生了很大变化，到目前为止共有清洁车间 45 个。随着清洁车间的逐年增加，改善了生产区域的环境面貌。

医院领导把创建省级清洁单位作为两个文明建设的重要任务来抓，下大力治理了含病源性细菌污水，治理了锅炉烟尘；新上医院废弃物焚烧炉；对院容进行了绿化美化，为我厂创造了一个优美舒适的医院环境。11 月，顺利通过了验收，被评为省级清洁单位。已命名的动力部、机械厂、轧钢厂、锻压厂、韩旺铁矿等五个清洁工厂通过了省环保局与省冶金总公司的复审。

**（六）、坚持定期检查考核促进安全环保管理，安全生产“五同时”，突出了检查工作的重要性**

没有检查，就没有落实，更不会提高；只有通过检查，才能进行总结和评比，进行经验交流，促进工作进展。从严、求实，抓事故预防，是我厂月检的特点。全年共查出重大隐患 11 项，整改 9 项，整改率 82%；其它隐患 438 项，整改 406 项，整改率 92%。现场隐患得到基本消除，增强了生产的可靠性和安全性。

### （七）存在的问题及应吸取的教训

1992年，安全环保工作取得了较好成绩，但是我们也应该看到存在的问题：一是个别领导干部安全意识差，思想认识和管理工作尚未到位。存在重生产、轻安全的倾向，不能正确处理安全与生产的关系；在安全管理上，规章制度执行不严，对违章制止不力，隐患整改不及时，对事故处理态度不严肃。1992年发生的几起较大事故，都不同程度的有这方面的原因。二是生产安全事故仍有重复发生。就其事故的类别来分，灼烫伤事故6起，造成死亡1人，重伤2人，轻伤7人，物体打击10起，重伤1人，轻伤10人；高处坠落4起，死亡1人，轻伤3人；机具伤害10起，重伤2人，轻伤8人。以上四类伤害事故占工伤总数的68.6%，这四类伤害已是我们厂的一个突出的问题，应加强其防范措施。三是交通安全形势严峻。去年全厂发生道路交通事故10起，死亡12人，其中负主要责任的5起，亡6人，随着生产的发展和改扩建工程的开工，厂区交通事故明显增加，交通事故频繁发生，不仅给人民群众生命财产造成重大损失，而且影响了生产经营和职工情绪及社会安定。四是环保管理存在一些薄弱环节。部分领导重生产、轻环保；有些生产现场跑冒滴漏严重；环保设施的管理欠佳，造成排放指标不稳定；改造项目环保"三同时"执行不严，先建设、后评价，重视主体工程，忽视环保设备。这些只顾经济效益不顾环境效益和社会效益的现象亟待扭转。

## 二、1993年安全环保工作的要求和措施

1993年是我厂生产建设大发展，再登新台阶的一年，也是加大改革力度，全面转变经营机制的一年。新的形势给安全环保工作提出了更高的要求。要按照职代会提出的"一个中心、两个第一"和安全五为零的目标要求，进一步强化管理，全面做好安全环保工作，为生产建设登上新台阶，为深化改革，保好驾、服好务。

今年安全环保工作总的指导思想是：认真贯彻落实党的十四大精神，坚持"安全第一、预防为主"、"保护环境、造福人民"的方针，进一步解放思想、更新观念、从严求实、强化管理，杜绝重大事故，改善环境质量，逐步建立起良好的生产、生活环境和秩序，实现安全文明生产。

总的要求是：继续深化"0125"安全环保管理，为实现"零"的目标，着重抓好一个重点，即完善落实安全生产责任；夯实两个基础，即深化班组安全建设和标准化作业；落实五项对策，即全员教育、全面管理、全程预防、治理污染、严格考核。

总的目标是：

1. 实现五为零。杜绝工亡事故、重大设备事故、火灾事故、污染事故和负主要责任以上的重大交通事故。

2. 实现环保各项计划指标，再建成一个"清洁工厂"。

重点抓好以下措施：

### （一）在转换企业经营机制中，完善落实安全生产责任制

今年是我厂内部改革全面推开的一年，贯彻实施《条例》，转换经营机制和内部改革的深化以及股份制改组的试点，必然涉及到企业内、外部的一些重大变化。面对这一新的形势，各级领导一定要清醒地认识到，转换经营机制的目的是为了搞活企业、发展生产、提高效益。企业经营机制转变了，"安全第一"的方针不会变，保护劳动者的安全与健康，保护劳动者享有文明生存的原则不会变。企业改革越是深入，越是要强化生产过程中的安全环保管理，决不允许在机制转换中，发生单纯重视生产、效益，而忽视安全环保的倾向，要保证安全环保工作的连续性、管理的稳定性，防止出现断层和卡档。山东省安委会近期连续发出通知，要求防止在经济体制改革中，削弱或放松安全生产工作，对因此而造成责任事故的，应依法追究决定者的责任。党和国家对安全的重视与要求，已反复体现在有关的法律和政策中，一定要认真地、不折不扣

地贯彻执行。

在改革中，要把完善落实安全生产责任制度做为安全管理的一项重点工作，认真抓好。特钢厂和运输部三项制度改革和锻压厂、冷带车间的股份制试点，今年起按新的管理机制运行。随着改革的深化，其他单位的改革也将陆续推开。原十几个科室将变为精简。这是企业为适应市场经济的发展而采取的措施。机构变了，安全生产责任制不能有空档，更不能丢。各单位要牢固树立第一领导者是安全生产的第一责任人的观念，随着改革中对机构的调整，及时以《冶金企业安全生产责任制度》、《实施细则》或规定为依据，按新的机构设置，修改、完善本单位纵横向的《安全生产责任制度》，特别要明确起横向的安全责任，并认真落实，更好地在各自工作范围和管理权限内负责组织贯彻执行国家和上级部门有关安全生产的法规、政策和规定、制度，发挥在安全管理中的作用，防止顾此失彼。各级领导要妥善处理安全与生产、安全与改革、安全与效益的关系，牢记"安全第一"的方针，要继续坚持党政工团齐抓共管，实现全员、全面、全过程的安全管理。

**（二）深化班组安全建设，巩固安全生产合格班组活动成果**

生产班组和岗位是安全工作的落脚点，也是搞好安全工作的基础，各项安全生产的规章制度，各种形式的安全活动，最终都要通过班组和岗位贯彻实施。所以班组和岗位基础工作的扎实程度如何，是搞好安全生产的关键所在。几年来，坚持开展的安全生产合格班组活动，对加强基础工作发挥了重要作用。1992年结合工会开展的班组升级，提出的班组升级标准，为安全生产合格班组活动注入了新的内容，提出了更高的要求。各单位要定期检查这一活动的开展情况，做到半年一检查，一年一审评，要严格掌握标准，不搞终身制，以确保安全生产合格班组质量。做到上标准岗、干标准活、个人无违章、岗位无隐患、班组无事故。要把安全生产合格班组纳入企业系列竞赛和评选先进的活动中，坚持不安全不能评为先进的先决条件，并及时总结，交流经验，使安全生产合格班组活动扎实有效地开展下去。

**（三）深入推行标准化作业和现场标准化管理**

标准化作业和现场标准化管理，是现代化生产发展的需要，是保障企业安全生产的重要条件，这项工作涉及到企业各生产工序、各管理部门，经过几年努力，绝大多数单位都已打开局面，不同程度的制定、推行了标准化作业和现场标准化管理，并取得了很好的效果和经验。现在的情况是要坚定实施标准化作业的信心，并根据生产工艺、设备和人员的发展变化，不断修改完善作业标准，现场管理标准化中的定置、定位要向定量发展，做到既定置又定量，要建立严格的检查考核措施，保障这项工作的开展和实施。新建或投产的车间、工段，要尽力做到一开始生产就要严格规章制度，按标准进行作业，养成良好作风。各单位可根据各自的情况，确定工作重点，不断扩大标准化作业和标准化现场管理，省冶金总公司拟定1993年组织召开这方面的成果发布会，望各单位做好总结，以备交流。

**（四）加强宣传教育，增强职工安全环保意识。**

实现安全生产，人是根本。因此，要经常不断的认真搞好全员的安全教育，提高全体职工的安全意识。安全教育要结合各自情况，多种、多样、多层次的开展。教育内容应以安全生产基本知识和防护技能、安全规程、作业标准、安全制度和法律、法规、政策、规定以及事故案例、经验、教训等为主。要注重教育效果，使职工通过受教育增强生产过程中自我约束的自觉性和自我防护能力。教育重点抓好新入厂人员的"三级"安全教育、换岗人员的规程或作业标准教育、班组长培训和特种作业人员培训取证，并做到教育面达百分之百。特种作业人员要做到持证上岗，并按时复审。安全管理人员，要经常抽查这些人员各自必须具备的安全生产知识和运用情况。安全环保教育要同法制建设结合起来。

把安全环保法规的学习，作为普法教育的内容，增强干部职工安全环保的法制观念，树立规章制度就是“法”的观念，使“遵章守纪光荣、违章违纪可耻”深入人心，形成风气。“青安杯”和“青安岗”是针对青年特点开展的一项安全活动，要广泛发动青年职工参加，使之更有声色。涉及活动的各部门，要从各方面互相支持和配合。

**（五）强化现场管理，把“预防为主”落到实处**

“预防为主”是安全生产方针的核心，也是安全工作的主体内容。安全管理的目的就是预防事故发生。要把“预防为主”落实到生产现场的各个角落，把事故隐患消灭在萌芽状态，保障生产建设各项任务的顺利进行。一是要突出对人的行为管理。人是生产中最积极、最活跃的因素，做好人的防护至关重要。认真扎实严格地搞好以反“三违”，抓“三防”为主要内容的安全检查，检查中，要注意常被人们遗忘的角落岗位，消灭死角，扩大覆盖面，及时发现和消除人的不安全行为和物的不安全状态。对重点设施和薄弱环节，要有针对性地组织专项检查。今年，总厂对“三气”、行车起重和井下顶板进行专检。二是搞好危险源管理。各单位对排查出的危险源（点），要按规定分级、登记、挂牌、定岗、定员负责监控管理。对重点危险源（点），如：氧枪、煤气、620立方米高炉等，要建立专项制度，定期组织专业人员进行监测、检查。同时，要抓好事故隐患整改，组织专人，针对易发生人身伤害事故的工艺、设施、防护等，进行攻关，从根本上加大安全措施，消除危险，严防事故发生。三是深入开展“三不伤害”活动。要广泛发动职工，对个人所从事的工作岗位、工具设备、场地环境和本人技能等情况，进行分析，找出生产过程中容易伤害自己、伤害他人和被他人伤害的因素，有针对性地订定出防范措施，填入“三不伤害”防护卡，利用“安全活动日”经常对照检查，不断提高群防、群治和自我管理的能力。四是强化安全管理。各单位近年来都采用了行之有效的管理办法，如“安全挂牌”、“四·三”管理、隐患整改指令、“违章亮相”等。这些办法今后还要大力推行。关键是要严格管理，严格执行。“严”是安全生产的基础，是消灭事故的保证，“严是爱，松是害”是从无数事故教训中得出的真理。对发生的各类事故，要按照“三不放过”的原则，认真严肃的处理。切忌大事化小，小事化了不负责任的做法。五是搞好现场管理。做到轮有罩、轴有套、台有栏、坑有盖、走梯有扶手、电器有防护、人身护品穿戴齐全、安全通道畅通、安全标志警示醒目，防护装置完好、可靠。

**（六）加强改扩建和大、中修项目管理，确保安全施工**

今年改扩建工程任务繁重。一期工程750高炉“五一”出铁，二期工程和特钢电炉、水泥厂扩建、谷家台矿试采、一铁3号高炉、特钢小型以及电站、连铸等一批新建和大修技改项目将陆续开工或竣工投产。项目多、场地小、施工单位人员多，与生产交叉进行，相互影响严重，不安全因素多，管理难度大。要认真执行基建、大修有关安全施工管理规定，做到“三有、三交待”。各单位要指定专人参加工地安全组联防组织，及时协调，解决互相出现的有关障碍或隐患，以保基建生产双顺行。新建项目，投产前要建立健全安全操作规程和管理制度。加强对民工和乡村建筑队、包工队的管理。这些人员组织杂乱、素质较低，严重影响生产和其他施工人员的安全。按照“谁招用、谁管理、谁负责”的原则，把这部分人员组织管理好。要提高招用人员的质量、严禁乱招、乱用，发生事故由招用单位负责。

**（七）加强污染源管理，以管促治，不断改善环境质量**

李鹏总理在去年11月25日全国环保厅局长会议上讲，党中央、国务院十分重视环保工作，把它作为一项长期不变的基本国策。江泽民总书记在党的十四大政治报告中，把“加强环境保护”做为九十年代改革和建设的一项重大战略任务。这充分表明了环境保护在经济发展和社会进步中的重要地位。各级领导要提高认识，加强对污染源的管理。一是加强对生产工艺、设备的管理，尽最大努力减少跑、冒、滴、漏，降低消耗，管好污染源头。二是近几年各单位陆续建了些污染治理设施和装置，有的已配套运行，收到很好的效益。要把这些设施纳入生产设备统一管理，定期检查、维修，充分发挥其效能。三是健全管理制度，明确责任，加强检查、监测，严格考核，今后对已上了治理设施因管理不善而造成超标排放污染环境的，按“环保经济责任制考核办法”执行。对私自排放污染物的除加倍处罚外，还要追究当事人责任。四是加快污染源治理进程。全厂治理污水烟尘、废渣的任务很艰巨，特别是工业用水已成为制约生产发展的一大因素，含铁尘泥、钢渣等废渣、废水综合利用潜力很大。加大废水治理和重复利用量，减少外排量，缓解水源紧张，是一举多得的事。对治理污水、重复利用和项目总厂将首先安排，各单位领导要高度重视。针对各自的治理重点，指定有一定经验的技术人员负责拟定的治理方案或“请进来”，委托专业厂家承包治理。治理方案的选择要慎重，要先论证后立项，以提高投资的治理效果。政府对“超标污水排放收费标准”将要提高，对工业炉窑 $SO_2$ 收费正在拟定办法试点，今后还会有新的收费标准出台，希望各单位要加快治理步伐，把资金用在治理上。今年各级政府还要与企业鉴定环境保护责任书，把主要治理任务、环境指标纳入厂长责任目标，这已成为一项制度。省里正在拟定新一轮责任书实施方案，对主要工业部门将提出更高要求，待鉴定后，再分解到各有关单位，要确保责任目标的实现。五是严格执行“三同时”规定。凡是新、改、扩建项目，都要严格按规定填写“环境影响报告书”或“环境评价报告”，经环保主管部门审查批准后方可立项。使环境治理和工业卫生设施与主体工程同时设计、同时施工、同时投产。六是认真贯彻实施冶金部颁发的职业病管理规程，搞好尘毒危害和职业病的防治，定期组织职工体检。

**（八）继续开展创建“清洁工厂”活动，建立现代工业新文明**

创建清洁工厂活动，是优化企业环境面貌的综合治理措施，对提高企业文明程度起着举足轻重的作用，其意义早已超出了环境保护的范畴。最近党中央、国务院批准的我国环境与发展十大对策中，号召在工业企业中广泛开展创建文明工厂活动。去年医院被省环保局、省冶金总公司评为省级“清洁单位”，这是我省冶金医疗系统唯一获此殊荣的单位。尚未建成“清洁工厂”、“清洁车间”的单位，原因多在一些主要污染源没有治理好，因此要在这方面加大措施。对照清洁工厂、清洁车间标准，逐条找差距，制定治理方案，有计划有步骤地进行整治，确保今年再创建一个二级单位进入省级清洁工厂行列，已建成的单位，有的还存在一定缺限，有的有不同程度退步或出现了新的污染源。要加强管理、治理，不断的提高清洁无公害水平。

**（九）坚持月检查挂牌制，严格考核，及时兑现**

近几年在全厂推行的月检查，考核挂牌制度，对提高安全环保整体管理水平起到了很好的推进作用，尤其是自去年试行的挂牌与奖金挂钩，为这一制度注入了新的活力，进一步引起了大家的重视。这一办法已被冶金公司在全省系统推广。今年由于个别单位进行改革转制，总厂将分别与各单位签定安全环保责任书，各单位要根据自己的情况，继续对下承包。总厂承包的部分奖金，纳入总体承包内，列安全环保专项奖，与挂牌结合按月检查、考核、按月兑现。加大挂牌类别的奖金值。具体规定见考核办法。对股份制试点单位，总厂将另行制定责任书，使其对贯彻执行安全环保法规负责。

# 4. 专论专文

## 深化改革转换机制　走向市场加快发展

莱芜钢铁总厂厂长　李景常

党的十四大提出建立社会主义市场经济体制的根本任务，为国有大中型企业今后的改革和发展带来新的挑战和机遇。1992年，我们通过学习邓小平南巡重要谈话和党的十四大精神，解放思想，抓住机遇，加快发展，实现了速度效益同步增长。全年实现利税23053万元，其中利润11890万元，税金11163万元，分别比上年增长102.02%、283.80%和34.28%，实现销售收入130433万元，比上年增长51.56%，生产生铁65.3万吨、钢68万吨、钢材40.4万吨，分别比上年增长9.36%、22.96%和30.83%，迈出了走向市场的新步伐。

今年乃至以后一个时期，将是建立和完善社会主义市场经济体制加快经济发展的重要时期。新形势、新体制对企业走向市场提出了新的更高的要求。莱钢作为我省重点钢铁企业，应进一步解放思想，抓住机遇，转换经营机制，练好内功，增强活力，适应市场，进入市场，开拓市场，在市场竞争中加快发展步伐，实现"八五"期间达到百万吨钢、"九五"期间达到二百万吨钢的目标，为全省经济和钢铁工业的发展做出积极贡献。

### 一、以解放思想为先导，进一步更新观念

国有大中型企业，由于长期受传统计划经济体制的影响，企业的市场观念、市场意识比较淡薄，这是企业走向市场的最大思想障碍。思想不解放，观念不更新，企业就很难对市场作出正确预测，也就很难作出正确决策进入市场。解放思想是企业走向市场的前提。因此，从莱钢来说，必须以转变思想观念为先导，切实将思想统一到十四大精神和邓小平同志提出的"三个有利于"的标准上来，解放思想，实事求是，实践、探索、总结、提高，走出具有自己特点的开拓市场、加快发展的路子。当前主要实现"三个转变"：一是转变观念。由计划经济的传统思想观念向社会主义市场经济的新思想、新观念转变，增强效益观念、竞争观念，确立在社会主义市场经济条件下，公平竞争、合法经营、优胜劣汰和互惠互利的观念，增强靠市场配置资源，靠市场销售产品，靠市场求生存，靠竞争求发展的进取意识，生产经营的一切活动都按市场经济规律、价值规律办事。二是转变经营战略和经营方式。由过去习惯于按指令性、指导性计划安排生产

经营，向按照国际国内两个市场的需要，按用户要求安排生产经营转变，由单一钢铁产品发展模式向一业为主多种经营转变，由计划经济的经营方式向灵活经营开拓经营转变。三是转变管理方法。按国际惯例、国际标准来管理企业，促使企业运行机制不断向国际规范化方向转变，提高企业的整体素质。

## 二、以股份制试点为突破口，加快转换企业经营机制

转变企业经营机制，使其成为自主经营、自负盈亏、自我发展、自我约束的市场主体，是企业走向市场的内在要求，也是企业深化改革的关键环节。股份制作为企业的一种组织形式和资产经营方式，对于理顺企业的产权关系，落实企业经营自主权，增强企业的凝聚力和发展力，具有重要的意义和作用，是从深层次上解决旧体制的弊端，转换企业经营机制的有效途径。因此，我们总的思路是，以贯彻《条例》为中心，以推行股分制为重点，通过综合配套改革，转换经营机制，使企业大踏步地走向市场。莱钢的股份制试点1992年经省体改委批准，并列为由省直接管理的试点单位。亚洲开发银行将赠款80万美元，聘请中外专家对莱钢股份制进行咨询。为保证取得积极效果，我们既适应社会主义市场经济发展新形势、新要求，加快步伐，又不急功近利，草率行事，坚持严格按国际惯例和国家现行规范办事，真正将莱钢改组为组织形式和运作方式与国际惯例对接，具有自己特点的规范化的股份制企业。为此，去年我们拿出一个分厂和一个车间进行了企业内部股份制改组试点。今年1月1日，改组后的莱钢锻压股份有限公司、冷带制品股份有限公司正式按股份制企业运营。锻压股份有限公司总股本5150.15万元，其中，国家股占72.91%，法人股占11.65%，职工个人股占15.44%。冷带制品股份有限公司总股本852.38万元，其中国家股占48.1%，法人股占11.73%，职工个人股占40.17%。两个公司均实行股东代表大会、董事会和监事会管理体制，机构设置实行部室制。从运转情况来看，效果是好的。锻压股份有限公司今年一、二月份均盈利200万元以上。在此基础上，配合亚行专家组进厂咨询，进行全厂改制工作。总的目标是，今年下半年确定改组方案，明年6月份以前开始向社会公开发行股票，年底完成全厂改组，1995年1月1日正式按股份制企业运营。通过股份制改组，对莱钢现行经营机制进行深层次改造，做到产权明晰化，经营公开化，管理规范化，筹资多元化，使莱钢成为自主经营、自负盈亏、自我发展、自我约束的钢铁联合企业。

结合股份制改组，配套深化企业内部各方面改革。一是进行劳动、人事、分配制度改革。通过实行全员劳动合同制和岗位技能工资制，打破工人、干部界限，做到职工能进能出，干部能上能下，收入能升能降。同时，实行精兵简政，解决长期以来存在的机构臃肿，人浮于事的问题，提高劳动生产率和工作效率。这项工作去年在两个分厂进行试点，今年上半年在全厂推开，全厂实行岗位技能工资制度，机构将压缩25%，人员压缩15%。二是大力发展第三产业。在股份制改组和三项制度改革中，将有大量富余人员需要安置。因此，我们把大力发展第三产业作为企业综合配套改革的重要一环抓好。今后，莱钢总体上要形成两条线，一条是主体生产经营系统，一条是第三产业、附属企业系统。去年，我们成立了附属企业公司，对这一条线实行统管，通过面向社会，服务莱钢，广开门路，多种经营，增强自我发展能力。"八五"期间，全厂将从主体生产线和管理岗位上分流出一万人充实到第三产业。

## 三、适应市场经济的要求，建立健全企业内部管理机制

一是建立生产经营型的管理决策机制。我们按照以市场为导向，以效益为中心，以质量为保证，以效率为目标"四位一体"的要求，通过股

份制改组和三项制度改革，改变生产型的机构设置和职能分配，建立适应市场经济要求的内部管理机制。目前，四个试点单位的生产经营管理系统均已实行“三部一室制”(生产经营、职工事务、技术机动、办公室)，总厂和其它分厂今明两年也都按新的管理机制运行。同时，本着“精干主体，放活辅助”的原则，对主体生产厂实行了符合钢铁生产特点的集中统一管理，以发挥联合企业的总体效益。

二是强化科技开发机制。企业要增强市场竞争力，必须把立足点放在技术进步上。一方面我们建立健全科研开发机构，壮大科研队伍，依靠科技和管理，大力开发新产品，提高产品质量，走以质量品种制胜之路。近两年来，我们共开发生产22种新产品投放市场，Ⅱ级锚链钢、40锰热轧圆钢、20锰硅螺纹钢筋等15种产品获国、部、省优产品称号，提高了产品的市场占有率。另一方面，在企业效益增加的基础上，加大科技投入，瞄准国际国内先进技术水平，力求高起点，尽快提高企业整体技术素质。进一步抓好投入产出比，形成滚动发展的良性循环。去年，莱钢科技投入5200万元，新上的1号连铸机、中轧车间改造项目等都取得明显效益。在“八五”后三年内，我们准备投入25亿元，对现有生产线进行改造，同时引进国外生产线，使全厂的产品结构工艺技术结构和设备装备水平再上一个新台阶。

三是完善企业内部市场机制。去年我们将市场竞争机制和价值规律引入企业内部，把多年来的计划价格核算，转变为企业内部市场价格核算，实行成本否决，将分厂、车间及全厂职工推向市场。全年可比产品总成本比上年降低0.18%。我们将进一步完善这个机制，实行全过程成本控制，增强分厂及职工的市场意识、风险意识、成本意识，强化管理，增产增效。

四是建立健全营销机制。坚持以销定产，以销促产，强化销售机构，拓宽销售渠道，抓好经销服务，逐步建立起生产为销售，销售为用户，人人为市场的销售机制，做到灵活经营开拓经营，掌握市场主动权。多年来，无论市场如何变化，我们始终坚持“信誉第一，用户至上，以诚相待，一流服务”的销售服务宗旨，坚持企业效益和社会效益有机统一。1990年在全国地方钢铁企业用户评价中，莱钢服务质量名列第二，去年又被评为“全国名优产品售后服务优秀企业”。

## 四、充分利用国际国内两个市场，拓宽企业开放型发展的路子

随着我国社会主义市场经济的发展及关贸总协定缔约国地位的恢复，企业面对的是跨地区、跨行业以至跨国界的大市场。因此，企业必须打破封闭的观念，积极走向国际、国内两个市场，充分利用两种资金、两种资源、两种技术，不断发展壮大自己，提高自身的经济实力，增强参与市场竞争的能力。

充分利用国际资金搞好改建扩建配套，增强企业发展后劲和竞争实力。在国内资金紧张的情况下，利用外资搞建设是缩短企业发展进程的重要途径。我们利用外资改扩建项目是国家和山东省“八五”重点工程，也是我厂配套扩建、填平补齐，形成新规模、新能力的关键项目。工程总投资3.6亿美元，其中外资2.5亿美元，主要项目包括新建1座750立方米高炉、两台105平方米烧结机、1台转炉、2台连铸机以及相应的辅助配套设施。目前，铁区工程已收尾，750立方米高炉近期将热负荷试车，钢区、轧区建设也将全面展开，整个工程将于1996年3月完成。届时，莱钢将达到铁120万吨，钢100万吨，材80万吨的规模，企业的技术装备水平和竞争实力，也将大大增强，为莱钢“九三”达到年产200万吨钢奠定了基础。

内引外联，多方位、多渠道拓宽市场领域。目前国家已批准我厂同台商合资兴办30万吨水泥厂，其产品将全部出口外销。全厂有6种产品进入国际市场，今年出口创汇争取达到1000万美元。同时在北京、济南开办两个开发公司，并参股海南国际招商公司，作为对外发展、合作

的基地和窗口。

（本文原载山东省人民政府办公厅《参阅文件》1993年第11期）

# 股份制企业党委工作的探索与思考

莱芜钢铁总厂党委书记　姜开文

去年以来，经省政府批准，我们莱芜钢铁总厂在利用外资（亚行贷款折合人民币20多亿元）进行改扩建的同时，积极进行股份制改组。为了摸索经验，我们先在两个分厂内部进行股份制改组试点。今年元月莱钢锻压股份有限公司和莱钢冷带制品股份有限公司正式按股份制机制运转。内部试点半年多来，我们在积极探索股份制企业经营管理经验的同时，积极探索股份制企业党委工作的新思路，注意使股份制企业的经营管理工作和党建工作同步得到强化，做到五个结合：

## 一、把坚持股份制企业党组织的政治核心地位同坚持股份制企业的“三会”领导体制相结合

国有大中型企业实行股份制改组以后，企业必须按照《股份制有限公司规范意见》的要求建立由股东大会、董事会、监事会和总经理组成的领导体制，这是股份制企业的客观要求。但这并不意味着要改变企业党委在企业中的政治核心地位。恰恰相反，国有大中型企业股份制改组后企业党委的政治核心地位非但不能削弱，反而更应强化。原因有三：其一，虽然企业改组后产权关系发生了变化，由原来单一的国家所有制变为国家、集体、私人等多种经济成份并存于一体的企业，但是企业仍以国有股为主。因此，企业以公有制为主体的性质没有变，企业的社会主义经营方向不会变。共产党作为执政党，对企业实施政治领导，企业党组织在企业中处于政治核心地位、发挥政治核心作用的原则也不能变。其二，国有大中型企业股份制改组后，企业的经营机制和股东构成虽然发生了变化，但其内部员工的绝大多数还是原企业的职工，产业工人仍然是企业的主体，共产党作为工人阶级的先锋队，必须要对由产业工人为主组成的企业内部人员实施政治领导，对工人阶级进行党的路线、方针、政策和国家的法律法令的教育，进行无产阶级历史使命的教育，仍然要领导企业职工的思想政治工作和精神文建设，培育“四有”职工队伍等。所有这些，都要求企业党组织在企业中发挥政治核心作用。其三，实行股份制改组的目的在于转换企业经营机制，重塑企业的经营管理制度，使企业管理更合理、更科学、更进步。而不是在处理经济管理与政治工作的关系上一手硬、一手软，造成此长彼消，一方面经济管理上去了，一方面政治工作下来了，这样就违背了实行股份制改组的主旨。要把二者很好地结合起来，既要按照股份制章程的要求，建立健全公司的“三会”和总经理领导体制，又要在公司建立健全党的组织，明确规定党委在公司中处于政治核心地位，发挥政治核心作用。在统一思想和实践的基础上，我们明确提出了股份制企业中五个不动摇的原则和五项任务。

五个不动摇：一是坚持企业党组织在企业中发挥政治核心作用的原则不动摇。二是坚持企业的社会主义经营方向的原则不动摇。三是坚持两手抓、两手硬的方针不动摇。做到两个文明一起抓，两种成果一起要，既要出一流的钢材，又要出一流的人才，在最大限度追求企业经

济效益的同时，最大限度地调动全体员工的的积极性，培养出更多的“四有”人才。四是坚持全心全意依靠工人阶级的方针不动摇。坚持以人为本，以产业工人为依靠主体，调动全体职工、股东的群体力量共同办厂，充分发挥职工群众在民主管理中的作用，保障和落实工人阶级的主人翁地位。五是坚持“三有”的原则不动摇。即企业要有专门的党组织，有专门的工作机构和工作人员，有专门的活动经费，保证企业党建工作和政治工作健康发展。

五项任务：即按照十四大通过的新党章的要求和股份制企业实际，对党委工作职责和任务提出五个方面的要求：保证党的路线、方针、政策和国家的法律法规在公司的贯彻执行，保证企业合法经营和国有资产的保值增值，保证行政领导政令畅通和生产经营任务的完成；支持股东代表大会、董事会、监事会和总经理大胆依法行使职权；通过适当渠道积极参与企业重大问题的研究和决策；领导好公司的思想政治工作、精神文明建设和群众组织工作；依靠全体职工和股东办好企业。

由于我们在股份制改组中能够正确处理坚持“三会”领导新体制和坚持企业党组织政治核心地位的关系，使企业经营管理新机制和党建工作同步得到强化，避免了党建工作和思想政治工作在股份改组中走弯路、被削弱。

## 二、把保持必要的党务工作机构和人员同坚持精干、高效的原则相结合

股份制企业的特点要求企业党组织在机构设置和人员配备上必须做到精干、高效，但不是说越少越好，没有更好。在这个问题上，我们注意克服两种倾向：一种是沿袭过去的旧模式，在机构设置和人员配备上一律不变的倾向；二是股份制组后党的工作可以不抓了，机构、人员可以不要了的倾向。做到既要坚持精干、高效的原则，又要合理配备必要的党务工作机构和人员。公司设党委，车间和工段根据党员多少设党总支或支部，凡有党员3人以上的班组设党小组。公司党委主要负责同志兼任董事长或副董事长；党委副书记、纪委书记可以进监事会。党委其他成员和各部门负责同志也尽量做到在股份制领导机构和办事机构具体负责一方面工作。

## 三、把贯彻党管干部原则同坚持股份制企业新的用人制度相结合

企业实行股份制改组后，在股份制企业还要不要贯彻党管干部的原则？如何贯彻？我们通过实践认为，一方面在股份制企业党管干部原则要必须坚持；另一方面要按照股份制企业有关规定加以改进，使干部管理范围、方法及选拔任用途径，既体现党管干部的原则，又与股份有限公司的章程相衔接，落实“三会”领导体制和总经理的用人权。公司党委在党管干部原则方面可体现在三个方面：1、认真贯彻执行党的干部工作的路线方针政策，并按照德才兼备的原则调整使用党群干部。2、搞好干部的选拔、推荐工作。党委要按照干部“四化”方针及股份制企业的新要求，发挥公有股控股的优势，推荐适合做股份制企业管理工作的高级管理人才和中层领导，尤其重视选拔党性强，有经营决策能力和开拓创新精神，廉洁勤政的同志任董事长、总经理。3、抓好领导班子思想作风建设，对企业内部的中层以上干部，党组织要加强培养、教育、考察、监督。

为使企业干部管理既体现党管干部原则，又符合股份制企业章程，党委要特别注意做好以公有股名义向股东大会推荐董事人选的工作。董事长人选由组织人事部门考察，经上级党委和有关部门研究同意后，通过国有资产管理部门以公有股股东的名义推荐给股东大会。总经理人选在董事长向董事会提名前应先征得上级党委和有关部门的同意，中层行政领导成员的人选，由总经理提名，组织人事部门考察，经企业党政领导成员集体讨论后，由总经理决定任免。

## 四、把党委参与企业重大问题决策同维护公司行政领导的管理指挥权威相结合

股份制企业的党委作为企业的政治核心，必须积极参与企业重大问题的决策。但这种参与是积极、主动的，目的是协助行政领导更好地对企业重大问题做出正确决策，而不是直接代替行政领导去决策。为增强参与的有效性，我们做到三明确：一是明确参与的途径。一般在企业重大问题决策前先召开党委会或党政联席会讨论，形成一致意见后，由在董事会任职的党委会成员把党委的意见贯彻到决策中去。二是明确参与的范围，包括公司经营方针、发展规划、年度生产经营计划、年度财务预决算、利润分配方案，任免公司高级管理人员以及基本建设、技术改造方案和企业重要制度、重大改革方案，工资调整、奖金分配和股东分红方案，职工福利基金和住房分配方案，以及提请股东大会、职代会、董事会审议决定的其它重要问题等。三是明确参与的方法。一要抓好三个环节，即决策前搞好调查研究；决策中积极参与，保证决策正确性；决策后保证决策顺利实施。二要抓好制度，通过党政主要领导碰头会、党委会、职代会、监事会、党政领导民主生活会等制度的落实，参与企业重大问题的决策。

## 五、把坚持职工代表大会制度同坚持股东代表大会制度相结合

股份制改组以后，如何处理企业中职工代表大会与股东代表大会的关系呢？我们认为股东代表大会是股份制企业的最高权力机构，以资产所有者身份行使职权，代表和反映的是股东的利益和愿望；而职工代表大会是职工行使民主权利的机构，以职工代表的身份行使权利，代表反映是全体职工的利益和愿望。它们分属两个不同的系统，其性质、职能不同，行使权力的主体不同，议定的事项也不同，是不能互相替代的。股东往往一般关心较多的是公司的发展状况和红利分配情况，而职工（绝大多数也是股东）除了关心上面的问题外，还关心公司的生产经营、按劳分配、安全环保、福利待遇、职工权益、民主管理等方面的问题，而且企业的发展往往最终决定于全体职工的劳动态度和生产建设的积极性。因此，我们在试点单位建立健全股东代表大会的同时，继续完善职工代表大会制度，并注意正确处理两个代表大会之间的关系，使二者既有分工又有合作，注意发挥它们各自的优势，共同为企业发展服务。职代会一般在股东大会后召开，以动员职工全面落实股东大会做出的各项决议。职代会仍要接受党组织的领导。股东代表大会则按股份制企业的《规范意见》召开，党委要积极协助行政领导把大会开好，全面落实股东大会的各项职权，维护股东大会作为股份公司最高权力机构的地位和权威。

（本文原载《党建研究》1993 年第 12 期、《思想政治工作研究》1993 年第 12 期）

# 优化结构 势在必行

莱芜钢铁总厂副厂长兼总工程师 王认清

冶金部提出九十年代钢铁工业的发展，必须把结构的调整和优化提到重要的战略位置上

来，在发展和改革过程中调整结构，以结构优化带动和促进钢铁工业继续增长。这一重大决策符合我国国情，符合企业的实际，完全必要，非常适时。对于实现“上四个新台阶”的目标，促进九十年代钢铁工业再上新台阶具有重要的意义和作用。

## 一、优化产品结构，适应市场需要

在社会主义市场经济条件下，企业作为市场主体，根本是靠产品参与竞争。因此，企业要在竞争中取胜，根本途径是通过优化结构，提高产品质量档次，增加适销对路的品种。

目前，我厂已形成由电炉生产的轴承钢、合结钢(含齿轮钢)、优质碳结钢等产品系列和转炉生产的碳结钢、低合金钢(含螺纹钢)建筑用材和热带产品系列，基本适应当前市场的需要。但是，现有产品结构存在不少问题：一是普通钢材多，竞争力较强的拳头产品少；二是拳头产品的生产批量小；三是产品品种比较杂，比较零散，没有形成具有经济批量的主导产品系列；四是产品实物质量不适应国民经济发展和参与国际市场竞争的需要。

为了适应市场需要，我们必须把产品结构优化作为企业结构优化的龙头。在产品结构优化上我们总的设想是：坚持质量品种效益型发展道路，以市场为依据，以效益为中心，充分发挥转炉、电炉两条线优势，转炉提高优钢比，电炉提高合金比，走以钢种取胜的路子，逐步形成以拳头产品为龙头，以主导产品为基础，普钢特钢兼有、品种规格齐全、质量上乘、适应市场发展、具有莱钢特色的产品结构。具体说，转炉钢系统以型钢、螺纹钢、焊管和中小型材为主；电炉钢系统以齿轮钢、轴承钢、锚链钢和弹簧钢为主。我们的目标是经过“八五”和“九五”的前期的配套改造，对产品结构进一步调整和优化，最终形成四大系列产品、五大拳头产品。四大系列产品是(1)机械加工用材系列：主要有齿轮钢、轴承钢、船用锚链圆钢、优质碳结圆钢、弹簧扁钢；(2)建筑用材系列：主要有低合金螺纹钢筋、碳结圆钢等；(3)焊接钢管系列：主要有优质石油输送管、中低压锅炉管、结构用管等；(4)型钢系列：工字钢、槽钢、角钢等。五大拳头产品：即船用锚链圆钢、齿轮用圆钢、型钢、弹簧扁钢和焊管。

在发展市场经济中，企业的产品既要满足社会的需要，同时又要给企业带来最大的经济效益。这就要求企业必须在市场需要前提下，根据本企业的实际情况来优化产品结构，确定产品方向。从我厂情况来看，我们认为，企业在优化产品结构时应注意坚持“四个结合”：

第一，坚持需要和可能相结合。所谓需要，就是市场需要、发展趋势；所谓可能，就是企业的生产能力、生产条件。前者是优化结构的依据，后者是优化结构的基础，二者缺一不可。离开了市场谈结构优化，就成了无源之水，无本之木，必然会陷入盲目性。反之，离开了企业的现实条件谈结构优化，也只能是“空中楼阁”。坚持需要和可能相结合，首先，要把适应市场需求作为优化结构的依据。企业的产品要适应市场需要，就要了解市场的发展趋势。随着市场经济的发展，特别是“复关”之后，国际国内市场越来越紧密地联系在一起。因此，企业在了解市场时，必须从长远的而不是暂时的，从全国甚至世界的而不是局部的地区的角度来调查、分析、预测，从总体上把握市场，以避免在优化结构问题上出现战略性的失误。其次，要结合本企业的实际情况。社会对产品的需求是多方面的，一个企业甚至包括那些特大型企业，也不可能对市场需求的全部产品都能生产。那就只能在市场需求的范围内，依企业的实际情况来选定。一要依据企业的经济实力。企业扩建也好，改造也好，必然受到经济实力制约。如有的产品虽然市场很好，但工艺复杂、技术难度大或与本企业已有的前步工序难配套，如要生产这种产品，必然造成投资过大，建设改造期过长，超过了企业的承受能力，不仅不会给企业带来好的效益，反而会使企业背上新的包袱。二是依据企业现有设施的状况。已形成的生产设施是企业扩建和改造的基础。离开这个基础搞什么新产品，必然难以实现。三是依据企业的技术状况。有的产品市场虽有需求，但属于个别行业应用，要求特殊，生产难度大，比较适应于专业厂生产，而不宜作为联合企业的产品方向。

第二，坚持高档化与实用性相结合。作为企业，优化产品结构必须从我国的国情出发，要与全国经济结构相适应。钢铁市场的多层次性决定了企业产品结构也要具有多层次性。因此，企业在优化产品结构时，就要坚持高档化与实用性相结合的原则。比如我厂在优化产品结构时就立足于满足不同层次市场和用户的需求，在产品档次上既有圆钢、螺纹钢普通钢材，又有锚链钢、齿轮等优质钢材；在钢材品种上既有圆钢、扁钢、又有型钢、焊管。

第三，坚持主导产品和拳头产品相结合。合理的产品结构应该是既有主导产品，又有拳头产品，并且把两者有机地结合起来。首先要确定企业的主导产品，就是明确本企业生产批量大的主要产品。主导产品因批量大，往往能给企业带来大的经济效益，是企业赖以生存的产品。二是形成企业的拳头产品。因为拳头产品的技术工艺成熟，质量过硬，市场占有率高，所以它反映了企业的综合技术水平。企业应结合自己的优势，着力开发并形成自己独具特色的拳头产品。如我厂开发生产的船用锚链钢，经中国船检局和英国劳埃德船级社认可，产品质量性能达到了日本同类产品的水平，目前全国市场占有率达83.6%，成为我厂的拳头产品，用户用我厂锚链钢生产的锚链远销世界20多个国家。三是尽量使企业的主导产品成为拳头产品，或使拳头产品扩大批量，发展成主导产品。一般地讲，主导产品反映在量上，而拳头产品反映在质上。如果二者有机地结合起来，那么，企业的产品就如虎添翼了。

第四，坚持同设备的技术改造相结合。生产某种产品，需要特定的装备和工艺条件，所以企业在优化产品结构时要与设备的技术改造同时考虑，同步进行。在速度效益（或产量效益）型的时期，设备的技术改造往往只以增加产量为目的，忽视了产品结构调整和优化这个因素。设备改造后要再开发新的产品则受到很多制约，难以如愿以偿。当然，为了扩大生产规模，通过技术改造增加产量是应该的。关键是在进行技术改造时要统筹兼顾，既要考虑产量的增加，同时也要考虑新产品的开发、质量的提高和成本消耗的降低等多种目的，不能单打一。

## 二、优化工艺技术结构，提高技术装备水平

优化企业结构，核心在于优化工艺技术结构。我厂优化工艺技术结构总体设想和目标是：以适应产品结构优化为目标，以形成合理规模，发挥综合生产能力，全面提高技术装备水平为核心，坚持扩建配套和技术改造相结合，坚持高起点、高标准，积极推广应用新技术新工艺、使莱钢技术装备达到全国地方骨干钢铁企业的一流水平，联合企业的整体优势得到充分发挥。具体说，“八五”和“九五”前期完成利用外资改扩建，同时，再投资10亿元对现有设备进行更新改造，到本世纪末形成两条完整、先进、合理的生产线：一条是以两座750立方米高炉、铁水预处理、3座25吨顶底复合吹炼转炉、炉外精炼、全连铸和热带、焊管、型材、棒材等连续式轧机组成的转炉钢生产线；一条是以两座50～80吨超高功率电炉、炉外精炼、连铸、全连续式轧机组成的电炉短流程生产线。全厂生产规模发展目标是：“八五”年产100万吨钢、“九五”前期150万吨钢、本世纪末200万吨钢（转炉钢150万吨、电炉钢50万吨）。具体思路和做法是：

1. 抓配套扩建，形成合理的规模。莱钢同全国多数地方骨干钢铁企业相比，一个突出的劣势是生产不配套，至今没有形成完整的生产线。由于生产不配套，工艺不完善，致使综合生产能力得不到充分发挥。因此，我厂优化工艺技术结构，第一位的应该是抓配套。通过配套，填平补齐，形成合理的规模，理顺铁、钢、材之间的比例

关系。国家关于利用外资发展钢铁的战略决策，给莱钢发展带来了难得的机遇。我厂利用外资改扩建项目于1987年经国家计委批准，总投资3.6亿美元，主要是借亚洲开发银行贷款。主要是建设项目包括矿山、炼铁、炼钢、轧钢及公用配套辅助设施。工程建设分期进行。一期工程包括750立方米高炉、105平方米烧结机和原料场扩建。1991年7月1日开始建设，已于今年5月底建成。经过3个多月的试生产，高炉利用系数已接近1.5的水平。二期工程正在建设，3号转炉将于9月底建成，2号连铸机将于11月份建成。三期工程中小型、焊管轧机项目准备工作正在进行。整个改扩建工程将于1996年3月建成。改扩建完成后，我厂不仅生产生产规模将进一步扩大，更重要的是铁、钢、材之间的比例关系将更加协调合理。今年3号转炉、2号连铸机建成后，到年底我厂转炉钢系统将形成年产百万吨钢的生产规模，明年我们确定登上年产百万吨钢的台阶，1995年经过挖潜，加上50吨电炉投产，我厂钢产量可以达到150万吨。

2. 在转炉钢系统实施炼钢、精炼、连铸“三位一体”外加炉外脱硫的优化组合。多年来的实践证明，企业要产品上档次，管理上水平，效益上台阶，加强管理固然重要，但根本问题在于装备水平的提高。为此，我们在转炉钢系统实施炼钢、精炼、连铸“三位一体”加脱硫的优化组合。主要内容：一是在原来两座25吨氧气顶吹转炉“二吹一”的基础上，再上一台25吨转炉，形成“三吹二”格局。二是新建一座具有升温、合金调节和真空脱氧功能的精炼炉及脱硫设施。三是大力发展连铸新工艺。我厂连铸发展虽然起步较晚，但是，我们要做到后来居上。去年投资近4000万元，新建第一台设计能力年产20万吨的四流小方坯连铸机，当年设计、当年施工、当年建成，于1993年1月13日热负荷试车成功，试生产第二个月就达到了设计能力的月产水平，结束了莱钢建厂20多年的无连铸的历史，创造了全国连铸机建设和达产速度的新水平。1993年目标是连铸产量20万吨，连铸比达到25%。1993年1～8月份钢材综合成材率85.89%，比去年同期提高了4个百分点，仅此一项就可增加效益2300多万元。目前2号连铸机正在建设，将于11月份建成投产。我们初步确定1994年两台连铸机产量要达到50万吨，连铸比要达到50%。计划1994年3号、4号连铸机一起上，1995年三季度建成。预计到1995年转炉钢系统实现全连铸。

3. 大力发展电炉短流程新工艺。电炉短流程工艺比高炉—转炉工艺省投资、省能源、省运输、劳动生产率高。这些优势决定了电炉短流程工艺具有强大的生命力。我厂是山东唯一的特钢生产厂家。但是由于特钢系统生产规模小、装备水平低，致使特钢这一优势没有得到充分发挥。因此，我们按照冶金部关于发展电炉短流程的要求，对电炉系统进行易地扩建改造。我们打算上两座超高功率电炉，分两期进行。一期工程先上1台50吨电炉及配套设施。目前从西德引进的1台50吨超高功率电炉二手设备正在清点拆运，将于明年四季度建成投产。50吨电炉上去后，特钢产量将由现在的10万吨扩大到30万吨，“九五”期间再上1台80吨电炉，使特钢产量达到50～60万吨，新建电炉严格按照电炉——精炼——连铸——连轧短流程的工艺要求进行设计。考虑到品种的需要，特钢生产线一时还难以达到全连铸，但特钢部分连铸比要达到75～80%。

4. 理顺轧钢工艺，发展连轧、半连轧，扩大成材能力。我厂工艺技术结构不合理的另一个突出特点是，轧钢车间规模小，布局分散，多数是三火成材，而且是五、六十年代的横列式老轧机。因此，理顺轧钢工艺，提高装备水平，扩大成材能力也是我厂优化工艺技术结构的重点之一。主要从两方面进行：一是对现有轧钢车间进行技术改造。去年，我们以理顺轧钢工艺为重点，以消灭三火成材，优化产品结构，扩大生产能力为目标，对特钢厂中轧车间、锻压股份公司小轧车间和附属企业公司小轧车间进行了改造，共增轧材能力18万吨。今年继续对锻压轧钢车间进行第二步改造，实现半连，增加轧钢能力5万吨。二是除改扩建工程计划新建全连续式中小型轧钢车间、焊管车间之外，再增建一个全连续式中型型钢车间，新增轧材能力50万吨。总之，转炉钢系统通过改造和新建，将形成三条连轧、半连轧生产线，使轧钢能力达到150万吨。

从莱钢情况来看，我们认为，企业在优化结构中必须坚持做到以下几点：

第一，根据本企业的实际，确定合理的发展规模。企业的具体情况各不相同，因此，衡量一个企业的规模是否合理，不能简单地看数量大小，而应该看其生产要素是否得到优化配置。综合生产能力能否得到充分发挥。企业的生产规模到底搞多少为合理，主要应该看两条：一要看企业已形成的规模；二要看企业扩建发展的条件。比如我厂经过20多年的建设发展，钢铁联合企业的骨架已经形成。而且资源、能源和交通运输条件很好。从我厂现有的基础和扩建发展条件来看，我们认为，莱钢以优化的工艺结构形成的转炉、电炉两条生产线，把钢产量搞到年产200—300万吨为合理规模。

第二，坚持高起点、高标准，积极引进采用新技术新工艺。采用新技术新工艺是优化工艺技术结构的关键。随着国民经济的发展，用户对钢铁产品质量品种的要求越来越高。企业在优化结构时必须坚持高起点、高标准，既要立足当前，更要着眼未来。否则，就永远跟不上历史发展的潮流。我厂在优化结构时就坚持了这一点，无论新建还是改建，都坚持高起点、高标准。我们的原则是，主要生产线主要生产设备装备水平要高，不过多地强调在主工艺线主要生产设备上省投资。改扩建主要设备均实行国际国内招标，引进设备大都是国内外八十年代的先进技术装备水平。比如新建750立方米高炉，除了采用无料钟炉顶、汽化冷却、内燃式热风炉等成熟的先进技术外，还从国外引进鼓风机和计算机。使高炉系统装备水平和自动化程度达到了国内同类高炉的先进水平。二期、三期工程的合金钢连铸机、中小型轧机、焊管轧机等设备都从国外引进，也是八十年代国际先进水平的设备。

第三，在工艺上坚持实行专业化分工，不搞“万能工厂”或“万能车间”。过去企业轧钢车间往往什么产品都生产，结果什么都不精，而且由于更换轧辊频繁，降低了设备开机率和利用率。这个问题我厂也十分突出。因此，去年在几个轧钢车间改造中，我们立足于专而精，对每个车间生产什么产品明确分工，并且做到相对稳定。比如特钢厂中轧车间改造后，以生产中型圆钢为主；锻压轧钢车间改造后以生产螺纹钢筋为主，做到了高产优质低耗高效益。

第四，坚持改革开放的方针，为结合优化提供保证条件。我们认为，无论是产品结构的优化，还是工艺技术结构的优化，要真正由计划变成现实，必须有两个保证条件，一是资金保证，即企业配套改造的资金要落实。二是机制保证，即合理的组织结构和充满活力的经营机制。从目前来看，解决资金和机制问题最现实有效的办法是深化改革和扩大开放。比如我厂要实现优化结构的总体目标，配套改造共需投资约30亿元，这样大的资金单靠企业自筹无法解决。但是，只要坚持改革开放方针，路子就会越走越宽广，就能找到解决问题的办法。为了保证结构优化目标的实现，我们坚持深化改革，扩大开放的方针，首先以股份制改组为核心，推进内部各项配套改革。我厂股份制是省直接管理的试点单位，由亚洲开发银行资助并聘请专家帮助咨询，目标是搞成能够与国际惯例对接、能够发A股、B股的规范化的股份制。自1992年以来我们做了大量的准备工作，在一个分厂和一个车间进行内部试点。亚行聘请的瑞士银行和香港安达信公司专家组从1993年5月已先后五次来厂开展咨询活动。整个改制工作正在按计划顺利进行。我们计划1993年年底完成改制方案的报批手续，1994年6月底实施方案，下半年向社会发行股票，开始试运行，1995年1月1日正式按股份制企业运营。通过实行股份制，募集建设资金，并使莱钢经营机制有一个根本的转换。同时，我们结合股份制改组，积极稳妥地推进三项制度改革和机构改革，逐步消除企业管理体制和经营机制上存在的与生产力发展不适应的各种弊端，理顺内部关系，增强企业活力。其次要扩大对外开发，积极引进国外资金、设备和技术，加快莱钢发展。我厂利用外资改扩建，在短时期内填平补齐，形成合理规模，是加快莱钢发展的关键之举，也是从根本上改变莱钢结构不合理局面的良机。因此，我们紧紧抓住这个有利时机，把扩大规模同结构优化结合起来，统盘考虑，同步进行，加快了结构优化的进程。

（本文原载《冶金经济研究》1993 年第 22 期）

# 对企业劳动制度改革的认识

莱芜钢铁总厂党委副书记　李名岷

发展经济、提高经济效益的关键在于调动职工的积极性和创造能力。随着我国经济体制改革的不断深化，原有劳动制度的缺陷和弊端越来越明显地暴露出来，逐渐成为阻碍职工积极性发挥的羁绊，成为制约生产力发展的桎梏，必须尽快改变，这已成为大家共识。

## 一、对原有劳动制度进行改革的必要性

原有劳动制度是在建国后伴随计划经济的发展而形成的，在 50 年代前期起到过非常积极的作用，保证了国民经济第一个五年计划的胜利完成。后来，随着经济的发展，劳动制度中统得过死的一些弊病开始暴露出来。1957 年上半年，劳动部曾提出改革劳动制度的设想，并开始起步，但由于多方面的原因，改革半途而废。当然，高度集中统一的计划经济是原有劳动制度难以改变的一个根本原因

原有劳动制度的基本特征是，由国家对企业职工实行统一招收，统一调配，管得过多，统得过死，形成"国家包揽、行政隶属、身份差别、终身固定"的劳动制度，其弊端有以下几点。

一是，忽视了企业用人的主体地位。企业作为社会法人，就有用人自主权。只有企业才是用人主体，工人、技术人员和管理人员都是"企业职工"除了作为国有资产代表等少数政府委托授权人外，其他企业成员都应由企业自主管理，企业有权录用和辞退职工。在原有劳动制度下，政府把企业职工纳入了同国家公务员一样的管理，并统称为"国家职工"或"国家干部"，统一招收或录用，统一调配，统一管理。这就忽视了企业用人的主体地位，为使企业走向市场设置了障碍。尊重企业用人自主权，政府不直接干预企业内部人员的使用和安排，这是劳动制度改革的一个重要原则。

二是，忽视了劳动者劳动的主体地位。在社会主义社会中，劳动力归劳动者个人所拥有，劳动者是劳动的主体。应当为劳动者聪明才智和积极进取精神的发挥，创造更充分的条件，使劳动者享有充分的劳动力的支配权，其中最重要的是择业权，正如马克思所说："在一个集体的以共同占有生产资料为基础的社会里"，"除了自己的劳动，谁都不能提供其他任何东西"。马克思还提出了"自由人联合体"的设想，原有劳动制度不承认劳动力属于劳动者个人所有，事实上形成了劳动力"国有"或"公有"的概念。这种认识和做法，在理论上不符合马克思主义的基本原理。在实践上是形成吃国家"大锅饭"、捧国家"铁饭碗"的根源，必须加以改变。

三是，人为地划分了职工身份界限。原有劳动制度中的一个重要弊端是存在着各种各样的身份界限。如工人与干部、全民职工与集体职工、固定工与合同制工人等等，而且身份一旦确定，几乎终身难以改变。这些身份界限的存在，影响了劳动者公平地享受各种权利（劳动权利、劳动报酬权利、社会保障和劳动保护权利、休息权利、受教育权利等）。身份界限的划分，既没有科学的理论根据，又不符合现代社会发展的实际需要。既不利于调动工人的积极性，不利于提高干部的素质和竞争意识，也不适应生产技术的迅速发展。既容易造成工人阶级内部的磨擦，不利于职工内部团结，也不利于职工在岗位之间和厂际之间的合理流动。这些界限的存在不是社会主义应有的观念和做法，应当在改革中逐步加以消除。打破身份界限，是经济体制改革对劳动制度改革的基本要求之一，也是劳动制度改革的重要目标之一。

四是，形成了统包统配的体制。企业人才的需求应有企业根据自己的需要、供需双方共同商定，以市场为导向，自主选配。原有的劳动制度形成了统包统配的体制，即高校毕业生的分配统一有国家包下来，企业人才的需求统由国家调配。这样就很难完全满足企业用人的需要，有些企业急需的专业技术人员调不进来，而不急需的行政管理人才或不急需的专业人员调进了企业。高校也很难做到合理地调整专业结构，按需施教。统包统配的弊端，影响了企业合理组织劳动力，人员难以合理流动，造成人浮于事，效率低下。造成了教育结构与需求脱节，使有些劳动者“用非所学”，企业“用非所需”，造成人才的浪费。导致了学生学习积极性下降，有的学生进了学校门就等于捧上了“铁饭碗”。统包统配的体制越来越不适应深化改革的需要，解决这一问题是劳动制度改革面临的一个重要课题。

原有劳动制度适应了高度集中计划经济的需要，并伴随着集中统一的计划体制的形成而完善。随着社会主义市场经济体制的建立，必须对原有劳动制度进行改革，逐步建立起适应社会主义市场经济体制的新型劳动用工制度。

## 二、劳动制度改革的主要内容

劳动制度的改革要从改变和调整国家、企业和劳动者之间的关系入手，逐步建立起一种“国家宏观调控，企业自主用工，多种形式并存，全员劳动合同”的新型劳动用工制度。按照这样一个构想，改革应着重从以下几方面做起。

### 1. 落实企业劳动用工权

《企业法》明确规定，企业有权依照法律和国务院规定录用、辞退职工，有权决定机构设置及其人员编制。关键在于落实。企业的用工应根据生产经营的需要，按照国家有关的规定，自主确定招工数量、条件、方式和招工时间。企业办完招工后，向劳动部门及企业主管部门备案。应尽快改变政府下达计划，划定招工方向，主管部门审定分配方案，地方争指标、提条件的做法。

企业所需各类专业人才应以市场为导向，以需求为目的，供需协商，自主选择，企业所需人才可通过委培、代培，社会公开招聘多种渠道解决。企业内部机构的设置，劳动组织的设立和调整、定员、定额的确定，完全是企业内部的事，应有企业自主。任何外部的参入和干涉都是不应该的。应尽快改变条块分割，上级有关部门搞硬性规定的做法。

企业依照法律、法规和企业章程，有权解除劳动合同或辞退、开除职工。被解除劳动合同、辞退、开除的职工，社会待业保险机构应按规定发给待业保险金、劳动部门的管理关系，愉快接受被企业解除劳动合同、辞退、开除的职工，及时接收他（她）们，按规定提供足够的保险基金，提供转业训练和重新就业的机会。

### 2. 实行全员劳动合同制

劳动合同是企业与职工劳动关系的书面契约，是企业用人主体与劳动者的劳动主体之间调整劳动关系的法律形式，是企业与劳动者在平等自愿协商基础上的产物，是两个主体之间责、权、利相互协调、相互制约关系的具体体现，是在确立企业与劳动者平等地位的基础上，用法律手段维护双方的合法权益。

实行全员劳动合同制，益处在于：一是既体现了企业用人的主体地位，又体现了劳动者劳动主体的地位，可以实现企业用工自主，职工自主择业。二是突破了以前多种用工形成的界限，规范了用工形式。三是打破了工人与干部的界限。四是可以形成一种合理的激励机制。

全员劳动合同必须体现以下几个特点。一是必须全员参加的。全厂在册固定职工、合同制工人、所有企业管理人员、老职工和新入厂的职工都应参入合同的签定。二是平等的。企业和职工处于平等地位，签定合同的所有职工享受同等的劳动、工作、学习、参加民主管理、获得劳动报酬、政治荣誉、物质鼓励及享受劳动保险福利的权利。三是劳动合同的内容应是全面的。应包括，合同期限；生产、工作任务；生产、工作条件；双方的权利和义务；劳动报酬和保险、福利待遇；应当承担的责任；需要规定说明的其他事项。四是合同期限的确定应同企业实际情况出发，根据不同类人员情况和工作需要双方协商确定。五是合同的内容应符合国家法律、法规及有关政策的规定。

全员合同制的实行可以分一步和两步走，各方面条件都比较成熟可以一步实行。考虑到企业外部条件及企业内部基础工作的配套和职工思想的承受能力，可以先实行全员岗位合同，然后由岗位合同逐步过渡到实行全员合同。

**3.打破干部与工人的身份界限**

在企业里存在工作岗位的区分，如管理岗位、生产岗位、辅助生产岗位等，不应有干部和工人的身份界限，工人、技术人员和管理人员都是“企业职工”。劳动制度改革的重要内容之一，是逐步打破干部和工人的身份界限。要根据需要按岗位标准择优选人，破除身份终身制。工人可通过考试考核，公开竞争，择优进入管理岗位和各级领导岗位；管理人员也可从事工人岗位的工作，做到能上能下；专业技术职务的评定的标准是，依专业技术理论水平和胜任专业技术职务的能力为根据，而不是其他。完善管理人员和专业技术人员的聘任制、党群管理人员的选任制。建立健全对各类管理人员严格考核制度。实行一岗一薪制，做到岗变薪变。只有这样才能逐步破除干部和工人的身份界限。

实现上述要求，必须坚持做到：

(1)要在既坚持党管干部的原则，又切实保证厂长用人权的基础上，大胆把竞争机制引入企业人事管理，建立起充满生机和活力、具有本企业特点的人事管理制度。

(2)在坚持“四化”方针和德才兼备标准的前提下，解放思想，拓宽用人渠道，大胆从工人中选拔干部，果断把不胜任的干部从管理岗位上撤下来。采取公开、平等、择优的办法，不拘一格选贤任能。

(3)要充分运用精神和物质的激励手段，坚定地体现在什么岗位、干什么工作、享受什么待遇的原则。

(4)认真做好人事管理的各项基础工作。如：规范各管理岗位的职务序列、制定完善的岗位标准和任职条件、搞好岗位定员、完善考核奖惩办法、择优选拔的工作程序等。

(5)注意政策的配套

**4.建立企业内部劳动力的动态管理机制**

动态管理即在企业内部建立上岗、试岗、下岗培训、待岗、厂内待业的管理机制。通过考试考核，竞争上岗者为上岗人员；在编制定员内新调入人员和虽经考核不合格，但因岗位缺员仍需留在岗位工作者为试岗人员；经考核不合格和试岗期满仍未达到上岗条件、撤离岗位者为下岗培训人员；考核合格或经下岗培训后考核合格，因受定员限制不能上岗者为待岗人员；下岗培训后经考核仍不符合上岗条件者为厂内待业人员。

上岗人员条件下降，不能履行岗位职责要下岗培训；下岗培训后，在岗位缺员情况下，可以再竞争上岗，但必须有试岗期；待岗人员在岗位缺员时经考核合格，可以上岗。厂内待业人员在待业期经考核合格的可再竞争上岗；仍不能上岗，又无法安置其他工作，超过待业期，企业可以解除劳动合同。

建立企业内劳动力动态管理机制要做好以下五方面工作。

(一)用人要有标准，劳动要有定额。企业内所有岗位都要有明确的定员标准、岗位工作标准，要按标准配人，按定额组织生产和工作。

(二)引入竞争机制，建立职工双考制度。所有上岗人员都要经考试、考核，择优上岗。

(三)建立完善的培训制度，做好下岗人员的培训工作，认真做好富余人员的安置，形成新的生产能力。

(四)明确企业与职工双方的责、权、利，促进劳动关系向法制的方向发扬。

(五)保持人员的合理流动。在流动中实现劳动组织结构的合理，充分发挥每个职工的潜力和创造性。

## 三、必须认真注意的问题

1. **坚持一切从实际出发**。要坚持"大胆、积极、稳妥、有效"的工作方针，积极地改，大胆地试，但步子必须稳，工作要细，注重实际效果，要坚持"一切经过试验"的原则，取得经验后再普遍推开。整个改革要从企业实际出发，分步实施，逐步到位。

2. **要特别注意政策的周密、完整、配套性**。企业制订的改革方案必须符合企业的实际，并且有很强的可操作性。要注意改革的配套性，在推行劳动制度改革时，必须同时推行分配制度和劳动保险制度的改革。要在基础工作做细做实的基础上再推行改革。要制定完整的配套政策，防止单项突破，或因改革不配套使改革受阻。

3. **要紧紧依靠广大职工群众**。改革要体现绝大多数职工群众的利益，使劳动者的个人利益与企业集体利益、国家利益得到共同增进，而不能责害大多数职工的利益。改革方案的制定，措施的出台，一定要坚持群众路线，广泛听取职工群众的意见，使改革决策建立在依靠群众、民主决策的基础上，全心全意依靠工人阶级搞好改革。要注意做好深入细致的思想政治工作和政策的宣传与理解，最大限度地宣传动员群众自觉投身于改革中去。

4. **要注意保护老职工的利益和女职工的合法权益**。许多老职工将自己的青春贡献给了社会主义建设，当时不讲报酬，自觉奉献。他们有经验、劳动态度好。多是生产工作中的骨干，只是由于年纪大了，难以与青年人在体力上平等竞争。因此，在改革中要保护老职工的利益，制定出保护性的政策。要认真实施对女职工的保护，维护女职工的合法权益，杜绝歧视妇女、男女不平等现象。

5. **切实做好富余人员的安置**。在劳动制度改革中，富余人员的安置是一个难点，必须高度重视。劳动政策的基点是尽可能的实现全体公民的充分就业，保障职工的劳动权利，尽量使每个人都有工作做，有饭吃。劳动制度的改革绝不是简单地为了裁人。如果社会上出现了大量的失业人员，就直接损害了工人阶级的根本利益，违背了改革的初衷。对于劳动制度改革中一部分因生产经营暂不需要而富余出来的职工，要采取切实有效的措施，把他们安置好。特别是在目前社会保险体系和社会劳动力调节机制还不够健全的情况下，要坚持"企业消化为主，社会调剂为辅"的安置方针。采取发展第三产业、厂内培训、厂内待岗、提前退养、厂际交流等办法，即为富余人员找到生产生活门路，又提高了他们的技术业务水平，也为国家创造了财富。

6. **切实加强对改革的领导**。劳动制度的改革政策性很强，涉及到亿万职工的切身利益。必须加强改革的领导，党、政、工、团要形成共识和合力，靠紧抓死，才能保证改革工作的顺利和进行。

# 进入市场是企业转换经营机制的根本目的

莱芜钢铁总厂副厂长　李　庆

我国经济体制改革的目标是建立社会主义市场经济体制，企业要走向市场，增强活力，要真正成为商品生产者，就应该积极进行企业内部机制的调整，适应市场，走向市场，占领市场。企业要想真正进入市场，必须做到：

## 1　建立产销一体化决策机制，增强市场驾驭能力

市场经营决策是企业进入市场的先导。因为经营决策是企业根据市场情况对企业发展目标、行动方案、重大措施等作出的决定和选择。经营决策是企业经营活动的基础，是企业经营管理的中心环节。企业只有正确决策才能适应市场，取得良好的经营效果，促进企业发展。但市场是变化是，决策没有现成公式可循。企业怎样才能正确决策呢？

一是解放思想，牢固树立市场经济观念。由于受传统计划经济的影响，企业的市场观念、市场意识比较淡薄，资金的时间价值观念不强，这是阻碍企业走向市场的最大障碍。思想不解放，观念不更新，企业就很难对市场作出正确评价，无法做出正确决策，也就很难主动进入角色，走向市场。因此，企业要走向市场，必须解放思想，摆脱传统观念的束缚，牢固树立社会主义市场经济的新思想、新观念，确立在市场经济条件下公平竞争，合法经营，优胜劣汰和互惠互利的观念，增强靠市场调配资源，靠市场销售产品，靠市场自我发展的进取意识。企业只有两头都进入市场，才能使企业真正成为市场主体。

二是积极进行市场调查研究，及时认真搞好市场预测。市场调查预测是企业正确决策、进入市场的基本条件。社会主义市场经济的根本特征之一就是由市场决定资源配置和产品价格。企业面对市场，必须深入进行市场走势分析。特别要搞好市场资源、市场价格、市场购买力及国家政策等外部市场形势的调查、研究、预测，及时了解市场信息，掌握国家政策，这是搞好企业内部市场经营决策的基础。

三是提高领导素质，建立产销一体化的市场决策机制。企业要开拓市场，根据市场需求，及时调整产品结构，生产适销对路的产品，实现企业效益最大化，就必须建立素质高、指挥灵、决策快的决策机构。决策者必须努力提高领导素质，具备较高的理论水平、业务水平、技术水平及思想水平，具备对市场敏锐的分析、决断、开拓能力，树立时间观念、效益观念、信息观念，增强把握市场的能力，能够集思广益，根据市场信息和市场预测分析，及时作出决策，并顺利实施。因为市场受经济规律制约，受供求关系影响，是瞬息万变的。企业要追踪市场，必须提高决策水平，在企业内部建立以市场为龙头，市场—计划—生产—市场的市场经营决策机制，从市场中来，到市场中去，根据市场调查预测分析，正确及时决策，安排生产，满足用户需求。

## 2　以市场为导向，建立完善科技开发机制，提高产品市场竞争力

企业转换经营机制的最终目标是适应市场，走向市场，开拓市场。在激烈的竞争中，大家都处在市场这同一条起跑线上，机会均等，公平竞争。竞争胜负关键是看企业的科技实力、科技水平，看是否有市场认可、过得硬的产品。因为

科技是第一生产力，产品则是企业与市场的结口，市场竞争实际是科技水平的竞争、产品的竞争。因此，企业要走向市场必须适应市场需要，建立完善科技开发机制，不断提高产品质量，调整产品结构，开发适销对路满足用户需要的产品，提高市场竞争力。在科技与产品战略上，我们认为企业应着重抓好三点：

一是建立新产品开发机制，生产开发市场需求、适销对路的产品。企业要增强对市场的快速反应能力和竞争力，必须把立足点放在科技进步上，放在开发适销对路的产品上。因为新产品能够开拓市场，扩大销售量，提高企业信誉，增强市场竞争力，推动社会生产力的发展。因此，要根据企业的生产条件、市场需求和市场竞争状况决定产品的最优组合，从而提高产品的市场占有率、销售增长率和利润率。但市场受经济规律制约，有起有伏，产品需求是多层次的。企业必须搞好产品技术储备，开发新产品，在产品档次多样化和系列化上做文章，满足市场不断增长的消费需求。

二是增加科技投入，提高产品技术档次。要增强产品竞争力，就必须使产品有较低的成本和较高的销售价格，而要做到这一点，企业必须增加科技投入，对现有的产品进行改造，搞好技术引进，使产品有较高的技术含量和高附加值。因此，企业要从总体上把握长远的宏观的大市场，确定企业的发展方向，及时调整产品结构，使产品适销对路；搞好产品延伸和深加工，提高产品档次，增强产品市场竞争力。

三是提高产品实物质量，增强产品市场竞争力。优胜劣汰这是市场自然法则。市场竞争是无情的，但任何事物都是对立统一的。企业只要把握住了市场，使自己的产品占领市场，就会取得较好的经济效益。市场所宠幸的是高质量的产品。一个企业要使产品畅销不衰，占领市场，关键是提高产品质量。市场竞争归根到底是产品质量的竞争。可以说质量是产品的生命，提高产品质量是企业永恒的主题。因此，企业要从企业的长远利益和社会利益出发，将质量提高到关系企业生死存亡的高度来认识这一问题。在企业内部确立以质量为核心的生产经营管理机制，从原材料进厂到产品出厂进行严格的质量监督把关，让整个企业牢固树立起市场意识、质量意识。

## 3 建立健全销售体系，增强市场开拓能力

产品销售是企业走向市场的必由之路。销售渠道是企业与市场连接的桥梁，也是市场信息的集散地。在市场经济条件下，企业两头靠市场，市场决定企业的发展方向。企业要走向市场，必须在企业内部形成一整套顺应市场的销售体系，理顺关系，坚持以销定产，以销促产。实行社会主义市场经济，就要按市场经济规律办事，积极参与市场竞争。市场是随着消费需求和消费结构的变化而变化的。企业要从满足市场需要出发，市场需要什么就生产什么，销售什么。一切围着市场转，生产围着销售转，千方百计满足市场需要。因此，企业要拓宽视野，强化促销手段，拓宽销售渠道，广泛占领市场，提高企业经济效益。企业要搞好销售，增强市场开拓能力，关键要抓好：

3.1 **健全销售机构，拓宽销售渠道，强化销售**。企业要开拓市场，必须健全销售机构，壮大销售队伍，强化促销手段，完善销售责任制，调动销售人员的积极性。要及时掌握市场信息，全员全过程进入市场，依法经营合法经营，在企业内部形成生产为销售，销售为用户，人人为用户的局面，想方设法将自己的产品销售出去，并及时根据市场行情，调整产品价格，使企业牢牢掌握市场主动权，力争企业效益最大化。社会是不断发展的，市场需求也是无止境的。企业要走向市场，拓宽市场，关键是积极探索寻找新的销售渠道。销售渠道拓宽了，企业就能广泛占领市场。

3.2 **认真搞好销售服务，稳定市场**。销售服务是随着市场经济的不断发展而发展起来

的，它已成为产品整体概念的一个组成部分，成为市场公关、市场竞争的重要手段。产品质量不仅包括产品实物质量和产品价格上，同时还表现在销售服务上。销售服务作为商品经济发展的产物，它是企业生产经营活动的重要组成部分，对企业的发展有不容忽视的作用。其一，销售服务是企业走向市场的客观要求。在社会主义市场经济条件下，企业的根本任务是向市场提供适销对路、物美价廉的产品，增加社会有效供给，实现企业效益和社会效益的有机统一。要实现这一目标，企业就必须把立足点放在市场上，了解市场，了解用户，服务用户。其二，市场交易，必然存在这样那样的问题，销售服务是供需双方协商解决问题，顺利达成交易的必要形式。其三，销售服务是企业取信于用户，树立良好的经营形象的重要举措。良好的销售服务，能够在用户中增强企业信誉，在竞争中击败对手，取得胜利。

3.3 **积极发展外向型经济，开拓国际市场**。目前，国内市场开始同国际市场接轨，恢复我国关贸总协定缔约国地位后，我国市场将同国际市场完全交汇融合。这将为企业进入国际市场创造有利条件，同时市场竞争也将更加激烈。因此，企业要牢固树立世界统一大市场观念，放眼全球市场，积极发展外向型经济。这就要求企业既要学会利用外资，借梯上墙，促进企业发展，增强企业市场开拓能力，又要千方百计将自己的产品打入国际市场。只有这样，企业才能在世界大市场中参与竞争，扩展市场领域，增强企业发展后劲。

## 4 深化管理体制改革，增强企业的市场适应能力

企业转换机制，走向市场，必须建立与社会主义市场经济相适应的管理体制。这是企业真正进入市场的重要一环。现行管理体制是在计划经济条件下建立和发展起来的，随着市场经济的逐步建立和完善，其弊端越来越明显，主要表现在产权不明确、所有权与经营权不清、企业效益不高、市场观念不强等方面，远不适应社会主义市场经济的需要，不适应市场竞争的需要，必须进行深层次的改革，增强企业活力和市场适应能力，提高企业的整体效益。目前，企业应从以下几方面进行深层次改革：

4.1 **积极进行股份制试点，推行股份制，真正落实企业经营自主权**。股份制是商品生产规模和社会化水平发展的产物。我国积极进行股份制试点，是深化企业改革，转换经营机制，实现所有权与经营权分离，使经营权真正落实到企业，切实保障企业的合法权益，建立社会主义市场经济的内在要求。企业之所以进行股份制改组，主要在于实行股份制可以拓宽资金渠道，理顺投资体制，增强企业发展后劲；可以强化企业管理，增强企业活力，增强凝聚力；可以使企业真正成为自主经营、自负盈亏、自我约束、自我发展的社会主义商品生产者和经营者，从而增强企业的市场竞争力。股份制作为一种企业组织形式和管理机制，它没有社会性质之分，也没有姓资姓社之别，是被西方发达国家证明了能够增强企业活力和市场参与能力的企业组织形式，它有较强的灵活性、流动性和兼容性，能适应社会化大生产和市场经济的双重要求，也可以促使各种所有制相互融合。实行股份制这种企业组织形式，有利于理顺国有企业的产权关系，克服现行体制的弊端，真正落实企业经营自主权。

4.2 **大力发展第三产业，增强企业开拓能力**。实行社会主义市场经济，企业生产的根本目的就是要提高企业效益和社会效益。因此企业要更新观念，改变旧的思维方式，本着什么赚钱干什么的原则，一业为主，多种经营，大力发展第三产业，使企业的社会服务职能，面向社会，自负盈亏。目前企业发展第三产业必须着重解决三个问题。其一，正确处理第三产业同主要生产之间的关系，要在稳定发展主要生产的同时，发展第三产业，多角度全方位生财聚财，使第三产业为主要生产服务，为企业和职工服务。其

二，正确处理发展第三产业同改革的关系。由于我国现行社会保障体系不健全，企业改革又势在必行，因此发展第三产业，要配合企业改革，消化富余人员，提高全员劳动生产率和企业整体效益。其三，正确处理发展第三产业业与开拓市场的关系。企业一业为主，产品就会单一，企业就难以更广泛地开拓市场。发展第三产业，可以开拓消费资料、资金、劳务、技术等市场领域，增强企业全面进入市场的能力。因此，企业要将发展第三产业，作为企业转换经营机制，进入市场的重要内容抓好。这样既减轻了企业负担，促进企业发展，又增强了企业广泛占领市场的能力和市场适应能力。

4.3 **推行企业内部市场机制，增强市场适应能力**。推行企业内部市场机制，是企业进入市场的重要措施。企业内部市场的基本内涵包括三方面：一是企业不能生产亏损产品。企业生产的最终目标之一是追求效益最大化。市场对商品的取舍标准是，既要优质又要价廉。因此，企业在努力提高产品质量的同时，必须努力提高全员成本意识，实行全过程成本控制，大力降低成本。二是企业不能保护落后，谁落后谁就要停产。市场经济的根本要旨，就是在竞争中求生存求发展，优者胜，劣者汰。三是推墙入海，拆除避风港，使二级厂和职工面对市场，到市场海洋里搏击风浪，增强市场经济观念、资金的时间价值观念和市场竞争观念。

综上所述，企业要转换机制，必须对现行管理体制进行深层次改革，在企业内部建立适应市场的内部经营机制，提高企业的市场驾驭能力、市场竞争能力、市场开拓能力和适应能力，使企业真正进入市场，沿着市场经济的康庄大道奋勇前进。

（本文原载《冶金经济与管理》1993 年第 4 期）

# 5. 大 事 记

## 1—12 月

**1 月 1 日**

莱钢锻压股份有限公司按股份制机制正式运行。

**1 月 3 日**

莱钢召开安全环保工作会议。总结 1992 年安全环保工作，部署 1993 年安全环保工作任务。会上，表彰了 1992 年度安环工作先进单位和个人。总厂领导李景常、王认清、李庆、刘新芝、于昌忠出席了会议。

**1 月 4 日**

李景常厂长赴北京参加全国冶金工作会议。

**1 月 6 日至 9 日**

王认清副厂长到济南参加山东省七届六次人民代表大会。会上，李景常厂长当选为第八届全国人大代表。

**1 月 7 日**

在莱芜市政协五届一次会议上。莱钢史俊生、贺永宏、陶慧琴、王玉才当选为莱芜市政协第五届委员会委员，柴法源、王秀兰当选为常委，徐中和当选为常委、副主席。

**1 月 8 日**

莱钢召开 1993 年基本建设工作会议。陈玲棠副厂长主持会议，刘培钧副厂长总结 1992 年的工作，部署 1993 年基建任务，姜开文书记出席并讲话。

**1 月 9 日至 12 日**

莱钢姜开文、李名岷、高国洪、符廷元等 9 名代表出席莱芜市十三次人大会议。会上，王认清副厂长当选为山东省八届人大代表。

**1 月 11 日**

总厂副厂长刘培钧与香港永碧有限公司总裁滕奕国，在北京签订山东鲁碧建材有限公司合资经营合同，并拟定合资企业章程。

**同日**

焦化厂 1 号焦炉改烧高炉煤气工程开工，8 月 12 日竣工。

**1 月 14 日**

莱钢召开党政工负责人会议，总结 1992 年的工作，安排 1993 年生产建设任务。李景常厂长传达全国冶金工作会议精神、王认清副厂长传达省计划工作会议和全省经济工作会议精神，李景常厂长作了《解放思想、真抓实干，紧紧围绕提高经济效益做好各项工作》的讲话，姜开文书记作了总结。

**1 月 15 日**

职工培训处杜学升在莱芜市钢城区第十三届人民代表大会上，当选为人大副主任。

**1 月 16 日**

炼钢厂 1 号连铸机投产。29 日达日产，达产速度创国内先进水平。

**1 月 19 日**

省政府授予第一铁厂罗登武 1992 年优秀

青年知识分子称号。

1月

第一铁厂党委书记史俊生被授予全国重视老年工作领导者功勋奖。

1月

莱钢工会被省总工会评为培育四有职工队伍先进集体。

1月

莱钢生活服务公司与日照市水产集团公司联营兴办日照莱钢水产养殖有限公司。以养殖扇贝为主，总规模1000亩，总投资1000万元，由日照市提供海域，双方各投资50%，按投资比例分享利润和承担风险亏损。

2月2日

在省冶金总公司召开的安全环保工作会议上，莱钢被评为安全生产先进单位，莱钢医院被授予省级清洁单位称号，安全环保处被评为安全工作先进处室，李继文等33名同志被评为安全生产先进个人，沙真青被评为职业卫生工作先进个人，赵宝玉等5人被评为环境保护工作先进个人。

2月3日

莱钢晋升为山东省企业设备管理二级单位。

2月6日

莱钢举行第九届钢城灯会。

同日

省经委以鲁经技改字(1993)116号文，批准莱钢特钢电炉炼钢及炉外精炼技改项目调整方案，同意特钢厂引进德国柏林钢厂50吨超高功率电炉和炉外精炼二手设备，替代目前正在筹建的30吨一般功率电炉及相应配套的炉外精炼设备方案。

2月10日

莱钢召开1992年度两个文明建设表彰会。会上，表彰了13个文明单位、11个思想政治工作优秀单位和50名优秀思想政治工作者、24名优秀共产党员和311名先进生产(工作)者、42个红旗班组。

2月10日至14日

总厂厂长李景常与计财处处长参加了中国人民银行在广州召开的利用亚行贷款经验交流会，李厂长在会上作了典型发言。

2月18日

锻压股份有限公司水压机车间加热炉，由烧煤气改烧重油获得成功。

2月25日

山东省人大常委会主任李振在莱芜市人大副主任何心振陪同下到莱钢检查指导工作。

3月1日

炼钢厂2号连铸机工程开工建设。12月25日，除液压剪部分外，无负荷试车成功。

同日

省检察院检察长臧坤一行3人到莱钢检查工作。

3月3日

莱钢团委、特钢厂团委、轧钢厂团委被省委宣传部、省政府办公厅、省文明办、团省委授予全省学雷锋活动先进集体称号。炼钢厂张国宏被授予全省学雷锋活动先进个人标兵称号。

同日

省高级人民法院院长宇培杲一行5人到莱钢检查工作。

3月5日

炼钢厂2号600吨混铁炉开工。7月9日竣工，7月22日投产。

3月7日

莱钢与德国黑辛格公司在莱钢宾馆签订了引进50吨电炉二手设备合同。总厂厂长李景常、副厂长刘培钧参加了签字仪式。

3月8日

莱钢工会冯志贤、医院刘少华分别被评为全国先进女职工工作者，全国先进女职工；商业公司吕淑英、王恒泽分别被评为全省先进女职工工作者、全省优秀工会积极分子。

3月10日至4月2日

李景常厂长赴京出席八届全国人民代表大会。

3月11日

莱钢党委、总厂以莱钢党发(1993)15号文,决定对全厂各级纪委、监察机关实行合署办公。

3月13日

莱钢技工学校迁入黄羊山新校址,旧校址移交给第二铁厂。

3月12日

锻压股份有限公司轧钢车间150毫米方坯一火成材轧机改造新工艺生产线热负荷试车成功,3月15日正式投产。

3月15日至4月7日

国家审计署委托山东省审计厅对莱钢利用外资改扩建工程进行审计,审计结果为合格。

3月19日

山东省精神文明建设委员会命名第一铁厂、运输部、轧钢厂、第一中学、韩旺铁矿为1992年度省级文明单位。

3月24日

莱钢与亚行、瑞士银行在马尼拉就援助项目执行过程中各方的职责和任务进行了谈判,并签署了《莱钢技术援助谈判纪要》。

3月25日

焦化厂煤场续建工程开工,9月30日竣工。

3月30日

根据国务院和山东省企业清产核资办法,莱钢在全厂全面开展清产核资工作。到10月底,资产清查、界定资产所有权、重估资产价值、核实核定国有资金、建章建制工作全部结束。

3月

《莱钢志》第二卷被省推荐参加全国新编地方志优秀成果展览会展评,被中国地方志指导小组、中国革命博物馆、山东地方志编纂委员会评为《全国新编地方志成果展览会》山东良好成果奖。

3月

《莱钢报》在全国企业报晋京展评中获一等奖。

3月

在山东省第三届工人技术比武大赛中,特钢厂、机械厂的8名同志参加电炉钢比赛,分别获得集体第三名、第四名。8名同志获得省劳动局颁发的高级工技术等级证书,并晋升一级或半级工资。

4月1日

莱钢向海南国际招商股份有限公司参股300万元,并成为该公司的董事单位。

4月6日

莱钢团委召开建团20周年座谈会。总厂党委副书记李名岷到会并讲话。

4月9日

中国机械设备进出口总公司、省经委、省财政厅、省冶金总公司等单位组成的16人鉴定组,在莱钢宾馆对机械厂生产的叉车货叉进行技术、质量鉴定,认为质量达到国际先进水平。

4月10日

美国五金公司副总裁斯考尼基一行4人,到莱芜铁矿进行考察,双方议定了萤石出外销计划。

4月13日

全国人大代表、总厂厂长李景常在工人文化宫传达八届全国人大会议精神。

4月14日至27日

王认清副厂长到济南参加山东省八届一次人民代表大会。

4月19日

莱钢第一个中外合资项目“山东鲁碧建材有限公司”经山东省工商管理局核准,登记注册,具有法人资格,并准予开业。注册资金600万美元,合营期限25年。

4月20日

莱钢召开三项制度改革动员大会,宋兰祥副厂长作动员讲话。

4月21日

莱钢内外宾招待所、科技楼、医院病房楼施工招标会在第一铁厂招待所召开。有8个施工单位参加投标,评标结果:内外招由省建筑工程公司承建，科技楼由中建八局承建，医院由钢城建筑工程公司承建。

4月25日

莱钢召开第一次股份制改组国内专家(顾问)咨询会。就莱钢改制方案、改制的目标和时间，以及同亚行专家会晤时应注意的问题请专家发表意见。莱钢党政领导李景常、姜开文、李名岷、李庆、赵茂祥参加了会议。

4月22日至5月4日

总厂副厂长于昌忠等参加省环保局组织的考察团，赴泰国、新加坡、香港、澳门等地进行环保考察。

4月27日

山东鲁碧建材有限公司第一次董事会在石灰石矿召开。会议通过李庆(中方)为董事长、滕奕国(外方)为副董事长兼副总经理，李继文(中方)为副董事长兼总经理，杨立胜(中方)、滕奕正(外方)为副总经理。

4月29日

省八届人大代表、总厂副厂长王认清，在莱钢宾馆传达省八届人大会议精神。

同日

全国总工会授予炼钢厂炼钢车间炼一工段甲班全国先进班组称号、"五一"劳动奖状，授予运输部冯德法全国优秀业务能手称号、"五一"劳动奖章。省总工会授予焦化厂炼焦车间热修班山东省先进班组称号、富民兴鲁劳动奖状；授予汽运公司汽车司机董全温、第二铁厂工人技师钟其昌富民兴鲁劳动奖章。

4月30日

特钢厂中轧车间二期改造工程竣工投产。

同日

新泰冶炼厂铜管生产线改造工程立项，投资300万元，年产∅6—30毫米铜管1000吨，8月19日投产拉出第一根铜管。

4月

炼钢化验室建成。从英美两国引进的直读光谱仪、红外碳硫仪投入生产使用。

5月1日

中央电视台、中央教科所和省教委到莱钢进行职业高中教学录像采集。

同日

莱钢万门程控电话局(82局)建成，并开通ISDX—L型2500门程控电话交换机1台。工程总投资500万元。

5月2日至6日

亚行聘请的以瑞士银行国际证券有限公司总裁高弼为组长的专家组一行5人到莱钢，对股份制改组进行咨询，总厂领导李景常、姜开文等同专家会晤。6日中共山东省委副书记、副省长李春亭，在济南齐鲁宾馆会见了专家组。参加会见的有省政府办公厅副秘书长王庆新、省体改委副主任张龙、省人民银行副行长于宪庭、省体改委专职委员段虎及莱钢领导李景常、李庆。

5月2日至7月22日

总厂副厂长王认清率技术人员11人，赴德国柏林钢厂就50吨电炉二手设备进行清点，交接设计资料和设备冷试车等事宜。

5月3日

第一铁厂3号高炉停炉大修扩容改造。7月4日竣工投产，投资1400万元。

5月14日

在山东省第二届重合同、守信用单位命名表彰大会上，莱钢被省政府再次授予重合同、守信用企业称号，法律顾问室被授予全省经济合同管理工作先进单位称号。

同日

莱钢成立股份制改组工作领导小组，组长李景常，副组长姜开文，成员王认清、李名岷、刘培钧、宋兰祥，领导小组下设办公室，李名岷任主任，李庆、宋兰祥任副主任。

5月15日

在省政协七届一次会议上，莱钢党委统战部部长赵和德、莱芜铁矿技术科科长李云、炼钢厂技术科主任工程师马春云，当选为省政协第七届委员会委员，钢研所副总工程师徐中和当选为常委。

5月18日

中共山东省委批复莱芜市第九次党代会选举结果，莱钢党委书记姜开文兼任莱芜市委副书记。

5月19日

改扩建一期工程第二铁厂105平方米烧结机热负荷试车。

5月22日

莱钢合资项目山东鲁碧建材有限公司在石灰石矿举行开业典礼。

5月26日

莱钢医院病房大楼动工建设。

5月29日至30日

冶金部原部长李东冶在省冶金总公司总经理李国瑞陪同下到莱钢指导工作。

5月31日

韩旺铁矿会同有关单位，采用高压喷射灌浆新技术，在上河采场第四纪层构筑了1656.14米堵水帷幕墙。经有关专家测试，堵水效率为98.16%，年节排水费345.96万元。

5月

省政府批准莱钢技工学校为省重点技工学校。

5月

莱芜铁矿温石埠矿区选矿厂设备改造结束，正式投入生产。

6月1日

经省教委、经委批准，山东广播电视大学莱钢分校改为莱芜钢铁总厂广播电视大学。

6月3日

莱钢改扩建一期工程主体工程750立方米高炉点火。4日9时40分流出第一炉铁水。

同日

省委常委、省政法委书记孙淑义，在省公安厅厅长孟庆丰、莱芜市委副书记李明启陪同下到莱钢检查指导工作。

同日

新泰冶炼厂1500吨再生铜反射炉建成，流出第一炉铜水。

6月7日至14日

亚行聘请的股份制咨询专家组一行5人，第二次到莱钢进行咨询服务。

6月9日

莱钢针对750立方米高炉投产后，设备缺陷和故障多及高炉冻结事故，组织了以于昌忠副厂长为组长的750立方米高炉系统设备问题攻关组，8月调整为李景常厂长任组长，陈玲棠、于昌忠任副组长。10月底攻关基本结束，解决了因设计、制造、安装等遗留的设备问题，共更换18700余套件，投资714万元。

6月16日

省委常委、省纪委书记谭福德到莱钢检查指导工作。

6月17日至19日

全国地方骨干钢铁企业政策信息调研网成立大会在莱钢召开。来自全国13个地方骨干钢铁企业的代表参加了会议，会议通过了《全国地方骨干钢铁企业政策信息调研章程》，选举莱钢为首届网长单位，办事机构设在调研室。

6月18日

韩旺铁矿自行设计、安装的选矿25万扩建工程建成投产。投产后，选矿处理由50万吨增到75万吨。

6月19日

在中央宣传部、国家教委、广播影视部、全国总工会、共青团中央、全国妇联举办的中国近代史知识竞赛中，莱矿职工李献新、赵凤云分获二等奖。

同日

莱钢召开工会建会20周年座谈会。省总工会、省冶金工会负责人，应邀参加了座谈会。

6月25日

炼钢厂3号转炉工程开工。9月26日热负荷试车成功。

6月27日至28日

省委常委、省总工会主席刘洪仁到莱钢检查指导工作。

**6月29日**

莱钢被评为1992年中国工业技术开发实力百强企业，名列第52位。

**7月3日**

莱钢召开“三查”工作会议。传达中央文件，部署全厂以查经营思想、假冒伪劣和管理漏洞为主要内容的三查工作任务。

**7月4日至10日**

在全省群众性质量管理活动经验交流会上，省经委、省总工会、团省委、省科协、省质协，分别授予莱钢炼钢厂炼钢车间炼一工段QC小组、机械厂金工热处理QC小组山东省优秀质量管理小组称号。9月在全国第15次质量管理小组代表会上，全国总工会、共青团中央、中国科协、中国质协联合授予莱钢炼钢厂炼钢车间炼一工段QC小组全国优秀质量管理小组称号。

**7月7日**

经省教委批准，首次在莱钢第一中学设高考文化考试考点。

**7月17日**

莱钢被国家统计局、《管理世界》杂志和中国企业评价中心评为1992年中国500家最大工业企业之一，销售额列111位，利税列128位，固定资产净值列136位。在全国钢铁行业50家最大企业中按销售额排第30位。为此，国家统计局分别向莱钢和李景常厂长颁发了荣誉证书。

**同日**

莱钢召开党政工负责人会议，总结上半年工作，安排下半年任务。李景常厂长作了重要讲话，姜开文书记作总结讲话。

**7月21日至23日**

莱钢党委副书记李名岷、组织部部长赵茂祥、锻三股份有限公司党委书记李学忠，参加在济南召开的全省城市党建工作座谈会。会上，李学忠介绍了在股份制企业中加强党的建设的经验。

**7月23日至24日**

日本新能源产业技术综合开发机构受日本国通商产业省委托，计划部部长代理小岛直树等4人到莱钢，就日本国通商产业省《绿色无偿援助计划》实施选择合作项目进行考察。10月30日至11月2日，高桥帮雄等5人再次到莱钢进行考察，选定莱钢750立方米高炉、热风炉废热回收设备作为合作示范项目之一。12月6日，国家计委与日本国新能源产业技术综合开发机构就此签订了合作议定书。

**7月24日**

莱钢与意大利达涅利公司在济南签订3号连铸机设备引进合同，总厂副厂长刘培钧参加签字仪式。

**7月27日**

冶金部原副部长周传典一行4人，应邀到莱钢指导750、620立方米高炉技术攻关，协助解决新旧高炉生产中遇到的困难。李景常厂长、姜开文书记陪同参观了生产现场。王认清副厂长主持了技术座谈会。

**7月29日至31日**

莱钢在烟台召开1993年用户座谈会。来自全国13个省市83个用户的119名代表参加了会议，总厂党委副书记李名岷出席并讲话。会上，与用户签订了钢材供货合同108985吨。

**8月7日**

瑞士银行国际证券有限公司、香港安达信公司，向莱钢提交《莱钢股份有限公司组织机构设置方案》(讨论稿)。12日咨询公司在济南齐鲁宾馆召开莱钢股份制改组咨询项目指导委员会第一次会议，讨论咨询专家提出的组织机构设置方案和莱钢的修正案，会议原则通过了咨询专家提出的方案作为最终方案，莱钢提出的修正案为过渡方案。

**8月11日**

自备电站4号75吨锅炉点火，8月14日，两台12000千瓦发电机组假并网发电成功，12月10日，自备电站工程向动力部中间交接。

8月12日

总厂副厂长刘培钧在宾馆分别与二十二冶、莱钢建安公司签订了620立方米高炉大修改造及配套工程施工合同。

8月14日

总厂党政领导和部分机关处室负责人带头向受洪涝灾害地区人民捐款，全厂职工共捐款34万元，同时，莱钢捐出133万元救灾款和物资，派副厂长刘新芝等分别送往临沂、荷泽和莱芜市钢城区灾区。

8月18日至25日

在1993年山东青年科经贸博览会上，总厂设计院姚朝胜的国家专利项目《具有压实功能的活挡板平煤杆》获金奖；运输部的《内藏外拉开钩装置》、炼钢厂的国家专利项目《消烟沥青燃气加热熔化炉》、第一铁厂的《100立方米高炉热风炉改造》、特钢厂的《滚动导板应用于大圆钢生产》4项成果获银奖；财务处的《计算机财务管理信息系统》等6项成果获铜奖。莱钢团委获组织奖。

8月21日

冶金部副部长吴溪淳、质量标准司司长那宝魁，在省冶金总公司总经理李国瑞陪同下到莱钢检查指导工作。李景常厂长、姜开文书记陪同到部分二级厂矿参观了生产建设现场。

8月24日

莱钢召开科技工作会议，总厂副厂长、总工程师王认清作工作报告，李景常厂长、姜开文书记出席会议并作重要讲话。会上，对为“中国工业企业技术开发实力百强企业”做出显著贡献的有关领导及5个科技管理优秀单位、10个优秀科技进步项目及一批科技人员进行了表彰和嘉奖；王认清副厂长代表总厂分别与15个二级厂矿签订了科技承包合同。

8月26日至29日

冶金部在莱钢召开冶金系统大中型企业干部岗位培训制度课题研讨会。冶金部人事司、中国岗位培训制度研究课题组、北京冶金管理干部学院等单位负责人，以及鞍钢等16个课题组的代表，共30余人参加会议。总厂副厂长宋兰祥出席会议并讲话。

8月

在省总工会召开的第十次代表大会上，鲁卫东当选为全国总工会十二大代表；第一铁厂被授予工会工作先进单位称号；特钢厂中轧车间工会、机械厂铸铁车间工会、韩旺铁矿主矿车间选矿乙班工会小组、焦化厂炼焦车间热修班工会小组被授予模范职工小家称号；张铁家、陈焕嵩被授予优秀工会工作者称号；王恒泽、薛民被授予优秀工会积极分子称号；总厂党委副书记李名岷被授予荣誉工会积极分子称号

9月2日

山东省委以鲁任(1993)118号文、119号文，分别任命田克宁为莱芜钢铁总厂党委常委、赵茂祥为莱芜钢铁总厂工会主席。

9月4日

副省长陈建国在省政府副秘书长孙光远、省冶金总公司总经理李国瑞陪同下，到莱钢检查指导工作。李景常厂长、刘新芝副厂长汇报了莱钢的生产建设情况，陪同参观了部分生产单位。

9月10日

莱钢第四中学付毅被评为全国优秀教师，第五中学李言英被评为省优秀教育工作者。

同日

石灰石矿武装部被省政府、省军区授予民兵带建先进单位称号。

9月11日

山东省干部函授学院莱钢函授站成立，并招生开学。

9月15日

莱钢召开深入开展反腐败斗争、加强党风廉政建设工作会议，传达中央领导同志讲话和省委关于深入开展反腐败斗争、加强党风廉政建设工作会议精神。李景常厂长代表莱钢党委提出贯彻意见。

9月16日

山东省人民政府以鲁政任(1993)[illegible]号文

任命齐儒柱为莱芜钢铁总厂副厂长。

同日

总厂党委书记姜开文等赴意大利与达涅利公司签订中小型轧机设备引进合同。

9月17日

在全国冶金系统青工技术大赛中，医院李奉珍获护士比赛个人总分第4名，被团中央、冶金部授予全国冶金系统青工技术能手称号；高亚明取得转炉炉长总分第7名。

9月21日至23日

莱钢党委副书记李名岷赴京参加中央组织部在北京召开的全国国有企业党建工作座谈会。会上，听取了中共中央政治局常委中央书记处书记胡锦涛同志的重要讲话。

9月25日至27日

莱钢总厂副厂长兼总工程师王认清，赴浙江省建德市参加了冶金部组织的全国地方钢铁工业结构优化研讨会，并代表莱钢作了题为《优化结构，势在必行》的发言。

9月

普钢厂被授予全国群众体育工作先进集体称号；莱钢工会副主席刘相玺被授予全国群众体育先进工作者称号。

9月

锻压股份有限公司安满文被省妇联评为科技巾帼先进工作者。

10月1日至3日

中共山东省委副书记、副省长李春亭，在省政府副秘书长王庆新、省冶金总公司总经理李国瑞陪同下，到莱钢检查指导工作。李副省长听取了李景常厂长、姜开文书记的工作汇报，察看了第二铁厂、炼钢厂和50吨电炉工程现场，对莱钢的生产、建设和改革等各项工作给予充分肯定，并就当前和今后的工作作了重要指示。总厂党政领导参加了汇报会。

10月8日

莱芜铁矿与莱州市联营的莱钢西海矿业联合公司举行奠基、挂牌仪式。投资450万元，建成后年产铁精粉4.4万吨、硫3万吨。

同日

莱钢被评为全国投入产出调查先进集体。

同日

莱钢成立620立方米高炉大修改造工程指挥部。总厂副厂长陈玲棠任指挥。

10月11日

中国老年大学协会企业校委会成立大会暨第一次代表大会在莱钢召开。全国老龄委副主任、中国老年大学协会副会长张亚群等，以及来自全国9个行业28家大中型企业的56名代表出席会议。总厂副厂长宋兰祥主持会议，姜开文书记、王认清副厂长到会并讲话。会上，莱钢党委副书记李名岷当选为第一届校委会副主任。

10月13日

莱钢股份制改组第二次国内专家(顾问)咨询会在北京举行。国家体改委生产体制司副司长贾和亭，冶金部体改法规司副司长王承荣，山东省体改委主任张龙，总厂厂长李景常、副厂长刘培钧、李庆以及中央、省有关单位的专家顾问30余人参加了会议。会上，李景常厂长介绍了莱钢股份制改组工作情况，有关领导讲了话。

10月18日

莱钢召开改扩建一期工程建设暨试生产总结表彰大会。国家和省有关部门的领导人、一期工程施工单位和地方政府领导人，莱钢党政领导和机关处室、各二级单位负责人以及有关人员参加大会。姜开文书记主持会议，李景常厂长致词，有关单位领导祝贺讲话，陈玲棠副厂长介绍了一期工程建设暨试生产情况。会上，向二十冶、铁十四局、泰安建安公司、莱钢建安公司、莱钢自动化部、马院、中国冶金设备总公司、莱钢改扩建一期工程指挥部等单位颁发了纪念杯。

10月20日至21日

省委常委、宣传部长董凤基一行到莱钢检查指导工作。

10月25日

莱钢召开党员代表会议，选举出席山东省第六次党代会代表，姜开文、顾兰芳、钟其昌当选。

**同日**

团省委授予杜建新新长征突击手标兵称号。授予文学军、高亚明、伊茂盛、李佩和新长征突击手称号。

**10月27日**

中共中央政治局委员、山东省委书记姜春云，省委常委、秘书长韩喜凯，率省委组织部、宣传部、省计委、省经委、省农委、省科委等部门负责同志到莱钢视察工作。姜春云书记一行在总厂厂长李景常、党委书记姜开文的陪同下，察看了750立方米高炉和1号连铸机生产现场，听取了李厂长和姜开文书记的工作汇报。姜春云书记充分肯定了莱钢近几年取得的成绩，并对莱钢的发展作了重要指示。总厂党政领导参加了汇报会。

**10月30日**

莱钢地籍调查工作历经3年完成，经省地籍调查技术指导小组验收鉴定合格，颁发土地使用证书199个。

**同日**

在全国总工会第十二次全国代表大会上，莱钢工会被评为全国模范职工之家，特钢厂中轧车间工会被评为全国职工模范小家，莱矿马庄矿区工会宋万春被评为全国优秀工会积极分子。

**10月**

莱钢卫生处陈允岐被冶金部授予全国冶金系统爱国卫生先进工作者称号。

**10月**

莱钢生产的热轧带肋钢筋顺利通过冶金部复查，又取得5年生产资格。

**10月**

在劳动部组织的全国安全生产知识竞赛中，焦化厂潘利民获二等奖，张广启、颜连贵、王元录获三等奖，莱钢被评为先进集体。

**11月1日**

锻压股份有限公司轧钢车间二期工程开工。

**11月2日**

由省委党史研究室、省党史展览馆和韶山毛泽东同志纪念馆联合举办的纪念毛泽东同志诞辰一百周年大型图片展览活动在莱钢文化宫举行。省委党史研究室副主任王永仁、省党史陈列馆副馆长王龙、总厂党政领导及机关的300名干部参加了首展仪式。莱钢党委副书记李名岷和王永仁副主任分别讲了话。

**11月2日至3日**

莱钢召开计划工作会议。李景常厂长作了《认清形势坚定信心为实现100万吨钢的奋斗目标而努力奋斗》的讲话，姜开文书记作了总结讲话。会上，确定1994年奋斗目标是：生产钢103万吨，生铁91万吨，钢材65万吨。力争实现销售收入27亿元以上，实现利税5亿元以上，其中利润3亿元。

**11月6日至8日**

莱钢1994年定点定量订货会在浙江青山市召开。来自全国13个省市、70家用户的112名代表参加了会议，总厂副厂长齐儒柱出席并讲话。

**11月11日**

省人大常委会副主任马仲才一行6人到莱钢检查指导工作。

**11月11日至13日**

中华企业股份制咨询公司总经理孙定良、项目经理徐燕应邀来厂进行咨询服务，李景常厂长与其签订咨询服务合同，王认清副厂长参加座谈。

**11月19日**

冶金部在韩旺铁矿召开韩旺铁矿上河采场边坡稳定性研究技术鉴定会。鉴定小组认为该项技术达到了国际先进水平。

**11月19日至26日**

省六次党代会代表姜开文、顾兰芳、钟其昌出席山东省第六次党代会，李景常厂长作为五届省委委员列席会议。会上，姜开文书记当选为中共山东省第六届委员会候补委员。

**11月22日**

香港永碧建材有限公司董事长薛伯辉，总经理睦奕国等一行4人到莱钢考察。23日，李春亭副省长及省有关部门负责人在济南齐鲁宾馆接见了香港客人，接见时，李景常厂长、李庆副厂长在座。

**同日**

冶金部3号软件推广座谈会在莱钢召开。3号软件是冶金部委托莱钢研制成功的，它将为领导加强企业宏观管理和经营决策提供综合信息资料服务。冶金部有关领导和来自全国56家地方骨干钢铁企业的代表参加了会议，总厂副厂长齐儒柱出席会议。

**11月23日至24日**

由省冶金总公司主持的"莱钢120万吨转炉钢改扩建规划论证会"在济南召开。省计委、省经委、省冶金总公司、冶金部规划院、包钢、济钢、等单位42人参加会议，总厂领导李景常、刘培钧出席。莱钢设计院对规划内容进行了补充。

**11月24日**

亚行在济南齐鲁宾馆召开莱钢股份制改组咨询项目指导委员会第二次会议。省体改委主任张龙、莱钢领导李景常、姜开文、李庆及瑞士银行、香港安达信公司咨询专家参加了会议。会上，讨论咨询专家提出的莱钢股份制改组中期报告，莱钢提出了修改意见。

**11月26日**

莱钢晋升为国家一级节能企业。

**11月28日至12月2日**

在第二届全国青年科技成果博览会上，建安公司的《钢木一体报警防盗门》、设计院的国家专利项目《具有压实功能的活挡板平煤杆》获金奖；运输部的《内藏外拉开钩装置》、财务处的《会计核算电算化信息系统》、特钢厂的《硅铝铁合金在电炉冶炼中的应用》、焦化厂的《利用PDC再循环提高酚产品的收率》4项成果获新星奖；莱钢团委获优秀组织奖。

**11月**

锻压股份有限公司生产的热轧带肋钢筋，在省螺纹钢统检中质量排第一，并被推荐参加全国在京举办的展览，受到通报表扬。

**11月**

总厂卫生处刘慕香，特钢厂刘晓兰被省政府授予山东省计划生育先进工作者称号；李乃昌被卫生部授予全国卫生防疫工作先进个人称号。

**11月**

莱钢荣获93全国企业营销知识竞赛暨市场营销优胜企业称号。总厂副厂长于昌忠等，赴北京参加了颁奖仪式。

**12月6日**

在省总工会召开的全省群众生产工作会议上，莱钢工会生产生活部被评为山东省群众生产工作先进单位、山东省劳动保护工作先进单位；运输部机务段891机车包乘组、轧钢厂初轧车间轧钢乙班被评为全省工业企业安全建设先进班组。

**12月8日**

亚行对莱钢技术援助项目协调会在北京召开。亚行高级官员扎伊迪、中国处处长莫瑞、中国人民银行国际金融司项目官员芮颖、瑞士银行国际证券有限公司总裁高弼、香港安达信公司合伙人吴颂伟、山东省体改委主任张龙、莱钢领导李景常、李名岷等参加了会议。

**12月15日至17日**

莱钢召开第六届四次职工代表大会。与会代表540余人。大会听取和审议了李景常厂长所作的《团结奋斗，开拓前进，努力登上年产百万吨钢的新台阶》工作报告；审议通过了莱钢1993年生产经营和建设计划执行情况及1994年生产经营和建设计划安排意见；审议通过了1993年财务指标预计完成情况和1994年计划安排意见；审议通过了1994年职工生活福利费使用方案和莱钢内部承包责任制方案。

**12月30日**

省委宣传部、省经委、省总工会授予莱钢总厂、第一铁厂、轧钢厂、运输部全省思想政治工作优秀企业称号；授予总厂党委书记姜开文、第一铁厂史俊生全省优秀企业思想政治工作者称号。

12月31日

由韩旺铁矿自筹资金200万元，自行设计和施工的尾矿浮选厂建成投产。年产铁精矿2万吨，年创效益80余万元。

12月

财政部授予莱钢全国清产核资先进集体称号；授予财务处王钦才全国清产核资工作先进个人称号。

12月

莱钢劳动工资、人事、劳动保险三项制度改革工作4月在全厂普遍展开，12月底完成。全厂编制定员由改革前的36208人，压减为30316人，压减幅度为16.27%；机关职能机构由改革前的413个，精减为277个，压减幅度为32.93%。对操作人员实行了考核上岗，给考核合格者颁发《岗位合格证书》7000余个。在全厂实行了岗位技能工资。

本年

生产钢816742吨，生铁761413吨，钢材544114吨。全年实现利税39143万元，其中利润22310万元，税金16833万元，销售收入233322万元。

完成基建投资44012.63万元，其中利用外资改扩建项目完成投资36109.48万元。至此，利用外资改扩建项目累计完成投资694[illegible]2.71万元。

本年

莱钢报社评出十大新闻：

1.中共中央政治局委员、山东省委书记姜春云到莱钢检查指导工作。

2.全厂齐奋战，实现钢、量超过80万吨的奋斗目标。

3.一期工程竣工，750立方米高炉三月3日点火，次日9时40分流出第一炉铁水。

4.三项制度改革工作基本完成。

5.莱钢跨入中国工业企业技术开发实力百强行列，并晋升为国家一级节能企业。

6.李景常厂长当选为八届全国人大代表；姜开文书记当选为第六届省委候补委员。

7.锻压股份有限公司、冷带制品股份有限公司成立并正式运行。

8.1号连铸机2月份达产，创出全国同类型连铸机达产速度新水平。

9.在第二届中国青年科技成果博览会上，莱钢获两块金牌。

10.莱钢获山东省思想政治工作优秀企业称号。

# 6. 二级厂矿单位概况

## 矿　　山

### 莱 芜 铁 矿

**【基本情况】** 莱芜铁矿创建于1958年，发展到1993年已成为包括采、掘(剥)、选、运、机修、钻探等生产线配套成龙，生活服务、文教卫生自成体系的综合性国营中型黑色冶金矿山。地质总储量1.7亿吨，年产铁矿石30万吨、铁精粉20万吨，是莱钢的重要原料基地之一。下设马庄矿区、业庄矿区、谷家台矿区、马庄三期矿区、崅峪矿区、温石埠矿区、选矿厂、机修厂和地质队。其中，谷家台矿区、马庄三期矿区主要承担基建工程建设。全矿拥有固定资产净值3086.59万元，主要大型设备36台套，总重量1037.9吨。占地面积4166657平方米。房屋建筑面积73711平方米。职工4476人，其中具有高级专业技术职务的59人、中级的201人、初级的298人。

**【主要经济技术指标】** 1993年，莱矿克服矿源短缺、品位下降等各种困难，共生产铁矿石33.19万吨，比上年增长13.9%；生产铁精粉20.63万吨，超奋斗目标0.63万吨；生产萤石粉12508吨，比上年增长15.23%。全年实现工业总产值4376.32万元，比上年增长10%。在管理上，狠抓承包责任制的落实，强化工序过程控制与成本管理，矿产品实物质量相对保持稳定。铁精粉成本235.38元/吨，比计划下降13元/吨；铁精粉品位达到66.27%，比上年提高0.12%，内控合格率达100%，保持了省优质产品称号，被莱芜市批准为质量免检产品，副产品铜精粉和钴精粉综合合格率也达到100%。全年能源总耗23664吨，比上年提高3.74%；万元产值能耗6.67吨/万元，比上年提高6.21%；主要物料消耗：采矿电耗63.18千瓦·时/万吨。井下炸药5628千克/万吨，比上年降低24%。坑木59.62立方米/万吨，比上年降低5.5%；全员劳动生产率13067.43元/人年，全员实物劳动生产率204.2吨/人年，分别比上年提高13.28%、18.03%。

**【多种经营】** 为弥补矿石生产的严重不足，坚持“因地制宜、发挥优势、一业为主、多元经营”的方针，及时采取措施，在保证生产的同时，在多种经营与资源开发利用上下功夫，开展挖潜减亏和增产增效活动。莱钢建井处在山东胶东一带承包建井设备安装和爆破工程，全年完成施工总产值621万元，比上年增长12.8%，为矿节支工资奖金近150万元。购置了80余万元的施工设备，增强了承担较大型工程的能力。下半年，成立莱矿经营开发总公司，1名副矿长兼任总经理，下设劳动服务公司、安装制修公司、建筑工程公司、温石埠开发公司、电焊条厂等，这些项目年内大部分实现了自负盈亏。

**【技术进步和基建】** 受矿山开采条件的变化和各种自然因素的影响，莱矿现有矿井已处于开采末期，产量逐年下降，成本不断上升，极大地制约了矿山的发展和经济效益的提高。为此，矿上充分发挥技术优势，组织技术人员大力开展科技攻关。针对谷家台矿区井下水大等困难，提出了顶板注浆隔水充填采矿的方案，并顺利通过省级技术论证，被总厂评为优秀技术进步项目；对选矿厂浮选工艺及设备进行更新改造。以高效低耗的4台浮选机取代能耗高、效果差的8台浮选机，改造费用21.86万元，年经济效益提高40.57万元。同时，采用先进的污水处理技术，使选矿厂外排污水达标率优于国家标准，结束了近十年外排污水超标罚款的被动局面；业庄矿区的充填站建设调试走上正规，充填系统得到正常运转，矿产量增加；投资100万元安装了400门程控电话；投资19万元，新增5台具有九十年代先进水平的闪烁式智能核子称，计量工作继续保持计器配备率、计量检测率、计器周检率均达100%。全年共完成技改及技术进步项目21项，增加效益382.26万元。

为加强基建工作的集中统一领导，加速接续工程建设，矿于6月成立基建部。谷家台矿区作为重点项目，1993年完成了东区试采十项较大项目准备工作，并同时进行了井巷掘砌施工。截止年底，主要完成了巷道、铺路架线、风水管道架设、购置和安装主要采矿设备、主井筒大修、修筑运矿公路等工程。－10水平大巷施工于11月15日斜井与主井之间贯通，贯通中腰线测量，完全符合规定要求。投资计划1500万元，实际完成1319.42万元，完成投资计划的88%；马庄三期矿区是该矿区的接续工程，它的建设对莱矿将来的矿石生产有着非常重要的影响。为加快工程进度，对这个矿区采取工资含量包干的奖励政策。截止年底，主井掘砌完成470米，使工期获得重大进展。

**【三项制度改革】** 4月份开始，根据总厂的部署，开展了劳动、工资、社会保险三项制度改革。经过岗位测评、机构设置、双考、双向选择、竞争上岗及签定《岗位责任书》等程序，管理机构由原来的27个科室精减为六部一室，精减率74%；管理人员中的中层领导干部职数精减42%。一般管理人员精减34%；操作人员精减15%；工业生产、基建、划块单位共压减人员567人。截止年底，陆续上岗人员3431人。有200余名富余人员得到了妥善安置。此外，对全矿职工推行了岗位技能工资制，井下采矿、掘进、深孔、巷修四大工种的岗次与岗位工资高于矿长和其它岗次，真正体现了向苦、脏、累、险岗位倾斜的分配原则，从而进一步激发了职工的生产积极性。

**【精神文明建设】** 为保证改革的深入发展和各项生产经营任务的完成，莱矿坚持两手抓、两手硬的方针，不断加强思想政治工作，矿容矿貌明显改观。有计划地组织了干部职工对党的十四大精神、建设有中国特色社会主义理论和市场经济理论的学习。对职工进行形势任务宣传教育和技术培训，职工思想认识水平和文化技术素质明显提高，通过开展抓机遇、降成本、抢速度、创效益主题系列活动，使党务工作紧贴生产一线，开创了思想政治工作新局面。通过开展三查和反腐败斗争活动，各级领导干部以身作则、廉洁自律，增强了自觉性，提高了战斗力。矿工会紧紧围绕矿上的中心任务，开展了丰富多样的劳动竞赛和技术比武，锻炼了职工队伍，增强了主人翁意识。通过普法教育，社会治安综合治理得到加强，全矿人心思进，政治稳定。医疗卫生、防疫、中小学教育、老干部工作也都取得了一定的成绩。矿工会女工委员会被评为全国先进女职工集体，1人被评为全国工会优秀积极分子，1人被评为全省先进女职工工作者。莱矿分别被评为莱钢党建工作先进单位、职工教育先进单位、普法教育先进单位。

**【职工生活】** 莱矿重视对职工生活的改善，职工福利不断提高。全年新建职工宿舍楼3栋，平房10套，共5537平方米，98户职工乔迁新居。全年为职工提供生活物资达144.44吨，液化汽5000瓶。职工人均收入比上年度也有较大增长。

（王子欣　马　辉）

**【生产概述】** 采矿生产。莱芜铁矿现有马庄和业庄两处生产矿山，另与泰安市峋峪镇联合开采峋峪铁矿。马庄矿区处于二期工程生产末期，原设计能力已大幅度衰减，目前开采水平为+50水平和零米水平上分段以及+100水平的氧化矿房。主要沿用有底柱分段强制崩落法采矿。采用YG—80凿岩机中深孔凿岩、微差非电起爆，电耙井出矿，3吨和7吨电机车坑内运输，地表10吨电机车牵引1.1立方米U型矿车将矿石运至选矿厂。全年共生产原矿23.5万吨，比上年增产5.5%，完成生产掘进6020米，中深孔凿岩总进尺55085米。

业庄矿区自1993年始，全面转入胶结充填法采矿（分层崩落嗣后一次充填），采矿水平为－2及－25水平，其中－2水平为原进路采矿石的残柱矿房。均采用YG—90凿岩机中深孔凿岩，微差非电起爆，0.75立方米电动铲运机出矿（残柱矿房仍采用电耙溜井出矿），3吨电机车牵引1.1立方米矿车坑内运输，地表以10吨电机车将矿石运至谷家台矿场待汽车转运至马庄选矿厂。全年共生产原矿6.3万吨，比上年增产70%。充填采空区2.2万立方米。

峋峪铁矿为露天开采，规模小，生产较为简单。采用YQ—150潜孔钻凿岩大孔，微差非电起爆，1立方米电铲将矿石装至0.75立方米V型矿车经斜坡提升至地表储矿场。1993年，克服了雨季造成的矿坑边帮大面积塌方给生产带来的困难，完成采剥总量11.74万吨，生产矿石5万吨，超额完成年度计划。

坑下采矿主要技术经济指标完成较好。年平均采出原矿品位39.03%，输出矿品位39.43%，分别比上年提高2.02和1.67个品位值；掘采比280米/万吨，比上年降低180米/万吨；采矿工效9.47吨/工·班，掘进工效0.18米(0.91立方米)/工班；采矿全员实物劳动生产率208.7吨/人年，比上年提高21.8%；采矿炸药单耗5628千克/万吨，木材单耗59.62立方米/万吨，分别比上年下降24%、5.5%；工序能耗19.25千克/吨，比上年略有下降。

选矿生产。马庄选矿厂选矿工艺流程为干磁选—磁选—浮选，以铁精粉为主，综合回收铜精粉和钴精粉，通过几年的革新与改造，已突破设计生产能力。1993年处理原矿46.6万吨，生产铁精粉20.45万吨，主要技术经济指标较上年普遍提高。铁精粉品位平均达到66.27%，铁金属回收率87.72%，分别比上年提高0.12个和1个百分点；选矿主要消耗指标均有所下降，其中钢球消耗1.08千克/吨，电力消耗25.02千瓦时/吨，分别比上年下降2%、3.1%；磨机利用系数2.8吨/立方米·台时，选矿全员实物劳动生产率738吨/人年，比上年提高122吨/人年；工序能耗10.41千克/吨。生产选矿副产品铜精粉421吨，钴精矿2449吨，生产品位分别达17.28%、0.357%，实物质量均比往年有所提高。

萤石生产。采用碱浮选工艺流程法生产，采用“二段一闭路”破碎流程，“一粗、二扫、六精”选别流程。萤石粉年生产能力2万吨。产品主要出口美国、日本、意大利等国，产品一级品率达100%，并可按客商要求生产不同品级、规格的产品，由于受原料及外销价格的影响，生产能力未能得到充分发挥。1993年生产萤石粉12608吨，比上年增长15.23%。

加快矿山技术改造步伐稳定和提高矿产能力。近些年来，由于投资及开采条件变化等原因，莱矿生产规模逐年缩减。为稳定现有生产能力，保证主要产品的生产，总厂投资600万元对马庄、业庄两生产矿区分别进行采矿工艺改造和同水平疏干采矿试验。该工程1992年完成并投入生产，1993年又针对存在的技术难点进行攻关及工艺完善，到年末两项目均达到设计生产能力。其中马庄零米水平采出原矿7万余吨，占全矿区原矿产量的30%。业庄充填法采矿共采出原矿6.3万吨，为上年原矿产量的170%。年内较大的基本建设工程为谷家台矿区和马庄三期矿区。谷家台矿区由鞍山黑色金属矿山设计院设计，设计规模为年产100万吨铁矿石。矿区于1970年5月开始建设，1979年因国民经济调整而缓建。1992年决定续建。莱钢设计院编制《东区试采初步设计》。1993年根据试采设计要求，采取"五不"方针(即不疏干、不改河、不塌陷、不搬迁、不还水)，采用矿体顶板灰岩注浆补漏的治水方案和分段落矿嗣后胶结充填采矿方法。全年完成投资1319.42万元。主要完成巷道工程570米；铺路架线550米；道叉8付；维修巷道600米；风水管路架设2300米；斜井吊桥3座；完成主要设备的维修安装；购置部分主要采矿设备；完成主井筒大修工程。土建工程量完成20598.67平方米。为今后的东区试采创造了条件。马庄三期矿区是为保证马庄二期工程开采的接续工程。自1988年开工建设以来，一直以井巷工程为主。1993年完成投资360.35万元，主要完成主井掘砌172米，马头门60米，人行道33.2米，信号室10米。三次堵水成功率95%。

强化矿山安全生产。坚持"安全第一、预防为主"、"保护环境、造福人民"的方针，大力宣传贯彻《矿山安全法》，切实落实安全生产责任制，不断增强广大职工安全生产的法制观念。根据矿上的具体情况，推行了"三无、三高、一降低"的"331"安全环保目标管理。主要措施，一是明确主管人员的安全环保责任，层层签订安全环保责任书，加大考核奖惩力度；二是开展多种形式、多层次的安环形势教育和安全活动，提高广大职工的自我安全意识和"我要安全"的自觉性；三是加强安全环保工作基础建设，推行"双标"管理；四是狠抓现场安全生产管理工作，促进隐患整改，消除事故苗头；五是积极治理污染源，改善工作与生活环境。全年安全生产形势稳定，杜绝了工亡、重伤、重大责任事故的发生。环境条件得到较大改善。全矿全年千人负伤率为0.18‰，岗位粉尘浓度合格率83.3%，环保设备完好运转率97%，污水综合排放合格率91.5%。莱矿被评为省冶金工业总公司和莱钢1993年度安全环保先进单位。5人被评为全省安全生产和环境保护先进个人。

(李树义　马　辉)

## 韩旺铁矿

**【基本情况】** 韩旺铁矿是一座以采选生产为主体，机修、汽车运修相应配套的露天矿山。原隶属于山东冶金工业总公司，1992年4月1日全建制并入莱钢，为省部级清洁矿山、省级先进企业、国家二级计量单位、冶金部质量管理奖企业，1992、1993年连续两年保持省级文明单位称号。已形成年采矿50万吨、选矿75万吨的生产能力。生产设备579台套，总重3160.5吨，其中厅控设备112台，总重2292.9吨。拥有固定资产原值8491.14万元，净值6501.61万元。占地面积295.4万平方米。职工1603人，其中具有高级技术职务的10人、中级的77人、初级的137人。下设采矿、选矿、机修、运修4个车间和劳动服务总公司、医院、学校，机关设六部一室。

**【主要经济技术指标】** 全年完成工业总产值2949.45万元，按1990年不变价计算，比上年增长22.3%；完成采剥总量203.19万吨(其中采矿47.37万吨，剥岩155.82万吨)，比上年增长27.1%；生产铁精粉18.17万吨，比上年增长19.46%；实现利税594.26万元，利润516.52万元，分别比上年增长113.3%、117.28%。以上指标均创出了历史最好水平，提前一个月实现了全年生产经营奋斗目标。主要技术指标也好于往年。

**【基本建设】** 由省冶金工业总公司投资，该矿配合有关部门设计并自行施工的上河采场50万吨接续工程历时4年零5个月于年底全部建成(除下盘截水沟尚未施工外);由总厂投资兴建该矿配合有关部门设计并自行施工的采选25万吨扩建工程,本年度完成了上河采场扩建工程123.29亩的征地、防洪坝的砌筑、6千伏高压线路的架设和设备购置,已开始机械剥岩,提供矿石3.5万吨;选矿扩建工程于1993年6月18日提前一个月建成投产;为充分利用矿产资源提高企业的综合经济效益,妥善安置富余人员,该矿还自筹资金建成了年产2万吨的浮选厂。以上项目的建成,为1995年末采选达产75万吨、形成23万吨铁精矿生产能力奠定了坚实的基础。

**【科技进步】** 该矿会同有关单位采用高压喷射灌浆新技术,在上河采场第四纪层构筑了1656.14米堵水帷幕墙,堵水效率为98.16%,年节省排水费345.96万元;在选矿三系列配置了微机核子秤,使选矿主产工艺检测首次实现了计量设备自动化;会司省内外有关科研单位进行了一几项课题研究,其中上河采场边坡稳定性研究通过部级专家鉴定,已达到国际先进水平;广泛发动职工围绕生产经营开展科技承包、技术革新、合理化建议等活动,创效益315万元。

**【管理工作】** 该矿认真落实经济责任制,对主要生产车间实行了产量、内部利润双挂钩的承包办法,把产量、质量、消耗等主要指标层层分解落实到车间、工段、班组和个人,对机关部室实行责任与车间主要指标挂钩考核的办法,加大考核力度,拉开分配差距;坚持机关部室和车间职工代表团组双向检查的劳动纪律检查制度;开展以岗位培训为重点的职工教育;以现场管理为突破口,开展班组升级活动;以"三查"活动为契机,加强管理,完善制度,夯实了各项基础;认真搞好清产核资工作,实行了新财会制度转换。该矿被莱钢总厂评为1993年度职工教育、清产核资、计划企管、计量工作等先进单位。

**【三项制度改革】** 在去年实施医疗费制度和住房制度改革后,1993年该矿认真贯彻落实总厂三项制度改革精神,提出了定编定员定责定岗方案,通过双向选择竞争上岗,逐级签订岗位责任书,遵循"大胆、积极、稳妥、有效"的方针,按照精简效能的原则,将原机关24个科室精简为六部一室,工业生产系统定员1152人,压减幅度为12.93%,管理人员和科级管理人员分别压缩了31.21%、34.42%。划块管理系统定员311人。全矿上岗职工1396人,兑现了岗位技能工资,并成立了尾矿回收公司、商业公司等三产单位,妥善安置富余人员,扎扎实实地进行了三项制度改革。通过改革,初步建立起了有效的竞争激励机制。

**【精神文明建设】** 该矿一如继往地坚持两手抓,做到两手硬,在认真加强党组织的思想和组织建设、坚持各种制度、做好经常性思想政治工作的同时,分层次举办各类人员学习班,学习建设有中国特色社会主义理论和社会主义市场经济知识;紧紧围绕生产经营这个中心,在职工和党员中广泛开展"凝聚力、向心力"系列教育和党员责任区、党员示范车等党性实践活动;成功地举办了建矿20周年庆祝活动,提出了到1995年末生产铁精粉23万吨,到2000年生产铁精粉34万吨的"两步走"战略目标;开展普法教育,加强矿区的治安保卫;加强党风廉政建设,坚持从领导做起,采用正副职谈心的办法,解决矿级干部的廉洁自律问题,并根据群众反映的实际问题,制订了十条整改措施。改造3栋单身楼为家属楼,新建1栋家属楼,为119名家在农村的中层干部、大中专毕业生的家属和子女、农民合同制女工办理了当地城镇户口。本年韩旺铁矿分别被授予1993年度莱钢党建工作先进单位、思想政治工作优秀单位、社会治安综合治理先进单位等称号。

## 二级厂矿单位概况

**【生产概述】** 韩旺铁矿是一座年采矿50万吨、选矿75万吨生产能力的露天矿山。矿石性质属鞍山式混合贫铁矿，地质储量1.73亿吨，可熔铁平均品位29.16%，约有1.2亿吨铁矿石可以露天开采。前几年首先开采的是王峪矿区，由于开采条件的变化，1992年4月17日暂时停采。上河矿区设计规模为50万吨，作为王峪矿区的接续工程，1989年7月开始筹建；为了解决基建不到位，又必须进行新老采场接续的问题，建设中打破常规，利用现场的地形条件，在高水平剥岩的同时，在170米水平进行凹陷掘沟，以尽快出矿。选矿系统原处理能力为50万吨(两个系列)。1993年上半年增加一个系列，使选矿年实际处理能力达到75万吨。

采矿生产主要设备有YQ—150A潜孔钻6台，WD400挖掘机(4立方米)1台，W1002挖掘机(1立方米)6台，SH361A自卸汽车(15吨)29辆，BJ3364自卸汽车(20吨)6辆，红旗100型推土机3台，T—120型推土机2台，4L—2018空压机5台。

采矿工艺流程：采用露天潜孔钻穿孔，深孔爆破，电铲装载，推土机作辅助平场及集堆工作，汽车运输作业，矿石运往选矿原矿仓，废石排往原王峪矿区废石场。

1993年，上河采场生产、基建同步进行，基建不到位，现场作业条件差，生产难以协调。为此，该矿坚持生产、基建两副重担一起挑，在采矿工艺上采用分采、分装的方法，加强矿石的质量管理，提高矿石回采率和矿石品位，为选场供矿创造条件。为保证明后两年的供矿，加快170米水平的掘沟进度和落底工程的开拓延伸，抓紧南北山头的剥离降段，全年采剥总量突破200万吨大关，创出了历史最好水平。

1989年7月，由省冶金工业总公司投资3000万元兴建上河采场50万吨接续工程，截止1993年底，除下盘截水沟尚未施工外，主体工程已全部竣工，共完成基建剥离261.85万吨，提供副产矿18.03万吨。会同省内外有关科研单位进行了合理采矿工艺、高喷板墙稳定性等十几项课题研究，取得好成果。继续推广应用了预裂爆破新技术。采用高喷灌浆新技术，构筑了1656.14米堵水帷幕墙，在国际上尚属先例。

选矿生产主要设备有PEJ900×1200颚式破碎机1台，PYB1750圆锥破碎机1台，PYD1750圆锥破碎机2台，SZZ1800×3600自定中心振动筛2台，MQG2700×2100湿式球磨机5台，∅2100×4500湿式球磨机1台，∅1050×2100永磁磁选机7台，∅2500立式磁选机4台、TCW—12平方米过滤机4台，SZ—30真空泵4台。

选矿工艺流程为：破碎系统采用三段一闭路流程，选矿系统原设计为阶段磨矿、阶段选别流程，1983年～1989年，经过三次改造后，采用三段磨矿、立磁和螺旋溜槽重选的磁重联合工艺流程，经国内专家鉴定，认为在鞍山式“贫、细、杂”的铁矿工艺上，达到了国内先进水平。1993年底，利用停车检修之机，针对上河采场矿石性质变化大、难磨难选的特点，又对选矿工艺流程进行了必要的改进，对球磨机强制给矿，增加了一段筛下立磁选别，重新配置了两台筛上立磁，改善了技术条件，以提高磨矿细度，强化选别。针对矿石性质变化大，金属回收率低，扩建后选矿不能满负荷生产的实际，加强了选矿各环节的控制：一是工程技术人员跟班作业，根据矿石性质的变化，及时调整操作条件，提高磨矿细度，初步摸索出了适应现有矿石性质的工艺流程改进方案。二是拓宽民采矿石收购渠道，加大民采矿收购量，做到合理配矿，努力提高精粉产量。三是加强设备的维护保养，实行操检结合，延长开车时间，加大选矿处理量，不仅圆满完成了三系列安装任务，而且全年精矿产量突破18万吨大关，创出了历史最高纪录。

在破碎系统安装的干式磁选机，从1992年9月27日试车成功至1993年底共甩出废石65729吨，占入选量的8.06%，对节约选矿加工费，扩大球磨处理量有显著效益。

该矿还充分利用矿产资源提高经济效益，在马鞍山矿山研究院的指导帮助下，采用碱性正浮选方法从尾矿中回收铁精矿。该工程自筹资金200万元，用5个月时间自行设计和施工，共安装球磨机、多梯度磁选机等设备47台套，铺设管道900多米，于1993年11月底建成年产铁精粉2万吨的浮选厂。实现当年设计，当年施工，当年试产的目标，安置富余人员27人，预计年增效益80多万元。

扩大采选生产规模。并入莱钢后，为解决矿山的长远发展问题，该矿紧紧抓住钢铁工业大发展的良好机遇，在莱钢总厂的大力支持下，开始了采选两个25万吨扩建工程的建设，力争在“八五”末实现年采选75万吨规模的目标。

采矿扩建工程经多方努力，前期准备工作基本完成，所需设备全部到位(其中购进4立方米电铲1台、20吨运矿车6辆、修复潜孔钻、推土机、电铲4台)，基建剥岩全面展开，并提供矿石3.5万吨，已具备边建设边供矿的条件。

选矿扩建工程由该矿配合有关部门设计并自行安装。从1993年1月起，短短5个月的时间，完成设备选型、订货、进货、安装、调试的全部工作，于当年6月18日建成投产。提前一个月实现了矿六届三次职代会提出的一季度安装设备，二季度调试，三季度投产的目标。该工程共制作安装设备21台。其中安装球磨机2台，过滤机6台，大筒经磁选机3台，摆式给矿机4台，螺旋分级机1台，自制立磁4台，修复给矿皮带机等设备6台，铺设管道800多米、电缆4850米。此安装工程工作量大、速度快、质量好，受到了总厂领导好评。

三系列选矿工艺流程是在分析总结了近几年生产实践，特别是三期工艺流改造成功经验基础上，考虑到上河矿区的矿石特点而设计并经省内选矿专家论证的，具有以下特点：1.三段磨矿采用∅2100×4500磨机，有利于细磨，提高精矿品位；2.应用了∅2500立磁和高频细筛新技术，可减少流程中的循环量，防止过磨造成金属流失，同时能增加流程的处理能力；3.第三系列与前两个系列有机结合，磨机采用3:2:1配置，有利于节能，在提高处理能力方面有一定潜力；4、整个流程灵活多变，无论哪一台磨机出现故障停机时，矿浆即可改道而行，不会使整个系统停产。

(高富信)

## 石灰石矿

**【基本情况】** 石灰石矿始建于1970年，是莱钢下属辅助原料矿山。主要产品为冶炼用石灰石，年生产能力30万吨。为综合利用矿山资源，1986年新建1座年产10万吨的水泥厂，主要生产425号矿渣和525号普通硅酸盐水泥，其中425号矿渣水泥为省优产品，获国家质量认证。1993年5月，水泥厂与香港永碧有限公司合资创办的山东鲁碧建材有限公司正式运行。合资后的石灰石矿与鲁碧公司为两个单位两块牌子，财务独立核算，生活后勤由石灰石矿集中统管，鲁碧公司有偿使用。年末，全矿(包括鲁碧公司)拥有固定资产原值2987.74万元，净值1933.98万元，占地面积715689平方米。职工886人，其中具有高级专业技术职务的9人、中级的41人、初级的66人。

**【主要经济技术指标】** 全年实现工业总产值1432.72万元，比上年增长11.93%；生产石灰石347147吨，比上年增长20.07%；生产水泥110059吨，比上年增长5.42%；采剥总量(包括基建剥离)1547357吨，相当于前4年的采剥总量。全员实物劳动生产率：石灰石工序1385.8吨/人年，水泥工序249吨/人年；输出矿石合格率98.78%，比上年提高0.89%，出厂水泥合格率、富余标号率保持“双百”；石灰石成本17.15元/吨，水泥成本152.50元/吨，均完成控制指标要求；全年实现利税570万元，其中利润420万元、税金150万元。

**【矿山扩建工程】** 矿山扩建是莱钢总体扩建二

期工程的第一个计划项目，于1992年7月1日动工，工期两年，总投资3382万元，届时将形成年产60万吨石灰石的生产能力。在生产与基建交叉、主机设备不到位、暑汛期露天作业，资金缺口大等不利条件下，最大限度地维持了基建进度，年末共完成投资1873万元，完成基建剥离量1201831吨，破碎筛洗土建工程完成90%，基本上达到了总厂总体网络计划要求。与主体工程相配套的输配电工程、压风工程、供排水工程、总图运输工程以及生活福利设施等项目，也相继按计划竣工和实施。形成部分增矿能力。

**【鲁碧公司的创办和运营】** 在大力发展生产，提高经济效益的同时，积极探索合资经营的新路子。经过近三年的努力，1992年10月，国家对外经济贸易部以(1992)外经贸资二函字第706号文批准莱钢水泥厂与香港永碧有限公司设立合资企业和年出口30万吨525号水泥申请许可证。1993年1月，双方在北京签订合资经营合同，并拟定合资企业章程。4月19日，山东省外经委以鲁经贸外资字(1993)第177号文颁发合资企业批准证书。投资总额1500万美元，注册资金600万美元，合营期限25年，以生产经营水泥成品、半成品和水泥制品为主，兼营其它建筑材料。4月27日召开第一次董事会，确定公司主要领导成员，研究公司组织管理机构、劳动工资、财务资产、工程设计等重大事宜，5月22日莱钢第一个中外合资企业山东鲁碧建材有限公司举行开业典礼，8月1日前的公司试运行阶段，相继进行了资产分离、财务独立核算，实现了管理运行体制的平稳过渡。11月6日召开第二次董事会，就公司运营、水泥扩建当中所涉及的重大事宜作了原则规定。12月，第一期外汇资金60万美元到位。合资运营情况良好，5至12月，公司实现利润191万元，税金106万元，付给莱钢利息178万元。

**【三项制度改革】** 按照总厂的统一部署，结合本矿发展和鲁碧公司合资经营企业的新特点、新情况，对两套机构设置和人员配备进行综合安排。石灰石矿机构定为四部一室，即生产部、经营部、人事部、党群部、办公室，下设采矿、运输、机修3个车间，总定员601人，鲁碧公司成立生产、财务、经销、规划、管理5个部，下设原料、烧成、制成、机动4个车间，党群系统只设1名专职干事、1名兼职党总支书记、3名兼职党支部书记，与石灰石矿一个党委、一个工会、一个团委，总定员280人。新的机构、制度和新型运作方式，给石灰石矿带来了新的生机和活力，人们的竞争意识、责任意识增强，促进了三产的发展。

**【技术改造与技术进步】** 从改善生产条件，挖掘内部潜力入手，组织了矿山爆破技术攻关、水泥回转窑增产攻关、水泥掺窑灰试生产、水渣烘干机热风炉改造、2号水泥磨、包装机安装除尘器等技术改造工程。在政策上注重科技开发和科技人才的培养，组织管理人员学习外经外贸知识，积极扶持青年科技人员，更多的给予实践和锻炼的机会，使之在技改和攻关中发挥了重要的作用。

**【精神文明建设】** 矿党代会提出了"全矿上下，团结奋斗，奋战三年，实现一年初变，两年大变，三年根本改变面貌"的总体目标，围绕这一目标，加强了思想政治工作，特别是针对三改、合资当中职工反映强烈和敏感的热点疑难问题，充分发挥思想政治工作的保证作用。全心全意依靠职工群众，坚持走群众路线，认真履行职工代表大会制度，大力开展职工提合理化建议活动，保证决策的民主化和科学化。注重领导班子建设，领导干部带头反腐倡廉，继续开展了"经打"斗争。强化新形势下的信访工作，认真执行每月15日矿领导接待日制度，沟通职工群众的思想，及时处理和解决实际问题，维护矿区安定。注重发挥群众组织作用，抓好职工文化生活。1993年被评为莱钢劳动竞赛组织优胜单位、共青团工作先进单位、女工工作先进单位，在山东省民兵带头参与改革和建设经验交流会上，被山东省政府、省军区命名为民兵带建先进单位。

**【职工生活条件的改善】** 基本建设全年完成建筑面积2940平方米，其中职工家属宿舍楼1920平方米；铺设水泥路面1000平方米，绿化草坪1100平方米，栽植各种树木900余株；新建液化汽站、老干部门球场、子弟小学体育场、家属楼采暖工程、职工菜店、托儿所、第二套卫星电视转播系统、卡拉OK舞厅等，使本矿环境面貌又有较大改观。

**【石灰石生产概述】** 石灰石生产为露天开采作业。1972年正式开工建设，1976年形成年产30万吨的生产能力。至1993年末，拥有生产主机YQ—150A潜孔钻3台、W—1002电铲7台、T3—100型推土机2台、1400×1400反击式破碎机1台、1800×8000ZBQ重型板式给矿机1台、矿用运输车有16吨红岩4台、12吨克拉斯9台、7吨黄河3台，共计16台193个吨位。

石灰石生产分采矿剥离和破碎筛分两个主要工序，石灰石主要供应莱钢冶炼和本矿（鲁碧公司）水泥生产。采剥工序按照1973年6月山东省矿山设计院提出的《初步设计》，矿床采用凹陷露天开采，下盘公路开拓，开采深度从＋247至＋149，共分8个台阶，采场断高12米。现开采＋233水平和＋221水平，其中＋233水平主要是剥离，＋221水平主要是采矿，为保证矿石质量和资源的回收利用，采用采剥并举的生产方式，以便及时剥除采矿生产中黄岩及劣质矿和组织剥离带矿回收。主要工艺流程为：潜孔钻穿孔爆破，剥离部分由电铲装车运送废石场或粘土场；采矿部分由电铲将原矿装车运送入破、破碎筛分工序。根据莱钢冶炼和鲁碧公司水泥生产需要，目前石灰石生产主要有10毫米以下、10～20毫米、20～40毫米、40～80毫米4个规格，其中：10毫米以下全部供鲁碧公司生产水泥，10～20毫米供二铁厂烧结用料，20～40毫米供高炉用料，40～80毫米供炼钢厂炼钢用料。主要工艺流程：由采出原矿至650×650毫米格筛、至原矿仓、至板式给矿机、至反击式破碎机、至40×40毫米和20×20毫米双震筛，20～40毫米至成品仓、20毫米以下至10×10毫米单震筛，分级为10～20毫米和10毫米以下两个规格分别至成品仓、双震筛余40毫米以上至80×80毫米单震筛，筛下40～80毫米至成品仓、筛余80毫米以上的至280×400毫米颚式破碎机，至成品仓。

技术攻关与改造。采剥工序爆破质量问题是影响生产的重要环节。针对爆堆中存在的大块率高、粉矿多、带底根等问题，从地质分析，布孔密度、穿孔角度、装药方法、数量、起爆方式等环节，采取了相应的技术措施，从而减少了二次爆破量和粉矿量，提高了石灰石原矿质量和铲装效率，降低了雷管和炸药消耗，效果明显。破碎筛分改造，按原设计，只有一处双层震动筛，有20%左右40毫米以上大料需二次回破，生产耗费高，粒度结构不合理，为适应莱钢冶炼需要，1984年增设一个80×80毫米的单震筛，但仍有10%左右80毫米以上需要二次回破，89年新上250×400毫米的小颚破，同时安装40×40的单震筛，二次回破得到彻底解决，为了解决20毫米以下矿石含硅量高的问题（冶炼中有害成份），1992年在双振筛下新装10×10毫米单震筛，使供莱钢矿石粒度都在10毫米以上，10毫米以下含硅高的粉矿全部打入水泥原料仓，从而满足了冶炼和水泥生产的需要。

强化生产与基建组织管理的力度。建立由生产副矿长、生产部副主任，车间主任、工段长、班组长逐级负责的生产组织指挥系统，实行每日一次现场调度会和矿领导干部昼夜轮流值班制度。根据生产实际，积极探索生产力各要素能够最佳配置的途径，合理组织和调整作业方式。根据实行计件工资制的特点，加强基建剥离中的计量管理，实行单车计数管理，每周由生产计划科组织爆堆盘点、班中装载量抽查和月末验收考核，有效的控制了亏方。组织开展破纪录、争金杯、夺金牌、夺优胜红旗劳动竞赛活动，掀起生产建设高潮。狠抓产品实物质量，强化生产全过程质量控制。完善考核政策，加大考核力度，推行以吨总量工资含量为主要内容考核分配办法，对安全、质量、成本等重要指标与10%的工资和全部奖金挂钩考核。加强设备管理，强化设备全员维修，实行“包机责任制”；强化生产岗位交接班制度，班与班之间互创生产条件；强化设备日常操作和维护保养，突出“反违章、抓润滑和提高操作技能”三个工作重点。强化备品备件的管理，坚持计划、采购、保管、发放、使用等各个环节上的全过程控制。加强成本管理，努力降低生产成本，实行旬、月成本分析预测报告制度，及时采取对策；严格履行各级行政一支笔审批手续，严格控制各种费用开支，大力开展“双增双节”采取适当缓、减开支压缩措施，集中有限资金，保证了四季度生产建设正常进行。针对生产与基建交叉作业，生产施工现场不安全因素等客观情况，加强安全现状教育，层层签定安全责任书，强化日常巡回检查，查隐患、抓整改，加大安全防范措施，坚持“三不放过”，保证安全生产，实现重大交通、设备、污染、火灾事故为零。

**【水泥生产概述】** 石灰石矿水泥生产采用湿法回转窑锻烧熟料工艺。主要生产设备：∅3.1/2.5×78米回转窑1台、∅2×11米三仓管水泥磨2台、∅1.7×2.5米风扫煤磨1台、CDK∅2.4×18米烘干机1台、EBJ6—1A型六嘴包装机和G—4201C型双嘴包装机各1台。配有设备先进、检测手段齐全的中型化验室，1987年取得山东省建材局、标准局颁发的资格证书，1988年取得全国工业产品生产许可证书，1992年取得国家质量认证，1993年由中华人民共和国山东进出口商品检验局颁发出口商品质量许可证，产品实物质量达到国家一等品水平。

水泥生产是按照国家GB1344—92规定标准，采用石灰石、铁粉、砂岩、粘土做原料，与适量的水喂入生料磨，用泵输送料浆库调配合格料浆，通过回转窑锻烧成熟料。再将熟料、水渣、石膏、石灰石通过微机配料，入水泥磨磨制而成。水泥入库前，按照定时定点检验结果，在确认3天、7天强度都合格后，组织出库包装。在出厂前，按照国家规定的批量标准取样检验，其检验结果通过报告单通知各用户，作为该批水泥的质量依据。

主要原燃料的来源和耗用量：石灰石由石灰石矿自产，铁粉从附近莱芜硫酸厂采购，砂岩从附近农村采场采购，粘土从石灰石矿剥离生产中回收，燃煤主要从新汶的吴山、光明、小协等煤矿采购，水渣由莱钢二铁厂供应，石膏从平邑、泰安等地采购，1993年供应采购量：石灰石81038吨，铁粉2388吨，砂岩3169吨，粘土12468吨，燃煤25163吨，水渣48873吨，石膏4629吨。

设备工艺技术改造。水泥回转窑是水泥生产的主机设备。回转窑连续运转周期寿命，熟料产量和质量的高低，直接影响水泥生产效益。为提高熟料产量和质量，延长回转窑连续运转周期，自1988年开始，先后4次进行了技术改造。主要原将链条带有阻料作用的圆圈形挂链切割除，另焊单体挂脚，并加密冷端花环链，热端改为耐热钢垂挂链，提高了窑内热交换能力，增加了产量，全年热料平均台时产量达8.71吨，比1988年改造前提高2.21吨，比1992年提高0.58吨。另外还投入上百万元资金进行生产现场环境治理，完成了窑尾电收尘、2号水泥磨和包装机除尘改造，烘干机热风炉改造，使岗位粉尘浓度由改造前的7200毫克/立方米，下降到7毫克/立方米，收尘效率达99.90%；干渣水份合格率达100%，烘干能力提高38.50%，吨干渣煤耗下降60.60%；直接经济效益达26万余元。与此同时，重视和抓好新老项目的管理，巩固和扩大了技改成果。

1993年4月19日，石灰石矿与香港永碧有限公司合资扩建水泥厂，扩大经营规模和生产能力，改造原有年产10万吨的水泥生产线，增设日产1000吨熟料的水泥生产线，形成年产425号水泥50万吨或525号水泥36万吨的新的生产能力。经营范围以水泥成品、半成品和水泥制品为主，兼营其它建筑材料。

坚持"以质量促增产，以质量保效益"的生产经营方针。立足于抓好安全、质量、设备、成本四个工作重点，加大生产组织管理的力度，用足用活各项经济政策，深入挖掘内部潜力，努力提高生产经营效果。加强质量管理基础工作，根据国家GB1344—92标准，修订LNB—00.02.12—93《鲁碧公司水泥内控标准》、《水泥生产工序质量控制管理实施细则》和质量责任制。狠抓工序质量，从原燃材料购进到产品出厂，严格组织检验，对入窑料浆水份、熟料和出磨水泥，进行重点控制；加强设备管理，突出抓运行管理和保养制度的落实，在水泥生产主机"一窑三磨"（即：回转窑、原料磨、水泥磨、煤磨）推行点检制；推行以水泥成本包干为主要内容的百分制经济考核办法，围绕确保实现成本计划，实行了层层目标成本管理和三级成本核算制度，实现了对成本的动态控制。

1993年，鲁碧公司以改革为动力、以合资为契机，生产稳定发展，产品信誉不断提高，实现了产销两旺，创造了新的水平。重大人身、设备、交通、污染、火灾事故为零；全年共销售水泥105681吨，其中：用于莱钢扩建工程71878吨，莱芜市政建设工程29010吨。在竞争激烈的泰安、莱芜市场上，具有较高的信誉。

（亓海吉）

# 焦 化

## 焦 化 厂

**【基本情况】** 焦化厂是莱钢的主要燃料生产厂。为国家二级企业，国家一级计量单位，国家一级档案管理单位，省、部级清洁工厂。主要产品有焦炭、煤焦油、浓氨水、亚铁氰化钠、轻苯、粗苯、重苯、防腐油、粗酚、洗油、蒽油、中温沥青、电极沥青、纯苯、甲苯、二甲苯、溶剂油、商品煤气等。1号煤焦油为山东省优质产品。全厂占地面积40.12万平方米。固定资产原值5329.25万元，净值2107.46万元。共有职工1231人，其中具有高级技术职务的15人、中级的56人、初级的125人。下设备煤、炼焦、回收、焦油、精苯5个主要生产车间和机动、环保车间、质控中心、运输队、生活服务公司、附属企业公司6个辅助生产单位，机关设有五部一室。

**【主要技术经济指标】** 全年实现工业总产值14984.61万元；生产焦炭52.71万吨；冶金焦合格率98.98%，比上年提高3.82%。冶金焦质量除冶金焦抗碎强度($M_{40}$)略低于上年外，其耐磨强度、灰份、硫份等指标均比上年提高。全员劳动生产率133197元/人年，实现内部利润1603万元。

**【管理工作】** 以综合计划管理为龙头的企业管理体系的建立，使全厂各专业计划都纳入综合计划之中，各项管理制度化、规范化和程序化，特别是自6月开始的现场管理、每周五检查制度，使全厂的面貌发生了变化，劳动纪律、物资管理、环境卫生等都有明显提高，推动了生产经营工作的开展。

**【科技进步】** 全年投资426万元，完成对焦炉煤气Ⅱ段横管初冷器与水网、1号焦炉改烧高炉煤气和煤场技术改造。煤气立、横管初冷器投入运行后，平均每小时可节水123吨。1号焦炉改烧高炉煤气每小时可外供6000立方米焦炉煤气。煤场改造后，可增加1.2万吨的储煤能力。对缓解莱钢水资源、焦炉煤气紧张局面和稳定焦炭质量起到了积极作用。

**【安全环保】** 树立安全第一的意识，采取多种形式，对职工进行经常性的安全教育。对新入厂的人员进行三级安全教育，经考试合格后方可上岗。组织全厂职工学习安全责任制，利用电视定期为干部、职工播放《化工部安全生产四十一条禁令》、《居安思危》、《90—92年重大事故分析》、《警钟长鸣安全录像片》，并结合焦化厂安全事故案例，对职工进行教育，为安全生产工作打下了思想基础。树立环保工作是基本国策的意识。加强防护措施，生产过程中外排污水全部得到处理，安全环保实现了八为零，并分别在总厂、莱芜市、省冶金安全环保经验交流会上介绍了经验，同时被评为先进单位。

**【三项制度改革】** 根据莱钢的统一部署，扎实有效地进行了三项制度改革。经过岗位测评、四定、双考、双向选择和机构设置等工作，机关职能科室由三改前的33个减为16个，人员由1387人减为1078人，精简率22.28%，7月2日总厂在焦化厂召开了三项制度改革经验交流会。

**【第三产业】** 集资75.92万元，新建年产10万吨的洗煤厂；成立购销公司、工程公司和再生资源公司；扩建了机械厂、化工厂和铸造厂。全年实现工业总产值281.84万元，生产托辊3143套、塑料油膏502吨、沥青漆29.8吨、钢球264.4吨、铸造件64.2吨，实现利税35.20万元，其中利润6.80万元。固美牌塑料油膏连续4年保持省劳动杯优质产品称号。在附属企业公司内部，实行了经济承包合同，安置下岗职工195人，待业青年、家属也都得到妥善安置。

**【职工生活】** 1993年职工人均月增资35.98元，全厂年增工资508613元，新建职工住宅楼两幢4800平方米，80户职工分到新居。维修职工住房3000平方米。全厂供应各类生活物资320吨，职工物质生活有了明显提高。

**【精神文明建设】** 结合焦化厂实际在深、广、细上下功夫。文明单位的创建重在建设上做文章，重点抓提高职工思想素质、业务素质和企业管理素质，不断适应市场经济发展的要求，把精神文明建设列入党政工的主要议事日程，纳入厂长任期目标，做到五到位：即思想认识到位、组织领导到位、责任目标到位、工作到位、考核奖罚到位。在职工中开展了解放思想，抓机遇、快发展等系列活动，开展了三查和反腐败教育，认真组织学习贯彻邓小平同志建设有中国特色社会主义理论和党的十四大精神，增强职工的主人翁责任感。1993年，焦化厂被评为莱钢1993年度精神文明先进单位、社会主义劳动竞赛组织优胜单位、莱芜市社会治安综合治理先进单位、全省纪检先进单位；焦化厂团委被评为莱钢青春立功先进单位和先进团委。

（李维泉）

**【生产概述】** 备煤生产采用先配合后粉碎的工艺流程。配备有门型吊2台、粉碎机2台，皮带机运送能力250吨/时。原料煤由原料处负责采购供应。

焦化厂原贮煤场面积为9600平方米，设计贮煤量3.6万吨，操作容量2.35万吨。煤场分东西两线卸煤，两边共有30个货位。汽车进煤直接卸到货位。煤场南80米，为临时贮煤场。现有门型吊两台，主要用于煤的倒运。为解决煤场小、贮量少、进煤矿点多及煤场管理操作困难的矛盾，进一步稳定配合煤质量，经过多次论证，向南延长80米，将原设计门型吊与地上皮带联接输送，改为0号地下皮带。该续建工程于1993年5月开工，9月30日工艺试车验收，投入使用。整个工程共投资135万元。煤场续建后，增加9个卸车货位，增加1.2万吨的储煤能力，使总储量可达4.5万吨，操作容量3万吨。为四元（气煤、肥煤、瘦煤、焦煤）配煤创造了条件，对改善和稳定焦炭质量起到了积极的作用。

炼焦生产系统拥有58—Ⅱ型42孔双联火道废气循环下喷复热式焦炉2座，年生产能力56万吨，所产焦炭主要供一铁、二铁作燃料。

1号焦炉于1981年5月投产，已有13年炉令。2号焦炉于1972年12月投产，已有21年炉令。1993年2号焦炉炉体老化严重，推焦困难，补炉次数频繁。为了适应莱钢生产对焦炭和焦炉煤气的需要，经冶金部鞍山焦耐院有关专家评估，对1号焦炉由焦炉煤气加热改烧高炉煤气加热。该项目于1992年6月开始准备，1993年8月12日改造完成并投入生产。总投资164万元，年经济效益可达1000万元。改造后的1号焦炉可根据生产需要烧焦炉煤气或高炉煤气。高炉煤气加热，结焦时间可达到19小时，每小时置换焦炉煤气6000立方米，以满足莱钢生产的需要。

1993年，进一步加强了对2号焦炉的特护工作。使2号焦炉的炼焦耗热量，推焦总系数、四项温度系数等项指标均保持二级炉水平，实现了焦炉的安全生产。

回收生产采用轻质焦油洗萘浓氨水流程。设有初冷器5台、鼓风机3台，每小时最大处理煤气能力45000立方米。焦炉煤气与高炉煤气混合后，作为轧钢、炼钢、段压生产的燃料。

1989年6月，焦化厂第3台煤气鼓风机投入运行，进一步稳定了炼焦生产和焦炉煤气供应。焦炉煤气初冷是煤气净化的重要环节，原有的5台立管式初冷器分两段冷却，一段冷却用水1600立方米/时，二段冷却用水250立方米/时。二段冷却效果差，耗水量高。而且用蒸汽清扫，设备腐蚀严重，为提高二段传热系数，对二段进行了技术改造，采用煤气立横管联合初冷工艺。现有的5台立管式初冷器完成煤气由82～85℃冷却到50℃的一段冷却，然后，由横管式冷却器完成50℃冷却到25℃的二段冷却。煤气立横管联合初冷工艺于1993年4月21日投入运行，整个技术改造投资127万元。采用该工艺后，节水效果明显，平均每小时可节约用水123吨，各项技术经济指标均达到设计要求，全年经济效益120万元。并对煤气鼓风机的运行平稳，稳定焦炉集气管压力和焦炉生产创造了条件。

1993年，焦炉煤气外供量1.23亿立方米，创历史最高水平。煤焦油继续保持省优称号。

精制生产包括焦油精制和苯精制生产。焦油车间为连续蒸馏生产流程，年处理能力3万吨。焦油加工包括焦油蒸馏系统和萘蒸馏系统。精苯车间为半连续蒸馏生产流程，年处理能力1万吨。轻苯加工包括初步精馏、洗涤净化、最终精馏。纯苯残油采用半连续式方法提取产品。

两个精制车间，由于受市场、蒸汽供应等种种原因的制约，加工量受到一定影响。精苯车间，冬季生产困难较大。1993年，从第三季度开始，抓住市场化产品畅销的有利时机，积极组织焦油精制生产，产品收率和产品质量不断提高。粗酚、工业萘、蒽油、沥青等产品，在市场上供不应求。

环境保护。焦化厂在钢铁联合企业中是污染大户。生产过程中每小时可产生约45吨的酚氰废水。废水处理分为溶剂脱酚和生物脱酚。溶剂脱酚，每小时处理高浓度酚废水15吨。生物脱酚，将酚氰污水集中进入调节池，经隔油池、压浮池进行隔油处理，进入曝气池，酚氰由微生物吸附，氧化分解，最后过滤外排。

1993年，环保工作认真贯彻了“预防为主”的指导思想，全面落实环保工作的各项方针政策，进一步提高了全厂职工的环保意识，环保工作取得了新的成绩。全厂继续开展了创清洁车间的活动。环保车间，被莱钢总厂评为清洁车间。1991年～1993年，先后有炼焦、回收、机动、精苯、环保5个车间被莱钢总厂授于清洁车间称号，清洁车间达到71%。

为提高废水处理效果，减少排污水总量，对东井排水口和废水收集及设备进行了改造。新建了溶剂脱酚油水水封池，对曝气池进行了大修，压浮池和部分废水管道改造，部分清水泵、液下泵、废水泵更新，共投资35万元。东井水送熄焦池作为熄焦用水，每小时可节约熄焦水45吨。循环水利用率达到88.17%，比上年提高3%，有效地控制和减少了外排水总量。焦炉高压氨水无烟装煤系统运转正常，既降低了消耗、减少了污染，也起到了稳定焦炉生产的作用。

1993年，废水处理率达到100%，平均外排水酚0.16毫克/升、氰0.28毫克/升、油7.99毫克/升、悬浮物24.23毫克/升、COD154.44毫克/升，达到工业废水排放标准。排污费支出22.72万元，比上年减少支出12.47万元。对工业粉尘浓度、工业噪声定期定点进行监测，粉尘合格率达到90.32%。

（程月连　国　泉）

# 钢铁冶炼

## 第一铁厂

**【基本概况】** 第一铁厂是莱钢主要炼铁生产厂之一。1993年底共有职工1440人，其中具有高级技术职务的23人、中级的58人、初级的118人。下设4个生产车间、2个辅助生产单位、3个服务单位，机关设五部一室。占地面积49.89万平方米。固定资产原值5228万元，净值3269万元。该厂是国家一级档案管理单位，蝉联6年省级文明单位，1993年荣获全省思想政治工作优秀企业称号。全年生铁产量291729吨，创历史最好水平。铸造生铁保持了省优、部优称号，在省内外用户中享有较高的声誉。

**【主要经济技术指标】** 1993年完成工业总产值15804.47万元，生产生铁291729吨，超计划16729吨，比上年增长2.66%；实现内部利润9147万元；生铁合格率100%，比计划提高0.2%，比上年提高0.02%，创历史最好水平；铸造生铁一类品率92.52%，比计划提高2.52%，炼钢铁一类品率55.02%，分别比计划和上年提高5.02%和3.87%；入炉焦比648千克/吨，比计划降低2千克/吨，炼铁工序能耗515.18千克/吨，比计划降低10.82千克/吨；高炉利用系数(折合)2.05吨/(米$^3$·天)，达到特级炉水平。

**【技术改造】** 3号高炉大修改造工程创出了新水平。一代炉龄8年零84天，产铁52.89万吨，达到国内同类型高炉先进水平。1993年3月3日停炉，扩容为125立方米，大修改造工期59天，一次投产成功，创莱钢历史最好水平。另外，投资8万元改造原料电气系统，投资8万元更新1台SVF303变频调速器，进行了竖炉二冷改造、热风炉冷风均布、软化水设备改造等，并取得良好效果。

**【企业管理】** 眼睛向内，练内功，挖内潜，修订完善生产经营、劳动、财务、物资管理制度，重点加强设备管理和安全管理。严格计划检修制度，对高炉和竖炉进行重点管理，推行设备点检制，制订了《第一铁厂高炉休风率和设备检修考核规定》，探求科学的维护保养润滑检修制度和操作规程，强化设备管理意识，确保设备安全运行，全厂设备综合完好率98%，高炉休风率1.27%，比上年降低0.42%等于比上年少休风147.16小时，按利用系数2计算，1993年降低高炉休风率增产生铁1349吨，创效益40.7万元。1993年被莱钢总厂评为设备管理一级单位。安全管理坚持预防为主、安全第一的方针，利用闭路电视、图片展览等形式开展安全教育活动，倡导“安全第一、事故为零”，深入开展反三违、安全日活动，推行安全生产挂牌制，落实安全生产责任制，全年实现工亡、重伤、重大设备、重大火灾、重大交通、重大污染事故六为零，千人负伤率 0.5‰，被省冶金工业总公司评为 1993 年度安全生产先进单位。

**【企业内部改革】** 立足于转换内部经营机制，按照总厂要求，积极推行劳动、人事、工资制度改革，通过双向选择竞争上岗，推行岗位技能工资制度，按照精简效能的原则精简机构，压缩人员，工业生产定员由 1738 人减为 1440 人，管理人员由 191 人减为 114 人，机关由 21 个科室精简合并为五部一室。对压缩下岗人员一律从工业生产中分流出来，统一由第三产业管理办公室管理安置。同时在劳动服务公司原有基础上新上干渣处理线、电瓶厂、印刷厂等项目，安置富余人员 348 人。通过改革，极大地调动了职工的积极性，工作效率明显提高，全员劳动生产率 118120 元/人年，比上年增长 22%。

**【职工生活】** 关心职工生活，下大气力抓好职工生活的改善，对群众关心的住房分配、食品供应、医疗卫生等热点问题实行“三参加二公开一监督”，即分管厂长、纪委书记、工会主席参加集体决策；办事程序、标准公开，结果公开；群众监督。1993 年新建 2400 平方米宿舍楼 1 栋，2860 平方米商业服务大厦 1 座，职工人均工资收入比上年增长 30.35%。

**【精神文明建设】** 党政工团齐心协力，坚持以经济建设为中心的原则，组织职工认真学习邓小平关于建设有中国特色社会主义理论和党的十四大精神，解放思想，转变观念，增强职工的主人翁责任感，加强对职工的形势、普法、四有教育，提高职工思想政治素质，修订完善精神文明建设考核办法，并与经济责任制挂钩，形成党政工团齐抓共管，精神文明建设呈现出良好局面；紧紧围绕生产经营、三项制度改革热点做深入细致的思想政治工作，积极开展立足本职、做贡献、争先创优、创效益、争一流、做文明职工等一系列活动，围绕莱钢总厂 80 万吨钢的目标开展以增铁保钢为主要内容的高产、优质、降耗、增效社会主义劳动竞赛，全厂形成了人心思上、人心思干的生动局面，1993 年获莱钢增铁保钢劳动竞赛组织优胜单位称号。

（刘伟东）

**【生产概述】** 原燃料加工和球团矿生产。第一铁厂原料车间设有竖炉球团生产系统、燃料和矿石破碎筛分整粒系统三条生产工艺作业线，主要目的用于生产球团矿以及燃料、铁矿石的整粒工作，以期满足高炉生产的需要。

焦炭破碎筛分系统设有：600×900 毫米颚式破焦机 1 台，400×600 毫米颚式破碎机 3 台，1500×3000 振动筛 1 台。

球团生产系统设有：8 平方米竖炉 1 座，4200 毫米造球盘 7 台，2800×6000 圆筒混料机 1 台，∅1200 毫米配料盘 7 台，生球滚动筛 1 台。生产工艺：精矿仓库、配料、混料、造球、生球筛分、布料、焙烧，二次冷却和熟球筛分。生产能力达到年产 28 万吨球团矿。

原燃料主要来源：铁精粉由莱芜铁矿和韩旺铁矿供应；焦炭供应除莱钢焦化厂外，还有山西、济宁、薛城等地供应的机焦和土焦；生矿合格块则由黑旺和淄川供应；烧结矿由莱钢第二铁厂供应。年供应量分别为铁精粉 25.88 万吨、焦炭 28.86 万吨、生矿 11.58 万吨、烧结矿 26.97 万吨。

竖炉球团矿配比是铁精粉，外加 2.50～4%皂土添加剂。生产工艺：贮料、配料、混料、造球、布料、焙烧、二次冷却、筛分。生产的酸性球团矿含铁品位到 61～62%，强度好，转鼓指数达 85.98%，铁精粉利用率 86.96%。实现高炉酸性球团矿配加高碱度烧结矿的合理炉料结构，为高炉的顺行创造了条件。

竖炉生产工艺改造。因竖炉移地大修后，二次冷却因结构不合理未能运转，致使红球温度达到 400℃ 以上；损坏皮带，被迫加水管喷水冷却。热球遇水引起爆裂，不但增多返矿，＞3～5毫米的小球数量也增加，影响高炉炉况顺行。为解决这一问题，1993 年 6 月组织科技人员对二冷系统进行技术改造。从改造后运行情况看，该系统结构基本合理，安装施工质量好，熟球冷却温度达到 150℃ 以下；据统计每年少损坏皮带 400 米，减少球团返矿 5500 吨，年创效益 124 万元。

进行球团矿加白云石试验，提高氧化镁含量，改善冶金性能，提高产量 0.5%，降低焦比 2%。

1993年生产球团矿26.89万吨，其中调往第二铁厂球团矿2482吨，竖炉作业率90.49%，焦炭利用率85.07%。

探索使用外地焦炭的经验。1993 年 9 月第二铁厂 750 立方米高炉投产，第一铁厂被迫吃外地焦炭且质量较差，对高炉操作带来困难。使用外地焦炭的初期，9 月 1 日至 15 日损坏风口 18 个、每天减产 100 吨，毛焦比高达 1013 千克/吨，对此，采取电铲混匀破碎入仓，稳定成分的办法，并及时调整筛的孔隙，减少焦炭粉末含量，为使用外地焦炭优化入炉料结构积累了一定经验。

高炉生产。第一铁厂高炉车间有 100 立方米高炉 2 座，125 立方米高炉 2 座，配有 400 立方米/小时鼓风机 4 台，40 米铸铁机 2 台，上料系统采用微机控制。主要产品有铸造生铁和炼钢生铁，铸造生铁为省优、部优产品。

1993 年，一铁的高炉用料进一步优化，采用 40%的酸性球团矿、40%的烧结矿、20%的生矿即“四.四.二”炉料结构，为高炉的顺行、高产、优质、低耗奠定了基础。

在高炉生产操作方面，坚持稳定顺行、优质、低耗、高产、高效和长寿的操作方针，加强生产调度指挥，强化生产技术管理，抓好 1、2 号高炉的晚期操作，探索中低硅冶炼操作规律，保持了炉况顺行稳定，创出了 12 月 19 日产铁 972 吨、12 月产铁 27078 吨、四季度产铁 767[illegible] 吨，年产铁 291729 吨的较好水平。

加强 3 号高炉后期维护和大修技术改造工作。3 号高炉自 1985 年 2 月投产，原定 1992 年 9 月底大修，经莱钢总厂批准延至 1993 年 5 月 3 日。对此，成立攻关小组并作为一项科技项目进行承包，操作上以安全稳产为重点，寻求合理的操作制度，把“防凉”、“防偏”作为后期技术操作要点，以冶炼铸造铁为主，依靠石墨炭沉积保护炉缸处于正常工作。具体措施是：适当控制风量，确定合理的装料制度，适当增加正装比例，采用较大批重，最大矿批达到 1330 公斤，正常料线也从 1000 毫米降至 1100 毫米；加强铁口维护，保证铁口深度 1100 毫米以上，坚持正常出铁，不大喷铁口，防止死铁层过分降低而危害炉缸炉底寿命；加强外喷冷却，更换有关腐蚀的水管。通过以上措施，使 3 号炉到达了安全、顺行的目标，减少中修费 250 万元，多产铁[illegible].6 万吨，为莱钢增铁保钢做出了贡献。

1993 年 5 月 3 日 3 号高炉停产大修，对高炉本体、上料系统、送风系统、冷却系统、热风炉等进行系统技术改造，大修费用为 1400 万元。将炉容扩为 125 立方米，料车容积扩为[illegible].3 立方米，实行微机自动上料，重量补偿；应用节能型进风装置，改电炮为液压炮；冷却系统由自然循环汽化冷却改为强制循环汽化冷却；热风炉采用抗震性能好、气流分布均匀、寿命长的悬链型拱顶，眼睛形燃烧室，配矩形陶瓷燃烧器，采用“细流分割，交叉相遇”措施，强化煤气、空气混合，提高稳定性和燃烧效果。此次大修工程质量好，工期 59 天，创莱钢最好水平，3 号高炉技术装备水平进一步提高，既降低了工人强度，又增加了企业后劲。

加强质量管理。广泛开展质量教育、三学、四查活动，提高职工质量法制观念，加强工序管理，在莱钢总厂举办的工序管理竞赛活动中两次夺得流动红旗，1993 年生铁合格率 100%，铸铁生铁一类品率92.52%，炼钢铁一类品率

55.02%，并获莱芜市技术监督局颁发的质量免检证书。

为满足炼钢的需要，强化生产调度工作，密切配合，积极做好铁水东调工作，1993年铁水东调179235吨，占计划总产量的61.44%。

（张福良　刘伟东）

## 第二铁厂

**【基本情况】** 第二铁厂是莱钢主要炼铁生产厂之一，国家二级企业，国家二级计量单位，国家一级档案管理单位。共有职工2730人，其中具有高级专业技术职务的47人、中级的113人、初级的192人。设一高炉、二高炉、一烧结、二烧结、原料、喷煤、机修、电气、除尘9个生产车间及生活服务公司、劳动服务公司、汽车队、和质量检查站。机关设五部一室，即生产经营部、机动技术部、劳动人事部、党务工作部、群众工作部、厂长办公室。全厂占地面积32.5113万平方米。固定资产原值3812.72万元，净值1167.53万元。全厂有各类设备113台套，设备总重量为5413.25吨，装机容量11843千瓦，工业建设面积36500平方米。主要生产设备有750立方米高炉1座、620立方米高炉1座、105平方米烧结机1台、50平方米烧结机2台。

**【主要经济技术指标】** 1993年共产生铁469681.17吨，比上年增加30.82%。生铁合格率99.94%，比上年提高0.01%。毛焦比：750立方米高炉759千克/吨，620立方米高炉631千克/吨。生产烧结矿1059413吨，供一铁厂烧结矿263798吨。烧结矿综合合格率为73.94%。全年实现安全生产，重大设备、火灾、人身工亡事故为零。千人负伤率为0.286‰，岗位粉尘合格率为76.7%。工业总产值完成27169万元，实现内部利润11401.19万元，分别比上年增加6071万元和10926.69万元。

**【企业管理】** 1993年以推行现代化管理和标准化工作为手段，把现场管理纳入经济责任制考核。全年现代化管理共立项6项，创效益128.8万元。制定了《第二铁厂管理效益承包实施办法》(试行)，特别是针对新系统试生产的具体情况，结合清产核资和三查活动，着重对物资管理、劳动用工、基建维修、生产现场、治安保卫等管理工作进行整顿。建立健全规章制度7项。开展学规程，定责任、反违章、堵漏洞活动。严肃对事故处理。进一步促进职工学业务技术、遵章守纪，尽职尽责干好本职工作的积极性。1993年获总厂企业管理先进单位。

**【技术进步】** 针对莱钢水源紧张状况，对3号泵房和6号泵房进行改造，3号泵房投资53.97万元，年节约水量30万立方米，节约价值24万元；6号泵房投资53.57万元，年回收水量130万立方米，价值59万元。对620立方米高炉实施钛矿护炉技术并对汽化冷却设备进行改造，延长了炉体寿命。在750立方米高炉投产之后，为强化高炉生产，自行设计在原喷煤系统上进行改造，对750立方米高炉实施了喷煤。在新系统投产后，积极组织攻关，对105平方米烧结机外排料口进行了改造，对750立方米高炉系统的机械电气、自动化等部分进行了攻关改造，共计100余个项目，投资35.2万元。

**【三项制度改革】** 按总厂统一布置，坚持大胆、积极、稳妥、有效的方针，通过双考和双向选择、竞争上岗、合理组合，实行了岗位技能工资制，在分配机制上向苦、脏、累、险和技术高、责任重、贡献大的岗位倾斜，合理拉开岗位之间的分配差距，稳定了生产一线。初步理顺了企业内部关系，调动了职工积极性，提高了劳动生产率和工作效率。三改后职工人数由原来的3382人压减到3001人，压减率为11.27%，压减下来的富余人员本着个人选择和厂方推荐相结合的原则，向生产一线安排。不择岗者由新成立的三产开发办公室作妥善安排。

**【精神文明建设】** 认真贯彻党的基本路线，坚持两手抓，两手硬的方针，紧紧围绕620立方米高炉护炉延寿，750立方米高炉投产试产和三项制度改革这个中心，首先开展“一区三评”活动和反腐败斗争，先后制定《加强领导班子思想作风建设几项规定》和《厂级领导干部廉洁自律十三条规定》。抓了四个教育，即：不分甲乙丙方，以我为主的教育；眼睛向内，练好内功，自我加压的教育；发挥主体作用，正确处理三者利益关系的教育；从严治厂、严格纪律的教育。开展“技术装备上水平，我们应该怎么办”的大讨论。组织了社会主义市场经济知识和股份制知识竞赛活动，开展学先进、讲奉献、树新风活动，形成了全厂上下团结一致的良好局面。1993年被总厂评为环保先进单位，职工教育先进单位，先进职工之家，先进女工委员会，莱芜市先进俱乐部。

**【职工生活进一步提高】** 职工收入逐年提高。投资86万元，建宿舍楼2400平方米，因旧房拆除总厂分配新宿舍楼8500平方米，共有186户职工乔迁新居。新建两个职工食堂并已投入使用。

**【生产概述】** 原料储备。原料生产系统原有DQ3025堆取料机2台，ZL50、ZL40、ZL30装载机各1台，W—1001型挖掘机3台，WY—100X型挖掘机1台、B型2台。主要生产工艺为：卸料储存、装车供料、原料混匀。原料的主要来源：张家洼精粉由火车运输，韩旺精粉由汽车运输，南方粗粉和块矿由火车运输，灰石由汽车运输，部分地方精粉和粗粉块矿均由汽车运输，燃料由火车运输。原燃料进厂后在原来的1—4股铁路线及列电线由民工卸车后由挖掘机翻料混匀或部分直接上皮代打入一烧结原料库四个料仓。一号炉所用块矿和灰石由原料场火车运至高炉矿槽。扩建后的原料场于5月12号热负荷试车成功，具备了向新老系统供料的能力，年卸料量为185.8万吨。混匀处理量86.5万吨，供料量305.9万吨。主要生产工艺：①受卸系统：火车受卸两处，汽车受卸一处。②一次料场，储料面积为3.9万平方米，储料量14.6万吨。③混匀系统：由混匀配料槽和混匀料场组成，混匀料场一期建一跨，储料面积1.05万平方米，储料量3.1万吨。采用1台HD600—20.5型摇臂混匀堆料机和1台HQL500—30S型双斗轮混匀取料机。④供料系统：全部采用胶带机运输，共配胶带机33条（新）总长度为3699米，可直接向2×50平方米、1×105平方米烧结机及750立方米高炉矿槽供应各种物料。并通过胶带电子称进行自动称量。新扩建后的原料场一期工程共14个单项工艺，均由中心控制室集中控制。（采用PC984可编程序控制器进行电器联锁）。火车来料在编组站电子轨道衡计量，汽车来料在50吨汽车衡计量。在各系统的主胶带机上设有电子皮带称。混匀配矿槽设置了荷重式传感器。较先进的除尘设施改变了原料场的工作环境，共有11个除尘系统。

一烧结生产。第一烧结车间的主要设备是50平方米烧结机2台，配有6500立方米风机2台。主要生产工艺：配料、混料、烧结。成品烧结矿由火车运至620立方米高炉料槽，部分供一铁生产用。全年生产烧结矿798475吨，供一铁263798吨。一烧结自投产以来已生产近20年，中间虽经大中修，但设备老化、工艺落后日趋严重，为此，加强维修力量，强化巡回检查。实行定修制度，每两周停双机检修一次，每一周停单机检修一次，减少了无计划停机，保证了较稳定生产。

二烧结生产。第二烧结车间于1993年5月热负荷试车投产。主要设备有105平方米烧结机1台，配9500立方米风机1台。生产能力为年产烧结矿92万吨。利用系数1.111吨/(米$^2$·天)。作业率为90%，烧结矿品位50.33%，二元碱度为1.59倍。工序标煤能耗83.04千克/吨。主要技术特点：一是工艺流程完善，使用单一的混匀料，燃料两级破碎，冷热返矿参加配料，整粒铺底料工艺。二是装备水平较高，配有定量配料圆盘给料机、两段圆筒混合机、∅1500×3800单辊破碎机、双齿辊破碎机、120平方米带式冷却机。三是新技术的广泛应用：采用自动配料提高配料精度，配加生石灰强化烧结过程，延长混匀造球时间，自动控制混合料水份，厚料层烧结，鼓风冷却工艺，幕帘式点火器，余热利用；在主风机、冷却风机、高温风机等产生噪音的地方，采用隔音、消音等措施。主要生产工艺是配料，混合（一次混合、二次混合）、烧结、带冷冷却、一次过筛、二次过筛、三次过筛、四次过筛、称量、高炉料仓。

二烧结自五月份投产到年底，共生产烧结矿260938吨，综合合格率34.61%，利用系数0.732吨/(米²·台)。投产后的生产中，主要是设备、电气、自动化等方面存有问题，影响正常运行，随即成立攻关组，对遗留和发生的问题逐一解决，使生产逐渐转入正常。

620立方米高炉生产。该高炉自1982年4月28日第二代炉役开始生产至1994年1月3日停炉，共安全运行11年8个月零5天，共产铁372.4741万吨，每立方米高炉有效容积产铁量6022.56吨。创全国同类型高炉先进水平，达到了冶金部规定的长寿高炉标准。由于超期服役，设备严重老化，按实际情况早应停炉大修改造，但从莱钢大局出发，需等750立方米高炉投产后才能进行。因此，护好炉、稳定生产、安全停炉成为全年的中心任务，围绕这一中心，主要采取了如下护炉措施：

一是调整风口面积。由原来的0.168平方米调整为0.146平方米，有力地抑制边缘煤气流，起到了保护炉墙作用、有利于延长炉子寿命。二是调整矿批和装料制度。由原来的18吨矿批和全正装料制逐步将矿批缩小到12.5吨，料制改为全倒装。通过上下部调剂，风量风压适应，减少了炉皮发红现象。三是稳定硅含量，防硅波动造成渣皮脱落。规定硅下限为0.8±0.2%，严格控制炉温下限，提高炉温合格率。四是钛矿护炉。共加入钛矿500吨，含钛量39%，分三次加入。第一期10天，钛负荷为5千克/吨，第二期10天，钛负荷7千克/吨，第三期15天，钛负荷10千克/吨。生铁中含钛量0.08～0.13%，渣中含二氧化钛0.8～1.5%。加入期间炉况顺行，渣铁流动性良好，炉缸侧壁温度下降，铁口工作稳定，取得较好的护炉效果。五是改进冷却制度。进入1993年，各层冷却壁和冷却箱损坏数量急增，冷却强度已不能满足正常生产和延长炉龄的需要，且冷却壁损坏后排查处理困难，汽化冷却这一弱点暴露越来越明显。为解决此问题，对汽化冷却逐步进行改造。1992年前为汽化冷却，1993年3月9日改三段式冷却，6月改外喷水冷却（除1～4层外）。三段冷却是将炉缸、炉腹、炉身分为三段。炉缸段1—4层冷却壁仍为汽化冷却强制循环，炉腹、炉身冷却壁支梁水箱倒灌工业水冷却，炉身下部及炉腹段加强外喷工业水冷却。卡掉5层以上冷却系统，采用炉外喷水冷却，1～4层仍为汽化冷却。随着炉子老化，五层以上倒灌工业水工作也因冷却壁的大量损坏向炉内漏水影响到风渣口系统的排渣，产生很大负作用，致使6月发生炉缸冻结，所以决定卡掉五层以上冷却壁系统，采用外喷水冷却，从上到下六层对炉皮喷水环管，60块支梁水箱每个都设喷水管；铁口下方两层冷却壁下部设有一个4米长喷水管进行重点冷却；设有两处挡水板控制冷却水乱溅。六是，炉皮检测：用点温计和红外热像仪测炉皮温度，每周测一次或多次。为连续监测危险部位的炉皮温度，在炉皮上安装12个热电偶，铁口下方6个，渣口下方6个，仪表连续记录。建立建全了620立方米高炉护炉工作日记，详细记录情况。加强了喷水工作检查。

通过以上护炉措施的实施，护炉效果显著，炉况稳定顺行，无悬料现象，炉底钢壳表面温度在喷水情况下<50℃。炉缸工作未发现异常，炉腰以上炉皮很少出现发红现象，铁口工作稳定合格率95%以上。

750立方米高炉生产。750立方米高炉是莱钢改扩建一期工程重点建设项目之一。1987年完成初步设计，1991年7月1日开工建设，1993年6月4日建成投产，年产生铁50万吨。750立方米高炉是目前本省最大的炼铁高炉，高炉类型属矮胖型，18个风口、铁渣口各1各。炉顶为并罐无料钟炉顶、双料车，容积为5.2立方米。采用汽化冷却，风冷碳砖高铝砖综合炉底，炉顶配煤气十字测温及自动分杆装置。设置3座改进型内燃式热风炉，双预热余热回收装置(待上)。配置日本MT53—10VP型全静叶可调式轴流风机1台和国产160吨液压泥炮、折叠式液压堵渣机、电动开口机等。所用主要原料为高碱度烧结矿和酸性球团矿。主要生产工序的电控系统采用PC984可编程序控制器完成对开关量的采集、处理、显示、报警及生产过程顺序的自动控制。仪控系统采用9N单(四)回路可编程序调节器完成对模拟量的采集、处理、显示、报警、打印报表及生产过程参数的自动调节。

750立方米高炉投产前，成立了原燃料准备组。对开炉料的数量、品种、质量进行把关。成立了开炉领导小组。制定和实施开炉方案。进行了全厂动员。坚持了每周一个生产准备例会制度。组织工人提前上岗参与设备的调试和试车。成立了设备攻关组，对在试车中暴露出的问题进行了技术攻关。制定了严格的操作制度和操作规程。开炉工作从烘热风炉开始，在陶瓷燃烧器烘烤112小时时，因焦炉煤气压力低于150毫米水柱煤气灭火，温度由390℃降至300℃。待煤气升压稳定后，升温速度在300℃～600℃阶段，由原来的12.50/小时提高到25°C/小时，保温32小时。4月10日16点15分，关煤气切断伐，烘陶瓷燃烧器结束。因工程进度影响，不具备烘热风炉条件，于4月16日9点23分开始第二次烘陶瓷燃烧器，4月17日15点30分结束。4月17日中班始烘热风炉，4月26日始烘高炉。5月30日开始向高炉装料。6月3日开炉，6月4日出第一炉铁。在开炉过程中，6月5号12点左右因炉顶温度高打水造成晚20点炉顶着火；在烘炉中因对气密箱冷却水认识不够，回水伐未打开，4月26日19点45分发现铁口导管往外排水，23点45分处理好。在生产后出现了炉缸冻结事故，但处理较快。

投产以来，由于各级领导的关心支持和全厂职工的共同努力，利用系数逐月提高，6月达到0.366吨/(米³天)，7月达到0.992、8月达到1.04.9月达到1.31、10月达到1.31、11月达到1.41、12月1.504。投产6月～9月可为第一阶段，此间炉顶装料系统故障多，炉前及渣铁系统受制约。出现三次大的跑渣跑铁和渣口爆炸事故，设备工艺休风率10%，平均风量不到1000立方米/分，产量低消耗高。从10月～12月为第二阶段，炉顶装料系统逐趋正常，休风率降至4.4%，入炉风量1240立方米/分，日产平均1056吨。此间制约生产的重要问题在原料供应紧张。105平方米烧结机和高炉同时投产，设备问题多。又因设计不合理，无中间料仓，空仓现象多，影响生产。但是，随着生产管理制度的落实和加强，攻关组的努力工作，设备、电气、仪表、自控等问题逐步解决，生产日趋正常，生产指标逐步提高。750立方米高炉全年产铁181315吨，超年计划41315吨，利用系数1.146吨/米³天，生铁合格率99.96%，毛焦比559千克/吨，休风率7.44%。750立方米高炉增加喷煤设施。新建750立方米高炉原设计无喷煤，为节能降耗，提高产量，由莱钢自己设计增加750立方米高炉喷煤设施，即在原喷煤设施的基础上进行局部改造。该工程于10月18日开工，经三个月的努力，12月4日向750立方米高炉试喷煤成功。吨铁喷吹量55千克，最大量90千克/吨。起到了节能降耗和提高产量的作用。

(刘培端)

## 炼　钢　厂

**【基本情况】** 炼钢厂是莱钢下属的转炉炼钢

厂，已形成年产100万吨钢的生产能力。为国家二级企业、国家一级计量单位、国家一级企业档案管理单位。生产以普通钢为主，产品中2.13吨/支和2.75吨/支大型模铸锭供轧钢厂750毫米初轧机开坯，698千克/支小型模铸锭供特钢厂成材，150×150毫米和120×120毫米连铸锭供莱钢各轧钢厂成材。下设原料、炼钢、连铸、石灰炉衬、运转、机修6个车间和1个汽车运输队。有职工2141人，其中具有高级专业技术职务的20人、中级的25人、初级的124人。有各类设备375台套，总重量4406吨，总装机容量9921千瓦。工业建筑面积44773平方米。固定资产原值11143万元，净值8876万元。

**【经济效益】** 全年完成工业总产值（按1990年不变价格计算）51234万元，内部销售收入159563万元，产品总成本比计划降低1023万元，实现内部销售利润15773万元，完成计划的197.16%。

**【主要技术经济指标】** 转炉钢产量连续两年以每年11万吨的速度递增，1993年钢产量达到65.5万吨，比上年增长19.96%。钢锭合格率99.24%，比计划提高0.24；模铸锭钢铁料消耗1124.76千克/吨，比上年降低0.65千克/吨；转炉工序能耗30.52千克/吨，比上年降低1.41千克/吨；煤气消耗18.38立方米/吨，比上年降低7.19立方米/吨；电力消耗16.66千瓦时/吨，比上年降低1.8千瓦时/吨；转炉工人实物劳动生产率1679.5吨/人年，比上年提高478.45吨/人年；百元产值占用固定资产原值由上年的9.63元降至8.87元；流动资金周转率由上年5.31天降至1.09天；全年无工亡，无重大设备、火灾事故，无负主要责任的交通事故，千人负伤率0.21‰。

**【品种与质量】** 转炉钢以普通钢为主，品种有13个大类33个钢种。努力增加适销对路产品，提高镇静钢产量，镇静钢比达到49.91%，比上年提高14.63%；普通低合金钢比达到24.34%，比上年提高6.77%。全年生产螺纹钢157442吨，比上年增长69.7%；生产船用锚链钢30127吨，比上年增长36.3%；生产普通镇静钢99889吨，为上年的3.36倍；生产普通碳素焊管钢165940吨，而1992年只生产了901吨。根据用户需要，开发新产品3个，其中45号钢695吨、20锰572吨，C10、C20309吨，经用户试用，反映良好。

开展了以贯彻《产品质量法》为中心内容的全面质量管理活动，以提高实物质量为目标，坚持走访用户的制度，根据用户要求，改进产品质量上存在的问题。如上半年发现管坯钢有表面裂纹，厂内成立了质量攻关组，开展标准化作业，严格工艺纪律，在经济责任制中实行质量否决制度，使质量保持稳定，达到用户要求。在下半年钢材市场转为疲软的情况下，用户产品质量异议没有实质性增加。

**【钢区改扩建工程】** 炼钢厂的改扩建工程属于莱钢改扩建二期工程的有6个项目，年计划投资8391万元，实际完成10216万元。由于项目多、任务重，坚持“以甲方为主体，以工程进度为中心，以网络计划为依据”的管理思想，积极为设计、施工单位创造条件。1号混铁炉8月正式投入使用，3号25吨氧气顶吹转炉9月26日一次热负荷试车成功，2号方坯连铸机12月25日无负荷试车成功，煤气回收工程的煤气柜已制作完毕，3号170立方米石灰竖窑窑体和10米框架已完工，铁水脱硫工程已完成土石方工程量。

**【企业内部改革】** 一是把原来的20个管理科室改组成为五部一室，管理人员减缩到95人，精减了机构和人员，提高了效能。二是实行劳动定员制度，使生产在岗人员压缩到1235人，并实行了岗位技能工资制。三是发展第三产业成立了附属企业公司、运输服务队和废钢回收队，并与附近村镇联合创办了独立核算的小轧钢厂、耐火材料厂和安装维修公司，安置三改富余劳动力139人。厂附属企业公司年创经济效益29万元。

**【精神文明建设】** 全年围绕生产、建设、改革三大任务，抓班子，凝聚集体力量；抓党建，立足中心工作；抓典型，弘扬企业正气；抓队伍、强化整体素质。组织学习党的十四大文件和邓小平同志建设有中国特色的社会主义理论；结合实际开展学雷锋、比奉献精神；学济钢，比标准化作业；学连铸、比拼搏争先精神的三学三比活动，在全厂每月评选出十件好人好事，并树立起13名勤勤恳恳、任劳任怨、助人为乐、无私奉献的先进典型作为学习榜样。开展民主管理活动，职工提合理化建议701条，创经济效益842万元。维护职工合法权益，关心职工生活，为职工代购各类生活物资354吨，提高了职工的生产积极性和主人翁责任感。炼钢车间炼一工段炉前甲班获全国"五一"劳动奖状，被命名为全国先进班组、全国优秀QC小组，浇二工段水口甲班被莱钢授予模范班组称号。厂工会被总厂命名为模范职工之家。

**【生产概述】** 原材料与废钢准备。转炉炼钢的原材料分为铁水、废钢、造渣料、耐火材料与铁合金五大类共63个品种。原材料系统的主要设备有：600吨混铁炉2座，15吨、10吨龙门吊（L=22米）各1台，∅1200×8000毫米氧化铁皮烘烤回转窑1座，400×250毫米颚式破碎机1台，1.8立方米铁合金烘烤窑2座。来自第一铁厂和第二铁厂的高炉铁水，装入铁水罐内计量后用火车送到炼钢厂，炼钢厂用100/30吨桥式起重机将铁水翻入600吨混铁炉中保温贮存，并将铁水的成份和温度混匀，随时供应转炉炼钢使用。

废钢除自产和部份轧钢切头外，主要来自社会收购，全年共收购社会废钢10.56万吨，经分选、切割、装斗、过磅后供炼钢使用。冶金石灰为炼钢厂石灰竖窑自产。氧化铁皮来自莱钢各轧钢厂，经回转窑烘干后筛选备用。外购的各类铁合金经破碎烘烤后送至使用现场。由山东耐火材料厂购入的浇钢耐火砖，全部经过烘烤后按日生产计划送到生产现场。

在原材料的管理上坚持"质量第一、保证供应"的指导思想，全年为炼钢供应废钢55617吨，石灰65306吨，铁合金11450吨，白云石14268吨，萤石4828吨，耐火材料4930吨，氧化铁皮7049吨。在原材料的验收中，因各种质量问题被退回和扣吨的达14167吨，为炼钢厂减少经济损失85万元。

石灰和炉衬砖生产。炼钢厂的石灰炉衬车间有石灰生产、炉衬砖生产和白云石煅烧三个系统。

石灰生产系统的主要设备有150立方米石灰竖窑2座，配有120千瓦高压鼓风机2台，链板运输机1台，星形出灰机2台，托板出灰机2台。生产原料为块度40～80毫米的石灰石，由莱钢石灰石矿加工供应，燃料为焦化厂供应的块度10～25毫米的焦炭，焦比为8%左右。生产工艺：配料、上料、布料、煅烧、出灰、筛分。合格灰块用汽车送至炼钢车间炉顶料仓，灰粉对外销售。为了满足1993年钢产量大幅度增长的需要，石灰生产系统加强了设备的维护管理，尤其是对鼓风机采用"三开二"的措施，保证现有设备满负荷稳产高产，全年生产石灰74,505吨，创最高纪录，满足了炼钢需要，实现了全年不外购一吨石灰的目标。

转炉炉衬砖生产系统的主要设备有400吨摩擦压力机1台，300吨摩擦压力机2台，大砖振动成型加压装置1套，∅500×400毫米颚式破碎机1台，250×400毫米反击式破碎机1台，∅315×3000毫米球磨机1台。原料主要为掖县镁砂、合成镁质白云石和沥青。工艺为原料、破碎、筛分、大颗粒加热、沥青加热、配料、搅拌、成型、冷却。1993年生产炉衬砖950吨，补炉砖、补炉料5500吨。车间发明的"沥青烟焚烧净化锅炉"技术获国家技术专利。

白云石生产原有1座16立方米竖窑，1993

年改建成32立方米白云石竖窑，配有110千瓦高压鼓风机1台、单斗提升机1台。1993年生产熟白云石1298吨，供制砖系统作为制砖原料。

炼钢生产。转炉炼钢生产设备主要有25吨氧气顶吹转炉3座，配有D700—13型6000伏、440千瓦高压除尘风机3台，100/30吨桥式起重机1台，50/10吨桥式起重机7台。炼钢用的氧气由动力部制氧车间用管道送到车间，1993年9月第3座25吨转炉建成后，已形成年产120万吨转炉钢的生产能力。转炉钢冶炼采用微机静态控制，生产工艺是：向转炉兑入铁水，加入废钢，开始吹氧，同时向炉内加入石灰、白云石、萤石、氧化铁皮等造渣材料，吹炼14分钟左右摇炉倒渣、测温、取样，再根据炉况补吹，摇炉测温、取样，当钢水成份和温度同时达到计划品种要求后立即倒炉出钢，出钢时向钢包内加入铁合金脱氧。每炉钢的平均冶炼时间为29.6分钟，每炉平均产钢量为27.54吨。合格钢水用电动自行钢包车送至连铸车间铸成连铸锭或送至浇钢跨铸成模铸锭。连铸锭供莱钢内部轧钢厂成材，2.13吨/支和2.75吨/支大锭热送至轧钢厂750毫米初轧车间开坯，698千克/支小型锭冷送至特钢厂轧钢车间成材。

1993年转炉钢钢锭合格率、转炉工序能耗在全国同类型企业指标排序中名列第三。生产组织中坚持以连铸为中心，炼钢为基础，设备为保证的指导思想，克服生产与改扩建交叉进行和炼钢与连铸两大工序衔接上的困难，强化生产调度指挥，实行一级调度管理，车间实行作业长制，保证了生产高速、安全、均衡进行。在3号转炉建成之前，为减少补炉时间，提高钢产量，采用镁碳砖综合砌炉法，使转炉炉龄平均达到927次，并采用拆炉机拆炉，使修砌炉时间由48小时缩短到28小时，为炼钢赢得了时间。在设备管理上推行全员设备管理，加强现场设备点检和巡检，主要设备完好率达到100%，设备故障停机率降到0.44%，比上年降低了0.15%，特别是10月份钢产量创7.33万吨新纪录，设备经受住了高产的考验。

炼钢厂严格按总厂下达的品种计划组织生产，全年按计划品种出钢率达到99.57%，镇静钢比达到49.91%，比上年提高14.63%。在提高产品实物质量方面，操作上推行标准化作业，把转炉装准率、一次拉碳合格率和品种一次命中率作为主攻方向，开展技术比武和劳动竞赛，高亚明在全国转炉炉长技术大赛中获第7名，荣立共青团山东省委“青春立功”一等功，炼钢一工段甲班荣获全国“五一”劳动奖状。

连铸生产。炼钢厂连铸车间1号连铸机组为ROKOP四机四流小方坯连铸机，产品规格为150×150毫米和120×120毫米两种，设计能力为年产连铸锭20万吨。该机组于1992年3月开工建设，当年设计、当年施工、当年建成。1993年1月16日热负荷试车成功，1月29日达设计日产量，10月份产锭24072吨，全年生产合格连铸锭201346吨，创全国小方坯连铸机建设与达产的最好水平，结束了莱钢无连铸的历史，使炼钢厂的连铸比达到30.74%。

1号连铸机组的在线设备有：高架式钢包连浇装置1套、15吨中间包小车2台、结晶器4套、引锭装置4套、拉矫机4台、剪前辊道4套、火焰切割器4台、剪后辊道4套、翻钢机4台、移坯车1台、推钢机1台、双12.5吨电磁吊1台。生产工艺：钢包钢水—中间包钢水—结晶器—二冷段—连铸锭—矫直—火焰切割—冷床。

连铸车间是炼钢厂的新车间，新职工、新设备，无经验可借鉴，能创出全国最好水平，一是认真抓了职工素质的提高，在项目建设的同时下大气力做好职工技术培训，提前上岗参加设备的安装调试全过程，考试合格才允许上岗；二是自我加压，不等不靠，自己动手解决新设备制造、安装上的各种遗留问题，为机组早日达产争取了时间；三是严格管理，狠抓规章制度建设、现场管理和标准化作业，使一个新车间一开始就做到了纪律严明，生产有条不紊；四是重视精神文明建设，广大青年职工思想活跃，文体活动普及，形成了顾全大局、勇挑重担、争当标兵模范、争创一流业绩的良好风尚。

（柳公理）

## 特 殊 钢 厂

**【基本情况】** 特殊钢厂是莱钢主要生产厂之一，也是山东省最大的特殊钢生产基地，年产电炉钢 15 万吨，钢材 30 万吨。主要产品有：优质碳结钢、碳工钢、合结钢、合工钢、弹簧钢，轴承钢、不锈钢、高工钢等近 200 个钢号、1000 多个规格。全厂占地面积 118.45 万平方米，固定资产原值 8816.63 万元，净值 5849.98 万元。职工 4029 人，其中具有高级专业技术职务的 45 人、中级的 151 人、初级的 380 人。下设炼钢、开坯、中轧、小型、带钢、冷拔等 6 个生产车间，以及中心试验室、机修、耐火、废钢加工、运输等 5 个生产辅助车间。三项制度改革后，机关设五部一室，即生产经营部、机动技术部、劳动人事部、党务工作部、群众工作部和厂办公室。

**【主要经济技术指标】** 生产经营创出历史最好水平。全年生产电炉钢 143937 吨，钢材 225953 吨，分别比上年增长 19.85%和 23.17%；实现工业总产值 34449.24 万元、内部利润 6434.96 万元，分别比上年增长 21.5%和 174.93%；全员劳动生产率为 8.78 万元/人年，比上年增长 15.31%；冶炼电耗 581 千瓦时/吨，比上年下降 1.16%，其它消耗指标均有程度不同的下降。

**【技术改造】** 本着生产和改造齐头并进的原则，相继完成了一系列投资少、工期短、见效快的技改项目。全年完成技改投资 2018 万元。主要项目有：炼钢 4 号炉大修改造，包括新上一条浇注线、更换一台 5500 千伏安变压器、改建配电室、加长副跨、增建循环水池等；开坯车间 550 轧机、250 吨大剪、踩钢机和 10 吨双木梁吊车 4 项大修；中轧车间 400 轧机改造二期工程，包括抽梁换柱、新上冷床、1500 毫米热锯和其它辅助设施；小型车间∅280 毫米轧机大修和冷床中修；新增一台龙门吊，一门坦克吊和两台打包机。

总投资 1 亿元的省“八五”重点工程——特钢厂 50 吨电炉工程的第一批设备和技术资料，已从德国柏林钢厂引进到位。与此同时，三通一平工程全面完成。主要设备有：电弧炉、精炼炉和连铸机。设备装备属八十年代国际先进水平，设计规模为年产 18 万吨。该项目计划于 1994 年底建成投产。冷带制品股份有限公司改造工程，其退火炉、酸洗线、烤兰机组的安装已进入紧张施工阶段。

**【全面质量管理】** 在进行《产品质量法》和 ISO9000 系列标准及工艺规程教育的同时，制定关于强化质量管理的新规定，进一步增强了职工的质量法制观念，提高了产品质量。1993 年，在保持船用二级锚链钢国优银牌、40 铬等 3 个部优和 20 铬锰钛等 6 个省优产品称号基础上，顺利通过了国家检测中心对轴承钢的检查和对热轧钢筋生产许可证的换证检查。全年优质产品产值率、产量率和合金比分别达到 37.58%、49.25%和 58.77%，均比上年有较大幅度的增长。

**【调整产品结构】** 为适应市场需求，调整产品结构，增加适销对路产品，相继开发试产 38 铬钼铝渗氮钢、四级船用锚链钢和四级系泊链用钢，进行了 2.3 吨大钢锭和∅130 毫米大圆钢的试生产。全年共生产锚链钢 38047 吨，占国内市场的 83%。此外，还克服一系列困难，积极生产市场俏、利润高的轴承钢和齿轮钢等合金钢，取得显著的经济效益。

**【三项制度改革】** 特钢厂作为莱钢总厂三改试点单位之一，本着积极、实效、求稳、求快的原则，通过科学测试，民主评议、岗次划分、双考双定、双向选择，竞争上岗等一系列工作，较好地完成了687名富余人员从生产和管理岗上的剥离分流，全厂压减率15.18%，从而形成了全厂劳动用工的动态管理机制，提高劳动生产率44.32%。本着“先开渠、后放水”的原则，广开门路、多种经营，妥善安置企业富余人员413名，相继开办了鲁鑫、万通、宏达、益康、信诚等经济实体，使特钢厂附属企业公司下属厂、公司由原来的8个，猛增到24个，经营性质由原来的生产服务型向开发经营型转变，产品结构由原来的劳动密集型向技术密集型转化。

【精神文明建设】 在转换经营机制的新形势下，特钢厂党委注重发挥政治核心作用，在实践中不断探索和开辟加强思想政治工作的新路子，紧紧围绕生产经营中心开展工作。为保证1993年工厂方针目标的实现，厂党委提出在全厂开展保中心，促快上，三大任务多贡献主题系列活动。通过运用激励机制和约束机制，进一步调动职工积极性，保证各项任务完成。重视企业文化建设，进一步培育了以“艰苦创业、改革创新、团结进取、争创一流”为特征的特钢精神。全年无重大违法违纪和火灾事故的发生。计划生育工作保持了莱钢先进单位称号。

【改善职工生活】 新建职工宿舍楼5栋，改建职工澡堂和西山食堂。集资建起总面积1600平方米的山上宿舍区采暖一期工程，744户职工实现冬季集中供暖。职工医院走“以外养内”的路子，扩大社会服务，增加收入，添置部分医疗器械和设备，使职工医疗卫生条件得到改善。1993年，全厂职工人均收入比上年有较大幅度增长，离退休人员管理加强，厂区绿化有新的进展。

（骆　炬　周　庆）

【冷带制品股份有限公司】 莱钢冷带制品股份有限公司的前身——莱钢特殊钢厂带钢车间始建于1970年，占地面积28875平方米，建筑面积7567平方米，资产总值315万元，年产冷轧带钢1万吨。原车间下属4个职能组、3个生产作业工段和其他辅助班组，职工196人。原车间仅靠3台旧轧机及其辅助设施维持生产。由于设备陈旧落后，再加上长期受计划经济管理体制的制约，致使产量低、消耗大、品种单一、生产停停打打、工作举步维艰，难以适应市场需求。据莱钢财务处测算，1993年车间亏损297万元。如果不进行股份制改组，转换生产经营机制、进行技术改造，带钢车间就难以焕发生机和活力。

1992年8月29日，山东省体改委批准，莱钢为全省首批直接管理的股份制试点企业，并同意在特钢厂带钢车间进行股份制改组试点。经过4个月的充分准备，莱钢冷带制品股份有限公司（以下简称冷带公司）于12月31日宣告成立，并召开了首次股东代表大会。1993年1月1日，冷带公司以崭新的生产经营机制开始运行。按照《股份公司规范意见》要求，冷带公司建立了由股东大会、董事会、监事会及公司有关部门组成的领导体制。改组后的冷带公司，股本总值为637万元，其中，经莱钢国有资产评估工作小组对原车间全部资产进行评估确认净值315万元，形成国家股，占股本金额的48%；法人股为100万元，占15.2%；个人股243万元，占37%。冷带公司改组后，共募集资金3424.8万元，将全部用于设备技术改造。

冷带公司成立以来，召开股东大会2次、董事会8次、监事会3次，对三会人员组成，公司生产经营、技术改造、机构设置、红利分配、经理和高级员工任命，以及公司章程等一系列重大课题作了确定。公司每月一次向监事会通报生产经营情况，在实际工作中注重处理好董事会与党支部、股东大会与职工代表大会、监事会与公司纪检小组间的关系。

依照股份制的特点和企业实际，冷带公司建立了四部一室（生产部、经营部、财务部、机动技术部、经理办公室）五大作业班（轧机甲乙丙作业班、退火炉作业班、烤蓝作业班）的生产经营体制，公司本着精减、效能的原则，对员工进行合理组合、竞争上岗，将人员由196名压减到137名，减员率为30%以上，基本达到了员工满负荷工作的目标。为妥善安置下岗的富余人员，公司充分利用原有设备和生产过程中的边角余料，不断挖掘下岗人员的技术潜力，相继开展了拉丝加工、废边压块打包、修旧利废和对外技术服务等项目。公司指定专人负责这些项目，并实行根据产量、效益提取工资奖金的承包办法，有效地调动了下岗人员的积极性。拉丝班在满足特钢厂铁丝需要的同时，还承揽了部分对外加工业务，全年共加工铁丝301吨，盈利12万余元；打包压块班，全年生产403.98吨，盈利20多万元；修旧利废班，全年共修复各类物品价值8万多元。

实行股份制后，公司享有独立的产品销售权，公司不断提高广大员工的质量意识，强化质量管理手段和措施，使产品实物质量不断提高，一年来，没有因质量问题而造成大的质量异议和经济损失，满足了用户需求，提高了公司信誉。

全年投入资金2300多万元进行技术改造的新上项目主要有：两条半连续酸洗线和配套的废水、酸雾处理设施；一套∅175～185/、∅450～470×400毫米四连轧机组，配套的测涨、测速、测压、测厚装置；1条成品纵剪机组；1条包装用烤蓝带机组；1座隧道式燃油连续式退火炉；水电风动力等配套设施。主厂房修建已完毕，四连轧机组进入后期制做，隧道式燃油退火炉点火试产。价值近50万元的烤蓝打包带机组试车成功后已进入初步生产阶段，所用原料为冷轧硬态钢带，材质为普碳钢、低合金钢，规格厚度在0.4～1毫米，宽度在16～32毫米，最大卷重为50±5千克。这一项目可年产烤蓝带4000吨，填补省内空白，下一步还将生产高强度打包带，这些产品不仅可以满足莱钢及其它单位需求，还可出口创汇。其它附助设备已陆续进货，并逐步进行安装调试。改造后的冷带公司，装备水平可达到80年代国际先进水平，形成年产带钢4万吨生产规模，生产的烤蓝带、锯条钢、各种薄壁管材，各种五金用料，厚度规格可达0.5毫米以下，轧制宽度可达300毫米，还可根据用户不同需要进行生产。

主要经济技术指标创出好成绩。股份制改组使冷带公司生产经营机制发生了脱胎换骨的变化，企业面向市场，自主经营，自我发展，自我约束，依法纳税，自主权得到扩大，员工与企业结成了牢固的命运共同体和利益共同体，从而使冷带公司1993年的生产经营取得了前所未有的好成绩。全年生产合格带钢14564.2[illegible]9吨，比上年增长40%以上；钢材合格率达99.14%，创历史最好水平。实现销售利润2747291元，红利率达24.74%，成本下降30元/吨。这些成绩是在对原设备未投入一分钱改造、企业连年亏损的基础上，靠新机制带来的活力和广大员工的拼搏来实现的。

股份公司一组建就建立了党组织，党政交叉任职，党支部在莱钢党委和特钢厂党委统一领导下，积极探索股份制下党建工作的新路子，全面贯彻执行党的路线，方针和政策，紧紧围绕公司生产经营中心，开展了探索创新保试点成功，发挥作用促任务完成的主题系列活动、创建先进党小组活动、党员阶段立功活动和党员劝戒书活动等，使党支部的战斗堡垒作用、党员的先锋模范作用得到了进一步发挥。冷带公司工会正确处理职代会与股东大会的关系，坚持职代会与股东会两会并存，互相补充协调和各尽职能的原则，通过第一次职工代表大会，审议通过了生产作业班承包方案、劳动人事管理规定、员工病事探亲假管理规定等一系列维护企业和员工双向利益的管理制度，并确定了“团结开拓、真诚实效”的公司精神，对股份制下如何让员工参政议政、当家作主等课题进行了有益地探索和尝试。女工和共青团组织也都围绕公司中心独立自主，卓有成效地开展了工作

（周 庆 司家论）

**【电炉钢生产概述】** 原料配备和烘烤。作为首道工序的原料工段负责炼钢的生产准备，配料

和入炉原料供应，电炉炼钢原料主要来源为：社会供应废钢铁，本厂轧钢车间及莱钢轧钢厂切头、轧废，第一铁厂的生铁，莱芜铁矿的矿石及各种铁合金。

配料按照技术操作规程进行，根据生产钢种、进度和浇注钢锭支数计算装入量。废钢铁的装炉根据社会来料情况不同，每罐料中应配有一定的中、重料，一次熔化后尚需二次加料。

入炉的原料不能含有水分，对所有的入炉料都要进行烘烤。把铁合金装入块状烘烤炉，在700～800℃的温度中烘烤2个小时，按照需要送到炉前。1993年充分利用本厂轧钢生产氧化铁皮废料，在省内首家开发应用海绵铁冶炼合结钢新工艺，拓宽了炼钢的原料资源，缩短冶炼时间、降低冶炼电耗，年获经济效益60多万元，配料料罐由原链板式改为蛤式，避免了粘钢、提高了使用寿命。

使用的造渣剂主要有：本厂炉窑生产的石灰、电石、萤石等。脱氧剂主要是硅铁、锰铁等。1993年积极采用国内电炉炼钢脱氧应用新技术，经过试验使用碳化硅代替硅铁粉脱氧成功，不仅增强了炼钢脱氧效果，提高了钢的内在质量，而且取得了年降低费用100多万元的经济效益。电炉炼钢目前使用的电极为∅350毫米，由于切实加强了管理，严格经济责任制考核，电极消耗自1990年达到国家二级企业工序指标后，在原有基础上不断又有所下降，1993年达到6.03千克/吨。

特钢厂电炉于1968年5月投产。1990年实现年产10万吨生产能力，以后每年以15%的幅度增长。主要产品品种有碳结、碳工、合结、合工、弹簧、不锈钢、高工钢、轴承钢、低合金钢及锚链钢等。1993年是电炉钢生产登台阶、上水平的一年，社会需求量大，特钢厂千方百计多组织生产适销对路的产品，全年产钢14.4万吨，比上年增长19.85%，钢锭合格率为99.30%。

主要设备有：5吨电弧炉4座，变压器容量为5500千伏安，30/5吨桥式起重机4台，15/5吨桥式起重机2台，20/5吨、15/3吨及10吨桥式起重机各1台，30吨浇钢平车6台，10吨至50吨电动平车4台，20/5吨露天龙门吊2台。

生产工艺流程：补炉、配料装罐、冶炼、钢水化验、铸锭、缓冷、精整、入库。冶炼过程分熔化期、氧化期和还原期、冶炼后期取样化验符合出钢要求时出钢，而后铸锭和脱模。在冶炼工艺上强化用氧、早期去磷、熔氧合一，沉淀脱氧和强制还原等方法，有效地缩短了冶炼时间，在提高产量、保证质量、降低消耗等方面取得了显著成绩。

1993年电炉炼钢设备和工艺改造，主要是把原4号备用炉改为正常运行和管理。特钢电炉生产初期4座5吨电炉，一直是3座正常炼钢，1座备用。为解决市场需求大而炼钢生产能力相对不足的矛盾，厂里决定克服困难自行设计改造完善4号炉工艺条件。除把电炉变压器由原4000千伏安扩大为5500千伏安外，配套设施改造还包括：新上两条浇注线，搬迁动力室，主跨增加1台30/5吨桥式起重机，增加过跨平车，加长原料跨，新建清渣跨。在保证不影响正常生产情况下，边生产、边施工，经4个月的奋战，完成全部项目。4号炉于5月投入正常运行，当年生产钢33385吨。

钢锭浇注和精整。电炉钢锭浇注采用下注法，以前由天车吊钢包在主跨浇注，自1987年使用座包浇注，把钢水包放在浇钢车上，由主跨移到副跨浇注。出钢后，根据钢种和出钢温度不同，钢水在钢包内镇静5～7分钟后开始浇注。每炉浇注3至4盘，每盘8位，浇定后30分钟脱模，钢锭放在坑内缓冷24小时。

为提高钢锭成材率，采用低碳复合保护渣替代高碳保护渣，解决钢锭头部增碳问题，钢锭帽头实心高度平均达到50毫米，避免了缩孔减斤。为保证钢锭表面质量一级品率的提高，修改工艺规程，在锭模准备工作中，要求必须对钢锭模内壁铲模、吹风、效果明显。1993年试生产了2.3吨/支大锭型，以满足生产∅110毫米以上大圆钢的需要。在生产的650轧机用钢锭支重为678千克。

钢锭缓冷后按炉号码垛，在送往 650 轧机开坯之前，要对钢锭表面出现的结疤、裂纹等进行修整，以支架手砂轮磨削发现问题，处理各种缺陷后经技术监督给判定入库，转往开坯车间进行开坯轧制。

砌筑炉盖主要使用高铝砖，砌筑炉体主要使用山东耐火材料厂生产的耐火砖，自 1990 年特钢耐火车间试验应用人工合成镁质白云石振动成型大砖新技术后，寿命有了很大提高，平均炉龄达到 70 炉，最高达到 100 炉以上，年降成本 50 多万元。此项成果获山东省金属学会优秀成果奖和省冶金系统科技进步三等奖。

**【轧钢生产概述】** 特殊钢厂的轧钢生产由开坯、中轧、小型材轧制及冷轧带钢等生产车间组成。1966 年兴建，二期工程设计年产钢坯 4.2 万吨，型材 1.53 万吨。先后对生产工艺进行改进，将∅550 毫米轧机由中轧车间迁出，建开坯车间。1993 年生产钢材 225953 吨，比上年增长 23.17%。

开坯生产分为两个部分：一是生产为中型轧材提供原料的 60～120 毫米方坯，其工艺流程为：钢锭加热、调头、∅650 毫米轧机、∅550 毫米轧机、热剪、冷却、精整、酸洗、检验入库。二是生产∅80～∅130 毫米的大园钢。工艺流程为：钢锭加热、调头、∅650 毫米轧机、∅550 毫米轧机、热锯、冷床、精整、检验入库。

主要生产设备有∅650 毫米×1 和∅550 毫米×2 轧机（呈二列式布置），分别配有 2500 千瓦和 1900 千瓦主电机各 1 台，118 平方米三段连续式加热炉 1 座，250 吨热剪 2 台，∅1500 毫米热锯 2 台。开坯生产的原料，一是电炉钢锭，二是∅750 毫米轧机轧制的 236×125 毫米钢坯。

∅550 毫米轧机开坯车间，工艺布局合理，各种基础和专项管理进一步加强，在实行承包经济责任制的过程中，对设备的技术改造和工艺改革不断有新的突破。∅650 毫米轧机工程为本厂自行设计、安装、调试项目，该轧机的配套技术，凸轮传动升降台、大型加热炉采用汽化冷却低管比技术在国内同类型轧机中运用尚属首次。

1993 年坯材产量达到 18 万吨，锭坯成坯率达到 86.63%。钢坯合格率达到 99.85%。工人实物劳动生产率 520.73 吨/人年。

中轧生产所用方坯来源，一是由开坯车间生产的 120 毫米方坯，二是炼钢厂生产的 150×150 毫米、120×120 毫米连铸锭。生产工艺流程为：对钢坯火花检验、加热、∅400 毫米轧制、∅300 毫米轧制、锯切头尾定尺取样、冷床、冷检修磨、矫直、涂色贴标签、码垛入库。

主要生产设备有：∅400×2∅300 毫米×5 机列，主电机为 1000 千瓦，成品车线速度为 1.9 米/秒，∅1500 毫米可移式热锯机 2 台，步进式冷床 2 组，副跨有悬臂式十辊矫直机 1 台。轧制后的成品规格为∅28～∅80 毫米圆钢。

中轧生产以推动技术进步为先导，不断提高管理水平，产量逐年增加、质量不断提高。1993 年生产优质钢材 102615 吨，合格率达到 99.22%。主要技术经济指标多年保持全国同类企业领先水平，企业晋等升级考核指标均保持特等工序水平。主要产品规格 30 多个。

为适应市场需要，提高中轧材产量，1992 年底对∅400 毫米×2、∅300 毫米×5 轧机生产工艺进行改造，12 月 15 日一次试车成功。1993 年 1 月投入正常试生产运行，当年达产，轧机机列运行正常。在三段连续式加热炉的设计中，突破性地采用了新无水冷却滑轨技术，此项技术经国家科学技术情报研究所检验认定为国内首创。加热炉可比能耗达 41.47 千克/吨，已达到国家一等炉，接近特等炉水平。

小型生产。原料来源为开坯车间供给的 60×60 毫米钢坯，生产工艺流程为：坯料准备、加热、∅330 毫米轧制、∅280 毫米轧制、冷床冷却、剪切、取样收集、打捆秤量、入库。

主要生产设备有：∅330 毫米×3、∅280 毫米×5 机列，主电机分别为 1000 千瓦和 800 千瓦各 1 台，摇摆齿条式冷床规格为 5.5×67 米，

1600吨点切式冷剪1台。轧制后的成品规格为∅12～∅22毫米圆钢及热轧带肋钢筋。1977年建成投产，1983年产量突破2万吨。积极进行革新挖潜改造，不断加强生产技术管理，努力提高生产能力，保证产品的高质量，1993年生产合格钢材达到63752吨，合格率达到99.29%。

1993年，对原有孔型进行改进修正，在大量实践的基础上，确定将原来的6个产品规格三套孔型改进为∅12毫米～∅20毫米等5个规格共用一套孔型，而∅22毫米单独成套，此项改进修正增强了孔型的共用性，减少了换辊时间，进一步提高了轧机作业率。3月份，对∅280毫米轧机工艺进行改造，通过改变减速器传动比使轧制速度由原来的4.7米/秒提高到5.19米/秒，使∅280毫米轧机速度与∅330毫米轧机速度相匹配，对∅280毫米机列成品机架支撑的改进，由以前用胶木瓦改为滚动轴承，减少了过程废品。

冷带生产。原料来源为轧钢厂生产的厚度为2.5毫米，宽度分别为206毫米、217毫米、245毫米和258毫米的热轧带钢。生产工艺流程：来坯检验、剥壳、酸洗、轧制、剪切、退火、秤量、包装入库。

主要设备有：300毫米二辊冷轧机2台、∅140×320×300毫米四辊冷轧机1台，∅200毫米圆盘剪1台，1.5×5平方米退火炉2台、剥壳机1台、轧制后的成品规格厚度1.1～1.5毫米，宽度根据用户要求而生产，主要规格为50～130毫米。由于坯料供应不足，设备陈旧落后、产量低，消耗大，品种单一，不能保持连续生产，出现亏损。

（骆　炬）

## 轧　钢　厂

**【基本情况】** 轧钢厂是莱钢的主要生产厂之一。到1993年底，初轧系统拥有750毫米二辊可逆式初轧轧机1架，上部单烧嘴带金属辐射换热器式均热炉6组，400吨剪断机等辅助设备。500毫米热连轧带钢系统有推钢式加热炉1座，粗轧机6架，精轧机8架，卷取机、纵剪机组等辅助设备。全厂共有生产设备447台套，设备总重量6719.27吨，装机总容量35385.99千瓦，占地面积45.43万平方米，建筑面积6.21万平方米。拥有固定资产原值9998万元，净值6732万元。共有职工1579人，其中高级专业技术职务的13人、中级的42人、初级的112人。下设行政部室5个、党群部室2个，有初轧、带钢、机修3个车间和银山联合开发公司。

**【主要经济技术指标】** 全年实现工业总产值4.15亿元。生产钢坯39.36万吨，带材21.38万吨，均完成总厂奋斗目标。金属加工量77.507吨，比上年提高21.73%。初轧坯合格率99.97%，钢锭综合成坯率89.53%，其中沸腾钢成坯率90.4%、镇静钢成坯率87.36%。带钢材合格率97.07%，成材率95.06%，分别比上年提高0.07%、0.31%。初轧工序能耗为101.7千克标煤/吨。带钢工序能耗为104.51千克标煤/吨，实际总成本比计划总成本下降727.38万元。安全工作实现了无工亡、无重伤、无重大设备事故，无火灾事故、无负主要责任的重大交通事故、无重大污染事故、千人负伤率为零，分别被莱钢总厂、莱芜市和省冶金总公司评为安全先进集体。全员劳动生产率达到320916元/人年，比上年增加76650/人年。全年实现内部利润5505.43万元。

**【企业管理】** 推行现场化、现代化、系统化管理，把现场管理纳入经济责任制考核，在艰苦岗位安装了空调，装修了操作台，改善了环境。确立了53项现代化管理项目，把网络技术、价值工程、ABC分类法、PDCA循环等现代化管理方法运用到工作中。微机辅助企业管理系统开发应用面拓宽，初轧车间微机辅助生产管理信息系统投入试运行，情况较好。积极探索新体制下的企业系统管理，各部室由原来单一的专业分类管理向系统管理并拢，提高了快速运转能力。确立了17个管理效益承包项目，全年管理效益可达500万元。强化设备管理，进行初轧、带钢设备大中修，实现较大技术改造8项，提高了企业装备水平。在冶金部轧钢信息建网20周年大会上，被评为先进单位。

**【技术进步】** 坚持走科技兴厂之路。初轧、带钢分别轧制和开发12个品种规格，填补省内空白的碳素结构钢热轧带钢荣获山东省优秀新产品开发一等奖。表彰奖励56名科技工作者，对有突出贡献的9名科技人员实行重奖。兑现了1992年科技项目承包合同，同时签订1993年10项科技进步项目，调动了科技人员的积极性。坚持"论证一批、实施一批、储备一批"原则，实行"四定四包"责任制，即定改造目标、定工作程序、定协作关系、定人员情况；包投资、包工期、包质量安全、包经济效益。建立了项目调度会制度。全年完成技术论证、技术储备项目19个，完成均热炉群计算机控制、高效蓄热换热器工业实验、反冲洗污水净化回收处理等技术改造工程，总投资500多万元，创建厂以来技术改造速度最快纪录。该批技术改造工程投产后，年创经济效益800多万元，增强了企业发展后劲。

**【基本建设】** 全年投入施工基建工程20余项，其中机修迁建工程、金工铆焊间、综合仓库基本建成。初轧大修设备基础改造工程和带钢大修基础爆破分别提前完成。带钢接跨工程、初轧二层楼、电大实习厂、金属加工厂、东山农转农居住平房、小车库、楼前绿化小区建设、大酒店主体工程、初轧、带钢水处理系统工程等也已完成，累计投资233万元，改善了生产生活环境。

**【三项制度改革】** 制定下发了《关于三项制度改革几项主要工作的初步安排》和《上岗考试暂行办法》，超前兴办第三产业，成立银山联合开发公司，并初具规模，1993年安置富余人员210多余名。机关由原来的18个科室压缩为五部二室，提高了工作效率。进一步改革分配制度，深化细化了经济责任制，初轧车间实行吨锭工资奖金含量承包，带钢车间实行吨材工资含量承包，机修车间实行工时计奖办法，体现了多劳多得的分配原则，调动了职工的积极性。

**【精神文明建设】** 1993年轧钢厂认真贯彻党的基本路线，坚持"两手抓、两手硬"的方针，围绕生产建设这个中心，全厂上下一个目标，形成了巨大的合力。加强党的建设，组织学习党的十四大文件和《邓小平文选》第三卷，开展三查和反腐败斗争，提高了党员干部的政治觉悟。围绕企业的中心任务抓好职工的思想政治工作，把生产中的难点、热点、矛盾点当作思想政治工作的重点，努力探索思想政治工作与生产建设的结合点，探索出了《走向主战场》、《思想政治工作与经济工作的结合》、《强化四个意识加强党的建设》等经验，有十多家中央级、省级新闻单位予以报道推广，获得了良好的企业效益和社会效益。培养企业道德，加强宣传工作，塑造了良好的企业形象。贯彻预防为主、教育为本、依法治厂、综合治理的治安保卫工作方针，开展了两次案件为零百日赛活动，被莱芜市评为创安达标先进单位。群众工作和其它工作都取得了突出的成绩。1993年轧钢厂先后被省委、省政府授予学雷锋先进单位、读书活动先进单位、省优秀政工企业和省级文明单位称号。

（张福才）

**【生产概述】** 初轧坯生产。轧钢厂初轧车间设有一条初轧机及配套的生产工艺作业线，可分为加热、轧制和收集三个区，担负开坯任务，用于满足下道成材工序的需要。

加热区设有全部采用微机控制烧钢的12个炉炕的均热炉1座，钳吊3台。

轧制区设有750毫米二辊可逆式初轧机1架、机前和机后工作滚道各1套、400吨大剪1台，年设计处理钢锭能力为50万吨。

收集区设有拉钢机2台、堆钢机2台及辅助设备。

原料主要来源：钢锭由炼钢厂供应，煤气、氧气、水、电均由动力部供应，压缩空气由本厂机修车间供应。

初轧生产工艺改造：为了提高产量和降低煤气消耗，试验燃烧新方法，建立“寻优”指导系统，完成了均热炉群计算机控制，并进行均热炉高效蓄热换热器工业实验，对燃烧、余热回收、供风、排烟、煤气净化系统进行改造，提高生产率和钢锭加热质量，并且使用低热值煤气。实施初轧辅传动可控硅供电，对压下、推床、运锭车采用可控硅供电，节电、降低故障率。另外还进行了初轧工作滚道（机后）改造、初轧机循环水冷却及反冲洗污水净化处理、初轧剪下辊改造、均热炉风机变频调速等14项改造项目。

初轧工艺流程：炼钢厂生产的钢锭由火车运送到初轧车间，用5吨钳吊装入均热炉坑，加热至1200℃左右取出，由钢锭小车放到滚道上送入初轧机轧制。经大剪按定尺长度剪切后，用2台链式拉钢机送到垛钢机或垛板台，计量后入库。

主要产品与规格：初轧坯主要品种有普碳沸腾钢、镇静优质钢两种，方钢坯规格为120～220平方毫米，扁钢坯厚度为80～120毫米、宽度为210～370毫米，1993年共轧制12个品种规格。

生产组织情况：1993年轧钢厂初轧生产受原料短缺、煤气紧张及市场的制约，完成任务困难较大。对此初轧车间充分利用待料、待温和待煤气时间检修设备，一有时机就快速生产。同时积极组织钢锭的热送热装，突出抓住热送时间、热送温度和热送热装量三个关键指标，使热装温度达437℃，工序能耗为101.71千克/吨。为提高设备作业率，采用设备集团承包的办法，进一步强化设备管理，设备故障停机率为1.01%，比计划降低0.79%。为调动职工积极性，车间深化经济责任制考核办法，大胆采用吨锭工资奖金含量承包，轧多少钢，拿多少钱，10月份轧钢47850吨，创投产以来月产最高纪录，全年共生产钢坯39.36万吨。强化质量管理，初轧坯合格率达到99.97%，比计划提高0.04%，钢锭综合成坯率达到89.53%，其中沸腾钢成坯率达到90.4%，镇静钢成坯率达到87.36%。为开拓市场、适应莱钢总体生产工艺要求，调整了初轧坯的5个品种规格，成功地组织开发焊管坯新产品，全年完成焊管坯新产品产量12余万吨。为莱钢增加经济效益600多万元，并被莱钢评为优秀科技成果一等奖。

带钢材生产。轧钢厂带钢车间拥有1条500毫米热带连轧机组生产工艺线，可分为加热部分、轧制部分和收集部分，设计能力为30万吨/年，担负带材生产任务，满足市场需求。

加热区设有推钢机式加热炉1座，年加热扁形钢坯能力为16万吨。

轧制区设有14架轧机，其中4架平辊粗轧机、6架平辊精轧机和4架立辊轧机，以及与之相匹配的主电室。

收集区设有2条平板运输链、2台卷曲机以及辅助收集设备。

原料主要来源：扁形钢坯由初轧车间供应，煤气、氧气、水、电均由动力部供应，压缩空气由本厂机修车间供应。

带钢生产工艺改造：为提高带钢产量和质量，实现生产过程控制和基础自动化控制，投资230万元进行500毫米带钢轧机计算机控制系统改造，计划1994年完成。增设污水冷却塔及斜板沉淀器，对轧机循环水冷却及反冲洗污水净化处理，降低水温，提高重复利用率。同时还进行带钢$RE_2$、$FE_1$和$FE_2$立辊轧机改造、带钢加热炉上料系统改造、带钢收集系统改造等16项，提高了装备水平。新上步进式加热炉论证完毕，将为年产30万吨带钢创造条件。

带钢工艺流程：由初轧机轧制的扁形带钢坯送至带钢加热炉加热后，进入14架联轧机进行轧制，由2条平板链送到卷曲机打卷后，进入收集系统打捆、计量、入库。

主要产品与规格：热轧带钢规格厚度为

2～7毫米，宽度为183～353毫米，1993年共轧制28个品种规格，钢种包括了碳结钢、优质钢、合金钢和低合金钢。

生产组织情况：1993年轧钢厂带钢车间克服原料少、煤气紧张、市场对产品质量要求高、品种多、批量少等困难，立足练内功、挖内潜，强化生产的调度指挥，及时掌握生产信息，运用滚动计划，根据市场需求抓生产。车间三大班按厂制定的破班产、破日产、破月产的达标奖励政策，开展劳动竞赛。班产达到393吨，日产达到1072吨，3月份首次突破2万吨，12月份又达到2.35万吨，全年共轧制合格带材21.38万吨。为保证生产的顺行，车间推行设备点检制，加大了重点设备的维护措施，全年设备故障停机率为3.04%。进一步强化了职工的质量意识，牢固树立“以质量优闯市场，以品种多争用户”的思想，先后到天津、沧州等地走访用户、掌握市场需求信息，大力开发了适销对路的12个品种规格的热带新产品，其中填补省内空白的碳素结构热轧钢带，荣获山东省优秀新产品开发一等奖，填补国内空白的2.5～4.0×250～350毫米热轧钢带荣获莱钢科技成果一等奖。通过认真开展群众性的质量管理活动，严格执行操作规程和工艺纪律，紧紧抓住加热、轧制、精整、抽检等环节开展工作，及时采取措施处理质量暴露出来的问题，使带材合格率达到了99.07%，带钢成材率达到了95.06%，分别比计划提高1.07%和1.56%，在用户中树立了良好的信誉。

（柴向达）

## 锻压股份有限公司

**【基本情况】** 莱钢锻压股份有限公司的前身是莱钢锻压厂。1992年8月经山东省经济体制改革委员会同意，莱钢决定改组锻压厂为股份有限公司，作为莱钢股份制改组的内部试点单位。11月，省体改委和莱钢分别以鲁体改生字[1992]第145号和莱钢体改字[1992]第3[illegible]1号文正式批准成立莱钢锻压股份有限公司。12月30日，召开莱钢锻压股份有限公司创立暨第一次股东大会，1993年1月1日，锻压股份有限公司（以下简称公司）正式运行。公司以定向募集方式设立，并制定了公司章程。注册资本5555万元，折555.5万股，其中原锻压厂的国有资产评估价值3755万元，折375.5万股，为国家股，占注册资本的67.6%；法人股600万元，折60万股，占注册资本的10.8%；内部职工个人股1200万元，折120万股，占注册资本的21.6%（1993年1月25日止，募集莱钢内部职工个人股802.31万元，折80.23万股。年底第二期又募集莱钢内部职工个人股120.05万股）。

公司实行股东会、董事会、监事会的三会领导体制。股东会是公司的最高权力机构；董事会是公司的常设权力机构，向股东会负责；监事会是公司监督职能机构，对股东会负责。董事会、监事会均由股东代表大会民主选举产生。

公司实行董事会领导下的总经理负责制。下设生产技术、经营计划、职工事务、党群工作四部和总经理办公室。公司设党委，坚持其在企业的政治核心作用。保留设置工会、共青团等群众组织。原锻压厂后勤服务系统划归总厂集中统管。公司还设有轧钢车间、水压机车间、机修车间、储运车间及附属车间等生产与辅助生产单位。主要产品是热轧小型型钢和自由锻大锻件。1993年公司与总厂同步进行三项制度改革后，由原来的873名职工压缩到729名员工，全员劳动生产率比上年提高50.12%。

**【技术进步】** 利用募集的资金进行轧钢车间技术改造及其它技改、技措项目。轧钢车间技术改造分为两期。3月，一期改造完成了150毫米方坯一火成材工艺的改造，投资512万元。11月，二期工程开工，即实现钢材半连续轧制工艺及20万吨年生产能力的配套设施改造，包括加热炉、冷床及收集系统的改造，投资1998万元，全部工程将于1994年底完成。一火成材技术改造是变原小型型钢由150毫米方坯——60毫米方坯——材的二火轧制工艺为150毫米方坯直接轧制。这一项目将改变小型型钢落后生产工艺的现状，使钢材成材率提高1.54%，煤气消耗降低29.72%，生产效率提高28.5%，当年可增加效益390.48万元，收回投资额的135%。

**【主要经济技术指标】** 全年工业总产值按1990年不变价，比上年增长19.72%。生产钢材110341吨、大锻件8004吨，分别比上年增长21.46%、1.9%，其中锻件出口4473吨，比上年增长2.94%。年销售收入44466万元，实现利润3991.92万元，按可比口径计算，比上年提高55.57%。资本金利润率75.04%、销售收入利税率16.17%，成本费用利润率11.71%，可比产品总成本比上年同期降低1.55%，股本增值率1993年利润分配方案经股东代表大会批准，红利率达26.66%，并于1994年1月全部现金兑付股东。

**【质量管理】** 坚持"一个中心、两个第一"的方针，抓内部管理科学化，认真探索市场经济环境中新体制、新管理机构运行的机制、办法及工作程序、工作秩序，力求高效能快节奏。完善了公司全面质量管理体系，加重了技术性管理成份，实物质量不断提高。公司主要产品之一的带肋钢筋质量在1993年全省质量统检中名列第一，是山东省莱芜市免检产品，受到国家技术监督局的通报表扬。抓安全生产实现工亡、重大人身、设备、交通事故指标为"0"。实行了国家新的财务制度及会计制度。稳妥地进行了劳动用工等三项制度的改革。

**【精神文明建设】** 坚持新形势下的思想政治工作，企业精神文明建设工作。认真探索思想政治工作与生产经营的最佳结合点和有机结合的途径、方法。公司领导班子实现党政交叉兼职，坚持全心全意依靠工人阶级的基本原则，把最大限度调动和激发员工的积极性、创造性做为衡量工作业绩的标准。扎实开展三查活动，严肃进行反腐倡廉教育，加大社会治安综合治理力度，严厉打击违法犯罪活动。在员工中大张旗鼓地开展爱岗爱厂严守职责的教育活动，开展劳动竞赛和岗位比武活动，有效地提高员工的政治素质和文化技术素质。"团结奋斗、艰苦创业、积极向上、争创一流"是公司员工精神心态的主导，也是员工克服重重困难，推动生产经营高速度发展的原动力。7月，公司党委以卓有成效的工作参加了山东省城市党建工作经验交流会。

## 莱钢锻压股份有限公司领导机构人员情况

**一、董事会**

董事长　李　庆
副董事长　徐振东　李学忠
董　事　巩恩波　张竹林　郭宝现　宋振训

**二、监事会**

主　席　张福山
副主席　吴美祥　刘学明
监　事　王教文　刘展毅

**三、总经理班子**

总经理　徐振东
副总经理　王元读　李公达
技术主管　巩恩波
会计主管　王大茂

（毛洁如　巩恩波）

**【轧钢生产概述】** 锻压股份有限公司轧钢车间是莱钢钢材主要生产车间之一。主要设备有∅450毫米×2予应力轧机系列(横列式)、∅430毫米×4短应力连轧机、∅300毫米×3开口式轧机系列(横列式)及∅300毫米×1短应力轧机等。1993年致力于设备挖潜，投资500多万元，合理改造原有生产线，已形成年产15万吨的生产能力。轧钢工艺生产线实现了150毫米方坯（或连铸锭）一火成材，使钢材合格率平均达到99.37%，钢材成材率平均达到92.81%，轧钢工序吨钢耗标煤112.80千克，单位能耗均比上年有所下降。

生产组织及产品结构。轧材生产所需的150毫米初轧方坯和连铸锭分别由轧钢厂和炼钢厂供给。钢材产品全部采用国标GB1499—91、GB700—88等组织生产。自1988年取得螺纹钢生产许可证后，1993年底又通过了国家对20锰硅热轧带肋钢筋生产许可证换证检查。生产的钢材品种规格：∅14～25毫米热轧带肋钢筋、碳结圆钢及标准件用热轧圆钢。其中，20锰硅热轧带肋钢筋为冶金部优质产品，1993年在国家技术监督局组织的全国热轧带肋钢筋统检中受到通报表扬（技监局监函【1993】第474号文）；碳结热轧圆钢为山东省优质产品。

150毫米方坯一火成材工艺改造。1993年3月以前，150毫米方坯须经两次加热才能轧制成材。轧制工艺落后，产量低，能耗高，成材率低是制约该公司钢材生产发展的关键。为改变轧机工艺技术装备技术落后的面貌，1993年公司借股份制试点的机遇，提出分二期对轧钢车间进行高起点技术改造的方案。为节省投资，设计充分利用原厂房、设备和原车间工艺布置的特点、即成材与开坯首尾相接的有利条件。技改一期工程投资512万元，进行150毫米方坯一火成材工艺改造。主要任务是，原开坯机∅450毫米×2改做粗轧机组，型式不变；其后新建∅430毫米×4连轧机组做中轧机组，代替原∅350毫米×3横列机组；精轧机组由原∅300毫米×5横列机组改为∅300毫米×3＋∅300毫米×1，取消2号加热炉，变原小型型钢由150毫米方坯轧制60毫米方坯，再由60毫米方坯轧制成材的二火轧制工艺为150毫米方坯直接轧制小型型钢工艺，一期工程在生产、技改两不误的情况下进行。1992年10月动工，1993年2月，在正常生产的前提下，把重达186吨的∅430毫米机列安装就位，3月3日进行全线突击改造，拆除原∅350毫米机列及旧生产线，对原∅300毫米机列做移位调整改造，安装辊道形成150毫米方坯一火成材生产线。12日，热负荷连动试车一次成功，并于15日正式投产。150毫米方坯一火成材工艺改造，改变了莱钢三火成材工艺落后的面貌，并取得明显的经济效益。投产当月，钢材产量突破1万吨，最高月产量达到1.3万吨，平均日产比改造前提高15%，其技术经济指标较前明显地迈进一步。

轧钢车间技术改造二期工程。二期工程计划分两步完成。第一步自总厂计划下达之日起，3个月完成改造加热炉、安装六连轧、改造工艺线，加长厂房36米等，全部投资1500万元左右；第二步完成冷床改造，上飞剪和打捆机等，投资控制在500万元以内。二期工程将于1994年完成，改造后可实现钢材半连续轧制工艺，生产∅12～25毫米圆钢或带肋钢筋，年产量20万吨。1993年7月5日，轧钢车间第二期技术改造方案通过总厂技术论证。针对既要采用150毫米方坯做原料，又要能生产∅12毫米圆钢问题，10月总厂主持召开了轧钢车间二期技术改造汇报会，与会专家经过对三个方案的论证，一致同意轧制∅12毫米圆钢时采用该公司推荐的第一方案，即设备不变、投资不变，用150毫米方坯在∅450毫米×2轧机上由走9道次改为11道次，然后经四连轧六连轧10个道次，共21道次便可实现。11月2日，二期改造土建工程开工。12月，完成了预制件及厂房基础，月底开始吊装厂房立柱。年末止，完成基建投资180万元，设备投资392万元，安装工程投资10万元。

设备管理与节能降耗。针对钢材市场旺销的形势，以股份制新机制运行为动力，发挥职工的主观能动性，加强生产管理和设备管理，全面推行吨钢工资奖金含量承包经济责任制，并辅之多种形式的小指标劳动竞赛，使生产日新月异。特别是12月组织的“总动员、拼命干，坚决完成11万”的攻坚战中，广大职工知难而进，自我加压，在坯料、煤气供应不足的困难情况下，连破旬产、日产纪录，创出了月产钢材1.3万吨的最佳成绩，保证了全年钢材突破11万吨目标的实现。针对150毫米方坯一火成材生产线长的特点，加强现场生产管理，车间设有每日调度会和现场办公会，严密了生产组织，协调了工序之间的关系。在实践中不断总结完善，探索出“成套准备，整体更换离线检修，责任到人”的设备管理新路子。严格执行设备点检制和设备润滑制度，推行适时点检（根据煤气供应情况和设备运行状况确立点检时间）和装配维修分流（将原维修大工段划分为装配和维修两个专业班），提高了设备利用率和稳定运行率。通过双增双节活动，吨钢油耗明显降低，吨材备件消耗减少。钢材成材率比上年提高1.29%，轧钢工序能耗比上年降低25.48%，其中煤气消耗比上年降低32.25%。组织群众性的质量攻关活动，从技术和管理角度加大措施，确保了钢材质量合格率稳定提高。

**【大锻件生产概述】** 莱钢锻压股份有限公司是冶金部大型自由锻件定点生产厂家，大锻件是其主导产品之一。主要供全国冶金、矿山、发电、石油、造船、化工等行业机械加工用毛坯。品种类别有圆光轴、长短颈轴、法兰轴、曲轴、圆筒、圆饼、圆环、模块、冷热轧辊等。多年来，大锻件以质量上乘、规格齐全深受用户欢迎，销往全国24个省市，远销台湾省，并出口韩国，在国内外市场上享有较高的声誉。1993年全年生产大锻件8004吨，平均合格率达99.64%，成材率62.92%，锻造工序吨锻件耗标煤886.74千克。

主要设备为2500吨自由锻造水压机（设计能力8000吨）1台，辅助设备有台车式锻造加热炉5座，热处理炉3座，80吨锻造行车、50吨、30吨起重行车各1台，并配有相应的高压水泵站、空压机房等。1993年止，设备总数61台套，总重量1577吨。通过几年的大修改造，设备的精度和性能比原设计有较大幅度提高，能满足各种级别的锻件生产。大锻件采用国标GB3077—88、GB699—88等组织生产。主要生产原料为合金钢锭和碳结钢锭。除莱钢总厂内供一部分外，大部分钢锭自购解决，年消耗钢锭1.3万吨左右。1993年在钢锭货源异常紧张情况下，为保证锻件交货，采取各种措施稳定钢锭供货渠道，靠真诚守信与钢锭供应厂家建立起长期合作、配套供应的经营关系，全年采购钢锭1.7万吨，比上年增加30%，满足了锻件生产之需。

能源结构调整。大锻件年产量设计能力8000吨，前几年由于能源供应不足一般保持在4000吨左右。针对煤气供应严重短缺，锻件供需矛盾加剧的状况，1993年1月，利用煤气供应暂断停产检修的机会，实施油路改造举措。铺设了水压机车间西首至4号锻造加热炉重油输、回双路管道。采取油管外加通蒸汽、管路中加设电热器的办法进行重油保温，完成对4号锻造加热炉进行改烧重油的临时油路系统改造。2月18日，4号锻造加热炉改烧重油获得成功，次日转入正常生产，形成煤气和重油两种能源并用格局，为水压机生产争取了更多的主动权，3月生产大锻件1250吨，创月产历史最高纪录。为进一步满足大锻件生产的要求，2月份将2号台车锻造加热炉改为重油作燃料，并在改造两座200立方米储罐的基础上，将弃置多年的油库改造修复投入使用。油库储罐总量为500吨，一次储油可维持生产两个月。加热炉改烧重油后，经过在实践中不断改进和完善，已达正常燃烧水平。炉内温度和控制满足工艺要求，钢锭加热均匀，吨锻件消耗重油约400千克。

大锻件出口。1993年先后组织了3批锻件出口，主要品种为圆钢和模块，共计4473吨。为确保出口锻件的质量，每次组织生产前均召开专题会议，研究工艺，制订操作要点，并将遵循的技术操作规程层层落实到各工序班组，严格工艺审核，加强工序管理。同时，由技术、调度、经营、质检和生产车间组成的质量监督小组深入现场进行检查和指导，把好每个环节的质量关，使出口产品顺利通过国家商检部门的检查验收。

现场与设备管理。推动现场管理向全过程、全方位深入。车间生产现场环境整洁、道路畅通、标记明显。各种备品、备件定置就位、摆放有序。把产品质量、产量、成材率等指标纳入经济责任制同工资奖金挂勾考核，对影响质量特点的重点工序设立了工序管理点，严格执行工艺纪律和操作规程，工艺员现场监督把关，避免了锻造过程中凭经验靠目测造成的误差。针对用户不同的要求，推行负公差锻造技术，并从技术上、管理上制订保证措施，提高一次合格率。1993 年锻件质量合格率达到 99.64%，比上年提高 0.01%。

设备管理。积极推行点检制和操检合一制度。针对主机设备的技术状况，强化维护和保养措施。执行计划检修以预防为主、检修为辅，提高点检质量，加快设备更新改造的步伐，提高了设备稳定运行率。9 月，完成了对水压机的中修，主要是加固了水压机基础，处理侧身螺丝及更换分配器等。

（陈建生　巩恩波）

# 有色冶炼与加工

## 新泰冶炼厂

**【基本情况】** 新泰冶炼厂建于 1966 年，系莱钢下属的生产厂之一。全厂占地面积 68572 平方米，总建筑面积 31607 平方米，其中生活区 10700 平方米。党政管理部门设四部一室，另有生活服务公司和劳动服务公司。生产组织设有湿法冶炼、再生铜冶炼、机修 3 个生产车间。职工 469 人，其中具有高级专业技术职务的 7 人、中级的 23 人、初级的 24 人。主要产品有电解铜、硫酸铜、硫酸、硫化钴（镍）渣、金精矿、石膏、无氧铜杆、轧制铜管等。共有各种设备 337 台套，总重量 101041 吨，装机容量 321 千瓦，固定资产总值 1646.69 万元。

**【生产经营】** 在再生铜冶炼项目新、工艺技术不熟、原材料质量差等情况下，克服困难，使生产很快走上正规。全年完成电解铜 1169.215 吨，硫酸铜 379.45 吨；铜金属量总计 1264.15 吨，其中电解铜超计划 15.7%。生产铜材 149 吨、硫酸 1313.97 吨、硫化钴（镍）渣 12.33 吨、金精矿 135.65 吨，均完成总厂下达的计划指标。实现利税 70 万元，其中利润 26 万元，超计划 18%；实现工业总产值 1694.54 万元，比上年增长 9.63%；实现销售收入 2269.79 万元，增长 12.88%。

**【质量品种】** 电解铜一级品率达到 98.51%以上，连续 6 年保持省优质产品称号。铜材项目建成后，已先后开发出多种规格的无氧铜杆、铜管产品，增强了产品在市场上的竞争力。

**【节能降耗】** 在节能降耗方面做了大量工作，使铜的回收率达到 94.28%，比计划提高 0.28%；电解铜综合电耗 3741.6 千瓦时/吨，比计划下降 8.4 千瓦时/吨；电解铜直流电单耗 1948.3 千瓦时/吨，下降 1.7 千瓦时/吨；万元产值能耗 2226 千克标准煤，下降 224 千克。

**【技改扩建】** 1993 年是冶炼厂发展建设上台阶的一年，总厂投资 489 万元上年产 1500 吨再生铜项目，从开工建设到竣工仅用 7 个月，6 月 4 日流出第一炉铜水。为扩大产品深加工能力，总厂投资 300 万元的 1000 吨铜管生产线项目，从论证到 8 月 18 日生产出铜杆，仅用 6 个月时间。生产的铜杆、铜盘圆、铜管投放市场后，已基本打开销路。

**【安全环保】** 进一步推行安全环保经济责任承

包制度，强化安全环保教育工作，坚持新进厂及换岗人员的三级安全教育制度。对特种作业人员严格要求持证上岗。加强安全环保基础建设，特别是班组的安全建设，已有安全生产合格班组30个，占全厂生产班组的78.9%。同时，加强了污染的治理工作，投资4.2万元建起了防渗漏排水沟，使工业废水排放合格率达到74.8%。杜绝了工亡、重伤、重大设备和重大火灾事故，千人负伤率为0.58‰，粉尘合格率为91.7%，被评为莱钢安全生产先进单位。

**【三项制度改革】** 按照总厂统一部署，在对全厂职工进行思想发动的基础上，经过双考、双向选择、竞争上岗，将全厂13个科室精减为四部一室，对富余人员进行妥善安置。部分下岗人员被妥善安置到二车间和劳动服务公司，从事第三产业。7月顺利通过总厂验收。

**【基础管理】** 利用新项目上马、电解厂房搬迁之机，重点抓了现场管理、定置管理和设备管理，车间面貌焕然一新。在总厂、驻地市多次现场管理检查、环保检查、卫生检查中均获得较高评价。连续被评为莱钢卫生先进单位、设备管理优秀单位。计量和档案管理分别保持国家一级和国家二级标准。

**【职工生活】** 在进行生产建设的同时，想方设法改善职工生活，解除职工的后顾之忧。从职工最关心的职工食堂入手，强化管理，提高服务质量。生活服务公司积极筹集资金为职工购置优惠生活品，努力满足职工需要。三改后职工人均月增资33.79%，全年人均工资、奖金、优惠食品比上年提高17.9%。

**【精神文明建设】** 坚持党政工团同唱一台戏、两个文明一起抓，组织职工认真贯彻落实邓小平同志南巡讲话和党的十四大精神，围绕全厂生产经营任务目标和提高经济效益做深入细致的思想政治工作。通过抓机遇、快发展活动，提高广大职工的市场经济意识。加强党风和廉政建设，在职工中开展三查和反腐败教育，密切了党群关系。加强民主管理，尊重职工主人翁地位。深入开展"二五"普法教育，提高职工的法制观念，同时狠抓了厂区社会治安综合治理，分别被评为总厂和新泰市治安综合治理先进单位。从职工的思想教育入手，树立以厂为家的主人翁责任感，发扬"团结、改革、务实、拼搏"的企业精神，真抓实干，确保了全厂生产任务的完成。1993年被评为莱钢精神文明先进单位、思想政治工作先进单位。

**【铜冶炼及铜材生产概述】** 新泰冶炼厂铜冶炼采用湿法冶炼和再生铜冶炼两种方法，建有两套生产流程。湿法冶炼系统采用硫化铜精矿经沸腾炉焙烧，使精矿中的铜矿物转变为易溶于稀酸的硫酸盐，而含铁矿物转变成为不溶于水或稀酸的三氧化二铁。稀酸浸出后，将浸出液电解，直接制取电解铜。主要设备有：5平方米沸腾焙烧炉1座、GGJ—0.2/60千伏硅整流器3台、螺旋输送机6台、炉前鼓风机2台、烘干机1台、袋式除尘器1台、搅拌槽8个、浆化槽1个、电解槽120个等各种设备70余台套。

铜冶炼系统主要有烘干、焙烧、浸出、电解四道工序。1、烘干：采用回转窑式烘干机进行烘干，使湿精矿烘干至含水份1%时，进入料仓待焙烧。2、焙烧：干精矿与炉内鼓入空气在690℃下发生激烈反应，使铜矿物转变成可溶于稀酸的氧化铜和硫酸铜，部分硫变成二氧化硫转为气相。反应后的焙烧矿称为焙砂；除尘后含有二氧化硫的烟气送往制酸系统。3、浸出：焙砂与烟尘加入浆化槽进行浆化，送至浸出槽搅拌并加热，使铜基本溶解并使其澄清，上清液送往电解，浸出渣排往渣场待选金用。4、电解：浸出所得上清液在电解槽中，用铅银合金作阳极，始极片作阴极，通入直流电，铜离子即在阴极折出，成为电解铜。电解废液送下道工序提取钴(镍)。

年焙烧铜精矿5500吨，年产电解铜1000吨。铜精矿由本省、吉林省、国外进口三种渠道供给。

再生铜生产系统是以杂铜（或粗铜）为原料，经反射炉熔炼、电解精炼而得到电解铜的方法。本系统主要有反射炉熔炼和电解精炼两个工序。主要设备有：8吨炉的反射炉1座、圆盘浇铸机1台、勾取机1台、冷却塔1座、贮油地槽1个、贮油罐($65m^3$)2个、硅整流器1台、钛管换热器2台、电解槽48个等各种设备40余台套。其设计能力为年产电解铜1500吨。

铜材生产线是采用上引连铸、冷轧、退火、盘拉四道工艺生产无氧铜管。采用上引连铸、拉拔工艺生产无氧铜杆综合铜材生产系统。主要设备有：上引连铸机1台、冷轧管机1台、大小矫直机各1台、予抽真空退火炉1座、拉丝机1台、盘拉机1台等设备共计15台套。

本系统有上引连铸、轧管、盘拉、退火和铜杆拉拔几个工序。1、上引连铸：将电解铜加入组合式有芯工频感应电炉内熔化后，上引连铸成∅38×4毫米的管坯或∅15毫米的铜杆。2、冷轧：以上引连铸的∅38毫米铜管坯为原料，经冷轧机进行轧制，生产出∅26×1毫米的直条硬管。3、退火：将盘好的铜管放入不锈钢马弗罐中盖好盖，予抽真空，然后充入氮气，再将马弗罐吊入井式电炉中升温至550—580℃时恒温40分钟，停电自然降温，冷却至200℃即可。4、盘拉：将退火后的铜管在∅800毫米倒立式盘拉机上继续拉伸，经过不同的工艺设计和模具的配置，得到不同规格的无氧铜管。5、铜杆拉拔：以上引连铸生产的∅15毫米的铜杆为坯料，经过2台SS3双沿拉丝机联动机组，拉制出∅8毫米的无氧铜杆。年设计能力为1000吨。

金精矿生产。生产电解铜后的浸出渣中含有一定数量的黄金。从1970年开始进行黄金的回收生产，1984年以来采用浮选法富集铜浸出渣生产金精矿工艺。主要设备有：浮选机3台、浓缩机2台、真空过滤机2台、浆化槽2个等各种设备15台套。生产工艺：采用稀硫酸浸出焙砂中铜后的含金浸出渣，用水浆化，加入浮选药剂，经粗选、精选，生产出含金50—80克/吨的金精矿出售。年设计处理浸出渣能力为3000吨。

硫酸铜生产。含铜焙砂经稀酸浸出所得上清液或铜的溶解液，经加热浓缩，冷却结晶过滤干燥后即可。主要设备有：离心机2台、溶解槽1个、罗茨风机1台。年生产能力为1500—2000吨。

硫化钴（镍）渣、石膏生产。电解废液经石灰乳中和后，离心机甩水，渣为石膏；液进入铁屑溶解槽脱铜，调PH值2.5泵入硫化沉钴（镍）槽，加硫化钠沉钴（镍），上清液外排，离心机甩钴（镍）渣，得硫化钴（镍）渣。主要设备有：聚丙稀板框压滤机1台、三足离心机4台、中和槽2个等设备共13台套。具有年产硫化钴（镍）渣10吨、石膏2500吨的能力。

硫酸生产。回收二氧化硫烟气制取硫酸，采用热浓酸洗涤净化，接角法制酸工艺。主要设备有：转化器1台、净化塔1座、泡沫塔1座、干燥塔1座、吸收塔1座、98%酸泵2台、不锈钢液下泵6台等各种设备25台套。工艺是将二氧化硫烟气通过除尘、热浓硫酸洗涤净化，进入转化器、将二氧化硫转化为三氧化硫，用特定浓度的硫酸吸收，采取接角法生产工业硫酸。其设计能力为年产5000吨。

（吕希孔）

## 沂蒙冶炼厂

**【基本情况】** 沂蒙冶炼厂原隶属于山东省冶金工业总公司，1992年4月划归莱钢。全厂现有职工600人。固定资产原值933万元，净值699.5万元。主要生产425号水泥、聚合氯化铝、人造金刚石等产品。全年完成工业总产值1509万元，完成总厂奋斗目标1240万元的122%。实现利税59.83万元。全员劳动生产率25705元/人年。

水泥生产年设计能力20000吨，1993年实际生产21000吨；车间成本143.13元/吨。425号水泥合格率100%。水泥综合能耗本年计划192千克/吨，实际完成176千克/吨，比计划降低8.3%。

聚合氯化铝。年设计生产能力1500吨，1993年实际生产1284吨；车间成本1769.33元/吨。聚合铝碱化度本年计划46%，实际完成50.5%，完成年度计划的110%。含三氧化二铝本年计划28%，实际完成28.5%，完成年度计划的102%。聚合铝耗氢氧化铝本年计划567千克/吨，实际完成554千克/吨，比计划下降2%。

金刚石生产能力140万克，1993年实际完成135万克，完成年度计划115万克的117%。产品合格率100%。

万元产值综合能耗计划4.1吨/万元，实际完成3.7吨/万元。比计划下降10%。

**【主要生产设备】** 有DS—029型3600吨六面顶液压机4台、Y92—4500/6A型4500吨六面顶液压机3台、Y75—48006A型4800吨六面顶液压机11台、∅1500×5700毫米球磨机2台、∅2000×8000毫米普通立窑1座、固化干燥机2台，DZ/2—0.69—AⅡ蒸气锅炉1台、机床10台、载重汽车12辆。

**【金刚石生产扩建】** 自沂蒙冶炼厂划归莱钢以后，生产建设发展较快，至1993年底金刚石生产主要设备六面顶液压机由原6台增加至18台，计划1994年达到22台并力争全部投入运行，形成较大规模的人造金刚石生产线。本年4月5日派员到总厂西仓库原址筹建新厂，在总厂支持和筹建人员的努力下，在库房改建的厂房里安装了第一台液压机，并于5月31日投入运行。新厂建设采取边建设边生产的办法，进度较快，到年底竣工两座液压机厂房，已具备金刚石生产的基本条件，1994年上半年将形成22台压机生产规模，老厂压机亦将全部搬迁到新址。

（张明和）

# 机械制造与建筑安装

## 机　械　厂

**【基本情况】** 机械厂是莱钢下属的服务性生产单位，担负着莱钢冶金机械备品备件、非标准设备和工艺消耗件的制作任务，并为省内外冶金、建材、化工等行业承做一定数量的机械设备及备件。1993年底，共有职工1552人，其中具有高级专业技术职务的26人、中级的96人、初级的161人。拥有固定资产原值2539万元，净值1022万元。下设模型、铸铁、铸钢、铸铜、锻造、铆焊、金加工、机动等8个生产车间以及劳动服务公司、京莱天成实业公司两个独立经济实体，机关设四部一室。全厂拥有各类机械加工设备273台套，已形成能为百万吨钢铁企业进行设备配套的生产能力。为国家二级企业、国家一级计量单位、冶金部清洁工厂。

**【主要经济技术指标】** 1993年，实现工业总产值4966.18万元，比上年增长15.48%。实现销售收入7543.29万元，比上年增长81.2%；实现利税总额243.32万元，比上年增长342.52万元。完成机电产品总量13806.42吨，按可比口径计算比上年增长10.5%；其中莱钢内产品8007.7吨，占全部产品的58%。莱钢外部产品5798.7吨，占42%。生产铸钢件3610.2吨、钢锭10638吨，比上年增长49.3%，铆焊结构件完成1170.56吨，比上年提高62.2%；锻钢件完成987.07吨，比上年提高36.5%；铸铜件完成41.21吨，比上年提高174%；金加工件完成3507.8吨，比上年提高2.7%；铸铁件完成

8779.66 吨，受钢锭模任务量下降的影响，比上年略有降低。不断优化货叉生产工艺，扩大出口量，全年共出口34个集装箱，创汇407.9万元。综合合同完成率为95.31%；全员劳动生产率为34899元/人年；综合能耗完成738千克/吨。自1991年以来，产量、产值每年分别以 12.96%、13.96%的平均速度递增。到 1993 年底，累计完成机电产品总量 14.5 万吨，实现工业总产值4.45 亿元。

**【大型非标设备制造】** 抓住莱钢利用外资改扩建的有利时机，承接完成一期工程中 120 平方米鼓风带式冷却机、750 立方米高炉冷却设备、风口、渣口等 6 大项设备近 2000 吨。1993 年又完成二期工程钢区扩建设备 1500 余吨，是建厂以来承制非标准设备数量最多、技术水平最高的一年。其中包括 600 吨混铁炉、25 吨转炉及具有世界先进水平的 150×150 毫米 R8 米四机四流方坯连铸机。三项设备在热负荷试车中均一次成功。通过大型设备制作锻炼了职工队伍，提高了设备制造水平和成套能力，走出一条承制大型非标设备的道路。

**【企业管理】** 企业管理工作以“建成一个现代化的国有企业”为宗旨，致力于全面提高企业素质。确立适合本企业生产经营特点的“以方针目标管理为主导，以全面质量管理为中心，以民主管理为基础，以经济责任制为保证”的管理模式和“质量第一，服务至上，一切为了用户”的质量方针。1993 年，以目标成本管理、现场管理、微机辅助企业管理为主，坚持多种现代化管理方法的应用。计算机广泛应用于合同管理、计划管理、生产管理、技术工艺、能源管理、财务管理、物资管理等十几个专业，成效显著。计量管理保持国家一级计量单位称号，质量管理多次获省冶金总公司质量管理奖，合同管理被评为泰安市重合同，守信用单位，设备管理、物资管理等多次获得省级荣誉称号。

**【环境保护与文明生产】** 重视环境保护和厂区的绿化、美化工作。以改造锻造车间加热炉、铸钢车间热处理加热炉等工业炉窑为主的污染源治理工作效果较为显著，车间外排烟林格曼浓度达到 0.5 级以下，节能率也在 25%以上。采用炉外排烟钩形吸罩除尘、振动落砂系统安装消声器等技术手段在治理粉尘、噪声、工业三废等方面也取得可喜的成绩。生产现场连续四年开展以“5S”活动为主要内容的现场管理工作，并作为试点单位率先在莱钢实现了定置管理的科学化、标准化。全厂综合定置率达到 95%以上。厂区绿化工作统筹规划、合理布局，1993 年底，绿化率达到 49.6%。有各类乔木 1[illegible]312 棵，灌木 4900 棵，花坛 11 个，花池 130 个，[illegible]500 平方米月季园 1 个，3000 平方米怡园 1 个，使厂区三季有花、四季常青。先后被评为莱芜市绿化先进单位、花园式工厂、山东省先进环保企业、冶金部清洁工厂。

**【企业内部改革】** 按照总厂和上级部门的统一部署和要求，进行了三项制度改革。机构编制采取部室制，将原工业生产系统的 21 个科室精减为四部一室，全厂的岗位设置由原来的 335 个减并为 273 个，工业生产系统定员 13[illegible] 人，比原有人数压减 300 人，压减率为 18.06%。实行了岗位技能工资制。

**【第三产业】** 机械厂原拥有劳动服务公司和京莱轻钢龙骨厂两个自主经营、自负盈亏的独立经济实体。1993 年响应国务院大力发展第三产业的号召，在拓宽原有项目的同时，开发部分新项目。与首钢冶金机械厂联合经营的京莱轻钢龙骨厂开发出新产品塑钢门窗，成立了京莱天成实业公司。服务公司在发展泰康食品厂、装饰工程公司、社会福利保温材料厂、加工厂等项目的同时，又新成立了水暖设备安装公司、工矿物资贸易公司等项目。三产系统接收、安置了工业生产系统转移人员近 300 人，不仅为三改工作起到辅路架桥的作用，在增加社会效益和提高自身经济效益、实现自我滚动发展等方面也迈出较大步伐。

**【精神文明建设】** 以建设成为"效益好、环境美、人心稳"的社会主义一流企业为目标，党政工团努力抓好精神文明建设。思想政治工作贴中心，上一线，在生产经营、深化企业改革、企业综合治理等工作中坚持思想工作领先，保持小环境的团结稳定，增强了企业凝聚力。民主管理被评为山东省民主管理达标单位。多彩的群众性文体活动丰富了职工的文化生活。1993 年被评为精神文明先进单位。

**【机加工生产】** 机械厂机修生产按其工艺特点可分为冷加工和热加工两大生产体系。生产特点为单件、小批量、不定型产品生产。工艺流程：包括模型制作、铸造、炼钢、锻造、金加工、热处理等。

生产工艺包括：模型生产主要任务是为铸造车间制作铸造模型，有各种机械设备 17 台，能制作各种复杂的模型，年生产能力 150 立方米。铸造生产，又分铸铁、铸钢、铸铜生产。铸铁生产主要设备有 5 吨、7 吨冲天炉各 1 座，采用微机控制上料。能生产单重 20 吨以下的铸铁件，主要产品有各种规格的钢锭模及附件、8 立方米渣罐、烧结机台车、床身等异形铸铁件。铸钢生产主要设备有 3 吨、5 吨电炉各 1 座及其它配套装备及设施，主要产品有 15 吨以下的铸钢件以及 0.65 吨、2.5 吨、6.6 吨、3.5 吨等 10 余种规格的多种材质的钢锭。铸铜生产设备有 0.5 吨电炉 1 座及其它配套设施，主要产品有高炉风渣口套等铸铜件。铆焊生产有交直流电焊机、多向气割机、剪板机、自动焊接装置等焊接设备 70 多台套。能生产Ⅰ、Ⅱ类压力容器、65 吨铁水罐、35 吨盛钢筒体、连铸机钢包回转台、转炉托圈炉体等多种铆焊结构件。锻造生产主要设备有 1 吨蒸汽锤 1 台、750 千克、400 千克锻锤各 1 台、操作机 2 台、加热炉、退火炉 3 座。主要产品有叉车货叉、各种锻件。金加工有 5 米立车、4 米龙门铣、6 米龙门刨、3.2 米滚齿机等机加工设备 100 余台，年机加工能力 3500 吨以上。有钳工装配跨 2100 平方米，年装配能力 1500 吨以上。

1993 年，围绕重点生产项目进行了技术革新和小改小革。设计制做大回转插削工装，成功解决了无大立车而无法加工的 600 吨混铁炉和 2 号连铸机引锭杆的难题；R8000 毫米引锭杆改其它厂家焊接——卷制成型为焊接——加工成型，既保证了加工精度，又使所有引锭杆达到互换；设计制作 2 号连铸机齿板（V 型、U 型）加工工装，分组一次装夹加工完成，既保证质量、又提高了工效；成立高炉风渣口套攻关小组，针对国内风渣口套外观质量差、致密性差的问题，积极探索新工艺、新方法，改分体浇注焊接成型为整体浇注成型，使风渣口套质量大大提高。

生产任务承接，主要以经济合同为手段，控制品种和任务量，平衡各车间的生产。全面贯彻《经济合同法》将合同纳入微机管理，与用户签订的合同，力求保质、保量、按期交货，实现产供销一条龙服务。内部生产组织按照以销定产的原则，编制年度、季度、月度生产经营计划，根据定货合同，平衡产品产量，按合同交货期编制产品投入产出计划。多年来，莱钢内的重点项、事故项确保 100%的完成，全厂综合合同完成率达在 95%。

（刘隆利　刘景新）

**【电炉钢生产概述】** 1993 年底，机械厂主要炼钢设备及生产辅助设施有：3 吨、5 吨电弧炉各 1 座，工业炉窑 5 座，桥式起重机 5 台。1993 年铸钢车间一期工程改造完成，新增厂房 2110 平方米，使主厂房面积达到 11907 平方米。产品分为钢锭和铸钢件两大类。由于电力不足等原因，炼钢能力一直没得到充分发挥。1993 年生产钢锭 10637 吨、铸钢件 3610 吨。1994 年将对 3 吨电炉进行扩容改造，2 座 5 吨电炉 24 小时同步连续炼钢，可形成年产 5 万吨钢锭、4500 吨铸钢件的生产能力。钢锭产品分为优质碳素钢和合金结构钢两大类，一部分供莱钢内部，一部分对外销售，一部分供本厂生产货叉体用。

根据需要生产多种锭型、多种材质的钢锭。主要锭型有0.65吨、2.5吨、3吨、4.15吨、6.6吨、8.5吨等，材质有35号钢、45号钢、40铬、35铬钼、42铬钼、45硅锰钒、16锰等十几个品种。新开发的钢种主要有：电炉冶炼三级船用锚链钢、奥氏体耐热不锈钢3铬18锰12硅2氮、超低碳不锈钢1铬25硅$_2$、打包带钢42硅锰等。铸钢件产品主要承接莱钢外用户订货，小部分形成有固定用户的配套定型产品，大部分仍为单件、小批量、不定型产品，根据用户需要以销定产。炼钢生产用原料主要靠外购，少部分由莱钢内部调拨。产品质量稳定提高，铸件合格率一直保持在98%以上，一级品率达60%以上。冶炼电耗在700千瓦时/吨左右。应用新技术、新材料获得较好的经济效益，自行研制的空心微珠保温冒口应用于铸钢生产后，节约钢水10%，使应用件的工艺出品率提高14.4%。另外，钢包应用滑动水口浇注、采用硅铝合金进行钢水脱氧、在筑炉、砌包中试用铝镁碳砖新材料等也取得了较好的效果。

（孙义全　刘景新）

## 建筑安装工程公司

**【基本情况】** 莱钢建筑安装工程公司为国家二级建筑安装施工企业、国家二级计量单位、国家二级档案管理单位、全国普法先进单位、获国家二级锅炉安装许可证和大型屋面板等7种生产许可证、山东省建筑企业一级试验室，是山东省冶金系统建筑安装综合施工能力较强的一支队伍。能独立进行冶金、机械、石油化工、轻工电子、加工制造等十几个工业行业和民用建筑、设备安装、电气仪表安装调试、大型起重吊装、非标设备铆焊制造、锅炉安装、工业炉窑砌筑、喷涂等方面的综合施工。并具备大批量机械加工、铸造、各种型号混凝土构件预制、大型屋面板生产、木材加工、钢窗涂料生产、汽车修理、运输等生产能力。

共有职工1901人，其中具有高级专业技术职务的7人、中级的75人、初级的171人。下设8个直接生产单位、3个辅助生产单位，机关设五部一室。

拥有主要机械设备303台套，其中80米、60米、40米大型起重抱杆3套，25吨、15吨、40吨汽车式吊车3台，50吨、30吨桅杆式起重机2台，40吨红岩拖盘汽车1辆，水泥搅拌车1台，各种运输车辆42台，各种型号机床56台，向阳吊、龙门吊4台，40立方米混凝土搅拌站一座，设备总值1279万元，固定资产总值2253万元。

**【实行有计划商品化全员经营】** 针对国家紧缩信货和建安公司资金不足的困难，实行层层分解各项经济技术指标和层层经济核算的办法，从三个方面建立了严格的自我约束机制：1.成立公司内部银行，建立内部帐号，理顺固定资产、流动资金的占用，存款、贷款利息与其担负的关系，打破资金占用和使用上的大锅饭。通过资金改革，逐步把公司各承包单位推向市场，走自主经营，自负盈亏，自我发展，自我积累和自我约束的道路。2.加强物资管理，向管理要效益采取有效措施，重点加强主材、周转材料、库存积压水电油料、医疗医药等十二方面的管理工作，坚决堵塞跑、冒、滴、漏现象。3.强化工程承包和临时工的计划管理，成立工程承包公司，防止了乱招乱用临时工和随意决定工程承包现象的发生。

**【主要经济技术指标】** 1993年实现产值5734.8万元，比上年提高42.9%，完成年计划目标的191.16%，实现年奋斗目标的159.3%；全员劳动生产率25.7万元/人年，盈利10.2万元，设备完好率98.4%，利用率72.12%，合同履约率

100%，工程合格率100%、优良品率57.5%；安全生产千人工亡率、千人重伤率为0，千人轻伤率0.036‰。

【施工管理】 在莱钢改扩建一期工程建设中，有19项单位工程被莱芜市质量监督站评为优良工程，夺得工程质量、工程进度两个第一，并获总厂金杯奖。一铁3号高炉扩容改造仅用55天就顺利完成任务，创莱钢大修史上的最高记录，成为莱钢的样板工程，获总厂优质工程杯。在钢区建设中承担了4项较大工程，其中600吨混铁炉提前8天交付使用，25吨转炉提前10天竣工投产，使之成为信誉工程。

【企业实力】 1993年，投入资金582万元购置设备20台件，其中包括30磨床1台，200马力推土机1台，翻斗车、轮胎式装载机各2台、6立方米混凝土搅拌车1台，双排汽车6台。从日本引进150吨履带吊车的技术谈判已经完成。投资246万元对机械设备进行了大中修，新建机加工车间、250轧机车间、钢窗生产车间、轧辊补焊维修车间、铆焊车间、民警楼，改建了预制厂，增强了企业生产经营的发展后劲。举办培训班23期，轮训职工1024人次，为169人评定和晋升了专业技术职称。

【职工生活】 1993年职工人均月增资37.2元，全公司年增工资82.116万元。新建住宅2520平方米，维修职工住房5472平方米，为职工供煤1300吨，供应其它各类生活物品872吨。

【精神文明建设】 坚持"党政工团齐心干，一切围绕经济转"的原则，组织开展了解放思想和抓机遇，快发展系列活动，在职工中进行了三查和反腐败教育，并组织学习邓小平建设有中国特色社会主义理论和党的十四大精神，增强了职工的主人翁责任感。三项制度改革经总厂验收一次合格。由青年突击队承建的莱钢自备电站主厂房青年工程被团省委评为省级共青团工程，在团省委组织的全省青春立功活动中，公司团委被评为青春立功先进单位并被总厂团委评为1993年度先进团委。在总厂开展的社会主义劳动竞赛中公司被评为劳动竞赛组织优胜单位、劳动保护先进单位，获莱芜市综合治理创安先进单位称号。

【多种经营】 坚持实施"三三制"发展战略，把本单位原来90%以上从事建筑安装的人员逐渐调整为土建、安装、多种经营各占三分之一，使企业内部生产经营结构形成三足鼎立，互为犄角，互为依托，三位一体的生产经营新机制。使从事多种经营的人员由不足300人发展到500人。六大行业异军突起：一是以机械加工厂、劳动开发公司为主的冶炼加工业；二是以木工厂的防盗门、宝丽板，钢窗厂的钢窗、涂料，预制厂的人造大理石、预制构件，二队的化工合成板、静电植绒等产品为主的加工制造业；三是以预制厂、机械化施工站、劳动开发公司、二队电气队为主的拆卸维修业；四是以施工站为主体的运输吊装业；五是以二队和职工技协劳动开发公司、青苑服务公司、预制厂为主的饮食服务业；六是以工程承包公司为主的工程承包业。引进新技术6项，开发新产品14种，使多种经营创产步入高速发展的轨道。1993年，实现了多种经营产值1545.57万元，实现利润169.5万元，分别比上年提高165.84%和145.6%。木材加工厂"五小"攻关小组研制的"钢木一体报警防盗门"科技项目在第二届中国青年科技成果博览会上被评为金奖。

（史苏华）

# 动力供应

## 动力部

**【基本情况】** 动力部是莱钢下属的辅助生产单位之一，承担着莱钢生产、生活所需水、电、风、气（蒸汽、煤气、氧气）等动力能源的生产、供应与平衡、提供电机、变压器修理以及通讯业务。占地面积530760平方米，其中建筑面积52023平方米。固定资产原值1186.68万元，净值784.71万元。主体生产设备26台套，动力机械总能力173169千瓦。有职工1328人，其中具有高级专业技术职务的16人、中级的50人、初级的110人。

**【主要经济技术指标】** 随着莱钢冶金产量不断增长，动力部各项经济技术指标进一步提高，1993年实现内部利润361.14万元，超总厂计划指标26万元，比上年增长12.17%。7种主要动力产品产量有大幅度增长，转供电力、转供焦炉煤气、供新水、供冷风、生产蒸汽、生产氧气、生产高炉煤气都分别比上年增加12%以上。9种消耗指标均有所下降，其中制氧水耗为45.6吨/万立方米，比上年下降4吨/万立方米；循环水电耗为0.162千瓦时/立方米，比上年下降0.156千瓦时/立方米，创历史同期最好水平。其它经济技术指标也保持较好水平，氧气纯度为99.6%，蒸汽出口压力稳定在0.8至1.2兆帕之间；通讯障碍率为1.67%，障碍历时79.20分钟，低于总厂计划的50%；高炉煤气含尘量每立方米7.30毫克，低于计划指标0.70毫克；供电功率因数达90.02%，供电线路损失率为2.48%；供水回收率达88.76%，工业水重复利用率为92.27%。

**【改革成果】** 1993年企业转换经营机制，动力部三项制度改革成效显著，按照精减效能原则，将原来的19个科室机构撤销合并为五部一室一公司，行政机构有生产经营部、机动技术部、劳动人事部、办公室和生活服务公司，党群机构有党务工作部、群众工作部；生产组织设热电、制氧、燃气、供电、供水、电讯6个车间，机电、劳动、技协3个服务公司；为适应改扩建二级管理的需要，成立基建办公室。改革后全员劳动生产率为10.24万元/人年，比上年增加0.[illegible]4万元/人年；职工由改革前的1485人压减到1328人，压减幅度为11.82%，科级干部定员37职，压减21职，压减幅度为36.21%。

**【企业素质】** 强化标准化管理，建制立章，严格考核，企业管理工作逐步纳于现代化管理的轨道，为莱钢质量管理先进单位。1992年、1993年连续两年被评为莱钢企业管理现代化先进单位。全年发表QC成果19项，现代化管理成果3项，有两项成果分别获总厂二、三等奖，共创经济效益327.24万元。为提高职工业务技术素质，对12个不同专业岗位工种进行培训，办班49期，培训人员1023人次，占全部职工的72%，职业教育连续13年获先进单位称号。

**【动力能力】** 以科学技术为依托，狠抓技术进步和技术改造，挖掘内部潜力，全年完成技改技措大中小修项目278项，投资500万元，创经济效益126万元，为确保莱钢所需动力供应创造了物资条件。制氧系统3台制氧机组总装机出氧能力为1.24万立方米/小时；为保莱钢稳定供氧，改造了二号空分氮水预冷系统，处理了一号空分DL051—1号设备缺陷，更新改造了两台3L—10/8氧压机。5月，40立方米氮压机竣工投产，满足了750立方米高炉所需氮气供应。热电系统锅炉总装机容量为260蒸发吨/小时，与750立方米高炉配套的三、四号汽轮鼓风机组(日本产三菱M—10—VP),运行1台,备用1台,功率7000千瓦/台,用汽量25吨/台。投资254万元大修二号锅炉和风扇磨SP100,处理3号锅炉漏点及管道补修保温、4号锅炉大的消缺达135项,保安油站建设也已完工,供风供汽能力增强。燃气系统有2万立米焦炉煤气柜和5万立方米高炉煤气柜各1座,洗涤电除尘各1套,煤气二净化系统已投入运行,高炉煤气正式引入管网,投资10万元对D1420×6毫米煤气管道进行大修,保证了压力热值稳定的煤气供应。供电系统在南岭和银山两变电所有4台主变压器,总容量101500千伏安,供电线路总长169公里,日平均供电量140千瓦时。为稳定转供电力,投资55万元架设银山至锻压股份有限公司的六千伏线路,并于11月投运。配合钢城路、新兴路开通,改造供电线路20余公里。通讯系统1993年安装上海产RSDX型程控电话交换机,装机容量2500门,已占用1674门,负荷率达85%,并于5月开通使用,同时更新改造了01、02号通讯电缆,整个莱钢通讯形成网络,并可直拨国内国际长途电话。供水系统备有34口深井,装机容量4770.5千瓦,总提升能力12366立方米/小时,由于受降水量季节变化制约,正常负荷2332千瓦,实际供水能力5058立方米/小时,针对1992年干旱的严竣形势,1993年安装22台潜水电泵,并相继投入运行,在文八丘、付家桥新打7口深井,投资182万元,对供水源点逐步实行遥控、遥测、遥调、遥信的微机生产工艺过程控制系统,1994年可望联网运行。

**【职工生活】** 在吃、住、用、乐等方面,注重改善职工生活,为广大职工服务。在单身公寓旅馆化、食堂餐馆化的基础上,让部分老职工移住平房,食堂开设快餐部,增设供应网点优质服务,改扩建南北区澡塘面积840平方米,方便了广大职工。新增住房面积4420平方米,有476户住上了成套房,成套率达75.1%。在文娱方面举办灯会、拔河赛、球赛、菊展、节日文艺汇演等形式多样的业余活动,陶冶了职工的情操,丰富了职工文化生活。职工收入也逐年增加,全年人均收入比上年增长38%。

**【精神文明建设】** 党政工团一个目标一股劲,坚持两手抓两手都要硬的方针,开展了抓机遇快发展主题系列活动,三查和反腐倡廉等活动,提高了全体职工的敬业意识、市场意识和改革意识,1993年动力部连续8年获总厂文明单位称号,连续6年被命名为莱钢思想政治工作优秀单位,连续9年无职工犯罪,被评为省冶金系统安全生产、环保先进集体,莱钢创安达标先进单位、计划生育先进单位、爱国卫生先进单位,并获得经济法律法规学习先进单位,党性实践活动先进单位等荣誉称号。

(陈　雪)

# 运　输

## 运　输　部

**【基本情况】** 运输部承担着莱钢生产所需的原料、燃料及半成品和成品的运输任务。1993年底有职工1282人,各类专业技术人员118人。下设3个行车段、4个检修段、3个公司,机关设五部一室。占地面积733370平方米,固定资产原值4963.20万元,净值2682.28万元,拥有蒸汽机车13台、内燃机车3台、内燃轨道车1台、各种车辆277辆,铁道线路57.87公里,道岔192组。该部为国家一级计量单位、地区级社会治安综合治理达标单位、全国计划生育工作先进单位。1993年,获省级企业思想政治工作先进单位、蝉联五年省级文明单位称号。

**【超额完成全年运输任务】** 1993年运输部发扬“顾大局、创优质、上等级、争一流”的企业精神，超额完成全年运输计划，实现货运量588.07万吨，周转量3265.40万吨公里，列车正点兑现率和货物检斤率均达到100%，提前12天完成全年运输任务。其中10月、11月连续突破月货运量历史记录，总厂3次下达表扬书对运输部顾全大局，优运保产予以表扬。

**【安全生产】** 1993年，莱钢改扩建工程大面积展开，施工点多，立体交叉作业，对铁路运输的干扰大，各施工区域现场变化大，线路改造频繁，运输部很难按正常程序组织铁路运输，经常靠临时作业办法或安全措施来完成保产运输任务，给运输安全带来很大困难。针对上述情况，强化安全管理，制定安全环保工作计划，逐级签订安全环保责任书，建立制定相应的考核制度，加大奖惩力度，促进了责任制的落实。通过民主选举、资格论证、岗前培训等形式，选配了班组长、提高班组安全管理水平，争创安全合格班组。生产班组中积极开展事故预想活动，安全联防活动，全部27个生产班组中，有7个达到优秀、9个达到先进、9个达到合格标准，达标率为92.59%。继续开展了“四三”管理活动，坚持做到反三违不动摇，抓三全不减少、搞三防无遗漏，做三不无松懈，对事故隐患坚持三定四不推原则及时进行整改，全年共整改事故隐患33项。加强了对危险源点的分级控制与管理，强化了作业现场的管理与检查，开展多种形式的安全活动，有效地促进了铁路运输安全。全年实现火车故事率0.022件/万吨，千人负伤率和千人死亡率均为零。

**【科技进步】** 紧紧围绕“优修保运，优运保产”的运输生产方针，继续开展了以小工具、小量具、小模具、小夹具、小吊具、小设备为主要内容的小改小革活动，完成科技成果82项，获经济效益53万元。针对原红锭车钩装置外露，经常被砸坏，近距离提钩等弊端，组织有关人员研制了“内藏外拉式”开钩装置。该装置结构合理，三态作用灵活，操作安全，检修方便，改善了操作人员的作业环境，方便了行车安全，减轻了劳动强度，年创经济效益10万元，并分获山东青年科技经贸博览会银奖、第二届中国青年科技成果博览新星奖。针对15吨蒸汽吊车技术落后，故障率高、检修困难的状况，组织技术攻关，选用6135D—3柴油机和与其匹配的501[illegible]410A型液力变扭器以及2V—0.3/7B型空气压缩机，变蒸汽动力为内燃动力，改造后的内燃吊车节省能源，提高了劳动生产率，年创经济效益2万元。积极推广应用JCFG—1型高频电子防垢除垢新技术，在生活区和办公场所的茶水炉上应用后，收到明显效果，年经济效益达1.4万元。

**【总图运输改扩建】** 由运输部承担的莱钢总图运输改扩建工程，总投资7000万元，整个工程包括新(扩)建轧钢站，机车架修库，轮轴间，车辆修理库，编组站信号工程，钢铁站信号工程等13个项目。该部于1992年7月组建改扩建工程指挥部，辖工程管理、指挥部、计划安全、设备、材料供应五个办公室。1993年坚持生产，基建一起抓，当年完成建设投资1913.52万元。轧钢站工程中，除铁路渣场和渣场挡墙二项仍在施工外，站场土石方工程、四座涵洞、东走行线土石方工程及护坡等项目均已完成，投资1194.05万元；修理设施工程中，机车架修库和轮轴间土建工程已经完成，车辆修理库正在紧张施工，完成投资186.22万元；编组站信号工程中完成了信号楼及室外工程项目，投资414.7万元；钢铁站工程中完成了土建项目，投资118.51万元。其它工程项目正在积极地筹措之中。1993年尽管受资金紧张情况的制约，有些工程进展拖延，但建设项目之多，规模之大，投资之巨仍是建部以来所未曾有过的。

**【三项制度改革】** 1993年，运输部作为总厂三项制度改革试点单位，率先完成了劳动、人事、分配制度改革。在严格进行四定和对职工普遍进行双考的基础上，实行了双向选择，竞争上岗，并签订了岗位责任书，实行了技能工资制。严格执行总厂机构设置和各类人员编制定员规定，机关由21个科室精简为五部一室，基层设7个生产单位，其余划为第三产业。工业生产定员由1263人减为1007人，管理人员由151人减为91人，富余人员分流到三产，实行工资和劳动力的动态管理。加强对三产系统的集中统一管理，成立附属企业公司，辖劳动服务公司、云谢宾馆、职工技协、机车车辆大修厂、铁路配件制造厂、生活物资经营公司、金秋实业公司7个单位，职工161人，待业青年家属工等116人。通过改革，有效地调动了职工的积极性，1993年劳动生产率比1992年提高32.9%，促进了企业管理水平和经济效益的提高。

**【精神文明建设】** 1993年，狠抓了“顾大局、创优质、上等级、争一流”的企业精神的弘扬和四有职工队伍的培养，开展了稳定秩序，稳定队伍，稳定人心，增强凝聚力，调动职工积极性的工作。在全面提高职工思想道德素质和科学文化素质方面，坚持抓系统教育。继续在全部开展了争一流，创先进、做文明职工、合格党员、合格团员的争、创、做系列活动。修订了精神文明建设考核内容，完善了考核标准，考核办法，与创建精神文明单位有重要考核指标的安全环保、计划生育、生产经营、社会治安综合治理等内容层层签定责任制承包合同。在全部形成了人心思进、顾全大局、保总厂目标实现、各项工作争一流的良好局面。

（吕太亭）

## 交通汽车运输公司

**【基本情况】** 交通汽车运输公司是莱钢的辅助生产单位之一，承担全厂生产、基建、生活、厂内通勤等运输保产任务，同时担负厂内机动车辆的大修与维护工作。下属2个货运车队，1个客运车队，1个汽车大修厂，1个劳动服务公司，1个生活服务公司；公司机关设四部一室。有职工649人，其中工程技术人员61人。拥有固定资产原值1666.08万元，净值1098.77万元。占地面积109655平方米。拥有各种车辆159台，其中货运车137台、客运车20台、特种车2台。

**【生产经营】** 全年完成货运量121.40万吨，货物周转量3992.04万吨公里，分别比上年增长16.47%、10.29%；完成工业总产值1338.90万元，销售收入2005.68万元，分别增长46.37%、48.79%。在消化各类增支因素120多万元的基础上，公司内部利润首次突破30万元，工人实物劳动生产率和全员货币劳动生产率分别为94823吨公里/人年和22094元/人年，比上年增长20%以上。

贯彻“安全第一、预防为主”方针，以安全生产经济承包合同为主线，以“六无、一高、两降低”为工作目标，反三违，抓三防促整改，强化安全教育，主动出击检查，把事故隐患消灭在萌芽状态。全年行车事故频率为0.024次/万车公里，比计划和上年分别下降60%和50%。车间生产实现工亡、重伤、重大设备和重大火灾事故，以及千人负伤率五为零，被评为莱钢安全生产先进单位。

**【主要技术经济指标】** 科学运行调度，强化管理，最大限度地消除车况老化、性能低下、厂内货源不稳定因素对技术经济指标影响。全年汽车完好率88.80%，汽车工作率86.71%。平均车日行程210公里，里程利用率54.18%，车吨月产量3956吨公里，百吨公里柴油消耗4.9升，均达到国内冶金汽车运输行业先进水平。

**【客运服务】** 保证厂内通勤，狠抓班车正班正点率。全年完成客运量逾百万人次，旅客周转量800多万人公里，同时，为全厂职工外出旅游提供服务 50 多车次，运送旅客 3000 多人，根据实际需要，每天增开到特钢厂、铁铜沟生活区 12 个班次，开通了厂内环行车，从根本上克服了车少、人多带来的职工上下班拥挤的问题。春节期间，增派车辆到徐家庄火车站接站，方便了职工。20 台客运车，全年支出近百万元费用，全部由汽运公司承担，间接地为总厂生产经营做出了贡献。

**【质量管理】** 在货物运输、汽车修理和客运服务中，特别注重消除人为的质量事故。一是加强质量教育，视用户为上帝，建立健全质量保证体系，二是开展道路三查即夜查收车归队、路查违规违纪、稽查私拉滥运为内容的现场管理活动，对查出的问题从严、从快给予妥善处理，整顿了运输秩序，促进了行业风气的根本好转。在汽车修理方面力求从材料采购、生产调度、修理过程等各个环节，压缩在厂车日，提高修车质量，做到多出车，出好车，努力把返修车控制在 8%以下。在客运服务方面，做到招手即停，严禁刁难乘客事件发生。

**【科技进步】** 针对生产和安全工作中的问题，发动科技人员进行技术攻关，成功地试用 J30—30 柴油添加剂、CY—1 汽油添加剂和倍力抗磨损添加剂，使燃油消耗明显下降。设备管理实行定机、定人、定责，做到管好、用好、修好，并坚持大修与改造相结合的原则，先后对 5 台 JN151 型黄河平板汽车进行技术改造，改装为自卸汽车。还采用 TQC 活动方式对进口汽车进行大胆改造，使用国产配件替代进口配件，克服进口配件奇缺的困难。“W”工程技术的引进和推广应用，不仅拓宽了经营的路子，而且提高了改造车辆的动力性和经济性。全年改造汽油车发动机 19 台，节约汽油为 28119 升、柴油 323702 升，直接经济效益 66.02 万元，用“W”工程技术对柴油车发动机的改造也取得初步成功。

**【经济责任制】** 根据工作实际和管理需要在完善联产计酬经济责任制的基础上，坚持以单车核算为基础，强化班组、车队、公司三级核算，运输产量、利润指标由车队承包，并挂钩考核技术经济指标，将出车补助费变为产量提成。对汽修厂包死利润基数，超利全留；对客车服务包售票收入和亏损指标，公司机关与生产单位整体挂钩，奖金水平为生产单位平均数的 80%。各厂、队均把公司的考核方案层层分解、落实到班组和个人，形成一个完整的网络体系。

**【内部改革】** 对汽修厂实行风险抵押承包，进行简政放权，下放用人权，采购权，经营管理权等五项权力，实行包、核、定挂钩结合，促使汽修厂努力探索“以修为主，修造结合，以修保本，以造创利”的发展道路。机加工收入超过 [illegible]0 万元，为前两年的总和。将原有的 21 个科室和办事机构压缩到 10 个，定员 540 人，压缩 92 人，压减率为 14.56%，并对下岗人员进行妥善安置。

**【精神文明建设】** 认真贯彻全国八届人大一次会议和党的十四届三中会精神，在职工中广泛开展遵纪守法教育、反腐倡廉教育和道路三查活动。在党员中开展无违章、无欠产、无事故、无落后和达标、创标、夺标的四无、三标是评选六个十佳活动，严肃处理了违反运输纪律的极少数驾驶员，职工队伍素质有一定程度提高，1993 年被莱钢总厂授予文明单位、思想政治工作先进单位、治安综合治理先进单位、安全生产先进单位等荣誉称号。

**【职工生活】** 新增职工住房面积 2200 平方米，改造和抗震加固宿舍楼各 1 栋，文化生活有较大改善。在生产发展的基础上，提高职工福利待遇，为职工低价供应生活消费品。走访离退休职工 100 多人次，为确有困难的职工发放困难补助 4760 元。

**【第三产业】** 第三产业的开发呈多元化。劳动服务公司以汽车运输、汽车修理、汽车配件销售和饭店经营为主阵地，又投资20多万元利用地下人防工程建起了鑫龙宫大酒店，还开设了一类机电门市部、购销公司、金属变型厂、轮胎修补等，经营项目扩大到12个，从业人员70多人，全年实现销售收入400多万元，利润20多万元，税金10万元，职工技术协会的第三产业开发也迈出了可喜的一步，利用贷借款购进JN362汽车15台已投入运行，正在筹办中的饭店即将开张营业。

（郭友敏）

# 科研　设计

## 钢铁研究所

**【基本情况】** 钢铁研究所为厂办科研单位，主要职责是开发新产品、推广应用新工艺、新技术、提高产品质量、节能降耗等。由于原设计的实验室及工艺试验室未建成，只能利用生产厂检测设备及与大专院校科研单位协作完成有关科研项目，处在边组建边开展工作阶段。下设办公室、工艺室、产品室、理化室。共有人员55人，其中具有高级专业技术职务的8人、中级的5人、初级的25人。

**【新产品新工艺开发应用】** 1993年，结合总厂主要生产工艺开发新产品7项，其中焊管坯、自行车飞轮钢、微合金非调质标准件钢3项已通过鉴定。推广应用新工艺、新技术9项，其中转炉数据采集和自动监测、2.6吨瓶口钢锭模两项已完成并通过鉴定，其他7项已在生产实践中应用或做过工业性和实验室试验，均取得一定效果和结论。

**【实验室建设】** 对钢铁研究所的工艺试验室进行了规划论证和可行性研究工作，为今后更好地开展科研工作打下了基础。结合生产需要初步建立了炼铁炉料冶金性能试验室、无损检测试验室、炉渣高温物性试验室，为改善莱钢高炉炉料结构、提高钢坯质量、研究炉渣性能等做了大量试验研究工作。建立了必要的规章制度，加强了人员实习培训工作。

（徐中和）

## 自动化部

**【基本情况】** 自动化部于1992年9月由原计算中心与计控室合并成立，系莱钢的计控计量职能管理部门和生产服务单位。主要职责为：对全厂生产过程控制机、管理计算机、可控硅、仪表、通讯专业行使职能管理；负责全厂自动化发展规划的制定与实施，负责全厂计量管理，并对大宗原燃料、成品、半成品产品营销等进行计量管理；负责对自动化、衡器、仪表、通讯等设施的检修、维护和检定管理工作；仲裁厂际间的量值问题，处理产品销售中的计量异议。1993年三项制度改革后机构设置为四部一室和6个生产车间，即部办公室、生产经营部、机动技术部、劳动人事部、党群工作部及运行车间、计衡车间、自动化工程所、信息中心、检测中心、仪表安装队。共有职工385人，其中具有高级专业技术职务的13人、中级的24人、初级的62人。1993年荣获莱钢总厂授予的改扩建一期工程留念金杯和嘉奖，保持了国家一级计量单位称号。

**【主要经济技术指标】** 自动化部以生产为中心，坚持"高质量、高速度、高效率"的工作方针，圆满完成总厂下达的各项经济技术指标。财务指标比总厂下达计划节亏22万元；维护仪表7562台件、计算机380台件，物资检斤500余万吨，检修检定长、热、力、电等各类标准器和计器 6887 台件，周检各类衡器 1423 台件；最高标准器和次标准器周期送检率、周检合格率 100%，仪表抽查合格率 98%。生产和销售快速热电偶 8 万支。

**【计量管理】** 制定下发了 1993 年计量工作要点，明确全年计量工作的指导思想和主要任务，围绕提高企业产品质量、节能降耗、增加效益，定期进行计量监督检查；加强《计量法》的学习。法定计量单位的使用，在全厂得到广泛普及；保持和巩固国家一级计量水平，在能源、质量、安全环保、经营管理等方面，计器配备率均达 100%，质量管理、安全环保、物料进出厂检测率、最高标准工作标准受检率、合格率均达 100%；动力量和物资量数据管理系统不断完善，部分实行微机监测、自动采集，装备水平有突破性提高。《莱钢能源微机监测管理系统》即将投入使用，标志着莱钢能源管理工作进入新阶段；强化生产用气的统一调度，认真查处跑、冒、滴、漏现象和违规用户，及时处理厂内外计量异议 33 起。其中厂外异议 28 起，为莱钢挽回经济损失 46.87 万元。

**【工程建设与技术攻关】** 自动化部在搞好管理现代化服务的同时，积极推进工业控制现代化。1992 年 11 月承担 750 立方米高炉自控系统的编程、调试、投运任务，整个任务时间紧、技术难度大，从程序编程、设备调试，到电揽铺施，通过 6 个月的艰苦努力，于 1993 年 5 月初各系统先后一次投运成功，保证了高炉顺利出铁，受到总厂表彰和嘉奖。750 立方米高炉试产后，及时对生产中暴露出的设计、施工、操作等方面的问题组织攻关。先后对 105 平方米烧结机抽风机房仪表系统、4 号氮压机仪表、煤气清洗部分煤气压力表、氮气吹扫仪表、∅159 毫米氧气流量仪表进行了改造；完成铁区综合打印报表、原料场配料系统设计、程序编程工作。为配合钢区工程建设及莱钢技改工程的进行，完成 1 号、2 号连铸机、3 号转炉自控系统系统设计、施工，投入运行后效果良好。独立承担第一铁厂 3 号高炉自控系统大修改造的系统设计、施工、调试和投运工作。提高了高炉自控监测水平，保证了高炉的正常运行。完成焦化厂焦炉改烧高煤气项目的仪表系统设计、施工技改项目、横管初冷器仪表安装工程和动力部 2 号锅炉仪表系统大修工程，经总厂科技处、机动处等部门验收，工程质量优异。新建第二铁厂 100 吨汽车轨道衡和炼钢厂 20 吨钢坯秤，解决了 750 立方米高炉系统进出大宗原材物料的计量和 1 号 2 号连铸机钢坯的计量问题。为石灰石矿新建 50 吨汽车衡 1 台。大修一铁 30 吨汽车衡和第二铁厂 200 吨铁水衡，一次检定合格投入使用。新建《端度、粗糙度光学仪》标准装置，填补莱钢标准检定的一项空白。

**【管理信息系统】** 《莱钢管理信息系统》是莱钢实行股份制改组的重要基础工作之一。自动化部自 1992 年底承担起系统的筹建工作。已完成系统的可行性研究、技术交流、咨询、技术谈判和软件设计、引进机型、系统分析、招标等主要基础工作，编写《莱钢总厂管理信息系统总体规划》、《管理信息系统建设规范》，总系统分为 14 个子系统，即：信息中心、厂长查询、计划统计、生产调度、机动设备、物资供应、销售、财务、劳动人事、质量、技术能源、计量、安全环保、档案，并完成《详细调查报告》。该项正按计划紧张地开展工作。

**【精神文明建设】** 自动化部坚持两个文明一起抓，努力培养一支具有较高思想政治水平和职业道德、能打硬仗的现代技术职工队伍。组织职工学习党的十四大和八届人大一次会议精神，学习社会主义市场经济理论并广泛开展知识竞赛，学习建设有中国特色的社会主义理论和《邓小平文选》第三卷，举办 2 期中层干部学习班，集中学习。开展抓机遇、快发展系列活动。认真学习党的各项方针、政策，使职工思想进一步得到解放，提高了认识，鼓舞了干劲，推动了各项工作开展。

（任志刚）

## 设 计 院

**【基本情况】** 设计院是莱钢工程设计和设计管理的职能部门，达到国家建设部要求的设计标准与能力。1992年按国家乙级院标准进行了人员、机构、设备等方面大规模调整，下设院办公室、土建、设计管理、工艺设备、电气仪表、总图测绘、热力、技术经济、档案资料9个科室。职工106人，其中具有高级专业技术职务的23人、中级的19人、初级的30人。设置专业有：钢铁冶炼、轧钢、机械、土建、电力电气、自控仪表、供排水、热力及暖通、总图运输、工程地质、技术经济、计算机、统计、档案等。经各方面调整和整顿，认真推行全面质量管理，建立健全各种规章制度48项，于1991年11月和1992年6月分别通过了达标验收和达标复查，1992年12月和1993年6月批准和颁发莱钢设计院变更资格证书等级和增设证书等级，由钢铁工程设计丙级升为冶金钢铁工程设计乙级、建筑工程设计由丙级升为乙级、电力工程设计由丁级升为丙级。冶金方面，能承担中小型冶金钢铁工程项目的设计；土建方面，能承担土建工程二级或二级以上的民用建筑设计项目及跨度不超过30米，吊车吨位不超过30吨的单层厂房和仓库设计（或跨度不超过12米的6层及以下的多层厂房）设计。在电力方面，能承担单机容量12兆瓦及以下机组发电工程或110千伏及以下电压等级的送变电工程设计。

**【主要技术装备】** 拥有计算机辅助设计CAD工作站32位4个；主要装置有微机：兼容机386/336台、286/161台、AST386/201台、AST386/251台、AST386/335台、AST486/331台；绘图机：USAHIDMP—41单笔A1、DMP—161八笔A1、JAPROLANDDXY—1100八笔A3、DPX/3600八笔A1各1台；打印机：EPSONLQ—1600、Star—3240、M—1724、canonBJ—10ex、BJ—330、canonLBP—KT各1台；数字化仪：SummaSkecn11A37台、SupperA3、caicompA1各1台；光盘驱动器LF70101台；印刷制版一体化机Gestetner53201台。奥西晒图机OCE—208、飞量牌晒图机CGO—4A各1台；佳能复印机NP—1A/2463、施乐XEROX—2510、美加能EP4300各1台。

**【工程设计与管理】** 一年来，设计院重视国内外技术经济市场信息、大胆探索、不断开发应用国内外先进工艺和先进技术，大力推广和应用计算机辅助设计，全年完成大、中小工业及民用建筑项目设计310项，完成工程投资3.4亿元，出图13948张A1，完成主要设计项目有：第二铁厂1号高炉大修改造工程、新兴路、特钢厂50吨电炉工程、沂蒙冶炼厂迁建工程、集中供暖和供煤气工程、新区住宅楼和内外招工程等项目设计，仅第二铁厂620立方米高炉大修改造扩容设计一项就完成投资1.7亿元，为莱钢节省设计费700万元，1993年完成出图纸工作量是上年出图量的2.8倍。

在设计管理工作中，积极承担和发挥了设计管理的职能作用，认真组织和参加审查高阶段设计文件、工程设计项目的重要技术原则和方案。1993年5月2日至7月2日派员随团赴德国参加了关于引进柏林钢厂二手设备50吨电炉清点设备、交接设计资料和设备冷试车。10月至11月派员赴日本制钢、日本真空、日本钢管及浦山制作所等厂家进行钢包精炼项目的第一次设计联络，并多次配合兄弟处室、单位国内设备询价和重要设备定货，负责承担莱钢引进外资项目设计的主包院马鞍山钢铁设计研究院、包头钢铁设计研究院、重庆钢铁设计研究院、武汉钢铁设计研究院、山东省冶金设计院等单位设计进度和质量，加强了组织、协调、监督、检查；参加了从矿山、冶炼、炼钢、轧钢及全厂公用辅助设施、全厂总图、工程地质、引进项目方案设计论证、委托设计谈判及制订标书和评标；主动为兄弟院施工图设计往返协调服务，其中主要为铁厂一期工程现场服务，并有8名技术人员在铁区工程现场办公，3人在钢区为3号转炉，1号2号连铸工程现场设计服务，为3号连铸、中小型设计联络、评标和鉴定供货合同等。

**【计算机应用】** 重视计算机辅助设计技术的普及和提高，制定计算机应用发展规划，加强人员培训，要求45岁以下技术人员能全部上机操作，50岁以上的老同志普及微机知识，并多次聘请莱钢自动化部专家讲授计算机应用基础知识讲座，有6人取得中国计算机函授学计算机应用专科毕业证书，2人参加北京冶金建筑协会举办的计算机安全技术学习班。人员素质的提高，使计算机辅助设计能力增强，大大推动了工程设计进度和工程设计水平，计算机绘图达40%以上，设计产品的数量和质量明显提高。

（刁万田）

# 生活房产

## 生活服务公司

**【基本概况】** 生活服务公司既是全厂的生活后勤主管部门，又是莱钢的二级单位。成立于1987年7月1日。担负着总厂机关及部分厂矿单位职工食堂、托幼园所、生活物资供应和现场服务等后勤服务工作，对尚未统管的二级厂矿单位生活服务系统行使政策指导，业务监督检查职能。公司行政系统下设3区2站4科2室，党群系统4个科室，附属劳动服务公司1个，共计16个科室和下属单位。有正式职工467人，大集体75人，雇用家属临时工149人。1993年3月，按照集中统管要求，接管了锻压股份有限公司、技工学校、职工教育中心的生活后勤服务工作，锻压股份有限公司生活后勤隶属铁铜沟生活区，技工学校、职工教育中心统称为黄羊山生活区，接管后很快理顺工作关系，工作逐步走向正规，实物质量和服务质量都有较大提高。

**【经济责任制完成情况】** 职工食堂、托幼园所、澡塘达标率分别为88%、90%、55%，比上年提高3%、7.6%和5%；采购生活物资39[illegible].9吨；生活服务职工整体满意率为86.7%；人口控制、计划生育实现六个百分之百；重大人身伤亡、火灾、交通、设备、中毒事故五为零；职工违纪犯罪案件为零。

**【食堂工作】** 全厂现有职工食堂54个，其中餐馆化食堂9个、标准化食堂32个，达标率为76%。属公司直管的职工食堂11个。1993年3月初，公司召开会议研究制定了为750立方米高炉工地、连铸工程现场服务措施，从各食堂抽调26名炊管人员到工地现场搭棚子，垒锅灶，为现场施工人员炒菜送饭，坚持24小时现场服务，在现场服务的83天中，累计供应各种食品3万多千克。各食堂在服务搞活上下功夫，积极开发各种食品，重点抓好食物质量和早餐、早点供应，搞好各种风味菜肴和风味小吃，开办营养快餐、配餐，多数食堂利用内外场所投点布点，将公司直管的9个供饭点改为风味小吃服务点，三个区食堂利用周末开展便民服务食品展销活动，展销品种50个以上。推行科学营养配餐，兴办营养配餐讲座和三级厨师培训班，参加者达40人次，历时三个半月，向炊管人员普及营养知识，提高炊管人员素质，使食堂供应逐步向营养化、多样化方向发展。强化管理，对食堂进行定期检查评比，改善食堂卫生环境，提高了食品质量和服务质量。

**【托幼工作】** 全厂现有托幼园所20个，建筑面积19100平方米，幼教人员446人，其中高级幼儿教师10人、一级幼儿教师46人、二级幼儿教师21人，获得专业证书18人，培训幼儿教师、园所长和保育员190人。幼儿教研工作有新的突破，打破了托幼园所长期分科教学的单一模式，在总厂机关区、铁铜沟生活区试行幼儿"游戏教育"、"综合教育"。根据国家教委和省教委学前教育处有关规定，修订完善了园所管理的一系列规章制度，为方便一线职工群众增设服务项目20余个，做到"早送孩子有人看，晚接孩子有人送"。幼儿膳食实行营养配餐，对幼儿进行科学喂养，各园所均设立小餐厅，配备电冰箱、消毒柜等器具。合理安排入托，幼儿入托率达98.1%。

**【生活物资供应及加工】** 1993年初，将公司直管范围内的职工生活物资供应由暗补改为明补，试行了物资供应代用券制度，在各区设立了物资供应点，生活物资供应品种达50个，新、优、特品种占35%以上。全年完成生活物资采购供应5500吨，在物资采购中注重市场信息和职工需求，减少中间环节，提高进货质量，降低成本。物资贮存管理有所改进，冷库总储藏能力达1000吨以上，对库存物资严格出入库制度，对品种数量逐一登记备案，采用勤翻库、勤倒库、勤查库的措施，把好质量关。抓好液化气供应工作，除计划、浮动户外，增加零售气，同时坚持对困难户送气到户，维修炉具到户，解决倒残液问题，解决职工后顾之忧。冷饮、豆制品、面食加工有所进步，公司冷饮厂日生产能力7吨，生产的冰激凌、麻酱雪糕、汽水质优价廉，产品除供应二级厂矿单位外远销新泰、泰安、淄博等地。

**【生活设施建设】** 新建机关东区浴池一处，建筑面积1676平方米，设施齐全，缓解了职工洗澡难问题。更新了黄羊山区食堂，新上豆制品生产线一条，日可加工1000千克大豆，已进入安装试车阶段。根据需要，购置了炊事设备、教玩具、采暖设施，对全公司所属食堂、浴池、托幼园所、茶水炉使用情况进行普查、建档。通过改造、更新，75%以上的生活服务设施逐步配套。

**【三项制度改革】** 根据总厂生活服务、社会服务及三产等定编可自成系统的精神，公司三改领导小组根据公司双职能的实际情况，经测评、双考、双向选择、签定岗位责任书等程序，全公司27个工种岗位，总定员672人，比改革前820人压减148人，压减幅度为18.05%，清退了89名临时工，由于思想到位，工作超前，整个清退工作比较顺利，定员总体水平达到总厂三改办规定要求。调动了后勤职工的积极性，提高了工作效率。

**【第三产业】** 大胆探索市场经济新路子，对内搞活开拓项目，建立采购、贮藏、生活网点供应一条龙服务方式，因地制宜、因陋就简地办起了小卖部、烤鸭店、拉面馆、餐馆、蔬菜等服务网点10多个。本着"横向联系，平等互利"的原则，内引外联，拓展多种经营渠道，与日照市水产集团总公司合资兴办日莱水产养殖有限公司，双方各投资250万元，共同开发日照市丝山海区养殖扇贝等海产品，1993年养殖扇贝300亩，收获200多亩，产值170万元，第一年在边建设边生产过程中达到略有盈利。

**【精神文明建设】** 党政工团齐心协力，坚持两手抓、两手硬，两个成果一起要的原则。从提高职工队伍思想素质入手，加强思想政治教育，加强党风廉政建设，开展形势任务教育特别是在青年中加强爱党、爱国、爱厂、爱岗和职业道德教育，培养青年职工的集体主义思想和道德品质。围绕总厂三大任务，深入开展生活后勤达标升级和以"三个面向"为服务宗旨的全员、全系统、全方位的社会主义劳动竞赛活动，开展了无私奉献优质服务活动，使精神力量变成了巨大的物质力量，促进了各项服务工作的开展。1993年度，生活服务公司先后被总厂评为生活后勤达标优胜单位、计划生育先进单位、清产核资先进单位、安全生产先进单位、经费管理先进单位、保钢增铁夺效益劳动竞赛先进单位。

（丛冠华　魏福明）

## 城建房产公司

**【基本情况】** 城建房产公司成立于1992年9月，由原改扩建城建办、生活服务公司修建科、房管科、环卫绿化科，莱钢汽运公司公路工程队合并而成。主要负责总厂机关生活区、铁铜沟生活区及教育中心的民用住宅建设、厂区道路建设、环卫绿化、房产管理和全厂的土地征购及管理工作，并对全厂城建工作进行业务指导和监督检查。1993年2月，根据总厂关于加快集中统管的要求，对铁铜沟区的锻压厂生活区和黄羊山生活区的房产设施进行了集中统管。公司现有行政科室10个，2个服务性房管所，1个工会组织。共有职工460人，其中，正式职工300人，临时工160人，具有高级技术职务8人、中级的16人、初级的38人。公司所辖区房屋建筑面积34.48万平方米，其中，职工住宅25.26万平方米、集体宿舍2.24万平方米、公用公共设施9.23万平方米。主要设备有218马力推土机1台、15吨沥青拌合机1台、3台压路机总功率达255马力、6台供暖供热锅炉、17台汽车。公司拥有固定资产原值7665万元，净值6054万元。

**【基本建设】** 1993年是城建房产公司组建运行的第一年，也是莱钢城市化建设大发展的一年。全年征用土地1888.63亩，开工建设职工住宅楼16.11万平方米，其中年内已竣工或基本竣工8.68万平方米，有1200余户职工陆续迁入新居，职工住房紧张状况有了较大改善。以机关浴池、门诊楼、菜市场、职工培训楼、技校试验楼等项工程为主的10项公共设施陆续开工，建设面积3.27万平方米，至年底机关浴池、技校实验楼已建成并交付使用，面积达331[illegible] 平方米。市政建设，全年开通道路4508米，其中新兴路、棋山路、前进路等路段已开通并具备通车条件。同时，加强了厂区道路的维修与管理，在厂区主要道路设置隔离垛500米，埋设交通安全标志78个、路标10个，较好地改善了厂区道路环境。环卫绿化，在机关中心区、东区绿化美化环境达4000平方米，加强了厂容厂貌的综合治理，拆除违章建筑3000平方米，迁移售货亭、点60余个，使厂区容貌有了新的改观。

**【房产管理】** 在对部分区域房产设施集中统管的基础上，进一步统一了管理标准和办法，做到了房屋分调房统一、水电费收取办法统一、维修服务标准统一、单身宿舍管理标准统一，使房产管理工作逐步走向规范化、科学化管理的轨道。建立了房产设施维修服务网络，做到随叫随到，确保了房产设施的及时维修和水电的正常供应，全年完成维修计划投资120万元，对职工反映强烈的水电故障问题进行了全面清理和改造，满足了职工生活的正常需要。

**【建章立制】** 建章立制是公司成立以来确定的主要工作内容之一，针对公司新成立，各项规章制度不健全的特点，先后建立和完善6[illegible]项规章制度，严格经济责任制考核，将工作纳入规范化、制度化管理，较好地促进了各项工作的健康发展。同时在职工中明确了“修好路、种好树、盖好房子，服好务”的工作目标，重点抓了两个服务和争创两个第一活动，即为莱钢改扩建服好务，为职工住好房服好务及争创一流工程、一流服务，公司上下初步形成了“心齐、气顺、风正、劲足”的良好氛围。

【精神文明建设】 坚持全心全意依靠工人阶级,充分调动广大职工的积极性和创造性,促进了两个文明建设。公司领导班子注重加强自身的思想作风和廉政建设,坚持两手抓、两手硬,努力开创城市化建设的新局面,呈现出"安定、团结、求实、奋进"的好气象。

(亓学堂　孙启述)

# 教　育

## 职工教育中心

【基本情况】 职工教育中心于1987年2月由党校、广播电视大学(包括电视中专)、职工中专三个学校合并组成,主要承担学历教育和干部培训的办学任务,是莱钢培养生产建设人才的职工教育基地。占地55260平方米,总建设面积23079平方米。电教设施能直接收录中央台节目,并能多频道闭路播课,设有6个实验室,图书藏量27515册。1993年支出教育经费145万元。电大中专教学系统设教务科和文科、理科、工科教研室;党校干训教学系统设组教科、教研室、函授科;党政管理系统设行政管理部、党群工作部、办公室及智达公司。教职工117人,有专业技术职务的90人,占职工总数的78%。其中具有高级技术职务的11人、中级的34人、初级的45人。全年在校学历班21个,学员701人。1993年,职工教育中心被评为莱钢文明单位、思想政治工作优秀单位、治安安全达标单位。

【学校改革】 自1993年1月起,总厂对职工教育中心生活后勤实行统管,食堂、托儿所、房产、卫生所统一管理,23名职工同时调出。从上半年开始,职工教育中心进行三项制度改革,按总厂统一部署,改革了劳动人事分配制度,实行了岗位技能工资制。从职工教育中心联合办学的实际出发,教学机构实行科室制,管理机构实行部室制。电大中专教学系统设4个科室,党校干训教学系统设3个科室,党政管理系统设二部一室,共设二部8个科室,比原有的15个科室压减了三分之一。各类岗位定员112人,压减8人。为安排下岗富余人员,经总厂批准,成立了智达公司。为督促各类上岗人员履行岗位职责,制定了《对各类上岗人员的考核办法》,与奖金挂勾考核。

【电大教育】 1993年,经省教委批准,山东广播电视大学莱芜钢铁总厂分校改名为莱芜钢铁总厂广播电视大学。首次开办了3个电大普通班,招收78名普通高考生入学,增强了办学的吸引力和生命力。为适应市场经济和莱钢生产建设的需要,新开设市场营销和钢铁冶炼专业。全年电大共有4个班,学员135人。1992～1993年度,对电大毕业生进行了问卷调查,着重调查了174名文科毕业生。调查结果表明,他们在各级报刊上公开发表过的作品有17434篇,获奖577篇。从这些发表过的作品中精选120篇,编辑了电大文科成果集《春华秋实》,并由河北花山文艺出版社正式出版。

【中专教育】 职工中专1984年开始招生,1987年与电视中专联合办学,先后开设会计、机械、电气、冶炼、轧钢、土建、企管等专业。为解决工学矛盾,方便职工上学,1992年开始走与厂矿联合办学的新路子,与莱钢商业公司联合举办了商业企业管理班,1993年又与韩旺铁矿联合举办了工业企业管理班。办学10年来,培养中专毕业生834人,其中职工中专446人、电视中专388人。本学年在校生7个班208人。

(柳志强　张金凤)

# 技工学校

**【基本情况】** 莱钢技工学校(简称技校)，为国家一类技校、山东省重点技工学校。1993 年 3 月，由陶家岭迁至黄羊山脚下。新校占地 47.1 亩，拥有教学楼、办公楼、学生宿舍楼、实验楼、实习车间及配套齐全的各项设施，总建筑面积 15142 平方米，工程总投资 836.76 万元。固定资产原值 1156.4 万元。三项制度改革后，机构设置由原来的 10 个科室减为三部一室一公司，即教育培训部、党群工作部、总务部、办公室、劳动服务公司；有教职工 129 人，其中具有大专以上学历的 62 人，占职工总数的 48%；具有中级以上技术职务的 22 人。在原设 10 个专业的基础上，又新设热处理、焦化两个专业。到 1993 年底，已为莱钢各生产厂矿输送合格毕业生 2910 名，其中 1993 年 337 名。这些毕业生中成为处级干部的 2 人，党员 104 人。

**【学校管理】** 搬迁新校址后，针对各项公用设施不配套，且面临边施工、边教学、边工作等特殊情况，加强治安安全防范。逐级层层签定治安安全承包合同书；为财务室、微机室、档案室、保卫等要害部门安装了自动报警防盗门和防盗窗；加强夜间值班制度，校长、中层干部、班主任、门卫形成了“四位一体”值班网络，做到每晚不缺岗、每岗有记录，发现问题及时解决；还增加了夜间巡逻队，维护了安定、和谐的校园秩序。针对入学新生素质偏低、独生子女多等特点，加强新生管理，学校组织了由 1 名校领导、2 名中层干部、3 至 4 名班主任组成的值班小组，负责学生早操、课间操、纪律、卫生区、晚自习及就寝管理与监督，做到每天有记录、每周有考核并由校领导在周一升旗仪式上讲评，每月有评比并颁发流动红旗，还于 9 月 13 日至 22 日组织了首次新生军训，增强了学生的纪律观念和竞争意识，形成了奋发向上的良好局面。

**【教学质量】** 每月组织一次教研活动。相继开展了课堂教学比武、高级讲师专题讲座、教学单科竞赛、实习教学观摩比赛、汽修、钳工专业技术比武、教学经验交流会、教案展评、硬笔书法展评等活动，并把电视录像运用于课堂教学进行直观评教，取得了初步成效。在全省应知应会统考中，337 名毕业生及格率达到 87%、优秀率 31%、中级发证率 80%，创历史最好水平。7 月省冶金系统技工学校实习教学工作座谈会在技校召开，技校在会上做典型发言。注重信息沟通，一年中与 14 个兄弟学校进行了经验交流。1993 年，技校被省政府命名为省重点技工学校，被省教委、人事厅授予教育先进集体称号。

**【精神文明建设】** 利用课余时间组织职工认真学习《产品质量法》、《保密法》、《计划生育条例》、《邓小平文选》第三卷等法律法规及有关文献，并进行了相应的考试和考核，增强了职工的法律意识。在党员中进行党风党纪和廉政教育，根据本校实际制定党员领导干部廉洁自律的十条规定。据统计，党员领导干部在各项活动中拒收礼金 3640 元。7 月，召开第二次党员大会，对党委和纪委领导班子进行了换届选举。随着机构改革及时调整党支部的设置。坚持了职工代表大会制度。五届四次职代会上审议通过了职工液化气补贴、家属工待遇、承包方案等几个群众关心的热点问题。

丰富校园文化生活。充分利用蓝球场、排球场、乒乓球室、阅览室、职工活动室、图书室、电教室等活动场所进行第二课堂活动，并利用节假日、课余时间组织形式多样的联欢、比赛。在莱芜市职业学校首届蓝球比赛中，技校男队获第三名；在总厂团委组织的“青春杯”排球赛中，男队获第四名；在总厂文艺汇演中，获优秀组织奖及集体演唱一等奖 1 个、个人演唱二等奖 1 个、三等奖 2 个。投资 1.3 万元购买各类花木 1100 多株，组织师生利用课余时间义务劳动栽花种树，绿化美化校园。

**【产教挂钩】** 在坚持常规的实习课题化教学的同时，尝试教学与生产经营相结合之路。如车工专业作为试点项目进行承包：在保证课题完成率、教学质量的前提下可对外承揽业务。在原有小轧钢、电瓶厂基础上，开发了综合服务部、汽车运输、汽车修理厂等经营项目，年效益达60万元。技校还充分利用现有师资力量吸收委培生，为兄弟单位代培各类专业人才46名，为校创收11万元。

（白文章　邱　峰）

## 教　育　处

**【基本情况】** 莱钢中小学基础教育有中小学校10所，其中属教育处管理的有一中、四中、中心小学；属二级厂矿管理的有二中（二铁）、三中（特钢厂）、五中（机械厂）、六中（莱矿）、八中（焦化厂）、韩旺中学（韩旺铁矿）、石灰石矿小学（石灰石矿）。教育处有职工28人，下设教研室、普教科、职教科、督导室、综合科5个科室。负责直属学校的人、财、物的管理及各学校教育教学业务管理工作，实施管理职能，实现教育教学目标。

全厂中小学校共有教职工686人，其中具有高级专业技术职务的31人、中级的275人、初级的236人。根据国家教委关于高中教师必须达到本科学历、初中教师必须达到专科学历、小学教师必须达到中专学历的要求，通过函授、外出培训、成人高校等多种形式的培训，使教师的学历达标率逐年提高。1993年，小学、初中、普通高中、职业高中教师学历达标率分别为96%、88.5%、63.5%、42%。在校学生6075人，其中小学生2508人、初中学生2195人、普通高中学生846人、职业高中学生526人。适龄儿童入学率和巩固率均达100%，实行了九年制义务教育；接受高中阶段教育的人数占90%以上。1993年为大专院校输送新生87人。

**【教学管理】** 学校工作以教学为中心，学校领导要把主要精力放到教学工作上来。加强教学工作的基础管理，建立校长——教导处——年级组（教研组）教学管理体制，实行教学质量目标和教师岗位责任制，分级管理，严把质量关。加强教学过程的管理。立足于做好教学常规工作的原则，抓好备课、上课、辅导、作业、考核几个主要环节的管理。充分发挥教研室的作用。组织教师学习教学大纲、现代教育理论和先进教学经验，制定教研计划和教学计划，开展教研活动和教学实验，指导和组织评教活动，督促检查教学计划、教学进度的执行情况。继续推行“五、四”学制、小学从四年级开设英语课、中学开展“成功教育”的试点工作，除开展单科性教学实验外，重点抓好小学开展愉快教育工作。建立健全各项教学规章制度。如集体备课制度、听课评课制度、教研活动制度、教学检查制度、教学考核档案制度、满工作量制度、教学质量分析评估制度、管理水平督导检查制度等，并认真贯彻落实。1993年5月1日，中央电视台、中央教科所及山东省教育委员会联合到莱钢第一职业高中进行电视采访录像，充分肯定了该校教育教学尤其是实习教学所取得的成绩。

**【办学条件】** 总厂领导重视改善学校的办学条件，在资金紧张的情况下，为学校新建了教学楼、实验室、实习工厂、体育场、水冲厕所及旧教学楼的加固维修工作。1993年，10所学校占地120亩，校舍建筑面积达3.1万平方米。各中学普遍建立了物理、化学、生物实验室、师生阅览室和图书室、语音室、微机室、电教室及其它教学用房。学校供电、供水、饮水设施齐全；运动场地基本达到要求；小学基本达到每班一台投影器，中学理化仪器配备有4个学校达到国家一类标准，3个学校达到国家二类标准，基本配齐教师演示实验和学生分组实验设备。各校均配备了一定数量的体育、音乐、美术等器材，保证了教学的需要。1993 年，全厂职工为教育集资 45 万元，利用此项集资款为各中小学配置了计算机、语音设备、钢琴、手风琴、铜管乐器、英文打字机等，改善了办学条件，为提高教学质量提供了物质保证。

**【中小学校长岗位培训】** 为了提高中小学校领导的政治素质和业务能力，提高学校的管理水平，有 35 人参加了中小学校长岗位培训班，并取得了省教委颁发的岗位合格证书。

**【教育成果】** 1993 年，莱钢中小学基础教育取得了可喜的成绩：

莱钢一中连续 3 年被评为省级文明单位；1 人被评为全国优秀教师，1 人被评为全省优秀教育工作者，1 人被评为莱钢劳模，22 名教师被评为莱钢优秀教师。另有 1 名学生被评为省级优秀学生干部，3 名学生被评为省级三好学生。

在 1993 年山东省组织的各项活动中，获歌咏比赛三等奖 1 个，优胜奖 1 个；获雏鹰起飞体育比赛团体总分第 5 名；获普通话比赛集体三等奖、个人二等奖 1 个，三等奖 2 个；获论文评比一等奖和二等奖各 1 个；教育处获歌咏比赛组织奖。

有 36 名学生在各级各类竞赛中取得了好名次，其中获全国初中化学奥林匹克竞赛一等奖 1 名，全国高中数学奥林匹克赛三等奖 1 名、全国初中数学奥林匹克竞赛三等奖 1 名；获山东省初中数学奥林匹克赛一等奖 2 名、二等奖 4 名，获山东省初中化学奥林匹克竞赛一等奖 1 名、二等奖 1 名、三等奖 2 名，获山东省高中化学奥林匹克竞赛二等奖 1 名，获山东省小学数学奥林匹克竞赛二等奖 2 名、三等奖 21 名。教育处获小学数学奥林匹克竞赛优秀组织奖。

（王智玲　曹忠奎）

# 卫　生

## 莱钢医院

**【基本情况】** 莱钢医院是一所集医疗、预防、保健于一体的综合型企业医院。占地面积 8 万平方米，医用建筑面积 2.2 万平方米。拥有病床 300 张。职工 694 人，其中具有高级技术职务的 39 人、中级的 130 人、初级的 337 人。医院下设临床科室 14 个、医技科室 10 个，机关下设医务部、护理部、人事劳资部、后勤部、党群工作部、院长办公室五部一室。固定资产原值 1272.81 万元，净值 780.01 万元。主要医疗设备较齐全，有摇控 X 光机、纤维内窥镜、进口高档口腔治疗台等，拥有价值 2 千元以上各种医疗设备 190 台，总值 700 万余元，基本适应医疗、教学与科研的需要。

医院在全面发展，普遍提高的基础上，注重学科与专业特色的建设。形成了以创伤外科、心血管内科、消化内科、妇产科、口腔科、耳鼻喉科、眼科、中医科、功能检查科、病理科、纤维内窥镜室、血液净化室、变态反应室、遗传与免疫试验室、劳动卫生、职业病防治、妇幼保健、预防保健、健康教育咨询、整形美容等一批有特色的专业科室。其中外科大面积烧伤的抢救、妇产科疾病的治疗、口腔科等是知名的专业科室，尤其口腔科在省内外享有盛名。医疗技术有较大提高，已有 140 余项技术达到国家卫生部规定的三级医院技术水平，并具备一定的教学与科研能力。

**【主要技术与质量指标】** 医疗技术是救死扶伤的保证，质量是医院的生命和灵魂，坚持以质量为核心，以提高技术水平为重点，加强科学化管理，强化全员质量意识，推行综合目标责任制，完善质量与技术指标考核标准，开展质量月活动。全年门诊总人次达162821人次，入院病人4994人次。其中抢救危重病人486人次，比去年增加53人次；成功率89.7%，比去年增加4.7%；诊断符合率94.7%，比去年增长3.7%。全年手术1925例。应用支气管成形术、人工晶体植入术、听骨链重建术、门静脉曲张硬化疗法等新技术15项；应用光量子疗法、血液净化、无痛分娩、美容、介入性放射学等新疗法16项。抢救成功4例大面积烧伤职工、心脏骤停10—20分钟急危病人两例、重型脑挫裂伤4例，主要技术与质量指标创出历史较好水平。

**【三项制度改革】** 认真学习贯彻三改的有关方针政策，领导重视，全员动员，层层发动，结合实际制定医院三改方案。坚持公正、公开、公平竞争的原则，发扬民主，大胆引入竞争机制，择优上岗。坚持精简、统一、效能的原则，精兵简政，定编定岗定员，由原来17个职能科室合并为五部一室。由737人压减到694人，上岗人员产生自我压力感和紧迫感，事业心与责任感明显增强。将43名富余人员充实到医院服务公司三产项目中去，促进了三产的发展，职工思想稳定，调动了积极性。

**【医院分级管理】** 实施医院分级管理是我国深化卫生改革的重大措施，按照卫生部要求，制定完善各项规章制度240项，共计3000余条，制定科室合格标准，层层分解目标与任务，开展晋等达标活动，开展岗位基本功训练达1890余人次。加强以医院管理、技术水平、医疗质量、医德医风为重点的内涵建设。派出行政人员参加各类医院管理学习班30余人次，提高了管理素质，有10余篇管理论文在全国及省级医院管理杂志发表。

**【规划与目标】** 根据国家卫生部三级医院标准，立足现实，着眼于莱钢的未来与发展，以人才培养、技术水平、设备更新、建设规模为核心，制定了1993～1997年五年发展规划，目标是：团结全院干部职工奋斗3～5年，确保三级医院，力争三级乙等医院的实现。建成一所门类齐全、各具特色，以心脑血管疾病的防治和创伤急救为重点，集医、教、研于一体的综合型现代化企业医院。该规划与目标经医院四届三次职代会讨论通过，并分期实施。500张病床的新病房大楼于3月开始兴建，1995年可望启用。

**【教学与科研】** 坚持以人才培养为根本、教学与科研同步发展的方针，通过在职培训，带教学生，请专家讲学，选拔优秀人才到国家级医院深造等多种途径培训人才。全年院级业务讲座66人次，举办外语学习班两期，请省内外专家讲学40人次，外出进修20人次，参加各种学术会议100余人次。全方位、多渠道的人才培养，使一批中青年医师成为技术、教学与科研的骨干力量。1993年接收医学院校实习生40余人，进修生30余人，成立教学管理组织，有较完整的教学方案及评教制度，教学能力及质量不断提高，现成为泰山医学院正式教学医院。

重视科研，制定了科研管理规定及奖励办法，成立了胃癌、肺癌早期诊断小组等5个科研攻关小组。1993年在全国学术会交流医学论文100余篇，在省、地、市级以上杂志发表80余篇，出版疼痛学诊治，放射诊断学等医学专著3部。CDS型多功能石腊切片处理机，获中国专利技术博览会金奖。

**【精神文明建设】** 精神文明建设是现代化医院建设的重要组成部分。1993年认真组织学习贯彻党的十四大精神，建设有中国特色的社会主义理论和市场经济理论。利用上党课、专题辅导、电影教育及学习经验交流会等形式，学习《邓小平文选》第三卷，进一步解放思想，更新观念，提高职工的思想觉悟。

加强党风党纪和廉洁勤政建设，积极开展

反腐败斗争。制定了《党员干部保持清政廉洁的八项规定》和《进一步加强领导班子思想作风建设的实施意见》，坚持党风检查制度，实行党委目标责任制，突出抓了领导干部的廉洁自律，党建工作得到进一步加强。

以医德医风建设为重点，开展学雷锋树新风活动，以查服务态度、服务质量、管理漏洞为内容的三查活动和创建文明单位、争做文明职工的活动，严格医德规范。在职工中开展健康有益的文化娱乐活动，职工思想面貌一新。1993年为灾区捐款1万余元，医务人员拒收病人财物价值2000余元，收到感谢信、感恩匾50多件、社会满意度达90%。重视环境建设，不断改善职工生活，建成1500平方米花园景点一处，自筹资金60万元为职工宿舍集体供暖。1993年莱钢医院被评为莱芜市卫生先进单位，莱钢精神文明先进单位、治安安全达标单位和计划生育先进单位。

（张锡东）

## 卫　生　处

**【基本情况】** 卫生处是莱钢医疗卫生工作的职能部门，负责全厂医疗卫生、爱国卫生、卫生防疫和计划生育工作的业务指导。下设医政科、爱委会办公室、卫生防疫站、计划生育办公室及机关卫生所、黄羊山卫生所等部门，全处共有65人，其中卫生管理人员16人。总厂设有职工医院1所、二级厂矿职工医院4所、门诊部、卫生所14个。全厂卫生系统共有职工1350人，其中卫生技术人员938人，卫生管理人员111人；具有高级技术职务的72人、中级的307人、初级的613人。拥有住院病床561张，观察病床126张。在莱钢总厂医院设有负责全厂的劳动卫生监测和职业病防治、妇幼保健、药械采购供应工作的职业病防治科、妇幼保健科、药械科。

**【基础卫生医疗工作】** 坚持“预防为主、防治结合”的原则，以继续贯彻卫生防疫工作的法律、法规、条例为主，坚持面向生产，面向基层，面向职工群众，严抓基础管理工作，各项基础工作指标均达到或超过国家要求，被山东省卫生厅授予卫生防疫防治先进集体称号。各医疗单位紧密围绕生产和提高职工群众健康水平积极开展医疗保健工作，以强化基本理论、基本知识、基础操作的三基训练为主，采取多种措施提高医护人员的业务素质和服务质量。多次派出医疗救护小组到改扩建工程施工现场服务。基层卫生所医务人员常年到车间为职工防病治病、宣传卫生知识。为提高医疗水平，全年共开展医疗新项目30余项，均取得较满意的社会效益和经济效益。

**【主要医疗工作指标】** 全年全厂各医疗单位共完成门诊量627751人次，收治住院病人6670人次，观察室治疗病人37018人次，做各种手术5028例（其中较大手术841例），健康查体22269人次，出诊送医送药上门12949人次，住院病人治愈率86%，好转率11.26%；护理人员积极配合医疗工作，全年共进行各种注射497756人次，消毒器械532287件，换药29503人次。

**【卫生防疫】** 重点加强卫生监督检查和食品卫生管理，防止了传染病的流行和食物中毒的发生。全年共接种各类生物制品7004人次，麻疹疫苗、卡介苗、白百破疫苗、脊灰疫苗四苗接种覆盖率保持在95%以上，新生儿入保、接种办证率均达到100%，儿童强化免疫接种15696人次，全厂计划免疫工作超过国家规定的第三个85%。监督检查饮食服务网点910户次，查处没收变质食品26次，销毁802千克；公共场所检查382项，配合有关部门安装了部分生活饮用水消毒设备；对饮食服务和公共场所从业人员健康查体2884人，持证上岗率100%。

**【爱国卫生工作】** 充分发挥爱国卫生组织网络作用，积极开展爱国卫生工作，综合治理厂内环境，除害灭病，有计划地对蚊、蝇、鼠进行消杀灭工作，全厂统一灭鼠 2 次，对环境及公共场所统一喷药灭蚊蝇 3 次，并对重点场所进行不定期的消杀，全年共购买使用各类消杀药品 6650 公斤，通过综合治理有效降低了蚊、蝇、鼠密度，传染病的发病率比上年下降 41%。

**【卫生知识宣传】** 为全面提高医护人员的业务水平及全厂职工的卫生意识，积极加强卫生知识的宣传，全年共订阅各种卫生报刊 1200 份，定期在莱钢电视台播放卫生教育录像，印刷各种宣传材料 13000 余份，并编写印发了《工矿企业鼠害防治》小册子。在卫生宣传月及重大节日期间多次组织卫生人员上街宣传卫生保健知识，提高职工群众的卫生保健意识。

**【劳动卫生和妇幼保健工作】** 全面开展了劳动卫生监测和职业病防治工作，对全厂 936 个有毒有害作业点按要求进行监测，对职工进行职业病查体 2961 人次，并为查体人员建立了健康档案，对职业病患者采取了住院治疗与家庭走访治疗相结合的有效治疗方法，取得良好治疗效果。妇幼保健工作通过加强领导、健全网络体制，积极开展工作。全年多次举办妇幼保健培训班。全面开展了妇幼查体工作，妇科查体 5034 人次，普查率 85.64%；幼儿查体 2708 人次，普查率 88.7%。对查出的妇幼儿疾病进行及时治疗，对常见病多发病采取了有效的预防措施。

**【计划生育工作】** 全厂计划生育工作严格按法律法规办事，坚持“三为主”的方针，狠抓基层基础工作，开展规范化管理，强化人口计划管理措施，实行孕前型服务，各项计划生育指标均较去年有所提高，受到省委省政府的表彰。全年全厂共出生人口 297 人，比去年少生 137 人，人口出生率为 5.74‰，自然增长率为 3.39‰，比去年分别下降 2.76 和 3.19 个千分点，比全国平均水平低 12.35 和 8.06 个千分点，计划生育率为 99.7%，晚婚率为 99.4%，晚育率为 99.6%。

（郭庆东）

# 商 贸

## 商业总公司

**【基本情况】** 莱钢商业总公司属国有厂办厂管商业企业。是市级消费者满意、特级信用和重合同守信用企业。主要经营日用百货、五金、交电、化工、家用电器、服装、鞋帽、棉布、针织、土产杂品、家具、烟酒糖茶、副食、文具等商品和钢材、机电设备、汽车、备品备件及工业原材料等物资。共有职工 325 人，其中中级技术职务的 15 人、初级的 34 人。下设百货大楼、第一、第二、第三百货商店、百货公司等 8 个商业批、零经营单位及经营开发部、信息服务部、物资公司、综合经营部等 8 个物资经营单位，机关设二部一室，总计营业面积 8500 万平方米，分布于整个莱钢。

**【经营管理】** 商业总公司从 1987 年开始推行轮次(三年)承包经营责任制，1993 年是第三轮承包的第一年。承包经营责任制的主要内容是：1.对批、零单位实行“包死基数、逐年递增、利润超额分成”的办法；对物资经营单位实行“亏损自负、盈利分档提成”的办法。各经营单位有权确定各自的承包形式。2.将经营决策、分配等 10 项权力下放给基层经营单位。3.按照专业分工的原则划细划小核算单位，使经营单位由 1992 年的 9 个扩展到 16 个。4.对优质服务实行统一规定、统一管理、严格考核。5.实行全员风险抵押承包。抵押金额按责任大小从 3000 元到500元分为6个档次，完不成承包任务以风险抵押金抵补，不计息，不分红。

**【各项经济指标】** 1993年总公司实现批、零和物资销售总额7711万元，实现内部利润212.68万元，上交税金180万元。全员劳动生产率达到23.7万元/人年，人均创利税达10.943万元。1993年批、零销售计划为3340万元，实际完成4167万元，比上年增长49.9%；内部利润计划77.05万元，完成105.98万元，比上年增长104.98%。物资经营系统实现销售3094万元，比计划和1992年均增长204%；实现内部利润106.7万元，比计划和1992年均增长326%。

**【优质服务】** 1993年，商业总公司在狠抓经济效益的同时，着力提高社会效益。以“优质服务、优质商品、优化管理、最佳效益”为宗旨，制定《关于优质服务管理规定》，对总公司优质服务工作实行统一管理。凡是与顾客吵嘴打架的，不论什么原因，罚款200元，并下岗培训；凡是经营假冒伪劣商品的先下岗培训，再视情节予以处罚。按照工商物价部门的要求，加强明码标价、计量、食品卫生等方面的管理，每季全面检查一次，按照经济责任制考核办法规定，及时兑现奖惩。搞好柜台销售和上门送货两条线的服务工作，积极开展为莱钢生产的直接服务。送货上门的商品约占销售总额的1/3，方便了用户。开展系列优质服务活动，把优质服务工作贯彻到各项工作之中，请顾客监督并评选出优秀营业员20名。

**【企业实力进一步增强】** 1993年用于基建和经营性投资达到320万元。其中建成1960平方米商贸中心大楼一座，实现了当年设计施工当年投入使用。建成物资经营办公室10间144平方米。百货大楼三楼改造增加营业面积270平方米，开辟了服装自选商场。百货大楼安装水暖锅炉1台，解决开业8年无供暖设施的困难。购买客货两用汽车8辆，使每个经营单位都能自行解决运输问题。

**【精神文明建设】** 1993年，商业总公司在搞好经营的同时，积极组织开展解放思想抓机遇、快发展系列活动，组织职工认真学习邓小平建设有中国特色的社会主义理论和党的十四大精神，开展了“三查”和反腐败工作，职工主人翁意识和民主管理意识进一步增强。工会工作被总厂工会评为模范职工之家和女职工工作先进单位。大力开展劳动竞赛和文体活动，被总厂授予治安安全单位，为顾客提供了满意的服务，4个商店均被评为市级消费者满意商店。被莱芜市工商银行授予特级信用企业。

**【三项制度改革】** 1993年，按照总厂的统一部署积极稳妥地进行了三项制度改革。在机构设置方面将原来的16个科室合并为两部一室，即撤销原财务科、业务科、行政科，成立经营管理部。撤销原经理办公室、劳动人事科、保卫科，成立办公室。纪委、工会、政工科、团委合署办公，组成党群工作部。机关工作人员由原来的40人压减为29人，充实到经营一线中去。经总厂验收一次合格，改革后职工思想稳定，效率提高，人均收入比上年平均增长20%以上。

（王长键）

## 经济贸易总公司

**【基本情况】** 1993年3月11日，莱钢总厂以莱钢办字[1993]50号文上报省经委申请组建莱钢经贸总公司，4月14日，省经委以鲁经综字[1993]688号文批准成立山东省莱钢经济贸易总公司，5月20日经山东省工商局审核批准，颁发营业执照。公司注册资本500万元。经营范围：批发零售钢铁制品、建筑材料、五金交化产品、机电产品、汽车（不含小轿车）及其备件、信息服务等，兼营房地产开发。除按国家批准权限经营国内贸易外，作为莱钢在省会城市对外联系和信息交流的窗口，负责代表总厂在济南市开展横向联营及各种形式的经济技术协作，统一组织开发莱钢在济南的地产业，创造条件开展国内、外贸易。

公司下设财务部、贸易部、开发部(信息协调部暂缺)。有职工10人，其中具有高级技术职务的3人、中级的1人、初级的5人。

【经济开发】 公司成立以来，面对资金紧缺，市场疲软内外部环境和人员业务素质差、缺乏经验等困难，全体员工团结协作，积极进取，工作取得初步成效。主动与省、市有关部门建立联系，力争获取第一手高质量信息，并与鞍钢、本钢、邯钢、济钢等单位建立了业务往来。对济南营市街原工程团的两个院进行了开发规划，并与有关部门协商了搬迁计划，东院宿舍楼施工图设计已完成，正在组织施工。配合利用外资改扩建工程，借用山东省国际经济技术合作公司的进出口权，签订引进合同11项，总金额达1700万美元。配合改扩建工程指挥部承担了7000多吨进口卷板的承运、仓储和内销工作，在市场疲软的情况下挂销厂内钢材2000余吨，外购620立方米高炉大修工程急用钢材1000多吨。回销部分钢材并串换成工程急需品种，为改扩建工程提供资金1000多万元，降低采购成本40余万元。

【经济协作】 为打开进出口通道及开拓省际经济协作业务，以总厂名义与山东省经济协作办公室、山东省国际经济技术合作公司联合组成汇力经济贸易总公司，仅1993年签署的引进合同可获取外贸代理费97万元。同山东省军区后勤部建立了经济协作关系，密切双方关系，取长补短，优势互补，从中扩大莱钢的整体效益。与济南拔丝镀锌厂的联营，已达成初步协议，按协议，莱钢年供钢坯1.2万吨，预计可获利100多万元。

(郗树茂)

# 集体经济

## 附属企业公司

【基本情况】 附属企业公司于1992年1月1日正式挂牌，与劳动服务总公司合署办公，一个机构、两个牌子。它既是管理莱钢集体经济、调节莱钢劳动力、统筹安排待业人员、管理和输送待业青年、开展就业前培训、处理待业职工和待业保险的管理机关，又是实行独立核算自负盈亏、自主经营的集体所有制经济实体。公司下设14个行政科室、5个党群部门，对针织厂等14个生产经营单位实行人、财、物集中统一管理，对21个二级厂矿劳动服务公司实行业务指导。全厂劳动服务公司系统从业人员8260名，其中公司直属单位2219人。拥有固定资产4560万元，经营项目300多个。基本形成了商业、饮食服务业、加工业等多行业综合经营的规模和格局。成为莱钢经济建设的一支重要力量。

【生产经营】 1993年，附属企业公司紧紧围绕生产经营，提高经济效益这个中心，立足莱钢、面向职工、面向生产、面向社会、面向市场，充分利用上级给予的一切优惠政策，采取有力措施，大力发展集体经济。提出了“抓住机遇齐努力，确保供销增效益；搞活经营广联合，综合开发上项目；加强管理保安置，集中统管迈大步；安全质量摆第一，两个文明创一流”的公司方针和“29960”的经理目标。确立了“以党的十四大精神为指针，以提高经济效益为中心，以发展集体经济和第三产业安置富余人员为重点，解放思想换脑筋，深化改革换机制，把握机遇，加快发展，使莱钢集体经济再上更高台阶”的经营指导思想。全公司上下一致，同心同德，真抓实干，使生产经营取得了前所未有的好成绩。1993年，全系统完成产值2.47亿元，比上年提高58.8%，实现利税911.5万元，提高25.6%。公司直属单位完成产值1.46亿元，比上年提高68%；实现利税601.5万元，提高49.4%。主要产品产量和质量也比上年有较大幅度的提高，全年完成钢坯(材)产量9.58万吨，其中直属单位完成5.7万吨，比上年提高32.8%，钢坯(材)成材率合格率分别达到96.1%和99.3%，均比上年有新的提高。

**【就业安置】** 在就业安置工作中，贯彻执行三结合的劳动就业方针，不断更新劳动就业观念，广开门路，拓宽就业安置渠道，把就业安置作为重点工作去抓，在总厂进行三项制度改革，富余职工安置压力大的情况下，按照总厂的总体布署早打算、早开渠，使这项工作得到了进一步的发展。全系统共安置总厂分流富余职工1800人，安置待业青年、职工家属、农转农子女885人，安置率达95%以上。劳动就业人员的妥善安置，为促进社会的稳定和莱钢生产建设的发展起到积极作用。

**【企业管理】** 不断强化内部管理，在计划生产、技术、质量、劳动、物资、设备、安全财务等管理方面都作了进一步的加强，修订、完善、建立了一系列的制度和规定，从而使集体企业各项管理工作有章可循，沿着健康的轨道向前发展。

针对企业管理工作中存在的问题，在修订完善和建立健全制度的基础上，在全系统开展了集体企业晋等升级活动。在生产计划管理上加强了计划调度管理，定期召开生产调度会，实行生产计划日报制度。在质量管理中重视质检队伍建设，提高全员质量意识，狠抓了产品实物质量的提高，在全员中树立了质量第一的观念。在设备管理工作中重视抓好重点设备和关键设备的使用与维护，并建立责任制，落实到人，减少设备事故，保证了生产的正常进行。在安全生产管理方面，始终不渝地坚持一把手抓安全的指导思想，针对公司从业人员构成复杂、单位分布广、设备陈旧老化、职工素质较低的实际，做到抓重点、查隐患、重整改，使每项工作和安全措施都落到了实处，提高了安全生产管理的针对性。全年实现了工亡事故为零，重伤事故为零，千人负伤率降至0.027‰以下的目标。在财务管理方面，针对公司1993年生产经营规模扩大，新上项目较多的实际，进一步加强资金的管理和使用，贯彻保重点、保急需的方针，控制和压缩非生产性开支，发挥公司内部银行在资金使用上的调节作用。保证了资金的集中、合理使用。

**【新上项目】** 1993年是公司新上项目最多、投资最多的一年，到年底全系统筹措资金2000余万元，新上项目150余个，在资金紧张的情况下通过银行贷款，职工个人集资、企业自身积累等途径，先后建成了劳动服务大厦、新型焊管厂、特种电缆、食用醋酸、洗煤、新型建材、新型防水材料、喷塑钢制品等项目，这些项目的突出特点是投资少、工期短、见效快，既有为一线生产服务的，也有为职工生活服务的；既有面向莱钢的，也有面向社会的。努力做到利用莱钢优势，适合集体企业自身特点，扬长避短不拘一格。逐步建立了以钢材深加工为主的支柱产业，形成了钢材、异型焊管、喷塑钢窗、特种电缆、冷轧带钢等拳头产品系列，并以支柱产业和拳头产品带动了全系统加工业、建筑安装业、运输业、商业、饮食服务业等多种行业和项目的发展，实现了自我积累、滚动发展的良性循环。

**【精神文明建设】** 以“抓机遇、快发展”作为公司精神文明建设的主线，组织干部职工贯彻落实党的十四大会议精神，学习邓小平建设有中国特色社会主义理论。公司党委利用知识竞赛、党课等多种形式，在职工中进行广泛教育，有400多人参加了脱产培训，收到知识竞赛答卷

2000余分，以此提高职工的理论水平和改革开放意识。在领导班子自身建设方面，本着"团结、支持、配合、理解的原则，顾全大局，创造性地开展工作'的原则，坚持和落实中心组学习、党委会、政工例会、民主生活会等制度，制定下发了《党委工作试行细则》、《关于实行党委、支部、党员工作目标责任制意见》、《党员领导干部带头廉洁自律的规定》，促进了党风的转变。组织多种形式文体活动，丰富职工业余文化生活，先后获莱钢灯会杂耍项目优秀表演奖、"五一"文艺汇演和中老年交谊舞比赛三等奖和优秀节目奖。在总厂举办的职工运动会、美术、书法、摄影、乒乓球、支援灾区重建家园捐款等多项活动中都取得较好成绩受到总厂表彰。

**【小型轧钢生产概述】** 小型轧钢厂是附属企业公司的直属骨干企业。1993年公司投资500万元，对小型轧钢厂进行了搬迁，并同时进行了一火成材主产工艺改造。搬迁改造后的小型轧钢厂设开坯、成材、角钢、焊管4个车间。设计生产能力为年产60×60毫米钢坯8万吨、钢材6万吨，其中角钢2万吨。1993年完成钢坯(材)产量4.89万吨，产值5075.5万元，实现利润221万元。钢坯、钢材合格率、成材率分别达到99.8%、99.5%和95%、89%，产品质量达到国家规定标准。

主要设备有：∅400毫米、∅350毫米闭口式轧机各1架，∅400毫米、∅350毫米开口式轧机各1架，∅250毫米半开口式轧机3架，短应力线轧机2架，∅250毫米×3轧机系列，39平方米、29平方米三段式燃煤侧出料加热炉各1座，800千瓦、500千瓦电机各1台，160吨剪切机2台，3×15平方米多爪推钢式冷床1座，4.25×70平方米摇摆式冷床1座。角钢车间手用冷床1座，60吨剪切机1台。

小型轧钢一火成材生产工艺流程：钢坯检验入库、清理修磨、加热、轧制、剪切、350毫米×2轧机轧制、250毫米×5轧机轧制、冷却、剪切、打捆、称量、入库。原料来源主要由总厂计划处统一下达150毫米方坯加工计划，不足部分自行联系对外加工。主要产品有：60毫米方坯、∅12～16毫米圆钢、∅12～25毫米螺纹钢、4～5号角钢、4～6分焊管。

生产管理实行厂、车间、工段、班组四级管理，对车间实行吨钢工资含量承包，并与消耗、成本、安全、质量等主要指标挂钩考核。在设备管理上建有设备点检、设备维护保养、设备检修、备件管理、事故分析报告等制度，并制定了设备工作标准和管理网络。

(张凯芳)

# 7. 基建与技术改造工程

## 莱钢改扩建工程指挥部机构设置

### 莱钢改扩建工程指挥部

**指　　挥**　李景常
**副 指 挥**　姜开文　王认清　刘培钧
**总工程师**　王认清(兼)
**副总工程师**　彭重威　王朝江(兼)
　　　　　　芮嘉承　仇志民

### 莱钢改扩建工程指挥部一期工程指挥部

**指　　挥**　陈玲棠
**副 指 挥**　仇志民　阳至孝　顾兰芳
　　　　　　丛汉滋　陈兆三

### 莱钢改扩建工程指挥部钢区工程指挥部

**指　　挥**　陈玲棠
**副 指 挥**　张德仁　车仁功　过渭源
　　　　　　刘景琳

### 莱钢 620m³高炉大修改造工程指挥部

**指　　挥**　陈玲棠　于昌忠
**副 指 挥**　潘文峰　仇志民　阳至孝
　　　　　　孙连谦　柳逢润

### 莱钢改扩建工程指挥部处室

**1. 改扩建办公室**
**主　　任**　张登嵩
**副 主 任**　李家兑
**党总支书记**　赵　星
**2. 计划财务处**
**处　　长**　谢振清
**副 处 长**　李德海　柴本玲
**3. 合同预算处**
**处　　长**　顾兰芳

副　处　长　周家山　李恒振

4. 工程管理处

处　　　长　仇志民

副　处　长　李永实　朱皆铨　车仁功
　　　　　　傅学义　石长岭

副主任工程师　安丰延　丁延年

5. 设备供应处

处　　　长　丛汉滋

副　处　长　李承孝　李为平

主任工程师　张文举

副主任工程师　张宝才

6. 建材处

处　　　长　程稼民

副　处　长　吴伯寅

## 利用外资扩建工程综述

【综述】　莱钢利用外资扩建工程于1991年4月国务院第139次总理办公会批准一期工程开工，1993年工程全面展开，相继开工在建的项目有：一期工程，包括750立方米高炉系统的原料场扩建、105平方米烧结机、750立方米高炉等3个单项工程及其公用辅助设施和12000千瓦×2发电站；二期工程，包括石灰石矿扩建工程、转炉炼钢系统工程的2号连铸机工程、3号转炉工程、炉衬车间工程、3号石灰窑工程、铁水脱硫工程，轧钢系统工程的中小型轧钢工程，总图运输中的轧钢站工程、铁路信号系统工程，公用辅助设施包括水设施、通讯设施、机修、电修、汽修设施，福利设施包括职工宿舍、内外宾招待所。

1993年在建的项目中一期工程建成投产，通讯工程投入运行，3号转炉建成投产，水设施基本完成，3号石灰窑工程和炉衬车间工程可在1994年上半年建成。2号连铸机工程和中小型轧钢工程1993年主要进行了设备国际招标订货、三通一平等准备工作。

1993年利用外资扩建工程完成投资36109.78万元，到1993年底利用外资扩建工程累计完成投资69452.71万元。

## 750立方米高炉系统工程

【工程概述】　750立方米高炉系统工程是莱钢利用外资改扩建项目的主要工程之一。1991年5月3日国家计委以计投资(1991)578号文下达1991年基本建设新开工大中型项目计划，莱钢750立方米高炉系统工程列为首批新开工56个大中型项目之一，随即列入山东省重点工程。

1991年5月16日工程开工。主体工程建在第二铁厂，建设内容包括新建750立方米高炉1座、105平方米烧结机1台、扩建原料场等3个单项工程，有342个单位工程；公用辅助设施包括燃气、热力、供电、供水、电信、总图运输和生活福利设施等35个单位工程。工程设计规模为年产炼钢生铁50万吨，冷烧结矿92万吨，占地面积27.48万平方米，建筑面积8.28万平方米，设备总重11948吨，装机容量27654千瓦，概算投资34779.45万元。

【施工建设情况】　主体工程施工任务由中国第二十冶金建设公司、铁道部第十四工程局、泰安市第一建筑安装工程公司和莱钢建安公司承担；辅助工程由莱钢自营专业施工队伍和地方施工队伍承担。中国第二十冶金建设公司于1991年1月经过竞争后中标，主要承包了750立方米高炉和105平方米烧结机工程的施工任务，泰安市第一建筑安装工程公司作为二十冶的分包队伍，承担烧结工程的筛分系统和熔剂燃料系统的土建施工任务;铁道部第十四工程局通过议标承担了原料场受卸系统的施工任务;莱钢建安公司承担原料场受卸系统以外的其它工程和烧结配料室、高炉煤气清洗系统及鼓风机站的施工。

工程工厂设计主要由冶金部马鞍山钢铁设计研究院担任;搬迁设施、生活区民用建筑及相应设施由莱钢设计院设计;自动化控制系统软件由莱钢自动化部编程。

工程所需材料由莱钢组织采购供应。所需设备由中国冶金设备总公司帮助招标订货组织供应。主要设备的制造厂家有:西安冶金机械厂(高炉无料钟炉顶);沈阳有色冶金机械厂(105平方米烧结机);宣化冶金环保设备厂(电除尘);鞍山矿山机械厂(冷矿固定筛、振动筛);上海冶金矿山机械厂(热矿振动筛);莱钢机械厂(120平方米带冷机、冷却壁);上海水工机械厂(双斗轮双向混匀取料机、混匀堆料机);哈尔滨重型机械厂(DQ6025堆取料机);大连重型机械厂(翻车机);齐齐哈尔第一机械厂(料车卷扬机);沈阳矿山机械厂、济宁矿山机械厂(胶带机);山东电缆厂、青岛电缆厂(电缆);从日本三菱重工株式会社引进高炉鼓风机(包括MT—10VP型静叶可调轴流式压缩机、蒸气轮机、冷凝设备润滑装置、仪器仪表、材料等);从美国莫迪康公司引进自动化系统的可编程序控制器(包括PC—0984—680控制器7套,PC—0984—480控制器2套,PC—0984—380控制器5套)及相配套的辅件和通讯装置。

750立方米高炉系统工程装备具有国内同期同类型企业的较高水平,主要吸收上海宝钢等企业先进技术,如高炉采用无料钟炉顶,日本三菱鼓风机,水渣采用转鼓过滤脱水;烧结采用节能型点火器,烧冷系统采用抽风烧结和鼓风冷却工艺,并配有三电场除尘、干式布袋除尘。原料场采用汽车、火车受料槽及火车翻车受料,胶带输送,堆取料机堆取,胶带电子称定量圆盘配料和混匀工艺。主要工艺生产线自动化,电气控制采用可编程序控制器(PC984)系统,仪表控制采用以微机为核心的智能仪表和常规仪表系统。工程中的环保设施完善,对生产中的粉尘、污水和噪音等均建有相应的治理措施。

工程施工过程,烧结机主厂房于1991年5月24日开工,原料场混匀料场于6月16日开工,750立方米高炉于7月1日开工,原料场受卸系统于12月1日开工。到1992年3月部分工程具备设备安装条件,至1992年底主体工程土建施工基本完成,设备安装完成50%,到1993年2月底主工艺线上设备安装基本完成,高低配电室受电,2月28日开始单机试车,4月中旬主线设备单机试车基本完成,进行区域性联动试车;5月17日全系统计算机挂机无负荷联动试车成功。与此同时,4月3日热风炉陶瓷燃烧器点火成功,4月27日高炉点火烘炉,5月5日105平方米烧结机烘点火器,5月12原料场进行负荷试车,5月19日烧结机开机热负荷试车,5月底烧结机具备向高炉送矿条件,6月3日高炉点火成功,6月4日9时30分出第一炉铁。工程历时23个月,参加这项工程建设施工和设备制造的单位近百个,施工高峰期现场施工人员达5000余人。共完成土石方1051257立方米,浇混凝土127185立方米,毛石砌体98341立方米,安装工业管道172824米,金属结构制作并安装8036吨,耐火材料砌筑6111吨,设备安装11948吨,敷设电缆489560米,竣工建筑面积82812平方米。消耗钢材32373吨,木材3552立方米,水泥44311吨。

**【工程验收】** 经建设各方共同努力,工程实际工期比冶金部定额工期缩短10个月;工程质量经山东省冶金工程质量监督中心站检查评定:全部工程质量合格,主体工程优良;工程决算投资37911.98万元(其中利用外资341.73万美元),超出率9%,形成固定资产37815.25万元。

经过10个月的试生产,进行技术设备攻关,高炉生产日趋正常,到1994年4月底共生产生铁331689万吨,合格率为99.91%,原料场.105 千方米烧结机于 1994 年 3 月达到设计水平,高炉达产指标利用系数为 1.9～2 吨/(米³.天),4 月份共生产生铁达 42023.69 万吨,利用系数月平均达到 1.913 吨/(米³.天)。

1994 年 5 月 16 日至 17 日,由山东省城乡建设委员会主持对 750 立方米高炉系统工程进行竣工验收,竣工验收委员会确认:这项工程总体设计是成功的,工艺布置合理,装备水平较高,主体工程采用技术先进,公用辅助设施配套齐全;关键设备质量较好,运行可靠,利用少量外资引进先进技术,对提高工艺装备水平和自动控制能力发挥了重要作用。工程质量全部合格,主体工程优良。经试生产考核该项目能够达到或超过设计能力,生产出合格产品。环保、劳动安全、卫生、消防及计量等设施,均已按设计内容和国家"三同时"要求建成投运,基本符合国家规定标准,并已分别通过专业验收,对专业验收中提出的问题由莱钢总厂抓紧整改。生活福利设施能够满足生产、生活需要。档案资料归档完整、准确、系统,符合国家档案管理标准。该工程建设资金管理严格,总投资控制较好,经济效益良好。

验收委员会认定:莱钢 750 立方米高炉系统工程符合该竣工验收条件,同意通过竣工验收,并于 1994 年 7 月 1 日转资正式移交生产。

**【自备电站工程】** 莱钢自备电站工程是利用外资扩建项目工程之一。工程在炼铁区原有中压锅炉房与高炉鼓风机站基础上扩建,建设目的一是为了充分利用原有备用锅炉,发挥原有设施效益,二是为了缓解莱钢扩建后电力供应紧张状况。

项目从 1986 年开始论证,1987 年完成初步设计,设计规模为单机容量 12000 千瓦抽汽冷凝式和 12000 千瓦凝气式汽轮发电机组各 1 台,设计年发电量 1.42 亿千瓦时,蒸汽 50 万吨。与其相配套除利用原有锅炉设备外,需扩建 1 台 75 吨/时煤粉炉、新建泵房 1 座、冷却塔 1 座和相应的供水、供煤系统。概算投资 2900 万元。

自备电站工程工厂设计由马鞍山钢铁设计研究院设计。75 吨锅炉由哈尔滨锅炉厂制造,汽轮发电机组由哈尔滨汽轮机厂制造。工程施工由莱钢建安公司承担。工程于 1988 年 4 月 15 日开工,先期建设 2 号泵房、水处理站、冷却塔。在建设过程中,由于国家三年整顿和压缩投资规模等因素影响,资金特别紧张,工程建设进展缓慢,前后历时 6 年,到 1993 年底工程基本建成,具备发电条件,但由于外部联网等问题,未能正式投运。

工程建设过程中,为了弥补除尘设施不足,原设计 80 米高烟囱改建 100 米;为了充分利用热能,汽轮机全部采用抽汽冷凝式;由于建设周期长,考虑物价上涨因素和设计变更因素,工程概算做了调整,调整后的概算为 5914.09 万元。

# 炼钢系统工程

**【概述】** 莱钢利用外资扩建工程主要是转炉炼钢配套,计划建设 25 吨转炉 1 座,连铸机 2 台、炉衬车间、石灰竖窑、脱硫设施。1993 年是炼钢系统工程全面建设的一年,成立了莱钢炼钢区工程指挥部,统一负责施工现场的管理。原计划除合金钢连铸机(3 号连铸机)进行设备招标引进 1993 年暂不开工以外,其它几项工程全都开工建设并基本建成,形成 70 万吨转炉钢生产能力,但由于资金紧张,计划未能实现,总厂以保主生产线重点工程投产为思路,调整投资方向,适应资金紧张形势,保证了转炉投产和 2 号连铸机建成。

**【2 号连铸机工程】** 2 号连铸机工程是利用外资扩建项目中两台连铸机之一,工厂设计由包头钢铁设计研究院承担,在 1 号连铸机的基础

上向北顺延；工艺设备由重庆钢铁设计院设计，连铸机设备由莱钢机械厂制做，仍为四机四流方坯连铸机，浇注断面为 150×150 毫米，定尺 10 米，设计年产量 21 万吨，可生产钢种为普碳钢和低合金钢，设计概算投资 5452.24 万元。

工程施工由冶金部第二十二冶金建设公司承担，工程于 1993 年 3 月 1 日开工，1993 年 12 月 25 日建成，试车中因哈尔滨飞机制造公司配套的液压剪产品质量问题，未能按原计划投产，由莱钢机械厂对不合格的液压剪进行修配改造或重新制作，于 1994 年 3 月制做并安装完毕，3 月 25 日热负荷试车一次成功，当日生产连铸锭 581.3 吨，达到设计水平。

该工程在施工过程中，因考虑到 10 米定尺钢锭在目前情况下莱钢无法利用，市场销售困难等因素，对设备进行改造，暂时生产短定尺锭，待后步工序配套后，恢复生产 10 米定尺连铸锭。

**【3 号转炉工程】** 3 号转炉工程是莱钢利用外资扩建项目之一，建在炼钢厂炼钢车间，工程设计由马鞍山钢铁设计研究院承担。主要建设内容：25 吨转炉 1 座，与 1 号、2 号转炉相比提高了仪表、微机和电控设施的装备水平，新建 600 吨混铁炉 1 座，以增加铁水贮存能力，并与 1 号混铁炉互为备用；钢包精炼炉 2 座和真空脱气装置 1 套。工程建成后年增钢 40 万吨。工程概算投资 7870 万元。

3 号转炉工程设备由莱钢机械厂制做。工程由莱钢建安公司施工，转炉及混铁炉于 1993 年 3 月开工，6 月 9 日 2 号混铁炉建成使用，9 月 26 日 3 号转炉建成投产。钢包精炼炉和真空脱气装置完成设备引进订货，合同总价 6.2 亿日元，1993 年末正式开工建设。

## 轧钢系统工程

**【概述】** 按照莱钢利用外资改扩建项目可行性研究提出的建设内容，涉及轧钢区的工程有中小型轧钢工程和∅114 毫米焊管工程。两个项目原计划均为利用外资引进设备，在深入开展工作的过程中，因设备招标报价过高，∅114 毫米焊管工程搁置。

中小型轧钢工程，概算总投资 56572.48 万元。主要建设内容有：连续轧机 1 套，水处理设施 1 套，主厂房建筑面积约 30000 平方米。年产中小型材 40 万吨。主工艺设备通过国际招标由意大利达涅利公司引进，具有全连轧、全自动的国际先进水平。

中型轧钢工程，暂定替代∅114 毫米焊管工程。主要建设内容有中型轧机 1 套，年产中型钢材 55 万吨。概算总投资 30000 万元。

**【中小型轧钢工程】** 中小型轧钢工程的全称为“棒材及轻型材轧钢车间工程”，因其产品规格限于中小型，故简称为中小型轧钢。中小型轧钢工程的可行性研究包含在莱钢利用外资改扩建项目可行性研究之中，1989 年 7 月 18 日国务院批准莱钢利用外资扩建工程可行性研究报告以后，9 月 14 日莱钢总厂和包头钢铁设计研究院签订《山东莱芜钢铁总厂棒材及轻型材轧钢车间设计合同书》；11 月包头钢铁设计研究院编制了该工程供编制招标书用的基本设计。据此，莱钢于 1992 年 6 月形成《山东省莱芜钢铁总厂扩建项目招标文件》(棒材及轻型材轧机技术规格书)。然后，开展了设备招标的一系列工作。

1992 年 7 月 15 日，在《中国日报》、《经济日报》、《冶金报》公布国际招标公告，28 家外国厂商购买标书，随后，莱钢对这些厂家的资质进行了调查。德国德马克公司，意大利达涅利公司、波梅尼公司，美国戴维公司，韩国现代公司，日本三井公司投标，11 月中旬技术标在北京开标，1993 年 2 月进行商务标开标、评标，意大利达涅利公司中标。

经过双方较长时间的合同谈判和技术交流，1993 年 9 月 16 日莱钢总厂党委书记姜开文在意大利与达涅利公司签订中小型轧机设备引进合同，冶金部包头钢铁设计研究院开展了工厂设计，莱钢在工程现场进行拆迁还建，三通一平，1994 年 5 月 18 日隆重举行开工奠基仪式。

中小型轧钢工程主要建设内容有连续轧机 1 套，由 18 架轧机组成，其中粗轧机 6 架、中轧机 6 架、精轧机 6 架，成单线顺列布置，设计年产量 42 万吨，生产圆钢、带肋钢筋、弹簧扁钢、扁钢、角钢、槽钢 6 个品种，多种规格的产品。设计概算投资 56576.48 万元，其中利用外汇 4266.75 万美元。

（亓成义）

## 主要技术改造工程

**【概述】** 1993 年莱钢在建的主要技术改造工程共 7 项：620 立方米高炉大修改造工程、50 吨电炉工程、医院病房大楼工程、马庄矿三期延深工程、谷家台矿东区试采工程、转炉煤气回收工程和 1 号连铸机工程。其中 620 立方米高炉大修改造工程概算投资 25998 万元，主要建设内容有 750 立方米高炉 1 座、105 平方米烧结机 1 台、汽车受料槽及混匀料场二期工程，1993 年工程只进行了停炉前准备、施工队伍招标、设备订货和主控楼施工；50 吨电炉工程概算投资 9490 万元，主要建设内容有：超高功率 50 吨电炉 1 座、钢包精炼设施 1 套及相应的配套辅助设施，1993 年进行了三通一平和设备引进；1 号连铸机工程 1992 年底建成，1993 年试生产；医院病房大楼和其他几项工程在建，因资金紧张，本着保主线重点工程投产的指导思想，进展缓慢。

**【50 吨电炉工程】** 50 吨电炉工程在莱钢特钢厂建设，是山东省经济委员会批准立项的技术改造项目。山东省为了缓解特殊钢材的供需矛盾，提出以工业急需的轴承钢、齿轮钢、无缝钢管等紧缺钢材为龙头，配套改造现有重点企业提高优质钢材生产能力。莱钢特钢厂作为山东省唯一生产特殊钢材的基地，扩大生产优质钢具有自己的有利条件，于 1989 年 12 月批准立项。项目的可行性研究由莱钢设计院和马鞍山钢铁设计研究院共同编制，拟建设 30 吨电炉 1 座，年新增电炉钢 7.3 万吨，概算投资 4990 万元（其中技改贷款 3000 万元），分两期建成。省经委于 1990 年 9 月批准可行性研究。在设备选型过程中，德国柏林钢厂正出售二手设备，该设备为 50 吨超高功率电弧炼钢炉，经技术调查和商务谈判，认为用于莱钢特钢厂电炉改造工程比较合适。1993 年 2 月 6 日山东省经委以鲁经技改字（1993）116 号文，批准莱钢特钢厂引进德国柏林钢厂 50 吨超高功率电炉和炉外精炼二手设备，替代正筹建的 30 吨一般功率电炉及相应配套的炉外精炼设备方案。3 月 7 日李景常厂长、刘培钧副厂长与德国黑辛格公司签定了引进设备合同。4 月至 10 月，副厂长王认清、李庆、副总工石唯真等先后带领部分技术人员前往德国拆运设备，至 1993 年底设备基本运达莱钢，与此同时，厂内三通一平工作完成。工程概算投资 9490 万元，年新增电炉钢 18 万吨，主要生产炭结钢、合结钢、轴承钢、弹簧钢、工具钢，合金钢比占 60%。由于引进设备修配改任务重，施工设计只能是边设计边施工，设计任务由莱钢设计院和马鞍山钢铁设计研究院承担，施工任务由莱钢建安公司承担，计划 1994 年正

式开工建设并建成投产。

【1号连铸机工程】 1号连铸机工程原为冶金工业部推广全连铸的技术改造项目，促成项目立项。原拟建于炼钢厂炼钢车间厂房内南端，并于1991年5月委托武汉钢铁设计院和莱钢设计院共同编制了建设1台ROKOP型小方坯连铸机的初步设计，因考虑到在厂房内施工影响炼钢生产，总厂确定在炼钢车间外东侧，与利用外资扩建项目中的两台连铸机建在同一个车间内，由负责利用外资扩建项目设计的包头钢铁设计研究院统盘考虑。包头钢铁设计研究院于1992年1月在莱钢开展施工图方案设计，山东省冶金工业总公司以(92)鲁冶基字5号文批准设计，工程概算投资2900万元。

1号连铸机采用美国乐克普技术，设备机型为R6m四机四流ROKOP小方坯连铸机，主体设备由洛阳矿山机器厂制造，可生产普钢、低合金钢、优质炭素钢等钢种的铸锭，断面为150×150毫米，定尺1.7～6米和断面为120×120毫米，定尺5.2～6米的钢锭，年产量20万吨。

工程于1992年3月开工，施工由冶金工业部第二十二冶金建设公司承担，1992年底建成，热负荷试车一次成功。1993年1月29日日产达到设计水平，达产速度创造国际先进水平。

（亓成义）

## 其它技术改造工程

【特殊钢厂中轧车间改造】 中轧车间于1990年建成投产，改造前已形成了8.5万吨钢材的生产能力，主要产品在山东及国内部分钢材市场畅销，特别是锚链钢、自行车飞轮钢、管坯等品种需求量大，供不应求。

但是中轧车间越来越显露出许多不合理之处，越来越不适应莱钢生产经营发展的需要，主要表现在以下几方面：1、加热炉生产能力为15吨/时，而轧机的生产能力为20吨/时，加热炉的能力不能满足轧机的生产能力。2、工艺布置不合理，工人劳动条件差。3、冷床有效面积小，冷却条件差，影响产品的质量。4、外进钢坯需经开坯车间开坯后，才能进入中轧成材，这样既增加了成本，又降低了成材率，这一块损失的经济效益也很严重。

鉴于上述原因决定对中轧车间进行改造。

此项改造于1992年4月立项，5月3日总厂组织专家对中轧车间改造方案进行了论证，8月1日总厂又组织专家对改造项目的初步设计进行了审查，认为初步设计的深度和内容符合要求，工艺合理，能够满足该车间年产15万吨钢材的能力。同月总厂下达项目投资计划，该项目计划投资1000万元，改造的主要内容有：1.主厂房向北接长24米，建筑面积792平方米。2.易地改造连续式加热炉，加热能力提高到40吨/时。3.增设∅400毫米×2轧机一列 4.全部输送辊道装置。5.其它辅属设施和设备。

中轧车间改造于1993年一季度完成，投入生产。实际完成投资1167万元。

改造后，增加钢材产量6.5万吨，减少普钢的开坯工序直接成材，提高成材率5%，年经济效益达542万元。

【特殊钢厂4号电炉改造】 特殊钢厂炼钢车间始建于1965年。拥有公称容量5吨电炉3台，另设4号电炉备用，形成了年产钢锭11.5万吨的生产能力。

由于建厂指导思想和所选地理条件的限制，厂房布置，物流方向，工艺流程，内外布局等方面明显不合理，车间场地拥挤，转运能力不足，现场生产组织管理也很困难。为了适应莱钢生产经营发展的需要，决定对4号电炉进行技术改造。

此项改造有其有利条件：一是外部条件好，二降压站尚有部分容量可以利用，轧钢和加工还有能力，各种原材物料有来源，钢材的销售看好。二是车间备有4号电炉，将内部场地合理调整，完善与4号电炉相配套的设施，即可将4号电炉纳入正常生产。

改造的内容包括工艺和公用辅助设施两部分。主要是4号电炉生产配套改造，分为厂房土建和设备。公用辅助设施主要有供配电、给排水、废钢加工、运输等。计划投资500万元。

此项工程特殊钢厂于1992年第四季度进行了一系列施工前的准备工作，1993元月具备施工条件。2月1日起进行现场测量定位，2月10日土石方工程开工，3月5日连接钢锭库和精整跨的小铁路改道工程完工，3月17日为4号电炉配套的浇注坑、缓冷坑，浇注车及轨道电气部分全部完成，并立即投入使用。4月28日4号电炉更换5500千伏安变压器以及变压器轨道、二次用线、互感器、短网等改造完工并投入使用。6月20日电钳工工作值班、职工班中餐、车间值班合用的小楼竣工交付使用。7月30日两台15米和30米行车安装完工投入使用。9月3日备品备件库、50吨平车线、新建三、四跨厂房包括起重机安装与之配套的全部收尾工作完成。实际完成投资526万元。

通过此次技术改造，特殊钢厂炼钢车间生产规模可达年产钢锭14万吨，年增产钢锭2.5万吨，解决了长期存在的工艺流程不顺，布局不合理，粉尘污染严重等问题。在施工过程中，施工单位和生产车间克服重重困难，密切合作，合理组织施工和生产，达到了两不误的目标，积累了边生产边建设的经验。

**【锻压股份有限公司轧钢车间一期改造】** 轧钢车间始建于1985年，年生产能力由设计2.5万吨提高到9万吨，产品由1个品种3个规格扩大到3个品种21个规格，产品供不应求。但是生产形势越好，产品越走俏，越暴露出生产中的不足。生产工艺落后，技术装备差，集中反映在钢材生产三火成材上，从而造成综合成材率低，能耗高，生产效率低等问题，严重地制约了莱钢生产的发展和产品市场竞争能力。

为了迅速改变这种被动局面，加快改革开放的步伐，加速莱钢的腾飞，对锻压轧钢车间的改造势在必行。

这次技术改造的主要内容是：生产工艺将∅450毫米×2开坯和∅350毫米×2/∅300毫米×5成材工艺合并，缩短了轧制时间，保证了各部轧机的所需轧件温度，实现150毫米方坯一火成材，从而大大减少了切头损失和烧损，提高了成材率，减少一次加热煤气消耗，计划投资458万元。

轧钢车间一期改造工程于1992年11月动工，1993年3月12日，150毫米方坯一火成材新工艺生产线热负荷试车成功，经过两天试生产，15日宣告正式投产。投产后成材率由上年的91.36%提高到92.5%，全年可节约钢坯1695吨，价值425万元，煤气消耗由上年吨材耗3.57吉焦降为2.6吉焦，全年可节约煤气10.96万吉焦，价值192万元。单位固定费用由上年的24.96元/吨，降为20.36元/吨，全年可节省50.76万元，车间生产能力可达12～15万吨/年，整个改造工程实际完成投资512万元。

**【韩旺铁矿扩大采选改造】** 根据1992年5月18日省冶金工业总公司莱钢现场办公会精神，在750立方米高炉建成前，莱钢应抓紧落实矿源，搞好750立方米高炉投产的矿石平衡。为适应莱钢发展的需要，充分利用韩旺铁矿规划区内矿石资源丰富上河采场延伸区段矿体厚、夹层少、容易开采等有利条件，在原设计基础上将上河采场向北延伸270米，使上河采场的圈定地质矿量增加291万吨，年生产能力由50万吨提高到75万吨。新增生产能力25万吨，同时增加一个精矿选矿系列，使选矿生产能力与原矿开采能力相配，建成后可年增利税400万元。

此项改造工程从1992年12月陆续开始，计划总投资1865万元，1993年计划投资1000万元。

1993年4月完成123.3亩的征地任务、征地及赔偿费用 672 万元，5 月份完成了防洪坝的砌筑，实施了扩建工程帷幕墙堵水，完成投资 85 万元，实施了 6 千伏高压线路一公里的架设，购置安装 4 立方米电铲 1 台，20 吨自卸汽车 6 辆、磁选机、给矿机、球磨机等设备，共完成投资 760 万元。当年还完成机械剥岩量 70 万元。1993 年共完成固定资产投资 1642 万元。

韩旺铁矿扩大采选改造工程设计为 1996 年完成达产，目前改造工作仍在进行中。

**【焦化厂 1 号焦炉改用高炉煤气加热】** 为了适应莱钢生产和发展的需要，缓解莱钢煤气紧张局面，解决焦炉煤气不足严重影响轧钢生产的问题，总厂于 1992 年 11 月 30 日召开了 1 号焦炉改用高炉煤气加热问题会议，听取了有关方面的汇报并作了进一步部署。焦化厂根据总厂的安排报送了 1 号焦炉改用高炉煤气的报告和具体方案，总厂于 1992 年 12 月 18 日邀请有关专家组成技术论证委员会论证并通过了这一实施方案，于 1993 年 1 月 11 日下达正式改造计划，计划投资 164 万元。

此项改造工程由焦化厂和自动化部承担施工，全部工程于 1993 年 8 月完成投产。实际完成投资 163.5 万元。

1 号焦炉改烧高炉煤气成功后，基本上解决了莱钢的煤气平衡问题，缓解了焦炉煤气供应不足的矛盾，为莱钢的生产和发展做出了贡献。

1 号焦炉改烧高炉煤气以后，除外部条件影响外，生产基本正常，达到了预期效果，用纯高炉煤气加热，结焦时间达到 19 小时，消耗高炉煤气 32000 立方米/时，节约焦炉煤气约 6000 立方米/时。年直接效益可达 1000 多万元。

**【沂蒙冶炼厂金刚石压机】** 1983 年以来，沂蒙冶炼厂开发了聚合氯化铝、人造金刚石等产品，恢复了水泥生产。到 1992 年底止，金刚石压机安装投产 12 台，但是由于产量小，产值少，1992 年计划亏损 158 万元。造成亏损的原因首先是企业没有畅销的拳头产品，没有进行形成拳头产品规模的投入，二是因自筹投入和亏损等原因资金短缺，三是退离休人员比重大，企业负担太重，四是地处沂蒙山区腹地交通不便，进出厂产品运输成本高。

通过对金刚石市场调查，国内外市场很畅销，甚至供不应求，利润率高，前景乐观，沂蒙冶炼厂生产的人造金刚石又是国内用户和出口贸易部门的抢手货，因此应抓住机遇，迅速扩大金刚石生产规模，这是沂蒙冶炼厂生存发展的有利途径。

根据李景常厂长 3 月 7 日在沂蒙冶炼厂现场办公时的指示精神，经过有关部门多次研究、考察，确定沂蒙冶炼厂在 12 台压机的基础上 1993 年再投资 396 万元，新增 10 台金刚石压机安装在设备供应处西仓库院内，总厂投资 290 万元对设备供应处西仓库进行改造：改造 2 号库房作为 10 台压机的厂房，改造现有两排平房作为单身宿舍，将现有车库改造为职工食堂，改造修复水、电、通讯、道路等设施，确保压机尽快安装、调试、投产。

4 月初压机陆续到货，月底设备供应处仓库搬迁，5 月原 2 号库房改造为压机厂房，其它临时办公、宿舍、食堂等用房改造项目开工，6 月第一台压机开始安装，7 月第一台压机试生产，8 月新建两排压机厂房及车间办公室，部分辅助生产用房和锅炉房、变电室等设施开工建设，9 月食堂改造完成投入使用，年底 10 台压机全部到货并安装完毕投入生产。

年底，10 台压机陆续投产共生产金刚石 32 万克，创产值 192 万元。

（赵光林）

## 城市化建设

**【城市化建设】** 1993年是莱钢城市化建设开始起步发展的一年。过去莱钢的城市化建设没有专门的管理机构，形不成系统的专业化管理，是莱钢发展的薄弱环节。1992年成立城建房产公司后，这项工作开始逐步走向正规，统一规划，统一组织实施，统一管理，使全厂的城市化建设有了较大发展，总厂舍的花本钱，投资近亿元用于厂区的城市化建设，仅一年的时间使厂区的容貌发生了可喜的变化。全年开工建设职工住宅15.11万平方米，其中年内竣工或基本竣工8.63万平方米，有1200余户职工陆续迁入新房，职工住房紧张状况有了较大改善；以机关浴池、门诊楼、菜市场、职工培训楼、技校试验楼等项工程为主的10项公共设施陆续开工，建设面积3.27万平方米。到年底，机关浴池、技校实验楼建成并交付使用，面积达3312平方米。职工生活条件有了较大改善。钢城路、新兴路的建设结束了"十里钢城一条道"的历史，将莱钢东西、南北连结一体，厂区建设及交通网络骨架基本形成，缓解了道路拥挤的现状，促进了生产建设的发展。

（亓学堂　孙启述）

## 改扩建工程管理

**【工程管理日常工作】** 为适应利用外资改扩建工程管理需要，早在1987年莱钢总厂就成立莱钢改扩建工程指挥部，负责改扩建工程的管理，由总厂领导担任指挥部指挥和副指挥，1993年刘培钧、陈玲棠两位副厂长主管指挥部工作。指挥部下设办公室、计财处、工程管理处、合同预算处、设备供应处、建材处、设计院、外经处。到1993年底共有职工437人，其中具有高级专业技术职务的59人、中级的84人、初级的142人。

莱钢改扩建工程坚持以甲方为主体的管理体制，实行全方位管理、全面服务。逐步推行项目业主负责制和工程建设监理制，工程施工和设备制做实行招标承包制。莱钢改扩建工程指挥部做为项目业主（莱钢总厂）领导班子，对整个改扩建工程的方案选择、设计、施工、设备选型、材料供应、资金筹措、试生产进行全过程负责，协调设计单位、施工单位、设备制做单位的关系，以确保莱钢总厂建设意图和计划的实现。1993年成立了工程建设监理公司，以改扩建工程指挥部部分处室的高中级专业技术人员为主体，初步形成工程建设专业化管理机构，并对某些工程做了监理试点。在设备采购和施工队伍选择中，继续实行招标、议标竞争机制，较好地保证了工程质量，降低了工程造价。

1993年在部分较小项目或独立性较大的项目中试行二级管理体制，如石灰石矿扩建工程，运输部所属工程、动力部所属工程以及机修、汽修等工程。总厂改扩建工程指挥部对二级管理项目实行宏观控制，管设计规模、计划和投资控制，项目所在单位成立项目管理机构，全面管理现场施工。

改扩建工程指挥部各处室及各现场指挥部制定有明确的职责范围、岗位责任制等比较健全的管理制度，经济责任制考核制度，明确由计财处、办公室、工程管理处对各处室经济责任制进行考核；由工程管理处、计财处负责对有扩建任务的二级单位进行考核，计分纳入总厂经济责任制奖罚；由计财处、办公室、工程管理处负责对工程进度主要节点的考核，确定对施工单位和有关部门的奖罚。

各二级单位的项目办公室或工程现场指挥

部都建有比较健全的管理制度，有工程质量管理办法、设备供应管理办法、材料供应管理办法、设计签证管理办法、预决算审批程序、档案资料收集管理办法、治安保卫管理办法，办事准则等，并与施工单位、设计单位形成专业管理网络。

1993 年莱钢改扩建工程管理面对着继续深化改革、继续发育发展的市场经济和资金严重紧张的大形势和莱钢改扩建工程全面展开，点多面广的内部形势，困难十分突出。莱钢改扩建工程指挥部在管理机构设置上、管理体制上、管理制度上不断改进、完善，基本上适应工程建设实际，确定以保主生产线重点项目投产的新思路，保证了全年计划基本完成，为莱钢实现 80 万吨钢的生产目标创造了条件。

改扩建工程指挥部日常行政管理工作由改扩建办公室负责，办公室下设文秘科、行政科、基建档案管理科和车队，到 1993 年底共有 51 人。主要负责指挥部会议的组织安排，工程建设调查研究，信息收集反馈，工程设计审查、招标等大型会议的接待安排，施工用车的调度，职工劳保护品的管理，指挥部固定资产和低值易耗品的购置与发放管理，工程档案资料的收集管理以及经济责任制的考核，文件资料的打印、复印，文件管理等工作。1993 年顺利完成了中小型轧机和∅114 焊管机组的招标、评标会议的安排，园满完成一期工程表彰大会的接待组织。完成一期工程竣工验收档案资料的准备。完成 120 万字的打印任务和 13 万份复印任务。完成 30 万字的会议纪要、领导讲话、工作总结，工作简报的编写。保证了改扩建工程指挥部和现场指挥部工作的顺利进行。

（亓成义）

**【工程计划与财务】** 莱钢改扩建工程指挥部计划财务处于 1992 年 1 月由原改扩建计划处、改扩建财务处合并而成。主要职责是：1、负责编制莱钢改扩建工程综合性计划、一级网络计划；投资成果综合统计；审核、协调专业性计划和二级网络计划；参与项目立项和投资决策及莱钢长远规划的编制工作。2、负责编制资金计划、筹措平衡、供应资金；负责工程设备材料核算、成本核算和投资决算；参与投资决策。下设计划、统计、成本、会计、设备材料 5 个科。有职工 37 人，其中高级专业技术职务的 6 人、中级的 8 人、初级的 19 人。

1993 莱钢改扩建施工的单项工程共 31 项，其中已完工程 8 项、在建工程 23 项。已完工程有：原料场扩建、105 平方米烧结车间、750 立方米高炉车间、3 号转炉、2 号连铸机、2×1.2 万千瓦自备电站、韩旺铁矿上河矿区扩建、技校迁建。全年共完成基本建设投资 44[illegible]2.63 万元，占年计划的 83.07%。其中利用外资改扩建工程完成投资 36109.48 万元，占年计划的 90%，其它基建及技改项目完成投资 7425.39 万元、620 立方米 1 号高炉大修改造项目完成投资 477.76 万元。

改扩建工程计划。1993 年山东省冶金工业总公司以(93)鲁冶计字第 30 号文下达改扩建工程指挥部管理项目计划 51511 万元，其中利用外资改扩建工程 40120 万元，其它基建技改项目 11391 万元。莱钢总厂按照总公司下达的投资计划以莱钢计财字(1993)第 14 号文下达了内部执行计划和季度计划。

财务管理情况。针对 1993 年建设项目开工多、投资规模大、建设周期短等特点，加强了财务管理和监督，对重点工程项目实行了二级管理、二级核算，并根据财政部(93)财会字第 49 号文及财政部、中国人民建设银行(93)第 104 号文件精神，对现场基本建设会计制度进行了修改、补充，完善了核算程序及办法。在外资管理中，根据利用外资的特点，严格遵守国家制定的各项规章制度，建立了从外资合同签约、签证、验证、核算、付款等系统的科学管理体系，确保了外资使用的准确性和及时性。同时根据国际金融市场变化情况，开展外汇保值业务，针对引进物资多、采购时间集中等情况，重点加强了物资出入库核算和管理，达到了账账、账物相符。

（陈作贤）

**【合同预算管理】** 莱钢改扩建工程指挥部合同预算处成立于1987年5月。主管全厂改扩建、技措、抗震加固等项目的土木建筑及给排水、电气照明、采暖、设备、通讯、仪表等工程的安装预结算工作，并承担工程施工承包合同的签订和预算定额的管理。全处有职工30人，其中具有高级专业技术职务的3人、中级的6人、初级的18人；下设土建、安装、合同定额3个科。

1993年完成预结算编审2508份，其中预算21954.3万元，核准为14203.5万元，核减7750.8万元；完成结算24971.56万元，核准20647.26万元，核减4324.3万元。全年预结算共核减工程款12075.13元。如铁区一期工程完成结算13696.11万元，核准为10901.31万元，核减2794.8万元。2号连铸机工程完成2586.82万元，核准为1985万元，核减601.82万元。完成2号连铸机、3号转炉、莱钢科技大楼、内外宾招待所、医院病房大楼、1号2号单身公寓、620立方米高炉大修改造工程的施工招标和合同的签订工作。对其中某些工程项目的取费采用包干形式一次包死，仅此几份合同共节约工程投资300万元。全年核减钢材6071吨、木材4602立方米、水泥28172.8吨，为莱钢控制工程投资和建筑材料费用节支作出积极的贡献。

合同预算工作有一定的专业特殊性和较强的政策性，业务面广、情况复杂，直接关系到各单位的经济利益。1993年合同预算管理工作，加强思想政治教育，树立廉洁奉公，实事求是的工作作风，根据上级文件精神和莱钢具体情况先后制定出《关于按照工程项目确定取费标准的规定》、《关于建安工程流动施工津贴、人工费、机械费调整的通知》、《铁区一期工程预算材料价格表》、《关于现场制作安装的单位估价表》等一系列规章制度并认真执行，对控制工程投资起到积极的作用。本处人员制定了科室职责规范、预结算人员守则，加强预结算工作的制度化、规范化、标准化、科学化管理，严格预结算审查程序。实行预结算三审制，并坚持审核工程量，定额套用取费标准和材料计划，使每份预结算达到要求标准。

（李仲华）

**【工程管理与质量监督】** 工程管理是组织实现全厂工程建设计划的一项综合性工作。其基本任务是：根据总厂的建设计划和工程设计的要求，选择施工队伍，签订施工合同；组织工程开工准备工作；深入工程现场，掌握工程情况，组织施工条件的平衡，协调解决施工中的疑难问题；负责工程现场签证，组织交工验收等。除民用建筑工程外，上列工程管理工作由工程管理处承担。工程管理处有职工42人，其中具有高级专业技术职务的10人、中级的12人、初级的19人。下设计划调度、工程管理、质量监督3个科。

1993年，全厂在建的单项工程37个，单位工程670多个。完成的实物工程量主要有：土石方37.32万立方米，混凝土15.51万立方米，砌砖52573立方米，砌石100420立方米，工业管道114891米，电缆敷设518725米，金属结构制作安装5968吨，设备安装3047吨。承担工程施工的单位近60家，其中国有大型企业或较大的施工企业有：中国第二十冶金建设公司、中国第二十二冶金建设公司、中国建筑第八工程局、铁道部第十四工程局、山东省建筑工程公司、山东省机械施工公司、山东省地质矿产工程总公司、泰安市第一建筑安装工程公司、桓台县建筑安装工程公司，莱芜市钢城建筑安装工程公司，莱钢建筑安装工程公司等。

面对工程量大和点多面广的工程特点，1993年工程管理工作区别不同情况采取了多种形式。首先，在总体上把工程项目划分为工业工程和民用建筑工程两大类，由两个部门分别管理，前者由工程管理处负责，后者的大部分由城建房产公司负责。其次，根据工程的规模大小和重要程度，对工业工程项目分别采取一级管理和二级管理两种形式。一级管理的工程项目其工程管理业务工作由工程管理处直接承担，或由总厂组成工程项目管理机构—工程指挥部，其成员以总厂有关部门人员为主，项目所在的二级单位派员参加；二级管理的工程项目其工程管理业务工作由项目所在的二级单位承担，工程管理处负责业务指导和协助解决工程疑难问题，个别重要的二级管理工程项目也成立了工程指挥部，其成员以项目所在的二级单位为主，工程管理处等部门派员参加。本年度实施一级管理的工程有：750 立方米高炉系统工程、620 立方米高炉大修改造工程，实施二级管理的钢区工程成立了工程指挥部。

工程施工指标是引入竞争机制选择施工队伍的一种主要形式，是建筑业改革的一项重要内容。莱钢曾于 1985 年和 1991 年分别进行过 500 毫米热轧带钢和 750 立方米高炉系统工程两项工程的施工招标，在此基础上，1993 年加大了改革的力度，进行了 620 立方米高炉大修改造、内外宾招待所、医院病房楼、科技楼、单身公寓等 5 个工程项目的施工招标或议标。通过招标议标，对提高工程质量、缩短工期、控制造价、改善建设环境等，起到了重要作用。

质量监督。莱钢的工程质量监督由两个单位承担：工业工程由省冶金建设工程质量监督站下属的莱芜冶金建设工程质量监督站承担，民用建筑工程由莱芜市建设工程质量监督站承担。莱芜冶金建设工程质量监督站（以下简称质监站）的成员由工程管理处质量监督科的人员组成，业务上受省冶金质量监督站领导，主要职责是：负责莱钢及泰安、莱芜两市的冶金建设工程质量监督，对莱钢的工业工程直接承担质量检查签证、质量等级评审以及组织处理质量事故等工作。

1993 年全厂受监的工业工程共 23 项，单位工程 442 个。经验测评审，单位工程合格率 100%。其中 750 立方米高炉系统工程的优良率为 31.1%，主体工程质量达优良标准，为投产后的生产顺行并迅速达产创造了重要条件。

1993 年的质监工作认真贯彻预防为主和监督与服务并重的方针，质监人员深入工程现场，超前服务，变工程质量的事后检查为事前控制，扼制了质量事故的发生，在具体工作中，坚持监督控制程序化、科学化、标准化，严格质量标准，完善检测手段，一切以质量数据判定。

为了发挥施工单位对工程质量自检自控的作用，使其变被监为自监，质监站从强化施工单位的质量意识入手，督促建立健全质保体系，实施质量目标分解，落实“三检制”。同时，还帮助施工单位推行工序检查验收一次合格和设备安装精度检查表等具体的监控手段，提高了工程质量一次验收的合格率。

（安丰延）

**【设备供应】** 改扩建设备处是改扩建工程设备的供应管理处室。主要负责全厂改扩建工程设备的订货、监制、催交、运输、验收、保管、供应及现场安装服务等一系列工作。三项制度改革后，重新划分了职责范围，调整为机械一科、机械二科、电气仪表科、综合科、设备仓库 5 个科室。有职工 281 人，其中具有高级专业技术职务的 2 人、中级的 14 人、初级的 21 人。

1993 年完成设备订货 5637 台套，总重 9703 吨，金额 16380.44 万元；设备入库数量 5549 台套，重量 4302 吨，金额 5322.6 万元；设备出库量 5549 台套，重 7488 吨，金额 ?723.38 万元。设备仓库设备总吞吐量 23682 吨（包括部分生产用设备）。

全年供应 750 立方米高炉系统（高炉、烧结、原料）设备 9369 台套，重量 11410 吨，金额 11100 万元。其主要设备高炉无料钟炉顶由西安冶金机械厂制造，烧结机由沈阳有色冶金机械总厂制造，堆取料机由哈尔滨重型机械厂制造。在设备采购中充分运用市场竞争机制，采用公开招标和邀请仪标方式订购了大部分设备。首次在全国冶金系统中公开招标，采购了 3000 吨国内设备，如高炉无料钟炉顶、105 平方米烧结机、堆取料机均为招标订购的；同时，为保证设备质量，成立了设备监制队伍，对关键设备进行驻厂监制，并参加出厂前的组装试车。无料钟炉顶、烧结机等设备安装后均一次试车成功。

加强设备供应管理工作。本着加快工程进度，提高服务质量的原则，打破施工单位到仓库提货的常规，由设备处将设备直接运到施工现场。并组织由设备处长、各业务科室科长和业务骨干共14人组成的现场服务班子，保证了工程设备安装的顺利进行。

（刘 莉）

**【建材供应】** 莱钢改扩建工程指挥部建材处始建于1988年10月。主要负责全厂改扩建工程建筑材料供应计划的编制，工程用钢材、木材、水泥、耐火材料、沥青、玻璃、铸铁管及管件用生铁、铝合金门窗等材料的采购和供应，并协助工程管理部门、施工单位进行现场管理。下设计划统计科、金属材料科、建筑材料科。共有职工31人，其中高级专业技术职务的2人、中级的5人、初级的8人。

采购工作。根据改扩建工程指挥部批准下达的年、季、月工程计划，组织编制材料采购计划，根据采购计划组织采购。所购材料除部分莱钢自产材外，85%以上材料需要从市场采购，所购材料全部为市场价格。采购的原则是，以信息为导向，在广泛收集、整理分析市场动态的前提下，按工程施工进度、轻重缓急、择优择廉采购，除数量少、时间要求紧、工程急用的材料外，都从生产厂家和经营主渠道进货。已与省内外约200个生产厂家和经营单位建立业务往来，业务辐射面达全国十几个省市自治区，其中有近40家是莱钢改扩建工程用材料的主要资源基地。自扩建工程开工以来，共采购近600个品种规格的材料，计钢材81793吨、木材16845立方、水泥130198吨、耐火材料11000吨。收付资金总额约3.2亿元。其中1993年采购钢材36021吨、木材8922立方、水泥62582吨。年采购计划完成率84%。

仓储与供应工作。仓库物资管理分两种形式，一是钢材、有色金属、木材、水泥、玻璃委托供销处仓库代收代发，莱钢自产自用钢材部分委托针织厂、锻压厂代管代发；二是耐火材料及部分水泥委托建安公司预制厂、新华木材厂代管自发。材料供应以审核后的单项工程预算作为供料依据，按各施工单位提报的月度材料需用计划供料，供料以领料和送料两种形式进行管理，一级管理项目为送料制，二级管理项目为领料制。

自工程开工以来，共向工程供应钢材76709吨、木材14002.33立方米、水泥127308吨、耐火材料9700吨。其中1993年供应钢材39208吨、木材7444立方米、水泥63730吨、耐火材料1849吨。年供应计划完成率114.2%。

截至1993年底，根据改扩建工程工作的实际需要，参照供销处、原料处以及省内外几家大型钢铁企业、物资管理部门的管理模式及经验，先后制订和修订了8种工作标准、4种管理标准、12项管理制度、17种台帐报表。按物资管理一条龙的模式，建立健全了物资从需要到采购、进货、入库、出库、核销等各个环节的工作程序，基本上满足了改扩建工程工作的需要。

（薛士臣）

# 8. 专 业 管 理

## 计 划 管 理

**【基本情况】** 计划处是由原计划处、企管办和生产准备办公室三个部门合署办公组成的(对外仍保留原机构名称)。其业务职责包括:负责全厂的发展规划,投资建设计划、生产经营计划,经营开发计划、生产准备、经济责任制考核、企业现代化管理、综合统计信息以及领导临时交办的机关三产管理等。下设:生产计划、投资计划、经营开发、综合统计、现代化管理、综合管理6个科和企业管理、生产准备2个办公室。为了安置和管理机关压减人员,1993年11月临时成立三产办公室,附设在计划处管理。全处共有职工31人,其中具有大专以上学历的24人,高级技术职务的6人、中级的9人、初级的12人。根据精减机构的要求,二级厂矿单位的计划部门与调度室合并成立生产经营部,统一负责年度、季度、月度计划的制定与管理。

**【发展规划的制定】** 根据冶金部(92)冶计字第232号文《关于编制钢铁行业调整和发展总体规划的通知》要求,由计划处牵头于1992年7月组织科技处、机动处、安环处、计财处、设计院、财务处等有关处室和二级厂矿单位编制了《莱钢"八五"调整计划和"九五"发展规划》(以下简称《规划》)。编制规划的指导思想是:遵照改革、开放、搞活、抓住机遇、加速发展的精神,坚持走规模、品种、质量综合效益型发展道路。依靠科技进步、科学管理和精神文明,把发展规模、建设速度、生产水平和经济效益,设定在努力争取可以达到的水平上。整体规划按转炉、电炉两个生产系统,三个阶段考虑。"八五"期间为第一发展阶段,综合生产能力达到150万吨钢,其中转炉钢120万吨,电炉钢30万吨。"九五"期间为第二发展阶段,综合生产能力达到200万吨钢,其中转炉钢150万吨,电炉钢50万吨。2000年后为第三发展阶段,综合生产能力达到300万吨钢以上。这是莱钢建厂以来第一个内容全面、重点突出、战略目标明确的发展规划。

**【投资计划管理】** 莱钢的投资计划,按项目的性质分两大块:利用外资的扩建项目和重大基建技改项目由改扩建工程指挥部计财处管理;生产性技措、技术进步、民用住宅、福利设施(如文教、卫生等)和设备更新购置项目由计划处管理。1993年,莱钢计划总投资6.35亿元,其中利用外资扩建等项目投资4.1亿元,生产性技措等项目投资2.25亿元。组织实施技改项目67项,其中主要有:炼钢厂1号连铸机、特钢厂中轧改造、锻压厂小型改造以及韩旺铁矿的上河采场扩建等。为改善职工的居住条件,计划建房10万平方米。由于投资规模大,建设资金相对不足。为控制投资规模,确保重点项目的建设资金,对计划项目的下达,采取了严格的控制措施,实行分项下达计划的办法,较好地缓解了资金紧缺等困难，保证了重点项目的建设进度。年末实际完成投资 6.31 亿元。其中利用外资改扩建工程 3.61 亿元、技改及其它 2.70 亿元。

**【生产经营计划管理】** 生产经营计划由计划处、生产调度室共同管理，计划处主要负责年度、季度计划的编制与协调。为完成生产经营目标，加强主要生产经营环节的管理，提出"稳铁、保钢、促材"的生产经营方针，强化 620 立方米高炉的守护措施，加快一铁 3 号 100 立方米高炉的大修扩容改造进度，积极组织新投产的 750 立方米高炉达产攻关；建立周五生产经营例会制度，及时协调解决生产中出现的问题；及时调整产品结构，制定有效的激励政策，保证生产的正常进行。

**【经济责任制考核】** 进一步深化与完善经济责任制考核方案，对市场畅销的产品实行重点品种嘉奖；对实现总厂目标的重大新投产项目实行分阶段达产目标嘉奖，加速了 1 号连铸机、750 立方米高炉等一批新建成项目的迅速达产；根据总厂效益完成情况，实行效益嘉奖，对完成全年的效益奋斗目标起了重要作用；加大了两翼承包奖励力度，科技和管理承包共计取得效益达 4000 万元；对单项奖励实行集中管理，实行厂长一支笔奖罚制。1993 年首次开展了经济责任制考核综合评比活动，为进一步搞好经济责任制考核工作奠定了基础。

**【生产准备工作】** 生产准备办公室于 1991 年 11 月成立，主要负责协调重点基建、技改项目投产的各项准备工作，促使项目尽快投产，发挥效益。根据总厂生产建设实际，制定铁区一期工程生产准备网络计划和铁区一期工程生产准备工作奖惩办法。生产准备网络计划从项目尽快投产的要求出发，对人员培训、"三大规程"制订、原燃料平衡、动力平衡、备品备件供应、流动资金供应、安全消防设施、生产运输能力、生产组织管理以及项目遗留工程等项准备工作，提出了明确的要求。对生产准备的任务实行定人、定职、定责、定时管理；制订钢区生产准备网络计划并对 1 号连铸机提出加快投产的要求。根据生产网络计划和工作要求，对人员培训、规程制定、备件供应、生产组织等关键环节，加强组织协调；并组织协调特钢中轧改造、锻压小型改造、一铁竖炉改造等一批技改项目的投产准备工作，保证了技改项目按时顺利投产。

**【综合统计信息】** 1993 年根据建立现代企业制度的要求，进一步加强综合统计信息工作。调整完善全厂的生产经营统计指标体系，增添了新投产的 3 号转炉、1 号连铸、750 立方米高炉统计指标；理顺了数据传递程序和核对办法；建立信息统计报表，及时汇总分析，对地方骨干钢铁企业的主要技术经济指标进行对比，供领导决策；实现了总厂与分厂统计信息微机传递；完善莱钢与冶金部信息中心和省经委信息中心的微机联网通讯，扩大了信息源；设计安装了"厂长查询系统"(PC 局域网络)；圆满完成国家开展的重点企业投入产出调查和第三产业普查，莱钢被评为全国投入产出调查先进单位，被评为全国三产普查先进个人；科技进步统计成绩显著，国家统计局依据莱钢的科技进步年报统计资料，评定莱钢为全国工业企业技术开发实力百强企业第 52 名；研制开发全国地方骨干钢铁企业经营管理综合信息微机通讯程序(3 号软件)，软件内容全面，重点突出，实用性强，为厂长及时了解同行业的生产经营信息提供了方便。

(牛友三)

# 生 产 管 理

**【基本情况】** 1993 年，莱钢有 18 个生产厂矿单位设立生产科或生产调度室，按照总厂生产调度室的统一部署，分别对各自的生产活动进行组织管理和协调。三项制度改革后，各单位的生产调度工作由生产经营部统一领导，并配备1至2名业务科长专管。年底，全厂共有生产调度管理人员239名。有各种专业技术职务的106名，其中高级职务的9名、中级的23名、初级的74名。总厂生产调度室设生产、计划、调度、运输4个科和钢区调度站、中间产品库。有职工62名，其中高级技术职务的5名、中级的5名、初级的9名。为进一步提高生产调度业务人员素质，1993年举办生产调度管理干部培训班1期，培训人员52名，派员参加了冶金部举办的调度研讨班。调度通讯设施有较大改善，总厂调度及炼钢、轧钢、焦化、动力、运输等调度部门新配置了手持对讲机，实现微机辅助调度管理，焦化厂新增120门调度机，强化了调度手段，加强了对生产活动的动态控制。

**【生产经营作业计划】** 根据总厂年、季计划和销售部门提供的订货合同、动力能源平衡、原辅材料平衡等情况，编制月度生产作业计划，经总厂打印下发执行。生产经营作业计划较季度计划内容具体详细，不仅规定了产值、产量，而且对规格、品种、生产进度、入库进度、中间产品的生产、原辅材料平衡也提出明确要求，使产、供、销、运衔接平衡。本年由于改扩建工程项目陆续试车试产，与生产矛盾交叉，原有的一些生产设备陈旧老化，加上市场变化快、资金周转困难等因素，加大了计划编制和组织实施的难度，每月都要进行10多次计划调整。特别是钢锭、钢坯、钢材在品种规格上的调整次数多，幅度大。因此作业计划调整中坚持以市场为导向，以销定产，使生产组织服务和服从于市场、用户需求和效益的提高。

**【生产组织管理】** 主要负责全厂日常生产管理工作，负责有关生产管理制度、标准的制定、修订，帮助生产厂矿共同研究解决贯彻制度、标准和作业计划中遇到的问题，解决生产组织中的薄弱环节，协调生产活动，参与总厂生产经营、计划、技术等有关会议及各项活动，按时搞好生产经营分析，总结上期生产完成情况，分析问题原因，针对存在问题和生产经营需要，提出下期重点工作要求。1993年，组织开展了生产创纪录、管理上水平活动，共编印《生产调度简报》12期，累计277期。根据总厂经济责任制方案、《莱钢生产调度管理标准》和作业计划完成情况、服从总厂调度指令情况等及时搞好全厂及大部的考核。

**【连铸生产管理】** 针对炼钢厂1号连铸机1月16日热负荷试车试拉一次成功的实际，为加强连铸生产管理，理顺生产、检验、储运等环节关系，总厂于3月15日以莱钢调字[1993]第98号文发布了《连铸生产管理规定》，对连铸生产组织、产品管理(码垛、标记、描号、倒垛、入库、装车、计量、检验等)和生产信息反馈及票证传递做了明确要求，严格检查考核制度，加强管理，实现了当年投产当年达产的目标。

**【调度指挥协调】** 总厂生产调度室和钢区调度站实行24小时值班制度，建立完善了调度日志、调度日报、快报等原始记录。配有调度指挥通讯机1部，无线对讲机4台，调度指挥车2辆，微机2台，做到生产不停调度不断。在坐台调度、现场调度基础上，深化调度改革，根据生产实际实行了“全天候”的跟踪调度，并加强了总厂机关职能处室之间的职能协调。年内针对基建任务重、检修项目多的实际，重点加强了改扩建工程施工、设备安装、调试、试投产等与生产的协调；计划检修与生产安排的协调。特别是改扩建竣工项目投产前和计划检修完工水电风汽管线合茬时，坚持现场调度、现场协调，会同有关部门制定详细的合茬方案并现场组织实施、检查，做到基建、生产两不误，检修、生产两不误，把基建或检修对生产的影响降到最低限度。针对全年完成80万吨钢难度大的实际，重点加强对高炉生产动态控制和铁水调运的跟踪调度。为转炉钢生产任务的完成创造了条件。

**【厂内运输管理】** 厂内运输分为铁路运输和公路运输。铁路运输由运输部承担。全厂拥有铁道机车 62 台，车辆 743 辆，厂内专用铁路 87.37 公里(准轨 73.96 公里)由运输部管理的有蒸汽机车 13 台，内燃机车 3 台，车辆 277 辆，其中冶金专用车 75 辆，铁路准轨线路 59.7 公里。公路运输主要由汽运公司承担。全厂拥有各种汽车 1160 辆，其中载重车 856 辆。厂区公路 29.2 公里，其中 1993 年新修公路 4.2 公里。由汽运公司直接管理的有货运车辆 113 辆，客车 20 辆。厂内运输作业计划分别由运输部和汽运公司根据总厂生产计划草案提出，经总厂平衡后列入总厂计划。年内配合基建需要，加强了对铁路线路拆除、改道等工作的现场协调，组织解决中间产品存放场地 3 处，组织协调倒运大宗原燃材料 4 次。保证了冶金生产和运输任务的完成。

**【中间产品管理】** 为加强热线生产的集中统一管理，总厂于 1992 年底，将原由炼钢厂、轧钢厂分别管理的钢锭库、钢坯库划归生产调度室统一管理。具体负责收货、储存、发货、统计工作。有职工 27 名。在克服人员不足、机具不全和设备陈旧等困难的情况下，共接收初轧坯和连铸锭 496473 吨，发货 475238 吨。由于加强了集中统一管理，理顺了生产上下工序之间关系，减少了中间环节，适应了轧钢生产和外销需要，使总厂生产管理职能更趋完善。

**【钢锭热装热送】** 钢锭热装热送是一项节能降耗、提高钢质的重要工作，曾作为科技进步项目于 1990 年获省冶金总公司二等奖。具体组织实施协调工作，由钢区调度站负责。在人员少、工作量大、面广的情况下，调度值班人员坚持 24 小时值班，现场跟踪协调、检查，使钢锭热装热送工作从炼钢脱模、装车、发车到轧钢卸车装炉全过程处于受控状态。在连铸锭年产 201364 吨的情况下，年累计热装热送钢锭 303473 吨，热送率较上年提高 7.8%，热装温度达到 550℃，比 1992 年提高 57℃，比 1993 年计划提高多 50℃。

**【铁水调运】** 铁水调运由生产调度室负责组织协调，第一铁厂、第二铁厂、炼钢厂、自动化部配合，运输部具体承担运输任务。由于炼钢厂 3 号 25 吨转炉建成投产，铁水量需求增大，第二铁厂 750 立方米高炉投产后炉况基本稳定，要求铁水调运稳定、连续、协调。为此总厂决定铁水调运工作必须统一指挥调度并加大考核力度，以莱钢调字[1993]第 432 号文下发了《铁水调运方案》，下半年正式组织实施。方案对铁水调运的调度原则、运输作业计划、作业程序、作业标准、考核办法都做了明确规定。由于各方努力，调度指挥得当，实现了两个铁厂 6 座高炉铁水全部调往炼钢厂的目标，全年共调运铁水 671041 吨，其中第一铁厂调运 232462 吨，第二铁厂调运 438589 吨。完成年计划的 100.86%，为完成 80 万吨钢起到了重要的作用。

（崔维义）

## 质 量 管 理

**【基本情况】** 技术监督处承担着莱钢大宗原燃料、半成品、成品质量的化验检验、工艺监督任务和质量管理工作，既是全厂的技术监督部门，也是质量管理的业务职能处室。按照莱钢《集中统管试点的实施办法》，1993 年 1 月将原锻压厂技术监督科划归技术监督处，并更名为锻压检查站。全处下设 5 个专业科和 5 个科级检查站、2 个科级化验室、2 个物理检验室。三项制度改革后，全处职工 280 人，其中具有高级专业技术职务的5人、中级的10人、初级的19人。全处固定资产500万元。

**【主要质量指标完成情况】** 1993年总厂考核的35项质量指标，有29项超计划完成，其中优质产品产量率和产值率分别为38.86％和38.04％。成品钢材“双标”主产量率和产值率分别为94.59％和93.13％。1993年莱钢主要质量指标完成情况见表1。

**【炼钢化验室建设】** 1993年1月与改扩建配套的炼钢化验室投入使用(建筑面积1523平方米)。配有从英、美两国引进的直读光谱仪、红外碳硫仪以及风动送样、电传报结果装置。4月正式投入运行，为提高转炉钢产量与质量，发挥了良好的作用。建成后的化验室装备水平接近国内一流水平。

**【生产许可证】** 莱钢于1988年取得热轧带肋钢筋生产许可证，1993年期满，为复查换证，经过各有关处室和生产单位的充分准备，12月顺利通过冶金部生产许可证检查组的检查验收(生产许可证待发)，取得了今后五年热轧带肋钢筋的生产资格。

**【质量月活动】** 响应冶金部号召，9月在全厂范围内组织开展了以“双学”、“五查”为主要内容的质量月活动。即：学习《产品质量法》、全国人大常委会《关于惩治生产销售伪劣商品犯罪的决定》和冶金部等六部委《关于严禁生产、经销、使用假冒伪劣建筑钢材的通知》，学习GBT/19000系列标准；查各单位特别是主要负责人的质量意识，查有无违犯六部委《通知》精神的现象；查进厂原材物料、备品备件及各类商品有无伪劣假冒现象；查产品实物质量、工程质量和服务质量；查各单位第三产业的产品是否按标准组织生产及时进行正常检验，质量体系是否完善。质量月期间全厂举办“双学”学习班48期，1826人参加学习，1712名副科级以上干部通过了考试。五查共查出问题点101个，采取措施129项。通过这次活动，提高了全体职工的质量法制意识和宣传贯彻GB/T19000系列标准的积极性。

**【提高一次合格率，降低不良品损失活动】** 这是冶金部为推动企业提高产品实物质量和经济效益，在全行业开展的一项活动。在总结二年工作的基础上，结合冶金部的新要求，及时修订原来的考核办法。重新绘制表格，初步完善了报表的传递程序，基本摸清了炼钢、开坯、轧钢三大工序的不良品损失情况，为进一步开展降损活动奠定了基础。

**【设备管理】** 针对监督检验工作任务的加重、设备增多、材料及备件消耗增加的状况，成立了直属处长领导的设备组，以加强管理。建立设备管理制度9项，建立健全了各类设备台帐及技术档案，使理化检验设备管理逐步走向规范化。

**【安全管理】** 按照“安全第一，预防为主”的方针，对监督检查人员进行安全教育，通过签订安全承包书，开展以安全竞赛为主的多种活动，实现了全年安全事故为零的目标。

**【质量教育，人员培训】** 为提高质量管理人员和监督检查检验人员的素质，加强了技术业务培训。为了为“复关”做好思想和工作上的准备，配合山东省标准化协会，举办关贸总协定与商品贸易标准化学习班，27名同志参加学习并通过考试。按照企业管理干部岗位培训的要求，举办质量管理人员岗位培训班，32人参加考试，合格率为100％，35人参加了国家技术监督局举办的全国质量监督管理函授班的学习。为提高化验人员的技术水平，为年产100万吨钢做准备，与总厂工会合作，组织全厂化验工技术比赛，各化验室共224人参加了初赛，2[illegible]人参加了钢、铁、矿、煤、焦、水泥、有色7个专业组的复赛，评出优秀技术能手9名。这一活动的开展，提高了操作人员的理论水平和实际操作能力，规范了操作，优化了方法。

**【质量否决权】** 根据总厂质量工作重点，重新修订否决内容，质量否决系数变各分系数相加为相乘($K=K_1 \cdot K_2 \cdot K_3 \cdot K_4 \cdot C$)，进一步加大否决力度，有效地提高了各单位的产品质量意识，激发了积极性，对产品质量的提高和稳定起到了一定的作用。

（赵宏光）

**【全面质量管理】** 1993 年莱钢紧紧围绕企业的质量目标，以提高产品的实物质量为核心，广泛深入地开展全面质量管理活动，加强对 QC 小组活动的日常管理与指导，活动范围不断扩大，人数不断增加，成果水平明显提高。全年全厂登记注册 QC 小组 905 个，其中现场型 613 个、攻关型 132 个、管理型 142 个、服务型 18 个，参加人数 7493 人，普及率达 23%，是历年来参加人数最多的一年，为莱钢提高产品质量、产量、降低消耗、改善管理、增加经济效益做出了贡献。全年有 1 个 QC 小组获全国优秀 QC 小组称号，2 个 QC 小组获山东省优秀 QC 小组称号，21 项成果获全省冶金系统优秀 QC 成果奖，97 项成果获莱钢优秀成果奖，全年通过全面质量管理活动提高经济效益 3738.9 万元。1993 年莱钢获省级以上优秀 QC 成果奖项目见表 2。

（李 林）

表 1 1993 年莱钢主要质量指标完成情况表

| 项 目 | 指标(%) |
|---|---|
| 优质产品产值率 | 42.11 |
| 优质产品产量率 | 38.86 |
| 成品钢材双标产量率 | 94.59 |
| 成品钢材双标产值率 | 93.13 |
| 转炉钢锭一次合格率 | 79.79 |
| 电炉钢锭一次合格率 | 76.03 |
| 钢坯一次合格率 | 98.70 |
| 钢材一次合格率 | 77.65 |

表 2 1993 年获省级以上优秀 QC 成果奖项目

| 序号 | 小 组 名 称 | 课 题 名 称 | 颁奖单位 | 获奖等级 | 获奖时间 | 备 注 |
|---|---|---|---|---|---|---|
| 1 | 炼钢厂炼钢车间浇一工段 QC 小组 | 运用 PDCA 循环，降低铁水消耗 | 全国总工会、团中央<br>中国科协、中国质协 | | 1993 年 8 月 | 国家优秀 QC 小组称号 |
| 2 | 炼钢厂炼钢车间浇一工段 QC 小组 | 运用 PDCA 循环，降低铁水消耗 | 省总工会、团省委<br>省科协、省质协 | | 1993 年 6 月 | 省优秀 QC 小组称号 |
| 3 | 机械厂金工热处理 QC 小组 | 运用 QC 方法，降低出口货叉返修率 | 省总工会、团省委<br>省科协、省质协 | | 1993 年 6 月 | 省优秀 QC 小组称号 |
| 4 | 轧钢厂提高带钢成材率 QC 小组 | 利用 PDCA 循环，提高带钢成材率 | 省冶金总公司 | 一等奖 | 1993 年 5 月 | |
| 5 | 锻压厂轧钢车间 QC 小组 | 运用 QC 方法，提高设备作业率 | 省冶金总公司 | 一等奖 | 1993 年 5 月 | |
| 6 | 炼钢厂炼钢浇一工段丁班 QC 小组 | 减少废品量，提高钢锭合格率 | 省冶金总公司 | 一等奖 | 1993 年 5 月 | |
| 7 | 炼钢厂炼钢车间浇一工段 QC 小组 | 运用 PDCA 循环，降低铁水消耗 | 省冶金总公司 | 一等奖 | 1993 年 5 月 | |
| 8 | 机械厂金工热处理 QC 小组 | 运用 QC 方法，降低出口货叉返修率 | 省冶金总公司 | 一等奖 | 1993 年 5 月 | |
| 9 | 特钢厂小型车间电工班 QC 小组 | 巩固成果攻下 0.4 秒再创新水平 | 省冶金总公司 | 二等奖 | 1993 年 5 月 | |
| 10 | 特钢厂中心室低倍 QC 小组 | 实现坯材合理切头 | 省冶金总公司 | 二等奖 | 1993 年 5 月 | |
| 11 | 莱矿主矿厂生技组 QC 小组 | 提高磨矿品位，增加经济效益 | 省冶金总公司 | 二等奖 | 1993 年 5 月 | |
| 12 | 韩旺铁矿变电所 QC 小组 | 确保安全，经济运行 | 省冶金总公司 | 二等奖 | 1993 年 5 月 | |
| 13 | 特钢厂炼钢三工段 QC 小组 | 提高 $20G_rM_nT_i$ 内控合格率 | 省冶金总公司 | 三等奖 | 1993 年 5 月 | |
| 14 | 第二铁厂护炉 QC 小组 | 运用 QC 方法，延长高炉寿命 | 省冶金总公司 | 三等奖 | 1993 年 5 月 | |
| 15 | 机械厂铸铁芯子 QC 小组 | 应用 PDCA 循环解决芯子裂纹 | 省冶金总公司 | 三等奖 | 1993 年 5 月 | |
| 16 | 机械厂金工链齿板 QC 小组 | 运用 QC 方法提高 $120M^2$ 带冷机加工精度 | 省冶金总公司 | 三等奖 | 1993 年 5 月 | |
| 17 | 轧钢厂解决轧辊环裂 QC 小组 | 解决轧辊环裂，提高轧辊使用寿命 | 省冶金总公司 | 三等奖 | 1993 年 5 月 | |
| 18 | 炼钢厂运转污水化验 QC 小组 | 调整加药，提高水质 | 省冶金总公司 | 三等奖 | 1993 年 5 月 | |
| 19 | 焦化厂焦油车间 QC 小组 | 提高粗酚产品收率 | 省冶金总公司 | 三等奖 | 1993 年 5 月 | |
| 20 | 运输部八九一机车 QC 小组 | 运用 PDCA 循环，降低空压机停机 | 省冶金总公司 | 三等奖 | 1993 年 5 月 | |
| 21 | 第一铁厂 3# 炉 QC 小组 | 加强后期管理，达到高产长寿 | 省冶金总公司 | 三等奖 | 1993 年 5 月 | |
| 22 | 第一铁厂 1# 炉 QC 小组 | 稳定高炉顺行，达到优质，低耗增效益 | 省冶金总公司 | 三等奖 | 1993 年 5 月 | |
| 23 | 轧钢厂轧辊 QC 小组 | 运用 QC 方法，降低轧辊消耗 | 省冶金总公司 | 三等奖 | 1993 年 5 月 | |
| 24 | 新泰冶炼厂电解铜 QC 小组 | 强化操作管理，电解铜质量稳中有升 | 省冶金总公司 | 三等奖 | 1993 年 5 月 | |

（李 林）

# 设备与动力管理

**【基本情况】** 1993年，莱钢在用机电设备原值9.31亿元，净值6.96亿元，总重量为84360吨。工业建筑总面积617074平方米，原值4.71亿元，净值1.07亿元。机动设备处主要职责是：对全厂机动设备、工业建筑物进行统一管理，以保证设备安全良好地运行和动力连续供应，杜绝重大设备事故发生；同时，面向基层，搞好备品配件、机电产品、工艺件的供应管理工作。在管理中积极采用点检制、网络技术、ABC管理、目标管理、状态监测、故障诊断、微机辅助管理等现代化管理方法和手段，提高了设备管理水平，晋升为设备管理省二级单位。1月，炼钢厂、轧钢厂、锻压股份有限公司的机动科备件管理人员划归机动设备处，成立钢区供应站。10月，经过三项制度改革，设备管理科部分人员与工业建筑科合并成立工程管理科。年底，机动设备处下设设备管理、工程管理、动力、备件、机电、车管、财务、综合8个科和钢区供应站。有职工121人，其中具有高级技术职务的15人、中级的26人、初级的32人。

**【设备管理】** 在加强设备管理基础工作的同时，重点抓了现场设备维护、检修与故障（事故）的处理。管理人员定期深入现场，查看设备运行状态，掌握点检信息，及时解决现场问题，缩短管理与现场的距离，提高了工作质量和效率。通过对2319台生产设备的13757个点进行定期点检，共发现异常及隐患5736处，其中较大隐患和事故险兆72处。由于掌握了设备发展动态，迅速发现和适时处理设备的异常及隐患，避免大量事故的发生，确保了设备安全运行。机动设备处安排专人24小时昼夜值班，加快设备故障信息的传递，一旦发生设备故障，有关人员在半小时内就能到达现场，及时了解、分析故障原因，解决急需的备件、机电产品和材料，使故障得以迅速排除，为生产赢得了宝贵的时间。750立方米高炉系统投产后在设备的设计、制造、安装、调试及使用等方面暴露出许多问题，严重威胁着高炉的安全运行。为使750立方米高炉早日达产，由机动处牵头成立750立方米高炉系统设备问题攻关组，围绕攻关目标下达分段分解责任书。第一阶段攻关分别对高炉的炉顶液压、炉顶电气、探尺、主卷、低压直流控制柜、自动上料、炉顶冷却、槽下振筛、上下密氮气吹扫等系统存在的问题进行攻关。从6月9日至7月末近2个月的时间，共供应备件15173件，价值164.75万元；机电产品3316件，电焊条、标准件9.55吨，电力电缆、控制电缆8.301公里，价值178.68万元，使750立方米高炉尽快处于稳定状态。第二阶段攻关的重点是105平方米烧结机系统。主要解决主烟道放灰系统、抽风机房温控仪表、二混水管改造（自动加水）、3200千瓦电机启动、配料自动化以及冷带机机尾滚压调整装置等存在的问题。

预防为主，加大隐患管理的力度。采取群检与专检相结合、简易检查与精密检查相结合、定性检查与定量检查相结合的方式，重点加强了工业建筑、动力管网、压力容器、主要生产设备及供用电等设施的检查。对620立方米高炉、3号100立方米高炉、2号焦炉等炉役后期的关键设备，管理部门作为重点的重点来加强管理，要求做到精心操作，精心维护，精心管理。全年组织4次全厂性设备隐患大检查，共发现各类隐患476项。实际整改438项，整改率达92.02%；其中重大隐患94项，结合设备大中修、更新改造已处理83项，整改率达88.3%。

继续贯彻“以点检制为龙头，状态监测与故障诊断为手段”的工作方针，积极吸取外地管理经验，使全厂现代化设备管理工作有了很大进展。截至年底，全厂拥有各种监测诊断仪器220套，价值108.44万元。开展了测振、测温、测厚、轴承监测等10多项内容的监测与诊断。如动力部10月27日中午12时，银山锻炼线电缆头经远红外测温发现过热到123℃，且有上升趋势，立刻上报，进行及时处理，避免了一起电缆头爆炸引起大面积停电的事故发生。采用四新技术60多项，经济效益达2267万元。

1991至1993年设备管理主要技术经济指标完成情况见表3。

1991～1993年莱钢设备管理

表3　主要技术经济指标完成情况表

| 年份 | 主要生产设备完好率（%） | 主要生产设备有效利用率（%） | 设备与工业建筑大修计划实现率（%） | 主要生产设备事故故障停机率（%） | 千元产值设备事故损失费（元） | 重大、特大设备事故 |
|---|---|---|---|---|---|---|
| 1991 | 95.48 | 99.42 | 99.5 | 0.42 | 0.27 | 0 |
| 1992 | 95.95 | 99.52 | 98.7 | 0.38 | 8.81 | 0 |
| 1993 | 97.[illegible]6 | 99.49 | 99.74 | 0.37 | 1.46 | 0 |

**【设备检修】** 全厂安排设备与工业建筑大修项目383项，资金2567.14万元，其中A类设备44项，资金1716.77万元。到年底A类设备大修竣工实现率为100%。其中一铁3号高炉大修扩容改造工程提前6天完成任务，创出了莱钢59天完成100立方米高炉大修扩容改造的历史最好水平。500毫米热带设备大中修工程比原计划提前5天，实现了总厂提出的确保18天、力争15天的目标。特钢厂2号电炉、开坯∅550毫米轧机、小型∅280毫米轧机等设备的全线大中修都大大缩短了检修工期。几项主要生产设备大中修改造工程工期的缩短，按当年的平均产量和价格计算，多创效益达778万元以上。

**【备件管理】** 全厂备件实行统一管理，宏观调控，发挥总厂机动处和二级厂矿两个积极性。在以往管理的基础上，对供货厂家进行优化，建立供货厂家档案，实行定点渠道进货，严格控制假冒伪劣产品进厂。在资金严重紧张和备品配件、机电产品价格大幅度提高的情况下，主要采取六项措施：一是加强计划管理，深入基层掌握情况，努力提高计划准确率；二是集中人力和资金，确保关键备品配件和机电产品的及时供应；三是充分进行市场调查，掌握市场信息，在质量上、价格上择优采购；四是调整库存结构，核定资金，大力开展修旧利废活动，努力压缩储备资金；五是进一步控制进货渠道，增强业务人员责任心，严把入库质量关，杜绝假冒伪劣产品流入；六是进一步加强自制备件的管理，努力提高备件自给率。特别是在下半年，经过全面调查分析，优化供应渠道后，有力地保证了基建工程和生产活动的正常进行，也为1994年进一步强化备品配件、机电产品供应管理奠定了基础。全年共消耗备件6969万元，没有出现大的质量问题。

1991至1993年莱钢备件管理主要指标完成情况见表4。

1991～1993年莱钢

表4　备件管理主要指标完成情况表

| 年份 | 备件资金周转天数（天） | 千元产值备件消耗（元/千元） | 备件自给率（%） |
|---|---|---|---|
| 1991 | 243 | 43.6 | 70 |
| 1992 | 215 | 45.16 | 70.2 |
| 1993 | 146 | 61.62 | 71 |

**【动力供应】** 继续加强对动力产品的计划、平衡等管理工作，坚持动力消耗月统计分析制度，将动力、能源的管理与经济责任制挂钩，实行开源节流，在动力能源十分紧张的情况下，满足生产的需要。

1. 加强宏观管理，做好计划平衡和开源节流，确保动力连续供应。1993年由于生产规模扩大，水、电力、燃气供应都比较紧张。特别是下半年，资金十分困难，面临供电部门给莱钢停电的严峻形势，机动设备处一方面向上级有关部门积极争取用电负荷，同时眼睛向内，加强了《电调条例》的学习贯彻，充分发挥动力调度系统的作用，适时平衡用电负荷，确保莱钢“增铁保钢促材”方针的贯彻。在煤气管理方面，加强计划平衡，实施了部分改造项目。如特钢厂中轧车间加热炉改烧重油；焦化厂1号焦炉改烧高炉煤气，每小时可置换焦炉煤气5000立方米，大大缓解了莱钢煤气供应紧张的局面。在蒸汽供应方面，新建4号锅炉(75吨/时)于5月建成投产。在供水方面，在东泉水源地附近打了7眼水井，做到有备无患。

2.抓好节能降耗工作。结合设备改造，大力推广应用新技术、新产品。焦化厂采用高效节能、立横管初冷器取代列管浮头式换热器1项，年动力消耗节支就达94万元。轧钢厂实施带钢轧机循环水、污水净化、初轧反冲洗、污土利用等4项改造工程，年节水65万立方米，效益达30多万元。

1993年莱钢水、电、煤气、蒸汽、氧气、冷风用量情况表见表5。

表5　1993年莱钢水、电、煤气、蒸汽、氧气、冷风用量一览表

| 名称 | | 单位 | 总供量 | 总耗量 | 其中:生产用 | 备注 |
|---|---|---|---|---|---|---|
| 水 | | 万立方米 | 3032.32 | 2324.78 | 1456.78 | |
| 电 | | 万千瓦·时 | 60294.3 | 60294.3 | 54344.66 | 不含韩旺、沂会 |
| 煤气 | 焦炉煤气 | 千立方米 | 123434.14 | 33038.24 | 33038.24 | |
| | 高炉煤气 | 千立方米 | 986718.83 | 696376.91 | 696376.91 | |
| | 混合煤气 | 千立方米 | 230059.7 | 216139.71 | 216139.71 | |
| 蒸汽 | | 吨 | 612958.36 | 539201 | | 含基建、生活 |
| 氧气 | | 千立方米 | 73372.8 | 66556 | 66556 | |
| 冷风 | | 千立方米 | 971361 | 971361 | 971361 | |

**【通讯】**　2月，动力部至莱芜市邮电局长途通讯线路开通。新建8BI664型34兆比特综合复用光缆线路设备1套，总容量480路，首次开通60路。4月，投资310万元建成莱钢专用万门电话局(82局)，实现了同公用网联网。初次安装1SDX—L型程控电话机1台，初期开通2500门，并于5月1日一次开通成功。已安装电话2070门。

以上两项工程建成投用，使莱钢对外通讯联络发生了根本的变化。既缩短了长途接通时间，结束了过去人工挂长途的历史，大大方便了莱钢对全国乃至世界各地的联系；同时也为可配接程控电话使用的传真机、微型计算机等办公自动化设备的普及应用提供了有利条件。现各处室、厂矿已有相当部分的办公自动化设备，不仅提高了信息传递的速度、质量，也提高了工作效率。

(蒋飞雄)

# 供销管理

**【基本情况】**　供销处是全厂主要材料、油料供应和产品销售的业务职能处室，下设9科1室2库3站。年末在册职工315人，其中高级专业技术职务的6人、中级的22人、初级的54人。全年完成材料、油料供应总价值7007万元，实现销售收入206656万元。除担负全厂主要材料、油料供应和产品销售任务外，还担负着全厂物资供销专业管理职能。

**【物资信息管理】**　1993年，莱钢物资信息工作有了较快的发展。这一年，发展新的信息网点25家，使信息网络单位总数达到340家，信息覆盖面遍布全国二十八个省、市、自治区。管理

手段采用微机处理信息、编制信息刊物。6月，同冶金部信息中心实现微机联网。8月增设传真机，每周进行信息查询，实现了微机信息网络和手工信息网络并存。全年，共出刊《莱钢物资信息》1期、《信息快报》36期、《信息摘编》36期、《价格快讯》104期、《国内外综合信息快讯—传真、微机联网专版》34期。由于信息传递速度快，质量好，对莱钢的生产经营工作起到一定指导作用。仅上半年，利用市场价格信息上调普碳材价格达11次，增加销售收入5144万元。

1993年，莱钢被评为全国钢铁信息网络先进单位、中国现代冶金市场信息网络信息工作先进单位。

**【产品销售与管理】** 产品销售包括主要产品、副产品的销售工作。其主要产品(如钢材、钢坯、钢锭、生铁)和副产品(如水渣)由供销处负责销售；对外出口产品由外经处负责，供销处只负责组织发货；其它产品(如焦炭、矿石、石灰石、水泥、电解铜等)和副产品(如化产品)由原料处和有关厂矿单位销售部门负责销售。1993年，其主要产品销往国内19个省、市、自治区，产品市场覆盖率达63.33%。

认真搞好资源平衡工作，在确保指导性销售计划和集资、串换废钢、改扩建、生产自用、换电等指标完成的情况下，积极组织自销资源的销售，做到早联系用户、早落实计划，根据合同及时向用户提供资源、货款信息。下半年在省内轴承、齿轮厂家欠款较多、难以大量供货的前提下，通过市场调查寻找新用户，开辟新的销售渠道，先后与天津、湖北、河南等10多个省外厂家建立了供货关系，按总厂要求完成了优钢销售任务，扩大了莱钢产品覆盖面。根据市场变化、用户需求和资源情况，合理安排销售计划，及时调整产品结构，增加适销对路、效益好的产品投放市场。上半年根据市场普钢脱销的情况，多次调整生产计划，相应增加了螺纹钢、普碳圆钢、热轧带钢的产量。全年调整产品计划几十次。

在销售服务工作中，莱钢始终坚持“信誉第一、用户至上、以诚相待、争创一流”的销售服务宗旨，强化了以优质产品、优质服务为核心的优胜战略，强化了市场预测与市场调查、产品宣传与产品销售、货款回收与售后服务三项职能。使售后服务逐步转向售前服务、售中服务和售后服务一条龙的全方位服务体系。通过召开用户座谈会、走访用户、函调等形式了解用户需求，征求用户意见和建议，促进产品质量和服务质量的不断提高。全年共召开用户座谈会两次，走访用户上百家，向重点用户发函调信293件。为进一步增进对用户的了解，还为240家重点用户建立了档案，以便对用户生产经营整体情况进行全面了解，掌握用户需求，密切供需关系。在供销处设立了用户服务领导小组，负责制定为用户服务的各项制度，检查处理用户服务中遇到的问题。销售过程中，针对用户生产急需的产品，及时与生产调度部门和生产单位进行联系和协商，尽量优先安排生产。如平原机械厂因生产出口产品急需65锰∅28毫米圆钢100吨，来厂求援，经及时与总调、特钢厂联系，调整了生产计划，突击组织生产，按时把产品送到用户手中。在产品发运上以方便用户为主，尽量给用户提供合理的运输方式。做到能发火车的不用汽车；能申请正式车皮的，不追加车皮；用户愿自提的，不派车送货。尽量满足用户需求，减轻用户负担。对用户提出的各种异议，本着依法、公正、合理的原则，及时进行排查、答复和处理，全年各种异议结案率达95%以上。

1993年，莱钢共销售钢材52.8万吨，钢坯27.3万吨，连铸锭5.5万吨，生铁5.9万吨。实现销售收入23.33亿元，完成当年计划的155.53%，比上年增长78.91%；实现利润2.23亿元，完成当年计划的112.5%，比上一年度增长87.55%。

**【销售合同执行情况】** 1993年，全厂共签订指导性钢材合同144802吨，实际交货量为115416吨，合同完成率为79.71%；签订生铁合同24290吨，实际交货量为24290吨，合同完成率为100%。钢材合同欠交的原因主要是因下半年国家信贷控制较严，用户无款，市场钢材销路不畅，物资流通部门自行放弃合同所致。去掉这些因素，钢材合同履约率应为100%。为了确保合同的全面履行，总厂制定了经济合同管理制度，并列入总厂经济责任制，把经济合同完成率作为一项重要指标进行考核。在销售工作上，对签订合同的用户实行“三优先”，即优先排产，优先安排车皮，优先发货。通过电话、信函和电报等方式及时加强与用户联系，根据合同进行排产和供货。对于欠款用户，在带款提货时，通过协商采取先还旧欠50%，其余50%用来提货的办法，既缓解了莱钢资金短缺的局面，又能使用户生产得以维继，保证了合同的履行。对于信用较差，自行放弃合同的用户，提前进行联系和落实，以便及时变更生产计划或另行安排用户。

**【产品发运】** 供销处主要负责产品铁路运输。根据产品销售计划及时向济南铁路局提报月、旬车皮申请计划、追加车皮计划和日请车计划。并根据铁路局批准的日请车计划及时通知装车单位按时进行装车和发运。全年共申报车皮计划21757车，铁路局批准计划19630车，实发产品10207车，实发占批准计划的51.99%。全年火车外发产品总量为541981吨。

针对铁路营运力量不足的局面，一方面加强与铁路部门的联系与协调，尽可能多争取一些车皮。另一方面及时与汽运公司等单位进行联系，增加汽车运输，充实营运力量。为缓解产品发运紧张的状况，供销处成立了汽车队，在原有基础上又购进了一部分新车投入营运，从而保证了全年产品外发任务的完成。

**【物资供应与管理】** 主要是对全厂生产维修、技措、大修项目所需材料和生产直耗材料的供应工作，其主要材料，如钢材、木材、水泥、金属制品、有色金属、建筑材料、橡胶制品、油料等，由供销处负责采购并组织供应；其它材料，如五金、化工、土杂品、护品等，由二级厂矿单位物资部门自行采购并供应。1993年，根据市场变化多渠道开拓货源，物资采购工作由过去集中定点改为市场择优比价采购。全年外要加工钢材达1159吨。同时，及时调整库存结构，深挖库存潜力，做好系统内部物资调拨和物资代用工作，保证了生产维修物资供应。全年由供销处供应钢材14312吨、金属制品305吨、木材3232立方米、水泥20790吨、平板玻璃2738标箱、沥青206吨、纯碱245吨、运输带7200米，完成材料供应总值4758万元。

本着“确保重点、兼顾一般”的原则，首先做好生产直耗材料的供应。根据总厂下达给各厂矿的生产任务，按消耗定额逐月核算和供料，全年组织供应生产用吹氧管、线材等各种直耗材料3150吨，在做好生产直耗材料供应的同时，认真做好750立方米高炉投产前的材料供应准备工作，提前为第二铁厂购进生产准备钢材90吨、枕木1000多根，及时送往生产现场，保证了750立方米高炉顺利点火；针对620立方米高炉超期服役、炉况较差的状况，提前准备高炉维修用钢材140吨。根据全年技措、大修、新建民用建筑项目多、供应材料数量大、品种多、供应时间前后不一的情况，材料供应部门加强计划平衡，根据各工程项目需料情况和工期要求，及时组织采购，合理安排供料；从而使第一铁厂3号高炉、动力部2号锅炉大修改造和新建13万平方米的民用建筑等190多个单项工程所需材料供应及时，得以按期完工。全年供应专项工程项目所用钢材5650吨，木材2650立方米，水泥14000吨。

油料供应主要是对全厂生产和运输所需油料的工作。其中柴油、汽油、润滑油由供销处负责采购并组织供应。1993年，全厂生产运输用油全部由市场购进，主要供货单位和厂家有新泰石油公司、莱芜石油公司、天津汉沽石油化工厂、本溪石油化工厂、济宁石油化工厂、新乡石油化工厂。在全年货源紧张、油料价格上升幅度较大、厂内资金短缺的情况下，油料供应部门从市场调查入手，广泛收集市场信息，了解各地油价变化情况，进行定点择优比价采购，及时催货进厂，保证了生产运输用油的供应。全年由供销处供应汽油 2755 吨、柴油 4175 吨、润滑油 1264 吨，完成油料供应总值 2249 万元。为了加强物资供应管理，对生产直耗材料和生产运输用油实行定额控制，对生产维修用料实行限额控制，每月考核一次；对技措、大修用料，根据总厂下达计划，按施工预算供料，工期完成后进行考核，使生产维修、技措、大修所耗材料和生产运输耗油得到有效的控制。对全厂各厂矿物资供销部门占用的储备资金和成品资金，实行定额控制，年初由供销处根据总厂核定给供销口的储备资金、成品资金总额核定分配到各厂矿物资供销部门，并列入总厂经济责任制按月考核，与当月奖金分配挂钩。同时，加强了物资供应计划管理，使全年物资供应计划准确率达到 90%以上。

**【物资统计工作】** 物资统计工作注重统计分析质量，减少了统计传递次数，物资供应类的五种报表由原来的月报改为季报。大部分统计资料纳入微机管理。全年为领导提供有参考价值的数据达几十万个，为指导物资供应、降低物资消耗、促进生产经营的发展提供了可靠的依据。物资统计人员经常深入二级厂矿单位，对基层单位物资统计人员进行具体指导，帮助解决工作中的困难和问题，促进了全厂物资统计人员素质的提高。

**【物资仓库管理】** 1993 年，全厂共有物资仓库 129 个，库房建筑面积 49638 平方米，有仓库保管人员 148 人。其中属供销处直管的仓库 26 个，库房建筑面积 23044 平方米，仓库保管人员 49 人。全年在抓好 17 条规范化达标的同时，重点进行了下库资金的控制和现场管理工作。对系统内占用的储备资金，年初由供销处核定分配到各二级厂矿单位，再由各单位根据情况核定分配下库，以便对库存物资进行控制。供销处对各单位下库资金实际占用情况每月进行一次统计，每季进行一次考核，使库存资金实际占用得到了有效的控制。同时，还重点抓了各单位物资仓库和车间二级库的现场管理工作，在各仓库间开展了“5S”活动，实行了定置管理，并派专人每月下厂进行巡回检查，使系统内物资仓库库容库貌得到了有效的改善。

**【双增双节活动】** 为适应市场经济发展要求，降低生产成本，提高经济效益，在供销系统内继续开展了双增双节活动，对全厂 15 个厂矿单位物资部门及生产车间在降低采购成本、节约管理费用、控制资金占用、节约银行利息、修旧利废、材料代用、定限额节约、物资经营创收等方面开展了工作，并按月进行汇总考核。通过开展双增双节活动，全年供销系统共实现物资管理经济效益 579.95 万元。并根据市场变化，通过调整产品结构、产品价格、进行产品加工等创收工作，全年为总厂增加收入 1 亿元以上。

（李庆才）

## 原燃料管理

**【基本情况】** 原料处主要担负总厂生产用煤、矿、废钢、铁合金等炼铁炼钢炉料的供应、负责大宗原燃料的计划、订货、采购、结算等工作，协助主要生产单位进行现场管理。有职工 67 人，下设办公室、计财科、矿石科、燃料科、炉料科、废钢科、铁区供应站和钢区供应站，管理模式按大宗原燃料品种切块纵向管理。原燃料供应与省内外约 400 余家大宗原燃料供户有业务往来，业务幅射面达全国十几个省、市、自治区，其中有近百家是莱钢生产供应的主要资源基地。全年供应大宗原燃料约 300 万吨，收付资金总额近 8 亿元。

**【大宗原燃料供应指标完成情况】** 共采购大宗原燃料总量291.6万吨，为计划的99.18%，比上年多供40万吨。供铁矿石1476503吨，其中铁精粉996589吨，占供矿总量的70%，比上年多购进199089吨，精矿比提高10%；块矿132978吨；粗粉209000吨；为解决750立方米高炉生产所需球团，增购球团矿136197吨。供矿质量好于往年，全年平均供矿品位58.8%，比上年上升一个含铁品位。供洗精煤720875吨，在指令性计划分配取消之后，从山西、河北等地补充优质煤131446吨，气、肥、瘦、焦煤全年平均比例分别为60%、23.6%、11%和5.49%，年末盘盈20000吨。供高炉喷吹煤23251吨，烧结煤36597吨，其它动力煤110000吨，外购焦炭83500吨。供铁合金等炼钢炉料135988吨，比上年多进17400吨，其中供铁合金17761吨，电极1035吨，重油25619吨，各种耐火材料15126吨，白云石57201吨，萤石8631吨，镁砂10615吨，新增硅钙、硅钙粉和硅锰合金分别为324吨、35吨、89吨。供应废钢301588吨，其中外购社会废钢183419吨，比上年多供44719吨，内部回收113776吨。

**【铁矿石供应】** 铁矿石是大宗原燃料的主要品种之一，是莱钢一、二铁厂的主要炼铁原料，其品种包括铁精粉、粗粉、块矿和球团，由原料处负责统一采购、供应和结算。莱钢随着企业步入市场的深度和广度的延伸、拓宽，除年自产近40万吨精粉外，其余全部自行采购。铁矿石市场竞争极其激烈，资源争夺既有省内也有省外，为确保资源供应，加强了联营和重点资源的落实，同河北迁安及附近矿山签订了保证750立方米高炉急需的球团合同，疏通了确保资源进厂的运输关，并会同总厂有关部门同江苏利国签订了联营的长期协议，同省内最大的矿石供户鲁中矿山公司加强了相互之间的协作。

**【煤、焦供应】** 原料处担负着莱钢炼焦用洗精煤，烧结、喷吹、锅炉用动力煤，在自产焦不足的情况下，还负责外购焦炭补充高炉所需焦炭的缺口。由于企业走向市场，指令性分配指标全部取消，所有的煤、焦供应均由企业自行组织。洗精煤的供应根据市场变化，及时调整资源结构，发挥市场自选的有利条件，减少了一贯依靠计划统配而质量、价格又相对较差、较高的资源，选择和加大了山西等地质优价廉煤的比例；对煤种的需求根据生产及时平衡，保证了气、肥、瘦煤之间的合理比例；对生产急需而又受铁路制约的，适时地采用汽运。1993年的焦炭供应难度很大，上半年750立方米高炉未投产，自产焦炭剩余需要推销，下半年高炉投产，自产焦不足又急需采购。为满足生产需要，年初积极促销，争取需方多订，而从5月份之后则开始组织货源，并积极开辟储备场地，极艰难地完成了全年焦炭供应任务。

**【铁合金等炼钢炉料的供应】** 铁合金、耐火原材料、电极、重油等是炼钢不可缺少的原料，特钢厂、炼钢厂和机械厂是主要使用单位。原料处负责订货采购，组织供应。炼钢炉料的供应根据生产及消耗变化较频的特点，始终坚持把工作重点放在生产第一线，并加强各品种的平衡，依照平衡情况，及时组织货源。对铁合金供户，以供方的质量、价格、信誉为依据，按重要度筛选，选择了一批质量好、守信誉的单位，同时注重收集和积累铁合金市场信息，较好地把生产需要和市场资源融为一体。保证了炼钢新增所需硅钙，硅锰及特种耐火材料的需要。

**【废钢供应】** 废钢铁是莱钢炼钢生产的主要原料，全年向特钢厂、炼钢厂和机械厂供应社会废钢18万吨。内部回收完成11万吨。废钢供应由于受钢材市场的影响，价格起伏变化较大，针对钢材紧俏而导致的“废钢大战”，适时调整串换政策及收购价格，采取走出去请进来，广泛宣传莱钢优势，实行串换、议价、找差价等灵活多变的渠道参与竞争，同时充分发扬优质服务的传统，加强与联营供户的协作，较好地保证了废钢供应。

**【树立面向市场的经营思想】** 1993年下半年货款严重拖欠，每个月以三四千万元的速度递增，欠款总额很快突破2个亿。此外，铁路制约、生产不规则变化等内外环境的不利因素，给供应工作带来极大的困难。为了保住和不断扩大货源，保持长期稳定可靠的供应来源，满足生产需要，提出了外瞄市场、内看生产，天天讲平衡的原燃料供应工作的指导方针。重点加强了同主要供户的相互联络及协作，并继续搞好优质服务。精心调度资金，加强同分厂之间的配合，及时搜集来自各方面的信息，从而较好地保证了莱钢所需大宗原燃料的供应。在供应中始终坚持“四个一”，即树立一个观点：生产需要就是供应计划；提倡一个风气：多想办法少叹气；提高一个本领：科学预测均衡供应；坚定一个信念：办法总比困难多。

**【严把进货质量关】** 强化质量意识，树立质量观念，采取质量监督措施，落实各项质量管理制度，重点挡住各种假冒伪劣货物的涌入，对所有供户进行质量筛选，凡是以假充真，以次充好的，终止发货；低于标准的提出警告，严格扣罚。对需要新建的关系，在取得确实可靠的质量认证之后，方可组织，坚持了供应主渠道以质量较可靠的大矿或国营单位为主的原则。对质量标准采取了比国标更严格的厂控标准。

**【降低成本增效益】** 在原料采购方面确定以降低大宗原燃料采购成本为主的管理指导思想。根据原燃料市场价格及供需信息，克服原燃料及运费涨价因素，努力比价寻价，并确定目标，层层分解，落实责任。做到同等质量比价格，同等价格比运输方式和运输距离。全年降低大宗原燃料采购成本，节约资金计1500万元。

**【料场管理】** 莱钢大宗原燃料系统共有14个料场及库房，主要分布在一铁厂、二铁厂、特钢、炼钢、轧钢、机械、焦化厂和动力部，其中主要的有矿石料场、焦炭料场、洗精煤场、废钢料场和铁合金、耐火材料库，以及喷煤、烧结、锅炉、自备电站的动力煤煤场，总储备能力约为48万吨，其中矿石35万吨、洗精煤5万吨、焦炭6000吨、废钢5万吨、铁合金1400吨、动力煤2万吨。

大宗原燃料料场隶属各生产单位直接管理，原料处配合各二级厂矿进行业务指导。大宗原燃料储备资金由总厂财务处下达，原料处分解，并监督各二级厂矿执行。1993年总厂下达储备资金占用定额为6000万元。

（姜建国）

# 安全环保管理

**【基本情况】** 安全环保处担负着全厂生产、运输安全监督检查，环境保护管理和监测任务。有职工39人，其中高级专业技术职务的5人、中级的9人、初级的7人，下设生产安全、劳保综合、交通管理、环境保护4个科和1个环境监测站。三项制度改革中，二级厂矿单位进一步调整了安委会和管理网络，除第一铁厂和锻压股份有限公司外，主要生产厂矿都设有安全环保专业管理机构，全厂共有安全环保管理人员209名，其中专业技术人员117名，占总数的56%。1993年坚持“一个中心，两个第一”的生产经营方针，紧紧围绕安全环保管理目标和任务，克服困难，强化管理，全厂安全生产稳定，环境状况、职工的劳动条件得到改善。全年评出4个总厂级安全环保先进单位、8个安全生产先进单位、4个环保工作先进单位、6个安全生产优秀班组、48个先进个人；莱钢被评为省冶金系统安全生产先进单位；安环处被评为全省冶金系统安全工作先进单位。

**【安全目标责任制】** 继续推行以"实现重大事故为零,落实安全生产责任为重点,推行标准化作业和现场标准化管理为基础、强化管理、全员教育、全程预防、治理污染、严格检查考核为对策"的"0125"安全环保目标管理。年初,总厂厂长与31个厂矿单位、机关有关处室签订了安全环保经济责任承包书。8月和10月,又分别与省冶金总公司总经理和莱芜市市长签订了1993～1997年环境保护责任书,总的目标要求是增产不增污,环境质量有一定的改善。1991～1992年环保责任书中莱矿选矿污水治理,机械厂电炉除尘和锻压股份有限公司轧钢污水循环利用3个项目通过省冶金总公司验收,莱钢被评为先进单位。全年发生工亡2人,重伤8人,千人负伤率0.12,比1992年降低0.01个千分点;岗位粉尘浓度合格率79.4%,污染物综合排放合格率83.96%,比1992年分别提高2.2和0.82个百分点。杜绝了重大设备、火灾和负主要责任以上的重大交通事故、重大污染事故。

**【安全教育】** 突出意识与观念教育,牢固树立"安全第一、预防为主"、"保护环境、造福人民"的指导思想,摆正安全、环保与生产、效益、发展、改革诸方面的关系。坚持对换岗人员的规程教育及新工人入厂的三级安全教育;利用各种宣传形式进行常规教育,办展览41场、放录像106场、组织演讲71场(次)、规程抽考17900人;举办电气、焊接、行车等特种作业人员培训班9期,培训379人,复审换证2604人;对煤气专业、班组长等骨干1069人进行了技能教育。

围绕贯彻落实国务院《关于加强安全生产工作的通知》和《矿山安全法》等法规制度,组织开展了冬季、夏季百日安全竞赛、我要安全、群众性隐患自查整改和以遵章守纪,杜绝三违为主题、以控制事故为目的的第三次全国安全生产周活动;与党委、工会、共青团、教育处联合组织开展夺杯赛、党员身边无事故、青年监督岗、安全小卫士等活动。为纪念"六五"世界环境日,李景常厂长发表了电视讲话,《莱钢报》办了环境日专版,悬挂标语20幅,开展了环保知识竞赛,收答卷3500份;在全国安全生产知识竞赛中,收答卷1.5万份,莱钢获先进单位奖及个人二等奖1个、三等奖3个。

**【环保治理】** 对新上改扩建项目认真执行三同时规定,使750立方米高炉系统的环保设施与主体工程同时施工、同时投运,环保设施投资2981万元,占工程总投资的8.5%,符合国家要求。针对除尘设施投运后存在的问题,[illegible]月至9月,总厂成立除尘攻关组,解决150多项建安遗留项目和技术难题,使除尘设施全部投入运行,经监测外排粉尘浓度全部达标。炼钢厂1号连铸机环保设施,经莱芜环保局初步验收合格。石灰石矿的水泥厂扩建工程环境影响评价已通过审查,12个三产项目填报了环境影响报告表,已经莱芜市环保局审批。

1993年共投资173.02万元,用于重点污染源治理与生产岗位环境的改善。较大项目如动力部2号75吨锅炉烟尘治理,投资[illegible].82万元;特钢厂耐火车间矽铁除尘,投资2[illegible].85万元,工程于年底完成。投资780万元,年生产能力10万吨的两破一筛三磁选的转炉钢渣处理厂于当年8月23日投产,每年可回收废钢0.5万吨,粉碎磁选后的钢渣送烧结,年效益达300余万元。动力部投资23万元,利用煤渣灰生产空心砌块,于6月试生产,当年生产16.5万块,创利润4.62万元。

**【创清活动】** 深入开展创建清洁车间和清洁工厂活动取得新成果。在原45个清洁车间的基础上,又创12个清洁车间,使清洁车间达到全厂车间总数的43%。原部级、省级清洁工厂动力部、机械厂、轧钢厂、锻压厂、焦化厂、韩旺铁矿、运输部、莱钢医院等单位,在"创清"活动中又迈出新的步伐。

**【环境监测】** 开展工业废水、工业用水、工业废气、大气、噪声和粉尘监测项目达40余个，年监测数据4800个，并按月按季向各二级厂矿、总厂、省冶金总公司和冶金部报出数据和报表。

**【双标管理】** 以“四三”管理即反三违（违章指挥、违章作业、违反劳动纪律）、抓三防（人身、设备、环境）、做三不（不伤害自己、不伤害他人、不被他人伤害）、搞三全（全员教育、全过程预防、全面管理）为基础，深入开展标准化作业和现场标准化管理，两者相辅相成，互相促进，全厂标准化作业面已达90%。对危险源（点）侧重动态管理，重新对厂控116个A级、160个B级危险源（点）进行了排查核定和挂牌，实行定岗、定员负责检查控制。

加强班组建设，一是坚持每周一次的安全日活动，对照自定的三不伤害防护卡及本岗位作业标准检查、规范行为。二是与班组升级活动相结合，把安全生产作为评比否决条件，严格考核验收。1993年全厂评出特级班组4个、一级班组45个、红旗班组19个、安全合格班组635个，累计占全厂生产班组总数的70%。

**【检查考核】** 坚持月检查、考核、挂牌制度，全年共查出各类隐患5260条，整改5069条，占查出总数96.4%。一些长期存在的老问题，如部分老旧厂房，工业锅炉，厂区道口等得到了解决。冶炼单位，为控制爆炸物入炉，制定了措施，明确了奖惩制度，全年在废钢中检出爆炸物342件，密闭容器2703件。

**【工程项目安全管理】** 改扩建和大中修工程项目施工，安全专职人员靠在现场，采取联防保安，定期检查，及时协调，严格管理，做到“两定三到现场”，即：定安全施工方案，定安全负责人；安全教育到现场，安全管理到现场，安全检查监督到现场。保证了主产基建任务的顺利进行。

**【交通管理】** 交通安全管理克服车量增多，运量加大，道路复杂等不利因素，强化管理，厂内交通事故明显下降，交通亡人事故由1992年的7人降到3人，铁路运输杜绝了亡人事故。年内，主要开展了网片学习活动，充分发挥网片的作用，利用多种形式对驾驶人员进行安全教育；采取不定时的道路稽查，及时纠正违章；消除路障，疏通道路，保证畅通。

（杜云霞　王良一）

## 计 量 管 理

**【基本情况】** 计控处是莱钢计量控制工作的职能处室，1992年9月原计控室与计算机中心合并成立自动化部，计控处与自动化部合设为同一机构两块牌子。其主要职能是建立莱钢最高计量标准，对计量器具实行宏观管理，负责进出厂、厂际之间物资量、动力量计量业务，统计平衡报出计量数据，处理厂内外计量异议及计控技措项目的实施与管理等。三项制度改革后，自动化部成立四部一室，计控管理工作划归机动技术部，由计控处副处长和自动化部1名副主任分管。全厂各二级单位的计量管理机构大部分设在机动技术部，由分管厂矿长、计量业务科长和专兼职计量员负责计量工作。

**【计量基础工作】** 莱钢1987年进入国家一级计量单位行列，1990年被国家技术监督局授予国家计量先进单位。重视和搞好计量基础工作是巩固、完善和提高计量工作水平的重要内容之一。截至1993年底，建立企业最高计量标准31项。有计量标准器具447台件，全厂50784台件计器全部纳入规范化管理。对计量器具实行ABC分类、彩色标志、动态管理、应用计算机进行周检计划的编制和台帐的打印等。全年全厂计量标准器周期受检率达100%，在用计量器具周期受检率达98.94%，在全厂各级计量人员的努力下，继续保持一级计量指标。全厂能源计器配备率99.62%，三级能源计量综合检测率99.62%，质量管理计量器具配备率、检测率、经营管理计器配备率均达100%，物料进出厂和原材料消耗计量检测率分别为100%、99.02%，工艺过程控制计器配备率99.88%，检测率98.30%。为使计量工作准确及时为生产经营服务，计控处先后对200吨铁水称、20吨连铸坯称的使用情况和钢锭标定工作进行调查研究，并制定相应的管理办法和考核标准。1993年继续对计量工作实行经济责任制考核，配合企业管理工作，计控处定期到各单位监督检查。9月在全厂范围内开展了计量宣传周活动。年底对成绩突出的炼钢厂、二铁厂、一铁厂、韩旺铁矿、机械厂、焦化厂7个计控工作先进单位和51名先进计控工作者进行了表彰奖励。

**【完善计控设施】** 完善计控设施，提高装备水平，为莱钢生产建设服务是计控工作的宗旨。在铁区一期工程中，自动化部承担了自动化控制系统软件编程、调试和投产后的维护任务，圆满完成任务获得总厂颁发的一期工程纪念杯。750立方米高炉系统在几个关键生产工序中实现了微机控制。原料场的64条胶带机、24台电动翻板所组成的100多条料流的控制、启停和切换；烧结主生产线从燃料粗碎、细碎、熔剂上料、破碎、筛分、配料一混、烧冷、整料、铺底料、返矿10大系统设备的启停与联锁控制；高炉无料钟炉顶的布料控制和上料系统的顺控等全部采用美国Modicon984—680、380、480、可编程控制器实行自动控制。仪控系统采用了部分智能仪表和常规表。750立方米高炉投产后，二铁厂与自动化部人员针对计控设备存在的问题，进行技术攻关，先后对高炉空压机站、烧结抽风机和煤气洗涤系统的仪表进行改造。

莱钢1号焦炉改烧高炉煤气，计控投资39万元。投资150万元的全厂能源计量微机管理系统，年底已完成安装仪表116台件，敷设电缆8000米的任务，4台上位机分别安装在煤气调度、总厂生产调度室、自动化部和动力部生产经营部。炼钢厂计控人员在1号连铸机、3号转炉、32立方米白云石竖炉、60立方米空压机工程建设中，先后改造了34项安装、设计缺陷，并为1号连铸机的大包和中间包钢水计量安装3台百吨电子秤。轧钢厂自行设计施工完成了750初轧均热炉8个炉坑的仪表改造，总投资额100万元。第二铁厂在750立方米高炉系统热风炉顶采用热电偶侧装新技术，延长电偶使用寿命，年创效益15万元。动力部2号锅炉设备大修仪表系统改造投资55.4万元，于11月完成投入运行。

在物资量计量方面，新安装二铁100吨、石灰石矿50吨、锻压股份有限公司60吨电子汽车衡和用于工艺计量外发产品使用的连铸20吨电子平台秤。连铸100吨电子静态轨道衡、200吨铁水计量动态轨道衡的基建工作年底已开工。1993年，计控设备投资572万元（改扩建工程除外），计量装备水平得到进一步提高。

（李丽芳）

## 财务管理

**【基本情况】** 莱钢实行三级财务管理体制。总厂财务处为一级管理，主要负责全厂资产的管理、资金的筹集和运用、盈亏的统一核算、会计事务的统一管理等；二级分厂设财务科作为二级管理，主要负责二级厂矿（单位）资产的管理和核算、分厂成本的管理和核算、内部利润核算等；车间作为三级管理，设专职（或兼职）成本核算员，对车间成本进行核算。全厂会计人员共600余人，其中具有高级技术职务的8人、中级的120人、初级的360余人。

全厂会计核算统一实行借贷记账法，使用

科目汇总表核算形式。会计凭证、会计账簿和会计报表，由总厂按国家有关规定统一设计、印刷，下发各分厂(单位)使用。全厂实行逐步结转分步法核算成本，机械产品、水压机锻件等按“品种法”或“分批(定单)法”核算成本。各分厂(单位)均按总厂制定的厂内计划价格核算产品(劳务)分厂成本(费用)，总厂汇总后分配价格差异，调整为实际成本。产品销售除新泰冶炼厂、沂蒙冶炼厂外，均由总厂统一集中结算，各分厂的其它业务收入全部上交总厂，由总厂统一计算盈亏，进行利润分配。全厂共有36家内部核算单位参加总厂的会计报表汇总，其中包括财务处、厂内银行、经费管理科。

**【主要财务指标创历史最高水平】** 1993年，实现产品销售收入233322万元，比上年的130432万元增加102890万元，增长率为78.88%。实现利税总额39143万元，比上年的25053万元增加16090万元，增长率为69.80%。其中实现利润22310万元，比上年的11890万元增加10420万元，增长率为87.64%；实现税金16833万元，比上年的11163万元增加5670万元，增长率为50.79%。销售收入利润率为9.56%，比上年的9.12%增加0.44个百分点。所有者权益额为119590万元，比上年的68355万元增加51235万元，增长率为74.95%。资本金利润率为35.61%，比上年的19.56%增加15.96个百分点；资本增值率为86.42%，比上年的29.93%增加56.49个百分点。

**【成本管理】** 从1993年1月1日起，对货物的转移、劳务的提供，普遍实行了内部市场价格，对分厂的成本及内部利润进行模拟市场价格核算。在成本考核上，以动态的市场价格为依据，遵循“大调小不调，季变月不变”的原则，按总厂下达给分厂的成本、利润奋斗目标的完成情况，直接与各分厂职工的收入挂钩考核，真正按劳动成果进行分配，加大考核力度，为厂内各单位之间降低成本、增加效益创造了良好的公平竞争环境和条件。

为加强成本的预测分析，及时反馈成本核算信息，厂内几个基础条件好的单位推行了日成本核算法；总厂根据营销的需要，定期不定期地开展了品种效益测算，配合生产经营，增产市场适销、高效、回收资金快的产品。全年消化增支因素19600万元，对完成经济效益指标起到了重要作用。

**【资金管理】** 1993年，由于受国家宏观调控的制约，资金出现了前松后紧的局面，给资金的调度和使用带来一系列的困难。7～11月份，流动资产平均占用比1～6月份上升80.42%，其中：存货上升77.50%；存货周转率由1～6月份的3.1次，下降到11月底的2.72次；应收帐款周转率由1～6月份的10.95次，下降到11月底的3.21次。到年底，应收帐款余额高达6亿元，占全部流动资产的40%，比年初的8800万元上升了5.82倍；各种应付款项达4.79亿元，比年初的6.17亿元下降了22.37%。支付任务艰巨，支付能力极差。

为了缓解资金紧张的矛盾，财务部门采取了多方筹集贷款、积极催收货款、强化资金调度使用、严格费用开支等措施，保证了全年生产建设所需资金的正常供应。全年向银行借款和向用户集资近1亿元，先后两次发行(内部)股票募集资金2500万元，组织300余人催收货款，清户55个，催回货款8000万元。

**【会计制度改革】** 1993年全厂财会工作积极推进财会制度改革，在实现新旧财会制度的接轨与转换方面迈出了新的步伐。根据国家财政部的统一部署，自1993年7月1日起，全部按新的《企业会计准则》、《企业财务通则》和《工业企业会计制度》、《工业企业财务制度》(以下简称“两则”、“两制”)对生产经营过程进行财务管理和会计核算。

为保证新旧财会制度接轨与转换工作的顺利进行，根据“两则”、“两制”的规定，结合莱钢的实际情况，制订并颁发了《莱芜钢铁总厂会计核算办法》和《莱芜钢铁总厂财务管理制度》，对全厂的资金筹集及运用、流动资产、固定资产及折旧、无形资产及递延资产、对外投资、工资及附加费、成本及费用、销售及利润、财务报告及财务评价等作了具体规定。在原通过山东省财政厅评审验收的《会计核算信息系统》软件基础上，新研制开发了适应新财会制度的核算软件，保证了 1993 年 7 月 1 日新财会制度的顺利实施。

**【清产核资】** 根据国务院清产核资办法、山东省企业清产核资试点方案以及省冶金工业总公司的统一部署，从 3 月份开始，经过充分的思想准备和组织发动，建立健全领导小组和工作班子，先后有 2100 余人直接参加了清产核资工作。在生产经营、建设任务繁重，工作交叉矛盾大、问题多的情况下，全体工作人员克服了清产核资时间紧、任务重、覆盖面广、工作量大、质量要求高、政策性和业务技术性强等困难，按照试点的要求，进行了资产清查、所有权界定、价值重估、资金核实、建章建制及全面总结等六个阶段的工作。到 10 月底圆满完成了清产核资的任务。

通过资产清查、所有权界定、价值重估等工作，使国有资产增加原值 29939 万元，增加净值 15283 万元，基本上解决了资产帐面价值与实际价值背离较大的问题。对清产核资中发现的问题，制订了整改措施，完善了管理制度，明确了责任分工，有效地加强了国有资产的管理，维护了国有资产的安全完整。对于充分发挥资产、资金功能，优化配置资产，合理使用资金，提高资金使用效益起到了重要作用。由于工作做得扎实，通过省组织检查验收，清产核资工作全部合格，并被评为全国和全省清产核资先进单位。有 2 人分别被评为全国清产核资先进工作者、全省清产核资先进工作者、6 人被评为省冶金工业总公司先进工作者。总厂对清产核资工作成绩突出的莱芜铁矿等 10 个单位和 80 名先进个人进行了表彰奖励。

**【会计人员培训】** 为适应财会改革的需要，通过派员学习、举办培训班等多种形式，加强财会人员培训和队伍建设，提高财会人员管理水平和业务素质。3 月，全厂派出 10 名财会人员参加财政部举办的财会制度改革研讨班；4 月，20 余名财会人员参加了省财政厅和省冶金工业总公司举办的财会制度改革培训班；4 月 19 日至 5 月 16 日，总厂举办了 3 期新财会制度培训班，对全厂 300 余名财会人员进行培训；6 月，举办了新财会制度核算软件学习班，各分厂（单位）均派员参加学习；各分厂也采取多种形式，加强对新财会制度的学习，促进了新旧财会制度的转换。

结合股份制改组，6 月，全厂 30 余名财会人员参加了总厂举办的股份制知识培训班学习；结合《会计证》的颁发和年审，50 余名财会人员参加了市地以上举办的财会知识培训班，并取得毕业或结业证书；结合清产核资，总厂先后两次举办培训班，300 余名财会人员参加学习，为清产核资的顺利开展培训了骨干力量，提高了业务水平。

全厂财会人员还通过自学考试等方式，提高自身的业务素质。4 月，全厂 50 余名财会人员参加了国家教委举办的财会专业自学考试，已有 20 余名财会人员取得大专以上毕业证书；11 月，100 余名财会人员参加了全国会计人员资格考试，34 人考试合格，其中 16 人取得会计师资格、4 人取得助理会计师资格、14 人取得会计员资格。

（于德政　吴成海）

# 劳动工资管理

**【基本情况】** 劳资处主要负责全厂劳动政策的制定、工资调整、工人调配与工资关系转移，职工人数与工资计划、招工与技工学校招生，劳动组织管理与定员定额，工人技术等级考核与技师评聘，劳动保险与社会统筹等项工作。下设工资、调配、计划、组织、工人考核、劳动保险6个科。有职工26人，其中具有高级专业技术职务的3人、中级的5人、初级的5人。全厂劳资系统共有专兼职管理人员180人，其中具有高级专业技术职务的8人、中级的43人、初级的76人。

**【主要劳动指标】** 1993年底全厂在册职工28585人，其中女性7040人，占24.63%。三项制度改革后职工总数比上年度压减4000多人。全年发放劳动报酬总额和年人均收入分别比去年增长3[illegible].06%、46.72%，是建厂以来增长幅度最高的一年。

1993年工业总产值（1990年不变价）全员劳动生产率为44470元/人年，工业增加值（现行价）全员劳动率为47206元/人年，人均实现利税（按工业生产平均人数计算）为17125元/人年，分别比去年同期提高37.84%、224.89%、和101.23%，提高幅度均为历史最好水平。

厂办集体企业不断发展壮大，1993年末共有厂办集体正式职工5635人，比上年增加4183人，其中95%以上为安置全民富余职工。

**【计划与统计】** 为配合全厂三项制度改革，1993年劳动工资计划工作对全厂职工人数、工资、劳动生产率等指标进行严格核定，根据上岗人数和承包要求，在无政策性增资的前提下，实行增人不增资，减人不减资，年初一次核定基数，分季度下达执行计划。全年计划准确率控制在2%以内。劳动生产率计划首次实行超奋斗目标嘉奖的办法，全年一次性奖励总额51.71万元。

劳动工资统计工作要求二级单位按月上报有关统计资料，并及时对外公布，通过统计工作及时监督、检查劳动计划的执行情况，并对计划执行过程中遇到的问题及时提出解决办法，同时为企业管理提供可靠数字依据。对全厂职工家庭情况进行一次全面调查，收回调查表23828张，取得汇总数据10多万个，为总厂制定有关政策提供了数字依据。

**【技校招生与招工】** 根据省劳动厅关于技工学校招生与分配工作意见和今后几年生产发展情况，拟定了莱钢1993年技工学校招生与分配计划，并组织安排技校招生、考务、毕业生分配计划的落实工作。1993年技工学校招生报名人数、招生人数和招收农业户口职工子女人数均是建校以来最多的一年。1993年莱钢技校招生与毕业生分配情况见表6、表7。

表6 1993年莱钢技校招生人数与专业设置情况

| 合计 | 轧钢 | 焦化 | 钳工 | 电工 | 炼钢 | 铁路调车 | 热处理 | 农业户口 |
|---|---|---|---|---|---|---|---|---|
| 735 | 40 | 40 | 40 | 40 | 80 | 40 | 40 | 415 |

表7 1993年莱钢技校毕业生分配情况

| 总人数 | | 轧钢 | 钳工 | 炼铁 | 炼钢 | 瓦工 | 烹饪 | 汽修 | 车工 | 铁路调车 | 接收外技校生 |
|---|---|---|---|---|---|---|---|---|---|---|---|
| 计 | 其中：莱钢技校外分 | | | | | | | | | | |
| 430 | 13 | 39 | 45 | 43 | 45 | 38 | 50 | 44 | 43 | 40 | 43 |

招工工作是上年招工计划的进一步落实，1993年3月底结束，共招收和转招新工人1180人，其中新招城镇合同制职工415人，农民合同制职工603人，转招农民合同制职工162人。

**【工资调整与改革】** 为充分发挥工资的激励作

用，调动广大职工的生产、工作积极性，根据上级有关文件精神，结合莱钢实际，给全厂符合升级条件的职工每人晋升了一级工资，升级面达89%。同时给生产表现好、符合固定条件的职工每人固定了半级至一级效益工资。

根据(91)鲁劳薪字291号文规定，调整了各级专业技术人员的最低职务工资等级线，全厂有320余名专业技术人员增加了工资并从1991年8月补发。

根据鲁劳发(93)343号文件规定，调整了死亡职工供养直系亲属定期生活困难补助费，保障了他们的生活。为全厂1500多名学徒工、熟练工、技工学校毕业生办理转正定级手续，为120多名调入人员重新评定了工资。

为加快企业经营机制转换，以分配制度改革为突破口，在做好岗位测评和劳动评价、组织机构调整、精减人员等各项准备工作的基础上，本着积极稳妥先试点后推开的方针，先后对检查验收合格的二级单位实行了岗位技能工资制。全厂共有35000多人由现行的等级工资制套改为100元起点的岗位技能工资制度，人均增资35元左右。为适应劳动制度的动态管理，针对本次套改要求，编制套改岗位技能工资程序，实行全厂工资套算和数据管理微机化，提高了工作效率和现代化管理水平。

**【劳动保险与改革】** 根据鲁劳发(1992)578号文件规定，对1992年底前4895名离退休职工的离退休金进行了调整，人均月增资66元。下发了莱钢劳字(93)第101号文，对1993年1月1日后离退休的职工改按岗位技能工资制的基本工资为基数计发离退休费，并为220名职工办理了离退休手续，为300多名职工办理了退养手续。

按当地劳动部门的规定，缴纳1993年固定职工退休费用统筹基金1656万元，返还1473万元；缴纳职工待业保险基金97万元，返还17万元(以上数字不含韩旺铁矿、沂蒙冶炼厂、新泰冶炼厂)。

根据国务院关于企业职工养老保险制度的决定精神和当地政府、社会保险部门的要求，开始酝酿、探索莱钢保险制度改革的工作路子，为逐步建立基本养老保险与企业补充养老保险和个人储蓄性养老保险相结合的制度打下基础。

**【劳动力管理】** 坚持为生产经营服务的方针，重点突出劳动力的合理配置。全年调配工人762人；招收安置新工人1180人(其中农民合同制工人765人)；分配技校毕业生4[illegible]0人；安置退伍军人60名；为第二铁厂750立方米高炉、炼钢厂1号连铸及3号转炉等重点工程项目和生产一线选调了676人；为确保750立方米高炉顺利投产，先后从12个厂矿组织抽调各类技术人员87人；配合三项制度改革，合理调剂全厂富余职工100余人，协助安置总厂机关下岗人员75人。

根据省劳动局、省冶金工业总公司关于照顾招收1959年底前参加工作家居农村老工人子女的文件精神，为全厂37名符合条件的老工人子女办理了招工农转非。

进一步强化职工劳动纪律管理工作，全年处分职工52人，其中开除厂籍16人，辞退、辞职及解除劳动合同的9人；根据省劳动局鲁劳发(1992)26号文件精神，完成全厂27000多名工人档案的整理工作。

**【工人考核与技师评聘】** 根据实行岗位技能工资制的要求，对全厂工人进行了“双考”，有15000多名工人经考试考核合格取得上岗资格，获《岗位合格证书》，兑现了岗位技能工资，为实行全员劳动合同制与竞争上岗打下了基础。

按照省冶金工业总公司部署，继续进行工人技师评聘工作，有80名工人经高级工培训、应知应会考试、答辩、业绩考察合格，取得工人技师任职资格，并办理了聘任手续。

**【劳动组织工作】** 1993年按照上级部门对劳

动组织工作的要求，结合莱钢实际，以“强化企业内部改革，提高经济效益”为主题，全面开展劳动定员定额的修订、制定和落实工作，主要做法：

一是提高“双定”标准，严格岗位测评，制定科学合理的人员分流依据。组织近千名专业技术人员对全厂794个工种、1979个岗位进行全面的岗位劳动测评，共采集原始测评数据310万个。按照高效率、满负荷、先进合理、提高劳动生产率和保一线、压二线、紧三线的原则，重新划定各厂矿、单位的定员定额标准，凡是有效劳动负荷不满6～6.5小时的岗位，撤岗或并岗。全厂总体定员水平比原修订的《企业劳动定员定额标准》提高了18.71%，按可比口径编制定员由35963人压减到29956人，精减各类人员6007名，其中工业生产减员20%。全厂职能管理机构由改革前的387个压减为119个，压减幅度为69.25%。全厂劳动生产率达到44470元/人，比上年提高了37.84%。

二是建立标准化、规范化的劳动组织管理制度。在全面修订、制定、落实定员定额工作的基础上，注重从实效出发，以标准化、规范化的要求强化定员定额基础管理工作。对全厂24个厂矿、单位及总厂机关41个处室、24个专业、369个工种、757个岗位进行了工种岗位计算机编码，从而达到了专业分类规范化、工种岗位设置标准化的管理。建立并形成了一整套劳动组织日常管理工作的报表制度，使定员定额工作纳入法制化管理轨道。

**【现代化管理】** 自1986年配备微机以来，现已拥有3台微机，先后开发了职工基本档案信息管理系统、全厂操作岗位测评系统、劳动工资报表和离退休职工月报表汇总程序、1993年全厂两次套改岗位技能工资系统及通用报表汇总程序等应用软件。搜集并储存全厂职工40项基本档案信息和套改岗位技能工资前后35项基本工资信息，以及1986年以来全厂各单位的劳动工资统计报表资料、全厂各操作岗位写实记录及测评分数等，能及时地向领导提供各类资料和数据，为领导决策提供了依据。对全厂劳动工资管理系统微机应用进行开发，已开发应用5个软件并拷贝供各单位使用，为今后进一步开发和联网创造了条件。

（马敏华　梁化飞）

# 干部管理

**【基本情况】** 干部处是总厂干部人事管理的职能部门，下设干部管理科、技术干部科、调配科，负责全厂行政干部的管理工作。全处共有13名管理人员，其中大专以上文化程度的8人、中专文化程度的4人；担任高级专业技术职务的3人、中级的6人、初级的4人。1993年全处干部认真学习党的十四大精神，进一步解放思想，团结协作，围绕生产经营做好干部人事管理工作，圆满完成了全年各项工作任务。

**【领导班子建设和领导干部的考察任免等工作】** 根据总厂党政领导提出的调整和充实总厂党政工领导班子的意见，会同总厂组织部向省委、省政府整理上报了进总厂领导班子3名人选的有关材料，协助省委组织部完成了考察任免工作。对12个处室的36名处级干部进行了全面考察，在此基础上提出了调整补充意见。对轧钢厂等12个厂矿、单位和机关部分处室的领导干部进行了调整补充。全年共调整任免行政处级干部65人，其中副处级提为正处级的4人、正科级提为副处级的26人；全厂提拔科级干部197人。

为加强对厂处级领导干部的日常考核，制定下发了《关于对副处级以上领导干部加强考核和实行嘉奖的意见（试行）》，对全厂厂处级干部进行月度考核，把领导干部的任期目标和岗位责任制作为考核依据，以工作实绩为主要内容，并根据考核结果提出嘉奖意见，有效地激发了领导干部的责任感和进取心。

**【深化干部人事制度改革】** 根据总厂三项制度改革的要求，在精简机构、减少人员、提高工作效率方面做了大量细致有效的工作。重新核定厂矿、单位的科级干部职数为1406职，比改革前减少了347职。

坚持平等、公开、竞争的原则，打破干部、工人的身份界限，不拘一格地选拔管理技术人员。全厂共有933名优秀工人走上了管理、技术岗位，有541名干部从原来的干部岗位转入操作岗位。

**【职称评聘工作】** 1993年组织了全厂工程、经济、会计等12个系列专业技术职务的考核晋升工作。全厂共有3049人晋升了专业技术职务，其中高级职务的379人，中级职务的975人，初级职务的1695人。

全厂组织700多人参加经济、统计、会计三个系列的全国职称资格考试和有关系列晋升高级职称的外语考试。

**【人才引进及干部调配工作】** 1993年国家统配大中专毕业生供需矛盾突出，为吸引更多的大中专毕业生入厂工作，采取积极参加各院校的人才供需见面会、发函联系等办法，早准备，广做宣传工作，并制定了相应的优惠待遇。全年共接收大中专毕业生347名，其中大专和本科毕业生226名，占总数的65%，比1992年提高了6个百分点。1993年全厂调出干部54人，调入20人，内调22人次。

**【干部档案及其它管理工作】** 1993年干部档案工作的重点是按照省委组织部的要求做好干部档案整理工作，制定印发了《干部档案整理工作细则》、《干部档案工作条例实施意见》等文件，举办了整档培训班，培训78人次，培训率达98%以上。全厂共整档6766卷，合格率在95%以上。9月，总厂召开干部档案工作会议，表彰了15个先进单位和23名先进个人。11月，总厂被省委组织部授予干部档案管理工作先进单位，全厂干部档案管理工作上了一个新台阶。

1993年办理出国政审手续22批58人次；组织了两期干部进修班和一期培训班，轮训干部96人，其中处级干部25人、科级干部71人；为108人办理了离退休手续，为3名离休干部办理了享受处(县)级干部待遇；推荐享受政府特殊津贴的1人；为38户79人办理了知识分子家属户口农转非。

(于国镇)

# 档案管理

**【基本情况】** 莱钢档案处成立于1986年7月。下设档案管理、综合、编辑3科，现有13人。全厂共有二级厂矿档案科(室)11个，综合档案室12个。有专职档案人员120人，其中中专以上文化程度的71人；具有专业技术职务的85人，其中高级的11人、中级的19人、初级的56人。95人经过了档案专业理论培训，全厂4_7名兼职档案人员中部分也经过了培训。

莱钢于1990年12月晋升为国家二级档案管理企业。全厂25个二级厂矿单位中，晋升为国家一级档案管理单位的有6个，晋升为国家二级档案管理单位的有10个，晋升为省级先进的有5个。1991年，莱钢档案处被评为全省档案系统先进集体；1992年、1993年档案处党支部连续2年被评为莱钢先进党支部、连续6年被评为总厂机关先进党支部。

1993年底止，全厂库存档案1660_1卷，其中科技档案67156卷、文书档案24308卷、会计档案74610卷。保存底图305200张，图书资料

15694 种 74646 册。全厂档案用房 5454 平方米(库房 3022 平方米),其中总厂档案用房 270 平方米。全厂档案装具 1549 套,其中总厂 140 套;有微机 8 台、复印机 22 台、去湿机 47 台。

**【推广应用冶金档案管理四项标准】** 为加强档案管理的标准化、规范化管理,从 1992 年起,认真贯彻实施了《冶金档案分类编号规则》、《冶金档案著录细则》、《冶金工业档案分类表》、《冶金档案主题词表》四项标准。派员参加了冶金部在济南举办的华东地区四项标准应用业务培训班,档案处分两期对全厂 136 名档案人员进行了培训。印发了《工业企业档案分类编号文件汇编》及《冶金档案管理四项标准辅导材料》,做到档案人员人手一册。在广泛学习宣传的基础上,结合莱钢档案工作实际,重点对《冶金档案分类编号规则》进行了推广应用。经过全厂档案人员两年多的努力,对本厂自 1992 年以来形成的档案材料均按新的分类标准进行了分类编号和上架排列,案卷质量和档案管理的规范化程度进一步得到提高。

**【加强重点工程档案管理】** 档案管理升级工作暂停以后,莱钢从实际需要出发,及时把档案工作重点转移到巩固、提高升级成果,抓好重点工程项目档案,开发利用档案信息资源,为提高企业经济效益服务上来。围绕莱钢基本建设工作的重心,集中力量抓了改扩建一期工程档案资料的归档工作。成立了由档案处、扩建办、施工单位档案人员参加的一期工程交竣工资料审查验收联合办公室。举办了由各施工队专、兼职档案员参加的 750 立方米高炉系统交竣工资料验收学习班,召开了近 30 人的施工单位分管交竣工资料负责人会议,召开各类人员座谈会、协调会十几次,理顺了与各施工单位的关系。施工期间,对 26 个施工单位形成的档案资料情况进行检查评比,表彰奖励 5 个施工单位,推动了面上的工作。制定了《基本建设项目(工程)档案资料管理规定》和各施工项目的归档计划。编辑印发了《基本建设项目(工程)交竣工验收文件汇编》。聘请省档案局的领导对工程现场工作进行了具体指导。工程后期,交竣工资料移交量骤增,档案人员严把质量关,认真核对工程变更通知单,做到图物相符,提高归档质量。同时积极派员参加 750 立方米高炉设备攻关组,随时为技术人员提供所需档案资料。到 1993 年底止,已接收整理一期工程档案 4126 卷,工程资料归档率达 100%,完整率 98.5%、准确率 100%,为建厂以来归档情况最好项目,受到各级领导好评。

**【档案开发利用工作】** 1993 年全厂共提供利用档案 8999 人次,15073 卷次,复制档案 213449 页,其中总厂档案室提供利用档案 238 人次 651 卷次。全厂提供利用档案产生直接或间接经济效益 1600 万元。建立了较为完整的规范化的档案检索体系,全厂已有各类案卷目录 514 本,全引目录 306 本,卡片 18846 张。坚持汇编了历年莱钢《大事记》、《组织机构沿革》、《人物》、《档案利用实例汇编》等参考资料。1987 年至今由档案部门汇编的档案参考资料达十几种近百万字。编纂出版了《莱钢志》第二卷和《莱钢档案工作简介》,1993 年 3 月《莱钢志》第二卷获中国地方志指导小组、中国革命博物馆、山东省地方史志编纂委员会联合颁发的全国新编地方志山东良好成果奖。受冶金总公司委托,全年编辑出版华东冶金档案学会会刊《华东冶金档案》2 期。

(刘桂华)

## 职工教育管理

**【基本情况】** 莱钢职工教育在实践中不断发展和完善,曾分别被山东省人民政府、省冶金总公司授予1981～1991职工教育先进单位、山东省冶金企业教育先进单位称号；1991年至1993年职工培训处连续三年被评为山东省职工教育宣传报道先进单位。1993年底止，莱钢有职工教师66人，管理人员42人；总厂设有职工培训处，设置干部培训科、工人培训科、学校管理科和调研科，编制定员14人，主管全厂职工教育工作，负责制定职工教育长远规划、制订和落实年度计划等综合管理工作。总厂所属二级单位职工教育隶属人事教育(劳动人事)部。全厂共设有职工学校14所，校舍总面积31731平方米。总厂机关职工学校正在建设之中，建筑面积1500平方米，投资75万元。

**【干部培训】** 1993年莱钢干部岗位培训，以党的方针政策、现代化管理知识和本岗位专业理论知识为主要内容，对768名管理干部进行了岗位培训。同时，结合莱钢改扩建的重点领域、重点项目、技术改造、技术引进，组织举办了42个专题研讨班，有1039名专业技术人员参加了研讨学习。为加强继续工程教育管理，在全厂专业技术人员中推行了继续工程教育证书登记制度，1992年发放6092本，1993年已登记4243本，全年继续教育人均学时58.9，培训率达42.3%。

**【高级工培训】** 1993年是莱钢高级工培训最多的一年；先后举办了13个工种15个培训班，培训学员443人，超计划指标69%。在培训过程中，坚持理论培训与技能培训、课堂教学与现场实践密切结合。据跟踪调查，经培训的高级工运用所学知识一年创综合经济效益267万余元。

**【自学考试】** 高等教育自学考试是培养人才的一条重要途径，为鼓励职工自学成才，培训处修订了自学考试奖励办法。1993年全厂考生报考达34个专业1379人，共2813科，取得单科合格证1004张；有34名同志经过艰苦自学获大专毕业证书，6人获本科毕业证书。有11个单位被评为莱钢职工教育先进单位，38名职工教师、8名职工教育工作者和13名职工教育兼职人员受表彰。

**【学会活动】** 莱钢职工教育学会已有会员单位16个，1991年至1993年期间，在省级及以上学术会议获奖论文37篇；在省级及以上专业报刊发表论文59篇。8月，冶金部人事司在莱钢召开冶金系统大中型企业干部岗位培训制度研究课题研讨会，来自全国冶金企业、院校的专家代表36人参加，副厂长宋兰祥出席会议并讲话，会上培训处发表了《建立干部岗位培训制度的实践与思考》论文。10月，在东南冶金职工教育研究会第九届年会上，培训处乔倬清撰写的《试谈企业职工教育评估办法》论文在会上发表，并被评为交流论文奖。

1993年山东人民出版社出版的《山东省职工教育优秀论文集》收录莱钢作者论文9篇；培训处编辑出刊了《莱钢职工教育信息》、《莱钢高级工培训成果汇编》、《莱钢继续工程教育成果汇编》。

（宋玉磊）

# 抗震与土地管理

**【基本情况】** 为维护我国土地的社会主义公有制，保护使用者的合法权益，根据《中华人民共和国土地管理法》第九条、第十条的规定和国家土地管理局《关于开展土地申报登记颁发土地使用证书》的通知要求，按照莱芜市《关于土地申报登记工作部署》结合莱钢实际，1988年12月总厂成立土地申报登记工作领导小组，由总厂副厂长刘新芝任组长，下设办公室，有关处室负责人任组员。23个二级单位，相应地成立了土地申报登记工作领导小组和办事机构。

土地申报登记工作1989年4月基本完成。莱钢1970年建厂时接收沂蒙生建钢铁厂、新成铁工厂、莱芜铁矿、新泰冶炼厂原有征地361.57公顷，建厂后又新征土地934.33公顷，全厂共征用土地1295.9公顷，由于历史原因，土地管理分散，权源资料不全，边界线不准确，面积量算精度不高，土地纠纷很多。虽经5个月努力，动用200多人尺量绳拉，测绘的宗地图仍达不到要求，也不符合莱钢走向市场的发展要求。

1989年4月山东省在青岛土地工作会议确定，全省用2年至3年时间完成地籍调查工作。地籍图的测量工作，技术性强，精度要求高，调查内容要求严格，需用专业队伍进行测绘。莱钢经研究决定，用自已的技术力量和技术装备，用解析法进行测绘和面积量算，一次到位，完成地籍调查任务，用地籍调查测绘的宗地图向政府申报登记，领取土地使用证书。

**【地籍调查】** 为全面搞好地籍调查、摸清土地利用现状，配齐权源资料，查清土地边界，解决土地争议和权属纠纷，维护土地使用权益达到合理利用土地、科学管理土地、为土地资产评估提供合法依据的目的。根据国家《城镇地籍调查规程》、《城市测量规范》。于1989年6月开始制订地籍调查计划，提出地籍调查技术要求，编写《地籍调查技术设计书》。根据莱钢测区分散、控制面积大的特点，为合理使用技术力量，确定分两个测区：一个是莱矿测区，由莱矿地测科承担，费用自负；一个是冶金区(包括石灰石矿、新泰冶炼厂)，采用厂内承包的方式，由莱钢设计院承包，承包费为16万元，由用地单位负担。

1.工作程序。由总厂土地申报办公室按计划组织实施。首先按宗地搜集配齐征地报告、批复、协议，明确边邻四至，双方共同认界埋桩、并在界址点表上签名加盖公章；测量队按地籍调查设计书要求测绘地籍图，按座标数据输入计算机，绘制地籍图、宗地图、量算面积；经自检合格报省土地管理局检查验收，合格后申报地方政府领取土地证书。

2.地籍成果。1989年6月至1993年10月完成冶金区158宗地的地籍调查任务。在2000公顷的控制面积中界定了用地界线，按座标点埋设3575块界石；用解析法测绘出1:1000的大比例尺500×500的地籍图137幅，并缩绘宗地图158幅；按实测量算出用地面积8489937平方米，并按土地使用性质分类量算，查清了纳税面积；解决了历史遗留问题，如颜庄货场和铁路专用线96900平方米土地的使用权由济南铁路分局转给莱芜钢铁总厂；按二级用地单位立户编号，以宗地为单元，建立三部土地管理台帐：《征地资料台帐》、《界址点台帐》、《宗地资料台帐》；增设新控制点574点，解决了建厂多年来原有点不足的问题；领取土地使用证书158本，维护了土地合法使用权益；以宗地为单元，把地籍调查过程中形成的权源资料、申报资料、测量成果及原始征地资料，包括图表、簿册、卡等15种资料装订立卷一并归档，建立158卷地籍档案，把原来分散管理的土地资料集中统管起来。

于1993年10月20日经省土地管理局组织专家验收合格，并颁发了《地籍调查合格证书》，在验收报告评语中称：该成果所选择的技术路线正确，组织实施得当，达到了优级品标准。此成果被评为优级。

(王守华)

**【抗震防灾工作】** 对莱钢的抗震防灾工作，总厂领导一直比较重视，于1991年9月成立了以总厂副厂长兼总工程师王认清为组长的抗震防灾工作领导小组。为抓紧震前的有利时机，提高综合抗震能力，落实好防灾措施，1993年10月成立了以王认清副厂长为主任，刘新芝、李庆副厂长为副主任的抗震防灾规划编辑委员会，并编制印发了《莱芜钢铁总厂抗震防灾规划》(讨论稿)。整个规划共分总则、震害普查、预测、抗震加固、防害措施、震后灾情快报及防强余震措施、震后恢复对策、规划实施七章(二十节)。编辑印发《地震防震基本知识》,全书共11万字,分四个部分:地震是一种自然现象、地震的预测预报、防震抗震与对策、外伤急救的基本技术。共向全厂印发4784本,为贯彻“预防为主”方针,促使全厂职工家属学习地震基本知识,提高抗震防灾意识,增强抵御地震灾害的应变能力,起到积极作用。

1993年,全厂工业、民用建筑抗震防灾加固总面积44924.6平方米,总投资218.57万元,其中民用建筑投资128.62万元,加固28267.7平方米,全厂综合抗震防灾能力进一步增强。1991~1993年莱钢工业、民用建筑抗震加固情况见统计资料。

(董鸿儒)

# 9. 科 技 进 步

## 概　　述

**【科技管理体制】** 1993年，莱钢科技工作以经济效益为中心，以技术进步为手段，以科技开发为先导，以技术改造为途径，在加速实现科技兴厂的道路上迈出了坚实的一步。6月，莱钢被评为中国工业技术开发实力百强企业。

根据莱钢科技发展的需要，建立了在厂长领导下，由总工程师全面负责的科技管理体制。1992年1月，总工程师办公室与钢研所同时从科技处分出来，建立了以总工办为综合协调、科技处为技术管理、钢研所为技术开发的完整科技体系。科学技术协会仍设在总工办。

总工办主要负责科技承包、专利、科技保密、科协工作，参与总厂总体与长远规划的编制、重大技术项目的论证、技术攻关等项管理工作；定员9人，其中高级专业技术职务的6人(4人系副总工程师)、中级的2人、助级的1人。

钢研所主要负责新产品开发、新工艺新技术研究推广应用等工作。

科技处主要负责全厂科技规划与计划的编制和实施、新产品开发、技术改造、技术攻关、新技术推广应用、生产工艺、科技信息、能源、冶金标准的管理和工艺指标的统计及分析等。下设工艺、标准、节能、信息、技术管理5个科；定员23人，其中高级专业技术职务的9人、中级的5人、初级的7人。各厂矿、单位技术科均划归机动技术部或生产经营部，由一名副厂长或总工程师具体领导，业务上接受总工办和科技处指导。

**【科技工作概述】** 1993年是莱钢科技工作取得巨大进步的一年。科技进步工作成绩显著。继续在全厂推行了科技效益承包制，经冶金部考核的9项指标全部完成；二级锚链钢等15种优质产品继续保持了国、部、省优质产品称号；新开发的焊管坯等新产品改善了产品结构。节能降耗工作创出新水平。连续四年开展的以节能降耗、提高成材率，工序控制为主要内容的三项竞赛活动取得显著成绩，吨钢综合能耗1194千克，比1992年降低190千克，增加效益6190万元；锭材综合成材率85.28%，提高2.5%，增加效益3800万元；晋升为国家一级节能企业。技术攻关取得了重大进展。如750立方米高炉等新建项目，新设备在操作上存在不适应的问题，通过技术攻关，产量提高、消耗下降。四新技术推广应用获得一批技术成果，全厂科技意识进一步增强，科技信息工作不断加强。焦化厂焦炉煤气立、横管联合初冷节水技术在国内同行业具有先进地位。620立方米高炉加钛化物护炉技术保证了高炉的正常生产。半干法喷补技术在转炉上的应用、轧钢均热炉采用计算机控制、中轧加热炉采用无水冷化轨加热150毫米方坯、半边轧工艺及150毫米方坯一火成材等新技术的推广应用解决了许多技术难题。煤气平机科学技术的迅速发展，按照立足当前着眼未来的目标，经总厂决定，先后与有关兄弟单位一起完成《莱芜钢铁总厂管理信息系统总体规划报告》(以下简称《规划》)初稿，1993年4月1日总厂在北京召开计算机系统引进消息发布会，4月3日召开《规划》论证会，同时成立计算机系统引进小组。12月底工作小组对莱钢有关业务部门进行详细调查，做出了《系统详细调查报告》，同时对外商提供的技术资料及方案进行了多次的技术交流和技术谈判。年底一切技术准备工作就绪。

**【工业生产控制应用】** 可编程控制器控制系统以它结构简单、编程方便、可靠性高、性能优越等特点，在生产工艺领域成为提高产品质量和降低消耗，实现生产工艺自动化，达到基础自动化水平的首选装备。莱钢的可编程序控制器应用范围已扩展到炼铁、炼钢、铁路信号、衡器计量等各生产工艺环节。1993年先后开发并完成5套完整的计算机控制系统，即750立方米高炉上料、称料和热风炉换炉自动控制，105平方米烧结机自动控制、综合原料场料流自动化控制系统。三系统均采用美国莫迪康公司PC—984可编程控制系统，总投资为300万元。从软件的编制、安装、调试到投入运行，自动化部工程技术人员经过一年的努力基本达到工艺要求，该系统运行稳定、性能可靠，基础自动化控制已达到国内先进水平。而后又针对高炉生产过程中暴露出来炉顶布料的问题，先后对α角、β角、r角进行攻关改造，现在炉顶布料运行正常。

750轧机均热炉采用计算机控制均热炉烧钢，该项目自1991年试点烧钢后于1993年已扩展到全部采用计算机控制均热炉烧钢，实现从人工烧钢到由计算机自动控制烧钢的转变。该系统炉温控制精度高，达到国内先进水平，并成功地开发出均热炉脉动供热技术，该技术得到有关专家高度评价。

开发铁路信号控制系统。运输部在马鞍山钢铁设计院协助下，大胆采用德国西门子S5—135V可编程控制器，该系统投入运行后改变过去传统的人工搬道岔操作方式，达到国内先进水平，有力地提高了运输能力。总投资120万元。

**【企业管理中的应用】** 1993年在加速工业生产控制计算机应用的同时，积极开发和研制各种软件，用于企业管理中，以提高整个企业的现代化管理水平。为改扩建工程指挥部开发出“基本建设财务管理系统”并投入运行，提高了基本建设财务管理水平。

协助炼钢厂编制生产“成本管理系统”，解除了人工成本核算的繁重劳动，缩短成本核算时间。为提高生活服务公司计划生育工作管理水平，编制出“计划生育辅助管理系统”。为原料处编制“废钢串换核算计算机辅助管理系统”；解决废钢在串换过程的复杂问题。为钢铁研究所编制“钢种分析辅助管理系统”，加速钢种分析的速度。为教育处编制“中学生学藉管理系统”等，为莱钢实施的“管理信息系统总体规划”打下良好的基础。

(毕忠仕)

## 专 利 工 作

**【概述】** 为加强莱钢的专利工作，根据《中华人民共和国专利法》、《中华人民共和国专利法实施细则》及《企业专利工作办法》等有关政策法规，制定《莱钢专利工作办法》，对全厂专利管理机构的设置与职责，专利工作者的任务与权利，专利的申请、实施、保护及费用和奖励等作了具体的规定，为加强和开展莱钢的专利工作奠定了基础。

衡取得突破性进展，焦炉由烧焦炉煤气改烧高炉煤气，1993 年 8 月 12 日焦炉置换高炉煤气成功，实际每小时多供焦炉煤气 5000 立方米左右，增加混合煤气 12000 立方米以上，缓解了莱钢煤气紧缺局面，保证了 55 万吨材的完成，大幅度地提高了整体效益，受到冶金部领导的表彰。1993 年 8 项新技术新工艺通过上级鉴定；18 项科技成果通过总厂鉴定，推广应用四新技术 200 余项，创造价值 12000 万元。科技投入加大，科学技术是第一生产力的观点深入人心，1993 年 8 月总厂召开科技大会，对有贡献的科技人员和技术进步项目进行嘉奖，共有 43 名科技人员获重奖，科技处、特殊钢厂、莱芜铁矿、炼钢厂、轧钢厂被评为莱钢科技管理优秀单位和优质服务竞赛先进单位。

（江先芝　常　梅）

## 科技效益承包

**【承包的范围与程序】**　科技效益承包为莱钢“一体两翼”（即以经济责任制承包为主体，以科技效益承包、管理效益承包为两翼）承包体制中的一翼。在 1992 年初步实施的基础上，1993 年继续在全厂实行科技效益承包。承包的总原则是“一包三不重”，即申报的科技承包项目必须与总厂计划项目不重复，与管理承包项目不重复，与其它承包内容的效益计算不重复。必须是依靠科技进步的新增效益，承包者必须是本厂在职职工。

承包范围：当年收回投资见效的短、平、快的技术进步项目；生产建设中的技术攻关课题；新产品的开发研制；四新技术应用；提高技术经济指标；改善劳动条件和生产环境，保证安全生产等方面的技术进步项目。

承包程序：项目的申报由承包单位在确认该项目可行的基础上向总厂申报，由总厂总工程师办公室将项目汇总初审后，报请总厂总工程师审定，厂长批准，并由总厂总工程师（作为发包人）与承包单位的负责人（作为承包人）共同签订科技承包合同。科技承包项目的审查验收，由总工程师办公室组织财务处、审计处、计划处等 11 个部门进行效益分析和现场验收。

项目资金按规定允许摊入生产成本的可以摊入生产成本，需总厂贷款的项目，要求年内还清本息。项目完成后，按实现年净效益的 2～3%兑现奖励。如果承包率高于年初预定指标时提奖金总额的 10%奖励承包管理人员和作为承包管理费用。

**【承包项目完成情况】**　1993 年 16 个单位申报科技承包项目 62 项，签订合同 53 项，实际完成 44 项。由于设备不到位，620 立方米高炉老化等原因无法实施合同的 9 项。44 项实现净效益 1133.07 万元，比上年完成 37 项净效益 855.35 万元提高 32.47%。其中净效益显著的项目有：韩旺铁矿的选厂尾矿回收与调整工艺参数，实现粗粒抛尾；锻压厂的卧式圆盘分段飞剪设计制作；一铁厂的 3 号高炉内燃式热风炉改造；炼钢厂的降低钢锭模消耗；以及机械厂的 2 号连铸机引锭杆关键件攻关新产品开发等，其年净效益均在 50 万元以上。

（常　梅）

## 新产品开发

**【新产品开发】**　根据莱钢科技规划和市场对冶金产品的需求，1993 年，开发的新产品有：船用四级锚链圆钢；船用无缝钢管坯 C10 和 C20；高强度打包带用钢、转炉冶炼优质碳素结构钢 45 号和 20 锰及∅110 毫米和∅130 毫米大圆钢等

8个新产品。

为满足市场的需求，重点开发船用四级锚链圆钢。该品种由总厂同西安交通大学联合开发研制，并列入山东省经委1993年开发项目计划，填补国内空白。该新产品具有较高的工艺技术要求：化学成分要求严格、含合金元素种类多，钢质要求纯净，夹杂物含量少；成材要求强度高、韧性好，低温焊接性能及耐疲劳性高。具体工艺技术准备由钢研所和特钢厂准备，试炼3炉，化学成份和机械性能完全达到技术要求。二是开发了高强度打包带用钢，此产品是与东北大学联合开发的新产品，并经山东省冶金工业总公司立项，研制开发，填补国内空白。该钢种主要技术要求有钢质纯净、抗拉强度σb≥1200MPa、延伸率δ5≥12%。其工艺技术准备工作由钢研所和轧钢厂负责，试制量为15吨。经检验完全达到工艺技术要求。可与进口包装用钢带相媲美。

另外，对船用无缝钢管坯C10、C20，转炉冶炼优质碳素结构钢45号和20锰、∅110和∅130毫米大圆钢等新产品的研制也取得成功，有的已进行批量生产。在新产品的试制过程中，科技处会同有关单位，制定了较严格的工艺技术操作要点、并完善了相应的工艺技术措施，建立了新产品开发档案，为莱钢提高经济效益开创出一条新途经。

（刘英瑞）

## 科技攻关

**【概述】** 1993年，全厂针对各生产工序存在的工艺技术、产品质量及节能降耗问题，广泛开展了有组织、有计划、有目标的科技攻关活动。全年共完成各种攻关项目40余项，其中750立方米高炉达产攻关和连铸坯质量攻关效果最为突出。

**【750立方米高炉达产攻关】** 750立方米高炉和与之配套的105平方米烧结机于1993年6月份投产，为了适应增铁保钢的需要，必须打破高炉2年达产的常规，尽快达产。为此，由总厂厂长亲自挂帅任组长、炼铁专家及有关单位和人员参加，组成了750立方米高炉达产攻关组。先后解决了105平方米烧结机设备故障多造成的高炉缺烧结矿、高炉控制系统不配套及工人操作不熟练等关键问题。加强生产技术管理，强调三班统一操作，确立“稳定顺行、优质低耗、高产高效”的指导方针。使高炉利用系数12月底达到1.504，1994年4月达到1.826，创造了10个月达产的。国内同类高炉达产新水平，取得了显著的经济效益。

**【连铸坯质量攻关】** 炼钢厂1号连铸机自1993年1月投产以来，产量逐月提高，但由于钢水质量，连铸工艺及连铸操作等方面还存在一定问题，致使连铸坯质量受到一定影响，造成大规格螺纹钢材生产被动局面。为解决铸坯质量问题，总厂科技处牵头组织了由炼钢、轧钢及理化检验等专业人员组成的攻关组，经过半年多的现场跟踪调查和取样试验分析，找出了影响铸坯质量的主要原因，先后确定了合理钢水吹氩制度，中间包保温剂加入制度及工艺操作规程，并加强了工艺监督和质量检验工作。从后期的铸坯取样化学成份及成材后力学性能来看，铸坯质量有了明显提高，满足了轧材工序对铸坯的质量要求。

（张忠军　李希杰）

## 重大技术项目论证

**【轧钢技术项目论证】** 为了莱钢的长远发展,总工办除了参与编制莱钢总厂生产150万吨钢“八五”发展规划和生产200万吨钢“九五”发展规划外,提出了莱钢实现全连铸短流程生产的初步设想和轧钢整体配套建设中型型钢的规划方案。论证确定了锻压股份有限公司轧钢车间精轧机改造为6架轧机,实现半连续式轧钢年产达25万吨钢材的方案及莱钢小型轧钢厂(针织厂)改造后达产方案的改进。参加了莱钢配套招标项目的评标工作和国际轧钢技术交流及50吨超高功率电炉方案的考察,二手设备折迁、初步设计工艺方案的确定。

**【电力项目论证】** 为使50吨电炉及时获得高压电流,1993年三季度,总工办牵头由机动处和莱芜电业局签订了集资建立钢城220千伏变电站协议书,由莱芜电业局组建管理,力争1994年底完工。为加强莱钢生产指挥系统的灵活性、可靠性,牵头论证了莱钢建立无线准集群移动电话通信网络(二哥大)的可行性研究论证,肯定并经计划处立项。另外总工办牵头与淄博市电气通用机械研究所合作,由安环处、机动处组织对莱钢电力系统高压变配电旧有开关盘实行“五防”改造即防误拉开关、误合开关;防带地线合闸;防带负荷拉刀闸;防工作人员误入带电间隔;防带电接装地线。1993年底对特钢厂的2座总降压站改造完毕,为防止恶性电气事故起到良好作用,1994年将在动力部等单位全面推行。

**【750高炉冶炼与节能项目论证】** 为使750立方米高炉尽快投产和达产,炼铁副总工程师组织有关部门(科技处、调度室、钢研所等)的炼铁专家与第二铁厂一起成立了投产和冶炼技术的达产攻关小组,对高炉投产和达产存在的技术问题多次进行研究和讨论,对高炉的开炉、试生产做了全面的技术分析,对750立方米高炉生产后的焦炭平衡进行了研究,提出了焦化进行条筛改造和需外购焦炭为高炉生产做好准备的建议。投产后,为使高炉尽快达产,对高炉利用系数进行了攻关。

对750立方米高炉热风炉废热回收设备争取列入日本无偿援助计划项目。1993年7月至10月,日本新能源产业技术综合开发机构受日本国通商产业省委托,以计划部长代理小岛直树和高桥邦雄等人,先后两次为日本通商产业省在我国选择《绿色无偿援助计划》项目来厂考察 探讨,总厂王认清副厂长和于昌忠副厂长分别进行了接见,总工办及有关部门的专家为争取将750立方米高炉热风炉废热回收设备纳入该计划准备了充分的资料据理力争,终于12月6日由国家计划委员会同日本国新能源产业技术综合开发机构签订了合作认定书。该项目由日本援助合人民币1250万元。

(常 梅)

## 标准化管理

**【标准化管理】** 1993年,技术管理工作认真加强制度建设和技术标准的贯彻执行,积极采用国际标准和国内先进标准,根据生产情况及时制定、修订内控标准、企业标准和工艺技术操作规程,促进了产品质量和技术管理水平的提高。

1993年科技处即发了《节能降耗创水平上台阶单项指标、工序控制竞赛考评办法》制定了莱芜钢铁总厂新产品试制管理办法。

转发的国家及部颁标准和规范有：

碳素结构钢低合金结构钢热轧带钢　GB/T3524——92。

连续铸钢方坯和矩形坯　YB2011——83。

高炉炼铁工艺技术规范　[1993]冶科字第493号。

铸铁等31项国家标准样品　[1993]冶质标字第038号。

制订的企业标准有：

捆扎用低碳线材钢　LQB001——93；

初轧坯及热轧钢坯及连铸坯技术条件　LQT93——01；

焊管坯　Q/01LYS089——93。

制定的技术操作规程有：

锻压股份有限公司轧钢车间技术操作规程；

技术监督处CSA——5003碳硫分析仪技术操作规程；

技术监督处E980C/Fe20直读光谱仪技术操作规程；

轧钢厂初轧车间技术操作规程；

轧钢厂带钢车间技术操作规程；

特钢厂CCS——140型红外线碳硫仪技术操作规程。

1993年莱钢在轧钢工艺上发生了很大变化，由于1号连铸机建设和锻压股份有限公司轧钢车间及特钢厂中轧车间技术改造和衔接使莱钢基本淘汰锭材三火成材工艺，实现一火或二火成材新工艺，锭材成材率达到85.28%，创历史最好水平。

（史玉英　李希杰）

## 能源管理

**【概述】**　1993年，莱钢在新投产项目多、超期服役设备多、节能形势严峻的情况下，节能工作紧紧围绕冶金部《关于钢铁企业节能降耗创水平、上台阶的规定》开展工作，组织了全厂范围的节能降耗创水平、上台阶等三项竞赛活动，创效益3500万元。11月26日莱钢晋升为国家二档（即原国家一级节能企业），开创了工作的新局面。在冶金部组织的《焦化生产节能技术知识竞赛》中获先进集体称号。在10月冶金部召开的全国第八次冶金节能工作会议上受到表彰，在吨钢综合能耗和吨钢可比能耗下降幅度大于30千克/吨的地方骨干钢铁企业中列第13名。为加强节能管理，在机构改革中总厂成立了能源管理办公室。

**【能耗分析】**　莱钢全年总能耗折标准煤97.5196万吨，比1992年增长3.6%；而工业总产值增长16.31%，主要产品产量钢、生铁、钢材分别增长20.06%，16.63%，36.15%；实现了节能增产、增效。

主要能耗指标创历史好水平。冶金部考核的吨钢可比能耗为985.6千克/吨，比上年降低8.6千克/吨。吨钢综合能耗为11.94千克/吨，比上年降低189.5千克/吨。连铸比达到24.65%，铁钢比为0.93，比去年降低3%，全年结构节能量达2.9246万吨。能源构成情况见表8。

表8　　1993年能源构成情况表　　（%）

| 洗精煤 | 无烟煤 | 烟煤 | 重油 | 汽柴油 | 外调 | 燃料小计 | 电力 | 合计 |
|---|---|---|---|---|---|---|---|---|
| 76.65 | 3.54 | 9.27 | 3.29 | 0.89 | －15.02 | 76.62 | 23.38 | 100 |

能源构成中与以往年份相比电力消耗比例有所增加，由1990年的18.81%增加到目前的23.38%，增加了4.5个百分点，表明轧钢等深加工生产增强，耗电量增加。另一方面煤气利用率提高，燃料消耗相对降低，故此比例降低，比以往降低近7%。

主要生产工序能耗完成情况。炼铁工序能耗522.22千克/吨，比上年降低2.2千克/吨，达三档水平。炼钢系统转炉工序能耗27.1千克/吨，比上年降低0.7千克/吨，达二档水平。电炉工序能耗293千克/吨，与去年持平，达三档水平。开坯系统工序能耗105千克/吨，比上年降低10.5千克/吨，达二档水平。轧钢系统工序能耗107.14千克/吨，比上年上升14.1千克/吨，达二档水平。消灭等外工序、炉窑。

主要技术经济指标完成情况。1993年炼铁毛焦比701千克/吨，比上年上升41千克/吨。转炉钢铁料消耗为1124.75千克/吨，与上年持平；其中铁水消耗为1001.86千克/吨，比上年上升12千克/吨。650开坯耗重油72.61千克/吨，比上年上升13.15千克/吨。转炉炉令927次/炉，比上年降低654次/炉。电炉钢冶炼电耗58千瓦时/吨，比上年降低7千瓦时/吨。

从主要消耗指标来看总趋势呈回升状，使有些已达到同行业先进水平的指标又变得落后了。分析其原因：有工艺设备方面也有能源质量变差的因素，但其中重要的一个原因是主要消耗指标管理、考核混乱，重点指标放弃了重奖政策。

**【节能措施】** 节能工作贯彻了节能降耗创水平、上台阶、增效益的方针，能源管理中宏观管理与微观管理相结合，重点抓了制约莱钢发展的重要因素煤气供应及平衡，保证了轧钢等生产的需要。开展了节能降耗创水平、上台阶等三项竞赛活动。10月实施了焦炉煤气由动力部集中统一管理的方案，实施后年效益达700万元，理顺了多年来焦炉煤气管理中未解决的难题。加强了能耗分析。

在加强节能管理的同时，依靠技术进步促进节能降耗，取得较好的经济效益。

炼铁系统贯彻实施炉料合理化方案。1号焦炉8月12日改烧高炉煤气，年直接经济效益1400万元。750立方米高炉采用高压炉顶、无料钟布料等节能技术，并于12月3日投入喷煤。

炼钢系统3号25吨转炉投产，转炉煤气回收系统正待实施。

轧钢系统450～350及300毫米轧钢工艺改造完成，实现连铸坯一火成材。750初轧12号均热坑煤气、空气双予热完成试验，煤气、空气双予热温度达960℃，当年轧制钢[illegible]6000吨。

与此同时抓紧了自备电站投产前的调试工作；与日方洽谈750立方米高炉热风炉余热利用项目；实施了100立方米、620立方米、750立方米高炉铁水保温方案；对特钢系统、轧钢系统、冶炼系统采取冷却水循环利用措施，提高水的复用率；推广了节能电机、变压器等节电产品；100立方米高炉煤气用于附属企业轧钢加热技术进入准备阶段。

（石庆堂）

# 计算机应用

**【基本情况】** 随着计算机在企业管理及生产工艺领域的广泛应用，莱钢在加速现代化生产的进程中，也迈出了较大步伐，于1987年成立计算机中心，1992年底与计控室合并改称莱钢自动化部。主要负责全厂计算机应用的总体规划，工业生产自动控制，办公自动化的开发应用、对各二级厂矿计算机应用进行业务指导等。

莱钢计算机应用工作始于1984年，从一般企业管理逐步扩展到生产工艺过程控制，1986年首次将计算机应用于一铁厂2号100立方米高炉上料，自动称料控制。1993以莱钢改扩建一期工程750立方米高炉、105平方米烧结机、综合原料场为主的生产工艺过程控制，标志着莱钢计算机应用的基础自动化水平进入一个新阶段。财务、计划、劳动人事、供销、能源管理等计算机辅助企业管理已逐步形成网络化，走出了应用微电子技术和计算机改造传统工业的成功之路。

**【总体规划的制定】** 随着莱钢生产建设和计算

**【专利培训】** 1993年举办莱钢第二期专利知识学习班，系统学习了专利申请注意事项，专利文献的撰写，专利保护及贸易形式，现行专利法的修改等内容。负责专利工作的57人参加学习，其中厂处级22人、科级23人；另有4名同志参加永新代理事务所在北京举办的全国冶金系统国际技术贸易与涉外专利实务函授班，均获结业证。截止1993年底共培训116人。为提高职工的专利意识，组织全厂120人参加了专利知识竞赛活动。

**【专利申请】** 到1993年底共申请专利21项，已授权15项，其中非职务发明创造专利申请16项，已授权12项：发明1项、实用新型10项、外观设计1项；职务发明创造申请5项，已授权3项：发明1项、实用新型2项。1993年授权的2项职务实用新型是：莱钢医院耿少卿发明创造的"CDS多功能石腊切片处理机"和炼钢厂吴锡昌等人发明创造的"消烟沥青燃气加热炉"技术。1993年申请的2项职务实用新型专利是：炼钢厂聂昊发明创造的"液力偶合器电控气液阻压调速执行器"和建安公司木工厂刘文杰等人发明创造的"钢木一体安全报警防盗门"，正在授理中。

**【专利实施】** 已申报的5项职务发明创造专利除在本单位实施外，还通过其它渠道进行宣传、转让。其中效益较好的项目有：建安公司的"钢木一体安全报警防盗门"1993年已转让3家，获利30多万元。在引进专利工作中，第一铁厂4月购买的"热风炉冷风均匀配气装置"专利技术实施后，不仅风温提高30℃，每年节焦增铁效益达70.7万元。建安公司购买的"铌合金轧轨"和"塑料门窗"的专利技术年效益达80万元。

（常　梅）

## 科技信息工作

**【科技信息工作】** 1993年科技信息工作得到进一步加强，围绕生产建设、科学研究、科技开发等不断提供四新技术信息。与全国103个厂家、科研单位和大专院校建立了科技信息交流关系，收集订购80余种科技信息刊物，参加全国及专业信息网16个。编辑印发《莱钢科技信息》32期，提供科技信息318篇；出刊《莱钢科技信息题录》1期，提供科技信息323篇。开展科技信息需求调研工作，为企业提供科技信息63项。科技信息利用效果反馈9项。应用计算机进行本厂节能信息管理，计算机辅助能源管理系统的开发与应用，对全厂能源的生产、分配、转换和消费进行了规划、计划、组织和调节，保证了有限的能源发挥最大的经济效益。

（江先芝）

## 莱钢科协工作

**【莱钢科学技术协会】** 莱钢科学技术协会（以下简称莱钢科协）是在总厂党委和厂长领导下的科学技术工作者的群众组织。业务上受山东省科协的指导。主要任务是：贯彻执行经济建设必须依靠科技进步、科技工作必须面向经济建设的方针，组织和动员全厂科技工作者推动莱钢科学技术的繁荣、进步，促进科学技术的普及和推广，促进各种专业人才的成长和提高，为提高企业素质和经济效益做出贡献。莱钢科协由18个科协分会和14个专业学会、协会、研究会组成，拥有会员6000多人。科协常务委员会为常设机构，下设科协办公室，有专职人员3人。莱钢科协分会、专业学会设置情况如下：

**科协分会**

莱矿科协分会　石灰石矿科协分会
焦化厂科协分会　第一铁厂科协分会
第二铁厂科协分会　特钢厂科协分会
炼钢厂科协分会　轧钢厂科协分会
锻压厂科协分会　动力部科协分会
运输部科协分会　机械厂科协分会
汽运公司科协分会　建安公司科协分会
冶炼厂科协分会　自动化部科协分会
医院科协分会　附属企业科协分会

**专业学会(协会、研究会)**

土木学会　教育学会　电机工程学会
机械工程学会　能源协会　计划生育协会
会计学会　医学会　职教学会
铁道工程学会　计算机应用学会　制冷学会
气功研究会　金属学会：
矿山学会　焦化学会　炼铁学会　炼钢学会
理化学会　有色冶炼学会

**【讲理想比贡献活动】** 1993年，进一步围绕生产建设、节能降耗、开发产品、提高质量，积极开展了讲理想比贡献活动。全年有1700人次提出科技建议5841项，实现1559项，创经济效益2338万元。其中科技项目139项，完成136项，创效益2104万元；50万元以上项目10项，新产品开发1项。年末有40人被评为莱钢优秀科技工作者。

**【学术交流】** 组织学术交流活动101次，参加人员3100人次，征集论文439篇，在各专业学术会议上宣读交流43篇，评出优秀论文78篇。组织参加省级以上学术会议125次199人次，推荐论文137篇，宣读交流88篇，被评为优秀论文的28篇。

会同总厂干部处、培训处等有关部门，制定了《莱钢总厂继续教育管理办法》，全年列继续工程教育研修专题42个，从1992年研修成果中选出20篇参加在青岛石化疗养院举办的继续工程教育高级研修班进行交流并汇编成册。

为推动科协科普工作的开展，参加了由中国金属学会、冶金部能源办联合组织的焦化生产节能技术知识竞赛，经过全国统一考试莱钢被评为先进集体，并获一等奖1名、二等奖3名。全年全厂各级科协组织共举办各种技术培训班144期，培训人员5600人次，印发各种教材2415册。举办技术专题讲座40次。

(李　明)

## 技术进步鉴定项目与获奖项目

**【基本情况】** 1993年经莱钢总厂和山东省冶金工业总公司鉴定的技术进步项目11项(见表9)。获山东省冶金工业总公司科技进步奖16项，山东省电子技术应用小组计算机应用优秀成果奖1项，山东省冶金工业总公司优秀新产品奖1项(见表10)。获莱钢科技成果奖项目18项(见表11)。受莱钢总厂表彰嘉奖的优秀科技进步项目10项(见表12)。1993年经过莱钢总厂技术论证的技术进步项目29项，工程总投资9423.8万元，这些项目完成后每年可获直接经济效益4923.8万元，有些项目还可获得难以计算的环保效益和社会效益。

表 9　　1993 年技术进步鉴定项目

| 序号 | 项目名称 | 鉴定时间 | 组织鉴定单位 | 完成单位 |
|---|---|---|---|---|
| 1 | 半干法喷补工艺及设备的研究 | 1993.1.15 | 省冶金总公司 | 炼钢厂 |
| 2 | 500 毫米热带加热炉滑轨改造 | 1993.2.3 | 总厂 | 轧钢厂 |
| 3 | 马庄矿区弱磁氧化矿处理系统改造 | 1993.2.23 | 总厂 | 莱矿 |
| 4 | 叉车货叉 | 1993.4.9 | 省冶金总公司 | 机械厂 |
| 5 | 焊管坯 | 1993.4.20 | 总厂 | 轧钢厂 |
| 6 | 2.6 吨瓶口钢锭模设计研究 | 1993.8.3 | 省冶金总公司 | 炼钢厂 |
| 7 | 25 吨转炉炼钢过程计算机监测数据采集 | 1993.8.21 | 省冶金总公司 | 炼钢厂 |
| 8 | 加热炉离心风机调速改造 | 1993.9.2 | 总厂 | 轧钢厂 |
| 9 | 清泥沟、付家桥水源地改造 | 1993.12.25 | 总厂 | 动力厂 |
| 10 | 4 号电炉技术改造 | 1993.12.30 | 总厂 | 特钢厂 |
| 11 | 焦炉煤气立—横管联合初冷节水工艺 | 1993.12.29 | 总厂 | 焦化厂 |

表 10　　1993 年获省级科技进步奖项目

| 序号 | 项目名称 | 获奖时间 | 奖励等级 | 获奖单位 | 备注 |
|---|---|---|---|---|---|
| 1 | 微机动力调度系统 | 1993.2 | 省电子办三等 | 机动处 | 省计算机应用优秀成果 |
| | | 1993.12 | 省冶金总公司二等 | | |
| 2 | 微机控制均热炉烧钢 | 1993.12 | 省冶金总公司一等 | 轧钢厂 | |
| 3 | 电炉试炼船用三级锚链钢 | 1993.12 | 省冶金总公司一等 | 特钢厂 | |
| 4 | 电炉炼钢改造 | 1993.12 | 省冶金总公司一等 | 特钢厂 | |
| 5 | 船用三级锚链钢(Φ27～90mm) | 1994.4 | 省冶金总公司一等 | 特钢厂 | 1993 年度优秀新产品 |
| 6 | 自行车飞轮钢 | 1993.12 | 省冶金总公司二等 | 炼钢厂 | |
| 7 | (2.5—4×250—350)毫米热轧钢带 | 1993.12 | 省冶金总公司二等 | 轧钢厂 | |
| 8 | 提高管坯和大园钢质量技术措施 | 1993.12 | 省冶金总公司二等 | 特钢厂 | |
| 9 | 马庄矿区采空区处理 | 1993.12 | 省冶金总公司三等 | 莱矿 | |
| 10 | 莱矿选厂磨矿系统工艺改造 | 1993.12 | 省冶金总公司三等 | 莱矿 | |
| 11 | $24Mmn_2K$ 矿用钢 | 1993.12 | 省冶金总公司三等 | 炼钢厂、轧钢厂 | |
| 12 | $35Mn_2A$ 抽油杆用热轧圆钢 | 1993.12 | 省冶金总公司三等 | 炼钢厂 | |
| 13 | 2# 烧结机泥辊布料器改造 | 1993.12 | 省冶金总公司三等 | 二铁厂 | |
| 14 | 一次圆筒混料器改造 | 1993.12 | 省冶金总公司三等 | 二铁厂 | |
| 15 | 均热炉辐射——旋流组合金属换热器 | 1993.12 | 省冶金总公司三等 | 轧钢厂 | |
| 16 | 500 毫米热带加热炉滑轨改造 | 1993.12 | 省冶金总公司三等 | 轧钢厂 | |
| 17 | Φ750 毫米初轧机主传动大功率可控硅供电装置的应用 | 1993.12 | 省冶金总公司三等 | 轧钢厂 | |

表 11　　1993 年获莱钢科技成果奖项目

| 序号 | 项　目　名　称 | 获奖时间 | 奖励等级 | 获奖单位 |
|---|---|---|---|---|
| 1 | 焊管坯 | 1993.8 | 一等 | 轧钢厂 |
| 2 | 自行车飞轮钢 | 1993.8 | 一等 | 炼钢厂 |
| 3 | 半干法喷补工艺及设备的研究 | 1993.8 | 一等 | 炼钢厂 |
| 4 | 提高管坯和大圆钢质量技术措施 | 1993.8 | 一等 | 特钢厂 |
| 5 | (2.5—4×250—350)毫米热轧钢带 | 1993.8 | 一等 | 轧钢厂 |
| 6 | 马庄矿区弱磁氧化矿处理系统改造 | 1993.8 | 一等 | 莱矿 |
| 7 | 叉车货叉 | 1993.8 | 二等 | 机械厂 |
| 8 | 微机动力调度系统 | 1993.8 | 二等 | 机动处 |
| 9 | 均热炉辐射——旋流组合金属换热器 | 1993.8 | 三等 | 轧钢厂 |
| 10 | 500 毫米热带均热炉滑轨改造 | 1993.8 | 三等 | 轧钢厂 |
| 11 | Φ750 毫米初轧机主传动大功率可控硅供电装置的应用 | 1993.8 | 三等 | 轧钢厂 |
| 12 | $24Mmn_2K$ 矿用钢 | 1993.8 | 三等 | 炼钢厂、轧钢厂 |
| 13 | $35Mn_2A$ 抽油杆用热轧圆钢 | 1993.8 | 三等 | 炼钢厂 |
| 14 | 炼钢厂微机管理信息系统 | 1993.8 | 三等 | 炼钢厂 |
| 15 | 用高炉主卷 PC 控制槽下称量补偿 | 1993.8 | 三等 | 二铁厂 |
| 16 | 槽下称量系统改造 | 1993.8 | 三等 | 二铁厂 |
| 17 | 一次圆筒混料器改造 | 1993.8 | 三等 | 二铁厂 |
| 18 | 2#烧结机泥辊布料器改造 | 1993.8 | 三等 | 二铁厂 |

表 12　　1993 年受总厂嘉奖的优秀技术进步项目

| 序号 | 项　目　名　称 | 完成单位及 | 参加单位 | 重要参加人员 |
|---|---|---|---|---|
| 1 | 620 立方米高炉护炉技术 | 第二铁厂 | 建安公司，动力部，运输部，焦化厂，机械厂 | 陈兆三，张耀祖、丛汉滋、赵玉清，杨培功、刘元和 |
| 2 | 1#连铸机建设项目 | 炼钢厂 | | 车仁功、过渭源、羌少清，刘景林、张胜生 |
| 3 | 竖炉大修改造项目 | 第一铁厂 | | 李贯忠，杨树章，张福良、刘玉岭 |
| 4 | 中轧车间技术改造项目 | 特钢厂 | | 周吉昌，连承清，高学新、任浩 |
| 5 | 500mm 碳素结构钢热轧带钢新产品开发项目 | 轧钢厂 | | 李云鹏、王维祚、胡兴启 |
| 6 | 船用二级三级锚链钢新产品开发 | 科技处<br>钢研所 | | 刘文学、韩山成，贺永宏、马春运 |
| 7 | 转炉炉龄攻关 | 炼钢厂 | | 李仁泽，朱鸿源 |
| 8 | 谷家台大水矿山试采方案设计 | 莱矿 | | 王宝庆，宋纯忠、李云 |
| 9 | 煤气空气双予热的高效蓄担式余热全回收系统在均热炉上的应用 | 轧钢厂 | | 杨玉瑛，杨庆堂、王化巨 |
| 10 | 上河矿区堵水采矿项目 | 韩旺铁矿 | | 段存源 |

## 获省级以上现代化管理优秀成果奖项目

**【基本情况】** 1993年各厂矿、有关处室认真贯彻落实国务院《“八五”企业管理现代化纲要》及总厂《推广应用现代化管理方法实施意见》，企业管理现代化工作取得了新的成绩。经总厂现代化管理成果评审委员会认真评审，评出莱钢企业管理现代化优秀成果项目40个、现代化管理先进单位5个。全厂推行现代化管理方法34种，获经济效益1800万元以上。其中获全省冶金系统现代化管理优秀成果奖4项，获全省现代化管理优秀成果奖2项(详见表13)

表13　　1993年获省以上现代化管理优秀成果奖项目

| 序号 | 项目名称 | 完成单位 | 颁奖单位 | 获奖等级 | 获奖年月 |
|---|---|---|---|---|---|
| 1 | 运用方针目标管理，开展高炉护炉活动 | 二铁厂 | 省经委 | 二等 | 1993.12 |
| 2 | 网络技术在1#石灰竖窑大修中的应用 | 炼钢厂 | 省经委 | 三等 | 1993.12 |
| 3 | 运用方针目标管理开展高炉护炉活动 | 第二铁厂 | 省冶金总公司 | 一等 | 1993.5 |
| 4 | 实行标准化作业，提高工作质量 | 炼钢厂 | 省冶金总公司 | 二等 | 1993.5 |
| 5 | 运用系统工程协调生产，确保全年生产任务完成 | 特钢厂 | 省冶金总公司 | 三等 | 1993.5 |
| 6 | 网络技术在1#石灰窑大修中的应用 | 炼钢厂 | 省冶金总公司 | 三等 | 1993.5 |

(李成敏)

## 全国、省青年科技成果博览会获奖项目

**【基本情况】** 1993年8月18日至25日，在团省委、省经委、省科委、省计委、省科协联合举办的’93山东青年科技经贸博览会上，莱钢团委、科协推荐参展的29项成果中11项获奖，其中1项金奖、4项银奖、6项铜奖(详见表14)。

当年11月19日至23日，在团中央、国家经委、国家计委、国家科委、中国科协、中国发明协会联合在北京举办的第二届中国青年科技成果博览会上，莱钢团委、科技处、科协推荐参展的31项成果中，又有6项获奖，其中2项金奖、4项新星奖(详见表15)。

表 14　　1993 年山东青年科技经贸博览会获奖项目

| 序号 | 成果名称 | 完成单位 | 颁奖单位 | 获奖级别 | 时间 |
|---|---|---|---|---|---|
| 1 | 具有压实功能的活挡板平煤杆 | 总厂设计院 | 团省委、省经委、省科委省计委、省科协 | 金奖 | 1993 年 8 月 |
| 2 | 内藏外拉开钩装置 | 运输部 | 团省委、省经委、省科委省计委、省科协 | 银奖 | 1993 年 8 月 |
| 3 | 消烟沥青燃气加热熔化炉 | 炼钢厂 | 团省委、省经委、省科委省计委、省科协 | 银奖 | 1993 年 8 月 |
| 4 | 100M³高炉热风炉改造 | 第一铁厂 | 团省委、省经委、省科委省计委、省科协 | 银奖 | 1993 年 8 月 |
| 5 | 滚动导板应用于大圆钢生产 | 特钢厂 | 团省委、省经委、省科委、省计委、省科协 | 银奖 | 1993 年 8 月 |
| 6 | 会计电算化系统 | 特钢厂 | 团省委、省经委、省科委省计委、省科协 | 铜奖 | 1993 年 8 月 |
| 7 | 计算机财务管理信息系统 | 总厂财务处 | 团省委、省经委、省科委省计委、省科协 | 铜奖 | 1993 年 8 月 |
| 8 | 液体偶合器电控气液阻压调速执行器 | 炼钢厂 | 团省委、省经委、省科委省计委、省科协 | 铜奖 | 1993 年 8 月 |
| 9 | CDS 型多功能石蜡斗处理机 | 总厂医院 | 团省委、省经委、省科委省计委、省科协 | 铜奖 | 1993 年 8 月 |
| 10 | 拖拉机助力器 | 总厂设备处 | 团省委、省经委、省科委省计委、省科协 | 铜奖 | 1993 年 8 月 |
| 11 | 中轧材 Φ27—55 成品机架铸铁出口导卫设计 | 特钢厂 | 团省委、省经委、省科委省计委、省科协 | 铜奖 | 1993 年 8 月 |

表 15　　1993 年第二届中国青年科技成果博览会获奖项目

| 序号 | 成果名称 | 完成单位 | 颁奖单位 | 获奖级别 | 获奖时间 |
|---|---|---|---|---|---|
| 1 | 钢木一体报警防盗门 | 建安公司 | 团中央、国家经贸委、国家计委、国家科委、中国科协、中国发明协会 | 金奖 | 1993.11 |
| 2 | 具有压实功能的活挡板平煤杆 | 莱钢设计院 | 团中央、国家经贸委、国家计委、国家科委、中国科协、中国发明协会 | 金奖 | 1993.11 |
| 3 | 会计核算电算化信息系统 | 财务处 | 团中央、国家经贸委、国家计委、国家科委、中国科协、中国发明协会 | 新星奖 | 1993.11 |
| 4 | 内藏外拉开钩装置 | 运输部 | 团中央、国家经贸委、国家计委、国家科委、中国科协、中国发明协会 | 新星奖 | 1993.11 |
| 5 | 硅铝铁合金在电炉冶炼中的应用 | 特钢厂 | 团中央、国家经贸委、国家计委、国家科委、中国科协、中国发明协会 | 新星奖 | 1993.11 |
| 6 | 利用 PDCA 循环提高酚产品的收率 | 焦化厂 | 团中央、国家经贸委、国家计委、国家科委、中国科协、中国发明协会 | 新星奖 | 1993.11 |

（郑　林）

# 10. 改 革 开 放

## 体 制 改 革

### 劳动制度改革

**【概述】** 为转换经营机制,加快企业发展,调动职工积极性,提高经济效益,1992 年 2 月,省政府批准莱钢为全省劳动工资、人事、劳动保险三项制度综合配套改革试点单位。在深入调查摸底的基础上,制定三项制度改革试点方案,并报经省劳动厅批准,于 1993 年 1 月至 4 月在特钢厂和运输部两个单位进行试点。此后三项制度改革工作在全厂普遍推开。

**【精减机构、压减人员】** 本着“精干高效”的原则和生产建设的实际需要对二级厂矿单位的机构作了调整,改多科制为部室制,全厂二级单位机关科室由改革前的 387 个压减为 119 个,压减 268 个,压减幅度为 69.25%。拓宽管理幅度,减少和简化管理层次和管理环节,强化管理职能,实现了综合化管理。

依据对全厂 794 个工种 1979 个岗位劳动测评采集的 310 万个原始数据和 1000 多万个计算机处理数据,按照高效率、满负荷、先进合理、节约用人、提高劳动生产率的原则,先后对全厂 19 个专业 22 个分册共 2668 个岗位的企业定员定额拟定标准逐岗位进行了审查核定,对有效劳动时间每天达不到 6～6.5 小时的岗位,予以撤岗或并岗。通过逐岗位核定编制定员,全厂编制定员由改革前的 35963 人压减为 29956 人,减员 6007 人,压减幅度为 16.70%。其中:管理人员由改革前的 4883 人压减为 3538 人,压减幅度为 27.54%;专业技术人员由改革前的 3157 人压减为 2769 人,压减幅度为 12.29%;操作人员由改革前的 27933 人压减为 23659 人,压减幅度为 15.30%。通过减员使 1993年全员劳动生产率达到了44470元/人年,比1992年提高了37.84%,其中通过减员劳动生产率提高18.51%。

**【双考、双向选择与竞争上岗】** 根据国家颁布的《工人考核条例》精神,总厂先后制定了《关于工人考核上岗的试行办法》和《关于管理人员、专业技术人员考试、考核的实施办法》,并对全员在册职工进行了岗位和技能双考核工作,凡两项考核合格者,统一颁发《岗位合格证书》,持有《岗位合格证书》者,方具有竞争上岗的权利。全厂先后有 32630 人参加了双考,合格率为 97.16%。

按照莱钢《关于实行双向选择竞争上岗的试行意见》开展了双向选择,竞争上岗:一是坚持六项原则,即坚持双向选择、公平竞争、择优上岗的原则;坚持上岗靠竞争、竞争凭技能的原则;坚持企业与职工既有双向选择的自由,又要坚持苦、脏、累、险一线岗位相对稳定的原则;坚持在企业内部，职工之间只有岗位区分，没有身份差别的原则；坚持唯才是用，不徇私，扬长避短的用人原则；坚持竞争上岗的前提下，适当照顾老职工和女职工的原则。二是做到四公开，即：岗位定员公开；岗位职责公开；上岗条件公开；岗位岗次公开。让职工自我选择岗位进行竞争。三是按照先机关后车间、先管理(技术)岗位后操作岗位、先高岗后低岗的程序，展开双向选择竞争上岗。

**【全员岗位合同化管理】** 重点抓了三个方面：一是按照实行全员劳动合同制的模式，制定下发了《关于签订岗位责任书的实施细则》，并统一印制了《岗位责任书》，内容包括岗位名称、责任、权力、报酬及奖惩、附则五个方面；二是实行了"一化三岗两待"制的岗位动态管理机制。"一化"即所有竞争上岗人员必须按规定签订岗位责任书，实行岗位合同化管理的用工制度；"三岗两待"即在全厂内部形成上岗、试岗、下岗培训、待岗、待业五种劳动力动态管理形式；三是实行全员岗位合同化管理后，在莱钢内部取消了工人、干部身份界限，实行企业职工制度，统称莱钢职工。

**【多渠道分流安置好富余人员】** 通过三项制度改革，全厂出现几千余名富余人员。为了妥善安置富余人员，稳定职工队伍，稳定社会秩序，促进生产发展，莱钢在解决富余人员安置问题上，始终坚持了"四先四后"的原则，即：先挖渠后放水，先盖房后搬家；先撤岗后分流；先二级厂矿单位内部自行消化安置后总厂余缺调剂安置的原则。同时从以下三个方面入手抓好安置工作。(一)进一步强化了安置管理体系和扶持发展的政策。(二)注重抓好第三产业和附属企业的增容工程。为使"八五"末三产能容纳万人以上，全厂先后筹集资金 2253 万元，有偿提供设备 390 台(套)，提供场地 162965 平方米，创办了 238 个投资少、见效快、安置富余人员多的短、平、快项目。目前全厂第三产业系统安置容纳能力已达到 8000 余人。(三)狠抓了多渠道安置的分流工程。对全厂 6007 名富余人员，总厂采取以下六条途径进行了分流：一是经强化培训并从合格者中择优挑选 1123 人充实到改扩建工程现场，作为生产准备人员；二是在全厂 238 个第三产业企业中安置 1917 人；三是为男满 55 岁、女满 45 岁，本人自愿的 405 名老职工办理了厂内退养手续，为 161 名职工办理了离退休手续；四是清退了顶岗的计划外用工 1786 人；五是为保持岗位竞争的动态循环，有利于在企业内部形成劳动力合理流动机制，全厂仍有 315 名在培训的待岗职工和 28 名待业职工；六是其他职工 272 名，其中脱产在校学习职工 106 人、长病长休职工 151 人、应征入伍职工 15 人。

(梁化飞　张东华)

## 分配制度改革

**【基本原则】** 分配制度改革遵循原则有以下四条：向一线苦、脏、累、险和技术性高、责任重的岗位倾斜的按劳分配原则；基本工资、辅助工资和基本工资中的岗位工资、技能工资、年功工资构成的合理性及工资总水平上的合理性和科学性原则；全厂统筹规划，分步实施，平稳过度，逐步到位的整体性原则；职工工资总额增长幅度低于经济效益增长幅度，职工人均实际收入增长幅度低于劳动生产率增长幅度的两低于的工资效益性原则。

**【基本内容】** 分配制度改革的主要内容是由等级工资制套改为岗位技能工资制。岗位技能工资由基本工资、辅助工资两部分组成，基本工资部分包括岗位工资、技能工资、年功工资三个单元，这是国家确定的基本工资；辅助工资部分包括奖金、挂率工资、效率工资和未列入基本工资部分的各种补贴、津贴等。

1. 岗位工资。岗位工资全厂统一标准，一岗一薪，设有初期标准和三个正式标准，操作人员、管理人员、专业技术人员执行同一种标准。

操作人员的岗位工资设10岗，根据岗位测评分数分别确定各工种岗位的岗位工资；管理、专业技术人员的岗位(职务)工资设12岗，其中高级师、中级师分别为8.5岗和6.5岗，根据所担任的实际职务和评价数据及考核情况确定岗位(职务)工资。

岗位(职务)工资的初期标准起点30元，最高岗114元，另设待岗工资标准22元。

2.技能工资。技能工资是根据不同岗位对劳动技能要求同时兼顾所具备的劳动技能水平，经考试考核而确定的工资。

技能工资设初期标准和两个正式标准，分为17个等级，每个等级之间设副级，操作人员、管理人员、专业技术人员执行同一标准，其中操作人员设14级，1～3级对应初级工，4～6级对应中级工，7～10级对应高级工，技师和高级技师起点同高级工，止点分别为12级和14级。

管理人员和专业技术人员技能工资为17级。各职务不设起点工资，止点工资按担任的管理和技术职务确定。初期技能工资起点70元，止点为406元。

技能工资套改，执行以职工原等级工资制级别的档案工资额就近向上套入70元起点的技能工资标准；浮动工资亦按此法套改，套改后作为浮动工资。

3.年功工资。年功工资是为体现职工劳动贡献的积累，按职工参加工作年限而确定的工资，按职工连续工龄每年1元计发，到本人达到离、退休年龄为止(合同制职工从正式招工之月起计算)。

另外，辅助工资部分奖金按莱钢现行办法考核计发，津贴、补贴仍按现行规定执行，效益工资是为适应企业工资同经济效益挂钩办法而设的工资单元，根据企业的经济效益，可实行企业内部浮动工资标准、浮动升级等。

**【方法步骤】** 1.各生产单位认真落实机构定编、岗位定员、人员定岗的规定，制定了岗位责任书。厂矿单位管理定员平均占8%，总厂机关管理定员占全部定员的4%。2.各单位认真组织实施上岗职工考试考核，将那些责任心强、业务技术好，工作有能力的职工推上岗位，使其发挥更好的作用，最大限度的提高工作效率和劳动生产率。3.各单位认真开展双向选择、竞争上岗，企业实现用人自主，劳动者自由择业，形成劳动力动态管理机制，为实现劳动制度改革迈出了根本性的一步。4.根据岗位职责，与上岗职工签订《岗位责任书》。5.大力兴办三产项目，妥善安置富余人员，实现了三项制度改革的平稳过度。6.以岗位劳动评价分数为依据，适当考虑职工择岗心理流向，合理进行了划岗分级工作，为套改岗位技能工资打好了基础。7.岗位工资套改，按职工所上岗的岗次、原等级工资制级别和工龄长短套入岗位技能工资标准。8.检查验收，各单位在做好基础工作的基础上，根据总厂三项制度改革的基础工作和岗位技能工资检查验收标准写出检查验收报告，由总厂三改领导小组检查验收。9.总厂根据检查验收情况，经总厂三改领导小组研究同意批复后，方能实行岗位技能工资标准。

截止1993年底，全厂有29975人由原等级工资制套改为岗位技能工资制。全厂月人均基本工资215.39元，月人均净增资35元左右。

（王文法　李希忠）

## 人事制度改革

**【人事制度改革】** 1993年全厂干部人事制度改革的主要任务是：在前几年实行行政干部聘任制的基础上，进一步深化和完善对行政系统的管理、技术人员实行聘任制和从工人中聘用管理、技术人员的制度。对专业技术职称和职务实行评聘分开；对副科级以下管理人员实行科办员制度；建立健全对各类管理技术人员严格的考核制度。1993年在特殊钢厂、运输部两单位试点的基础上，按照总厂关于三项制度改革的统一部署，全面推开深化干部人事制度的改革，在岗位设置、竞争上岗、完善聘任制度、严格考核等方面做了大量细致有效的工作。

根据各二级厂矿单位管理体制和机构变动的要求，对科级干部职数重新进行了调整。多数二级厂矿单位的行政管理机构由科室制改为部室制，即撤消科室成立职能部室，部室主任由厂处级领导干部兼任，下设副主任1～2名，部室以下不设科级管理机构，但管理幅度大、业务面宽的部室，在副主任以下设置业务科长、副科长作为部室领导的业务助手，协助分管副主任负责一个方面的业务工作。各单位行政管理部室的科级干部职数一般按本单位定员数的1%配备，各生产车间按管理幅度和技术复杂程度配备2～5名行政领导干部。通过调整，重新核定的行政科级干部职数为656职，减少了管理层次，明确了责任关系，提高了办事效率。

坚持双向选择、公开竞争，进一步完善行政管理人员的聘任制度。各二级厂矿单位和总厂机关处室聘任科级干部，一般都通过个人选择岗位、民主推荐、单位领导研究确定等步骤，来选择确定科级管理人员。莱芜铁矿、第一铁厂、汽运公司等单位还举行了述职答辩会，公开竞争。由于透明度高，广泛听取群众意见，加上各单位组织严密、工作细致，新聘任的中层管理人员基本素质比较好、业务能力强，年龄结构合理。同时注意妥善安置未能重新上岗的科级干部。对由于年龄身体等原因退下来的领导干部，根据本人要求，一是安排厂内退养，二是安排适当的工作，保留其原职务的工资福利等待遇。对不适应做管理工作的专业技术干部，注意发挥他们的专业技术特长，安排他们到专业技术岗位上工作；对由于职数限制，不能担任实职的领导干部，根据生产扩建的需要，做为生产准备的骨干力量从事生产扩建工作；还从工业生产系统派出一部分领导干部到新成立的三产服务系统开展工作；对少数不称职的领导干部，则调整到一般管理技术岗位或操作岗位，并按新岗位重新确定其待遇。

根据国家人事部和省人事厅的有关规定，结合前几年从工人中聘用干部的做法和经验，制定和完善了从工人中聘用干部的具体办法和规定。在具体实施过程中，既坚持总厂统一规定的关于从工人中聘用干部的条件，严把干部队伍的入口关，不搞 照顾，又结合前几年从工人中聘用干部的实际情况，对特殊情况灵活处理。在双向选择、竞争上岗过程中，把聘用干部应具备的条件和竞争上岗的方法、程序，以文件的形式下发到各个单位，使每个职工都了解和掌握这些情况，根据自已的实际情况选择岗位，为优秀工人走上管理技术岗位创造条件，同时还对连续聘干的起始时间根据不同情况作了具体规定，并及时为到管理技术岗位的工人办理了正式聘干手续。1993年底止，有993名优秀工人走上了管理技术岗位，其中293名工人走上了科级领导岗位；同时，541名干部从原来的管理技术岗位转向操作岗位，实现了干部队伍的更新。

根据总厂关于三项制度改革的有关规定，对副科级以下的管理人员实行科员、办事员制度。在设置领导职务的同时，设置了非领导职务序列，即在副科长以下设主办科员、科员、助理科员、办事员。对各级非领导职务的任职条件、考核晋升办法和工资福利待遇做了具体规定。到1993年底，首批上岗的主办科员970人，科员545人，助理科员203人，办事员114人。

**【职称改革】** 职称改革转入正常化是1993年职称改革工作的一项主要任务。在1992年摸底调查的基础上，1993年对全厂各系列高、中、初级职务的晋升工作做了具体安排。其主要内容包括制订各系列、各级职务的推荐范围及任职条件，确定推荐晋升职数，下达推荐名额，调整组建总厂各系列各级评委会等。到1993年底，共有3049人晋升了专业技术职务，同时还为新走上管理技术岗位的工人评聘专业技术职务做好了前期准备工作。

（于国镇）

## 股份制改组工作

**【项目的确定】** 1989年9月，中国政府与亚洲开发银行(以下简称亚行)在北京草签了莱钢改扩建项目《贷款协定》和《项目执行协议》。后来，由于“六四”政治风波的影响，协定迟迟不能生效。在这种情况下，中国人民银行和冶金部中钢公司等部门为促使亚行董事会早日正式批准莱钢改扩建项目《贷款协定》，建议莱钢以积极的态度对待诸如实行股份制等亚行感兴趣的问题。这一建议得到山东省政府的同意。同年10月，亚行工业局局长斯凯茨先生到莱钢，李景常厂长向他表示了“莱钢准备对股份制进行探索，并希望亚行对此提供资助和咨询”的意向。12月，亚行对莱钢改扩建项目进行再评估后，把“莱钢的改革及股份制引进”作为技术援助的一项内容写进《中华人民共和国莱钢改扩建项目再评估备忘录》。

1992年2月28日，省体改委以鲁体改生字(1992)第6号文批准莱钢《关于进行股份制试点的报告》，要求本着积极稳妥的原则，大胆进行探索。

1992年4月21日，中国驻菲律宾大使黄桂芳代表中国政府和莱钢与亚行签订了《技术援助协议书》，明确规定，亚行向中国政府和莱钢提供不超过80万美元的技术援助赠款，作为亚行聘请专家对莱钢试行股份制的咨询费用。规定“技术援助将分两阶段进行。第一阶段，咨询专家将对莱钢的改革作一研究并介绍股份制。根据这一研究，咨询专家将拟定一个实施计划，并由中国政府、莱钢同亚行协商批准，第二阶段，执行该实施计划。”

1992年9月20日，省体改委、中国人民银行山东分行以鲁体改生字(1992)第98号文，公布莱钢为山东省首批股份制试点单位，并由省直接管理。

1993年7月18日，经省政府同意，省证管委、省体改委以鲁证管字(1993)第5号文批准成立莱芜钢铁总厂股份制试点领导小组。由省体改委主任、省证管委副主任张龙任组长，莱钢总厂厂长李景常(常务)、省计委副主任周秋田、省经委副主任李邦秋、省冶金工业总公司总经理李国瑞任副组长，成员有省财政厅副厅长孙肇琨、省人民银行副行长韩光远、莱钢总厂党委书记姜开文、省体改委专职委员(现为副主任)段虎、莱钢总厂党委副书记李名岷(兼任领导小组办公室主任)。主要任务是负责试点的指导、协调工作。

**【国际咨询服务】** 按照《技术援助协议书》的要求，由亚行为莱钢股份制改组聘请咨询服务机构，向国际金融证券机构公开招标。1993年1月，先后有日本日兴证券株式会社、香港本森银行等组团到莱钢考察，为投标做准备。在欧、亚、美洲7家银行的竞争中，瑞士银行国际证券公司和香港安达信咨询公司(以下简称瑞士银行和安达信公司)联合中标。3月24日，亚行、瑞士银行和莱钢在马尼拉共同签署了《莱钢技术援助谈判纪要》，明确规定了项目执行过程中各方的职责和任务。29日，瑞士银行、安达信公司(以下通称咨询公司)与亚行签订了《咨询服务合同》，并于5月成立莱钢股份制改组项目指导委员会。

从1993年5月至12月，咨询公司先后8次(派员40余人次)到厂进行第一阶段现状研究工作。咨询专家的现状研究分五个部分，即政策性可行性研究、财务评估、依法研究、组织机构研究和运营研究。咨询专家拜会了国家体改委、冶金部体改司和山东省政府有关部门的领导，了解政府对莱钢股份制改组的态度和思路及政府对莱钢的管理关系，研究改组后的莱钢与政府的法律关系；了解我国关于股份制方面的法律、行政法规及政策性规定。山东省常务副省长李春亭接见了专家组有关人员。咨询专家同莱钢总厂领导、各有关处室、分厂有关人员进行了广泛地交流、座谈，查阅了大量的文件资料，了解莱钢的领导体制和组织机构，总厂各项管理职能的分工与协作，研究确定适当的股份公司架构及内部机构设置，确定主要部门的职能及责任；了解生产工艺流程、生产能力及市场营销情况，开展资金运用的研究；了解莱钢的现行财务会计制度、会计核算程序、固定资产和流动资金的管理，研究莱钢会计制度规范意见和会计核算程序；对财务历史报表进行调整和分析，设计新的会计报表系统并进行财务预测；了解计划管理和管理信息系统的现状，进行分析和补尝计划的研究；了解莱钢现有不动产的法律状况，探讨资产与债务转移的法律事务和办法；了解莱钢的政策环境和各项管理制度，建议拟定新章程和新的管理制度等等。

1993 年 6 月 7 日，咨询专家提出《咨询服务项目第一阶段起始报告》，即第一阶段工作计划。8 月 12 日，咨询公司在济南召开莱钢股份制改组项目指导委员会第一次会议，讨论咨询专家提出的《莱钢股份有限公司组织机构设置方案》和莱钢提出的修正方案，会议原则通过咨询专家提出的方案为最终方案，莱钢修正案为过渡方案。11 月 24 日，咨询公司再次在济南召开莱钢股份制改组项目指导委员会会议，讨论通过了咨询专家提出的第一阶段《中期报告》和莱钢修正案。

按照《技术援助协议书》的规定，第二阶段的工作将从 1994 年开始，包括组建公司、资产评估、发行股票、股票上市等项工作。

**【基础工作】** 为了在配合咨询专家的工作中赢得主动，莱钢本着"积极主动，以我为主，讨论协商，取长补短"的原则开展了工作，1993 年 5 月 14 日，莱钢成立股份制改组工作领导小组，总厂李景常厂长任组长，姜开文书记任副组长。领导小组下设办公室，李名岷副书记任主任，李庆、宋兰祥副厂长任副主任。办公室设基础工作、企业重组、秘书、宣教、公关 5 个职能组，负责莱钢股份制改组的具体工作。在国内聘请了 29 位咨询专家(顾问)，以多种形式提供咨询服务。

自 1993 年 3 月起，在全厂进行了清产核资、产权界定、会计改制，并组织进行效益测算和企业重组框架设计，探索组建以经营管理为主体的信息管理系统。根据存量资产和今后几年已确定项目的资金需求量，进行了初步的股权结构设计。

当前，我国股份制仍处于试点阶段，对股票发行采取了额度管理办法控制规模。莱钢根据股份制改组的需要，开展了争取列入国家第二批境外上市试点企业的工作。1993 年 9 月，向冶金部和山东省体改委呈送了《关于将莱钢纳入国家体改委试点管理的报告》。经省体改委同意，分别于 10 月中旬和 11 月下旬两次进京开展了活动，先后向国家体改委、国家经贸委、国务院证券委、国家计委、中国人民银行、中国证监会、中央财经领导小组办公室经济组等有关部门汇报了莱钢生产建设和股份制改组中外双方开展的基础工作，阐明了莱钢股份制改组的特殊性和境外上市的必要性。

国家有关部委对莱钢申请境外上市表示理解和支持。普遍认为，莱钢属原材料基础工业企业，进行股份制试点符合国家产业政策；莱钢的情况符合"三委"提出的"境外上市企业参考标准"，莱钢需要募集资金进行配套改造，且募股规模适中；莱钢有一定的创汇能力，有关指标符合国家的要求；特别是，莱钢股份制改组是亚行技术援助项目，得到了政府的承诺，有一定的特殊性。领导同志对莱钢做的大量基础工作表示赞赏，认为莱钢关于股份制改组重在转换企业经营机制指导思想明确，做的工作扎实，这对于将来到境外上市和莱钢的发展非常有利。

1993 年 11 月 18 日，冶金部向国家经贸委、体改委和国务院证券委写报告，推荐莱钢等 3 家冶金企业作为国家第二批境外上市试点企业；1993 年 11 月 29 日，山东省政府《关于申请莱芜钢铁总厂列为全国第二批境外上市企业的函》送国务院证券委。李春亭副省长和省体改委主任张龙向有关领导提出了将莱钢列为国家第二批境外上市试点企业的要求。

根据股份制改组需要，以多种方式进行培训，提高全体职工对股份制的认识。如聘请澳大利亚专家约翰·海尔斯博士到莱钢讲课；派有关人员去日本、香港、北京、上海、武汉、马鞍山等地考察学习；举办了股份制知识竞赛，收到答卷13941份；通过新闻媒介对外积极宣传莱钢的股份制改组工作，扩大企业的影响等。

**【股份制改组试点工作】** 为了培训人才积累经验，1992年8月，经省体改委同意，莱钢决定改组锻压厂、特殊钢厂冷带车间，作为莱钢股份制改组的内部试点单位。当年11月，省体改委以鲁体改字145号文批准成立莱钢锻压股份有限公司和冷带制品股份有限公司，1993年1月1日，两个股份有限公司正式运行。在组建过程中，两个股份有限公司严格按照《股份制有限公司规范意见》操作运行，均取得独立的法人地位，成立了股东会、董事会、监事会，将生活后勤等社会职能部分剥离出来，由总厂集中统管。锻压股份有限公司先后两次发行股权证，1993年1月25日止，募集莱钢内部职工个人股80.23万股，年底第二期又募集120.05万股，总股本6519.95万元，折合652万股，其中国家股为391.71万股、法人股60万股、个人股200.29万股。冷带制品股份有限公司总股本657.4万元，折合65.74万股，其中原冷带车间的国有资产评估价值315万元，折合31.5万股，为国家股，占总股本的48%；法人股为100万元，占15.2%；个人股234万元，占37%。先后二次募集资金3424.8万元。

通过股份制改组试点，重新界定产权关系，精减机构和人员，建立了新的生产经营体制，募集到大量生产建设资金，为企业的发展带来契机。两个股份公司将募集资金全部用于生产和设备技术改造，在生产组织和投资新项目上充分使用自主权，积极主动，大胆决策，经济效益均比改组前有大幅度提高。锻压股份有限公司全年实现销售收入44466万元，利税7199.43万元，年红利率为26.66%；冷带制品股份有限公司全年实现利润274.78万元，年红利率为24、74%。

（陈　军）

## 住房制度改革

**【基本情况】** 莱钢的住房制度改革，是从1991年12月全省第二次房改工作会议后开始的。1992年底，莱钢已有职工宿舍建筑面积595254平方米、11459套，成套率53%。居住人口38853人，户均建筑面积54.88平方米，人均居住面积7.24平方米。其中仍有2954户住在危旧房中，有1602户属于无房户。预计“八五”期间后三年里，还将有近2000户的要房因素。要实现“八五”末人均达到8.6平方米、成套率65%的目标，还需新建住房43.92万平方米。按照1993年莱钢建安工程费420.37元/平方米的标准，共需投资1.85亿元人民币。如加上征地、拆迁费、管理费等7项因素，实际费用支出将不少于2.4亿元人民币。另外按照月租金0.32元/平方米计算，总厂每年还需暗贴房屋维修费500余万元。再加上危房改造、旧房加固生活福利设施配套等，总厂已不堪重负，住房制度改革势在必行。

**【住房制度改革】** 按照省委、省政府关于《山东省城镇住房制度改革试行方案》的通知要求，莱钢于1992年1月成立房改领导小组，下设房改办公室。5月，草拟了《莱芜钢铁总厂住房制度改革方案》。6月16日，正式提交全厂六届二次职工代表大会全体会议讨论通过，并报山东省住房制度改革领导小组审批。9月12日，省房改领导小组以鲁房改发(1992)11号文件批准实施。该方案提出了房改的五项基本原则：一、坚持企业和个人共同负担的原则；二、坚持售、租、建并举的原则；三、坚持分步提租，逐步到位，多提少补，多住房、住好房多交钱的原则；四、坚持先售后租有偿分配的原则；五、统一政策和集中统管的原则。明确了六项改革措施和基本做法，主要是：分步提租发补贴，推行住房公积金制度；出售公有住房；分房缴纳住房屋保证金；实行集资建房；建立住房基金。这些原则、政策的出台，对莱钢的住房建设和房屋管理工作产生了积极的影响。

莱钢房改方案正式出台以后，首先将住房租金由过去的平均每平方米使用面积 0.069 元提高到 0.32 元，并给予职工工资总额 2%的补贴。全厂的房租收入由过去的月租金 2.8 万元提高到 13.1 万元。售出新房 161 套。收回资金 68.25 万元。分配住房531套，收取保证金61.3万元，建房集资 35 万元，当年筹集住房基金 174.85 万元。有 32 户主动退出了多占住房，114 名单身职工主动退出了床位。1993年全厂收取集资分房款339.8万元，住房保证金 264.1 万元，两项合计 603.9 万元。广大职工通过房改转变了住房福利制观念，树立了市场经济的商品意识，为莱钢其它各项改革政策的出台，起到推动作用；统一了全厂住房方面的政策规定，解决了过去住房制度和管理办法不统一的问题；加速了住房建设，改善了职工居住条件，1993 年全厂有 1500 户职工分到了新房。

1993 年 12 月，全省房改办主任会议后，莱钢的住房制度改革又围绕贯彻山东省人民政府《关于城镇住房制度改革的意见》(试行)认真做好公有住房的出售工作，加大改革力度，全面推行住房公积金制度，加快经济适用房的开发建设，加强公房售后管理等改革意见，将掀起莱钢住房制度改革的第二个高潮。

(温发岭)

## 三改配套文件

### 莱芜钢铁总厂关于深化劳动人事制度改革的总体意见

(1992 年 6 月 27 日莱钢六届二次职代会审议通过)

根据中央、省委省政府关于深化改革的一系列指示精神，结合我厂实际情况，对全厂劳动人事制度改革提出如下意见：

深化劳动人事制度改革，是我厂转换经营机制，提高经济效益的重要手段和重大措施。党的十一届三中全会以来，我厂坚持“一个中心、两个基本点”的基本路线，不断推进企业内部改革，对企业的领导体制、管理机构、经济责任制、劳动人事制度进行了一系列改革和探索，促进了生产建设的发展和经济效益的提高。但是，与社会主义市场 经济的发展要求相比，与中央、省委搞好国营大中型企业的要求相比，与我厂生产建设发展的实际需要相比，还存在很大差距，主要是企业经营机制还没有根本转换，各项内部改革措施不配套，“大锅饭”、平均主义现象还大量存在。这些问题，都在一定程度上制约和影响了职工积极性的发挥、生产力的发展和经济效益的提高。改革中的问题必须依靠深化改革来解决。中央一再强调，企业转换经营机制，重点是从“三项制度”改革入手。因此，我们要把劳动人事制度改革作为当前全厂深化改革的重点来抓，加快改革步伐，加大改革力度，以改革为动力，促进我厂生产建设的更快发展。

我厂深化劳动人事制度改革的指导思想是：认真贯彻中央、省委关于深化改革的一系列指示精神，全面学习和深刻领会邓小平同志谈话内容，依靠全体职工，抓住有利时机，勇于创新，敢于试验，加快改革步伐。要坚持"大胆、积极、稳妥、有效"的方针和"思想要解放、胆子要大、工作要细"的要求，以深化劳动、人事、分配制度改革，转换企业经营机制为重点；以调动全厂职工积极性、增强企业活力和发展动力、提高经济效益为目的，有计划有领导分步骤地抓好改革。通过改革，进一步增强我厂自主经营、自负盈亏、自我发展、自我约束的能力。

我厂劳动人事制度改革的主要内容：

一是深化用工制度，逐步实行全员劳动合同制。实行全员劳动合同制，是保障企业和职工双方的权利、责任、义务和利益的需要。凡我厂固定职工、合同制职工均要与企业签订劳动合同和岗位责任书或聘任合同书，实行全员合同化管理。原劳动合同制工人的劳动合同应按照本意见重新签订。新招收、调入及统一分配到我厂的职工也要按照本意见签订合同。我厂大集体职工，由所属单位实行全员劳动合同制。实行全员劳动合同制，要在科学定编、实岗、定员、定责的基础上，考试考核竞争上岗。竞争不能上岗的，试岗或下岗培训，试岗、下岗培训后仍不能上岗，实行企业内部待业；上岗人员条件下降不能适应生产需要的要下岗；试岗、培训、企业内待业人员经考核合格的可重新上岗。在全厂真正建立起上岗、试岗、下岗培训、企业内待业的动态管理机制。

二是深化人事制度改革，逐步打破干部和工人的界限。今后，工人可通过考试考核，公开竞争，择优进入管理岗位和各级领导岗位；管理人员也可以从事工人岗位的工作，做到能上能下。进一步完善行政管理人员和专业技术人员聘任制、党群管理人员选任制。专业技术人员的职称和职务实行评聘分开，可以低职称高聘，也可以高职称低聘。建立健全对各类管理人员严格的考核制度。工人竞争走上管理岗位或虽是干部身份但因不胜任而转入工人岗位的，工资待遇要作相应的调整。深化人事制度改革，既要坚持党管干部的原则，又要切实保证和落实厂长的用人权，实行管人与管事相结合。要坚持干部的"四化"方针和德才兼备标准，对领导干部要突出政绩考核，将竞争机制引入干部人事制度，做到能者上，庸者下，不拘一格选人才。

三是深化分配制度改革，试行岗位技能工资制。岗位技能工资是对现行工资制度的重大改革，是解决"大锅饭"平均主义问题的有效途径，有利于企业在分配上建立"奖勤罚懒、奖优罚劣"的激励机制和约束机制。试行岗位技能工资，要进一步与本单位经济效益挂钩，职工实际收入要与劳动岗位、技能、工效和贡献挂钩，与原标准工资脱钩，原标准工资作档案管理。不同岗位要根据劳动技能、劳动责任、劳动强度、劳动条件适当拉开分配差距。要妥善处理各类职工的工资收入关系，向高技术岗位、一线和苦、脏、累、险岗位倾斜。对择优上岗者要按其劳动成果进行分配；对试岗、下岗培训者，工资待遇要低于在岗人员；厂内待业的只发待业保障金；对老职工在分配上要给予适当照顾。

四是改革劳动保障制度，加快社会保障制度建设。我厂内部劳动保障制度的改革，要根据国家劳动保障制度的改革同步进行。逐步建立起国家基本保险、企业补充保险和个人储蓄保险相结全的养老保险机制。固定职工和合同制职工的基本养老保险金，逐步过渡到按统一比例提取。企业职工缴纳养老保险基金，执行省里统一规定。劳动合同期内，全员劳动合同制职工以及供养的直系亲属，按国家规定享受劳动保险待遇。

方法步骤：劳动人事制度改革要按照"统筹规划，配套进行，先立后破，先试点后推开，注重实效"的原则，分步实施。

1. 发动与准备工作。提高认识，统一思想，制订方案，召开全厂职工代表大会，通过各种宣传形式和深入细致的思想政治工作，动员全厂职工人人参加改革，人人支持改革，人人为改革贡献力量，为改革方案的实施做好充分准备。

2. 改革试点与实施。改革方案出台后，拟选二至三个单位先行试点，取得经验后，在全厂推开。

3.总结与深化。改革方案实施过程中，要及时总结经验教训，及时解决处理改革中出现的新问题、新矛盾，不断把深化企业内部改革引向深入。

应注意的几个问题

1.加强领导、组织落实。要把改革摆到重要的议事日程，切实加强领导，总厂成立改革领导小组，领导和协调改革工作。各单位党政主要领导同志要亲自抓，形成党政工团齐抓共管局面，从各方面做好思想政治工作，确保改革工作的顺利进行。

2.坚持走群众路线。劳动人事制度改革，涉及到每一职工的切身利益，各单位出台重大改革措施，一定要坚持群众路线，广泛听取职工群众的意见，使改革决策建立在依靠群众、民主决策的基础上，全心全意依靠职工搞好深化改革。

3.坚持一切从实际出发，既要思想解放，对看准了的，有利于莱钢发展的，就要积极地改，大胆地创，大胆地试；又要步子稳妥。做过细的工作。有些不能一步到位的，要分步实施，逐步到位。同时，要坚持"一切经过试验"的原则，取得经验后再普遍推广。

4.点面结合，互相促进。既要抓好试点，又不能忽视面上的工作。非改革试点单位，不要等待观望，要积极主动地做好改革的基础工作和准备工作，尤其要把"双定"工作抓实、抓细、抓好。同时，也可按照总厂改革方案，考虑本单位的实施意见，在本单位一定范围内进行试点。

5.用工、人事、分配制度改革是一个有机整体，试点单位要综合配套进行，不宜单项突破，防止因政策不配套而阻碍改革的进行。

# 莱芜钢铁总厂关于实行全员劳动合同制的实施意见

（1992年6月27日莱钢六届二次职代会审议通过）

**一、指导思想**

以中央和省委省府工作会议精神为指针，以提高企业经济效益为中心，以增强企业活力，充分调动职工的积极性和创造性，提高劳动生产率为目的，按照我省深化劳动制度改革工作的总体布署，在保障企业和职工双方合法权益的前提下，不断促进企业和劳动力的合理配置，逐步建立起适合莱钢实际的劳动力动态管理的制度和运行机制。

**二、实行全员劳动合同制**

1.劳动合同是确定我厂与职工劳动关系的书面契约。双方签订劳动合同，必须依照国家法律、法规和有关政策，平等自愿，协商一致。劳动合同一经签订，就具有法律效力，双方必须严格遵照执行。

2.全厂在册全体职工均应与我厂签订劳动合同，实行全员劳动合同制。原劳动合同制工人的劳动合同应按照本意见重新签订。今后，凡新招收、调入及统一分配到我厂的职工也都要按照本意见，与我厂签订劳动合同。

3.签订劳动合同的职工，享受同等的劳动、工作、学习、参加我厂民主管理、获得劳动报酬、政治荣誉、物质鼓励及享受劳动保险福利的权利。

4.劳动合同的主要内容有：

(1)试用期限、合同期限；

(2)生产、工作任务；

(3)生产、工作条件；

(4)双方的权力和义务；

(5)劳动报酬和保险、福利待遇；

(6)劳动纪律；

(7)违反劳动合同者应当承担的责任；

(8)双方认为需要规定的其它事项。

5.劳动合同期限分为：

(1)有固定期限的；

(2)无固定期限的；

(3)以完成一项工作为期限的。

6.新招收、调入职工均应确定试用期，试用期为6个月。原有职工、复退军人和统一分配的大、中专毕业生、技校毕业生，签订劳动合同不实行试用期。

7.劳动合同的签订：全厂所有职工都要与总厂签订劳动合同，并由法人代表(或被授权的代理人)签字。

8.劳动合同期限届满，如生产工作需要，本人又符合条件，经劳动关系双方协商同意，可以续订劳动合同。

9.职工被除名、开除、劳动教养以及被判刑的，劳动合同自行解除。属于应辞退的违纪职工，按国家和省的有关规定办理。

10.劳动合同的解除及解除劳动合同后其生活补助费的计发、重新就业后职工身份的确定、工龄计算等事项均按上级有关规定执行。

11.终止、解除劳动合同的职工，按有关规定到当地待业保险机构领取待业救济金。转向社会待业的，由地方劳动服务和人才交流部门为待业人员重新就业提供服务。

12.总厂按职工工资总额5%的比例提取工资性补贴。提取的工资性补贴，从成本(费用)中列支。用于职工待业、医疗风险补偿和个人缴纳养老、待业保险金。(具体使用办法另订)

13.原劳动合同制工人，不再执行每月17%的工资性补贴的规定。其供养直系亲属享受半费医疗。

14.职工均按本人标准工资的3%向社会劳动保险机构缴纳养老保险金，由单位代为扣缴。原固定职工的工作时间，可视为缴纳养老金的年限，暂按现行规定参加固定职工退休费用社会统筹。职工个人缴纳待业保险金的数额按市地规定标准执行。

15.职工患病或非因工负伤(不包括自伤、打架斗殴、参与违法犯罪活动而致伤、致病)，按其工龄长短，按下列规定给予医疗期：5年以内的不超过6个月；满5年不满10年不超过8个月；满10年不满15年不超过10个月；满15年不满20年的不超过12个月；满20年以上的，从第21年起，每满1年增加1个月。医疗期内，职工医疗待遇和病假工资待遇按国家有关规定执行，医疗期满因病治疗需要延长医疗期的，由职工本人提出申请，由职工所在单位劳动鉴定委员会审核后可酌情批准延长。

16.职工在合同期内调出莱钢时，按原身份办理调动(转移)手续。

17.关于劳动合同的鉴证和劳动争议的处理，按上级有关规定执行。

**三、建立劳动力动态管理机制**

建立健全劳动力动态管理的制度和运行机制，是“八五”期间我厂深化劳动制度改革的重点。劳动力动态管理包括五个方面的内容：一是用人要有标准、劳动要有定额，全厂所有岗位，都要有明确的先进合理的编制定员标准，严格按标准配备人员，按定额组织生产；二是引入竞争机制，建立职工双考制度。所有上岗人员都要经过考试、考核、择优上岗；三是富余人员要撤出岗位，在企业内消化，重新妥善安置，形成新的生产能力；四是明确企业和职工双方的责、权、利，促进劳动关系向法制的方向发展；五是保持人员的合理流动。在流动中实现劳动力结构合理化，充分发挥每个职工的潜力和创造性，做到人尽其才。具体工作：

1.在搞好定员定额的前提下，要科学合理确定岗位标准(规范)，并向全体职工公开。遵照“承包到岗位、竞争到人”的原则，实行考试考核，竞争上岗。工人可以从事管理工作，干部也可以从事工人岗位的劳动。

2.职工应在本单位范围内参与本工种(岗位)的竞争。通过竞争考核上岗的要签订《岗位聘任合同书》，《岗位聘任合同书》的主要内容应包括：

(1)岗位(职务);

(2)岗位责任(即按照承包经营责任制和岗位责任制的要求,在生产工作中应达到的各项指标及其它应完成的任务);

(3)岗位权力;

(4)岗位报酬及奖惩;

(5)双方认为需要确定的基它事项。

3.建立上岗、试岗、下岗培训、待岗、厂内待业的动态管理机制。通过考试考核,竞争上岗,持有《岗位聘任合同书》的职工为上岗人员;在定员编制内新调入和虽经考试考核不合格,但因缺员而需留在岗位工作的职工为试岗人员;经考试考核不合格及试岗期满未能上岗需撤离岗位的职工为下岗培训人员;考试考核合格或经下岗培训后考试考核合格,因受定员限制不能上岗的职工为待岗人员;培训期满后经考试考核仍不能上岗的职工为厂内待业人员。

时限要求:试岗人员试岗期为3个月;下岗培训人员培训期为3至6个月;厂内待业人员待业期为六个月。

上岗人员条件下降,不能履行岗位聘任合同和适应生产(工作)需要或经定期考试考核(具体办法由执行单位自定)不合格的要下岗培训;下岗培训人员经培训,在岗位缺员情况下,可以通过考试考核,竞争上岗,但再上岗者必须实行试岗期;厂内待业人员在待业期内经考试考核合格的也可竞争上岗,仍不能上岗,又无法作其它安置的,可上报总厂主管部门备案,待业6个月以上的企业可以解除劳动合同;待岗人员,在岗位缺员时,可通过竞争正式上岗。

4.积极创造条件,分别不同情况,妥善安置下岗人员。

(1)开展业务技术培训,为下岗培训人员通过考试考核后上岗、转岗创造条件。对部分待岗人员,可结合岗位培训统筹安排,使在岗人员得到正常交替,以促进职工队伍素质的提高。

(2)大力发展第三产业,组织待岗人员开辟新的生产门路。安排到集体所有制单位的,固定职工保留原身份。

(3)对男满55岁,女满45岁(特殊工种,男满50岁,女满40岁)的老弱病残不能坚持正常工作的职工,企业可以动员或由本人提出申请,按职工管理权限报总厂主管部门审核批准后,可办理厂内退养。退养期间按退休标准发给工资,直到符合国家规定条件时,再办理正式退休手续。

(4)男职工满45岁,女职工满40岁,工龄满20年,竞争不能上岗的应尽量安排力所能及的工作,不服从统一安排者,按待业人员办理。

(5)新分配到我厂的大中专毕业生、复退军人军队转业干部应先安排工作岗位,经过一年时间的锻炼后,再参加竞争上岗。竞争不能上岗的军队转业干部可安排适当工作。

(6)对孕期、产期、哺乳期的女职工按规定享受相应的假期和待遇,期满后经本人申请,按职工管理权限审批后,可延长休假期限,但最长不超过一年。

(7)长期病伤假(非因工)或长期学习6个月以上的在册职工列为编外人员。病愈、学习完毕可以上班时,也应参与竞争上岗。

(8)经培训、考试考核仍竞争不能上岗、转岗的,由本人提出申请,按职工管理权限报总厂主管部门批准可停薪留职或解除劳动合同自谋职业。

(9)对有条件竞争上岗,但故意制造理由或条件不上岗的职工,应采取措施,促其上岗,对拒不上岗的,可按有关规定处理。

**四、实施方法步骤**

根据上级有关部门关于劳动制度改革的指示精神和我厂实际,本着"积极稳妥、平稳过渡、逐步到位、先试点后推开"的原则,搞好配套改革,分以下几个步骤:

1.做好准备

做好宣传舆论准备。通过各种形式向广大职工进行宣传教育,让职工明确劳动制度改革的目的意义和目标任务,了解改革的内容。

做好组织准备。各单位领导班子明确分工,做到改革和生产经营、基本建设互相促进,并进行骨干训练。

2.制定先进合理的企业定员定额标准。

3.签定劳动合同,实行全员劳动合同制。

按照"精减、统一、效能"的原则和总厂有关组织机构设置的标准要求,理顺管理关系,确定机构编制。

"定岗、定员、定责"。一般按每人每天8小时工作劳动负荷达6—6.5小时进行定岗、定员。达不到的要并岗、撤岗。

4.制定《岗位标准(规范)》。

5.建立完善"考试考核"制度。

建立完善上岗资格考试、技能水平考试的劳动实绩考核制度,并按莱钢劳字(1992)第15号文《关于工人岗位技能培训、发证的实施意见》和其它有关规定,进行考试考核,为竞争上岗作准备。

6.考试考核,竞争上岗。

7.签订《岗位聘任合同书》。

根据岗位层次按职工管理权限,逐级签订《岗位聘任合同书》。

试岗人员在试岗期满,经考试考核、竞争上岗后签订《岗位聘任合同书》。

学徒工、熟练工和执行见习期的大、中专毕业生、技校毕业生,在学徒、熟练和见习期满定级,经考试考核、竞争上岗后签订《岗位聘任合同书》。

8.建立厂内劳动市场。

坚持单位内部消化为主,总厂调节为辅的原则,采取"先挖渠,后放水"的办法,建立厂内劳务市场。按照在总厂统一领导下分散管理的要求,做好下岗人员的管理、培训、交流及安置服务工作。

9.建立健全各种规章制度。

建立《企业职工劳动手册》和《企业职工缴纳养老基金手册》,进行造册编号,并健全有关规章制度,纳入劳动合同制职工的正常管理。

**五、几点要求及时间安排**

1.劳动制度改革是一项复杂的系统工程,涉及职工切身利益的重大调整,政策性强,工作难度大,各单位要切实加强领导,充分发挥各级党组织的政治核心和保证监督作用。广泛开展舆论宣传和思想发动,认真做好职工的思想工作,增强职工的改革意识和主人翁责任感,提高职工的思想承受能力。

2.要认真学习文件,弄清思路,搞好各方面的调查摸底工作,做到积极稳妥,周密计划,精心实施。并搞好骨干培训,熟悉和掌握改革政策,保证这一改革的顺利进行。

3.试点单位要积极探索,总结经验,为我厂的劳动制度改革开创一条成功之路。

4.其他单位要重点抓好各项配套改革,为我厂全面开展劳动制度改革作好准备,创造条件。

5.时间安排:试点单位从1992年12月开始。

## 莱芜钢铁总厂关于干部人事制度改革意见

(1992年6月27日莱钢六届二次职代会审议通过)

**一、总则**

1.为了坚持和完善厂长负责制,促进企业内部经营机制的转换,增强企业活力,提高经济效益,必须深化我厂的干部人事制度改革。要在既坚持党管干部的原则,又切实保证厂长用人权的基础上,把竞争机制引入干部人事管理,建立起充满生机和活力、具有我厂特点的企业干部人事管理制度。

2.干部人事制度的改革要从我厂的实际出发。要认真总结我厂前几年干部人事制度改革的经验,好的要坚持,不足的进一步完善,真正做到有计划、有领导、有组织、积极稳妥地进行。

3.干部人事制度的改革要与我厂管理体制的改革相适应,在严格定编、定岗、定员的基础上,在坚持"四化"方针和德才兼备标准的前提下,拓宽用人渠道,不拘一格选拔人才,打破干部、工人界限，采取公开、平等、竞争、择优的办法，选拔优秀人才到各级管理岗位。

4.干部人事管理要充分运用精神和物质的激励手段，增强在职干部的责任感和进取心。要充分体现在什么岗位、干什么工作、享受什么待遇的原则，打破干部职务终身制，实现能上能下、能工能干、能干能工。

**二、健全完善行政管理干部聘任制**

1.聘任权限

(1)总厂厂长聘任二级单位的厂(矿)长和机关处室的处长(主任)。

(2)各二级单位和机关处室的行政副职由行政正职提名或党委推荐，总厂厂长聘任。

(3)各单位厂(矿)长、处长按照总厂编委关于机构设置和编制职数的规定，聘任本单位行政中层干部。

(4)各单位中层干部按照编制定员选择和组合工作人员。

2.聘任方法和手续

(1)根据各二级单位和机关处室的具体情况，可采用直接聘任、选聘或公开招聘。可以从干部中聘任，也可以从工人中聘用。

(2)各单位中层干部在组合本单位工作人员时，可以采用"双向"选择的组合方法。

(3)由国家统一分配来我厂的大、中专毕业生，一律到生产一线岗位锻炼，一年见习期满后，根据工作需要和本人表现，可以到专业技术岗位，也可以继续在生产岗位。

(4)刚转业到我厂的军转干部，可先经过一段培训、锻炼，再竞争上岗。竞争不能上岗者，工资待遇暂不变。

(5)被聘任的各级管理干部都要按干部管理权限办理聘任手续，签订聘任合同书。副处以上行政干部的聘期由总厂厂长确定。科级以下干部的聘期由各单位确定，但不得超过本单位行政领导的聘期。聘任期满后，根据需要和考核结果办理续聘或解聘手续。聘任期间如不能履行聘任合同，可以随时解聘。

3.对干部实行动态管理

(1)竞争上岗：不论是直接聘任还是选聘、招聘，都要贯彻公开、平等竞争的原则，经过考试、考核后择优上岗。

(2)实行试用期：试用期限可根据不同的岗位区别对待，但最长不得超过半年。试用期间可享受所在岗位的待遇，试用期满后经考核胜任者则正式聘任。

(3)严格实行考核制度：要根据《聘任合同》所规定的岗位职责和工作目标，制定具体的考核内容和考核办法(干部考核内容、办法、程序另行下文)。考核结果可分为优秀、胜任、基本胜任、不胜任四个档次。将干部考核的结果与其升降奖惩紧密结合起来。对考核为优秀者应做为提升、晋级或列为上一级职务后备干部的依据，并及时给予表彰、奖励；胜任者可以续聘连任；对基本胜任者令其限期改正，下一次考核仍为基本胜任则予以解聘；对考核不胜任者解聘。

(4)解聘人员如被安排在较低职务的岗位上工作，表现好的，还可参加较高职务岗位的竞争。因缺乏基层工作经验而不胜任工作的可安排到基层锻炼，因文化程度低、专业知识基础差而被解聘的可进行培训。要形成能者在位，不胜任者下来及下来后经过锻炼和培训再竞争上去的良性循环机制。

4.被解聘人员是干部的，也可以经过竞争到工人岗位工作，原身份做为档案保留；从工人中聘用的干部解聘后如不再聘用则恢复工人身份，参加工人岗位的竞争。

5.有关待遇的处理办法

(1)在职工干部享受所在岗位的相应待遇，解聘后其待遇重新确定。

(2)担任副科级以上领导职务的干部，根据工作需要和本人情况，经领导批准，不再担任现职而安排了较低职务或其它工作的，其待遇可按以下办法处理：

男年满55周岁、女年满50周岁，连续任职满6年的，保留原政治、生活待遇(奖金按下一级职务系数执行)。

男年满50周岁、女年满45周岁，连续任职满6年的，原工资待遇可以保留。

(3)因年老体弱不能坚持正常工作以及解聘后其他岗位也竞争不上的干部，其安排和有关待遇按照《劳动制度改革试点意见》和《试行岗位技能工资制度的意见》的有关规定执行。

(4)对现职干部的正常奖惩工作按有关规定执行。

## 三、进一步完善专业技术职务聘任制

为了建立起充满生机活力的专业技术人员管理制度，充分调动专业技术人员的积极性、创造性，必须逐步地将专业技术职务聘任制进行深化和完善。

1.根据实际工作需要科学合理地设置好专业技术岗位，确定各级职务的职数和合理的结构比例，这是搞好专业技术职务聘任工作的前提和基础。特别是中级和高级岗位，要设置的准确、合理，要按岗位的职责大小、专业技术难易程度和专业知识的要求层次设置岗位，高级职务一定设置在责任重、专业技术难度大、专业知识需要层次高的岗位上，做到因事择人，定职定责。

2.加强聘任管理。高级专业技术职务由各厂矿单位、处室提出聘任意见，经总厂有关部门审查同意，由二级厂矿、单位行政领导或处室领导聘任。厂处级干部兼任高级专业技术职务和其他专业技术职务的，一律按行政管理权限逐级聘任，与行政领导任期相一致。每期聘任，要严格履行聘任手续，签订协议书，规定具体明确的岗位职责、工作任务、任期目标。也可把单位的经济效益指标根据不同情况分解到有关的专业技术职务人员身上。

3.认真做好考核工作。考核要形成制度，按干部管理权限和分工每年进行一次年度考核，任期期满后要进行全面考核。考核的内容主要有工作态度、技术水平、业务能力和工作成绩，要注重考核履行岗位职责的好坏和工作成绩的大小。考核办法可采取自我总结、群众评议、组织考核相结合的办法。

考核要严格认真，要与职务的续聘、升降联系起来，做到能上能下，考核结果，每级专业技术职务可分为优秀、称职、基本称职、不称职四类。其中，优秀应当是表现突出、成绩显著者，所占比例应为少数。对经考核成绩突出的优秀业务骨干，可根据单位情况优先推荐晋升高一级专业技术职务或高聘一级专业技术职务；对经考核称职的可以连续聘任；对年度考核基本称职的应对其提出警告，限期改进；若连续两次考核为基本称职的，则予以降职聘任或解聘。对考核表现差，不能胜任本职工作，不能履行岗位职责的，必须予以降职聘任或解聘。

4.实行职称(任职资格)、职务的评聘分开，形成竞争机制。评定职称，按国家和省的有关政策规定执行；聘任职务，可根据工作需要择优确定。评定了职称，但工作不好，不能履行岗位职责、完不成工作任务，高职称可以低聘，也可以不聘。聘任职务可不拘一格地选拔人才，只要是优秀人才，经组织考察，能胜任相应的工作，低职称也可以高聘。

5.职务升降后一律按新担任的专业技术职务享受相应的待遇。

## 四、完善从工人中聘用干部的制度

为了贯彻落实中央组织部、人事部印发的《全民所有制企业聘用制干部管理暂行规定》及省委组织部、省人事局转发该《规定》的通知精神，结合我厂的实际情况，提出以下实施意见。

第一条　各单位从工人中聘用干部，必须纳入计划管理，在严格定编、定员、定岗的基础上，在管理岗位、专业技术岗位缺员情况下，用人单位申报聘用干部计划，经总厂批准后方可按规定办理聘用手续，各单位不得以任何理由超编、超定员、无计划地聘用干部。

第二条　从工人中聘用干部，必须严格按照党的干部路线和政策，坚持干部的“四化”方针和德才兼备的标准，坚持公开、平等、竞争、择优的原则。

第三条　聘用制干部应具备以下条件：

1.坚持四项基本原则，坚持改革开放，拥护党的方针政策；

2.思想品德端正，遵纪守法，廉洁奉公，事业心强；

3.具有高中(中专)以上文化程度和拟聘职务所要求的基本知识及工作能力；

4.有3年以上在一线生产岗位工作的经历；聘用担任领导职务的，必须有在下一级岗位工作2年以上的经历；

5.首次聘用的年龄一般在35岁以下，特殊需要的要经总厂批准，年龄可适当放宽；

6.身体健康。

第四条　从工人中聘用干部可以直接聘用，也可以公开招聘。要按照干部管理权限和干部分类管理的办法办理聘用手续。《聘用合同》、《聘用制干部审批表》、《聘书》由总厂统一印发。各厂矿单位从工人中聘用干部、解聘或终止合同都须报总厂备案。

第五条　聘用制干部享受本单位同岗位、同职务干部的工资保险福利待遇，纳入干部统计，按干部管理权限和分工进行管理。其档案由组织人事部门保管。解聘后按新的岗位确定待遇。

第六条　聘用制干部聘期内在莱钢内部调动工作，接收单位须有聘干指标，方可由组织人事部门办理手续。

第七条　聘用制干部连续受聘满十年(本实施意见下发前批准聘用的，聘期可连续计算)并在聘用岗位上退休、退职的，执行国发(1978)104号文件规定，按《国务院关于安置老弱病残干部的暂行规定办法》办理退休、退职手续。

第八条　党群部门从工人中选拔任用干部也要按此规定办理聘用手续。

第九条　对我厂自1985年以来从工人中聘用的干部(包括没执行干部工资标准，而在管理岗位上工作的工人)，进行一次认真地清理整顿，按照本实施意见对符合条件者办理聘用手续，具体安排另作布置。

# 莱芜钢铁总厂关于试行岗位技能工资制的实施方案

(1992年6月27日莱钢六届二次职代会审议通过)

为更好地贯彻按劳分配原则，调动职工的积极性，进一步增强企业活力，结合我厂实际情况特制定本实施方案。

**一、基本原则**

实行岗位技能工资制必须遵循以下原则：

(一)按劳分配原则，要以劳动评价体系为基础向生产一线苦、脏、累、险和技术性高责任重的岗位倾斜；

(二)合理性原则，即在职工工资关系方面，体现岗位工资单元、技能工资单元、辅助工资单元内部，相互间及总水平的合理性和合理确定各类人员基本工资的区间及岗位、技能工资各档次的工资标准；

(三)效益性原则，单位工资同效益挂钩，职工工资同劳效挂钩；

(四)整体性原则，全厂统筹规划、认真试点、精心指导、逐步推开，做到“总体设计、分步实施、平稳过渡、逐步到位”。

**二、基本内容**

岗位技能工资制是以按劳分配为原则，适应劳动动态管理和调控，增强工资分配激励性、效益性为目的，以职工劳动技能、劳动责任、劳动强度和劳动条件等基本劳动要素(简称四项要素，下同)评价为基础，按职工实际劳动贡献(劳动数量和质量)科学合理确定劳动报酬的基本工资制度。

岗位技能工资由基本工资和辅助工资两部分组成，基本工资包括岗位工资、技能工资、年功工资三个单元，这是国家确认的职工基本工资。辅助工资包括奖金、挂率工资、效益工资和未列入基本工作的各种津贴、补贴等。

(一)基本工资

1. 岗位工资

岗位工资是根据职工现任岗位或职务的劳动责任轻重、劳动强度大小和劳动条件好差并兼顾劳动技能要求高低确定的工资。岗位工资随职工岗位、职务的变动而调整，岗位工资全厂统一标准，一岗一薪。

岗位工资设初期标准和三个正式标准，工人、管理、专业技术人员执行同一种标准。其中工人的岗位工资设 10 岗，根据岗位测评数据分别确定各工种岗位的岗位工资；管理、专业技术人员的岗位(职务)工资设 12 个岗，其中高级、中级分别为 8.5、6.5 岗，根据所担任的实际职务和评价数据及考核情况确定岗位(职务)工资。对在井下跟班作业的管理和专业技术人员，执行比井上同类人员高两岗的岗位工资。岗位(职务)工资的初期标准起点 30 元，最高 114 元，另设待岗工资标准 22 元。岗位职务工资标准详见附表一。

2. 技能工资

技能工资是根据不同岗位对劳动技能要求同时兼顾所具备的劳动技能水平，经考试考核而确定的工资。

技能工资设初期标准和两个正式标准，分为 17 个等级，每个等级之间设副级，工人、管理、专业技术人员执行同一标准，其中工人设 14 级，1～3 级对应初级工，4～6 级对应中级工，7～10 级对应高级工，技师和高级技师起点同高级工，止点分别为 12 级和 14 级。

管理、专业技术人员技能工资为 17 级。各职务不设起点工资，止点工资按担任的管理、技术职务确定。

初期技能工资标准起点为 70 元，止点工资为 406 元。技能工资标准见附表二。

3. 年功工资

年功工资是体现职工积累劳动贡献，按职工参加革命工作年限而确定的工资，工作年限不满五年的不享受年功工资，从第六年起按职工连续工龄每年 1 元计发，到本人达到离退休年龄为止。(合同制职工从正式招工之月起计算)

(二)辅助工资

1. 奖金。

2. 津贴。指未列入基本工资的各种津贴、补贴，如肉食补贴、夜班津贴、野外补贴、取暖费等。

3. 挂率工资。

4. 效益工资。

**三、岗位技能工资制的实施**

(一)岗位工资实施。

上岗者，按规定计发所在岗位的岗位工资；试岗人员在试岗期内，按所在岗级降一岗(一岗不降)计发岗位工资；下岗人员应分别不同情况计发岗位工资；临时安排在二岗位以上岗位工作的按二岗计发岗位工资；因生产工作需要，从上岗人员中抽调到新建、扩建单位进行岗位培训，按岗位培训相应我厂岗位岗级计发岗位工资(不包括未定级的学徒工，熟练工)；参与投产前设备安装、调试、生产准备等工作，在未核定新岗级前，暂按原岗位计发岗位工资；待岗及下岗培训人员计发待岗工资。

(二)技能工资实施。

由现行等级工资制过渡为技能工资制，首先要认真核定职工的工资等级。按照国家颁布的《工人考核条例》规定和《工人技术等级标准》，对职工进行考试考核，重新确定职工的技能工资等级。然后，以职工本人现行标准工资额，就近向上套入技能工资标准。凡套入后高于本人经考核重新确定的技能工资等级的，其高出的工资部分，可暂于保留，一年内经考核仍达不到的，不再保留；凡套入后低于本人经考核重新确定的技能工资等级的，企业在今后安排职工升级时，结合实际劳动贡献，可优先予以考虑。

上岗、试岗、下岗培训(在 6 个月培训期内)按规定计发技能工资。

(三)年功工资。

年功工资按月计发，每年年底由总厂核发下年度的年功工资。每年一月份统一进行调整。

原冶金工龄津贴至实行年功工资之月起停止执行。

(四)辅助工资部分。

1.奖金仍按我厂现行办法考核计发;

2.未列入基本工资的津贴、补贴,如野外、低温、大车、班主任、医疗卫生防疫、取暖、书报费等仍按现行规定执行;

3.挂率工资作为选用工资单元随企业经济效益升降浮动挂钩分配(具体办法另定);

4.效益工资。效益工资是为适应企业工资同经济效益挂钩办法而设的工资单元。它是体现集体劳动成果共同分享的原则,增强企业的凝聚力,根据企业的经济效益,可实行企业内部浮动工资标准、浮动升级等。

**四、岗位技能工资制的管理**

(一)厂矿单位试行岗位技能工资制后,从第二个月起职工的现行档案工资级别存入档案,原等级工资制不再执行。

(二)实行岗位(职务)工资的岗位设置必须以总厂下达的编制定员为依据,以总厂统一规定的岗位和职务名称为准,各单位不得自行设岗(见报告附表一)。

(三)调入人员工资待遇。

1.安排至我厂的复退军人,按其军龄和所在工作岗位确定岗位技能工资,一时难以明确岗位(职务)的要积极创造条件,通过试岗办法,妥善处理好工资问题。

2.从我厂以外调入的职工,执行经总厂劳资处审定的相应劳动动态工资待遇。

(四)日常工资支付。

1.试行岗位技能工资制的单位,有关涉及职工日常工资支付问题,如职工病事假工资、加班加点工资、计件工资单价等应改按岗位技能工资制基本工资部分为基数计发(月平均天数按25.5天计算)。职工交纳个人退休养老保险费和计发职工退休金,改按岗位技能工资制基本工资部分为基数。

2.对孕期、产期、哺乳期的女职工按规定享受相应的假期和待遇,期满后经本人申请,企业批准,可延长休假期限,但最长不超过一年。延长休假期间按岗位技能工资基本工资部分的80%计发。

(五)岗位(职务)工资管理办法。

1.岗位的岗级是区分岗位工资高低的具体尺度,必须严格执行总厂规定,未经总厂批准各单位不得自行变更。对确因生产(工作)需要变动岗位岗级者,必须由单位填写《莱钢总厂职工岗位工资变动审批表》一式三份和《莱钢总厂职工岗位工资变动卡》一式二份,报总厂干部处、组织部和劳资处审批后从次月起予以调整。

2.在岗人员因工负伤住院医疗期间,原岗位工资照发。劳务输出人员的工资待遇按原合同规定执行。

3.鼓励试点单位从岗位定员标准内减人,执行岗位技能工资按企业定员标准在定员内减人,减人不减工资总额。

4.试行岗位技能工资制单位的上岗、试岗人员,脱产到大中专院校学习要按规定办理有关手续,并经总厂劳资处批准变动其岗位工资。

5.厂内待业人员,不计发岗位技能工资,只计发厂内待业保障金,待业保障金标准按本人技能工资的60%计发,如低于城镇职工生活最低费用保证数时,按保证数金额执行。

(六)男职工满55岁、女职工满45岁老弱病残不能坚持正常工作的职工,可实行厂内退养。退养费按套改的工资为基数,以现行职工退休办法计发(纳入岗位工资的津贴、补贴不再计发),待符合条件时办理退休手续。

(七)实行岗位技能工资后,现行的1979年副食品价格补贴5元、1988年主要副食品调价补贴10元、1992年粮油调价补偿5元、省规定的粮贴、艰苦生产岗位津贴、合同制职工17%工资性补贴,不再执行。

(八)总厂范围内执行岗位技能工资制单位与未执行岗位技能工资制单位之间相互调动,均执行调入单位的工资运行机制,工资介绍信仍按现行办法介绍。

(九)凡上述未涉及的职工工资、保险福利

待遇，包括职工因工、非因工致伤、致残，病假工资、福利保险、女职工保护法中涉及的各种假期工资福利保险，职工长学工资福利保险等按国家和省府现行有关规定执行。

**五、岗位技能工资的调控增长机制**

岗位技能工资制是适应劳动动态机制并与企业经济效益相联系的动态系统，随之上下浮动。要适时根据上级规定和我厂实际情况逐步建立健全岗位技能工资制的正常运行机制。

（一）随着设备工艺改进和劳动条件的改善，以及职工素质的普遍提高，根据实际情况适时调整工资结构关系及各类人员的工资对应关系。

（二）结合国家出台的价格、住房制度、医疗保险制度的改革，逐步把福利性补贴纳入职工工资，并根据我厂经济效益增长适时调整岗位工资的执行标准。

（三）实行岗位技能工资制后，根据国民经济发展、劳动生产率提高、物价、劳动就业等因素的变动，结合我厂工效挂钩增长的效益工资情况，一是调整技能工资标准；二是建立正常的考核升级制度，每年从上岗人员中进行考试考核，从合格者中择优给 20—35％左右的人员浮动晋升技能工资等级。满两年后固定，继续执行滚动浮动升级的办法。

**六、基础工作**

（一）建立和完善劳动评价体系。

根据冶金部、省劳动局、冶金总公司关于岗位评价的标准和要求，各单位要认真对各工种、岗位、职务的四项要素进行岗位劳动评价。评价时要采用测评定量分析与实践经验相结合，从班组开始，充分听取职工意见，并向上延伸，逐级评价并充分听取专业部门的意见，经过几上几下，搞好纵向横向平衡，合理确定对应关系，使岗位分级结果较好体现一般岗位与艰苦岗位、关键技术岗位的区别及同工种不同岗位及同一区域不同岗位的区别。岗位评价、岗位分级是否科学合理是岗位技能工资的基础。

（二）严格编制定员。

改革我厂现行劳动、人事制度，要根据组织生产和经营的客观要求科学地制定相应的人力消耗的数量标准，严格编制定员，严格按定员定额组织生产，以实现劳动力与生产资料的最优配备，实行全员合同化管理。

（三）建立培训、考核、使用和待遇相结合的管理制度。

要通过全面培训，普遍提高职工的文化知识、专业技术水平和实际工作能力，为各类岗位（职务）输送合格人员。建立健全考核制度。确定科学、合理、定性与定量相结合的考核指标，指标、责任到岗，考核到人，坚持日考核，月累计。建立职工考核档案，保证岗位技能工资的正常运行。工人的考核，按照《工人考核条例》和技术等级标准进行。与此同时，制定管理人员和专业技术人员的考核标准、考核办法，认真组织考试考核。并根据考试考核的结果，确定职工的工资。使培训、使用、考核和待遇密切结合起来，充分发挥工资的激励机制。

（四）劳动保险制度配套改革。

根据国家建立基本养老保险、企业补充养老保险和职工个人储蓄性养老保险相结合的指导思想和方针目标，进一步完善现行的养老保险制度，并按以支定收、略有结余、留有部分积累的原则统一筹集，建立由国家、企业、个人三方面共同负担的企业养老保险制度。

职工离退休按国家统一规定执行。在国家未作统一规定之前，暂按以下办法执行：

职工离退休时原则上按其离退休时的岗位工资、技能工资、年功工资之和作为计发离退休费的基数，对于因年老从岗位工资较高的艰苦岗位，退到岗位工资较低岗位工作的职工，应及时按现岗位调整岗位工资。对于其中在井下连续工作满 7 年或累计工作满 16 年、艰苦岗位连续工作满 15 年或累计工作满 20 年的，退休时可按原岗位工资作为计发退休费基数。

（五）健全和强化企业的基础管理工作。

科学、严格的基础管理，是保证岗位技能工资制正常运行和发挥激励机制的前提条件，为此要在加强基础管理方面狠下功夫，健全制度、严格考核，使工资、奖金的分配，用数据说话，正确实行按劳分配。

**七、审批程序和验收**

按劳动部劳薪字(92)8号和省劳动局鲁劳发(92)145号文规定执行。为保证岗位技能工资制实施工作的质量，总厂对各单位岗位技能工资的实施，按本方案中第六项基础工作的要求进行检查验收，合格后方能兑现岗位技能工资。经验收不合格的，限期整改，什么时间验收合格，什么时间兑现岗位技能工资。

**八、做好思想工作**

岗位技能工资是工资分配制度的重大改革，牵涉到企业的诸多方面，涉及到职工切身利益重大调整，要做好深入细致的思想政治工作，使大多数职工理解改革、支持改革、参与改革。

对改革中出现的问题要及时通过组织反映，研究解决。

**九、全厂从1992年10月起兑现岗位技能工资**

**十、大集体单位具备实施岗位技能工资制条件且有承受能力时，经总厂按标准验收合格并批准后可参照执行。**

## 莱芜钢铁总厂关于工人考核上岗的试行办法

一、我厂试行岗位技能工资制，工人上岗和确定技能工资等级，均需经过严格地"应知"、"应会"考试、考核，持有总厂核发的《岗位合格证书》。

二、核发《岗位合格证书》的条件、等级、方法、步骤等仍按莱钢劳字(1992)第15号文及总厂工人技术考核委员会办字(1992)第03号文件执行。也可由各二级单位，根据实际情况，在实施岗位技能工资制前，按标准组织一次考核，经考核合格者，报请总厂核发证书(核发的等级为本人现行档案工资等级)。

三、待我厂岗位技能工资正式运转后，要有计划地对下岗人员组织培训，培训和考核的标准，要求仍按莱钢劳字(1992)第15号和总厂工人技术考核委员会办字(1992)第02号文件执行。要为岗位培养足够的合格后备力量。岗位需补充或增加人员时，由车间主任在持有本《岗位合格证书》的待岗人员中选用。对岗位急需而暂时又无合格人员时，经单位劳资部门批准后，可暂行聘用未获《岗位合格证书》者，但只能作为试岗人员，执行试岗人员工资待遇，并限期在六个月内达到合格水平，对六个月仍不能取得《岗位合格证书》者，必须下岗。

四、各单位在执行过程中，要认真办事，真正体现公平竞争、一视同仁的原则，对考核不合格者，不得上岗。

1993年3月

## 莱芜钢铁总厂关于签订岗位责任书的实施细则

签订岗位责任书、实行合同化管理，是我厂三项制度改革的重要内容。为了规范地做好这项工作，现将有关事项规定如下：

**一、签订岗位责任书的范围**

凡参加莱钢三项制度改革，经考试考核、竞争上岗的本厂职工，均属签订岗位责任书的范围。

试岗、下岗培训、待岗、厂内待业以及其他原因未上岗的人员不属签订范围。

**二、岗位责任书的主要内容**

1. 岗位(职务)；

2. 岗位责任(即按照承包经营责任制和岗位责任制的要求，在生产工作中应达到的各项指标及其他应完成的任务)；

3. 岗位权力；

4. 岗位报酬及奖惩；

5. 需要确定的其他事项。(《岗位责任书》的基本格式和条款附后)

**三、岗位责任书的签订程序**

(一)行政管理人员及专业技术人员

总厂厂级领导以上级主管部门承包经营责任制代岗位责任书。二级厂矿厂矿长、总厂机关处室处长与总厂厂长签订;二级厂矿副厂矿长、各部室主任、车间主任与二级厂矿厂矿长签订;二级厂矿各部室副主任、业务科长、业务副科长、科办员与所在部室主任签订;车间副主任与车间主任签订;各类专业技术人员与所在部室(车间)主任签订。

(二)党群管理人员

二级厂矿党委书记、总厂机关党群处室处长(部长)与总厂党委签订;二级厂矿党委副书记、纪委书记、工会主席、各工作部主任、团委书记、机关支部(总支)书记和车间党支部(总支)书记与二级厂矿党委签订;各工作部副主任、专职科长、专职副科长、科办员与所在部主任签订;车间党支部(总支)副书记、工会主席、工段党支部书记(含兼职)、团支部(总支)书记与车间党支部(总支)签订;二级厂矿机关各支部书记与机关总支签订。

(三)操作人员

车间工段长、班组长、所有操作人员与车间主任签订。

**四、岗位责任书的签订期限及考核**

岗位责任书的签订期限应限定在各级领导的承包任职期限内,一般为一至四年。岗位合同的考核各单位视情况自定。

**五、设立合同协调管理机构**

在总厂和分厂设立合同协调管理委员会,主要负责对全厂《劳动合同》和《岗位责任书》的组织管理、审核、劳动合同纠纷的协调、仲裁以及合同的解释工作。

1993 年 3 月

# 莱芜钢铁总厂关于未上岗人员管理试行办法

## 第一章 总 则

**第一条** 为适应三项制度改革的需要,强化未上岗人员的管理工作,结合我厂的实际情况,特制订本办法。

**第二条** 未上岗人员主要是指超出企业定员定额标准,生产工作暂不需要并没有离开企业的人员。

**第三条** 未上岗人员和在岗职工一样,既是企业的主人,又是企业的宝贵劳动力资源,享有劳动、工作、学习的权利;参加企业民主管理和政治生活的权利;并享受劳动保险和生活福利待遇。

**第四条** 对未上岗人员,实行总厂和二级单位两级管理。坚持"分厂内部消化为主,总厂调剂为辅"的安置原则,千方百计为未上岗人员提供更多的就岗机会,为其尽快重新上岗努力创造条件。

**第五条** 凡属未上岗人员,由各厂矿、单位将其名单报送劳资处,以便统一协调管理安置。

## 第二章 未上岗人员范围

**第六条** 凡已签订劳动合同但未签订岗位(聘任)责任书的莱钢职工。其范围包括:

1. 符合上岗、试岗、聘任条件,因受编制定员限制,未能签订岗位(聘任)责任书的;

2. 符合上岗、试岗、聘任条件,因本人不愿签订岗位(聘任)责任书,自愿下岗的;

3. 不符合上岗、试岗、聘任条件,未被劳动组合的;

4. 经劳动鉴定部门鉴定,因身体原因不能从事上岗工作的;

5. 因个人原因,不服从对工种、岗位安排的;

6. 在合同期内,因各种原因解除岗位(聘任)责任书的;

7. 因自我选择岗位,被竞争筛选失岗的;

8. 现脱产在校学习、参军、借调外单位工作,停薪留职的;

9. 厂内退养、女职工哺乳期息工、因工致残和因病长休的；

10. 厂内待业的。

## 第三章　未上岗人员管理

**第七条**　总厂附属企业公司及各厂矿、单位劳动服务公司是未上岗人员的统一安置和集中管理机构，负责接收、培训、转岗、交流、安置及日常管理工作，对所属的未上岗人员有管理权和使用权；并负责向总厂（分厂）劳动人事部门提供所需要的劳动力。

**第八条**　凡属未上岗人员，必须撤离原工作岗位，一律从工业生产系统中划分出来，由所属的劳动服务公司或附属第二、三产业部门集中管理安置。

**第九条**　各级劳动服务公司，必须随时接纳从工业生产系统中分离出来的各类人员，进一步强化对未上岗人员的管理体系和竞争上岗的服务功能，不断完善内部劳务市场机制，抓紧内部劳务立法与仲裁等配套工作，建立健全包括待业登记、择岗指导、转岗培训、就岗介绍的服务体系。同时要建立下岗人员档案，对其在待岗（业）期间的培训及表现情况如实记载，作为再上岗的考核内容。

**第十条**　总厂附属企业公司及各厂、矿、单位劳动服务公司，要坚持企业、集体、个人一齐上的方针，因地制宜办一些投资少、见效快、安置人员多的“短平快”项目。大力发展以人力资源为支柱的附属第二、三产业和集体经济的“增容工程”，扩大上岗前培训的“蓄水工程”，多渠道调剂安置的“分流工程”，使未上岗人员的管理与安置逐步走向更加规范化、完善化的轨道。

**第十一条**　下岗人员在培训、待岗期间，必须坚持正常考勤请假制度，严格遵守劳动、培训纪律，并完成一些临时性或突击性的工作任务。凡达到处理条例规定的，按国务院《企业职工奖惩条例》和《国营企业辞退违纪职工暂行规定》办理。

**第十二条**　凡劳动服务公司隶属总厂附属企业公司直接管理并无安置场所的厂矿、单位，其具有劳动能力又能坚持正常上岗工作的下岗人员，可按调动手续，由总厂附属企业公司负责接收管理安置。

**第十三条**　凡劳动服务公司属总厂附属企业公司间接管理的厂矿、单位，其全部未上岗人员，由所在厂矿、单位劳动人事部门负责办理调动或划转手续，交本单位劳动服务公司或附属第二、三产业集中管理安置。总厂附属企业公司并行使宏观调控管理权。

**第十四条**　凡缺员和计划外用工充斥在岗的单位，其未上岗人员原则上由本单位进行缺员调剂和补替安置。

**第十五条**　为扶持全厂附属第二、三产业的发展和保障未上岗人员的基本生活费用，各级劳动服务公司每接收一名未上岗人员，由所在厂矿、单位按总厂有关规定给予一定比例的扶持安置管理费。

## 第四章　未上岗人员工资待遇

**第十六条**　未上岗人员工资待遇均按总厂《关于实行全员劳动合同制的实施意见》、《关于试行岗位技能工资制的实施方案》及《关于岗位技能工资制的实施细则》（试行）规定执行。

## 第五章　附　则

**第十七条**　总厂附属企业公司可按照本试行办法，具体制订适合自已管理需要的内部考核和管理细则。

**第十八条**　本试行办法，由总厂主管部门负责解释。

1993 年 2 月 26 日

# 莱芜钢铁总厂关于管理人员、专业技术人员考试、考核的实施办法

为了配合劳动人事制度改革，实行岗位技能工资，对管理、专业技术人员的考试、考核（以

下简称“双考”)工作,结合我厂实际提出如下实施意见:

一、“双考”的范围

凡现在管理和专业技术岗位的在职人员,均列入“双考”范围。“双考”分为专业技术类型和管理类型两种。副科级及以上领导干部和没有专业技术职务的一般管理人员,按管理类型进行“双考”;具有专业技术职务(含政工系列)但没有行政领导职务者,按专业技术类型进行“双考”。

以上人员中,距到达本岗位退离休年龄五年以内的免于考试。年满45周岁以上的人员实行开卷考试,45周岁以下的人员实行闭卷考试。

二、“双考”内容

1.考试内容为政治理论基础知识、基础管理知识、基本法律法规知识等。

2.考核根据本岗位职责,从政治思想表现、工作能力、工作表现和工作实绩四个方面进行考核,以工作实绩为重点。

政治思想表现:包括贯彻执行党的基本路线的情况,革命事业心和责任感、个人操行、思想作风、遵纪守法等情况。

工作能力:包括组织管理能力、解决实际问题的能力、决策能力、应变能力以及业务水平、业务能力和对本岗位所需专业知识的掌握程度等。

工作表现:包括工作态度、实干精神、工作主动性、团结协作及出勤情况。

工作实绩:包括完成本岗位工作任务和任期目标情况,工作的数量、质量和效率,解决实际问题后取得的效果,技术革新、发明创造的成果及实施后取得的效益,强化企业管理的建议及实施后的效果,本职工作中做出的贡献等。

三、“双考”的方法和步骤

1.“双考”由各单位按干部管理权限组织实施。

2.考核步骤

(1)列入专业技术类型进行考核的人员,采取个人总结、业务技术考核、民主评议、单位鉴定等四个步骤进行考核。

(2)列入管理类型进行考核的人员,可参照对专业技术人员考核的办法,采取个人总结、民主评议、单位鉴定等三个步骤进行考核。

四、“双考”档次的划分及使用

1.考试分为合格和不合格两种(60分以上为合格)。

2.考核分为优秀、称职和不称职三种。

3.考试合格并考核优秀者,可在新的编制定员内优先上岗;考试合格并考核为称职者,可在新的编制定员内由单位领导选聘或竞争上岗;考试不合格或考核为不称职者,不能上岗。

五、“双考”的组织

1.总厂成立“双考”领导小组,负责全厂的“双考”的组织领导工作,并负责对处级干部进行“双考”。

2.各二级厂矿、单位由党政领导、有关业务科室负责人、业务技术骨干和组织(人事)部门负责人组成“双考”领导小组,对本单位专业技术人员和科级及以下管理人员进行“双考”。

3.机关各处室由处室领导和有关科室负责人组成“双考”小组,负责对本单位专业技术人员和科级及以下管理人员进行“双考”。

六、工作要求

1.加强领导。“双考”工作是进行新的编制定员、岗位技能工资等项工作的基础,也是调动广大管理人员和专业技术人员积极性的重要措施,因此各单位领导同志必须高度重视,把这项工作列入重要议事日程,抓紧抓好。

2.实事求是。参加考试的人员,必须严格遵守考试纪律,违反考试纪律者,一律定为不合格。参加考核的人员,主要认真总结1992年1月以来的工作,不可用专业论文代替个人总结。

3.在个人总结的基础上,列入专业技术类型考核的,填写《专业技术职务考核表》;列入管理类型的,填写《业务考绩表》。

4.检查验收。各单位“双考”工作结束后,要向总厂提出申请验收报告,总厂“双考”领导小组将组织检查验收。凡未认真开展“双考”工作，验收不合格的单位，暂不实行岗位技能工资。

1993年2月

## 莱芜钢铁总厂关于三项制度改革基础工作和岗位技能工资方案运行的验收标准

为了促进我厂经营机制的转换，搞好三项制度改革工作，根据省劳动局、省冶金工业总公司关于兑现岗位技能工资要进行检查验收的要求，结合我厂实际情况，制订了三项制度改革基础工作和岗位技能工资方案运行的验收标准。各单位应据此标准进行自查验收，合格后向总厂写出验收报告，经总厂检查验收合格，兑现岗位技能工资；不合格的什么时候检查验收合格什么时候兑现岗位技能工资。

**一、基础工作验收内容**

1. 严格执行总厂批复的机构设置和各类人员编制定员，领导干部不超过总厂规定的职数。

2. 实行了“四定”，即定员、定额、定岗、定责并落实到人。

3. 实行了“双考”，即上岗技能、劳动表现考试考核。

4. 实行双向选择，择优上岗，岗位职责明确，并签定了岗位责任书。

5. 富余人员撤出岗位并得到妥善安置，富余人员的管理、工资福利待遇与工业生产分离。

**二、岗位技能工资运行的验收条件**

1. 岗位测评方案标准明确，评价结果真实可靠，有原始数据可查。

2. 单位内部每个岗位的岗级确定纵向、横向公平合理，体现了向苦、累、脏、险和关键技术岗位倾斜，考虑了岗位的人心流向，合理拉开了一线、二线、三线之间的岗位差距。

3. 单位的最高岗、通用岗、平均岗次在总厂控制的幅度以内，管理人员、专业技术人员、操作人员之间平均岗次合理。

4. 参加岗位技能工资制套改的人员平均基本工资增量在总厂控制的限额以内并落实到人。

**三、其它**

1. 单位自定政策经职工代表大会或职工代表团组长讨论，并充分发挥了职代会作用，群众理解支持。

2. 促进了企业经营机制的转换，使各项改革配套协调运行，并建立健全了有关的配套政策。

3. 调动了职工的积极性，提高了劳动生产率，促进了企业管理水平和经济效益的提高，巩固发展了安定团结的大好形势。

1993年3月15日

## 莱芜钢铁总厂关于实行双向选择竞争上岗的试行意见

为进一步强化我厂劳动管理的动态机制，适应企业与职工的劳动关系从固定性转为选择性和职工从事的劳动岗位从分配性转为竞争性的需要，根据鲁劳发(1992)24号和138号文件精神，结全我厂的实际情况，现对在册职工实行双向选择竞争上岗的问题提出如下试行意见。

**一、指导思想和基本原则**

实行双向选择竞争上岗的指导思想是：以建立企业用人自主，劳动者择业自由的动态管理竞争机制为目的，进一步强化以人的管理为中心，形成有效的竞争上岗的激励效应，增强职工自我珍惜岗位和用优异成绩保岗爱厂的风险意识，最大限度地发挥职工的聪明才智，保证劳动者与生产资料的最佳合理配置，促进生产力的发展。

实行双向选择竞争上岗应遵循以下原则：一是坚持条件公开、平等竞争、严格考核、双向选择、择优上岗的原则，做到用人有定员、择岗有条件、上岗靠竞争、竞争凭技能、在岗尽责任、生产(工作)有考核，建立起企业与职工“双向选择”的岗位竞争机制；二是既要坚持企业与职工有双向选择的自由，又要坚持苦、脏、累、险一线工种岗位相对稳定的原则，在尽守双向责任、承担双向风险、共存双向利益的前提下，以岗位责任合同形式确定并保障企业与职工双方利益的前提下，以岗位责任合同形式确定并保障企业与职工双方责、权、利劳动关系的实现；三是坚持在企业内部，职工之间只有岗位区分，没有身份差别和机遇面前人人平等的原则，操作人员可以选择和从事管理（技术）岗位的工作，管理（技术）人员也可以选择和从事操作岗位的工作；四是坚持唯才是用、唯能是用、不徇私、不拘一格、扬长避短的用人原则；五是在坚持竞争上岗的原则下，注意保护好老职工、女职工的合法权益。

**二、实行范围和基本内容**

凡在册的莱钢职工、均属于实行双向选择竞争上岗的范围。

双向选择竞争上岗是指用工单位具有择优自主选人上岗权；职工个人具有择岗自由竞争权。

用工单位具有择优自主选人上岗权主要是指企业可根据生产工作的实际需要，按照岗位劳动定员定额标准，在适当考虑个人意愿和业务技术专长的基础上，从具备条件的择岗者中择优挑选自已所需要的上岗人员。

职工个人具有择岗自由竞争权主要是指职工可根据个人的条件、志向和业务技术专长、在规定范围内自由选择自已的工作岗位，并通过自我价值的竞争，在接受用工单位各种形式考试考核被挑选录用的前提下，方可获得适合自已施展才能的岗位。

**三、基本方法步骤**

在充分做好准备工作的基础上，按照先机关科室后基层车间、先管理（技术）岗位后操作岗位、先高岗后低岗的原则，自上而下积极稳妥地开展双向选择竞争上岗的工作，其基本步骤大体分五步进行。

第一步自我申请。以本人现在工作岗位和业务技术专长为主，按规定填报自我选择岗位申批表，交所在车间和科室领导。

第二步民主推荐。对科级和关键性的管理（技术）岗位，按照确定的职数和编制定员，填写民主推荐表，交所在厂矿、单位劳动人事部门。

第三步岗位考核竞争。在具有岗位合格证书或经考试考核合格的前提下，以自我选择申报的第一岗位先进行竞争，第一岗位竞争失利的，可参加属缺员第二岗位的竞争；第二岗位竞争失利的，再参加属缺员第三岗位的竞争。

第四步组织选择审定。凡选择竞争操作或一般管理（技术）岗位者，由所在车间和科室领导，根据个人的志愿和岗位竞争的优劣，在广泛争求班组、工段意见的基础上，按照岗位劳动定员定额标准，择优挑选和合理确定上岗人员，并将其名单报本厂矿、单位劳动人事部门。凡选择竞争科级或关键性管理（技术）岗位者，由所在单位组织人事部门，根据个人的志愿和岗位竞争的优劣及民主推荐意见，在征求所在车间和科室领导意见的基础上，按照管理（技术）岗位编制定员和领导职数，择优审定上岗人员，并报请所在单位党政领导批准，对科级管理人员的聘任、任命按规定程序办。

第五步签订岗位责任书。对竞争上岗人员按照总厂《关于签订岗位责任书的实施细则》签订岗位责任书。

**四、基本要求**

1. 自我选择岗位的范围，均按《自我选择操作岗位申批表》、《自我选择管理（技术）岗位申批表》规定执行。

2. 凡不自我选择岗位者，按厂内待业人员处理。

3. 在选择和竞争中被筛选失岗者，按总厂《关于未上岗人员管理试行办法》执行。

4. 凡属民主选举产生的岗位，暂不列入实行双向选择竞争上岗的范围。

5. 实行双向选择竞争上岗是一项涉及面广、政策性强的工作，各级领导及有关部门必须加强对此工作的组织和领导，切实做好各类人员的思想政治工作，及时解决选择和竞争中出现的问题，使双向选择竞争上岗的工作逐步走向经营化、规范化、法制化。

1993年3月26日

## 莱芜钢铁总厂岗位技能工资制的实施细则(试行)

根据省冶金工业总公司(93)鲁冶劳字1号文转发的省劳动局(92)鲁劳发639号文《关于莱芜钢铁总厂〈三项制度改革试点实施方案〉的复函》的通知，为认真贯彻落实莱芜钢铁总厂《关于试行岗位技能工资制的实施方案》，推动我厂经营机制的转换，结合我厂实际情况，特制定本实施细则。

**一、关于岗位技能工资制的实施范围**

1.1993年1月1日后全民单位在岗已定级全民、集体职工均属岗位技能工资制的实施范围

2.属于三产单位、股份制试点单位的职工，具备下列条件的亦可实施：

(1)进行了定编、定员、定岗、定责；

(2)资金有承受能力，并落实了资金来源；

(3)三产单位、股份制试点单位试行岗位技能工资制方案由各厂矿统一制定，并报总厂三改办审批。

**二、岗位技能工资制的构成和计算办法**

1.岗位技能工资由基本工资、辅助工资构成。

(1)基本工资部分由岗位工资、技能工资、年功工资三个单元构成。

(2)辅助工资部分是基本工资以外按规定发给职工的其他工资性收入，包括奖金，挂率工资，效益工资和这次未并入基本工资的各种津贴、补贴等。

(3)基本工资部分与辅助工资部分之和为职工工资总额。

2.关于基本工资的有关规定

(1)基本工资为国家确认的工资，是计发职工离退休费和劳动保险待遇的工资基数。

(2)岗位技能工资制的基本工资，实行月工资制，职工出满勤时按月标准工资发给；

职工缺勤或加班时，按日标准扣发或加发工资。

日标准工资为：

(岗位工资＋技能工资＋年功工资)/25.5天

(3)年功工资，按职工连续工龄每年1元计发，到本人达到离退休年龄为止(合同制职工从正式招工之月起计算)。年功工资按月计发，每年年底由总厂核发下年度的年功工资。每年1月份统一进行调整。

(4)从实行岗位技能工资制之月起，1988年的四种副食品价格补贴10元、1979年副食补贴5元；1992年粮价补贴5元、1989年粮贴、艰苦岗位津贴停止执行。

3.关于辅助工资的有关规定

(1)未并入基本工资的其他津贴、补贴，如野外津贴，大车补贴、班主任津贴、卫生防疫津贴、肉食品补贴5元、煤价补贴5元，当地粮价补贴4元，洗理费等，仍按原办法按月发给。

(2)技师津贴仍按原办法执行。

4.关于原合同制工人待遇

从实行岗位技能工资之月起，原合同制职工的17%工资性补贴停止执行。

其供养直系亲属符合劳动保险条例规定的，享受半费医疗待遇。

**三、技能工资套改办法**

技能工资是根据不同岗位对劳动技能要求，同时兼顾所具备的劳动技能水平，经考试考核而确定的工资。

1.属于岗位技能工资制实施范围并按规定符合条件的职工(以下简称范围内符合条件的)，以其执行45元、48元、49元为起点等级工资标准的标准工资额(不含冶金浮动标准级差，下同)，就近向上套入70元起点，406元为止点的17级技能工资标准。

2.浮动工资套改办法，有浮动升级的套改

技能工资办法，是以其浮动后工资额就近向上套入技能工资标准。

3.浮动技能工资：浮动标准工资额套后的技能工资等级高出标准工资额套后的技能工资等级部分为浮动技能工资等级，高出的工资额为浮动技能工资额(详见技能工资套算表)

4.冶金级差作为辅助工资原数保留。

5.技能工资确定与考试考核的关系。

凡考试考核后技术等级与套后的技能工资等级(含浮动技能级别，下同)相符者，按套后的技能工资等级执行；

凡考试考核后技术等级低于套后技能工资等级的，其高出的工资部分，可暂予保留，从实行之月份起，一年内经考核仍达不到的，不予保留；

凡考试考核后技术等级高于套后的技能工资等级且本人技能工资等级在最高止点线以内的，今后安排职工升级时，免于考试，结合实际劳动贡献，可优先予以考虑。

6.下列人员按规定出满勤，均计发技能工资：上岗、试岗、待岗、下岗培训(在6个月培训期内)。

7.下列人员先以等级工资套入技能工资标准，然后按有关规定计发技能工资。

因工负伤或患二、三期和一期矽肺合并活动性肺结核或代偿机能属已丙住院治疗者，致残丧失劳动能力休息者；

在职职工正在部队义务服役者；

符合(92)鲁劳发24号文的厂内退养者；

女职工正休产假期间或按规定休长假者。

8.关于工人被聘到管理岗位、技术岗位或干部被安排到工人岗位的套改技能工资办法；

先按受聘岗位变更其工资等级和标准，然后再套改技能工资。并享受有关的待遇(如工人到管理岗位增加书报费，干部到工人岗位取消书报费)。

9.低于新定级水平的职工技能工资计发办法：

新定级职工的按有关规定套后的技能工资低于技能工资新定级水平的，按新定级水平执行。

**四、岗位工资实施办法**

岗位工资实施的原则是根据职工现在岗位或职务的劳动责任轻重、劳动强度大小和劳动条件好差并兼顾劳动技能要求高低确定的工资。实行岗位(职务)工资的岗位设置，必须以总厂下达的编制定员为依据，以总厂统一规定的岗位和职务名称为准，各单位不经总厂批准不得自行设岗。岗位工资随职工岗位职务而变动而调整，岗位工资全厂干部、工人执行统一标准、一岗一薪(详见岗位工资标准表)。岗位工资随职工所处的不同劳动状态，按以下办法计发：

1.上岗者，按规定计发所在岗位的岗位工资。

2.管理岗位上既有行政职务又有技术职务人员的岗位工资，按岗级标准高的执行。

3.试岗人员在试岗期内(试岗期6个月，下同)，按其所在岗的岗级降一岗(所在岗为一岗者不降)计发岗位工资。

4.因生产工作需要，从符合上岗条件的职工中抽调到新建、扩建单位参与投产前准备安装、调试期间，按新核定的岗级计发岗位工资。

5.待岗及下岗培训人员计发待岗工资(待岗人员安排临时性工作按1—2岗计发岗位工资)。

6.厂内待业人员(含不服从分配人员)不计发岗位技能工资，只计发厂内待业保障金，待业保障金标准按本人基本工资的60%计发，如低于城镇职工生活费最低保证数时，按保证数金额执行。

**五、各类人员工资待遇**

1.劳务输出人员工资待遇，暂按原合同规定执行。

2.复员退伍志愿兵、义务兵工资待遇，在上级未下达新的规定前，按现行办法先确定等级工资级别，确定的等级工资级别为四级及以上的，按在职职工等级工资套改技能工资的办法确定技能工资，岗位工资按所上岗位的试岗岗位工资执行(试岗期 6 个月)。确定的等级工资级别为三级及以下的,执行相应的学徒工、熟练工待遇,待满规定年限定级后再套入技能工资,岗位工资按试岗岗位工资执行。试岗期 6 个月,期满考核合格执行上岗工资,不合格下岗培训,执行相应岗位工资。

3. 复工复职的退伍义务兵、志愿兵,亦可按前款办理,如低于厂内同岗位同类人员时,亦可比照同类人员确定岗位技能工资。

4. 军队转业干部工资待遇,在上级未有新规定前暂按现行办法先确定等级工资级别,然后按等级工资套改技能工资办法确定技能工资,岗位工资按所上岗位的岗位工资执行。一时难以明确岗位(职务)的,企业要积极创造条件,可以根据本单位实际,通过制定试岗工资等办法,妥善处理好转业干部的工资问题。

5. 女工待遇

根据《女工劳动保护规定》和《计划生育条例》规定,对孕期、产假、哺乳期的女职工按规定享受相应的假期和待遇,期满后经本人申请,企业批准,可延长休假期限,但最长不超过一年。延长休假期间按其本人基本工资的 80%计发。

6. 定级后新上岗工人工资待遇

熟练期、见习期一年及以下定级的,定级后两年内执行所在岗的试岗工资,从第三年起执行所在岗的岗位工资;学徒期一年半及两年的工种定级后第一年执行所上岗的试岗工资,从第二年起执行所上岗的岗位工资;学徒期三年的工种转正期间执行所上岗的试岗工资,定级后执行所上岗的岗位工资。

7. 调动工作职工工资待遇

厂外调入的职工,在上级未有新规定前,暂按现行办法先确定等级工资级别,然后再由等级工资套改技能工资,岗位按所上岗位的试岗岗位工资试行,试岗期 6 个月,期满经考核合格执行上岗工资,不合格下岗培训,执行相应岗位工资。

厂内工人工种(岗位)变动,在上级未有新规定前,暂按以下办法执行:

改变工种参加工作满四年者,技能工资等级不变,试岗期 6 个月,执行试岗工资,期满经考核合格执行上岗工资,不合格下岗培训,执行相应岗位工资。

参加工作不满四年者,由熟练工改为学徒工者,执行学徒工相应年限的工资待遇,学徒期不能缩短;由未定级学徒工改为熟练工的,熟练期半年,执行熟练期工资待遇,期满考核合格确定相应的岗位技能工资等级。

享受矿山井下技能工资高定级的职工调动工作后,井下四大工种工作满八年保留半级技能工资,满十五年保留一级技能工资,井下其他工种在井下工作年限分别满十三年、十八年时分别保留半级、一级技能工资。

同工种岗位变动的职工,技能工资不变,岗位工资按所上岗的岗位工资执行。

8. 部分副科以上领导干部工资待遇

担任领导职务的副科以上管理人员,男满 55 岁,女满 50 岁,如任职满 6 年,经领导批准,不再担任现职,安排适当工作,享受原岗位工资待遇。

只明确享受某级待遇的领导干部,其岗位工资按对应的岗级降半岗的标准执行。

9. 关于工伤、职业病人员待遇

因工负伤或患二、三期、一期矽肺合并活动性肺结核或代偿机能属乙、丙,经各厂矿劳动鉴定委员会鉴定,报经总厂批准。

完全丧失劳动能力可办理厂内退养,退养时原岗位在 5 岗及以上的按原岗执行,低于 5 岗的按 5 岗执行。

部分丧失劳动能力的安排力所能及的工作,安置在两岗及以下的可在安置岗位的基础上,增加一岗的岗位工资;

10. 厂内退养职工工资待遇

男满 55 周岁(国家规定列入提前退休范围的其他有害身体健康的高空、高温、特别繁重体力劳动工种 50 岁)、女满 45 周岁的老弱病残不能坚持正常工作的,实行厂内退养。退养费的计算办法按莱钢劳字(93)第 101 号文办理。

退养待遇按岗位技能工资标准计发退养费。其岗位工资在5岗及以上的按原岗计发，低于5岗的按5岗计发。

退养期间工龄连续计算，但不参加调资，停发奖金和生产性补贴。待到达退休年龄时，再办理正式退休手续。

11. 医疗终结经劳动鉴定委员会确定为完全丧失劳动能力（如精神病、恶性肿瘤、瘫痪病患者等），办理厂内退养的，可套改岗位技能工资，岗位工资按待岗计发，停发生产性津贴和奖金。

12. 参加学习培训人员工资待遇

经有关部门批准离岗脱产参加培训和学习的人员，学习期在半年以内（含半年）的按原岗位工资执行；学习半年以上的，岗位工资执行待岗工资。

13. 受处分人员工资待遇

职工被拘留、拘传、拘役收审期间停发一切工资待遇。

职工受开除厂籍留用察看处分或判刑缓刑、监外执行期间，停发工资，改发生活费，生活费标准依据供养人口多少（含本人）一人、二人、三人及以上的不同情况，暂定为60元、80元、100元。纳入基本工资的各种补贴和艰苦岗位津贴不再发放，夜班费、保健费及其他生活性补贴照发。

14. 职工在疗养及休各种法定假期（含探亲假、婚丧假、产假）期间，岗位技能工资照发。

15. 关于老弱病残职工待遇

男职工满45岁、女职工满40岁，工龄满20年竞争不能上岗的，对曾在一线苦、累、脏、险岗位工作的人员调离原工作岗位，安排在4岗及以下岗位的，在新安排岗位基础上增加一岗的岗位工资，条件为：

矿山井下四大工种实际工作满15年或在井下从事生产、技术、管理工作累计满20年；

国家规定列入提前退休范围的其他有害身体健康的高空、高温、特别繁重体力劳动工种满20年；

16. 停薪留职人员

现正在停薪留职职工不套改岗位技能工资，按原规定执行。

17. 特殊工资处理

补发岗位技能工资时，按原等级工资标准已发的加班工资、病事假工资、原合同制工人17%工资性补贴不再按岗位技能工资标准重新计发，但合同制工人因已发17%工资性补贴，出现负增长的，可不予扣款。

18. 离退休金计发基数

职工离退休按国家统一规定执行，在国家未作统一规定之前，暂按以下办法执行

职工离退休时原则上按其离退休时的岗位工资、技能工资、年功工资之和作为计发离退休费的基数，对于因年老从岗位工资较高的艰苦岗位，退到岗位工资较低岗位工作的职工，应及时按现岗位调整岗位工资。对于其中在井下连续工作满7年或累计工作满16年，艰苦岗位连续工作满15年或累计工作满20年，退休时可按原岗位工资作为计发退休费基数。

**六、总厂需要统一规定的几种人员的待遇**

1. 调度

厂矿调度为管理岗位，占管理人员编制，按管理人员规定执行岗位工资；

生产和辅助生产车间经总厂同意设立调度岗位的调度为操作岗位，占操作人员编制，按总厂核定的操作人员岗级执行岗位工资。

2. 工段长

工段长设立的条件为编制定员≥400人的大型车间或三班连续生产、工艺技术复杂，在生产流程中地位重要的编制定员≥300人的车间，经总厂批准可设立工段，工段长为管理岗位。其岗位工资，根据我厂实际情况暂按如下原则执行，是干部的的占管理人员编制，按管理人员规定执行岗位工资；是工人的占操作人员编制，跟班作业的按所在工段岗级较高的岗位执行岗位工资，不跟班作业的按总厂核定的操作人员岗级执行岗位工资。

3. 采购员

厂矿从事物资供销计划、定货、采购的供销人员为管理岗位，占管理人员编制，按管理人员规定执行岗位工资；

厂矿从事提货、催货的人员为操作岗位，占操作人员编制，按总厂核定操作人员岗级执行岗位工资；

车间从事领货、提货人员为提运货工(也可叫领料员)，为操作岗位，占操作人员编制，按总厂核定的操作人员岗级执行岗位工资。

4. 安全员

厂矿安全员为管理岗位，占管理人员编制，按管理人员规定执行岗位工资；

编制定员≥200 人的车间或特殊作业、危险性大的，编制定员≥100 人的车间，经总厂批准设立专职安全员，专职安全员为操作岗位，占操作人员编制，按总厂核定的操作人员岗级执行岗位工作。

5. 点检员

根据我厂三级点检的要求，厂矿可设立专职点检员，定员标准由总厂统一考虑，专职点检员可由专业技术人员兼任，执行专业技术人员岗位工资，专职点检员也可从具有较高文化水平，专业技术好的工人中挑选，可占操作人员编制，执行总厂核定的操作人员岗级执行岗位工资。车间、工段(班)不设专职点检员，分别由车间职能组有关人员、维修操作人员兼职。

**七、岗位技能工资制全厂统一从 1993 年 1 月 1 日起执行。**

**八、试行岗位技能工资制后，本细则有与国家新规定相抵触的，按国家规定执行。**

**九、本《细则》解释权属总厂劳资处。**

1993 年 5 月 12 日

莱芜钢铁总厂岗位(职务)工资标准表

(六类工资区)　　　　(单位：元)

| 岗次 | 工资标准 | | | | 管理专业人员 | 工人岗次 |
|---|---|---|---|---|---|---|
| | 初期标准 | 二 | 三 | 四 | | |
| 12 | 114 | 168 | 224 | 310 | 总厂正职 | |
| 11 | 106 | 156 | 203 | 280 | 总厂副职 | |
| 10 | 98 | 144 | 182 | 250 | 厂长助理 | 10 |
| 9 | 90 | 132 | 160 | 222 | 正处 | 9 |
| 8.5 | 86 | 126 | 150 | 208 | 高级师 | |
| 8 | 82 | 120 | 140 | 195 | 副处 | 8 |
| 7 | 74 | 108 | 122 | 170 | 正科 | 7 |
| 6.5 | 70 | 102 | 113 | 158 | 中级师 | |
| 6 | 66 | 96 | 105 | 147 | 副科 | 6 |
| 5 | 58 | 84 | 90 | 125 | 主办科员 | 5 |
| 4 | 51 | 72 | 78 | 105 | 科员、助级师 | 4 |
| 3 | 44 | 60 | 66 | 87 | 助理科员、技术员 | 3 |
| 2 | 37 | 48 | 54 | 70 | 办事员 | 2 |
| 1 | 30 | 36 | 42 | 55 | | 1 |
| 待岗 | 22 | 26 | 32 | 40 | | 待岗 |

# 莱芜钢铁总厂关于二级厂矿、单位行政系统设置部(室)机构管理人员职务序列的实施办法

为适应企业人事制度改革和实行岗位技能工资的需要，体现责、权、利一致的原则，进一步完善干部聘任制度，调动广大管理人员的积极性，根据二级厂矿、单位建立部(室)制管理机构的情况，对行政系统设置部(室)机构的管理人员职务序列提出如下实施办法。

**一、职务序列**

部(室)机构的管理人员职务序列分为领导职务序列和非领导职务序列。

1. 领导职务序列：部(室)设主任(由厂处级领导兼任)、副主任(正科级)。部(室)以下不设科级管理机构，业务面宽、管理幅度较大的部(室)，可在副主任以下设业务科长、副科长。

2. 非领导职务序列：主办科员、科员、助理科员、办事员。

**二、职数设置**

部(室)一般设正、副主任各一职，管理幅度

较大的可设副主任两职。业务科长、副科长在总厂编制委员会下达的科级干部职数内配备。

各级科员和办事员在总厂编制委员会下达的管理人员编制定员内配备。

**三、聘任的权限、方法和手续**

1.聘任权限

二级单位厂(矿)长兼任部(室)主任的,由厂(矿)单位下文公布。

部(室)副主任、业务科长、副科长由厂(矿)长聘任。

各级科员和办事员由部(室)主任在编制定员内选择和组合。

2.聘任方法

按照"双向选择"的原则和岗位规范及任职条件的要求,通过民主推荐、个人自荐、公开竞争,采取直接聘任、选聘、招聘等方法,选贤择优。

3.聘任手续

被聘任的各级管理人员都要按管理权限签订《岗位责任合同书》。

对担任领导职务的管理人员颁发聘书,填写《干部任免呈报表》,发布厂(矿)长任免令并报总厂主管部门备案。

担任非领导职务的管理人员填写《管理人员职务审批表》,每年元月份由各单位集中审批一次。

**四、各级科员和办事员的任职条件**

1.基本条件

坚持四项基本原则,拥护党的十一届三中全会以来的路线、方针和政策。

事业心强,工作积极肯干,善于学习,有开拓创新精神,能完成本职工作任务。

坚持原则、作风正派、团结同志、遵纪守法。身体健康。

2.学历和资历

办事员:初中毕业且参加工作不满10年;高中毕业且参加工作不满7年;中专毕业且参加工作不满5年;大学专科毕业且参加工作不满3年。

助理科员:初中毕业且参加工作满10年;高中毕业且参加工作满7年;中专毕业且参加工作满5年;大学专科毕业且参加工作满3年;大学本科毕业且参加工作满1年。

科员:初中毕业且参加工作满13年;高中毕业且参加工作满10年;中专毕业且参加工作满8年;大学专科毕业且参加工作满6年;大学本科毕业且参加工作满4年。

主办科员:初中毕业且参加工作满17年;高中毕业且参加工作满14年;中专毕业且参加工作满12年;大学专科毕业且参加工作满10年;大学本科毕业且参加工作满8年。

3.业务能力

办事员:了解有关的政策和规定,有一定的办事能力,能够完成领导交办的事务性工作。

助理科员:能基本掌握有关的政策和规定,有一定的工作能力,能完成领导交办的工作任务。

科员:能掌握有关的政策和规定,能起草一般性的业务文件,有一定的独立工作能力。

主办科员:能较熟练地掌握有关的政策和规定,能起草综合性的业务文件,能独立分析问题和处理业务工作。

**五、管理人员职务的晋升**

1.担任领导职务的管理人员的职务晋升仍按现行有关选拔领导干部的规定执行。

2.担任非领导职务的管理人员和职务晋升为逐级晋升。

符合晋升条件的各级科员和办事员,年度考核为优秀或胜任的,可参加各单位组织的晋升考核,合格者可选聘到高一级岗位;年度考核为基本胜任的不得高聘;年度考核为不胜任的,应低聘或解聘。

在合同期内不能履行岗位职责的可以随时解聘或低聘。

**六、需要说明的问题**

1.担任非领导职务的管理人员一般不兼任专业技术职务。

2.党群部(室)的干部职数设置及任免办法

仍按有关规定执行。各级科员和办事员的任职条件可参照本办法掌握。

3.未实行部(室)制的单位,其管理岗位也可设置非领导职务序列,其任职条件和办法可按照本办法执行。

4.在首次实行非领导职务序列时,原从事管理工作的初中及以下文化程度的人员,仍留在管理岗位的可按上述规定确定其职务,今后从事管理工作必须具备高中及以上文化程度。

5.从工人中聘用的管理人员,必须参加工作满3年。在正式聘用之前,还要有1年的试用期,试用期间按所聘用岗位降1岗岗位工资执行。试用期满,经考核合格后,再正式办理聘用手续。

1993年5月19日

## 中共莱芜钢铁总厂委员会关于三项制度改革试点单位党群机构设置及编制定员的意见

为适应企业转换经营机制的需要,根据党的十四大精神和中发(1989)9号文件、中发(1992)10号文《中共中央关于加强党的建设,提高党在改革和建设中战斗力的意见》及《全民所有制工业企业转换经营机制条例》精神,结合我厂的实际,对三项制度改革试点单位的党群机构设置及编制定员提出如下意见:

**一 党群机构设置及编制定员的原则:**

1.要坚持党的基本路线,充分发挥党组织在企业中的政治核心作用,坚持和完善厂长负责制,全心全意依靠工人阶级。要有利于实现企业转换经营机制的目标,有利于促进企业生产经营和建设的发展,有利于两个文明建设一起抓。

2.党的基层委员会、党的纪律检查委员会、工会、共青团组织和武装部,执行各自的《章程》和《条例》,原有职能不变,组织隶属关系不变。

3.既要坚持精简、统一、效能的原则,又要加强和改进党群组织的工作。

4.二级单位党群机构的编制定员按不超过职工总数的1.2%(不含武装部)配备。(其中党务干部占0.8%,工会干部占0.28%,团干部占0.12%)

5.既要贯彻上级有关规定精神,又要从本厂实际出发,不要求上下对口。

**二、党群机构的设置和编制定员**

(一)机构设置

1.党群机构设置实行工作部制,并根据工作需要和各单位的人员构成分以下两种类型:

(1)千人以上单位在党委领导下设党务工作部和群众工作部。党务工作部由党委组织科、宣传科、党委办公室和纪委的工作机构合署办公,承担党委的组织、宣传、纪律检查、文秘等工作;群众工作部由工会、团委、武装部合署办公,保留各自的牌子,并根据各自的章程、职能开展工作。

(2)千人以下单位,在党委统一领导下设置党群工作部,具体承担党委的组织、宣传、纪检、党办的工作和工会、团委、武装部等组织和部门的工作。工会、团委、武装部保留各自的牌子,并根据各自的章程、职能开展工作。

2、党务工作部、群众工作部(或党群工作部)的工作人员,既要按各自的《章程》、《条例》各司其职,履行职责;又要在部长领导下,实行具体分工,相互合作,并建立加强内部管理和协调统一的工作制度。

(二)编制定员

1.二级单位党群领导干部一般应设党委正、副书记、纪委书记、工会主席等职,逐步实行党、政领导交叉兼职为主体的领导体制,即党委书记可兼任副厂长,厂长可兼任党委副书记。条件具备的单位也可实行厂长书记一人兼,但不搞一刀切。2000人以上的单位一般应设党委正、副书记、纪委书记(也可以由副书记兼任),工会主席;1000人以上、2000人以下的单位一般设党委书记、党委副书记兼纪委书记,工会主席;1000人以下的单位一般设党委书记、党委副书记兼纪委书记,工会主席单设或由党委副书记兼职(或者设兼职党委书记，专职党委副书记兼纪委书记)。

2. 党务工作部部长一般由党委副书记兼任，设科级副部长1—2人，副部长要兼管一项业务工作；设分管组织、宣传、纪检、党办(原设党委办公室的单位)工作的科级干部各1人，较大的单位个别单项工作可设2人；一般干部按比例配备。

3. 群众工作部部长一般由工会主席兼任，设科级副部长1—2人，副部长要兼管一项业务工作，设分管工会、团委、武装工作的科级干部各1人，较大的单位个别单项工作可设2人，一般干部按比例配备。群众工作部部长一般要参加党委领导。

4. 党群工作部部长一般由党委副书记(或党委书记)兼任，设科级副部长1人；设分管党务、群众工作的科级干部各1—2人，一般干部按比例配备。

5. 200人以上的车间和医院、学校一般设专职党支部(总支)书记，有条件的，可以兼任行政职务。200人以下的车间一般兼职。300人以上的车间一般设专职工会主席，300人以下的车间一律兼职。

**三、三项制度改革试点单位党群机构设置和编制定员需根据以上意见，提出初步方案，并报总厂党委审核同意后，方可调整运行。**

**四、三项制度改革运行后，编制内党群科级干部的调整，要先征得主管部门同意，并报总厂党委组织部审核同意后，再进行调整。**

1992年12月19日

# 对外开放

**【外贸外事管理】** 外经处是直属总厂厂长领导的主要从事外经外贸外事管理工作的职能处室，是莱钢直接对外联系的窗口。其主要职责是宣传执行党和政府有关外经外贸外事工作的方针政策，全权管理莱钢的外经外贸外事工作，组织国内外客户到莱钢进行经济技术交流、商务交流和谈判活动，管理并具体承办进出口贸易业务，组织二级厂矿生产出口产品，协调外经外贸活动中各单位之间的关系，促进利用外资特别是亚洲开发银行贷款进行改扩建工程的顺利进行。下设信息、翻译、项目、进出口和外事5个科，分别负责对外信息交流和管理、翻译、引进项目管理、进出口贸易管理和外事接待等工作。现有职工31人，均具有大专以上学历，其中高级翻译1人，中级专业技术职务的14人、初级的16人，基本上能够胜任各种学科、各类专业英、日、俄、德、法等几种主要语种的口译和笔译工作。

拥有AMCONICS486型和AST386型计算机7台、国际直拨电话和传真机各1部、屏幕式投影仪1套、摄录像设备1套，初步实现了办公现代化，基本上满足了外事活动的需要。全年共接受国内外传真1500多份、7500多页；共向国内外发送传真1200多份、6000多页。

翻译工作。1993年上半年完成了亚行贷款项目——中小型轧钢车间、3号合金钢连铸机和∅114毫米焊管三个项目的标书(110套930本)翻译工作，提出了技术性强、准确可靠的评标报告，为领导作出科学决策提供了可靠的依据。根据体制改革的需要，为莱钢的股份制改组工作翻译了大量的资料，包括瑞士银行和安达信公司提出的《初期报告》、《中期报告》，翻译了大量有关股份制方面的国外资料供领导参考。全年累计完成翻译工作量约5500万字，人均翻译工作量约180万字，是建处以来完成工作量最多的一年。其中完成利用亚洲开发银行贷款项目中小型轧机、3号连铸机和焊管轧机的招标、投标等方面的资料5000万字；股份制改组方面的资料约250万字；其它方面如日本输出输入银行贷款协议、50吨电炉等资料250万字。全年共整理完成中英文档案资料1300件、

2 万多页；为莱钢其它二级厂矿（处室）举办外语培训班 4 班次，培训人数达 80 多人次。

**【利用外资】** 1993 年，是莱钢利用亚洲开发银行贷款（以下简称亚行贷款）、日本输出输入银行等八家银行的商业贷款（以下简称日本商业贷款）及联合融资进行改扩建改造最关键、最紧张的一年。根据亚行贷款计划和莱钢改扩建工程的进度安排，年内莱钢不仅要完成已经持续几年的上述贷款项目：中小型轧钢车间、3 号合金钢连铸机和∅114 毫米焊管车间的国际招标、评标工作，而且要与上述几个项目的中标公司进行详细的技术、商务交流和谈判，签署技术和商务合同。同时还必须进行亚行贷款和商业贷款的其它几个项目如 50 吨电炉、750 立方米高炉鼓风机、转炉炉外精炼、12000 立方米制氧机、建设用材等项目的国际技术、商务询价、交流，国际招标、评标、合同签订等一系列的工作。完成了亚行贷款和日本商业贷款项目国际招标、评标和合同签订的各项工作。

1993 年，莱钢共与意大利、美国、日本、英国、德国、新加坡、瑞典、西班牙、捷克斯洛伐克、泰国、香港和台湾等 12 个国家和地区的 20 家公司签订了《中小型轧钢车间》、《3 号合金钢连铸机》、《50 吨电炉》、《一万吨卷板》等合同 26 个，合同金额约 5880.85 万美元，折合人民币约 51575.05 万元，其中完成合同 21 个，占合同总数的 80.77%；完成合同金额约 3625.28 万美元，折合人民币 31793.77 万元，占合同金额的 61.65%；

全年计划利用亚行贷款 500 万美元，实际利用 441.8 万美元，完成计划的 88.36%；计划利用日本商业贷款和联合融资 1000 万美元，实际利用 786 万美元，完成计划的 78.6%。

**【对外经济技术交流】** 1993 年莱钢与美国、日本、英国、德国、意大利、瑞士、韩国、新加坡、瑞典、西班牙、捷克斯洛伐克、芬兰、比利时、奥地利、泰国、香港和台湾等 16 个国家和地区的 24 家公司进行了技术和商务询价，与其中的 14 个国家和地区的 22 家公司进行了技术交流。在亚行贷款项目中小型轧钢车间、3 号合金钢连铸机和 Φ114 毫米焊管车间的国际招标工作中，共有美国、日本、英国、德国、意大利、瑞士、奥地利、芬兰、比利时、韩国和土耳其等 11 个国家 18 家公司洽购了标书，其中除芬兰和土耳其以外，上述 9 个国家的 16 家公司分别按规定递交了标书。经中外专家的反复论证和评估，并报请亚行批准，意大利的达涅利公司投中 3 号合金钢连铸机和中小型轧钢车间两个项目和∅114 毫米焊管车间的评标工作日前还在进行中。

1993 年先后与日本、香港和台湾等 3 个国家和地区的 4 家公司进行了外资利用的经济技术交流，其中与 3 家公司签订了合作或合资意向书或协议书，与其中的 2 家公司签订了合资或合作经营合同，合同利用外资额 1530 万美元，折合人民币 13418 万元；全年实际利用外资 300 万美元，折合人民币 2631 万美元，约占合同金额的 19.61%。其中，莱钢与香港永碧公司合资项目——山东鲁碧建材有限公司经过近两年的交流和谈判，于 1993 年 1 月 11 日签署了《鲁碧建材有限公司合资经营合同》，总投资额 300 万美元的第一期工程已经开工建设，1993 年该工程实际利用外资 60 万美元。莱钢商业公司和香港汇山实业有限公司经过一段时间的交流，1993 年 8 月 29 日签署了合资创办兴莱汽车修配有限公司的意向书，现正进行上报审批及合同谈判等后续工作。

**【技术与设备的引进】** 全年共完成 50 万吨电炉、750 立方米高炉鼓风机、改扩建建设用钢材、落地镗铣床、750 立方米高炉电气控制系统等 15 个合同项目，合同总额 2125.92 万美元，先后从德国、美国、日本、英国、瑞典、新加坡、西班牙、捷克斯洛伐克等八个国家引进了世界先进水平的成套技术和设备，提高了莱钢的技术装备水平。特别是从德国引进的 50 吨电炉二手设备，既要在合同规定的时间内到德国将其全部拆卸、包装，又要及时运至莱钢的施工现场，时间十分紧迫。在德方的积极配合下，仅用半年多的时间就将价值 845 万美元，设备总重达 3000 多吨的超重、超限整套设备拆卸完毕，并完成了重新包装、租船、定舱、报关、报验、国内运输等一系列工作，顺利地将其从德国运到特钢施工现场，保证了工程的施工进度。

**【出口贸易】** 在出口贸易特别是冶金产品出口贸易方面，针对莱钢产品的实际情况，及时了解国内外市场动态，广泛收集国际市场信息，认真研究国际市场规律，不断优化出口结构和方案，积极开拓国际市场，在 1993 年国内钢材市场价格高涨、国际市场价格则较低出口不利的情况下，严格履行合同，提高了莱钢的商业信誉。全年，莱钢与美国、日本、瑞士、新加坡、泰国、香港和台湾等 7 个国家和地区的 8 家外商签订了 7 个出口合同或协议，总金额达 600 万美元，其中完成出口合同 6 项，创汇 555 万美元，折合人民币 4867.35 万元，占合同或协议金额 92.5%，与上年基本持平。其中，出口锻件 4519.4 吨，创汇 358.5 万美元；萤石粉 8798.8 吨，创汇 70.4 万美元；货叉 544 吨，创汇 66.1 万美元；针织品 7683 打，创汇 45.6 万美元；圆钢 515.4 吨，创汇 14.4 万美元。

**【外事往来】** 一年来，先后接待来自美国、日本、德国、英国、意大利、瑞士、韩国、新加坡、奥地利、印度、澳大利亚、泰国、香港和台湾等 14 个国家和地区的国外团组 125 个、350 多人次，并为去往美国、日本、德国、英国、意大利、韩国、马来西亚、新加坡、印度、澳大利亚、泰国、捷克斯洛伐克、香港和台湾等 14 个国家和地区的 22 个国内团组的 125 人次办理了出国手续，其中包括莱钢出国人员 83 人次。

（张俊智）

**【经营开发】** 计划处为全厂经营开发工作综合管理部门，下设经营开发科为具体办事机构。1993 年，莱钢经营开发的发展战略是：面向国际国内市场，全方位扩大开放，加强各方面的经济联合，组建跨行业、跨地区的钢铁企业集团。

1993 年，是经营开发工作进展较快、取得成绩较大的一年。以主体产品为依托，以产品延伸加工和建立原料供应基地为纽带，同大邱庄的津海公司、徐州市的利国铁矿、沂源县的韩旺乡、莱阳的西海铁矿等签订了联营协议；与莱芜市钢城区合办钢渣处理厂、新星焊管厂、新光喷塑钢制品公司；参股海南国际招商股份公司，在济南创建了“三和”和“汇力”两个股份有限公司；在北京、济南、海南等地设办事处，建经贸公司；与日照市联合开办海产养殖场，为莱钢职工供应海鲜；在威海市购置土地，拟搞易地开发；与日照锚链厂、临朐无缝钢管厂等签订了联营意向。在省内外以独资、合资、联营和经济技术协作等形式共兴办经济实体 16 个，投入资金 5300 多万元，1993 年取得较好综合经济效益。

与外商的合资合作经营也有较快的发展。

年末，已初步形成以钢铁生产为龙头，以发展外经、外贸、利用外资和经济技术合作为纽带，全方位、多层次开放型经营的新格局。通过经营开发开办的公司和兴建的工厂，已安置人员近 5000 人。随着经营开发工作的进展，在总结经验的基础上，制定了经营开发工作的管理制度和办法，使经营开发工作走向规范化的道路。

（王友三）

# 11. 党群工作

## 党委日常工作

**【基本情况】** 中共莱芜钢铁总厂第三届委员会于1992年7月选举产生。现有委员25人，常委9人，书记1人，副书记2人。莱钢党委下设党委办公室、组织部、宣传部、统战部、党校。分别协助总厂党委抓好日常事务工作、组织工作、宣传工作和统战工作等。总厂设纪律检查委员会，在莱钢党委和省纪委双重领导下工作。纪委协助党委抓好党风建设。党委办公室作为总厂党委的综合办事部门，承担党委日常工作运转的各项服务工作。党委办公室有职工17人，下设综合科、秘书科和机要科。分别负责党委日常事务、文字材料综合和机要文电的收发传递等工作。

1993年莱钢党委全面贯彻党的基本路线，坚持"两手抓，两手硬"的工作指导思想，坚持服从、服务于经济工作，积极参与生产建设、深化改革的各项工作，参与企业重大问题的决策，在抓大事、议大事、揽全局方面工作突出。1993年莱钢在保持全国思想政治工作优秀企业的基础上，再次被评为全省思想政治工作优秀企业。5个二级单位保持了省级文明单位称号。

**【会议制度】** 总厂党委各项重大决策的形成、党委意图的传达贯彻都通过一定的会议形式。党委坚持民主集中制和集体领导的原则，制度健全。各种会议比较规范。党委办公室负责做好会前各项准备工作和会议记录。不定期召开党委全委会和党委常委会，研究决定莱钢党委工作重大事项，全年召开全委会1次、常委会12次。莱钢党建工作、思想政治工作、精神文明建设以及群众组织工作的安排部署通过总厂政治工作会议进行，一般每半年召开一次。在1992年12月召开的全厂政治工作会议上，党委书记姜开文作了题为《解放思想，创新求实，努力开创政治工作新局面》的工作报告，总结了1992年的工作，对1993年政治工作形势、任务作了全面的分析和安排，为做好全年政治工作奠定了基础。除此之外，通过专门会议安排一些大的专项工作。如，召开了宣传工作会议、"三查"活动动员大会、莱钢党委书记座谈会、深入开展反腐败斗争、加强党风廉政建设工作会议、保钢80万动员会和学《邓小平文选》第三卷动员大会等。党委日常工作的安排部署和检查汇报一般通过政工例会的形式。政工例会由党委书记或副书记主持，党群部门负责同志参加，分析职工思想动态，汇报前段政治工作，党委领导同志部署工作任务，全年共召开政工例会9次。党政领导学习日也是党政领导学习上级文件，统一思想，研究通报党政大事的重要形式，全年集中学习共26次。

**【文秘工作】** 党委部署指导全厂工作的另一种重要形式是下发党委文件。1993年总厂党委共发文 86 个。大体有四种类型:一是公布党委决定开展的重要活动和重大事项。如,关于实行党委工作目标责任制的意见,关于开展纪念毛泽东同志诞辰 100 周年活动的意见等;二是公布党委制定的有关规定(或党委转发党群部门或二级单位制定的有关规定)。如,关于加强领导班子思想作风建设的意见、党员领导干部带头廉洁自律的规定等文件;三是呈报省委或省委有关部门的请示和报告;四是转发省委、省政府的有关文件和下发二级单位的批复文件。党委领导同志在一些重要会议上的讲话也是指导各单位开展工作的重要依据。1993 年,整理下发党委领导同志讲话 24 个;撰写整理领导署名文章 5 篇,均在省级以上刊物发表,有 3 篇获各类奖励。《莱钢政工》作为莱钢党委唯一的综合性内部刊物,刊登党委领导同志重要讲话,传达党委工作意图,报道政治工作动态,总结交流政治工作经验。全年共编发 20 期。全年共收发省以上文件资料(秘密级以上)725 件、25829 份;刊物 36 种、2340 份,无一差错。莱钢党委办公室被评为全省文件管理先进单位,莱钢 4 名同志被评为文件管理先进个人。

**【保密、机要工作】** 莱钢党委下设保密委员会。委员 12 人,主任 1 人,副主任 3 人。保密委员会办公室设在党委办公室,负责全厂保密工作的宣传教育,监督检查保密制度的执行情况。1993 年重点对全厂进行了保密法教育。年终表彰了 7 个保密工作先进单位的 25 名先进个人。机要通讯主要负责党政领导机关信息加密传输。1993 年,莱钢党办机要科被评为全省机要部门保密、优质、高速、无事故先进单位。

**【党委日常工作的检查与指导】** 党委日常工作的检查指导主要有四种形式:一是党委领导同志直接进行检查指导。主要是深入二级单位听取汇报、实地检查、具体指导、督促落实;二是党委各职能部门充分发挥职能作用,按其职责对二级单位党委工作进行督促检查和具体指导;三是通过会议交流工作情况。全年召开专项工作经验交流会 4 次;四是组织专门工作检查组进行检查。如每年一次的党风检查,由党委各部门抽调骨干、党委各常委分工挂帅组成检查组到全厂进行检查。

(卢彤书)

## 组 织 工 作

**【基本情况】** 总厂党委组织部是莱钢党委组织工作的办事机构。其主要职责和任务是,在总厂党委领导下,认真贯彻执行党的组织路线和干部路线,负责党的组织和党员队伍建设,党群干部的调整、任免、工资、考核、出国审查等工作,参与对行政中层干部的推荐、考察及对全厂干部政策、知识分子政策、工资政策的研究,调整配备好各级领导班子,负责领导班子思想作风建设。组织部下设综合科、组织科、干部管理科。共有职工 11 人,其中大专以上文化的 5 人,具有高级政工职务的 2 人、中级的 2 人、初级的 7 人。

总厂党委下属 25 个二级厂矿单位党委,41 个党总支,516 个党支部,1499 个党小组。共有党员 9650 名,其中在职职工党员 8355 名,离退休职工党员 1176 名,其他党员 139 名;女党员 1083 名,35 岁以下的党员 1383 名。

1993 年,全厂各级党委组织部门,认真抓了领导班子建设、党的基层组织建设,干部队伍建设,加强了党员教育和管理,全厂党组织的政治核心作用、战斗堡垒作用和党员的先锋模范作用得到了较好的发挥,为生产、建设和改革三大任务的完成,提供了有力的保证。

**【领导班子建设】** 3 月份总厂党委印发了《关于加强领导班子思想作风建设的意见》,对新形势下如何加强领导班子思想作风建设提出了要求，使莱钢各级领导班子建设向规范化方向迈出了新的步伐。总厂和各二级厂矿单位两级领导班子每半年召开一次党员领导干部民主生活会。一年中，调整充实领导班子27人，提拔副处级以上干部43人。1月，结合企业股份制改组试点，建立了锻压股份有限公司党委。7月莱钢技工学校召开党员大会，选举产生了新的一届党委、纪委领导班子。

**【基层党组织建设】** 年初，在总结上年工作的基础上，结合形势发展和莱钢实际，推行了党委工作目标责任制，把生产经营、精神文明建设、党的建设都列入工作目标责任，实行定期考核，对各厂矿单位党委书记、厂(矿)长同奖同罚。1月表彰了1992年度党建工作先进单位4个；先进党总支、支部27个。总厂党委印发了《关于进一步加强基层党组织建设的意见》，就新形势下特别是三项制度改革后，全厂党组织建设提出了意见和要求。对股份制试点单位和合资企业党的建设作出了规定。修订印发了《莱芜钢铁总厂基层党支部(总支)工作细则》。

**【党员教育管理】** 围绕抓住机遇、加快发展这一主题，组织全厂党员广泛深入地开展了创效益、争一流做合格共产党员系列活动。为庆祝建党72周年，开展了庆"七一"为党添光彩系列活动。组织了优秀党员、劳动模范事迹报告会，6名优秀党员、劳动模范在总厂及部分二级厂矿单位作了巡回报告。举办了堡垒杯电视评选和先锋杯征文活动，宣传了35个先进党总支、支部和43个优秀共产党员的事迹。各厂矿单位党委组织党员广泛开展争先创优、党员责任区、党员身边无事故、党员岗等活动，激发了广大党员先锋模范作用的发挥。在大干十二月、保钢80万劳动竞赛中，广大党员打头阵、立头功，为全年生产经营任务的完成做出了积极贡献。受党委表彰的1992年度优秀共产党员33名。

全年订阅《党员干部之友》1190册。

党员电化教育工作有了新的发展。按照省委组织部的要求，1992年，成立了由组织部、宣传部及莱钢电视台有关同志组成的党员电化教育办公室，办公室设在组织部。其主要职责是组织协调党员电化教育片的拍摄，复制录像带和节目编排及播放、收看工作。在各二级厂矿单位建立了党员电化教育工作网。与电视台联合举办了每月两次的《党员电教之窗》栏目；摄制了以轧钢厂初轧车间党总支先进事迹为题材的《钢城党旗分外红》，并在中央、省电视台播放。8月，在省委组织部召开的全省党员电教工作会议上，作了《紧密结合企业实际，努力搞好党员电化教育》典型经验介绍。

**【党员发展】** 全年全厂发展新党员256名。其中工作在生产一线的195名，年龄在35岁以下的58名。推荐优秀共青团员加入党组织工作初见成效，全厂有50名优秀共青团员被团组织推荐入党。到年底，共有6733人向党组织提出申请，已有1186人被列为入党积极分子。

6月，举办了全厂党委组织员培训班，25个厂矿单位的专、兼职党委组织员参加学习班，学习了中组部、省委组织部有关文件，传达了全省党员发展工作会议精神。

**【民主评议党员】** 自1992年开始，全厂民主评议党员工作由一评变三评，既：民主评议党员；党员评议支部、总支，支部、总支评议党委；二级厂矿单位党委评议总厂党委。1993年，参加评议活动的党总支、支部516个，党员9280名。共评出先进党总支、支部112个；优秀党员645名，合格党员8162名，基本合格党员63名，基本不合格和不合格党员14名，分别占被评议党员总数的7.2%、91.8%、0.7%、0.16%。

1993年，因贪污、盗窃等原因被开除党籍的党员1名；因利用职权谋私、贪污、盗窃、行贿受贿、传播淫秽物品等原因受警告、严重警告、留党察看等纪律处分的党员11人。

【党群机构改革】 为适应全厂转换企业经营机制、三项制度改革的要求，1992 年 10 月，在特殊钢厂、运输部进行了党群工作机构调整试点，1993 年起在全厂推开。除总厂机关党委、生活服务公司和附属企业公司，22 个二级厂矿单位党群系统实行工作部制。原则上千人以上的单位成立党务工作部和群众工作部，原组织科、宣传科和纪委、行政监察合署办公，工会、团委、武装部合署办公。千人以下的单位，成立党群工作部，原政工科和纪委、行政监察、工会、团委、武装部合署办公。机械厂虽千人以上，但根据本单位实际，成立了党群工作部。党群系统管理人员按全厂职工总数的 1.5%配备。其中，党务干部按 1%配备，工会干部按 0.35%配备，共青团干部按 0.15%配备。总厂与二级厂矿党群系统管理人员配备按 1:4 掌握。二级厂矿单位逐步实行党政领导交叉兼职为主体的领导体制，但不搞一刀切。党务工作部部长一般由党委副书记兼任，群众工作部部长一般由工会主席兼任，党群工作部部长一般由党委副书记或党委书记兼任。200 人以上的车间和医院、学校都配备了专职党总支、支部书记，300 人以上的车间配备了专职工会主席。到 12 月底，全厂二级厂矿单位党群系统工作机构由原来的 127 个科，缩编为 34 个工作部。

1993 年底，全厂党群系统管理人员压减了 109 人。压减后党群系统共有管理人员 502 人，其中，党务干部 327 人，工会干部 132 人，共青团干部 43 人。

【干部管理】 加强了干部管理的制度建设。先后制定下发了《党群干部任免程序》、《党的基层组织换届选举工作制度》、《党群干部年度考核制度》和《党群干部调配工作暂行规定》。实行了对厂处级干部季度考核、嘉奖制度。考察干部 175 人，其中考察党群干部 43 人。提拔调整党群系统干部 41 人，其中提拔副厅级干部 1 人，处级、副处级干部 10 人，科级、副科级干部 17 人。141 名优秀工人被聘用到干部管理岗位。在选拔年轻干部和妇女干部方面取得新进展。全厂党群系统共有厅级干部 4 人，处级干部 105 人，科级干部 299 人。

【政工职称评聘】 组织部、宣传部一起认真抓了武装、公安保卫、行政监察、计划生育、信访、文化体育、干部管理、老干部等 8 个系统的政工专业职务评聘工作。根据编制和工作需要，总厂按干部管理权限新聘任 85 人，其中高级政工师 10 人、政工师 33 人、助理政工师 31 人、政工员 11 人。到年底，全厂共聘任政工专业人员 747 人，其中高级政工师 41 人、政工师 267 人、助理政工师 338 人、政工员 101 人。自 11 月份起，政工人员专业职务评聘工作已按上级统一部署转入正常化。

【干部培训】 在广泛征求意见的基础上，组织部配合党校，对教学内容和时间安排做了改进和调整。全年共举办培训班 2 期，进修班 3 期，培训学员 203 名，其中处级干部 46 名、三级干部 147 名。举办《邓小平文选》第三卷读书班 1 期，46 名处级干部参加了学习。各二级厂矿单位也通过基层党校举办短训班、专题讲座，组织党员干部学习党的十四大报告、《邓小平文选》第三卷和《关于建立社会主义市场经济体制若干问题的决定》。选派 6 名党委书记分别参加了省委党校和冶金部组织的党委书记岗位培训；选送 4 名处级干部参加了省委党校和省经济管理干部学院举办的大中型企业优秀中青年干部培训班。。干部学历教育有了新的发展。28 名干部被录取参加中央党校函授学院经济管理专业本科班学习；62 名干部参加了省委党校举办的经济管理大专专业证书续读班学习；264 名干部参加山东干部函授大学经济管理、对外经贸两个专业本科和专科班学习。有 45 人参加了工会和档案系统的大专班学习。选送 32 名党员脱产一年参加山东大学举办的市场营销高级进修班。

【党建研讨】 为了探索搞好新形势下企业党建的新路子，1992年10月，选派17名政工干部分别到一铁、二铁、炼钢、轧钢、锻压厂、动力部、运输部等生产热线厂矿挂职锻炼。1993年4月10日，下派挂职干部回原岗位。选调了42名政工干部广泛深入地开展了调查研究活动。1993年2月13日，召开了调研成果发布会，7名同志发布了调研报告。七个调研组共撰写了15篇具有重要参考价值的调研报告。3月，召开了全厂新形势下如何搞好企业党的建设研讨会，10名厂矿单位党委书记发言。3月至9月，组织开展了“厂处级以上党政班子如何为搞好社会主义市场经济发挥作用”大讨论，24名厂处级领导干部撰写了26篇征文，对其中的11篇优秀征文进行了奖励。姜开文书记撰写的《股份制企业党委工作的探索和思考》一文，在中组部党建研究杂志社、中共山东支部生活杂志社、经济日报总编室联合举办的“市场经济与党的建设”征文活动中，获优秀论文一等奖，并刊登在第12期《党建研究》和第10期《山东支部生活》上。

【自身建设】 坚持政治学习、业务学习制度，加强内部管理，修订完善了10个工作制度，实行了目标管理。全年在《莱钢报》等新闻单位及刊物上发表各类文章20多篇。坚持了每季一次各厂矿单位组织（业务）科长参加的组织工作例会，坚持了部工作例会、部务会议制度。组织部党支部被评为1993年度总厂机关先进党支部，为优质服务杯劳动竞赛先进单位、先进职工小家。

（苗立泉）

## 宣传思想工作

【基本情况】 莱钢总厂党委宣传部是莱钢党委宣传思想工作的主管部门。主要负责全厂的社会宣传、理论教育、党员教育、思想政治工作、精神文明建设和新闻舆论工作。其基本任务是：宣传党的路线、方针、政策和党中央、上级党政组织以及总厂的决议、决定，教育动员全厂党员、干部、职工努力完成生产和建设的各项任务；组织党员、干部、职工学习马列主义毛泽东思想，学习建设有中国特色社会主义理论，学习党的基本知识和政策、决议，学习科学文化和业务知识；对党员、干部、职工进行形势、任务的宣传教育，爱国主义、集体主义、社会主义的宣传教育，进行思想道德、民主法制的宣传教育，通过大众传媒，传播各类信息，进行正确的舆论导向。宣传部下设综合科、宣传科、理论教育科、讲师团（与理论教育科合署办公）、党员教育科、精神文明建设办公室、对外报道科、莱钢广播站（与电视台合署办公）等8个科室；莱钢报社、莱钢有线电视台是宣传部领导、管理的两个副处级单位；莱钢印刷所是宣传部领导、独立核算的科级单位。1993年7月三项制度改革以前，有职工115人，现有职工106人。其中管理人员32人，各类专业技术人员35人，操作工39人；具有高级专业职务的5人、中级的21人、初级的27人。

1993年全厂宣传思想工作坚持抓大事、议大事的指导思想和求实效、重成果的工作方针，突出抓了党的十四大精神的学习宣传，广泛组织了建设有中国特色社会主义理论和《邓小平文选》第三卷及党的十四届三中全会精神的宣传、学习，坚持用党的十四大精神和建设有中国特色社会主义理论武装广大党员、干部和职工群众的思想，为总厂的生产经营、改扩建工程建设和深化改革提供了有力的思想保证和舆论支持。

【社会宣传】 1993年全国八届人大一次会议、党的十四届三中全会和省六次党代会等一系列重要会议先后召开，宣传部分别就这些会议精神的学习贯彻，做出了全面的安排。在职工中开展了社会主义市场经济教育，为全厂征订了2000余份教材，举办了1期社会主义市场经济骨干宣讲员培训班，培训基层宣讲骨干50多人。编发了4期宣讲材料。在6、7月份，与职工培训处联合组织了全厂社会主义市场经济知识竞赛，共收到14000余份答卷，全厂有75名职工荣获全省竞赛二、三等奖和优秀奖，总厂被评为全省社会主义市场经济教育优秀组织单位。与总厂体改办联合组织了全厂股份制知识竞赛活动，共收到答 卷1万余份，总厂表彰了132名先进个人和7个先进组织单位。10月到12月，开展了毛泽东同志诞辰100周年纪念活动。11月2日至6日，与省党史展览馆和总厂党委组织部、工会联合在文化宫组织了纪念毛泽东同志诞辰100周年图片展览，全厂3700多人参观了展览。12月份开展了理论研讨、座谈会、文艺演出和书法绘画展览等多种纪念活动。

《宣传工作》是宣传部主办的指导、交流全厂宣传思想工作的综合性月刊。全年出刊12期，编发有关宣传思想工作重要论述和经验、信息112条，共计16万字。《宣传工作》增刊，是及时反映全厂宣传思想工作情况、推广基层先进经验的不定期刊物，全年出刊25期，编发各类宣传信息和基层经验75条，共计12.2万字。

（昝永清）

**【理论教育】** 理论学习。全年把学习邓小平建设有中国特色社会主义理论作为根本任务来抓。一是继续学习党的十四大文献，总厂党委举办了厂处级干部十四大文件学习班，参学人员32人，党委宣传部编发学习党的十四大文件辅导材料6讲，宣讲材料40讲。二是学习《邓小平关于建设有中国特色社会主义的论述专题摘编》，全厂征订《摘编》2000本，宣传部举办学《摘编》理论骨干培训班，参学人员40人；编发辅导材料3讲，并组织理论干部先后到一铁厂、机械厂、轧钢厂等17家单位进行巡回宣讲，直接听众1500余人。《邓小平文选》第三卷出版发行之后，总厂召开学《邓选》动员大会，总厂厂长李景常作动员。随即举办了分厂党委书记学《邓选》读书班，参学人员33人。全厂征订《邓选》9566本。三是学习社会主义市场经济理论，分别对干部、工人两个层次进行教育。总厂举办了社会主义市场经济教育理论骨干培训班，参学人员36人，编发宣讲材料6讲，征订《社会主义市场经济知识读本》2000本。

理论研究。突出了建设有中国特色社会主义理论与实践和新形势下如何做好思想政治工作的研讨。上半年召开新时期思想政治工作研讨会，发表论文、调查报告16篇，分别评出一、二、三等奖，姜开文书记就这个研究课题讲了主要意见。10月15日，总厂党委召开学习十四大文件和建设有中国特色社会主义的理论经验交流会，收到论文、经验总结59篇，会上发言8篇。12月18日，总厂党委召开纪念毛泽东同志百年诞辰理论研讨会，会议收到论文43篇，会上发言8篇。1993年全厂在省级报刊发表理论文章36篇，其中8篇获奖。

理论宣传。按厂内、厂外两条线，全年内部编发《理论动态》11期，报导国内外理论研究成果33条，编发国内外一周大事43期，报导国内外大事220条。厂外在省级报刊上发表理论学习、理论研究稿件48篇。

（张山国）

**【党员教育】** 1993年党员教育以党课为基本形式，以邓小平南巡谈话和建设有中国特色社会主义理论为基本内容，共安排了6讲：(1)用建设有中国特色的社会主义理论武装全党；(2)加速建立社会主义市场经济体制；(3)14年改革开放所取得的举世瞩目的成就；(4)必须坚持党的基本路线不动摇；(5)对共产党员标准的新要求；(6)做新时期合格的共产党员。结合基层党校建校10周年，继续抓了以基层党校为主体的党员教育阵地建设。全厂共建立基层党校19所，党员活动室140个，配备了290名专、兼职教师。各级党组织开展了让共产党员的党性在深化改革的实践中闪光的党性实践活动。6月

28日，总厂党委宣传部召开表彰大会，表彰了48个在党性实践中表现突出的党员先锋岗。

（王福成）

【主题系列活动】 围绕全厂生产经营、改扩建工程建设和企业深化改革、转换经营机制等重点工作，组织开展了抓机遇、快发展主题系列活动。对职工进行了形势任务教育和深化改革教育，使职工认识到我国所面临的重大历史发展机遇，增强机遇意识和使命感、紧迫感。活动中各单位创造了若干卓有成效的活动载体，使主题系列活动落到了实处。6月25日组织召开了全厂抓机遇、快发展主题系列活动座谈会，总结、推广了10个先进活动典型。

（昝永清）

【精神文明建设】 1993年全厂继续深化群众性精神文明建设活动。重点做好文明单位的创建与管理，修改制定了《莱芜钢铁总厂文明单位建设管理规则》、《莱芜钢铁总厂精神文明建设考核细则》及《莱芜钢铁总厂文明单位检查验收细则》加强文明单位的日常管理工作，年初，对1992年度的精神文明建设进行了总结、检查，命名、表彰了1992年度13个总厂级文明单位和312名先进生产（工作）者。第一铁厂、运输部、轧钢厂、韩旺铁矿、第一中学被命名为1992年度省级文明单位。10月份开始，在全厂开展争创十佳文明窗口单位和十佳文明窗口单位职工活动，以推动全厂职业道德建设和精神文明建设。继续开展学先进、讲奉献、树新风活动和岗位学雷锋活动，涌现出一批学、讲、树的先进单位和个人。轧钢厂被评为山东省学雷锋活动先进集体标兵，炼钢厂1人被评为省学雷锋活动先进个人标兵。同时，在全厂开展爱国主义、集体主义和社会主义三位一体教育，组织以中国近代史为主要内容的知识竞赛活动和全厂爱国主义教育情况调查活动。

（秦承奎）

【职工思想政治工作研究会与企业文化学会】 根据莱钢生产经营、改扩建工程建设和企业改革、职工思想实际，开展专题研讨活动和企业文化建设的经验总结。年初编发了全年的研究课题。组织了研讨活动。对1992年度全厂优秀思想政治工作单位、优秀研究会、优秀思想政治工作者、优秀研究活动积极分子和优秀论文，进行了总结、表彰，并向省职工思想政治工作研究会推荐了莱钢的先进单位和个人。在全省企业思想政治工作会议暨省职工思想政治工作研究会第八次年会上，总厂、轧钢厂、第一铁厂、运输部被评为全省思想政治工作优秀企业，有4位同志被评为省优秀思想政治工作者和省优秀研究会干部，党委副书记李名岷同志《坚持两手抓两手都要硬》理论文章被评为优秀成果一等奖。莱钢企业文化建设的两篇经验文章，分别被《企业导刊》和《企业文化》刊用。莱钢《政工研究》全年出刊两期，编发论文34篇，共计12万字。

（昝永清）

【政工专业职务评定工作】 1993年，莱钢的政工专业职务评定工作，根据《全民所有制工业企业转换经营机制条例》关于“企业有权根据实际需要，设置在本企业内有效的专业技术职务”的规定和中央、省、莱钢首次复核、评定政工专业职务的有关政策，对在全厂武装、公安保卫、干部管理、老干部管理、行政监察、计划生育管理、信访工作及总厂工会生产生活部等8个岗位上工作的人员，进行了政工专业职务的评定工作。经个人申报、民主评议、单位推荐、相应评委会评审、总厂政工专业职务评定工作领导小组审核，共有300名同志取得了相应的政工专业职务任职资格。其中，取得高级政工师任职资格的15名（包括已退离休的5名），占取得任职资格人员的5%；取得政工师任职资格的110名，占取得任职资格人员的37%；取得助理政工师任职资格的130名，占取得任职资格人员的43%；取得政工员任职资格的45名，占取得任职资格人员的15%。

同年11月，根据全国、全省企业思想政治工作人员专业职务评聘工作转入经常化的意见，莱钢以政职字(1992)第8号文印发了《关于政工人员专业职务评聘工作转入经常化的规定》，适时地把政工专业职务评聘工作转入经常化。

（毕泗河）

【普法工作】 1993年全厂普法工作突出专业法的宣传和依法治厂的工作。在法律法规的宣传教育上，组织全厂干部职工，特别是厂处级以上干部认真学习《宪法》修正案、《社会主义市场经济法制理论讲话》、《全民所有制工业企业转换经营机制条例》、《中华人民共和国产品质量法》、《中华人民共和国保密法》等法律法规。从1992年10月到1993年10月，组织全厂280名生产、计划、供销、原料、财务等专业管理人员参加山东省第二期经济法律法规培训班，经省统考，参学人员全部合格。总厂经济法律法规培训办公室和特殊钢厂荣获省教学管理先进单位。在推行依法治厂工作中，先在特殊钢厂、轧钢厂、第一铁厂、动力部、运输部5个单位进行试点，然后进行依法治厂经验的总结、推广和建档立档工作，共建立普法教育和依法治厂档案10卷，全厂有50%的厂矿、单位达到了依法治厂标准。

（秦承奎）

【山东干部函授大学莱钢函授站】 根据鲁宣通(1993)1号文件精神，经山东干部函授大学批准，在莱钢设立山东干部函授大学莱钢函授站。2月16日，莱钢党委宣传部、组织部，莱钢干部处、职工培训处联合下发了《关于山东干部函授大学招生和设立莱钢函授站的通知》，成立莱钢函授站领导小组，党委副书记李名岷任组长。莱钢函授站办公室设在莱钢党委讲师团，张远任办公室主任兼莱钢函授站站长。山东干部函授大学莱钢函授站从1993年3月21日开始组织在职干部报名，共有292人报考，258名考生参加入学考试，255名考生达到录取分数线。经莱钢函授站领导小组研究决定，这些学员分两期入学，1993年第一期入学的有92人，另有10名取双学历的学员随第一期学员入学，共102人。其余学员于1994年9月入学。

（张　远）

【莱钢报】 《莱钢报》是由莱钢党委主管、宣传部主办的四开四版型企业报，创刊于197[illegible]年3月13日，当时叫《大会战》；1980年9月[illegible]日改名为《莱钢报》，由不定期出版改为周刊。1989年1月改为周二刊；1993年1月改为周三刊，每周二、四、六出版；全年出报156期，莱钢报通讯12期，发搞6000多篇。国内统一刊号CN37——0022，每期印刷8000份。

1993年，《莱钢报》由周二刊改为周三刊后，在印刷手段上，由原来的铅字排印改为激光照排和胶版印刷，报纸的容量几乎增加一倍。报纸的宣传内容，紧紧围绕经济建设中心和质量第一、安全第一，突出生产经营、改扩建工程和三项制度改革。组织了生产一条线、三项制度改革、后勤一条线等系列报道；组织了莱钢质量行活动；举办了抓机遇快发展、改扩建、走向大市场等征文活动。办了月末版，开辟了时事政治形势任务一周谈专版和莱钢大地栏目，办报质量不断提高，1993年全国企业报晋京展评荣获一等奖。推荐参评的各类作品，在省级以上获奖的8篇，其中一等奖2篇、二等奖4篇、三等奖2篇。

1993年出版的《山东省志·报业志》综合介绍了《莱钢报》的概况，以较大篇幅介绍了具有莱钢特色的“钢花”文艺副刊，并收录了《莱钢报》注意抓业务研究，进行评报活动的情况。9月，《莱钢报》作为山东省有代表性的企业报参加了由国家新闻出版署、中国报业协会、中国期刊协会联合举办的全国报刊博览会展出，受到参观者的好评。

报社为副处级单位，下设通联室、一编室、二编室3个副科级机构，现有职工22名，其中

1名主任记者，6名编辑、记者，7名助理编辑、记者。

（宋庆祝　魏延义）

**【莱钢有线电视台】** 莱钢有线电视台是莱钢党委主管、隶属于莱钢党委宣传部的单位。其发射功率为50瓦，辐射整个冶金厂区。

莱钢有线电视自1984年创建，1985年开播以来，先后开办了周一和周二电视节目。1993年发展为周四新闻，周六电视节目，在宣传内容上，更加贴近改革和经济工作实际，进一步加大生产建设、改扩建工程和三项制度改革及股份制改组工作的宣传密度和宣传力度。先后组织了来自一期工程的报道、生产经营和生活后勤热线等系列报道，组织了莱钢质量行活动，举办了堡垒杯电视评选活动。1993年共播出电视新闻187期1945条，广播新闻132期1320篇，制作专题片11部。被省级以上电视台采用稿件80多条，播放专题片3部，其中有4条分获省电视台及行业一、二、三等奖和优秀奖，莱钢有线电视台被评为1993年全省电视宣传先进集体。

在节目工作中，电视台坚持寓教于乐的方针，注意选择内容健康向上、娱乐性、艺术性兼备的录像节目，1993年共播出各类节目1150小时。为满足不同层次观众的需要，电视台1993年1月推出了综合性栏目《八方揽胜》，作为了解国内外优美风光和民族风情的窗口。还开办了《党员电教之窗》、《每周世界风云》和《健康教育》栏目，从不同方面对职工家属进行教育。每月出版一期的《莱钢广播电视通讯》报为16开4版，每期印数5000份。1993年还为有线电视传输系统扩容改造做了大量前期准备工作。

电视台为副处级单位。下设总编室、新闻部、录制部、技术部和铁铜沟站等5个副科级机构。现有33人，其中具有高级专业职务的1人、中级的3人、初级的12人。

（王　博）

**【对外新闻报道】** 1993年，莱钢对外新闻宣传在省级以上115家新闻单位用稿1200多篇，约80万字，平均每天有3篇新闻稿件被采用。具体用稿情况是：《山东冶金报》320篇，《大众日报》34篇，省广播电台10篇，《冶金报》68篇，《经济日报》3篇，《工人日报》13篇，《光明日报》3篇，《人民日报》5篇。其中被各报多版头条发表的有60多篇，有10多篇新闻稿获奖。宣传部对外报道科被《大众日报》评为全省新闻报道先进单位。特殊钢厂、炼钢厂、轧钢厂、韩旺铁矿、总厂机关5个单位被评为莱钢对外报道先进单位，21名通讯员被评为莱钢对外报道优秀通讯员。

（王伯勋）

**【莱钢印刷所】** 莱钢印所是莱钢党委宣传部领导、经济上独立核算的单位。现有职工39名。其主要工作任务是承印《莱钢报》和总厂会议文件、宣传材料及二级厂矿生产、财务报表等。为提高《莱钢报》的排版、印刷质量，自1992年下半年以来，总厂投资113万元，新建厂房、增添激光照排系列设备，使印刷所固定资产由原来的57万元增加到170万元，《莱钢报》自2月2日第1711期改为激光照排胶印印刷，大大缩短了印刷周期，提高了产品质量，收到了良好的宣传效果。印刷所坚持"质量第一、信誉第一、用户第一、服务第一"的服务宗旨，加强管理，全面提高职工的业务技术素质，不断扩大服务范围，增加复印、名片等新品种。总工作量比1992年同期增加了25%；排字总量达到746万字，作表达到142万平方厘米，印刷1150万印，装订3393令纸。全年总产值达88.9万元，利润4.5万元。

（梁曙光）

# 统一战线工作

【**基本情况**】 莱钢党委统战部是党委主管统战工作的职能部门，建立于1990年8月16日，编制5人，现有在职干部3人。其基本职能是，在党委的直接领导下，负责统战、对台、民族、宗教和侨务工作。贯彻执行党的统一战线基本方针，调查了解统一战线的全面情况，宣传和掌握有关统战政策，协调统一战线中各方面的关系，发现、培养和举荐安排党外人士。围绕企业中心任务，发挥统一战线优势，调动一切积极因素，为促进莱钢的稳定和发展，实现统一战线的基本任务服务。1993年全厂统战工作对象的基本情况是，非党知识分子4100人，其中高中级专业技术人员550人，党外科级以上干部257人；民主党派组织：民盟支部一个，小组两个，成员22个。民建成员一人；港、澳、台、侨属92户，归侨4户，少数民族7个，共500人，其中职工350人；省、市、区人大代表和政协委员中党外人士8人。

【**非党知识分子工作**】 发挥非党知识分子在企业两个文明建设中的重要作用，动员非党知识分子积极参加“讲理想、比贡献”活动，运用报纸、电视、广播广泛宣传他们的事迹。建立非党知识分子联络员制度，全厂共有联络员28名。先后召开两次党外人士座谈会，围绕企业生产建设、深化改革和民主管理，广泛征求意见和建议，并将其中许多有价值的意见和建议报送总厂领导和有关部门。配合组织、干部部门做好党外人士的培养举荐安排工作，全年共举荐安排非党副处级以上干部3人，科级干部30人，省、市政协委员、常委和市区人大代表8人。下发了《关于党外干部参加会议、阅读文件的规定》。

【**民主党派工作**】 贯彻中共中央关于坚持和完善中国共产党领导的多党合作和政治协商制度，帮助民盟莱钢支部加强自身建设，对班子换届和组建民盟莱芜市委人选的推荐做了必要的政治考察工作，并协助民主党派做好组织巩固和发展工作，把好政治关。加强同民主党派的联系，通过召开座谈会和参加有关会议等形式，互通情况，征询意见，发挥他们的积极作用。在民主党派成员中安排市政协常委1人，市、区人大代表各1人。

【**台、侨工作**】 对全厂台、侨情况进行了全面普查，逐步建立健全了台侨情况档案资料，召开台、侨属座谈会两次，充实健全了侨、台属联谊会组织，加强了与侨、台属的联络，向山东省海外联谊会推荐了两名代表人物。按照有关政策做好接待服务工作，共接待来厂探亲侨、台胞10人次，对归侨和侨、台属工作调动，子女升学等实际问题，积极与有关部门协商解决。加强涉台、侨务政策宣传教育，编发涉台宣传提纲，组织学习《台湾问题与中国的统一》、《归侨侨眷权益保护法》和实施办法等有关政策法规，增强了政策观念和法律意识。

【**民族、宗教工作**】 认真宣传和执行党的民族、宗教政策，编印下发了民族、宗教问题宣传提纲，按照民族、宗教无小事的原则做好民族、宗教工作。先后三次召开少数民族职工座谈会，征求对民族工作的意见，并对他们提出的有关问题整理报送总厂领导参考，提请有关部门和单位注意改进，促进了民族政策的落实，维护了各民族间的团结。重视宗教问题的调查研究，加强了宗教信仰自由和无神论的宣传。

（柴去源）

# 纪检监察工作

【基本情况】 纪律检查委员会的主要任务是：维护党的章程和其他重要的规章制度，协助党的委员会整顿党风，检查党的路线、方针、政策和决议的执行情况。四项职能是：保护、惩处、监督、教育。总厂纪委、监察处分别于1980年和1990年建立。1992年9月合并办公。1993年3月根据上级指示精神，总厂和25个二级单位的纪检、监察机关实行合署办公。总厂纪委、监察处下设办公室、纪检监察室、案件审理室、信访室4个室，有干部18人。全厂共有专、兼职纪检监察干部88人，其中专职干部62人，占全厂干部总数的0.9%，占政工干部总数的13%。

【反腐败斗争】 按照中央和省委的部署，根据企业的特点，本着有什么问题解决什么问题的精神，在全厂开展了以抓领导干部廉洁自律、查处违纪案件、解决群众反映强烈的问题为主要内容的反腐败斗争，取得了阶段性的初步成效：一是领导重视，层层发动，认真抓落实。总厂和二级单位党政领导都非常重视，加强领导，召开各种会议，层层发动，深入传达学习贯彻上级反腐败工作会议精神，把思想认识统一到中央的精神上来，认真开展反腐败斗争。总厂党委、纪委组织了两次较大规模的督促检查，坚持每月召开一次纪委书记例会，贯彻上级会议精神，通报情况，部署任务，检查落实，保证了反腐败斗争健康有序的发展。二是领导干部廉洁自律有了明显进步。全厂25个厂矿、单位的领导班子，认真对照中央廉洁自律的五条和省委十条规定进行了自查。检查纠正了执行上级规定不严，讲排场、摆阔气、违控购买小汽车及官僚主义、形式主义、工作作风不深入等问题，清理了高息集资和公款招待吃喝问题。三是认真查处违纪案件，惩处腐败分子。纪检监察机关深入群众，认真排查案件线索，共查出重要案件线索78条。全厂设举报电话29部，举报箱124个。受理来信来访274件次，并认真进行了处理。共立案25起，结案23起，分别比上年增加8.6%和9.5%。共处理违纪人员24人(有8人受双重处分)，其中干部党员8人、工人党员10人、非党职工6人。受党纪处分的16人，其中警告3人、严重警告5人、留党察看6人、开除党籍2人；受政纪处分的14人，其中记过1人、记大过7人、降级1人、留用察看4人、开除厂籍1人。移交司法机关案件3起，依法判刑的1人。四是加强制度建设。总厂制定、印发了《关于保持清正廉洁的具体规定》、《领导干部廉洁自律的规定》、《物资采购纪律》和《党政领导抓党风廉政建设责任制》等文件。全厂共修订制定各类制度137个，1560条。

【党风廉政建设】 一是开展党风党纪和廉政教育。先后开展了"学党章、讲奉献，做合格党员"，党纪政纪条规和反腐倡廉教育活动。举办各类学习班34期，参加人员900多名。上党课3700多次，听课党员7200多名。播放《蜕变与升华》等录像片3部250多场次。放映影片《新中国第一大案》14场次，上万名党员群众观看，受到了教育。二是进行党风廉政检查。全年共组织了两次自下而上的党风廉政检查活动，重点检查了各级党政领导班子、领导干部加强自身建设、落实各项制度、遵纪守法、廉洁勤政等情况。共召开各种类型座谈会214个，1100多人次参加。发放党风廉政情况征询意见表4600多份，征求意见3000多条。对群众反映的问题，认真进行整理分析，提出整改意见，及时加以解决。据统计，一年来，各级领导干部拒礼拒贿193人次，折款7万余元。

【三查活动】 开展了以查经营思想、查假冒伪劣、查管理漏洞为主要内容的三查活动。纪检监察干部深入到生产现场、仓库、车站实地查看，同工人、管理人员深入交谈，走访用户 132 家，召开座谈会 81 次，发放调查问卷 1811 份，收到群众举报 19 件次，查出各类问题 3421 个，整理归纳为 1451 个。处理违规违纪人员 78 人，挽回经济损失 154 万元。制定整改措施 1150 条，建立和修订各种规章制度 570 条。

**【政策调查研究】** 一是开展了新形势下如何把握有关政策界限，特别是对招待、回扣、第二职业等问题进行了调查研究，提出了具体的实施意见。各单位都根据实际情况制定了招待标准，严格批准手续和开支渠道；制定了回扣处理规定，共收缴回扣、好处费 7 万多元；对第二职业进行调查清理，共有 17 人自动退出了第二职业；对“小金库”问题进行了清理。二是开展了新形势下执纪办案工作，为生产建设服务的调查研究，总结了企业违纪案件的十个特点，并有针对性地制定了防范措施，加强了管理。三是围绕党的中心工作和莱钢各项改革措施的出台，及时开展职工的思想动态调查，向各级领导提供信息 94 条，使许多问题解决在萌芽状态，稳定了职工情绪和生产秩序。

**【队伍建设】** 一是加强组织建设，重点理顺了纪检监察机关合署办公的工作关系，制定了工作职责、工作程序，明确了任务和分工，协调一致地开展工作。二是加强作风建设，深入基层，调查研究，为基层、为生产建设服务。总厂纪检监察干部共下基层 1420 多人次，人均 70 多天。各单位纪检监察干部也都注意密切联系群众，深入实际，了解情况，开展工作。三是加强思想、业务建设，采取多种形式培训纪检监察干部，进一步提高了干部的政治和业务素质。

（董传太）

# 党　校

**【基本情况】** 莱钢党校是对党员干部进行马克思主义理论教育和岗位培训的重要阵地，是党委的一个工作部门。总厂党委书记姜开文兼任校长，校级领导班子由常务副校长、副校长和党委书记、副书记 5 人组成。下设组教科、教研室、函授科 3 个教学科室，教学管理相对独立。行政管理、党群工作与职工教育中心统一体制，图书、教学设施共同使用。现有专职教学人员 20 名，教学经费占职工教育中心经费总额约三分之一。

**【干部教育】** 1993 年，党校开设的主体班次有中青年干部培训班、处、科级干部进修班、15 种岗位干部培训班、支部书记培训班、车间主任培训班，全年办班 25 期，培训干部 786 人。开设的函授学历教育班次有：经济管理专业本科班，大专续读班，政治管理专业大专班，全年在校 6 个班，学员 204 人。各种班次到课率、作业上交率均在 90%以上，期末结业率、统考课及格率均达 100%，高于全省平均水平。

**【教学改革】** 党校教学以马列主义、毛泽东思想、建设有中国特色社会主义理论为主课，贯彻理论联系实际的方针，强化教学的针对性和实用性，为企业生产建设服务，为培养经营管理人才服务。随着形势任务的变化，不断调整教学内容，改进教学方式。积极推行专题教学、双向研讨、社会考察、党性锻炼相结合的教学方式。，严格教学管理，建立教、学、管相统一的运行机制。

（柳志强　张金凤）

# 工会工作

【基本情况】 莱钢总厂工会于1988年12月召开第四次会员代表大会，选举产生第四届委员会领导工作至今。下设办公室、组织部、生产生活部、宣教文体部、女职工部；事业单位有：工人文化宫、职工艺术团、职工俱乐部、文联办公室、体委办公室、经济技术服务公司。共有职工85人，其中大专以上文化程度的37人；具有高级专业技术职务的6人、中级的14人、初级的27人。全厂下属二级厂矿单位工会组织25个，其中配备同级党政副职工会主席的23个；车间(科室)级工会组织260个，其中配备专职工会主席的24个。全厂专职工会干部170余人，工会积极分子5000余人，工会会员35329人。

【群众生产活动】 工会群众生产活动，包括职工社会主义劳动竞赛、班组建设、职工技术学习、技术比武、技术练兵(简称三技活动)、职工技术协作(简称技协)和职工安全生产、劳动保护等内容。

1993年，总厂工会紧紧围绕全厂生产建设这个中心，广泛开展社会主义劳动竞赛。竞赛的主题是“创记录、上水平、增效益”；内容为“优质、服务、降耗、增效”；层次为个人赛技能、班组争模范、工序赛指标、单位夺红旗；活动范围涉及到工期、质量、安全、生活后勤各个方面及机关科室和营销各部门，实现了全方位赛。1993年全厂通过劳动竞赛活动创记录56项，其中，炼钢厂1号连铸机达产速度创全国同类企业试产最好水平，并超过设计能力，受到冶金部表扬。1993年11月下旬，针对钢产量距年计划缺口较大，钢材库存大量积压的严重局面，不失时机地开展了决战十二月，夺钢、保铁、促销竞赛。总厂劳动竞赛委员会召开了各厂矿单位党政工领导参加“产钢8万吨，回收贷款1亿元”劳动竞赛动员大会，并修定了奖惩办法。通过全厂职工努力，12月份产钢89834吨，收回货款12357万元，全年突破了80万吨钢的奋斗目标。炼钢厂等13个二级厂矿单位被评为职工社会主义劳动竞赛先进单位；莱钢总厂工会被山东省总工会评为工会劳动竞赛组织先进单位。

班组建设是莱钢工会工作的重点，1991年省总工会和省经济计划委员会曾在莱钢召开过全省班组建设工作经验交流会，之后省内外先后有34家兄弟企业、500余人(次)到莱钢交流班组建设工作的经验，促进了莱钢班组建设工作的深入发展。1993年，把班组考核标准由原来的定性考核改为定量考核，突出了可操作性；举办了班组长培训班；班组建设和班组劳动竞赛、建职工小家结合起来抓，使班组建设有了新发展，实现了工作到班组的要求。经验收，全厂班组升级面达到了30.75%；其中，特级班组13个，比上年增加30.7%；一级班组185个，增加40%。炼钢厂炼钢车间炼一甲班被中华全国总工会授予“五一”劳动奖状；焦化厂炼焦车间热修班被山东省总工会授予富民兴鲁劳动奖状。

职工三技活动蓬勃发展。1993年，有203个工种，15000余人(次)参加了三技活动，总结推广了多种先进操作方法，106名职工被评为各类技术能手。1993年职工提合理化建议15536条，被采纳6156条，已实施4173条，经济效益达2233万元。

劳动保护工作不断加强。建立健全了劳动保护组织，又任命143名劳动保护监督检查员，进行了业务培训，明确职责权限，经常深入基层进行定期不定期监督检查；参加职工伤亡事故的处理和新、改、扩建工程项目的三同时，维护了职工的具体利益。

【职工民主管理】 坚持了以职工代表大会为主要形式的民主管理制度。认真听取职工代表的意见和建议，落实职工代表大会的各项职权，使民主管理工作不断完善，不断发展。各级工会组织主动地参与企业重大政策的研制，特别是在莱钢的三项制度改革中，组织职工参与研制改革方案，实施措施。深入调查研究，听取职工的反映和要求，努力做好释疑解惑和耐心的思想政治工作。引导职工识大体、顾大局、讲奉献，做改革的促进派。1993年有14个单位签定了集体合同；9个单位坚持职工代表上岗值班制度，10个单位开展了最佳公仆、最佳主人、最佳提案活动，评出最佳公仆37人，最佳主人111人，最佳提案35项。24个二级厂矿单位全部召开两次以上职工代表大会。总厂召开了第六届第四次职工代表大会，与会代表542人。职工民主管理工作基本实现了网络化、规范化、多样化、科学化的要求。有19个二级厂矿单位民主管理达到标准要求，占被考核单位总数的79%。

**【职工建家活动】** 1993年建设职工之家的重点放在车间，班组，并与班组建设结合在一起，统一考核标准，互相促进，实现了建小家保大家，抓小家建设促班组建设，班组升级带小家升级的基本要求。二级厂矿单位建成先进职工之家9个，模范职工之家10个，分别占36%和40%。合格以上小家2073个，占建小家总数的80.5%，其中模范小家197个。特殊钢厂中轧车间工会被中华全国总工会授予全国模范职工小家称号；莱钢总厂工会被中华全国总工会授予全国模范职工之家称号。

**【职工教育】** 制定了学习宣传党的十四大精神、山东省总工会十大精神、中华全国总工会十二大精神和《邓小平文选》第三卷的意见，并注意组织职工贯彻实施。举办了部分工会干部、工会小组长学习十四大文件培训班；整顿了职工读书自学小组，开展读书自学活动。炼钢厂、轧钢厂工会被山东省总工会评为职工读书自学先进单位。

围绕莱钢生产建设的实际，在职工中组织开展了“增主人翁意识，树主人翁形象，创主人翁业绩”的自我教育活动，收到很好效果。在6个二级厂矿，1700名职工中进行了对三项制度改革的思想反映综合问卷调查，调查结果表明72.5%的职工支持三改，为领导决策提供了依据。年底组建了铁铜沟职工俱乐部，内设图书室，阅览室、电视室、棋类和乒乓球、台球室，并恢复了露天电影的放映，一次性投资十余万元，活跃了职工文化生活。

**【职工业余体育活动】** 莱钢的职工业余体育活动比较丰富多彩。职工田径运动会已开过11届，举办职工男女篮球赛8届，乒乓球赛12届，足球赛2届，羽毛球、举重、象棋、围棋多次举办邀请赛。参加业余体育锻炼的职工占职工总数的60%以上。现有各项体育比赛的裁判员230余名，其中国家一级裁判8名。1993年对各类裁判员进行了整顿建档和培训，有10名国家二级裁判员受到国家体委的表彰。特殊钢厂和炼钢厂分别被评为全国群众体育活动先进单位、全省群众体育先进单位。

**【女职工工作】** 工会各级女职工组织团结带领广大女职工，坚持围绕中心、突出特点，以教为本的工作思路，紧紧围绕生产建设这个中心，结合女职工的特点，开展了学先模、树四自、闯三关，多贡献竞赛活动，提高了女职工的素质，增强了广大女职工的自尊、自信、自立、自强精神和主人翁责任感。1993年有698名女职工结合自已的岗位参加了自学和函授学习，一些达不到初、高中文化水平的同志参加了业余初、高中补习班学习。女职工提合理化建议861条，采纳实施501条，创经济效益95万元。在三项制度改革中，各级女职工组织，积极为女职工竞争上岗创选条件，提出了凡适合女职工工作的岗位，应由女职工优先竞争上岗的建议，得到各级党政领导的支持，维护了女职工的特殊利益。有607名下岗女职工得到妥善安排。1993年评出“钢城女杰”16名，技术能手9名，优秀女职工工作者16名，先进女职工委员会6个。

**【工会自身建设】** 建立和完善各项规章制度和管理标准、工作标准；积极主动地协助党组织选拔配备工会干部，按时换届选举，使工会基层组织组建率达到100%。全年发展新会员1760人，职工入会率达98.6%；组织5批35名工会干部外出培训学习；104人参加了岗位培训，培训面达到95%以上；加强了宣传报导、理论研讨和信息、统计工作，有30余篇冲出莱钢，莱钢工会被山东省总工会评为信息工作先进单位；举办了建会20周年纪念活动，宣传总结了莱钢工会20年来取得的成绩和经验；工会机关三项制度改革圆满完成，富余人员得到妥善安置，思想稳定，机关作风有新的转变；工会财务工作得到加强，坚持了"一枝笔"制度和会计制度，使工会经费更好地为开展工会工作提供物质保证。

**【工会经济事业】** 总厂工会组建了经济技术服务公司，配备了专职工作人员，有了良好开端。二级单位工会以职工技术协作为龙头也办起了经济实体，已有20家技协办理了工商税务登记，安排了部分下岗人员，初步取得了经济效益，有的还显示出很强的实力，有效地促进了工会工作的开展。

**【文联活动】** 莱钢的文学艺术联合会，于1986年7月成立以来，不断发展，现有文学创作，美术书法、摄影、集邮、音乐曲艺舞蹈戏剧和民间艺术、花卉盆景根艺等5个协会，会员共有272名。1993年举办了第九届钢城灯会，有18个二级厂矿单位的589盏花灯参展；7个二级厂矿单位的数百名职工参加了民间艺术表演，观众约15万人次。为迎接750立方米高炉投产开展了系列庆祝活动，有职工文艺会演，文学创作征文，美术、书法、摄影、集邮展中老年交谊舞比赛等。开展了纪念毛泽东诞辰100周年卡拉OK演唱比赛，创作拍摄了《协力扬帆闯大潮》电视片，被全国总工会评为优秀奖。

（姚洪典）

**【职工艺术团】** 莱钢总厂职工艺术团于1988年9月成立，演职员28名。1993年坚持为人民服务、为社会主义服务、为基层服务、为职工群众服务的方针，围绕莱钢中心工作开展活动。春节期间对改扩建一期工程工地上坚持节日生产的各施工单位进行了慰问演出；6月和9月分别为750立方米高炉投产和改扩建一期工程总结表彰会举行庆祝晚会；为基层厂矿巡回演出12场，观众达一万多人次；另外还配合各重大节日和各种会议举办了多次演出。在走出莱钢的演出活动中，有4位歌手参加了5月在济南举行的山东省第五届青年歌手电视大奖赛，1人进入决赛获优秀歌手奖，2人获荧屏奖；3位歌手参加了11月在济南举行的中华歌会山东地区大赛，2人进入决赛，1人获三等奖，1人获优秀歌手奖。10月全团参加了在河北邯郸举行了晋冀鲁豫苏钢花艺术节，获全面丰收。除自身演出活动外，还为扶植和帮助各二级厂矿群众文化活动的开展做了大量工作。

（米建荣）

## 共青团工作

**【基本情况】** 1993年莱钢总厂团委下设26个基层团委，48个团总支和467个团支部。有青年16434人，团员9934人，专职团干部42人。总厂团委设有组宣部、青工部和学校部，负责团委的日常工作。1993年莱钢总厂团委被团省委授予全省学雷锋先进集体和为山东经济腾飞青春立功先进单位称号；被评为团省委开展的"缴纳特别团费、救助灾区失学少年"活动先进单位和团省委、冶金工业总公司等7家联合开展的"一岗一员"活动优秀组织单位；在山东青年科协经贸博览会和第二届中国青年科技成果博览会上分别获组织奖。有7个基层团委和58名团员青年受到省级以上表彰。

**【青春立功活动】** 在全厂青年中开展了青春立功主题活动，突出抓了“一队四杯”(青年突击队、成才杯、五小智慧杯、青安杯、质量杯)竞赛。1月，进行了青年突击队活动总动员，由17个单位的300名团员青年分别组成17支青年突击队，先后组织了卸火车皮、铺设电缆和平整750立方米高炉工地等大型生产突击活动。基层建队175个，进行突击活动816次，参加人员6100人次，完成承包工程35项。在成才杯竞赛活动中，总厂团委在全厂开展了百工种大比武活动，并与培训处、劳资处联合，于7月13日至15日举办了转炉炉长、铆工、焊工、护士、仪表和电工6个工种147名选手参加的第三届青工技术大赛。组织护士、转炉炉长、仪表、铆工4个工种的的优秀选手组团代表莱钢参加了冶金部、团中央在马钢举办的全国青工技术大赛。莱钢医院护士李凤珍取得护士比武第四名。在五小智慧杯竞赛活动中，全厂建立和完善五小攻关小组528个，组员达3290人，完成攻关项目550项，总厂团委优选50项五小成果分别参加了山东青年科技经贸博览会和第二届中国青年科技成果博览会，其中3项成果获省和全国博览会金奖、10项成果分别获省和全国博览会银、铜奖和新星奖。在青安杯竞赛活动中，建立和完善青安岗365个，选聘岗员1500人，开展了安全在我心中系列活动，编辑出版了《青年安全格言警句集》。在质量杯竞赛活动中，围绕提高工作质量和服务质量，开展了质量在我心中系列活动和争创文明经营示范单位活动，提高了工作质量和服务质量。

**【思想教育】** 1993年全厂各级团组织以党的十四大精神、《邓小平文选》第三卷和团的十三大精神为主要内容，举办了各种形式的学习班，演讲会和知识竞赛，组织团员进行学习，总厂团委于5月15日在文化宫组织团支委以上的团干部传达贯彻了团的十三大会议精神；在毛泽东等老一辈无产阶级革命家为雷锋题词30周年纪念日之际，总厂团委与总厂党委宣传部联合下发了新形势下向雷锋同志学习的通知，并于2月28日组织全厂青少年在8个集中区开展了“学雷锋、便民服务共青团市场”活动。坚持寓教于各项活动中，总厂团委在莱钢建团二十周年(4月6日)之际，组织召开了新老团干部、青年先模人物、总厂党政领导参加的座谈会，并编辑出版了《青春回眸》一书。组织了庆“五四”文艺汇演，与莱芜、鲁中矿山公司、二十冶、铁十四局、泰建进行了文艺联欢。10月举办了莱钢第二届青春杯排球赛。丰富了青年的业余生活，提高了青年的素质。

**【组织建设】** 1993年根据总厂体制改革的要求，各二级单位团委同其它党群部门合署办公，由原来的独立部门，成为党群工作部或群众工作部；按照《团章》要求，基层团组织进行了改选换届工作，总厂团委分别在3月、10月举办了团委书记学习班，7月份在青岛团校举办了优秀团支部书记学习班，对两级团干部进行了培训；3月11日总厂团委与党委组织部联合召开了推荐优秀团员作党的发展对象工作座谈会，并联合下发了文件。总厂团委针对团组织状况和体制改革形势要求，开展了推荐优秀少先队员做团的发展对象、推荐优秀青年职工上岗活动和团员教育评议活动，继续开展了团的基层整体化建设活动，加强了团的基层组织建设，增强了基层组织的凝聚力和战斗力。

**【少先队工作】** 1993全厂少先队员达2833人，小队477个、中队135个，有中队辅导员135人，大队辅导员10人。各级少先队组织按照总厂团委和少工委的要求，继续开展了争戴少先队劳动奖章活动、安全小卫士活动。7月组织全厂120名优秀少先队员参加青岛夏令营活动，丰富了少年儿童的生活，陶冶了情操。

**【工作指导交流】** 团省委书记赵likewise丛分别

于4月、5月两次来莱钢指导工作。团省委副书记翟鲁宁于10月来厂指导工作。团省委宣传部部长刘勇毅、工农青年部部长张培友、团省委学校部部长朱德强分别来厂就宣传、青工、学校工作进行了检查指导;济南钢铁总厂团委副书记和烟台钢管厂团委副书记分别率领青工大赛选手和团干部来厂交流学习团的工作。

(郑　林)

## 人民武装工作

【基本情况】 莱钢人民武装部在总厂党委领导下开展工作。主要负责民兵预备役、兵役和人民防空工作。业务分别隶属山东省军区和山东省人民防空办公室领导。全厂有16个千人以上二级单位设有人民武装部。有武装工作人员34人,其中专职人民武装干部26人、兼职4人、工人4人。总厂人民武装部下设办公室、军事科、人防科,现有职工10人。

【民兵预备役工作】 民兵预备役工作坚持做到组织落实、政治落实、军事落实。

组织落实方面,坚持每年一次民兵组织整顿工作。1993年,莱钢民兵经过整顿,编制15个民兵营、84个民兵连(其中11个基干民兵连,73个普通民兵连)。民兵总数5977人(其中基干民兵1129人、普通民兵4848人),占职工总数的16.12%,比1992年民兵总数增长17.08%。6月底和9月底分别对全厂的士兵预备役和军官预备役人员进行了登记统计。士兵预备役334人,其中技术兵376人;军官预备役人员14人,其中团级干部1人、营级干部5人、连级干部1人。全厂一类预备役人员1686人,二类预备役人员4848人。

政治落实方面,主要是落实对民兵的政治教育,做到政治上合格。教育内容主要有党的路线、方针、政策、国家法律法令教育,人民战争思想、形势任务、民兵性质任务、光荣传统、国防知识等教育。这些教育,基干民兵每季不少于一课,到课率达90%以上;普通民兵每半年一次,到课率达80%。

军事落实方面,按照山东省军区"八五"期间民兵军事训练规划,莱钢基干民兵每年训练任务为150人,训练时间20天,训练内容有队列、射击、投弹、爆破、战术等课目。1993年,按要求进行了训练。训练中,贯彻精心组织,严格训练,严格要求,确保安全的方针,保证了训练质量。受考人数占参训人数的100%,受考课目100%,及格率100%,优良率32.5%,总评成绩良好。评出先进单位7个,训练标兵48人。

武器装备管理工作也进一步加强,连续保持了13年安全无事故。

【国防教育】 开展以民兵为主体的全民国防教育,并逐步走向规范化,制度化。1993年,放映国防教育电视、电影23场次,报纸发稿31篇,广播、板报128篇,举办两次国防知识竞赛,为各民兵连订阅了《中国民兵》、《黄河民兵》、《国防》、《解放军报》、《山东国防报》等报利。举办报告会、演讲会,开展国防教育理论研讨活动。

【民兵带建工作】 民兵在开展岗位练兵、技术比武、三赛三比等项劳动竞赛中起到骨干作用。在完成急难险重任务中出动民兵1010人次,完成急重任务18项,为厂挽回经济损失20万元。有民兵科技攻关小组28个,提合理化建议82条,为厂增效益92万元。民兵植树12万株,绿化区200多平方米。有民兵治安小分队21人,参加执勤巡逻达736人次,协助公安部门侦破案件55起。8月,石灰石矿武装部代表莱钢出席了省民兵带建工作会议,被山东省政府、山东省军区授予民兵带建先进单位称号。

【兵役工作】 1993年有19名(其中3名女性)

适龄应征青年经莱芜市钢城区征兵办公室批准入伍。新兵质量比往年提高。团员占84.2%，高中以上文化程度100%。莱钢连续15年无质量原因退兵。全厂优抚对象253户，其中烈属18户，军属143户，革命伤残人员92人。1993年，全厂140个学雷锋、做好事、送温暖小组为优抚对象做好事3833件次。

**【人民防空工作】** 1993年，对7333平方米的原建人防工程进行了维护管理，解决了200平方米人防地下工程的渗漏水问题，使工程使用完好率达98%。筹措人防建设资金120万元。坚持平战结合，对人防工程进行开发利用，已有1800平方米的人防地下工程用来开展服务业和养殖业。对全厂8所中学初中二年级的720名学生进行了“三防”（防原子武器、防化学武器、防细菌武器）教育，并在全厂组织了“三防”教育统考。结合民兵整组，对8个人防专业队伍进行组织整顿，2997名人防专业人员达到组织健全，任务明确的目标。

（路英才）

## 机关党委工作

**【基本情况】** 1992年9月，召开机关党的第三次代表大会，选举产生了本届党委会（9人组成）和纪委会（7人组成）。机关党委设组织、宣传、纪委、秘书、工会团委6项业务。共有10人，其中政工师6人、助理政工师3人。下属10个党总支、22个党支部，共有1227名党员，其中在职党员1014名。机关共有职工2942名，党员占职工数的34.5%。

1993年，机关党委认真学习贯彻执行党的十四大精神，紧紧围绕全厂的生产建设，紧贴处室业务工作任务，抓了党的建设、思想政治工作和精神文明建设及群众工作，较好地发挥了党组织的保证监督作用、战斗堡垒作用和党员的先锋模范作用，促进了机关两个文明建设。

**【党的思想建设】** 党委把学习建设有中国特色的社会主义理论，作为党的思想建设的根本任务。上半年以学习党的十四大精神为主，下半年重点学习社会主义市场经济理论、知识。重点抓了副科级以上干部的学习，举办了5期学习班，1期处级干部理论辅导班，400多名处、科级干部参加了学习。组织了十四大精神、中国近代史、社会主义市场经济知识、股份制等知识竞赛，2000多人参加竞赛活动。组织了两次科以上干部学习心得体会（论文）交流，12名同志在会上发言，89名同志学习体会文章获奖。通过学习，广大党员职工的思想进一步解放，改革意识和市场经济观念进一步增强。

**【党的组织建设】** 认真抓了党组织的班子建设和党员的教育管理工作。一年来，新组建4个党支部，改选调整了15个党总支、党支部。对支部组、宣、纪委委员分别进行了培训，对32个总支、直属支部班子进行了考察。认真落实党的工作制度，一年来，召开党委会7次，党委向党员报告工作1次，党委工作例会12次，机关各级党组织普遍召开了民主生活会，各支部每季向党员大会报告工作，结合民主评议党员，对支部、党委班子进行了评议。在党员中开展了学党章、讲奉献、尽义务、做模范活动。发展了25名新党员，批准36名预备党员按期转正，对1990年以来入党的92名党员进行了考察。年终评选表彰先进党支部22个，优秀党员49名，优秀党务工作者21名。被总厂表彰的先进党支部3个、优秀党员3名、优秀党务工作者1名。

**【党风廉政建设】** 认真进行了反腐倡廉教育，组织党员干部学习党的十四大通过的新党章和省委、总厂关于党政机关保持清正廉洁的若干规定及有关党的法规条例。修订了《机关党员干部廉洁勤政守则》,坚持每季抽查、半年普查一次的党风检查制度。开展了以"查经营思想、查假冒伪劣、查管理漏洞"为主要内容的三查活动,共查出经营作风、产品质量、企业管理方面存在的问题200多个,各处室单位都针对问题制定了整改措施。对机关领导干部廉洁自律情况进行了调查,共收集159条意见和建议,分别向有关单位作了反馈。对基层群众反映机关干部下厂吃喝的问题制定了具体规定,并已基本解决。对2名违纪党员分别给予了党纪处分,对20起、29次的群众来信来访反映的问题逐条进行了调查处理。

**【思想政治工作和精神文明建设】** 组织开展了抓机遇、快发展主题系列活动。一是机关各级党组织贴中心、上一线、进市场,紧紧围绕生产建设、处室的业务工作进行深入细致的思想政治工作。二是开展了企业大发展,机关职工怎么办的大讨论。三是开展了以赛服务比态度,赛协作比贡献,赛效率比干劲为主要内容的服务杯劳动竞赛活动。组织了16次940多人到工地现场参加劳动,12月初,开展了为夺取80万吨钢冲刺竞赛活动。对劳动竞赛情况,半年进行考核,年终评出了15个优胜单位,有6个处室被总厂评为优质服务先进单位。四是开展了学雷锋活动,涌现出大量的好人好事。如供销处党员邢子芳同志把拣到的线包(内装现金和各种发票共计10万元)交还失主。在夏天菏泽、临沂地区遭水灾后,机关党员职工捐款55124元。党员干部拒收贿赂22人次、19322元。党委组织的两次便民服务活动中,党员职工作好事3000余次。五是开展创文明单位和先进生产(工作)者活动,年终评出61个文明科室,303名先进生产(工作)者。被总厂表彰的文明单位2个、先进生产(工作)者30名、优秀思想政治工作者13名、劳动模范3名。

**【群众工作】** 机关第二次工代会于1991年9月召开,选举产生了机关工会委员会(11人组成)。下属33个基层工会,共有会员2942名。机关第一次女职工代表会于1991年3月召开,选举产生了机关女工委员会(11人组成)。下属27个基层女工组织,共有女职工870人。一年来,机关工会在党委的领导下,围绕生产建设任务,落实总厂职代会精神,组织开展了劳动竞赛活动、建家升级活动、民主管理工作,开展了交谊舞比赛,组织参加文艺会演、蓝球、乒乓球比赛,举办灯会等健康有益活动。在女职工中开展了学先模、树四自、闯三关、多贡献活动。

机关第四次团代会于1991年9月召开,选举产生了机关团委会(11人组成)。下属20个团总支、支部,共有502名团员。一年来,在团员青年中开展了岗位学雷锋、为老干部送温暖、青春立功、培养新人、青工技术比武、五小成果、义务劳动、向党组织推优等活动。

(郭云堂　宋道平)

# 12. 行 政 工 作

## 行政日常工作

【基本情况】 总厂厂长办公室是协助总厂领导处理行政日常工作的综合性办事机构。设秘书、接待、法律顾问、群工信访、小车一队、小车二队6个科室，管理莱钢宾馆（副处级单位）、莱钢驻济南办事处（副处级单位）和莱钢驻京办事处。共有职工210名，其中管理岗43名、操作岗167名；具有高级技术职务的1名、中级的9名、初级的19名。

1993年，办公室全体职工紧紧围绕全厂80万吨钢的奋斗目标，按照“一个中心、两个第一”的治厂方针，按照办公室“参与政务、当好参谋、搞好服务、办好事务”的宗旨，发扬“勤奋、严谨、务实、严细、时效”的工作作风，较好地完成了办公室各项工作任务。

【秘书工作】 秘书科1993年共审核总厂文件815件，办理上级文件2350件4500份，打字12000版105万印，收发文件25000件，订阅报刊杂志70万份，起草文件50余件。组织重要会议130多次，会议纪录120次，整理会议纪要50余件。组织实施了二楼会议室装修和厂领导办公室、会议室的空调安装。

【接待工作】 全年共接待宾客2654个单位、12847人次，其中省部级以上领导34人次、厅局级领导153人次、处级领导429人次。组织大中型会议23个，接待12个国家和地区外宾438人次、201个团组。

【法律顾问工作】 法律顾问室全年审查经济合同4103份，总标的额4.47亿元，起草《莱钢经济合同管理》等16项制度。1993年法律顾问室被评为全省经济合同管理先进单位，莱钢被评为省级重合同、守信用企业。

【群工信访工作】 群工信访在协调企业与地方关系、扶贫救灾等方面做了大量工作。全年共处理人民来信来访221件次，调解处理各类重大民事纠纷225起。莱钢被评为全省信访工作先进单位。

【车队工作】 办公室下设小车一队和小车二队，两个车队共大小车辆52部，1993年购置新车16部。两个车队全年安全行驶125.3万公里，首次突破和实现100万公里无重大事故，其中一队67.5万公里，二队57.8万公里。新建并完成了一车队车库和活动室，二车队车库办公楼已竣工并交付使用，三项工程总建筑面积为2100平方米。

【莱钢宾馆】 莱钢宾馆始建于1985年，现有正式职工67人，临时工63人。下设办公室、总务科、服务科、餐厅科、财务科5个科室，共有床位

232个。1993年共接待中外宾客7万多人，接待外宾180多个团组。1993年宾馆客房营业额总收入达到144万元，比上年提高40%。1993年对宾馆南楼和餐厅进行了装修，并更新购置了部分设施，为提高莱钢接待水平奠定了基础。

**【莱钢驻济南办事处】** 莱钢驻济办事处始建于1970年，现有正式职工43人，临时工29人，下设办公室、接待科、财务科、总务科4个科室。共接待客人38000多人，订购火车、飞机票500多张。全年实现营业额总收入101万元，比上年增31%。投资100多万元对南楼、餐厅进行改造装修，并自筹5万元资金改造东楼部分客房，改善装备水平，提高了接待服务能力。

（李海龙、吴克生）

## 政策调研工作

**【基本情况】** 调查研究室1988年4月正式成立。1992年9月，总厂成立经济体制改革办公室，与调查研究室合署办公，一个机构，两块牌子。是莱钢从事生产建设及企业发展经济政策调查研究、全厂综合性文字秘书工作、信息工作和组织、协调、参与全厂体制改革工作的专门机构。主要负责全厂经济管理、体制改革、生产经营的调查研究和情况综合分析；起草厂领导的工作报告、总结讲话及专业会议材料的修改；管理总厂所属单位上报的工作总结、情况反映、简报动态及越级上报的有关材料；全厂信息的管理工作和上报各种信息。下设秘书科、信息调研科、体改科，职工14人，其中：大专以上文化程度的12人；具有高级专业技术职务的1人、中级的7人、初级的5人。

1993年，在发展社会主义市场经济的新形势下，紧紧围绕全厂钢铁双八十（万吨）、利税争两亿的奋斗目标和生产、建设、改革三大任务开展工作，较好地发挥了职能作用。

**【秘书工作】** 1993年，秘书工作紧紧围绕全厂生产、经营、建设、管理、改革等中心工作，立足于为领导、基层、生产建设服务，深入各二级单位了解情况，调查研究，及时起草全厂综合性文字材料，完成了担负的各项工作任务。全年共起草厂领导在全厂职工代表大会、计划工作会、党政工负责人等各种会议讲话19篇；完成各种汇报、综合材料、会议纪要等26篇，约50万字。同时完成约稿、专题报告等9篇，其中4篇分别在山东省政府的《参阅文件》、《冶金报》、《冶金管理》、《冶金经济研究》等报刊发表。

**【综合信息工作】** 在加强信息工作的组织建设和制度建设基础上，按照及时性、准确性、有效性的原则，重点围绕国家的有关政策和总厂领导决策、中心工作开展工作。从对上、对下、对内、对外四个方面，比较全面、及时、准确地传递了各项综合信息，为领导决策提供了信息基础。

建立健全信息网络和工作制度。从各二级单位和有关处室聘请43名兼职信息调研员，形成全厂信息网络，及时、准确地反映全厂生产经营、建设、管理等方面的动态情况。同时制定《信息工作条例》、《调查研究工作条例》，使工作逐步纳入规范化、制度化轨道，从而推动了信息工作的开展。全年编发《莱钢信息》35期、《莱钢简报》11期、《情况交流》24期，各类信息共214条（篇）、约20万字。与全国40余家钢铁企业及相关企业保持经常性的信息交流。有12篇反映莱钢工作的信息被《山东政务信息》、《冶金经济信息》、《地方钢铁通讯》采用，并有1人被山东省政府办公厅评为1993年度山东政府系统优秀信息工作者。

全国地方骨干钢铁企业政策信息调研网成立大会在莱钢召开。全国地方骨干钢铁企业政策信息调研网是在冶金部政策法规司的领导下，由莱钢与邢钢具体负责筹备成立的。成立大会于1993年6月17日至19日在莱钢召开，13个企业的19名代表参加了会议。会上，莱钢与邢钢当选为全国地方骨干钢铁企业政策信息调研网首届网长单位，办事机构设在莱钢，调查研究室具体承办。此后，莱钢依据《章程》和《会议纪要》，积极联络与协调，发展网员并创办《综合网讯》作为信息交流的阵地。到1993年底，网员单位发展到20家，编发《综合网讯》5期，约3.5万字。对推动各地方钢铁企业在走向市场新形势下加强联系、扩大交流、共同发展，起到了积极的作用。

**【调查研究】** 从计划经济体制向社会主义市场经济体制转化和莱钢加快发展步伐的要求出发，在调研工作中，逐步加强企业发展调研与当前中心工作调研的结合，政策性研究与应用性研究的结合，以更好地为领导决策提供参考和依据。1993年，着重从三方面开展工作。

(1)企业发展对策的调研。①完成《厂情研究报告》。以在新形势下重新认识厂性，分析研究企业发展思路和措施为主题，分析了莱钢自身的优势与劣势，提出了企业发展的对策建议。②分析我国"复关"后对莱钢影响的有利因素和不利因素，提出了对策，形成《我国"复关"后对莱钢的影响及对策》调研报告。

(2)专题调研。①对莱钢附属企业的发展现状进行了广泛的调查，为总厂起草了《关于兴办附属企业的管理办法》，以莱钢调研字(1993)第176号文下发各二级单位及机关处室实施。②以在市场经济新形势下，生活后勤工作如何转轨变型、更好地为莱钢发展服务为重点，到生活后勤的管理部门和部分职工食堂调查，写出《关于莱钢生活后勤的调查报告》，报总厂领导参阅。《报告》分析了生活后勤管理及工作的现状、提出了生活后勤由福利型逐渐向经营型发展的对策与建议。

(3)企业生产经营工作调研。①对生产经营的组织、协调进行调查了解，编印《参阅情况》供领导决策参考。②与有关处室配合，对全厂的现场管理、劳动纪律等情况进行调查，形成《情况通报》，指导各单位工作。③针对1993年市场的急剧变化，对莱钢的原材料供应及产品销售情况进行综合调研，为总厂领导决策提供参考。根据调查写出的《做好信息工作，服务于企业经营》在全国地方钢铁协会经营信息工作研讨会上发表。

**【体制改革工作】** 在厂长的领导下，协调、配合、参与股份制改组、三项制度改革、集中统管、住房制度改革等项工作。详见《改革开放》栏目。

(侯祥银　徐[illegible]忠)

## 审 计 工 作

**【基本情况】** 审计处成立于1986年3月，是依照国家法律、法规和政策的规定，对本企业财务收支及其经济效益进行内部审计监督的职能部门。下设财务审计和管理效益审计2个科。全处共有职工7人。二级单位专职审计人员三人，兼职11人。全厂审计人员中，具有大专以上学历的8人；会计师和审计师7人、工程师1人。

**【审计监督】** 1993年完成审计项目51项，审计资金总额57816.07万元，审计出有问题金额2739.66万元。其中查出并纠正违纪金额2[illegible].57万元，损失浪费2.64万元。为企业增加效益金额311.39万元，主要包括产品成本审计[illegible]项，提高经济效益146.20万元；财务收支审计10项，提高经济效益48.53万元；经济效益审计5项，提高经济效益36.05万元；承包经营责任审计8项，提高经济效益19.75万元；审计调查2项；提高经济效益7万元；厂长离任经济责任审计4项，提高经济效益51.49万元；基建项目审计4项，提高经济效益2.37万元；企业横向联合审计2项；其它审计项目7项。在审计过程中共提出审计建议62条，被采纳61条。

纠正帐务差错53笔，差错额438.7万元，其中帐帐不符220.55万元；纳税审签20份，审签金额5260.2万元；免税审签1份，免税额3248万元；审查购销合同432份，其中有问题55份。

在完成审计项目工作之后，审计人员认真对查证和取得的资料进行汇总、分类、整理，综合分析，抓住问题的本质，实事求是地提出审计意见和建议，客观公证地进行评价并作出结论，提出审计报告，报厂长批示后，及时送被审计单位落实审计意见。根据本厂的实际情况，注意改进审计工作方法，提高工作效率和质量及审计工作的时效性。抓后续审计，对改扩建物资管理情况进行审计，对沂蒙冶炼厂财务收支和炼钢厂连铸坯成本审计意见的执行情况进行了检查。

**【审计人员培训】** 为提高审计人员的业务素质，1993年全厂审计人员全部参加了新会计制度学习班，1人参加冶金部举办的微机学习班，7人参加经济合同法学习班，2人参加关贸总协定学习班。坚持学习建设有中国特色社会主义理论，提高审计人员对社会主义市场经济的认识，增强市场意识。探讨新形势下如何开展审计工作，以适应市场经济的要求。积极参加反腐败斗争，进行财经纪律方面的专项调查。坚持依法审计、遵纪守法、讲求职业道德、认真履行审计监督职能。

（刘淑珍）

## 公安保卫工作

**【基本情况】** 总厂公安处成立于1985年12月29日，下设办公室、政保科、刑警队、治安科、机关保卫科、消防科（含消防队）、经济民警大队（含直属分队）、经警大队直属一中队、直属二中队、打击经济犯罪办公室10个科、室、队共有干警293人，其中公安干警52人、企业专职消防队员27人、经济民警214人。二级厂矿单位设保卫科24个，有4个单位设专职保卫干部。全厂共有保卫干部104人。10个二级单位设有保卫科直接领导的经济民警队，共有警士255人。1993年，公安处及各单位保卫科紧紧围绕为莱钢生产、建设、改革保驾护航这个中心，以“创安”为龙头，以岗位练兵为主线，始终坚持“打防并举，标本兼治，重在治本”的方针，积极开展了各项公安保卫业务。

**【政保工作】** 为确保全国、省人大、政协“两会”期间全厂政局稳定，总厂成立了由分管厂长为组长，公安处等有关处室负责人为成员的“两会”保卫领导小组。公安处对“两会”安全保卫工作及时作出部署。“两会”期间，厂内出现了因农转农子女招工而引起的部分家在农村的老工人上访总厂、个别人乘机串联惑众、企图闹事问题，公安处及有关单位按照总厂党委意见和上级业务机关指示，采取果断、稳妥措施，闹事苗头很快平息。深入18个三改验收合格单位，了解掌握三改后干部职工的思想动向和治安热点，及时向总厂反馈，为领导决策起到了参谋作用。根据上级业务部门的安排对厂内“六种人”、“新三届”、信教徒认真进行了考察。加强宗教管理，防止境外渗透，积极开展反“心战”宣传教育。加强了秘密力量建设。较好地控制了厂区“三情”动态。

**【“严打”斗争】** 1993年，全厂共发生报警案件166起，比上年上升93%，其中盗窃公私财物案件，故意伤害案件突出。特别是数额巨大、性质恶劣的大要案，严重危害了企业正常的生产经营秩序和职工群众生活的安定。公安处严格治安管理，适时开展专项斗争，大力开展侦查破案活动。全年共侦破各类现案、积案、隐案213起，是1992年破案数的2.8倍。其中大要案12起。摧毁违法犯罪团伙12个，犯罪成员47名。打击处理各类违法犯罪分子155人，其中依法逮捕47人。侦查破案追回经济损失84万余元。共查结各类治安案件84起，其中治安裁决44起，有83人受到治安处罚；调解处理因民间纠纷引起的治安案件40起，治安案件查处准确率达100%。在治安案件查处过程中，注重抓苗头性案件和恶性案件的查处。对典型案例采取了就案讲法的形式，取得了良好社会效果。各保卫科结合本单位实际，不等不靠，主动开展工作。莱矿保卫科针对火车皮挂钩勾舌、勾销连续被盗的情况，派员潜伏架网守候，很快将作案分子当场抓获，一举挖出一个7人盗窃团伙。特钢厂保卫科组织人员化装跟踪监控，当场抓获在莱市场上扒窃钱包的作案分子。在打击违法犯罪斗争中，公安保卫部门涌现出一批先进集体和个人。经上级公安机关批准，公安处刑警队、特钢厂保卫科、轧钢厂保卫科荣立集体三等功，3人分别荣立个人三等功。有103名公安干警、保卫干部、经济民警受到总厂及上级公安机关的表彰奖励。

**【“创安”活动】** 各级综合治理委员会领导、工作机构，抓“创安”活动的深化和延伸。各二级单位普遍把“创安”推到了车间、科室。总厂与二级单位，二级单位与车间、科室，车间、科室与工段、班组，班组与个人，层层签定治安综合治理合同，落实治安保卫责任制。在全厂上下形成了较为完整的社会治安齐抓共管的网络。特钢厂扎扎实实抓基础工作，在软件建设上下功夫，动静结合管理厂区治安，保持了厂区秩序的持续稳定。莱钢医院加大人防、物防、技防措施，保证了医院这一公共复杂场所的安全。轧钢厂在辖区内持续开展案件为零百日赛，实行挂牌制。一铁厂、汽运公司、新泰冶炼厂对厂区治安实行封闭管理，管好自已的人，看好自己的门，办好自己的事，维护了厂区治安秩序。1993年底，在莱芜市组织的“创安”验收活动中，总厂及1▪个二级厂矿单位符合标准，被授予治安安全单位称号。轧钢厂、特钢厂、焦化厂被莱芜市委、市政府授予1993年度社会治安综合治理先进集体称号，2人被授予综合治理先进个人称号。

**【要害保卫】** 通过签订治安承包责任书的形式，明确要害保卫的责任，全厂83处生产要害部位，94处重点防火部位，114处重点经济部位，均落实了人防、物防、技防措施。坚持检查、整改、奖惩制度，确保了要害部位安全无事故。特钢厂保卫科在要害保卫中把好要害部位工作人员关，抓治保组织周检、日检制度，建立保卫干部夜间巡查制度，增加“四防”检查密度。重点防火单位焦化厂实行保卫干部日查日访监视制度。二铁厂保卫科积极配合改扩建一期工程现场保卫组开展工作，维护现场良好的秩序。

**【治安管理】** 加强对重点人口和流动人口的控制。坚持考察制度，及时掌握动态、表现。年内，全厂撤消重点人口26人，新确定重点人口11人，现有重点人口94人。各有关保卫科对重点人口和22名帮教对象、13名监外执行人员，落实帮教措施，依法进行了监督考察，没有出现重新犯罪现象。按照“谁主管，谁负责，谁用工，谁管理”的原则，明确对暂住人口的管理责任。建安公司保卫科采取签订合同书的形式，加强对外来承包施工的工程队的管理。炼钢厂保卫科针对钢区改扩建工程陆续开工、外来施工队伍多、人员杂的情况，安排专人负责外来人员管理，一年来，各施工队治安情况良好。公共复杂场所，易燃易爆物品的管理工作也得到进一步加强，年内，未出现案件和事故。

**【经济民警工作】** 1993年初，根据总厂的要求将轧钢、炼钢、锻压3个民警队收编为经警大队直属二中队。为补充警员，7月份由总厂批准，在沂水县招收农民临时合同工150人，加强了徐家庄至铁铜沟铁路沿线的守护力量。新建民警执勤岗楼 4 处。全厂各警队圆满完成了执勤守护任务。广大经警在执勤中共抓获各类违法犯罪人员 1848 人次。截回钢、废钢等物资计 360 余吨,价值 78 万余元。

**【治保会工作】** 1993 年 3、4 月份,公安处举办了 4 期治保主任、治安积极分子学习班。组织人员编写了 16 万字《基层治安工作手册》。设有治保会 320 个、2089 人,治保组 111 个、407 人。治保人员积极参加基层治安工作,有 60 个治保会、66 名治安积极分子受到表彰。

**【消防工作】** 积极开展消防监督检查、建设项目的防火设计审核和火灾扑救工作。消防队全年出动灭火 15 次,其中厂内 8 次,厂外 7 次,成功地扑救了炼钢厂连铸机水处理冷却塔重大火灾。圆满完成总厂交给的 750 立方米高炉试车投产现场执勤任务。加强对义务消防队业务指导,开展灭火演习,培训基层骨干,义务消防队进一步发挥作用。

**【队伍建设】** 深入开展岗位练兵活动,以查纪律作风,查执法执纪,查服务态度为内容的三查活动,要求以三查促练兵,不断提高队伍素质。在 7、8 两月举办了两期保卫科长、民警队长岗位培训班。抓点带面,进一步促进了全厂的练兵活动。坚持"干什么、学什么、练什么、精什么和学以致用、讲求实效"的原则。消防队员的练兵与业务技能训练相结合,坚持政治学习有计划,体能训练、技能训练天天抓,量化干部、战斗员、驾驶员的不同技能标准,把训练纳入日常工作,做到了训练有目标、考核有标准。经济民警大队开展了 8 小时以外岗位练兵活动,采取加强政治思想教育、整顿纪律作风、调整警员等措施,稳定队伍;抓创甲级队活动,提高军事业务素质;建立健全各项规章制度,杜绝违章办事,保证执勤守护任务的完成。经警大队直属一中队、特钢厂民警队、机械厂民警队、焦化厂民警队分别被莱芜市公安局授予甲级队称号。公安处派员组队参加了莱芜市公安局举办的全市公安机关岗位练兵知识竞赛,荣获竞赛总成绩第二名。

(徐義玲)

# 离退休干部管理工作

**【基本情况】** 老干部处主要负责贯彻落实中央、省和莱钢对离退休干部的有关政策和规定,搞好全厂离退休干部的管理、安置和服务工作。老干部处建于 1984 年 3 月,下设老干部管理科、生活服务科、老年大学办公室、老龄委办公室、济南干休所、铁铜沟老干部管理所 6 个科、室、所。莱钢老年人体育协会、莱钢老年人书画研究会在老干部处设办公室。现有工作人员 35 人,其中:济南干休所 10 人,铁铜沟老干部管理所 3 人。离退休人员较多的二级单位设离退休办公室,离退休人员较少的单位分别由人劳科、政工科设专人分管。全厂共有专职老干部工作人员 87 人。有离休干部 740 人,退休干部 605 人。总厂机关离退休干部 179 人,其中享受厅局级待遇的 17 人。

1993 年 7 月,锻压股份有限公司老干部划归总厂统一管理,接收离退休人员 33 人,并设铁铜沟老干部管理所。

**【落实政治生活待遇搞好服务】** 及时组织老干部认真学习党的路线、方针、政策及时事政治,了解当前国际国内形势及莱钢形势动态。认真落实鲁劳(92)578 号文件,提高离退休人员生活补贴费。共为全厂 1259 名离退休干部调整了生活补贴费。年底,在全厂职工调资的同时,为离退休职工增加了综合费、书报费等补贴。为享受厅局级待遇的离休干部安装了家庭电话。另外,提高了离退休干部公用经费标准。

为改善老干部的生活,每年给予适当的生

活补贴。建立了走访、慰问制度，定期走访看望老干部。做好老干部防病治病的服务工作，总厂医院设干部保健门诊，，每年组织老干部查体一次。有的单位设立了家庭病床。

**【兴办经济实体】** 根据老干部经验多、联系广等特点，兴办经济实体，继续为社会主义经济建设做贡献。5月，召开了老干部工作会议，下发了《关于兴办老年经济实体的若干规定》，到年底，全厂共建经济实体23个，其中：集体13个、个体10个，生产型3个、商业型16个、咨询服务型1个、其它3个。全年获利税约21万元。

**【老年体协工作】** 开展丰富多彩的老年文体活动，是老干部工作的一个特色。1993年，老干部处以"三球一功"（即门球、台球、乒乓球和气功）为主，开展了多种文体活动。全厂参加活动人数达3400余人次，并多次代表总厂参加省级比赛，获得较好名次。4月，在大连举行的两省一市"松鹤杯"老年门球赛中获第2名；5月，在黑旺举行的山东冶金系统第三届老年人门球赛中获第1名，在济南举行的山东省第四届老年台球赛中获第4名；8月，在山东铝厂举行的山东省第八届老年人乒乓球赛中获团体第7名。12月，在莱钢举行了山东冶金系统第三届老年年人台球赛，来自全省冶金系统的18个代表队1200多名运动员参加了比赛，莱钢代表队获团体第3名。

**【老年大学工作】** 莱钢老年大学创办于1990年，共开设书法、国画、烹饪、医疗保健等专业。1993年第一届80名学员获结业证书。现有146名学员参加第二届老年大学学习。10月，中国老年大学协会企业校委员会，在莱钢举行成立大会。莱钢党委副书记李名岷当选为副主任委员。当月，在济南召开的中国老年教育事业发展十周年纪念大会暨中国老年大学协会第二次会员代表大会上，总厂副厂长宋兰祥当选为中国老年大学协会理事。

（魏桂银）

# 13. 人事与机构

## 莱钢党政领导班子

### 莱钢总厂行政领导班子

**厂　　长**　李景常

**副 厂 长**　王认清(兼总工程师)

刘培钧　刘新芝　李　庆

宋兰祥　陈玲棠　于昌忠

齐儒柱(1993年9月16日任)

### 莱钢总厂党委领导班子

**党委书记**　姜开文

**副 书 记**　李景常　李名岷

**常　　委**　姜开文　李景常　李名岷　王认清

高国洪　宋兰祥　赵茂祥　赵和德

田克宁(1993年9月2日任)

**委　　员**　(共27名,按姓氏笔划为序)

于永锡　于昌忠　王认清　王玉祥

王安祥　王学夏　王家水　史俊生

刘允安　刘培钧　刘新芝　齐儒柱

李　庆　李名岷　李春晞　李淑华

李景常　李福安　杨良松　邱传诚

宋兰祥　赵茂祥　赵和德　种道继

姜开文　高国洪　郭云堂

## 莱钢纪委领导班子

**纪委书记**　高国洪

**副 书 记**　王明吉　李开贵　张福山

**常　　委**　高国洪　王明吉　李开贵　徐　铸

崔宪池　徐镇爱　张福山

**委　　员**　(共15名,按姓氏笔划为序)

于德法　王明吉　王学海　朱立新

杜志言　李开贵　张文明　张福山

周茂清　赵袖海　高国洪　徐　铸

徐镇爱　崔宪池　谭兴华

## 群 众 团 体

### 莱钢总厂工会领导班子

**主　席**　赵茂祥(1993年9月2日任)

**副主席**　鲁卫东　刘相玺

李学玲(1993年8月25日任)

**常　委**　冯志贤(女)　李世茂　李淑佩

初世英(女)　姜国英(女)

**委　员**　（共27名，按姓氏笔划为序）

马和平　王　勇　王爱福　王朝军
牛喜祥　卢承银（女）　吕淑英（女）
朱明金　刘丰彦　刘仲金　刘学明
孙百川　李化富　吴华军　何福生
张应桂　张锡家　陈兆明　陈继诚
祝　瑞　秦贞文　徐本固　崔先明
崔维德　谌志静（女）　潘仁平
魏绪山

## 莱钢团委领导班子

**书　记**　李淑华
**副书记**　魏新民（1993年5月15日任）
**常　委**　（共7人，按姓氏笔划为序）
田振杉　李淑华　郑　林　侯祥银
姚建平　栾淑英　夏焕来
**委　员**　（共21人，按姓氏笔划为序）
于　力　于奇勇　田振杉　李学雨
李春雷　李淑华　宋其功　赵世明
赵华东　郑　林　姜　明　姜汉水
侯祥银　姚建平　高淑军　栾淑英
郭　磊　徐永福　夏焕来　殷玉峰
秦富良

## 莱钢科学技术协会

**主　　席**　王认清
**副 主 席**　潘文峰　王朝江　杜志言　殷志华
逄锦昌　陶书振
**秘 书 长**　殷志华（兼）
**常务委员**　（按姓氏笔划为序）
万瑞瑛　王认清　王朝江　王宝庆
仇志民　石唯真　过渭源　刘文学
李云鹏　初雨春　杜志言　巫志华
芮嘉承　陈希增　张耀祖　胡永民
逄锦昌　殷志华　陶书振　彭重威
董绍济　薛　震　谢凤山　潘文峰
**委　　员**　（共54名，以姓氏笔划为序）
万瑞瑛　于学臻　王认清　王朝江
王宝庆　王永杰　牛友三　仇志民
石唯真　过渭源　刘文学　刘中祥
刘浩民　刘嗣华　刘振奎　刘少华
刘文仓　李云鹏　李淑华　李　云
任　浩　仲跻禄　初雨春　严凤荣
杜志言　巫志华　宋继宽　芮嘉承
陈锡禹　陈希增　张耀祖　张登嵩
罗登武　胡永民　周元淦　姜玉淼
符廷水　段存源　逄锦昌　殷志华
陶书振　陶慧琴（女）　赵焕栋
程稼民　顾兰芳（女）　杨玉山
杨永晰　鲁卫东　彭重威　董绍济
薛　震　谢凤山　潘文峰　秦　旦

# 莱钢党政专业领导机构

## 1. 莱钢工厂管理委员会

**主　任**　李景常
**副主任**　姜开文
**委　员**　（按姓氏笔划为序）
于德法　万瑞瑛　王认清　王安祥
冯志贤　吕济家　刘培钧　刘新[illegible]
李　庆　李名岷　李淑华　李景常
杜志言　张允茂　杨永为　杨良松
姜开文　胡兴起　赵袖海　祝　瑞
徐克敬　贾锡印　彭重威　程俊[illegible]
（注：王安祥、杨永为、杨良松、胡兴起[illegible]调离；于德法、赵袖海已离退休）

## 2. 莱钢全面质量管理委员会

**主　任**　李景常
**副主任**　王认清　李　庆
**委　员**　（按姓氏笔划为序）
万瑞瑛　王玉祥　王永杰　王家[illegible]
仇志民　亓明会　曲悦铎　宋兰[illegible]

杜志言　初雨春　吴修德　杨永为
赵袖海　徐克敬　符廷水　崔融让
董绍济　彭重威　谢凤山

全面质量管理委员会下设办公室，设在全质办，王认清兼办公室主任。

（注：王家水、杨永为已调离；赵袖海、曲悦铎已退离休）

## 3. 莱钢安全环保委员会

**主　任**　李景常
**副主任**　李　庆　杨良松
**委　员**　（按姓氏笔划为序）
仇志民　孙家成　朱立新　刘嗣华
张兴昆　巫志华　沙学连　李淑华
周元淦　柳逢润　逄锦昌

安全环保委员会办公室设在安全环保处，张兴昆兼办公室主任。

（注：杨良松已调离；孙家成已离休）

## 4. 莱钢编制委员会

**主　任**　李景常
**副主任**　姜开文　李名岷
**委　员**　（按姓氏笔划为序）
王玉祥　赵茂祥　赵袖海

编制委员会办公室设在劳资处，李名岷兼办公室主任。

（注：赵袖海已退休）

## 5. 莱钢科技进步领导小组

**组　长**　李景常
**副组长**　王认清　李　庆
**成　员**　（按姓氏笔划为序）
万瑞瑛　王家水　王朝江　石唯真
杜志言　初雨春　宋继宽　张　渟
杨永为　崔融让　彭重威　谢凤山

领导小组办公室设在科技处。

（注：王家水、杨永为已调离）

## 6. 莱钢企业管理领导小组

**组　长**　李景常
**副组长**　王认清　王安祥
**成　员**　（按姓氏笔划为序）
万瑞瑛　曲悦铎　杜志言　初雨春
张希忠　张　渟　李淑华　杨永为
陈玲棠　赵袖海　崔融让　鲁卫东
薛克治

领导小组办公室设在企管办。

（注：王安祥、杨永为已调离；赵袖海、曲悦铎已退离休）

## 7. 莱钢标准化委员会

**主　任**　李景常
**副主任**　王认清
**委　员**　（按姓氏笔划为序）
万瑞瑛　仇志民　曲悦铎　杜志言
张希忠　张　渟　沙学连　吴修德
贺永宏　彭重威　谢凤山

标准化委员会办公室设在科技处。

（注：曲悦铎已离休）

## 8. 莱钢基本建设项目竣工验收委员会

**主　任**　李景常
**副主任**　刘培钧　陈玲棠　于昌忠
**委　员**　（按姓氏笔划为序）
仇志民　朱立新　张登嵩　张兴昆
张舜苞　李丽芳　李淑佩　赵维民
顾兰芳　柴本玲　崔融让　彭重威

委员会办公室设在改扩建工程管理处，仇志民兼主任。

## 9. 莱钢计划生育委员会

**主　任**　李景常
**副主任**　刘新芝
**委　员**　（按姓氏笔划为序）
牛友三　王钦才　王光荣　石莲英
刘嗣华　乔倬清　朱立新　李淑华

李学玲　李映雪　张开元　逄锦昌
宿堂国　黄克玉

计划生育委员会下设办公室，李映雪任主任。

## 10.《莱钢志》编辑委员会

**主　任**　李景常
**副主任**　姜开文　王认清　李　庆　杨良松
**委　员**　（按姓氏笔划为序）
王玉祥　王家水　宋兰祥　杜志言
初雨春　张宪坤　张登嵩　杨永为
赵和德　赵茂祥　赵袖海　徐克敬
谢凤山
**主　编**　李　庆
**副主编**　赵维民

编辑委员会办公室设在档案处，王家水任主任，赵维民任副主任。

（注：杨良松、杨永为、王家水已调离；张宪坤、赵袖海已退休）

## 11.莱钢审计委员会

**主　任**　李景常
**副主任**　王安祥
**委　员**　（按姓氏笔划为序）
于德法　王明吉　杜志言　张福山
崔融让　鲁卫东

审计委员会办公室设在审计处。

（注：王安祥已调离；于德法已离休）

## 12.莱钢现场管理领导小组

**组　长**　李景常
**副组长**　王安祥　刘培钧　李　庆
**成　员**　（按姓氏笔划为序）
仇志民　王家水　孙家成　曲悦铎
张　涛　张兴昆　张旭修　张希忠
赵袖海　徐克敬　逄锦昌　崔融让
鲁卫东　谢凤山

领导小组办公室设在企管办。

（注：王安祥、王家水已调离；孙家成、曲悦铎、赵袖海已退离休）

## 13.莱钢职称改革领导小组

**组　长**　李景常
**副组长**　李名岷　宋兰祥
**成　员**　（按姓氏笔划为序）
万瑞瑛　牛友三　杨永为　王玉祥
王钦才　孙家成　乔倬清　周元淦
初雨春　施伟南　赵茂祥　赵袖海

领导小组办公室设在干部处，陈希[illegible]任主任，逄锦昌任副主任。

（注：杨永为已调离；孙家成、赵袖海已离退休）

## 14.莱钢合理化建议委员会

**主　任**　王认清
**副主任**　杨良松
**委　员**　（按姓氏笔划为序）
于学臻　沙学连　宋振训　李淑华
周元淦　殷志华　符廷水　鲁卫东

委员会办公室设在科技处。

（注：杨良松已调离）

## 15.莱钢抗震防灾领导小组

**组　长**　王认清
**副组长**　刘新芝　李　庆
**成　员**　（按姓氏笔划为序）
王永杰　王守华　王岫峰　王家水
牛友三　朱立新　仇志民　曲悦铎
张兴昆　张舜苞　杜志言　李晋安
徐克敬　逄锦昌　彭重威　董鸿儒
谢凤山

领导小组下设办公室，董鸿儒任主任，王守华任副主任。

（注：王家水已调离；王守华、曲悦铎、王岫峰已退离休）

## 16.莱钢企业节能升级领导小组

**组　长**　王认清

副组长　初雨春

成　员　(按姓氏笔划为序)

王永杰　王钦才　王爱军　刘元和
刘嗣华　任维中　巫志华　周元淦
杨国英　赵宝玉

领导小组办公室设在科技处。

## 17. 莱钢定额管理委员会

主　任　王安祥

副主任　杨永为　崔融让

委　员　(按姓氏笔划为序)

王永杰　王钦才　王爱军　刘元和
刘嗣华　张吉军　沙学连　李学玲
周元淦　程稼民

定额管理委员会办公室设在计划处，王爱军兼办公室主任。

(注：王安祥、杨永为已调离)

## 18. 莱钢职工教育委员会

主　任　李名岷

副主任　宋兰祥　董绍济

委　员　(按姓氏笔划为序)

于永锡　王玉祥　王钦才　牛友三
石莲英　沙学连　初雨春　李淑华
赵袖海　徐克敬　逄锦昌　鲁卫东
薛　震

委员会办公室设在职工培训处。

(注：赵袖海已退休)

## 19. 莱钢信访民调领导小组

组　长　李名岷

副组长　王家水　赵和德　鲁卫东

成　员　(按姓氏笔划为序)

朱立新　张武魁　张福山　徐　铸
符廷水

领导小组办公室设在厂长办公室。

(注：王家水已调离)

## 20. 莱钢打击经济犯罪领导小组

组　长　李名岷

副组长　刘新芝　方文兴

成　员　(按姓氏笔划为序)

于学臻　于德法　王玉祥　王明吉
杜志言　张福山　赵袖海　符廷水

领导小组办公室设在公安处。

(注：于德法、赵袖海已离退休)

## 21. 莱钢惩治腐败领导小组

组　长　李名岷

副组长　张福山

成　员　(按姓氏笔划为序)

于德法　方文兴　王钦才　刘嗣华
李开贵　宋振训　徐镇爱　谭兴华

领导小组办公室设在监察处。

(注：于德法、徐镇爱已离退休)

## 22. 莱钢国家安全小组

组　长　李名岷

副组长　方文兴

成　员　(按姓氏笔划为序)

王玉祥　王明吉　王家水　张福山
赵和德　郗树茂

国家安全小组办公室设在公安处。

(注：王家水已调离)

## 23. 莱钢老龄工作委员会

名誉主任　王唤民

主　　任　李名岷

委　　员　(按姓氏笔划为序)

王玉祥　王家水　孙家成　杜志言
张武魁　李淑华　赵和德　赵袖海
徐克敬

委员会办公室设在老干部处，张武魁兼主任。

(注：王家水已调离；孙家成、赵袖海已离退休)

## 24.莱钢老干部工作领导小组

**组　长**　李名岷
**副组长**　赵茂祥
**成　员**　(按姓氏笔划为序)
王玉祥　王家水　孙家成　杜志言
张武魁　李淑华　赵袖海　徐克敬
符廷水　鲁卫东

领导小组办公室设在老干部处。

(注:王家水已调离;孙家成、赵袖海已离退休)

## 25.莱钢老年大学校务委员会

**校　长**　李名岷
**副校长**　杨良松　宋兰祥　张武魁
**委　员**　(按姓氏笔划为序)
王玉祥　王家水　孙家成　杜志言
赵和德　赵袖海　徐克敬

校务委员会下设办公室。

(注:杨良松、王家水已调离;孙家成、赵袖海已离退休)

## 26.莱钢爱国卫生运动委员会

**主　任**　刘新芝
**副主任**　孙家成　于学臻　徐克敬
**委　员**　(按姓氏笔划为序)
王钦才　王岫峰　牛友三　刘嗣华
陈允岐　沙学连　李淑华　羌少清
赵宝玉　逢锦昌　郭云堂　鲁卫东

委员会办公室设在卫生处。

(注:孙家成、王岫峰已离退休)

## 27.莱钢人民防空委员会

**主　任**　刘新芝
**副主任**　李福安
**委　员**　(按姓氏笔划为序)
牛友三　王钦才　朱立新　朱皆铨
孙志诚　巫志华　张舜苞　逢锦昌
展光亮　程稼民

委员会办公室设在武装部。

## 28.莱钢军人家庭成员服务中心指导委员会

**主　任**　刘新芝
**副主任**　李福安　鲁卫东
**委　员**　(按姓氏笔划为序)
王钦才　刘嗣华　宋振训　李家华
展光亮

委员会办公室设在武装部。

## 29.莱钢防讯工作领导小组

**组　长**　刘新芝
**副组长**　于昌忠
**成　员**　(按姓氏笔划为序)
王学松　王贵臣　刘思源　张文德
张　浡　张登嵩　张舜苞　李　玮
李福安　何树生　杨景芬　宿[illegible]国
董万禄

办公室设在总厂人武部,李福安兼办公室主任。

## 30.莱钢节水领导小组

**组　长**　李　庆
**副组长**　谢凤山
**成　员**　(按姓氏笔划为序)
杜志言　巫志华　张　浡　赵雁彬
崔融让

领导小组办公室设在机动处。

## 31.莱钢无线电管理委员会

**主　任**　李　庆
**副主任**　王家水　巫志华
**委　员**　(按姓氏笔划为序)
朱立新　宋继宽　赵雁彬

委员会下设办公室。

(注:王家水已调离)

## 32. 莱钢国防教育委员会

**主　任**　姜开文
**副主任**　刘新芝
**委　员**　(按姓氏笔划为序)
王家水　宋兰祥　李淑华　李福安
徐廷水　鲁卫东　薛　震

委员会办公室设在武装部,李福安兼主任。
(注:王家水已调离)

## 33. 莱钢托幼领导小组

**组　长**　刘新芝
**副组长**　杨良松
**成　员**　(按姓氏笔划为序)
王钦才　刘嗣华　陈希增　李淑华
施伟南　展光亮　张舜苞　郭云堂
逄锦昌

(注:杨良松已调离)

## 34. 莱钢股份制改组工作领导小组

**组　长**　李景常
**副组长**　姜开文
**成　员**　王认清　李名岷　刘培钧　李　庆
宋兰祥

领导小组下设办公室。

**办公室主任**　李名岷
**办公室副主任**　李　庆　宋兰祥
**办公室成员**　赵茂祥　赵和德　王玉祥
张文德　于学臻　薛克治
周元淦　宋振训　王立祥
毛占浩

## 35. 莱钢住房制度改革领导小组

**组　长**　李景常
**副组长**　李名岷　刘新芝　杨良松
**成　员**　温发岭　徐克敬　张旭修　杜志言
赵袖海　王玉祥　方文兴　牛友三
于学臻　薛克治　张宪坤　张武魁
张福山　李淑华　逄锦昌　孙忠诚
萧荣仕

领导小组下设办公室(暂设在服务公司),温发岭任主任,张开元、王岫峰任副主任。

(注:杨良松已调离;赵袖海、张宪坤、王岫峰已退休)

## 36. 莱钢经济贸易领导小组

**组　长**　李景常
**副组长**　姜开文
**成　员**　王认清　刘培钧　李　庆

## 37. 莱钢科技效益承包领导小组

**组　长**　王认清
**副组长**　李　庆
**成　员**　初雨春　杨永为　杜志言　于德法
王玉祥　赵袖海　崔融让

办事机构设在科技处。

(注:杨永为已调离;于德法、赵袖海已离退休)

## 38. 莱钢劳动鉴定委员会

**主　任**　宋兰祥
**副主任**　张文德　刘相玺　张兴昆　张舜苞
**成　员**　荆延芳　石莲英　何树生　权克彬
李淑佩

劳动鉴定委员会下设工伤(工亡)鉴定组、医务技术组、办公室三个办事机构。

**工伤(工亡)鉴定组组长**　张兴昆
**成　员**　王良一　王承训　李爱香　何　鑫
**医务技术组组长**　张舜苞
**成　员**　杨玉岭　钱桂芳　张锡东　张绪春
**办公室主任**　张文德(兼)
**副　主　任**　权克彬　荆延芳
**成　员**　田万顺　莫盛春　苏　莉

## 39. 莱钢班组建设工作领导小组

**组　长**　李　庆
**副组长**　杨良松
**成　员**　沙学连　刘嗣华　鲁卫东　李淑佩

李淑华　李　玮　逄锦昌　魏兴文
符廷水　王永杰　杨景芬　江德生
张吉军　刘元和　亓明会　张兴昆
乔倬清

**班组升级评审办公室主任**　鲁卫东

**副主任**　李淑佩　沙学连

（注：杨良松已调离）

## 40. 莱钢第三产业普查领导小组

**组　长**　刘新芝

**副组长**　齐儒柱

**成　员**　周元淦　杜志言　于学臻　于永锡
崔融让　徐克敬　张竹林　牛友三
姚玉淼　郭文玉

**三产普查办公室主任**　牛友三

**副主任**　卢美昌

**成　员**　吴玲丽　王钦玲　张维光

（厂办提供）

## 41. 莱钢三项制度改革领导小组

**组　长**　李名岷

**副组长**　宋兰祥

**成　员**　赵茂祥　张文德　王玉祥　鲁卫东
逄锦昌　于学臻　薛克治　符廷水
赵袖海　董绍济

三改办公室设在劳动工资处。

**主　任**　赵袖海　张文德

**副主任**　谭兴华　宋振训　石莲英

**成　员**　刘嗣华　部先颖　王文法　郑希清
梁化飞　于国镇　魏新民　初世英
张东华　苏　莉　莫盛春

（注：赵袖海已退休）

（劳资处提供）

## 42. 莱钢精神文明建设委员会

**主　任**　李名岷

**副主任**　宋兰祥　赵茂祥　田克宁

**委　员**　（按姓氏笔划为序）

于学臻　王明吉　王学松　王钦才
王智玲　牛友三　石莲英　乔倬清
刘嗣华　李淑华　李福安　何树生
陈希增　张登嵩　张福山　张华苞
殷志华　逄锦昌　展光亮　郭云堂
符廷水

办公室设在党委宣传部。

## 43. 莱钢职工思想政治工作研究会

**会　　长**　姜开文

**副 会 长**　李名岷　宋兰祥　田克宁

**秘 书 长**　田克宁（兼）

**副秘书长**　逄锦昌

**常务理事**　姜开文　李名岷　高国洪　宋兰祥
赵茂祥　赵和德　田克宁　逄锦昌

**理　　事**　（共53名按姓氏笔划为序）
于学臻　于德龙　方文兴　王玉祥
王学夏　王爱民　王朝军　卢象海
毛占浩　石莲英　史俊生　朱传让
李名岷　李孝义　李学忠　李明福
李春晞　李淑华　李福安　宋兰祥
宋振训　吴修德　张文德　张公海
张世法　张竹林　张　远　张金梁
张武魁　张福山　陈兆明　邱传诚
姜开文　赵茂祥　赵和德　赵　星
逄锦昌　高国洪　郭云堂　郭长军
胡文华　徐泽凯　徐　铸　袁丕禄
崔宪池　符廷水　鲁卫东　温友岭
董乐江　潘仁平　薛克治　薛　震
魏兴文

## 44. 莱钢党委密码领导小组

**组　长**　姜开文

**成　员**　符廷水　毛占浩

办事机构设在党委办公室。

## 45. 莱钢党委保密委员会

**主　任**　李名岷

**副主任**　于学臻　符廷水　张耀祖

**委　员**　（按姓氏笔划为序）

王学松　王爱军　李　燕　赵维民
逄锦昌　徐　铸　董万禄　谢振清

办公室设在党委办公室。

## 46. 莱钢劳动竞赛委员会

**主　任**　李名岷
**副主任**　于昌忠
**委　员**　(按姓氏笔划为序)
丁志刚　于学臻　王玉祥　石莲英
刘文学　吕枝本　杜志言　初雨春
李淑华　李淑佩　张　涥　张文德
张兴昆　张希忠　张登嵩　张舜苞
周元淦　徐克敬　逄锦昌　符廷水
鲁卫东　董绍济　程稼民

办公室设在总厂工会。

**办公室主任**　鲁卫东
**副　主　任**　李淑佩

## 47. 莱钢普法工作领导小组

**组　长**　李名岷
**副组长**　宋兰祥　田克宁
**成　员**　(按姓氏笔划为序)
于学臻　王明吉　王学松　毛占浩
刘相玺　李淑华　张福山　逄锦昌
董乐江　薛　震

办公室设在党委宣传部。

## 48. 莱钢社会治安综合治理委员会

**主　任**　李名岷
**副主任**　刘新芝
**委　员**　(按姓氏笔划为序)
于学臻　方文兴　王明吉　田克宁
刘相玺　杜志言　李淑华　李福安
张文德　张舜苞　赵和德　符廷水
薛　震

办公室设在公安处。

## 49. 莱钢建设“职工之家”升级活动领导小组

**组　长**　李名岷
**副组长**　宋兰祥　赵茂祥　赵和德
**成　员**　(按姓氏笔划为序)
于学臻　毛占浩　刘相玺　李世茂
李学玲　李淑华　李淑佩　张文德
逄锦昌　鲁卫东

办公室设在总厂工会。

## 50. 莱钢青少年工作委员会

**主　任**　李名岷
**副主任**　宋兰祥　田克宁
**委　员**　(按姓氏笔划为序)
于学臻　石莲英　朱立新　杜志言
李淑华　陈希增　张文德　徐克敬
符廷水　鲁卫东　薛　震　魏新民

办公室设在总厂团委。

**办公室主任**　李淑华

## 51. 莱钢关心下一代委员会

**主　任**　李名岷
**副主任**　宋兰祥　赵茂祥　田克宁
**委　员**　(按姓氏笔划为序)
石莲英　李淑华　陈希增　张武魁
张舜苞　钟印东　施伟南　姜学义
徐克敬

办公室设在总厂团委。

**办公室主任**　李淑华

## 52. 莱钢体育运动委员会

**主　任**　宋兰祥
**副主任**　赵茂祥　鲁卫东　刘相玺
**委　员**　(按姓氏笔划为序)
于学臻　方文兴　王玉祥　杜志言
李淑佩　李福安　周元淦　张文德
张舜苞　胡永民　逄锦昌　符廷水
崔召义　崔融让　薛　震

办公室设在总厂工会。

**办公室主任**　刘相玺

## 53. 莱钢政工人员专业职务评定工作领导小组

**组　长**　李名岷
**副组长**　宋兰祥　赵和德　田克宁
**成　员**　逄锦昌　符廷水　张福山　鲁卫东
李淑华　李福安　王学松　张武魁
陈希增

## 54. 莱钢干部教育工作领导小组

**组　长**　姜开文
**副组长**　李名岷
**成　员**　宋兰祥　赵茂祥　王玉祥　王绍权
于永锡　董绍济　杜志言　石莲英

**领导小组成员单位**

组织部、宣传部、干部处、职工培训处、职工教育中心、党校、财务处

领导小组办公室设在组织部，石莲英任办公室主任。

（注：王绍权已退休）

（党办提供）

# 总厂机关处室人事与机构

**总厂副总工程师**　王朝江　万瑞英　石唯真
潘文峰　初雨春
巫志华（1993 年 3 月 9 日任）
张耀祖（1993 年 3 月 9 日任）

## 1. 厂长办公室

**主　任**　于学臻
**副主任**　魏兴文（1993 年 3 月 9 日免）
宿堂国　部先颖（19935 月 15 日任）
**宾馆经理**　马明春（副处级）
**驻北京办事处主任**　阎昭俭（19932 月 6 日免）
**驻济南办事处主任**　李世源（副处级）

## 2. 调研室、体改办

**调研室、体改办主任**　薛克治
**调研室、体改办副主任**　宋振训、丁志刚

## 3. 计划处、企业管理办公室

**处　长**　周元淦
**副处长**　牛友三　王爱军　沙学连　杨　峰
**企业管理办公室主任**　周元淦（兼）
**副主任**　任维中　沙学连（兼）
**生产准备办公室主任**　周元淦（兼）
**副主任**　牛友三（兼）　钟甲校

## 4. 生产调度室

**主　任**　张　浡
**副主任**　柳逢润
赵春玉（1993 年 8 月 28 日任）
殷　枫（1993 年 8 月 28 日免）
王永杰（1993 年 8 月 28 日免）
**主任工程师**　王永杰（正处级、1993 年 8 月 29 日任）

## 5. 干部处、职称改革办公室

**处　长**　王玉祥
**职改办主任兼副处长**　陈希增（1993 年 3 月 9 日任职改办主任）
**副处长**　谭兴华（1993 年 2 月 6 日免）
黄克玉（1993 年 5 月 15 日任）
荆延芳（1993 年 5 月 15 日任）

## 6. 财务处

**处　长**　杜志言
**副处长**　王钦才　谭绪荃　李　玮

## 7. 总工办

**主　任**　潘文峰（1993 年 3 月 9 日免）

张耀祖(兼)(1993年3月9日任)

**副主任** 殷志华

## 8. 科技处

**处　长** 初雨春

**副处长** 刘元和(1993年8月28日免)

李希杰(1993年5月15日任)

**主任工程师** 张连生

**副主任工程师** 张乐武(1993年5月15日任)

## 9. 钢研所

**所　长** 贺永宏

**副所长** 严凤荣　仲跻禄

## 10. 技术监督处

**处长兼全质办副主任** 刘文学

**副处长兼全质办副主任** 亓明会

**副处长** 李学玲(1993年8月28日免)

王树明

## 11. 机动设备处

**处　长** 巫志华(1993年3月9日免)

阳至孝(1993年3月9日任)

**副处长** 张吉军　吕枝本　董万禄

**主任工程师** 谢凤山(1993年8月28日任)

## 12. 供销处

**处　长** 梁福耀

**副处长** 程稼民(兼)　杨景芬　史承都

殷　枫(1993年8月28日任)

**党总支书记** 李孝义

## 13. 原料处

**处　长** 张希忠

**副处长** 安儒增　李洪泰　江德生

**副主任工程师** 王立柱

## 14. 劳资处

**处　长** 赵袖海(1993年12月21日退休)

张文德

**副处长** 刘嗣华　权克彬

## 15. 安全环保处

**处　长** 张兴昆

**副处长** 何树生

王宝泉(1993年8月28日任)

## 16. 审计处

**处　长** 于德法(1993年4月7日离休)

李开贵(1993年3月9日任)

**副主任会计师** 曹孟泉(1993年3月9日任)

## 17. 档案处

**副处长** 赵维民

## 18. 职工培训处

**处　长** 董绍济

**副处长** 乔倬清　董乐江

## 19. 教育处

**处　长** 薛　震

**副处长** 施伟南　王智玲

**一中校长** 郭立兴(正处级1993年3月9日任)

**一中常务副校长** 李森玉(副处级1993年3月9日任)

**一中党支部书记** 王晓成(1993年2月22日调出)

路纯英(副处级1993年3月8日任)

## 20. 公安处

**处长兼政委** 方文兴

**副处长** 朱立新　邢开业

阎昭俭(1993年2月6日任)

**副政委** 王学松

## 21. 卫生处

**处　长**　张舜苞
**副处长兼计划生育办公室主任**
李映雪(1993年8月28日任)
**计划生育办公室主任**
吕廷芝(1993年7月20日离休)

## 22. 老干部处

**处　长**　张武魁
**副处长**　徐灿章　景凤彬

## 23. 城建房产公司

**经　理**　崔融让
**副经理**　王岫峰(1993年10月20日退休)
刘思源　张开元
亓学堂(1993年3月9日任)
吴茂福(1993年3月9日任)
**副主任工程师**　吴晨蓉
**党总支书记**　张旭修(1993年8月25日免)
温发岭(1993年8月25日任)
**党总支副书记**　朱成富(1993年8月25日任)

## 24. 经济贸易总公司

**总经理**　郗树茂(1993年4月16日任)
**副总经理**　谭兴华(1993年4月16日任)
关吉祥(1993年4月16日任)
**驻海口办事处主任**　马和平(副处级1993年12月22日任)

## 25. 设计院

**院　长**　彭重威
**副院长**　羌少清　孙志诚　陈兆三　沈祝林
**总工程师**　朱念徙

## 26. 外经处

**处　长**　郗树茂(1993年8月28日免)
谢振清(1993年8月28日兼任)
**副处长**　王立祥　王明生

## 27. 纪委、监察处

**书　记**　高国洪
**副书记**　王明吉　李开贵　张福山
**监察处处长**　张福山
**监察处副处长、审理室主任**　蒋延政
**办公室主任**　徐　铸
**纪检监察室主任**　王光荣
**信访室主任**　苏长荣(正处级纪检员、监察员)
**副处级纪检员**
徐镇爱(1993年11月29日退休)
**副处级纪检员、监察员**
朱成富(1993年8月25日免)

## 28. 工　会

**主　席**　赵茂祥(1993年9月2日任)
**副主席**　鲁卫东　刘相玺
李学玲(1993年8月25日任)
**宣教文体部部长**　刘相玺(兼)
**女工委主任**　冯志贤(1993年8月25日免)
李学玲(1993年8月25日兼任)
**办公室主任**　李世茂
**女工部部长**　姜国英
**女工部副部长**
李耀芬(副处级1993年7月退休)
**生产、生活部部长**　李淑佩
**组织部部长**　初世英(1993年10月11日免)

## 29. 党委办公室

**主　任**　符廷水
**副主任**　毛占浩

## 30. 组织部

**部　长**　赵茂祥(1993年9月25日免)
赵和德(1993年9月25日任)
**副部长**　石莲英
胡永民(1993年8月25日任)
**党委组织员**　张文明(1993年9月1日退休)
胡永民

## 31. 宣传部

部　长　赵和德（1993年9月25日免）
　　　　田克宁（1993年9月25日任）
副部长　逄锦昌
讲师团团长　张　远（正处级）
莱钢报社社长　宋夫祝
莱钢报社总编辑　魏延义
电视台台长　李志强

## 32. 统战部

部　长　赵和德（1993年8月25日免）
　　　　逄锦昌（1993年8月25日任）
副部长　柴法源

## 33. 机关党委

书　记　郭云堂
副书记兼纪委书记　崔继福
工会主席　牛喜祥

## 34. 团　委

书　记　李淑华
副书记　魏新民（1993年5月15日任）

## 35. 人武部

部　长　李福安
副部长　田洪平（1993年8月25日任）

# 二级厂矿单位人事与机构

## 1. 莫芜铁矿

矿　长　刘允安
副矿长　王在武　李大伟　周安澜　亓俊峰
　　　　郭乾桂
副矿长兼总工程师　王宝庆
副矿长兼建井处主任　胥正起
党委书记　张金梁
党委副书记　李柱堂
纪委书记　张世乾
工会主席　孙百川

## 2. 韩旺铁矿

矿长、党委书记　王冠顺
副矿长　方和项　卢廷运　张华长　张家忠
总工程师　段存源
党委副书记兼纪委书记　李明福
党委副书记　尹作启
工会主席　王　勇

## 3. 石灰石矿

矿长兼党委副书记
　　李继文（1993年8月25日任党委副书记）
副矿长兼总工程师　许维宽
副矿长　郭兴华　尤树泉　杨立胜
　　　　祝兆宾（1993年8月28日任）
党委书记兼副矿长
　　于德龙（1993年8月28日兼任副矿长）
党委副书记兼纪委书记
　　李乐平（1993年8月25日免）
　　焦方元（1993年10月7日任）
工会主席　魏绪山

## 4. 第一铁厂

厂　长　李贯忠
副厂长　张福良　朱广涛　赵春玉（1993年8月28日免）　姜代明　吴　强
党委书记　史俊生
党委副书记兼纪委书记　朱玉林
工会主席　李化富

## 5. 第二铁厂

厂　长　阳至孝（1993年3月9日免）
　　　　潘文峰（1993年3月9日任）

副厂长兼总工程师
　　刘元和(1993年8月28日任)
副厂长　赵玉清(1993年8月28日免)
　　成广智　温乐培
　　张允茂(1993年3月9日任)
　　郭怀功(1993年3月9日任)
　　孙连谦(1993年8月28日任)
总工程师　杨培功(1993年8月28日免)
总会计师　赵志洪(1993年8月28日免)
党委书记　王学夏
党委副书记　潘文峰(1993年3月8日兼任)
党委副书记兼纪委书记　滕长坤
工会主席　陈继诚

## 6. 特殊钢厂

厂　长　种道继
副厂长　王　洪　张志奇　王承福　连承清
　　唐向军(1993年5月15日任)
　　任　浩(1993年5月15日任)
党委书记兼副厂长
　　魏兴文(1993年3月8日任党委书记,3月9日任副厂长)
党委副书记　王子健
纪委书记　丁宝范
工会主席　刘丰彦

## 7. 炼钢厂

厂　长　张德仁
副厂长兼总工程师　过渭源
副厂长　郭宝现　刘同才　刘国权
　　张胜生(1993年8月28日任)
党委书记　张世法
党委副书记兼纪委书记　朱宝石
工会主席　卢承银

## 8. 轧钢厂

厂　长　齐儒柱(1993年9月16日免)
厂长兼党委副书记
　　魏佑山(1993年10月11日任)
副厂长兼总工程师　李云鹏
副厂长　黄业生(1993年10月11日任)　朱明澄　王敦生(1993年3月9日任)
党委书记　魏佑山(1993年10月11日免)
党委书记兼副厂长
　　张公海(1993年10月11日任党委书记)
党委副书记兼纪委书记
　　黄业生(1993年10月11日免)
　　初世英(1993年10月11日任)
工会主席　吴华军

## 9. 焦化厂

厂长兼党委副书记
　　赵宝玉(1993年5月11日任副书记)
副厂长　赵焕栋、张文木、胡靖、亓学山
党委书记　李春晞
党委副书记兼纪委书记　刘真祥
工会主席　徐本固

## 10. 锻压股份有限公司

总 经 理　徐振东
副总经理　王元读　李公达
党委书记　李学忠
党委副书记兼纪委书记　吴美祥
工会主席　刘学明

## 11. 新泰冶炼厂

厂长、党委书记　邹学堂
副厂长兼总工程师　杨敏柱
副厂长　郑广平　王者平
党委副书记兼纪委书记、工会主席　王朝军

## 12. 沂蒙冶炼厂

厂长、党委书记
　　姜玉珣(1993年3月8日任党委书记)
副厂长　赵廷田　刘善礼　柳庆胜
副厂长兼总工程师

张超秀(1993年3月9日任副厂长)
**副书记兼纪委书记、工会主席** 潘仁平

### 13. 机械厂

**厂　长** 牛兴义
**副厂长兼总工程师** 刘告民
**副厂长** 姜国寿　李诚堂　王星元
**党委书记** 朱传让
**党委副书记兼纪委书记** 张庆田
**工会主席** 崔宪明

### 14. 动力部

**部　长** 赵雁彬
**副部长** 刘振奎　孙元林　魏克才
房书存(1993年5月15日任)
**总工程师** 陈智浩(1993年5月15日任)
**党委书记** 徐泽凯
**党委副书记兼纪委书记** 周茂清
**工会主席** 张锡家

### 15. 运输部

**部　长** 姚玉淼
**副部长** 万清波　李自英　况作尧
**总工程师** 袁弥再
**党委书记** 郭长军
**党委副书记兼纪委书记** 王统茂
**工会主席** 刘仲金

### 16. 自动化部、计控处

**主任兼计控处处长** 宋继宽
**副主任兼计控处副处长** 刘中祥　杨国英
**副主任** 孙俊福　朱冬来
栾鲁民(1993年5月15日任)
李丽芳(1993年5月15日任)
**总工程师** 王文浩(1993年5月15日任)
**党委书记** 吴修德
**党委副书记兼纪委书记** 孙俊福

### 17. 汽车运输公司

**经　　理** 郭文玉
**副 经 理** 冷相经　王宝湘　付绍礼
**党委书记** 胡文华
**党委副书记兼纪委书记** 郑维池
**工会主席** 崔维德

### 18. 建筑安装工程公司

**经　理** 徐志元
**副经理兼总经济师** 隋邦湖
**副经理** 刘玉岭　田继宗　李崇友
**总工程师** 蔡　旦
**党委书记** 邱传诚
**党委副书记** 李传欣
**纪委书记** 王金泉
**工会主席** 王爱福

### 19. 商业公司

**经　理** 李世维
**副经理** 李善启　亓庆贵
**党委书记** 袁盛禄
**党委副书记兼纪委书记** 包德江
**工会主席** 吕淑英

### 20. 附属企业公司

**经理兼党委副书记**
张竹林(1993年10月11日任副书记)
**副经理** 周长岭(1993年8月28日免)
葛延峰　赵相堂
田克宁(1993年10月11日免)
史秀贤(1993年8月28日任)
**副经理兼针织厂厂长**
王加浩(1993年5月15日任副经理,8月28日兼针织厂厂长)
**党委书记** 田克宁(1993年9月25日免)
**党委副书记兼针织厂书记** 高生忠
**党委副书记兼纪委书记**
史秀贤(1993年8月25日免)

李乐平(1993年8月25日任)
**工会主席** 何福生(1993年3月8日任)

## 21.生活服务公司

**经　理** 徐克敬
**副经理** 王贵臣　展光亮
宋艳东(1993年5月15日任)
**党委书记** 温发岭(1993年8月25日免)
**党委副书记兼纪委书记、工会主席** 陈兆明

## 22.莱钢医院

**院　长** 刘振瑞
**副院长** 杨玉岭　窦云山
孙连谦(1993年8月28日免)
郭子实
李映雪(1993年5月15日任,8月28日免)
鹿兴河(1993年5月15日任)
**党委书记** 于乐之(1993年5月11日免)
崔宪池(1993年5月11日任)
**党委副书记兼纪委书记**
崔宪池(1993年5月11日免)
刘少华(1993年5月11日任)

## 23.教育中心

**主任兼党校副校长** 于永锡
**副主任、电大分校副校长** 陶慧琴
**副主任、党校副校长** 张义杭
**副主任** 王学海
**党委书记** 王爱民
**党委副书记兼纪委书记、工会主席** 谌志静

## 24.技工学校

**校　长** 陈锡禹
**副校长** 李秋平　蔡新安
**党委书记** 亓象海
**党委副书记兼纪委书记、工会主席** 朱明金

(干部处、组织部提供)

# 二级厂矿单位三改前后组织机构对比情况

## 1.莱芜铁矿

**三改前**

生产行政:

矿长办公室　生产计划科　调度室　机动科安全环保科　地测科　财务科　经营管理科　供销科　原料科　购矿办公室　技术科　质检计量科　土建科　档案信息科　劳动工资科　干部科　职工培训科　保卫科　离退休办公室

党　　群:

党委办公室　组织科　宣传科　纪委　工会　团委　武装部　机关总支

**三改后(六部一室)**

生产机动部　经营部　技术部　劳动人事部　党务工作部　群众工作部　办公室

## 2.韩旺铁矿

**三改前**

生产行政:

矿办公室　保卫科　档案科　生产计划科　生产调度室　安全环保科　企业管理办公室　劳动工资科　教育培训科　财务科　供销科　审计科　机动科　技术科　地测科　计量室　全质办

党　　群:

组织科　宣传科　纪委　工会　团委　武装部

**三改后(六部一室)**

生产部　经营部　机动技术部　劳动人事部　党务工作部　群众工作部　办公室

### 3. 石灰石矿

**三改前**

生产行政：

保卫科　人事教育科　生产计划科　安全环保科　调度室　改扩建设备组　机动科　技术科　基建科　质检科　供应科　销售科　财务科　矿长办公室

党　　群：

政工科　纪委　工会　团委　武装部

**三改后(四部一室)**

劳动人事部　生产部　经营部　党群工作部　矿长办公室

### 4. 焦化厂

**三改前**

生产行政：

生产科　计企科　安环科　供销科　财务科　机动科　技术科　修建办　档案科　人劳科　职教科　离退休办公室　保卫科　厂办

党　　群：

组织科　宣传科　纪委　工会　团委　武装部

**三改后(五部一室)**

生产经营部　机动技术部　劳动人事部　党务工作部　群众工作部　办公室

### 5. 第一铁厂

**三改前**

生产行政：

生产调度科　安全环保科　计划科　财务科　供应科　机动科　技术质量科　修建办公室　档案信息科　劳动人事科　职工教育科　离退休办公室　办公室　保卫科

党　　群：

组织科　宣传科　纪委　工会　团委　监察　武装部

**三改后(五部一室)**

生产经营部　机动技术部　劳动人事部　党务工作部　群众工作部　办公室

### 6. 第二铁厂

**三改前**

生产行政：

生产部　财务部　物资供应部　劳动人事部　三产开发部　厂办公室　生产准备部

党　　群：

党务工作部、群众工作部

**三改后(五部一室)**

生产经营部　机动技术部　劳动人事部　党务工作部　群众工作部　厂办公室

### 7. 特殊钢厂

**三改前**

生产行政：

办公室　生产科　计划科　财务科　机动科　技术科　安环科　基建科　物资供应部　劳动人事科　教育科　离退休办公室　档案科　保卫科　改扩建办　全质办

党　　群：

党办　组织科　宣传科　纪委　工会　团委　武装部　机关总支

**三改后(五部一室)**

生产经营部　机动技术部　劳动人事部　党务工作部　群众工作部　办公室

### 8. 炼钢厂

**三改前**

生产行政：

生产计划科　安全环保科　企管科　机动计量科　技术科　档案科　劳动人事科　职工教育科　离退办公室　保卫科　厂长办公室　行政科　计生办

党　　群：

组织科　宣传科　纪委　工会　团委　武装部

**三改后(五部一室)**

生产经营部　机动技术部　劳动人事部
党务工作部　群众工作部　办公室

## 9. 轧钢厂

**三改前**

生产行政：
生产计划科　安全环保科　企管科　机动计量科　技术科　档案信息科　人事劳资科　职工教育科　离退休办公室　保卫科　厂长办公室

党　　群：
组织科　宣传科　纪委　工会　团委　武装部

**三改后(五部一室)**

生产经营部　机动技术部　劳动人事部
党务工作部　群众工作部　办公室

## 10. 锻压股份有限公司

**三改前**

生产行政：
经营科　计划科　财务科　调度科　机动科　技术科　安全科　人劳科　教育科　保卫科　厂长办公室

党　　群：
政工科　纪委　工会　团委　武装部　监察科

**三改后(四部一室)**

经营计划部　生产技术部　职工事务部
党群工作部　总经理办公室

## 11. 新泰冶炼厂

**三改前**

生产行政：
全质办　技术科　机动科　调度室　安环科　劳资科　供销科　原料科　财务科　厂长办公室

党　　群：
政工科　武保科　纪委　工会　团委　监察

**三改后(四部一室)**

党群工作部　技术部　生产人事部　经营部　厂办公室

## 12. 沂蒙冶炼厂

**三改前**

生产行政：
办公室　生产计划科　财务科　供销科　安全环保科　机动科　质量技术科　劳动人事科　保卫科　教育科

党　　群：
党委办公室　政工科　纪委　工会　团委　武装部

**三改后(四部一室)**

生产经营部　机动技术部　劳动人事部
党群工作部　办公室

## 13. 机械厂

**三改前**

生产行政：
厂长办公室　档案室　保卫科　生产科　经营计划科　供运科　财务科　技术科　机动科　质量计量科　修建科　安全环保科　人事劳资科　职工教育科　离退休办公室

党　　群：
组织科　宣传科　纪委　工会　团委　武装部

**三改后(四部一室)**

生产经营部　机动技术部　劳动人事部
党群工作部　厂办公室

## 14. 运输部

**三改前**

生产行政：
运输计划科　安全环保科　财务科　材料科　劳动人事科　企业管理科　机动计量科　总工办　职工培训科　离退休办公室　保卫科　部长办公室　综合档案室

党　　群：

组织科　宣传科　纪委　工会　团委　党委办公室　武装部

三改后(五部一室)

生产经营部　机动技术部　劳动人事部　党务工作部　群众工作部　办公室

## 15.汽车运输公司

三改前

生产行政：

营调科　财务科　安全科　企管办　机务科　材料供应科　劳动人事科　职工教育科　办公室　保卫科　档案室

党　　群：

政工科　纪委　工会　团委　监察　武装部

三改后(四部一室)

生产经营部　机动技术部　劳动人事部　党群工作部　办公室

## 16.动力部

三改前

生产行政：

生产技术科　安环科　企管办　财务科　汽车队　物资供应科　基建科　劳动人事科　职教科　离退休办公室　办公室　保卫科　档案室

党　　群：

组织科　宣传科　纪委　工会　团委　武装部

三改后(五部一室)

生产经营部　机动技术部　劳动人事部　党务工作部　群众工作部　办公室

## 17.自动化部

三改前

生产行政：

办公室　推广科　行政科　生产技术科　财务科　供应科　计量管理科

党　　群：

政工科　纪委工会　团委

三改后(四部一室)

生产经营部　机动技术部　劳动人事部　党群工作部　办公室

## 18.建筑安装工程公司

三改前

生产行政：

经理办公室　经营计划科　财务科　供应科　安全环保科　机动设备科　技术科　技术监督科　企管科　档案科　劳动人事科　职工教育科　离退休办公室　保卫科

党　　群：

党委办公室　组织科　宣传科　纪委　工会　团委　武装部

三改后(五部一室)

工程管理部　物资供应部　劳动人事部　党务工作部　群众工作部　办公室

## 19.莱钢医院

三改前

生产行政：

院办公室　武保科　医务科　信息科　门诊部　护理部　预防感染科　人事劳资科　离退休办公室　总务科　计财科　审计科　安全设备科

党　　群：

政工科　纪委　工会　团委

三改后(五部一室)

院办公室　医务部　护理部　人事劳动部　后勤部　党群工作部

## 20.职工教育中心

三改前

生产行政：

人事劳资科　保卫科　总务科　办公室

党　　群：

政工科　纪委　工会　团委

**三改后(二部一室)**

办公室　党群工作部　行政管理部

## 21. 技工学校

**三改前**

生产行政：

校长办公室　教务科　实习厂　行政科　保卫科

党　　群：

政工科　纪委　工会　团委

**三改后(三部一室)**

校长办公室　党群工作部　教育培训部　总务部

## 22. 商业总公司

**三改前**

生产行政：

办公室　保卫科　劳动人事科　财务科　业务科　行政科

党　　群：

政工科　纪委　工会　团委

**三改后(二部一室)**

办公室　党群工作部　经营管理部

## 23. 附属企业公司

**三改前**

生产行政：

办公室　武保科　生产计划科　技术科　供销科　人事劳资科　职工教育科　财务科　审计科　机动设备科　安全环保科　行政科　计生办

党　　群：

政工科　纪委　工会　团委　武装部

**三改后(六部一室)**

生产经营部　机动安全部　劳动人事部　党群工作部　财务部　生活服务部　办公室

(劳资处提供)

# 14. 人 物 名 录

## 参加全国党代会、人大会议人员

**中国共产党第十四次全国代表大会代表：**

姜开文　莱钢总厂党委书记、高级政工师。

**第八届全国人民代表大会代表：**

李景常　莱钢总厂厂长、党委副书记、高级工程师。

## 参加山东省党代会、人大、政协会议人员

**中共山东省第六次代表大会代表：**

姜开文　并当选为中共山东省第六届委员会候补委员。

顾兰芳　女，莱钢总厂改扩建工程指挥部合同预算处处长，高级工程师。

钟其昌　莱钢第二铁厂第一高炉车间炼铁技师。

**中共山东省第六次代表大会列席代表：**

李景常　系中共山东省第五届委员会委员。

**山东省第八届人民代表大会代表：**

王认清　莱钢总厂副厂长兼总工程师、高级工程师。

**山东省第七届政协委员会成员：**

常务委员：徐中和　莱钢总厂钢研所副总工程师、高级工程师。

委　　员：赵和德　莱钢党委常委、宣传部长、统战部长、高级政工师。

李　云　莱钢莱芜铁矿技术科科长、高级工程师。

马春运　莱钢炼钢厂技术科主任工程师、高级工程师。

## 参加莱芜市党代会、人大、政协会议人员

姜开文　出席中共莱芜市第一次代表大会，并当选为第一届委员会常委、副书记。

**莱芜市第十三届人民代表大会代表：**

李名岷　莱钢总厂党委副书记、高级经济师。

高国洪　莱钢总厂党委常委、纪委书记、高级政工师。

符廷水　莱钢总厂党委办公室主任、高级政工师。

田万顺　莱钢总厂劳资处调配科科长、工程师。

丛桂凤　(女)莱钢建筑安装工程公司工人。

沈祝林　莱钢总厂设计院副院长、高级工程师。

褚学新　莱钢第三中学副校长、中教一级教师。

祝兆宾　莱钢石灰石矿副矿长。

苗润浦　莱钢运输部安全科助理工程师。

**莱芜市第五届政协委员会成员:**

副 主 席:徐中和　莱钢总厂钢研所副总工程师、高级工程师。

常务委员:柴法源　莱钢总厂党委统战部副部长、政工师。

王秀兰　(女)莱钢机械厂技术科高级工程师。

委　　员:贺永宏　莱钢总厂钢研所所长、高级工程师。

史俊生　莱钢第一铁厂党委书记、高级政工师。

陶慧琴　(女)莱钢职工教育中心副主任、高级经济师。

玉玉才　莱钢特殊钢厂技术科副科长、高级工程师。

(党办、组织部、统战部提供)

## 省以上先模人物

冯德法　全国"五一"劳动奖章获得者、全国优秀业务能手

钟其昌　山东省富民兴鲁劳动奖章获得者

董全温　山东省富民兴鲁劳动奖章获得者

冯志贤　全国先进女职工工作者、山东省先进女职工工作者

刘少华　全国先进女职工、山东省先进女职工

付　毅　全国优秀教师

刘相玺　全国群众体育先进工作者

宋万春　全国优秀工会积极分子

卢美昌　全国三产普查先进个人

王钦才　全国清产核资先进个人

吴式恂　全国社会保障工作先进个人

陈允岐　全国冶金系统爱国卫生先进工作者

李乃昌　全国卫生防疫工作先进个人

李奉珍　全国冶金青工技术能手

史俊生　获全国重视老年工作领导者功勋奖、山东省优秀企业思想政治工作者

陈　娟　全国钢铁信息工作先进个人

姜开文　山东省优秀企业思想政治工作者

王认清　山东省技术改造先进工作者

罗登武　山东省优秀青年知识分子

刘慕香　山东省计划生育先进工作者

刘晓兰　山东省计划生育先进工作者

## 省各专业先进个人

李言英　山东省优秀教育工作者

李名岷　山东省荣誉工会积极分子

陈焕嵩　山东省优秀工会工作者、优秀工会劳动保护干部

张锡家　山东省优秀工会工作者

薛　民　山东省优秀工会积极分子

王恒泽　山东省优秀工会积极分子

吕淑英　山东省先进女职工工作者

陈爱贞　山东省先进女职工

李淑佩　山东省工会群众生产工作先进个人、山东省工会优秀劳动保护监督检查员

张志吉　山东省优秀工会劳动保护干部
何　鑫　山东省优秀劳动保护监督检查员
杜吴华　山东省优秀工会小组劳动保护检查员
燕顺堂　山东省优秀工会小组劳动保护检查员
韩　凯　山东省合理化建议和技术改造活动积极分子
王丰新　山东省合理化建议和技术改造活动积极分子
方　萍　山东省合理化建议和技术改造活动积极分子
姚法典　山东省工会优秀信息员
杜建新　山东省新长征突击手标兵
文宇军　山东省新长征突击手
高亚明　山东省新长征突击手
伊茂盛　山东省新长征突击手
李佩和　山东省新长征突击手
殷玉峰　山东省学雷锋先进个人
杜建新　山东省学雷锋先进个人
赵士明　山东省学雷锋先进个人
张元松　山东省学雷锋先进个人
郑　林　山东省优秀青年工作者
赵士明　山东省优秀青年工作者
高洪军　山东省优秀青年工作者
殷玉峰　山东省优秀青年工作者
张元松　山东省优秀青年工作者
赵　峰　山东省优秀团支部书记
房德山　山东省优秀团支部书记
王　玮　山东省优秀团支部书记
刘　静　山东省优秀共青团员
王兆东　山东省优秀共青团员
郑永军　山东省优秀共青团员
秦永良　山东省优秀共青团员
刘运东　山东省优秀共青团员
李红军　山东省优秀共青团员
耿玉栋　山东省优秀共青团员
杨德惠　山东省优秀共青团员
方吴忠　山东省优秀共青团员
王田秀　山东省优秀共青团员
王友俊　山东省优秀共青团员
伊茂盛　山东省优秀共青团员
于海涛　山东省优秀共青团员
张　娟　山东省优秀共青团员
叶金超　山东省优秀共青团员
丁志刚　山东省清产核资先进个人
王钦玲　山东省投入产出调查先进个人
吴玲丽　山东省能源统计工作先进个人
鹿　霞　山东省冶金统计先进工作者
李　燕　山东省文件管理先进工作者
薛玉莲　山东省文件管理先进工作者
倪连秀　山东省文件管理先进工作者
石应钦　山东省文件管理先进工作者
张建民　山东省党委系统优秀督查工作先进工作者
卢彤书　山东省党委系统优秀信息工作者
沙桂珍　山东省职工读书自学活动优秀组织者
马敏华　山东省冶金劳动统计先进个人

**山东省冶金安全生产先进个人：**

李景常　李继文　卢廷运　刘浩民　张兴昆
王艮一　王承训　姜洪昌　侯俊生　吴锡昌
薛玉柱　苗　峰　王善利　李俊山　张京仁
姜广誉　宋现会　刘焕胜　刘在照　崔明达
谢金木　李永奎　张务明　董全温　陈　敏
张福水　王洪生　王克福　郭兰忠　刘振胜
黄维和　亓恒贞　王培春　朱效成

**山东省冶金环境保护工作先进个人：**

王恩鹏　赵宝玉　杨永晰　侯显孝

**山东省冶金系统职业卫生工作先进个人：**

沙真清

## 1993 年度莱钢劳动模范

李景常　李贯忠　张德仁　王冠顺　孙百川
顾兰芳　梁福耀　陶书振　翟保民　亓立杰
吕济家　钟其昌　王玉福　崔洪泉　纪信栓
丁宝文　马元臣　崔德雨　邵宽俊　武善停
张兆水　尹晏生　李俊山　冯德法　王根业
董全温　孙兆庆　王梅荣　李慎德　吴茂义
高兴云　毕德胜　王树山

## 1993 年度<br>莱钢优秀共产党员

文学军　谷俊芝　吕秀明　亓思宏　陈建华
杨德法　钟其昌　郇万仁　刘玉忠　纪信栓
王福海　马元臣　李佃仁　王振俊　董杰吉
付昌和　李显升　冯德法　吴茂义　王根业
张福亮　董全温　任成江　王素平　宋翠莲
曹立华　王克勇　石昌华　张志勤　高兴云
鹿凡伟　宋道平

（工会、组织部提供）

## 1993 年度莱钢<br>优秀思想政治工作者

郭长军　亓象海　魏佑山　于乐之　王冠顺
史俊生　胡文华　赵雁彬　王玉祥　路纯英
顾兰芳　张玉琴　王庆德　魏桂芝　张元松
王荣举　俞绍山　李宪学　王克让　王　辉
李开东　于晓宁　王素霞　安辉平　姜传良
张绪孝　刘湘贤　李军庭　王胜元　刘士高
张文柱　骆承炬　俎冠升　李志成　王传香
肖国建　刘文杰　于奇勇　赵云瑞　[illegible]　林
张庆林　王　军　徐嘉雁　屈　翰　陈锡贵
孙成玉　吴式恂　张西顺　刘桂华　左书斌
亓忠献

## 1993 年度莱钢<br>优秀党务工作者

闫仲银　张思继　张克华　展广远　薛庆福
李振华　赵玉华　石茂华　杨明亮　张绪孝
闫福恒　王玉思　王忠善　孙洪禹　寿德智
张玉琴　张崇礼　董利军　韩传金　滕炳礼
王恒泽　尹爱平　韩裕丰　桑逢库　宋君福
董和英　吴丰成

## 1993 年度莱钢<br>先进生产（工作）者

王延义　李兴义　曲彦贞　姜桂荣　夏寿辰
刘永路　侯印明　冯学文　杨德法　李学敏
苏迎一　李强芝　赵树友　隋桂全　孙　华
李克田　杨　军　韩家恩　刘大海　张廷刚
王福海　张宏亮　丁宝文　程新军　程世延
韩志强　李桂林　李锡山　李合义　李　顺
姜洪昌　康世德　曲为状　杨　娟　李建德
冯德法　王会银　娄维山　耿继元　孔祥海
张俊英　马梦涛　赵文军　隋洪涛　宋玉海
杨位公　杜兆柱　高玉宝　王加军　王苏田
许加勇　张玉平　徐洪英　赵贵军　赵振松

唐宁民　耿宗福　王利民　郭允照　刘福祥
刘长汉　蔡永军　潘富太　王学智　亓贵彬
孙庆芳　郑传喜　李秋超　王焕凤　钱　刚
王友杰　马先和　宋庆金　李佃仁　刘　亮
张其祥　岳春乐　郑　平　孙庆柏　邵宽俊
张瑞海　冯树杉　王永功　曹志峰　李枝华
方瑞东　闫伟东　李保忠　邱立民　王双景
殷凤志　刘福祥　王洪祥　张卫东　崔德雨
宋兆磊　殷汝华　李淑业　张兆水　徐勤涛
李宗奎　刘吉敏　宋翠莲　孙兆庆　陈志强
赵庆堂　李学清　郭维河　刘　峰　王梅荣
刘汝玉　段明隽　刘明杰　唐舜秀　夏恩琦
姚庆香　苗华蕊　康玉贞　毕德胜　冯振国
刘庆学　刘焕胜　徐田江　高严森　文学军
贾友恒　卞会善　秦海星　张家庆　毕京云
李永平　鹿新民　张洪升　王洪展　亓斌学
吕秀明　张秀宝　翟宝民　徐仁业　赵京祥
李德建　王锡学　潘京武　王玉德　亓英孔
李宪奎　朱尔怀　张庆元　李周实　刘加辉
亓德彬　王春荣　颜士广　陈进士　王汉忠
吴玉成　吕恒水　张圣顺　马元军　张爱军
马传海　秦恒学　亓桂文　李洪奎　钟其昌
彭先吉　董仲乾　赵文法　徐衍贞　杨以泉
刘振才　张爱云　郑法吉　隋新农　李乐庆
孙华云　孟庆民　王本富　赵胜成　于福顺
毕文华　韩建军　王文生　刘全周　李慎德
武科役　亓立军　江玉恺　宗世慧　谷道玉
丁海峰　路礼成　王金海　王世军　姜世远
李永奎　于栓文　王德云　史秀才　高学德
马元臣　胡方伟　亓玉军　王克明　顾其田
刘本祥　鞠爱国　吕桂荣　尹晏生　孟凡亭
邢海顺　边建国　庄宿林　张兆泉　闫化云
李训和　王德润　魏庆华　朱英珍　李绥祖
陈占文　王纯元　毕化祥　高兴顺　陈兴明
张文利　周建国　崔洪权　郁万仁　王章信
杜建新　王丽华　刘荣修　王祖利　吴钦喜
纪召瑞　李爱平　刘胜军　王玉福　孟　磊
田振杉　汲广安　李纯笃　刘法田　哈铁良
柴道禄　刘玉忠　周吉昌　韩玉龙　康延荣
张培景　张爱民　薛其聚　董全温　彭传友
姚朝胜　董利民　姜　岩　李学海　梁笃民
高兴云　王增军　孙振华　宗成勇　马惠云
安连清　赵子平　黄汝继　陈公庚　彭立诚
邢茂怀　李正为　邢子芳　邵学泉　方　萍
于国镇　石秀芝　杨庆堂　吕家柱　常　梅
李根实　孔凡芬　于德政　张凤森　魏天和
王尊启　郑拥军　邢东方　薛玉柱　王建华
邵茂欣　杨子建　吴兆学　孟兆来　李希伟
李　莉　马春运　李培忠　李志成　刘　峰
翟所慧　陈向阳　韩　凯　山才秀　纪信栓
肖元成　李俊山　赵树根　李玉林　赵文才
邢寻江　王教文　于美华　宫新启　王绪西
王友俊　李奉珍　崔玉华　高秀英　陶书振
苏　蓬　朱太安　李炳远　徐宏伟　王桂田
丛桂凤　吴贻久　赵吉昌　刘长川　李金勇
王振敏　殷积文　王根业　张荣茂　王继爱
王临栋　刘永兴　周天寿　龚永禄　亓恩宏
李　华　赵登贵　马学坤　董志华　亓立杰
潘居生　史永斋　刘兴学　李百顺

## 1993 年度莱钢各专业先进个人

**优秀教师：**

刘任全　徐志坤　杨之绍　邢茂庆　徐宝芹
刘立广　刘　凯　史能成　宋庆金　亓祥正
吴振英　秦淑英　刘瑞录　黄世俊　张敬勇
张　荣　李　洁　刘京华　葛振爱　袁翠英
吴秀清　孟庆芝　陈春玲　郭向华　刘金萍
王清爱　林　英　袁均侠　张秀英　刘建平
周永旭　肖子琳　黄炳礼　李卫东　王洪连
诸葛绪祥

**优秀教育工作者：**

王锦堂　周桂玲　王正勤　王继红　李言英
张忠厚　靳伟琍　丁莉丽　李凤香

**优秀职工教师：**

薛永山　赵立民　王宝银　尚近圣　段爱民
武光兴　李秀芝　周长安　曲彦贞　郑香莲
梁斌泉　龙　光　刘元树　李柱军　刘元俊
庞万宏　李红星　吴志强　李桂荣　郭桂莲
张志山　白　刚　胡殿风　吴巧勤　高玉萍
张念业　杨学岭　张秀蓉　宋云霞　毕学章
孙　平　王学和　宋　岩　唐松田　马正明
沙桂珍　赵庆生　陈　东

**先进职工教育工作者：**

袁均侠　董翠兰　杨甲勤　刘淑华　曲敬荣
王进宝　刘庆常　刘传忠

**热心职工教育工作者：**

匡式文　魏国政　石莲英　吴希军　杨润兰
栾兆水　王长键　白文章　王召祥　郑春源
朱　清　王光泗　王　凤

**计划生育先进工作者：**

王风云　韦良菊　刘吉敏　刘爱荣　刘晓兰
刘焕平　刘慕香　刘翠荣　毕秀玲　孙慧娟
孙桂华　朱长菊　李玉玲　李金平　李清元
宋爱芹　张洪亮　张　英　张俊英　亓子芳
林国敏　杨泉美　吴东芬　赵丽丽　高明玉
韩凤英　智秀荣　董风英　谭风叶

**保密普法教育先进工作者：**

范胜利　邵立强　王　红　吴爱玲　高秀文
李维泉　赛时明　王忠善　于美华　刘宝金
刘秀荣　李学岱　高淑坤　白文章　王明英
倪友望　常　梅　李　燕　张强厚　张朴增
吴克生　毕秀芳　赵爱武　陈俊科　张之祯

**公安保卫工作先进个人：**

杨崇新　赵玉忠　李庆祝　徐曦玲　韩其焱
张应义　王丰坤　李传胜　高荣春　周传水
马永东　李书玉　董忠省　明从敬　王新鸾
徐新昌　杨子岭　赵文才　董林舒　任洪山
隋洪波　刘书和　何永胜　徐　勇　赵一民
马祥玉　崔润祥　焦德太　刘永光　张富强
李瑞兴　崔现顺　倪玉成　辛来和　刘建军
任启圣　孟立军　曹新年　吕春芝　滕小民
许洪文　李普斌　胡东华　李全德　李向阳
高树玉　尚伟东　任照斌　林征国　赵　峰
李　敬　时山峰　杨文春　杜　智　刘田安
朱　斌　王向军　于　勇　刘建忠　李守国
毕伟祥　惠清国　苗建收　王玉辉　段元军
李文斌　刘　勇　刘训章　马华杰　辛　波
鹿玉春　朱尔环　张　明　李福东　刘　忠
牛振刚　张建刚　李公杰　刘宇峰　邓　涛
亓秀春　张玉柱　付　瑞　张生彬　蒋玉增
赵庆国　孙秀东　王会习　郭业恒　王兆顺
张学文　欧阳永奎

**治保积极分子：**

张怀芝　邹连珂　李福厚　泮京武　程金营
冯振国　杨庆吉　杨继柏　柳庆元　刘从泉
于跃溪　刘再俊　刘安东　陈茂田　李专恩
李学敏　杨宝斌　候庆文　张传香　贾俊卿
尹修科　姚晓君　杨向山　彭维华　律风江
连　伟　迟加瑞　张广启　杨保忠　张兴停
龙会运　王国良　王宝玉　郗洪印　王克美
王正秋　孙克堂　汤通相　王文彩　田新元
徐加进　魏儒效　熊世祥　郑西亮　王庆祥
李玉林　王绍平　弥尚军　徐宗山　崔淑华
张　明　纪海东　李效金　唐文海　王茂林
韩敬财　齐瑞来　黄兆松　唐永时　王兴玉
周广启　利成琢　崔润祥　林教才　付　军

**质量管理先进个人：**

董杰吉　马春运　刘庆德　巩桂兰　解继昌
吴雪松　赵贤恩　李玉梅　李乐庆　段荣海
岳春乐　武瑞英　彭玉森　徐令和　彭敦远
李贯忠　高俊庆　徐学超　许宝金　张继奎
宋光辉　董　亮　赵锦艳　张永廷　刘永杰
张敏修　方和项　刘振瑞　亓立军　闫衍禄
姚建平　张吉军　薛学平　史承都　陈希增
杨永晰　栾开春　赵京玲　张　渟　李立强
李学玲　李淑佩　邴德凯　江广富　宋绍新
李希杰　张君法　李茂奎　张东华

## 1993 年受莱钢奖励的有较大贡献的科技专业人员

**科技管理优秀单位受奖人员：**

王认清　种道继　刘允安　张德仁　齐儒柱
初雨春

**优秀技术进步项目受奖人员：**

陈兆三　张耀祖　丛汉滋　赵玉清　杨培功
刘元和　车仁功　江渭源　羌少清　刘景林
张胜生　李贯忠　杨树章　张福良　刘玉岭
周吉昌　连承清　高学新　任　浩　李云鹏
王维作　胡兴启　刘文学　韩山成　贺永宏
马春芸　李仁泽　朱鸿源　王宝庆　宋纯忠
李　云　杨玉璞　杨庆堂　王化巨　段存源

**工程管理和医疗工作中作出成绩的受奖人员：**

仇志民　陶书振

**受莱钢奖励的连续三年获省级文明单位称号的二级厂矿单位党政主要领导人：**

史俊生　姚玉淼　郭长军　齐儒柱　魏佑山
郭立兴

**莱钢优秀科技工作者：**

柳仲衍　张勤俭　曲志生　孔祥斌　刘明善
杨　军　石宝云　许善玉　曾祥柱　温建波
李丰功　张荣广　苏启礼　李冬松　石光玉
曹学军　李世海　陈智浩　刘鲁群　郑　平
宫黎明　王根业　房泽海　刘先民　宫新启
吕乃中　董　杰　李承敏　谷道京　王召祥
谷世贤　曹　铎　吴新文　刘洪彬　李海云
梁笃民　毛德功　张君法　张鲁兵　于　纯

## 享受政府特殊津贴的科技人员

魏广木　孙欣棠　朱曰珩　郎钟宝　陶书振
严凤荣　张耀祖

## 高级专业技术职务人员

**高级工程师：**

李景常　王认清　刘培钧　李　庆　于昌忠
陈玲棠　李世源　陈希增　高玉华　周元淦
王永杰　毛德功　柳逢润　张树祥　刘嗣华
王立柱　徐炳恩　孙在法　谢凤山　吕技本
张吉军　林永森　董万禄　苗恒聚　徐桂堂
邹德芹　郭世英　李松龄　邱国恒　张继东
李东江　高兴云　蒋飞雄　初雨春　张连生
巫志华　梅宁诚　张宝岩　张立武　董鸿儒
周声浩　杨庆堂　江先芝　李希杰　李福兴
张乐成　贺永宏　徐中和　金昆骅　赵绪元
严凤荣　张金生　仲跻禄　李宗荣　殷志华
李　明　张耀祖　万瑞瑛　亓明会　王树明
张振铠　刘文学　靳秀娥　谭恩林　陈学桂
杨永晰　何树生　苏惠恩　赵维民　刘清德
朱英梅　石秀芝　董绍济　乔倬清　王朝江
石唯真　陈元萍　彭重威　孙志诚　陈兆三
羌少清　陈丕峰　潘福堂　李德田　朱念徙
宋德良　谷世贤　崔成义　王福鸿　张惠民
张宝瑜　岳秀中　王福臣　王占印　陶云光
张善彬　沈祝林　付学义　仇志民　朱皆铨
韩其耀　车仁功　王朝辅　安丰延　薛学平
曹　铎　谢振清　潘相泉　丁延年　申曰友

芮嘉承　张文举　李承孝　张宝才　王云洁
张广顺　包洪喜　李　杰　顾洪涛　郭乐善
丛汉滋　顾兰芳　周家山　刘典锡　郗树茂
李学玲　王在武　亓俊峰　王宝庆　胥正起
霍兆达　柳中珩　冯振国　白凤楼　周　行
孙天新　周安兰　李　云　谭兴源　夏恩琦
王锡忠　苗华蕊　张勤俭　富明林　修德深
张吉荣　庞荣凯　宋纯忠　崔砚房　何来成
潘士福　葛义章　李汉玉　孙延荣　宋殿武
郑　辉　江　力　王丕基　程明秋　牟教训
陈玉彬　刘景芝　王玉良　常启明　张敏修
魏　珂　孙百川　鞠景普　贺安忠　周恒福
李文泉　刘　崇　雷士祥　朱万纯　许维宽
尹承英　王同文　翟慎俭　魏广才　张望崇
李继文　杨立胜　李贯忠　张福良　刘丰华
吴长明　卢家炎　李长印　贾锡武　李克田
王在序　聂荣山　杨书章　马朋英　马厚聚
张述仁　梁淑芸　谈福泉　张效忠　陆松鹤
罗登武　杨　军　董安舟　潘文峰　朱法亮
闫敬林　李殿家　杨培功　刘学礼　窦福材
齐万正　李连臣　庄茂堂　温乐培　张允茂
王继喜　王志善　刘元和　王际祥　张濮梅
许淑芳　孙业珍　赵玉清　彭茂业　石宝云
唐颜英　刘乃坤　种道继　张荫凤　梁斌泉
薄风仪　张恩田　初少云　韩山成　李忠海
宿殿成　周忠才　芦宗义　刘春香　倪永书
周永星　孙　俊　商彦英　高学新　崔建民
张玉林　刘方境　王玉才　王　洪　连承清
张桂友　刘锡勤　张志奇　任　浩　张本儒
孟繁淦　刘玉凡　谭元才　孙宗江　周吉昌
冯如贵　崔存祥　石树森　张德仁　郭宝现
李仁泽　过渭源　赵秉钺　贾树栋　安慧民
朱鸿源　张祝高　李贵昌　朱钧汉　周荣之
李根保　王兴周　刘景林　张胜生　卢承银
王润安　马春运　张文木　张恩华　刘明善
马怀善　陈华政　赵焕栋　王学先　程振华
朱子亮　祝毓桢　宋文祥　王怀明　赵宝玉
姚王淼　董昭寅　解继昌　王风林　徐长江
吕守忠　袁弥再　万清波　方万春　王宝湘

丁明阳　冯友尧　冷相经　赵雁彬　姜兰芬
谭兴国　冯树杉　崔来航　张玉恒　姜宏娜
高茂长　由明性　刘振奎　陈智浩　刘树典
刘浩民　郑　平　法秀堂　钱　纲　王秀荣
朱怀美　刘燕凌　李云平　张立康　崔发臣
王淑兰　王秀兰　孙义金　田玉普　陈宗信
李择川　任传智　方立泉　韩宝慧　王富芝
段守安　李广明　高德军　李树荣　曹立月
徐振东　卢守纯　刘学明　巩恩波　董国柱
解法贤　安满文　孟兆俊　吕阳超　于和项
段存源　曲志生　刘全轩　董崇明　马玉春
信　杰　陈开余　邢绍和　徐志元　李　旦
夏振强　隋桂玉　王冠清　矫式本　吴修德
杨国英　刘中祥　宋继宽　王文浩　周永健
毕忠仕　汤良焕　吕乃冲　栾鲁民　赵庚堂
李云鹏　张公海　黄业生　姜洪昌　孙玉璞
苏启礼　徐春堂　蒋建青　盛容芳　夏景鹏
马云山　朱明澄　王敦生　史秀贤　赵相堂
张开元　吴晨蓉　亓学堂　彭立诚　姜玉珣
赵廷田　张超秀

**高级经济师：**

李名岷　齐儒柱　谭兴华　种衍爱　王维中
张　渟　杜志言　权克彬　王文法　梁福耀
段元祥　陈宝林　李菊华　张联洪　张希忠
安儒增　阳至孝　张登嵩　亓成义　李家兑
柴本玲　程稼民　刘允安　李大伟　张清玉
程俊卿　魏儒效　牛兴义　姜国寿　李诚堂
马建桐　李吉善　左进田　邹学堂　王冠顺
李希周　金文安　林清平　吴瑞民　胡慧琴
张竹林　温发岭　张文斌　吴柏寅　孔　瑞
于海涛

**高级会计师：**

王钦才　桂素惠　徐秀花　李德海　赵培福
刘风伦　冯学文　赵志洪　王大茂　张广海

**高级统计师：**

牛友三　刘颖杰　杨双顺

**副主任医师：**

张舜苞　杨志顺　李映雪　沈淑琴　焦其泉
朱德湛　黄孝嘉　宋继水　纪树玉　张衍生
颜淑芬　金　潘　王树平　杨同秋　付尔谦
栾光文　何佰祥　张合轩　栾玉珍　徐淑华
盛美玲　刘玉琴　张俊英　王振岚　王　林
胡世诚　杨泉美　刘振瑞　杨玉岭　郭子实
窦云山　伦宗英　鹿兴河　黄尔贤　张兰英
陶书振　王凤台　王景玉　刘思让　梁广和
宫前启　李玉苓　尤金枝　齐承良　李振武
于桂侠　候国励　马希祥　陈德哲　王哲民
孙秀安　司秀英　项英喜　宋修竹　刘均翠
李秀君　陈桂兰　赵恒超　任思宜　李元福

**副主任药师：**

郝秀英　孝庆胜　姜广福

**副主任护师：**

钱桂芳　赵玉华　李杏珍　李香芝　李桂荣
吴隆华

**副主任技师：**

陈信清　李秀生

**副教授：**

王宝泉　薛　震　张　远　屈传温　毕学章
鹿　尧　傅志武　于永锡

**高级讲师：**

李秋平　谢家庆　刘德华　丛秀滋　秦永祯
亓文明　陈锡禹　高士杰　徐景水

**中学高级教师：**

施行南　王智玲　宋晓峰　郭玉荣　曹景琦
卢福献　郭立兴　李森玉　王文祥　吕文瑞
柴金相　孙玉銮　张淑贞　窦莲英　虞网娣
刘玉英　刘学新　刘　沛　修玉东　鉴桂英
景宪锋　刘秉义　卢桂书　王秀珍　王兰英
葛寅初　王树山　陈云凤　薛桂平　洪怀胜
崔廷训　阎惠德

**主任记者：**

宋庆祝　王伯勋　马学端

**副研究馆员（群众文化）：**

朱全增　殷怀禄

**副研究馆员（档案）：**

陶金辉

**副译审：**

王立祥

## 高级政工师职务人员

**高级政工师：**

姜开文　高国洪　宋兰祥　鲁卫东　李开贵
逄锦昌　宋振训　符廷水　石莲英　徐　铸
张金梁　史俊生　朱玉林　王学夏　滕长坤
陈继诚　邱传诚　徐泽凯　于德龙　胡文华
谌志静　陈兆明　孙俊福　李孝义　苏长荣
刘相玺　赵茂祥　赵和德　崔融让　胥正起
张福山　李淑佩　李福安　方文兴　朱立新
邢开业　阎昭俭　王玉祥　冯志贤

（干部处、宣传部提供）

# 15. 统计资料

1993 年莱钢工业总产值及主要产品产量完成情况表

| 指标名称 | 计量单位 | 1月 | 2月 | 3月 | 4月 | 5月 | 6月 | 7月 | 8月 | 9月 | 10月 | 11月 | 12月 | 全年 |
|---|---|---|---|---|---|---|---|---|---|---|---|---|---|---|
| 1. 工业总产值（90 不变价） | 万元 | 7430.79 | 6924.50 | 7770.50 | 7722.42 | 6910.83 | 7390.49 | 8164.47 | 9971.62 | 10356.93 | 9637.68 | 9785.59 | 9579.74 | 1[illegible]645.56 |
| 2. 钢 | 吨 | 58039 | 59325 | 66443 | 50052 | 63583 | 51409 | 69479 | 67542 | 74872 | 85927 | 79707 | 90364 | [illegible]16742 |
| 其中：钢锭 | 吨 | 57471 | 58896 | 65733 | 49429 | 62960 | 50680 | 68822 | 66968 | 74321 | 85288 | 79196 | 89834 | [illegible]9597 |
| 其中：特钢 | 吨 | 12173 | 11225 | 12530 | 11351 | 13005 | 12352 | 12510 | 11514 | 10513 | 11032 | 12668 | 13064 | [illegible]43937 |
| 炼钢 | 吨 | 44447 | 46812 | 52349 | 37225 | 49037 | 37406 | 55422 | 54560 | 62908 | 73354 | 65646 | 75856 | [illegible]5022 |
| 其中：连铸 | 吨 |  | 16391 | 17205 | 12345 | 20780 | 15293 | 18686 | 15097 | 23525 | 24073 | 20252 | 19717 | [illegible]1364 |
| 机械厂 | 吨 | 851 | 859 | 854 | 853 | 918 | 922 | 890 | 893 | 900 | 902 | 882 | 914 | [illegible]0638 |
| 3. 生铁 | 吨 | 52013 | 47021 | 51203 | 50403 | 50183 | 43208 | 70645 | 75097 | 77803 | 81240 | 79186 | 83412 | [illegible]1413 |
| 其中：一铁 | 吨 | 24758 | 23832 | 27065 | 24492 | 21435 | 20635 | 23612 | 25654 | 23499 | 25883 | 23786 | 27078 | [illegible]1729 |
| 二铁 | 吨 | 27255 | 23189 | 24138 | 25911 | 28748 | 22573 | 47033 | 49443 | 54304 | 55357 | 55400 | 56334 | [illegible]69684 |
| 其中：750 高炉 | 吨 |  |  |  |  |  | 7420 | 23072 | 24214 | 29551 | 30445 | 31636 | 34977 | [illegible]81315 |
| 620 高炉 | 吨 | 27255 | 23189 | 24138 | 25911 | 28748 | 15153 | 23961 | 25229 | 24753 | 24912 | 23764 | 21357 | [illegible]88369 |
| 4. 钢材 | 吨 | 43513 | 43258 | 46553 | 44993 | 42707 | 43246 | 47326 | 51206 | 44043 | 40854 | 44359 | 58079 | [illegible]50137 |
| 其中：特钢 | 吨 | 18480 | 17323 | 18848 | 18485 | 19658 | 19126 | 18215 | 19629 | 15250 | 17197 | 21647 | 22095 | [illegible]25953 |
| 轧钢 | 吨 | 16530 | 17931 | 20157 | 16486 | 18045 | 14096 | 19095 | 20814 | 18766 | 15153 | 13200 | 23570 | [illegible]13843 |
| 锻压 | 吨 | 8503 | 8004 | 7548 | 10022 | 5004 | 10024 | 10016 | 10763 | 10027 | 8504 | 9512 | 12414 | [illegible]0341 |
| 5. 初轧坯 | 吨 | 35590 | 32744 | 32366 | 17583 | 28 793 | 22867 | 31034 | 34384 | 37212 | 41329 | 39452 | 40244 | [illegible]93598 |
| 6. 铁矿石 | 吨 | 50994 | 49407 | 70648 | 55431 | 57116 | 70350 | 89577 | 69021 | 70175 | 80529 | 76780 | 65586 | [illegible]05614 |
| 其中：莱矿 | 吨 | 23023 | 27901 | 29634 | 28873 | 27511 | 26952 | 28129 | 28809 | 28650 | 26989 | 25037 | 30390 | [illegible]31898 |
| 韩旺 | 吨 | 27971 | 21506 | 41014 | 26558 | 29605 | 43398 | 61448 | 40212 | 41525 | 53540 | 51743 | 35196 | [illegible]73716 |
| 7. 铁精粉 | 吨 | 30968 | 29990 | 30703 | 30551 | 32229 | 34605 | 34121 | 33981 | 34914 | 35496 | 34635 | 25795 | [illegible]87988 |
| 其中：莱矿 | 吨 | 15313 | 16676 | 17139 | 18547 | 19500 | 17871 | 17100 | 17200 | 18238 | 17516 | 17100 | 14100 | [illegible]06300 |
| 韩旺 | 吨 | 15655 | 13314 | 13564 | 12004 | 12729 | 16734 | 17021 | 16781 | 16676 | 17980 | 17535 | 11695 | [illegible]81688 |
| 8. 烧结矿 | 吨 | 68609 | 71700 | 73139 | 69147 | 68375 | 58191 | 97727 | 99729 | 112359 | 115343 | 108918 | 116175 | [illegible]59412 |
| 9. 球团矿 | 吨 | 24386 | 21963 | 23120 | 20860 | 18257 | 17127 | 20689 | 23738 | 25527 | 23814 | 24667 | 24754 | [illegible]68904 |
| 10. 石灰石成品矿 | 吨 | 24316 | 24183 | 24915 | 18484 | 21565 | 26810 | 25531 | 29114 | 32213 | 38842 | 38979 | 42195 | [illegible]47147 |
| 11. 焦炭 | 吨 | 46882 | 40542 | 45360 | 43780 | 45037 | 43517 | 44544 | 42040 | 43070 | 44500 | 42660 | 45142 | [illegible]27074 |
| 12. 电解铜 | 吨 | 83 | 80 | 26 | 92 | 108 | 112 | 84 | 133 | 141 | 130 | 100 | 80 | 1169 |
| 13. 大锻件 | 吨 |  | 350 | 1250 | 804 | 701 | 901 | 453 | 904 | 703 | 609 | 1001 | 328 | [illegible]004 |
| 14. 水泥 | 吨 | 8327 | 8763 | 13806 | 8206 | 12440 | 12325 | 10960 | 13172 | 11534 | 10381 | 10530 | 10615 | [illegible]31059 |
| 其中：（石矿）鲁碧公司 | 吨 | 7227 | 7563 | 11606 | 6006 | 10240 | 10125 | 9160 | 11172 | 9734 | 9081 | 9030 | 9115 | [illegible]10059 |
| 15. 聚合铝 | 吨 | 123 | 97 | 92 | 150 | 158 | 153 | 97 | 89 | 40 | 109 | 82 | 94 | 1284 |
| 16. 金刚石 | 克 | 71000 | 81000 | 98000 | 105000 | 100000 | 105000 | 120000 | 141670 | 121115 | 152960 | 143695 | 122175 | [illegible]361615 |
| 17. 机修总量 | 吨 | 1254.40 | 8.33 | 9.76 | 9.82 | 9.72 | 10.57 | 9.55 | 9.67 | 9.77 | 12.80 | 11.67 | 11.50 | [illegible]21.40 |
| 18. 汽车货运量 | 吨 | 8.24 | 8.33 | 9.76 | 9.82 | 9.72 | 10.57 | 9.55 | 9.67 | 9.77 | 12.80 | 11.67 | 11.50 | [illegible]21.40 |
| 19. 火车货运量 | 吨 | 45.53 | 42.76 | 46.12 | 41.09 | 41.00 | 37.97 | 43.22 | 47.56 | 51.84 | 56.60 | 52.74 | 81.64 | [illegible]88.07 |

（尸美昌）

## 1993年莱钢主要质量指标完成情况表

| 指标名称 | 计量单位 | 1月 | 2月 | 3月 | 4月 | 5月 | 6月 | 7月 | 8月 | 9月 | 10月 | 11月 | 12月 | 全年 |
|---|---|---|---|---|---|---|---|---|---|---|---|---|---|---|
| 1.钢材合格率 | % | 98.75 | 98.02 | 98.37 | 98.38 | 98.45 | 98.71 | 98.82 | 98.15 | 97.96 | 97.70 | 98.78 | 98.53 | 98.39 |
| 其中:特钢 | % | 99.17 | 98.69 | 98.89 | 99.24 | 99.30 | 99.34 | 99.35 | 99.22 | 99.25 | 99.22 | 99.25 | 99.28 | 99.19 |
| 轧钢 | % | 97.86 | 97.45 | 97.69 | 97.13 | 97.36 | 96.96 | 97.87 | 96.42 | 99.19 | 95.14 | 97.40 | 97.26 | 97.07 |
| 锻压 | % | 99.56 | 97.84 | 98.93 | 98.82 | 99.19 | 99.64 | 99.66 | 99.80 | 99.68 | 99.56 | 99.60 | 99.71 | 99.37 |
| 2.钢材"双标"产品率 | % | 99.71 | 95.21 | 94.14 | 91.14 | 92.00 | 89.60 | 96.60 | 95.00 | 96.00 | 97.90 | 96.20 | 96.70 | 94.59 |
| 3.初轧坯合格率 | % | 99.96 | 99.97 | 99.98 | 99.91 | 99.99 | 99.97 | 99.98 | 99.97 | 99.98 | 99.96 | 99.97 | 99.99 | 99.97 |
| 4.大锻件合格率 | % |  | 99.72 | 99.29 | 99.88 | 99.43 | 99.56 | 99.78 | 99.56 | 99.72 | 100.00 | 100.00 | 99.09 | 99.64 |
| 5.电炉钢锭合格率 | % | 99.31 | 99.31 | 99.30 | 99.31 | 99.31 | 99.30 | 99.30 | 99.29 | 99.30 | 99.30 | 99.30 | 99.30 | 99.30 |
| 6.转炉钢锭合格率 | % | 99.21 | 99.47 | 99.44 | 99.33 | 98.94 | 99.02 | 99.01 | 99.24 | 99.22 | 99.20 | 99.20 | 99.38 | 99.23 |
| 7.生铁合格率 | % | 100.00 | 100.00 | 100.00 | 99.73 | 100.00 | 99.90 | 99.96 | 100.00 | 100.00 | 100.00 | 100.00 | 100.00 | 99.97 |
| 其中:一铁 | % | 100.00 | 100.00 | 100.00 | 100.00 | 100.00 | 100.00 | 100.00 | 100.00 | 100.00 | 100.00 | 100.00 | 100.00 | 100.00 |
| 二铁 | % | 100.00 | 100.00 | 100.00 | 99.48 | 100.00 | 99.77 | 99.92 | 100.00 | 100.00 | 100.00 | 100.00 | 100.00 | 99.93 |
| 8.炼铁入炉矿品位 | % | 52.27 | 52.01 | 48.74 | 53.04 | 53.70 | 53.06 | 53.97 | 53.38 | 52.78 | 52.50 | 52.81 | 52.73 | 52.93 |
| 其中:一铁 | % | 54.84 | 53.89 | 54.08 | 53.30 | 54.85 | 53.47 | 55.12 | 55.34 | 55.03 | 54.41 | 55.05 | 54.63 | 54.51 |
| 二铁 | % | 50.17 | 50.27 | 43.24 | 52.81 | 52.91 | 52.54 | 52.89 | 51.53 | 50.78 | 50.69 | 50.77 | 50.54 | 51.46 |
| 9.冶金焦合格率 | % | 100.00 | 100.00 | 99.18 | 100.00 | 98.06 | 100.00 | 100.00 | 92.19 | 99.09 | 100.00 | 99.00 | 100.00 | 98.99 |
| 10.冶金焦率 | % | 92.49 | 93.00 | 91.39 | 93.68 | 93.53 | 92.17 | 92.74 | 92.24 | 91.59 | 90.27 | 91.30 | 91.66 | 92.17 |
| 11.冶金焦灰份 | % | 13.45 | 13.26 | 13.73 | 13.69 | 14.02 | 13.17 | 13.20 | 13.35 | 13.02 | 13.62 | 13.54 | 13.91 | 13.50 |
| 12.冶金焦硫份 | % | 0.75 | 0.74 | 0.77 | 0.81 | 0.75 | 0.77 | 0.80 | 0.85 | 0.75 | 0.82 | 0.81 | 0.82 | 0.79 |
| 13.铁精粉品位 | % | 64.13 | 64.67 | 64.33 | 64.67 | 64.67 | 64.66 | 64.42 | 64.58 | 64.70 | 63.59 | 63.32 | 64.35 | 64.34 |
| 14.石灰石合格率 | % | 98.64 | 97.40 | 96.46 | 96.14 | 100.00 | 97.16 | 100.00 | 100.00 | 98.42 | 98.69 | 100.00 | 100.00 | 98.78 |
| 15.电解铜一级品率 | % | 98.60 | 98.59 | 98.59 | 98.57 | 98.62 | 98.60 | 98.60 | 98.63 | 98.59 | 98.62 | 98.61 | 98.62 | 98.60 |
| 16.水泥出厂合格率 | % | 100.00 | 100.00 | 100.00 | 100.00 | 100.00 | 100.00 | 100.00 | 100.00 | 100.00 | 100.00 | 100.00 | 100.00 | 100.00 |
| 17.氧气纯度 | % | 99.60 | 99.68 | 99.62 | 99.65 | 99.60 | 99.65 | 99.58 | 99.62 | 99.36 | 99.56 | 99.62 | 99.69 | 99.60 |
| 18.烧结矿合格率 | % | 82.49 | 80.83 | 85.56 | 85.70 | 83.26 | 84.58 | 81.55 | 80.99 | 78.82 | 67.24 | 37.97 | 38.68 | 73.94 |
| 19.球团矿合格率 | % | 100.00 | 100.00 | 100.00 | 100.00 | 100.00 | 100.00 | 100.00 | 100.00 | 100.00 | 100.00 | 100.00 | 100.00 | 100.00 |

（卢美昌）

## 1993年莱钢主要消耗指标完成情况表

| 指标名称 | 计量单位 | 1月 | 2月 | 3月 | 4月 | 5月 | 6月 | 7月 | 8月 | 9月 | 10月 | 11月 | 12月 | 全年 |
|---|---|---|---|---|---|---|---|---|---|---|---|---|---|---|
| 1. 钢材综合成材率 | % | 84.06 | 83.86 | 87.11 | 86.47 | 85.60 | 86.88 | 86.89 | 84.94 | 84.45 | 83.04 | 83.42 | 85.33 | 85.2 |
| 2. 电炉钢锭成材率 | % | 83.36 | 82.57 | 84.59 | 83.02 | 83.48 | 82.96 | 83.64 | 83.04 | 81.97 | 81.81 | 83.37 | 83.35 | 83.1 |
| 3. 750坯特钢成材率 | % | 87.74 | 92.04 | 91.29 | 87.77 | 87.67 | 92.64 | 91.41 | 94.82 | 91.09 | 91.79 | 89.66 | 91.22 | 91.1 |
| 4. 750坯锻压成材率 | % | 91.56 | 91.10 | 91.47 | 92.69 | 93.08 | 93.72 | 91.43 | 93.82 | 93.50 | 91.27 | 92.99 | 93.46 | 92.2 |
| 5. 小钢锭特钢成材率 | % | 82.42 | 81.84 | 83.22 | 80.28 | 80.88 | 92.86 | 80.55 | 79.69 | 80.54 | 81.38 | 81.32 | 83.05 | 81.3 |
| 6. 钢锭热带成材率 | % | 88.09 | 87.85 | 87.81 | 87.28 | 87.76 | 86.80 | 88.04 | 83.55 | 82.66 | 81.62 | 85.01 | 85.53 | 85.9 |
| 7. 初轧坯成坯率 | % | 90.05 | 90.49 | 90.89 | 90.80 | 90.91 | 90.86 | 91.22 | 88.32 | 88.43 | 87.96 | 88.68 | 89.51 | 89.6 |
| 8. 大锻件成材率 | % |  | 63.75 | 65.07 | 58.13 | 60.12 | 64.22 | 65.09 | 61.58 | 61.99 | 64.04 | 65.25 | 63.69 | 62.9 |
| 9. 特钢轧材煤气消耗 | GJ/T | 0.87 | 0.57 | 0.56 | 0.49 | 0.49 | 0.50 | 0.51 | 0.44 | 0.44 | 0.52 | 0.54 | 0.53 | 0.5 |
| 10. 初轧坯煤气消耗 | GJ/T | 2.42 | 2.38 | 2.33 | 2.83 | 2.45 | 2.60 | 2.23 | 2.44 | 2.47 | 2.44 | 2.47 | 2.68 | 2.4 |
| 11. 热带煤气消耗 | GJ/T | 1.87 | 1.81 | 1.79 | 1.89 | 1.59 | 1.85 | 1.65 | 1.90 | 1.61 | 2.46 | 2.03 | 1.65 | 1.8 |
| 12. 锻压轧材煤气消耗 | GJ/T | 1.49 | 1.73 | 2.07 | 2.24 | 2.31 | 2.13 | 2.22 | 2.25 | 2.49 | 2.18 | 1.85 | 1.65 | 2.0 |
| 13. 电炉钢铁料消耗 | kg/t | 1051.84 | 1056.80 | 1053.40 | 1049.31 | 1056.86 | 1059.01 | 1127.48 | 1145.15 | 1149.88 | 1060.18 | 1132.53 | 1129.04 | 1090.[illegible] |
| 其中：生铁 | kg/t | 233.23 | 225.56 | 186.44 | 183.53 | 190.15 | 161.29 | 202.59 | 197.32 | 202.17 | 218.31 | 194.92 | 181.70 | 197.7 |
| 14. 电炉钢冶炼电耗 | kwh/t | 587.19 | 579.21 | 578.47 | 567.08 | 579.38 | 578.48 | 574.49 | 575.52 | 587.53 | 588.51 | 589.02 | 588.51 | 581.3 |
| 15. 电炉钢电极消耗 | kg/t | 5.95 | 5.98 | 5.90 | 6.62 | 6.03 | 6.07 | 5.53 | 6.50 | 6.00 | 5.90 | 5.98 | 5.97 | 6.0 |
| 16. 转炉钢铁料消耗 | kg/t | 1124.85 | 1134.99 | 1123.98 | 1125.32 | 1124.95 | 1123.18 | 1123.99 | 1124.94 | 1124.36 | 1119.90 | 1124.61 | 1125.00 | 1124.7 |
| 其中：废钢 | kg/t | 120.88 | 168.18 | 188.40 | 148.56 | 139.79 | 103.61 | 127.76 | 98.32 | 126.20 | 120.11 | 79.59 | 95.03 | 122.9 |
| 17. 炼铁入炉焦比 | kg/t | 599.66 | 584.30 | 596.54 | 588.10 | 584.13 | 618.80 | 591.80 | 589.15 | 622.00 | 657.40 | 630.90 | 657.91 | 609.7 |
| 其中：一铁 | kg/t | 647.99 | 625.45 | 630.89 | 645.01 | 629.99 | 619.97 | 639.84 | 644.16 | 678.02 | 665.74 | 669.90 | 670.02 | 647.8 |
| 二铁 | kg/t | 555.75 | 542.00 | 558.00 | 534.31 | 549.93 | 617.21 | 544.46 | 533.20 | 568.82 | 648.74 | 591.86 | 642.55 | 571.2 |
| 18. 炼铁毛焦化 | kg/t | 673.55 | 660.27 | 637.89 | 662.12 | 657.35 | 703.33 | 665.64 | 674.30 | 764.63 | 799.98 | 726.53 | 754.74 | 701.1 |
| 其中：一铁 | kg/t | 739.00 | 720.00 | 725.00 | 738.00 | 724.00 | 718.99 | 730.61 | 758.01 | 907.99 | 880.00 | 799.01 | 790.00 | 770.2 |
| 二铁 | kg/t | 614.09 | 598.89 | 616.59 | 590.39 | 607.66 | 682.00 | 601.62 | 589.18 | 628.53 | 716.84 | 653.98 | 710.02 | 631.1 |
| 19. 折算综合焦化 | kg/t | 597.93 | 588.30 | 592.36 | 590.30 | 602.21 | 629.22 | 589.79 | 588.98 | 620.76 | 664.49 | 620.11 | 644.04 | 610.0 |
| 其中：一铁 | kg/t | 599.92 | 591.36 | 609.45 | 601.65 | 619.39 | 614.23 | 598.79 | 599.07 | 625.23 | 636.73 | 621.80 | 655.05 | 614.5 |
| 二铁 | kg/t | 596.01 | 585.05 | 572.84 | 578.92 | 589.36 | 649.44 | 579.07 | 578.16 | 616.21 | 694.20 | 618.34 | 630.04 | 605.4 |
| 20. 炼焦洗精煤消耗 | t/t | 1.47 | 1.47 | 1.47 | 1.47 | 1.47 | 1.47 | 1.47 | 1.47 | 1.47 | 1.47 | 1.47 | 1.47 | 1.47 |
| 21. 铜冶炼直流电耗 | kwh/t | 1950.51 | 1948.51 | 1949.02 | 1949.70 | 1949.20 | 1949.60 | 1948.01 | 1947.00 | 1946.0 | 1947.34 | 1947.00 | 1949.00 | 1948.3 |

（卢长昌）

## 1993年莱钢主要能源消耗指标完成情况表

| 指　标　名　称 | 单　　位 | 1季累计 | 1～2季累计 | 1～3季累计 | 1～4季累计全年 |
|---|---|---|---|---|---|
| 1.总能耗 | 万吨 | 24.53 | 47.22 | 71.56 | 97.52 |
| 2.吨钢可比能耗 | kg/t | 1055.5 | 980.1 | 985.50 | 985.90 |
| 其中 特钢 | kg/t | 639 | 623.77 | 632.25 | 624.42 |
| 炼钢 | kg/t | 781 | 786.70 | 790.14 | 799.21 |
| 3.吨铁可比能耗 | kg/t | 847 | 883.67 | 901.20 | 891.05 |
| 其中 一铁 | kg/t | 864 | 878.03 | 884.9 | 895.70 |
| 二铁 | kg/t | 842.8 | 829.40 | 825.90 | 820.10 |
| 4.万元产值能耗 | kg/万元 | 11334.35 | 10695.47 | 9850.97 | 9594.08 |
| 其中:特钢 | kg/万元 | 3099.93 | 3063.18 | 3080.54 | 3018.27 |
| 炼钢 | kg/万元 | 1098.53 | 1052.52 | 968.15 | 923.32 |
| 轧钢 | kg/万元 | 1696.40 | 1663.60 | 1609.94 | 1592.14 |
| 一铁 | kg/万元 | 12473.39 | 12993.19 | 13158.27 | 13687.65 |
| 二铁 | kg/万元 | 13527.75 | 13069.13 | 10519.98 | 8911.06 |
| 焦化 | kg/万元 | 8630.76 | 8638.01 | 8637.38 | 8555.84 |
| 莱矿 | kg/万元 | 6077.77 | 5697.71 | 5619.29 | 5337.13 |
| 石灰石 | kg/万元 | 14763.02 | 13326.36 | 13215.72 | 13170.21 |
| 冶炼厂 | kg/万元 | 2395.09 | 2285.97 | 2183.73 | 2211.19 |
| 锻压厂 | kg/万元 | 1507.44 | 1459.42 | 1482.85 | 1445.76 |
| 5.吨钢综合能耗 | kg/t | 1334.78 | 1353.59 | 1276.40 | 1194.0 |
| 其中:特钢 | kg/t | 738.70 | 735.58 | 727.18 | 719.70 |
| 炼钢 | kg/t | 84.60 | 81.78 | 75.73 | 72.22 |
| 6.吨[illegible]综合能耗 | kg/t | 245.91 | 245.39 | 244.87 | 243.24 |
| 7.机械产品综合能耗 | kg/t | 1149.01 | 978.43 | 1073.50 | 1082.34 |
| 8.汽车万吨公里综合能耗 | kg/万吨公里 | 949.71 | 968.83 | 982.12 | 961.96 |
| 9.机车万吨公司综合能耗 | kg/万吨公里 | 3012.34 | 2838.15 | 2803.37 | 2767.60 |
| 10.5吨电炉工序能耗 | kg/t | 290.49 | 291.73 | 293.65 | 293.41 |
| 11.25吨转炉工序能耗 | kg/t | 26.87 | 28.23 | 27.36 | 27.15 |
| 12.初轧工序能耗 | kg/t | 100.99 | 99.70 | 98.87 | 100.49 |
| 13.开坯工序能耗 | kg/t | 100.56 | 102.77 | 108.84 | 116.72 |
| 14.中轧工序能耗 | kg/t | 109.48 | 97.67 | 103.88 | 130.20 |
| 15.小型工序能耗 | kg/t | 88.22 | 84.10 | 86.44 | 87.76 |
| 16.炼铁工序能耗 | kg/t | 544.69 | 545.88 | 552.51 | 541.13 |
| 17.620高炉工序能耗 | kg/t | 529.60 | 540.25 | 547.25 | 543.20 |
| 18.100高炉工序能耗 | kg/t | 559.57 | 551.59 | 557.85 | 539.08 |

（吴玲丽）

## 1993年莱钢综合经济效益指标完成情况表

| 指标名称 | 计量单位 | 1月 | 2月 | 3月 | 4月 | 5月 | 6月 | 7月 | 8月 | 9月 | 10月 | 11月 | 12月 | 全年 |
|---|---|---|---|---|---|---|---|---|---|---|---|---|---|---|
| 1.利税总额 | 万元 | 3727.19 | 3395.30 | 4348.64 | 3835.42 | 3953.76 | 1699.42 | 3853.60 | 3328.09 | 2477.40 | 2190.86 | 2479.42 | 3855.04 | 39143.26 |
| 其中:利润 | 万元 | 2582.50 | 1898.72 | 2619.67 | 2199.76 | 2325.43 | 254.91 | 2572.00 | 2204.21 | 1343.94 | 1097.40 | 1448.59 | 1764.30 | 22310.04 |
| 税金 | 万元 | 1144.69 | 1496.58 | 1728.97 | 1635.66 | 1628.33 | 1444.51 | 1281.60 | 1123.88 | 1133.46 | 1093.45 | 1030.83 | 2090.74 | 16833.22 |
| 2.销售收入 | 万元 | 13489.67 | 15848.34 | 20270.45 | 18463.69 | 19696.77 | 17042.37 | 16038.02 | 14539.76 | 15719.64 | 12400.49 | 12728.02 | 57085.28 | 233322.49 |
| 3.销售成本 | 万元 | 7280.87 | 7389.06 | 13888.03 | 10892.87 | 10870.71 | 9850.02 | 8822.56 | 8282.66 | 11686.56 | 8910.97 | 8385.21 | 37128.26 | 143887.77 |
| 4.工业总产值(现价) | 万元 | 16137.10 | 17757.65 | 25453.38 | 14342.79 | 18350.16 | 19590.68 | 21323.71 | 26729.77 | 21541.00 | 20878.00 | 22332.00 | 22823.00 | 247259.00 |
| 5.工业增加值 | 万元 | 6917.26 | 6027.20 | 5032.50 | 6434.91 | 5368.46 | 4487.50 | 3465.27 | 14214.00 | 11314.00 | 11323.00 | 12787.00 | 20528.00 | 107899.00 |
| 6.固定资产原值(平均) | 万元 | 84257.00 | 84450.00 | 85661.00 | 85967.00 | 84771.00 | 86395.00 | 88351.00 | 90227.00 | 108709.00 | 125016.00 | 124701.00 | 133321.00 | 98486.00 |
| 7.固定资产净值(平均) | 万元 | 51253.00 | 51093.00 | 51968.00 | 51941.00 | 50639.00 | 52096.00 | 54077.00 | 54982.00 | 72704.00 | 89276.00 | 88506.00 | 95493.00 | 53563.00 |
| 8.工资总额 | 万元 | 663.90 | 882.00 | 888.30 | 1058.80 | 959.70 | 1088.60 | 933.30 | 927.50 | 962.40 | 1022.60 | 1104.40 | 3965.00 | 14415.00 |
| 9.工资利税率 | % | 561.41 | 384.95 | 489.55 | 362.24 | 411.98 | 156.11 | 412.90 | 358.82 | 257.42 | 214.24 | 224.50 | 97.23 | 271.55 |
| 10.产值利税率 | % | 23.10 | 19.12 | 17.08 | 26.74 | 21.55 | 8.67 | 18.07 | 12.45 | 11.50 | 10.49 | 11.10 | 16.89 | 15.83 |
| 11.资金利税率 | % | 45.56 | 40.05 | 47.87 | 40.53 | 43.14 | 18.04 | 38.23 | 29.30 | 17.61 | 13.65 | 14.08 | 19.28 | 27.40 |
| 12.资金利润率 | % | 31.57 | 22.44 | 28.84 | 23.25 | 25.37 | 2.71 | 25.52 | 19.41 | 9.55 | 6.84 | 8.23 | 8.82 | 15.62 |
| 13.销售利税率 | % | 27.63 | 21.42 | 21.45 | 20.77 | 20.07 | 9.97 | 24.03 | 22.89 | 15.76 | 17.67 | 19.48 | 6.75 | 16.78 |
| 14.销售利润率 | % | 19.14 | 11.98 | 12.92 | 11.91 | 11.81 | 1.50 | 16.04 | 15.16 | 8.55 | 8.85 | 11.38 | 3.09 | 9.56 |
| 15.固定资产净值产值率 | % | 31.49 | 34.75 | 48.98 | 27.61 | 36.24 | 37.60 | 39.43 | 48.62 | 29.63 | 23.39 | 25.23 | 23.90 | 389.00 |
| 16.吨钢利税 | 元/吨 | 642.19 | 572.32 | 654.49 | 766.29 | 621.83 | 330.57 | 554.64 | 492.74 | 330.88 | 254.97 | 313.07 | 426.61 | 479.26 |
| 17.吨钢利润 | 元/吨 | 444.96 | 320.05 | 394.27 | 439.49 | 365.73 | 49.58 | 370.18 | 326.34 | 179.50 | 127.71 | 182.91 | 195.24 | 273.16 |

（广美昌）

## 1993年莱钢主要原燃料购、耗、存平衡表

| 指标名称 | 单位 | 期初库存 | 调拨进货 | 实际消耗 | 期未库存 | 备注 |
|---|---|---|---|---|---|---|
| 1.洗精煤 | 吨 | 53777 | 720875 | 786409 | 8243 | 未列拨出及盘盈 |
| 其中:新汶 | 吨 | | 215661 | | | 盘亏 |
| 枣庄 | 吨 | | 188832 | | | |
| 埠村 | 吨 | | 46217 | | | |
| 2.铁矿石 | 吨 | 195566 | 1476503 | 1376189 | 295880 | |
| 其中:块矿 | 吨 | 35922 | 132978 | 94436 | 74464 | |
| 铁精粉 | 吨 | 70177 | 996589 | 926981 | 139785 | |
| 粗粉 | 吨 | 89467 | 209000 | 230742 | 67725 | |
| 3.废钢 | 吨 | 5928 | 301588 | 258608 | 32058 | |
| 4.动力煤 | 吨 | 22493 | 197592 | 171350 | 40062 | |
| 5.重油 | 吨 | 1064 | 25619 | 25280 | 1403 | |
| 6.柴油 | 吨 | 127 | 4264 | 3845 | 217 | |
| 7.汽油 | 吨 | 60 | 2750 | 2131 | 56 | |

## 1993年莱钢主要产品入库、拨出、库存平衡表

| 产品名称 | 单位 | 期初库存 | 本年入库 | 本年拨出 | 期末库存 |
|---|---|---|---|---|---|
| 一、钢材 | 吨 | 1919 | 533124 | 528136 | 6870 |
| 1.商品钢材 | 吨 | 1656 | 317386 | 314471 | 4553 |
| 其中:大型型钢 | 吨 |  | 54 | 45 | 9 |
| 中型型钢 | 吨 |  | 15237 | 15225 | 13 |
| 小型型钢 | 吨 | 778 | 166193 | 165468 | 1466 |
| 其中:碳结 | 吨 | 473 | 51140 | 50220 | 1367 |
| 螺纹 | 吨 | 305 | 115053 | 115248 | 99 |
| 冷带 | 吨 |  | 9217 | 9205 |  |
| 优质型钢 | 吨 | 878 | 125964 | 123807 | 3065 |
| 其中:优碳 | 吨 | 258 | 41355 | 41195 | 415 |
| 轴承 | 吨 | 57 | 8716 | 8601 | 168 |
| 焊管 | 吨 |  | 721 | 721 |  |
| 2.焊管坯(热带) | 吨 | 231 | 192937 | 191606 | 1543 |
| 3.无缝管坯 | 吨 | 32 | 22801 | 22059 | 774 |
| 二、炼钢铁 | 吨 |  | 606511 | 636855 |  |
| 三、铸造铁 | 吨 | 687 | 154883 | 163099 | 173 |
| 四、焦炭 | 吨 | 145 | 527074 | 527984 | 97 |
| 五、焦油 | 吨 | 4877 | 55104 | 57020 | 2961 |
| 六、轻苯 | 吨 | 271 | 7110 | 7048 | 333 |
| 七、黄血盐 | 吨 |  | 182 | 182 |  |
| 八、电解铜 | 吨 | 2 | 1169 | 1080 | 92 |

说明:①未列盘盈盘亏。②生铁入库量未含其他收入,生铁拨出量含自用。

## 1993年莱钢指标在地方骨干企业中排序名次情况表

|  | 单位 | 综合指标部分 |  |  |  |  |  |  | 单位 | 同类型设备指标部分 |  |  |  |  |  |
|---|---|---|---|---|---|---|---|---|---|---|---|---|---|---|---|
|  |  | 冶金部列入统计的指标项数 | 莱钢指标在骨干企业中名次排序 |  |  |  | 莱钢指标好于平均水平项数 |  |  | 冶金部列入统计的指标项数 | 莱钢指标在骨干企业中名次排序 |  |  |  | 莱钢指标好于平均水平项数 |
|  |  |  | 第一名 | 第二名 | 第三名 | 前六名 |  |  |  |  | 第一名 | 第二名 | 第三名 | 前六名 |  |
| 总项目 | 项 | 107 | 8 | 6 | 6 |  | 57 | 总项目 | 项 | 106 | 14 | 6 | 8 |  | 56 |
| 1.转炉综合(34家) | 项 | 9 |  | 1 |  | 3 | 8 | 1.大于15t顶吹转炉(8) | 项 | 9 | 2 | 1 | 4 |  | 9 |
| 2.电炉综合(38家) | 项 | 10 | 1 |  | 1 | 3 | 8 | 2.小于10t电炉(34家) | 项 | 10 |  | 1 | 1 | 4 | 6 |
| 3.高炉综合(37家) | 项 | 10 |  |  |  | 1 | 5 | 3.小于199m$^3$高炉(23家) | 项 | 10 | 1 |  |  | 5 | 8 |
| 4.轧钢综合(39家) | 项 | 4 |  |  |  |  | 1 | 4.大于、等于500m$^3$高炉 | 项 | 10 | 1 | 1 |  |  | 4 |
| 5.550 500钢坯(24家) | 项 | 8 | 1 | 1 |  | 3 | 5 | 5.750初轧机(2家) | 项 | 7 | 6 |  |  |  | 5 |
| 6.其它轧机开坯(8家) | 项 | 8 | 2 | 2 | 1 |  | 4 | 6.500热带轧机(11家) | 项 | 8 | 2 |  |  |  | 4 |
| 7.连铸综合(25家) | 项 | 7 | 1 |  |  | 1 | 1 | 7.冷带材轧机(11家) | 项 | 7 |  | 2 | 1 |  | 4 |
| 8.焦炉综合(31家) | 项 | 7 |  |  |  |  | 4 | 8.大于、等于42孔焦炉 | 项 | 7 |  |  |  | 2 | 4 |
| 9.露天采矿(13家) | 项 | 8 | 1 | 1 | 1 | 5 | 4 | 9.30m2以上烧结机(8家) | 项 | 9 | 1 | 1 | 2 |  | 5 |
| 10.坑下采矿(15家) | 项 | 8 |  |  | 1 | 4 | 2 | 10.冷焊管轧机(10家) | 项 | 7 |  |  |  |  | 0 |
| 11.选矿(18家) | 项 | 9 |  |  |  | 4 | 5 | 11.中型材轧机(23家) | 项 | 8 |  |  |  |  | 4 |
| 12.烧结综合(36家) | 项 | 9 |  | 1 |  | 2 | 4 | 12.小型材轧机(43家) | 项 | 8 |  |  |  | 1 | 2 |
| 13.球团综合(10家) | 项 | 10 | 2 |  | 2 |  | 6 | 13.连铸方坯(20家) | 项 | 6 | 1 |  |  | 1 | 1 |

注:依据冶金部2#表件返回资料编制

(王钦玲)

## 1993年地方骨干企业钢、铁产量前十名排序情况分析表

| | 单位 | 钢产量 | | | | | | | 单位 | 铁产量 | | | | | |
|---|---|---|---|---|---|---|---|---|---|---|---|---|---|---|---|
| | | 主要设备型号 | 93年 | | 去年实际 | | 比同期 | | | 主要设备型号 | 93年 | | 去年实际 | | 比同期 |
| | | | 实际 | 名次 | 实际 | 名次 | | | | | 实际 | 名次 | 实际 | [illegible] | |
| 邯郸钢铁总厂 | 吨 | 15t×3、20t×3 | 1600836 | 1 | 1273442 | 2 | 25.71 | 济南钢铁公司 | 吨 | $350m^3$×3、$300m^3$×1<br>$120m^3$×3、$100m^3$×3 | 1488157 | 1 | 1487352 | | 0.05 |
| 安阳钢铁公司 | 吨 | 6t×2、15t×3<br>10t×2 | 1553920 | 2 | 1322325 | 1 | 17.51 | 邯郸钢铁总厂 | 吨 | 294m3×3、620m3×1<br>$1260m^3$×1 | 1463631 | 2 | 1002844 | | 45.95 |
| 济南钢铁总厂 | 吨 | 6t×2、25t×3<br>10t×1、20t×1 | 1344801 | 3 | 1086904 | 3 | 23.73 | 安阳钢铁总厂 | 吨 | $300m^3$×4<br>$100m^3$×4 | 1384341 | 3 | 1185942 | | 16.73 |
| 新余钢铁厂 | 吨 | 25t×3、5t×4<br>25t×2、9t×3、3t×1 | 1022120 | 4 | 891863 | 5 | 14.61 | 昆明钢铁厂 | 吨 | $255m^3$×2、$620m^3$×1<br>$261m^3$×1 | 971502 | 4 | 797391 | | 21.84 |
| 昆明钢铁厂 | 吨 | 15t×3、10t×2<br>30t×2 | 1020217 | 5 | 902963 | 4 | 12.99 | 莱芜钢铁总厂 | 吨 | $100m^3$×2、$120m^3$×2<br>$620m^3$×1、$750m^3$×1 | 761414 | 5 | 652852 | | 16.63 |
| 涟源钢铁厂 | 吨 | 15t×3、6t×3<br>60t×1 | 1008010 | 6 | 687291 | 7 | 46.66 | 通化钢铁厂 | 吨 | $300m^3$×2、$350m^3$×2<br>$55m^3$×1 | 750919 | 6 | 720396 | | 4.24 |
| 莱芜钢铁总厂 | 吨 | 25t×3、5t×5<br>3t×1 | 816743 | 7 | 680250 | 9 | 20.07 | 涟源钢铁厂 | 吨 | $300m^3$×4 | 721790 | 7 | 605624 | [illegible] | 19.18 |
| 杭州钢铁厂 | 吨 | 15t×3.5t×3 | 756137 | 8 | 681301 | 8 | 10.98 | 北台钢铁厂 | 吨 | 350m3×3 | 706133 | 8 | 670111 | | 5.38 |
| 通化钢铁厂 | 吨 | 15t×3、10t×2<br>15t×1 | 751355 | 9 | 719851 | 6 | 4.38 | 杭州钢铁厂 | 吨 | $342m^3$×1、$255m^3$×1<br>$302m^3$×1 | 685766 | 9 | 688700 | | -.43 |
| 南京钢铁厂 | 吨 | 15t×3、5t×2 | 735241 | 10 | 615089 | 10 | 19.53 | 南京钢铁厂 | 吨 | 300m3×3 | 642996 | 10 | 608134 | [illegible] | 5.73 |

注：依据冶金部2[#]软件返回资料编制

（三钦玲）

## 1993年莱钢主要指标在地方骨干企业中排序分析表

| | 计算单位 | 综合指标 | | | | | | | |
|---|---|---|---|---|---|---|---|---|---|
| | | 莱钢实际 | | 骨干企业平均 | | 骨干企业最好 | | 去年同期 | |
| | | 指标 | 名次 | 指标 | 比平均(±)% | 指标 | 单位 | 指标 | 名次 |
| 一、产量：钢总计 | t | 816743 | 7 | 476271 | 71.49 | 1600836 | 邯郸 | 680250 | 9 |
| 生　铁 | t | 761414 | 5 | 517743 | 47.06 | 1488157 | 济钢 | 652852 | 8 |
| | | | | | | | | | |
| 二、主要技术经济指标 | | | | | | | | | |
| 1. 转炉：钢铁料消耗 | kg/t | 1125 | 6 | 1142 | -17.00 | 1100 | 邯郸 | 1125 | 4 |
| 利用系数 | t/(t.d) | 31.706 | 22 | 34.375 | -2.67 | 69.376 | 安阳 | 29.863 | 22 |
| 2. 电炉：金属料消耗 | kg/t | 1121 | 28 | 1098 | 23.00 | 1059 | 西林 | 1084 | 19 |
| 钢铁料消耗 | kg/t | 1091 | 28 | 1064 | 27.00 | 1026 | 青岛 | 1055 | 18 |
| 电力消耗 | kwh/t | 581 | 10 | 636 | -55.00 | 497 | 安阳 | 588 | 11 |
| 3. 高炉：折算综合焦化 | kg/t | 610 | 22 | 592 | 18.00 | 529 | 邯郸 | 587 | 14 |
| 利用系数 | t/(m3.d) | 1.593 | 29 | 1.894 | -.30 | 2.452 | 安阳 | 1.786 | 23 |
| 4. 轧钢：锭一材成材率 | % | 85.28 | 28 | 87.57 | -2.29 | 91.53 | 通化 | 82.78 | 35 |
| 日历作业率 | % | 51.58 | 31 | 59.87 | -8.29 | 80.84 | 凌源 | 49.17 | 31 |
| 5. 钢坯：锭一坯成坯率 | % | 87.22 | 17 | 91.65 | -4.43 | 95.99 | 合肥 | 87.45 | 20 |
| 6. 750轧机：锭一坯成坯率 | % | 89.67 | 2 | 90.61 | -9.4 | 92.09 | 济钢 | 89.81 | 2 |
| 日历作业率 | % | 64.59 | 1 | 52.64 | 11.95 | 64.59 | 莱钢 | 72.91 | 1 |
| 7. 焦炉：转鼓指数 m40 | % | 75.61 | 15 | 74.90 | .71 | 81.12 | 韶关 | 76.10 | 13 |
| 冶金焦硫分 | % | 0.79 | 28 | 0.64 | .15 | 0.27 | 西林 | 0.87 | 30 |
| 冶金焦灰分 | % | 13.50 | 13 | 14.13 | -.63 | 12.33 | 西林 | 13.84 | 14 |
| | | | | | | | | | |
| | | | | | | | | | |

| | 计算单位 | 同类型设备指标 | | | | | | | |
|---|---|---|---|---|---|---|---|---|---|
| | | 莱钢实际 | | 骨干企业平均 | | 骨干企业最好 | | 去年同期 | |
| | | 指标 | 名次 | 指标 | 比平均(±)% | 指标 | 单位 | 指标 | 名次 |
| 一．产量：转炉钢(25t以下) | t | 655023 | 8 | 482165 | 35.85 | 1600836 | 邯郸 | [illegible]46496 | 11 |
| 电炉钢(15t以下) | t | 161720 | 7 | 116983 | 38.24 | 301888 | 无锡 | [illegible]33754 | 9 |
| 高炉生铁：小于199m3 | t | 291729 | 4 | 164905 | 76.91 | 519163 | 济钢 | [illegible]93823 | 4 |
| 大于500m3 | t | 469685 | 3 | 532240 | 11.75 | 975706 | 邯郸 | [illegible]59029 | 3 |
| 二、主要技术经济指标 | | | | | | | | | |
| 1. 大于15t顶吹转炉 | | | | | | | | | |
| 钢铁料消耗 | kg/t | 1125 | 3 | 1135 | -10.00 | 1106 | 邯郸 | 1125 | 2 |
| 2. 小于10t电炉 | | | | | | | | | |
| 金属料消耗 | kg/t | 1121 | 24 | 1099 | 22.00 | 1061 | 西林 | 1084 | 15 |
| 钢铁料消耗 | kg/t | 1091 | 24 | 1067 | 24.00 | 1026 | 青岛 | 1055 | 14 |
| 电力消耗 | kwh/t | 581 | 7 | 630 | -49.00 | 511 | 西林 | 588 | 9 |
| 3. 小于199m3高炉 | | | | | | | | | |
| 折算综合焦比 | kg/t | 615 | 13 | 612 | 3.00 | 523 | 成都 | 593 | 9 |
| 利用系数 | t/(m3.d) | 2.039 | 12 | 1.999 | .04 | 2.403 | 安阳 | [illegible].074 | 9 |
| 4. 大于500m3高炉 | | | | | | | | | |
| 折算综合焦比 | kg/t | 605 | 3 | 604 | 1.00 | 528 | 邯郸 | 583 | 2 |
| 利用系数 | t/(m3.d) | 1.296 | 5 | 1.472 | -.18 | 1.717 | 邯郸 | [illegible].592 | 1 |
| 5. 大于.等于42孔焦炉 | | | | | | | | | |
| 转鼓指数 m40 | % | 75.61 | 8 | 74.99 | .62 | 80.48 | 昆明 | [illegible]6.10 | 6 |
| 冶金焦硫分 | % | 0.79 | 13 | 0.64 | .15 | 0.37 | 昆明 | [illegible].87 | 14 |
| 冶金焦灰分 | % | 13.50 | 4 | 14.21 | -.71 | 12.72 | 济钢 | [illegible]3.84 | 6 |

注：依据冶金部2[#]软件返回资料编制

（王钅玲）

## 1993年莱钢技术开发基本情况表

| | 单位 | 代码 | 本年实际 | | 单位 | 代码 | 本年实际 |
|---|---|---|---|---|---|---|---|
| 甲 | 乙 | 丙 | 1 | 甲 | 乙 | 丙 | 1 |
| 一、技术开发人员 | | | | 本年经费结余 | 千元 | 33 | 228869 |
| 技术开发人员总计 | 人 | 01 | 255 | 三、其它技术活动经费支出 | | | |
| 合计中:工程技术人员 | 人 | 02 | 185 | 技术改造支出总额 | 千元 | 34 | 87860 |
| 合计中:1.具有高、中级职称或大学本科及 | | | | 技术引进支出总额 | 千元 | 35 | 30293 |
| 以上学历的人员 | 人 | 03 | 166 | 其中:用于引进设计、图纸、工艺、专利 | 千元 | | |
| 2.大专及以下学历具有初级职称的 | | | | 的经费 | 千元 | 36 | 1515 |
| 人员或未评定职称的大、中专人员 | 人 | 04 | 89 | 用于消化吸收经费 | 千元 | 37 | |
| 合计中:技术开发机构的人员 | 人 | 05 | 56 | 用于购买国内技术的经费 | 千元 | 38 | 141 |
| 其中:具有高、中级职称或大学 | | | | 四、技术开发活动产出 | | | |
| 本科及以上学历的人员 | 人 | 06 | 36 | 新产品销售收入合计 | 千元 | 39 | 344713 |
| 合计中:全时人员 | 人 | 07 | 56 | 合计中:国家级新产品 | 千元 | 40 | 37125 |
| 非全时人员 | 人 | 08 | 195 | 合计中:新产品出口 | 千元 | 41 | 3784 |
| 非全时折合全时人员 | 人年 | 09 | 127 | 新产品实现利税 | 千元 | 42 | 71499 |
| 二、技术开发经费筹集与支出 | | | | 新产品减免税 | 千元 | 43 | 33920 |
| 上年经费结转 | 千元 | 10 | 91197 | 本企业开发的科技成果转让收入 | 千元 | 44 | 80 |
| 本年经费筹集总额 | 千元 | 11 | 151200 | 其中:技术出口收入 | 千元 | 45 | |
| 1 上级拨款 | 千元 | 12 | | 本企业对外技术服务收入 | 项 | 46 | 36 |
| 2 专项贷款 | 千元 | 13 | 1600 | 本年技术开发成果获奖数 | 项 | 47 | 13 |
| 3 本企业自筹 | 千元 | 14 | 149600 | 其中:获国家级奖励 | 项 | 48 | 7 |
| 其中 新产品减免税,用于技术开发的费用 | 千元 | 15 | | 获省、部级奖励 | 项 | 49 | 6 |
| 4 接受外单位委托 | 千元 | 16 | | 科学论文数 | 篇 | 50 | 88 |
| 5 其他 | 千元 | 17 | | 科技著作数 | 件 | 51 | |
| 技术开发经费支出总额 | 千元 | 18 | 13528 | 专利申请数 | 件 | 52 | 3 |
| 1、内部支出合计 | 千元 | 19 | 13528 | 专利授权数 | 件 | 53 | 2 |
| (1)技术开发人员劳务费(含工资) | 千元 | 20 | 1222 | 五、生产用机械设备原价 | 千元 | 54 | 786806 |
| (2)原材料费 | 千元 | 21 | 326 | 其中:微电子技术控制生产设备原价 | 千元 | 55 | 13550 |
| (3)设计、试验、调研费 | 千元 | 22 | 1865 | 六、企业技术开发机构数 | 个 | 56 | 1 |
| (4)固定资产购建费 | 千元 | 23 | 10015 | 其中:享受独立科研院所优惠政策的机构 | 个 | 57 | |
| 其中:仪器设备费 | 千元 | 24 | 4396 | | | | |
| (5)其他 | 千元 | 25 | | | | | |
| 内部支出中:用于基础研究 | 千元 | 26 | | | | | |
| 用于应用研究 | 千元 | 27 | | | | | |
| 用于实验发展 | 千元 | 28 | 1317 | | | | |
| 内部支出中:用于开发新产品的经费 | 千元 | 29 | 1380 | | | | |
| 内部支出中:技术开发机构经费支出 | 千元 | 30 | 1297 | | | | |
| 其中:研究与实验发展支出 | 千元 | 31 | 1297 | | | | |
| 2、外部支出合计 | 千元 | 32 | | | | | |

(张维光)

## 1993年莱钢技术开发项目(课题)情况表

| 序号 | 技术开发项目(课题)名称 | 项目来源 | 项目承担形式 | 合作项目类型 | 技术经济目标 | 项目技术类别 | 项目活动类型 | 项目起始时间 | 项目组人员(人) | 其中具有高、中级职称或大学本科及以上学历的人员 | 经费支出(千元) | 项目完成时间 | 项目鉴定级别 | 项目主要成果形式 | 项目成果水平：国际 | 项目成果水平：国内 | 投入生产(使用)时间 |
|---|---|---|---|---|---|---|---|---|---|---|---|---|---|---|---|---|---|
| IA | 甲 | IB | IC | ID | IE | IF | IG | IH | 1 | 2 | 3 | II | IJ | IK | IL | IM | IN |
| 1 | 半干法喷补工艺及设备的研究 | 1 | 2 | 2 | 2 | 10 | 4 | 91.09 | 5 | 5 | 40 | 92.11 | 2 | 2 | | | 92.11 |
| 2 | 500mm 热带加热生产滑轨改造 | 3 | 2 | 3 | 2 | 10 | 4 | 90.12 | 3 | 2 | 45 | 91.01 | 4 | 4 | | | 91.01 |
| 3 | 马庄矿区弱磁氧化矿处理系统改造 | 3 | 2 | 3 | 2 | 10 | 4 | 91.07 | 5 | 5 | 47 | 92.07 | 4 | 4 | | 三 | 92.05 |
| 4 | 叉车货叉 | 1 | 2 | 3 | 11 | 10 | 4 | 90.01 | 5 | 5 | 450 | 92.12 | 2 | 3 | | 三 | 92.12 |
| 5 | 焊管坯 | 3 | 2 | 3 | 11 | 10 | 4 | 92.12 | 5 | 5 | 36 | 93.02 | 4 | 3 | | 三 | 93.02 |
| 6 | 2.6t 瓶口钢淀模设计研究 | 1 | 2 | 3 | 2 | 10 | 4 | 91.01 | 5 | 4 | 100 | 93.02 | 2 | 2 | | 三 | 93.02 |
| 7 | 25t 转炉炼钢过程计算机监测数采系统 | 1 | 2 | 2 | 5 | 1 | 4 | 90.10 | 5 | 5 | 200 | 92.00 | 2 | 2 | | 三 | 92.09 |
| 8 | 均热炉离心机调整改造 | 3 | 2 | 3 | 2 | 10 | 4 | 92.03 | 5 | 3 | 671 | 92.11 | 4 | 4 | | 三 | 92.11 |
| 9 | 横管式冷却器在焦炉煤气冷却二段的应用 | 3 | 2 | 3 | 7 | 10 | 4 | 92.10 | 5 | 4 | 1200 | 93.03 | 4 | 4 | | 三 | 92.03 |
| 10 | 特钢厂4#电炉技术改造 | 3 | 2 | 3 | 2 | 10 | 4 | 93.02 | 5 | 3 | 8500 | 93.07 | 4 | 4 | | 三 | 93.07 |
| 11 | 高强度包装用打包带 | 3 | 1 | 3 | 1 | 6 | 4 | 93.02 | 5 | 4 | 70 | | | | | | |
| 12 | 船用四级锚链钢的研制 | 3 | 1 | 3 | 1 | 6 | 4 | 93.04 | 7 | 4 | 43 | | | | | | |
| 13 | 连铸中间包水力学模型试验 | 3 | 1 | 3 | 2 | 1 | 4 | 93.01 | 3 | 2 | 10 | | | | | | |
| 14 | 材料试验机应用微机控制、打印 | 3 | 1 | 3 | 10 | 10 | 4 | 93.04 | 3 | 2 | 35 | | | | | | |
| 15 | 炼铁炉料冶金性能试验 | 3 | 1 | 3 | 3 | 10 | 4 | 93.03 | 3 | 2 | 60 | | | | | | |
| 16 | 钢锭解剖 | 3 | 1 | 3 | 3 | 10 | 4 | 93.05 | 4 | 2 | 30 | | | | | | |
| 17 | 微机优化孔型设计 | 3 | 1 | 3 | 6 | 1 | 4 | 93.06 | 4 | 4 | 30 | | | | | | |
| 18 | 热轧圆钢在线测径 | 3 | 1 | 3 | 10 | 10 | 4 | 93.04 | 4 | 3 | 130 | | | | | | |
| | 合　计 | | | | | | | | | | 11697 | | | | | | |

([illegible]维光)

## 1993年莱钢能源消耗与库存情况表

| 项目 | 单位 | 代码 | 折标准煤系数 | 季末库存 | 1—本季终端消费：合计 | 主营活动用 | 用作原材料 | 附营活动用 | 自营施工用 | 1—本季中间消费(能源加工转换)：合计：投入量 | 合计：产出量 | 加工转换码：投入量 | 加工转换码：产出量 | 加工转换码：投入量 | 加工转换码：产出量 | 加工转换码：投入量 | 加工转换码：产出量 |
|---|---|---|---|---|---|---|---|---|---|---|---|---|---|---|---|---|---|
| 甲 | 乙 | 丙 | 40 | 05 | 11 | 12 | 13 | 15 | 16 | 21 | 22 | 23 | 24 | 25 | 26 | 27 | 28 |
| 总值 | 千元 | 02 | | 9645 | 370939 | 369161 | | 1778 | | 192408 | 237820 | 192408 | 237820 | | | | |
| 原煤 | 吨 | 45 | 0.74875 | 40062 | 169322 | 166884 | | 2438 | | | | | | | | | |
| 洗精煤 | 吨 | 46 | 0.927 | 8243 | | | | | | 785340 | 563774 | 785340 | 563774 | | | | |
| 其他洗煤 | 吨 | 47 | | | | | | | | | | | | | | | |
| 焦炭 | 吨 | 48 | 0.965 | 2288 | 425301 | 425301 | | | | | | | | | | | |
| 焦炉煤气 | 万立方米 | 49 | | | | | | | | | | | | | | | |
| 其他煤气 | 万立方米 | 50 | | | | | | | | | | | | | | | |
| 其他焦化产品 | 吨标准煤 | 51 | | | | | | | | | | | | | | | |
| 原油 | 吨 | 52 | | | | | | | | | | | | | | | |
| 汽油 | 吨 | 53 | 1.4714 | 56 | 1876 | 1653 | | 223 | | | | | | | | | |
| 煤油 | 吨 | 54 | | | | | | | | | | | | | | | |
| 柴油 | 吨 | 55 | 1.5714 | 217 | 4204 | 3957 | | 247 | | | | | | | | | |
| 燃料油 | 吨 | 56 | 1.31 | 1403 | 24487 | 24487 | | | | | | | | | | | |
| 液化石油气 | 吨 | 57 | | | | | | | | | | | | | | | |
| 炼厂干气 | 吨 | 58 | | | | | | | | | | | | | | | |
| 其他石油制品 | 吨标准煤 | 59 | | | | | | | | | | | | | | | |
| 天然气 | 万立方米 | 60 | | | | | | | | | | | | | | | |
| 热力 | 百万千焦 | 61 | | | | | | | | | | | | | | | |
| 电力 | 万千瓦时 | 62 | 4.04 | | 58197.8 | 56445.8 | | 1752 | | | | | | | | | |
| 其他能源 | 吨标准煤 | 63 | | | | | | | | | | | | | | | |
| 合计 | 吨标准煤 | 64 | | 42106 | 813759 | 804140 | | 9619 | | 728010 | 556953 | 728010 | 556953 | | | | |
| 加工转换效率 | % | 65 | | | | | | | | 76.5 | | | | | | | |

([illegible]玲丽)

## 1993年莱钢在用设备与工业建筑情况表

| 单位 | 机电设备 | | | 其中:主要生产设备 | | | 工业建筑物 | | | |
|---|---|---|---|---|---|---|---|---|---|---|
| | 台套 | 重量(吨) | 原值(万元) | 台套 | 重量(吨) | 原值(万元) | 资产原值(万元) | 其中:房屋 | | 构筑物 |
| | | | | | | | | 面积($m^2$) | 原值(万元) | 原值(万元) |
| 总计 | 8220 | 84360.47 | 93141.27 | 7084 | 81738.50 | 87608.42 | 27325.03 | 764937.48 | 17862.40 | 9462.63 |
| 莱芜铁矿 | 646 | 3394.76 | 2209.96 | 599 | 3304.12 | 1930.70 | 3020.17 | 58067.95 | 695.99 | 2324.18 |
| 石灰石矿 | 219 | 2035.04 | 1404.24 | 212 | 2019.19 | 1354.60 | 499.00 | 9774.80 | 86.00 | 413.00 |
| 第一铁厂 | 709 | 4011.60 | 3625.96 | 705 | 4001. | 3615.88 | 674.06 | 24693.16 | 205.31 | 468.75 |
| 第二铁厂 | 613 | 17063.25 | 37425.74 | 601 | 17055.43 | 37415.20 | 1464.20 | 36510.34 | 1053.60 | 410.60 |
| 焦化厂 | 536 | 5515.98 | 3530.39 | 524 | 4896.66 | 3171.02 | 3543.81 | 67613.82 | 416.97 | 3126.84 |
| 特钢厂 | 739 | 9423.71 | 5421.36 | 666 | 9288.18 | 5168.53 | 1836.59 | 113419.84 | 1524.40 | 312.19 |
| 炼钢厂 | 351 | 4406.69 | 7613.99 | 345 | 4397.60 | 7576.53 | 1927.55 | 44773.74 | 1819.12 | 108.43 |
| 轧钢厂 | 447 | 6719.27 | 7232.82 | 421 | 6656.39 | 7049.49 | 2466.07 | 48590.85 | 2427.51 | 38.56 |
| 新泰冶炼厂 | 387 | 1041.87 | 964.28 | 386 | 1037.87 | 957.91 | 236.83 | 25972.98 | 161.14 | 75.69 |
| 锻压股份有限公司 | 226 | 3122.69 | 3198.24 | 226 | 3122.69 | 3189.24 | 1047.99 | 34069.00 | 911.48 | 136.51 |
| 机修厂 | 286 | 2430.21 | 1028.15 | 277 | 2427.12 | 1008.62 | 698.53 | 60930.48 | 609.05 | 89.48 |
| 动力部 | 744 | 10050.83 | 9666.83 | 719 | 10033.11 | 9542.33 | 1587.18 | 33499.50 | 1105.26 | 481.92 |
| 运输部 | 366 | 6905.89 | 1592.38 | 333 | 6803.16 | 1429.18 | 2395.5 | 30529.38 | 2322.19 | 73.46 |
| 汽运公司 | 195 | 1175.69 | 1258.14 | 188 | 1162.06 | 1220.90 | 427.52 | 12401.96 | 406.52 | 21.00 |
| 建筑安装工程公司 | 303 | 2112.00 | 994.11 | 284 | 2072.42 | 916.53 | 788.89 | 23433.10 | 773.89 | 15.00 |
| 韩旺铁矿 | 579 | 3160.50 | 1635.32 | 537 | 3131.50 | 1528.87 | 4014.46 | 76642.91 | 2671.94 | 1342.52 |
| 沂蒙冶炼厂 | 71 | 345 | 550.85 | 61 | 330 | 532.86 | 150.96 | 10575.00 | 126.46 | 24.50 |
| 供销处 | 54 | 269 | 249.41 | | | | 299.00 | 22209.14 | 299.00 | |
| 自动化部 | 28 | 219.57 | 279.60 | | | | 71.56 | 2689.53 | 71.56 | |
| 改扩建工程指挥部 | | | | | | | | | | |
| 生活服务公司 | 100 | 330 | 348.51 | | | | | | | |
| 城建房产公司 | 53 | 174.0 | 208.17 | | | | | | | |
| 机动设备处 | 14 | 16 | 112.02 | | | | 88.01 | 5424.13 | 88.01 | |
| 铁印所 | 32 | 14 | 83.52 | | | | 87.00 | 2115.87 | 87.00 | |
| 总厂机关 | 269 | 195. | 1867.76 | | | | | | | |
| 原料处 | 6 | 9 | 50.69 | | | | | | | |
| 医院 | 172 | 123.82 | 488.93 | | | | | | | |
| 技工学校 | 32 | 61.10 | 61.61 | | | | | | | |
| 教育中心 | 7 | 34 | 38.24 | | | | | | | |

(韩应战)

## 1993年莱钢主要专业生产设备一览表

| 设备名称及规格型号 | 计算单位 | | 年末已安装设备 | | |
|---|---|---|---|---|---|
| | 数　量 | 能　力 | 数量合计 | 使用数 | 能　力 |
| 甲 | 乙 | 丙 | 1 | 2 | 3 |
| [一]钢铁工业主要生产设备(按冶金部统计报表目录) | | | | | |
| 一、黑色金属、非金属矿山采选设备 | | | | | |
| 1.采矿设备 | | | | | |
| (1)采矿设备 | 台 | 米/年 | 8 | 7 | 5[illegible]00 |
| 其中:YQ—150A型 | 台 | 米/年 | 8 | 7 | 5[illegible]00 |
| 韩旺铁矿 | 台 | 米/年 | 5 | 4 | 5[illegible]00 |
| 石灰石矿 | 台 | 米/年 | 3 | 3 | 5[illegible]0 |
| (3)电铲 | 米$^3$/台 | 万吨/年 | 16/13 | 16/13 | 4[illegible]5 |
| 其中:W1002/m$^3$电铲 | 米$^3$/台 | 万吨/年 | 12/12 | 12/12 | 32[illegible]5 |
| 莱、韩矿 | 米$^3$/台 | 万吨/年 | 10/10 | 10/10 | 26[illegible]5 |
| 石灰石矿 | 米$^3$/台 | 万吨/年 | 2/2 | 2/2 | [illegible] |
| WD4004M$^3$电铲 | 米$^3$/台 | 万吨/年 | 4/1 | 4/1 | 1[illegible] |
| 韩旺铁矿 | 米$^3$/台 | 万吨/年 | 4/1 | 4/1 | 1[illegible] |
| (5)载重汽车 | 辆 | 载重:吨 | 49 | 43 | 7[illegible] |
| 其中:自卸汽车 | 辆 | 载重:吨 | 49 | 43 | 7[illegible] |
| 其中:载重15吨(韩旺) | 辆 | 载重:吨 | 32 | 32 | 4[illegible] |
| 载重12吨(韩旺) | 辆 | 载重:吨 | 6 | — | 1[illegible] |
| 载重7吨(石灰石) | 辆 | 载重:吨 | 4 | 4 | 2[illegible] |
| 载重12吨(石灰石) | 辆 | 载重:吨 | 4 | 4 | 4[illegible] |
| 载重16吨(石灰石) | 辆 | 载重:吨 | 3 | 3 | 4[illegible] |
| (6)电机车 | 台 | 自重:吨 | 38 | 38 | 2[illegible] |
| 其中:自重10吨(莱芜铁矿) | 台 | 自重:吨 | 11 | 11 | 11[illegible] |
| 自重7吨(莱芜铁矿) | 台 | 自重:吨 | 8 | 8 | 5[illegible] |
| 自重3吨(莱芜铁矿) | 台 | 自重:吨 | 19 | 19 | 5[illegible] |
| (10)推土机 | 千瓦/台 | 米$^3$/班 | 1174/6 | 1174/6 | 36 |
| 韩旺铁矿 | 千瓦/台 | 米$^3$/班 | 880/4 | 880/4 | |
| 石灰石矿 | 千瓦/台 | 米$^3$/班 | 294/2 | 294/2 | 36[illegible] |
| (11)空气压缩机 | 台 | 米$^3$/分 | 24 | 23 | 61[illegible] |
| 莱、韩铁矿 | 台 | 米$^3$/分 | 20 | 19 | 53[illegible] |
| 石灰石矿 | 台 | 米$^3$/分 | 4 | 4 | 80 |
| (15)卷扬机 | 台 | 千瓦 | 3 | 3 | 73[illegible] |
| 莱芜铁矿 | 台 | 千瓦 | 3 | 3 | 73[illegible] |
| 2.选矿、洗矿设备 | | | | | |

续表

| 设备名称及规格型号 | 计算单位 | | 年末已安装设备 | | |
|---|---|---|---|---|---|
| | 数 量 | 能 力 | 数量合计 | 使用数 | 能 力 |
| 甲 | 乙 | 丙 | 1 | 2 | 3 |
| (1)破碎机 | | | | | |
| 其中:粗破碎机 | 台 | 万吨/年 | 3 | 3 | 166 |
| 莱芜铁矿 | 台 | 万吨/年 | 2 | 2 | 66 |
| 韩旺铁矿 | 台 | 万吨/年 | 1 | 1 | 100 |
| 中破碎机 | 台 | 万吨/年 | 4 | 4 | 166 |
| 莱芜铁矿 | 台 | 万吨/年 | 3 | 3 | 66 |
| 韩旺铁矿 | 台 | 万吨/年 | 1 | 1 | 100 |
| 细破碎机 | 台 | 万吨/年 | 4 | 4 | 166 |
| 莱芜铁矿 | 台 | 万吨/年 | 2 | 2 | 66 |
| 韩旺铁矿 | 台 | 万吨/年 | 2 | 2 | 100 |
| (2)磨矿机 | | | | | |
| 其中:一次球磨机 | 米$^3$/台 | 万吨/年 | 140/6 | 140/6 | 124 |
| 莱芜铁矿 | 米$^3$/台 | 万吨/年 | 78/3 | 78/3 | 49 |
| 韩旺铁矿 | 米$^3$/台 | 万吨/年 | 62/3 | 62/3 | 75 |
| 二次球磨机 | 米$^3$/台 | 万吨/年 | 63/4 | 63/4 | 120 |
| 莱芜铁矿 | 米$^3$/台 | 万吨/年 | 42/2 | 42/2 | 45 |
| 韩旺铁矿 | 米$^3$/台 | 万吨/年 | 21/2 | 21/2 | 75 |
| 三次球磨机 | 米$^3$/台 | 万吨/年 | 10.4/1 | 10.4/1 | 50 |
| 韩旺铁矿 | 米$^3$/台 | 万吨/年 | 10.4/1 | 10.4/1 | 50 |
| (3)磁选机 | 台 | 万吨/年 | 20 | 20 | 115 |
| 莱芜铁矿 | 台 | 万吨/年 | 10 | 10 | 40 |
| 韩旺铁矿 | 台 | 万吨/年 | 10 | 10 | 75 |
| (4)浮选机 | 台 | 万吨/年 | 16 | 16 | 24 |
| 莱芜铁矿 | 台 | 万吨/年 | 16 | 16 | 24 |
| 二、人造块矿设备 | | | | | |
| 1.烧结机 | 米$^2$/台 | 万吨/年 | 205/3 | 205/3 | 202 |
| (1)铁矿烧结机 | 米$^2$/台 | 万吨/年 | 205/3 | 205/3 | 202 |
| 其中:50平方米烧结机 | 米$^2$/台 | 万吨/年 | 100/2 | 100/2 | 110 |
| 105平方米烧结机 | 米$^2$/台 | 万吨/年 | 105/1 | 105/1 | 92 |
| 2.球团炉 | 米$^2$/台 | 万吨/年 | 16/2 | 8/1 | 30 |
| (1)铁矿球团炉 | 米$^2$/台 | 万吨/年 | 16/1 | 8/1 | 30 |
| 其中:8平方米竖炉 | 米$^2$/台 | 万吨/年 | 16/2 | 8/1 | 30 |
| 三、炼铁及铸铁管设备 | | | | | |
| 1.高炉 | 米$^3$/座 | 万t/年 | 1810/6 | 1810/6 | 121 |

续表

| 设备名称及规格型号 | 计算单位 | | 年末已安装设备 | | |
|---|---|---|---|---|---|
| | 数　量 | 能　力 | 数量合计 | 使用数 | 能　力 |
| 甲 | 乙 | 丙 | 1 | 2 | [illegible] |
| 其中：1 号炉（$100m^3$） | 米³/座 | 万 t/年 | 100/1 | 100/1 | [illegible] |
| 2 号炉（$100m^3$） | 米³/座 | 万 t/年 | 100/1 | 100/1 | [illegible] |
| 3 号炉（$120m^2$） | 米³/座 | 万 t/年 | 120/1 | 120/1 | [illegible] |
| 4 号高炉（$120m^3$） | 米³/座 | 万 t/年 | 120/1 | 120/1 | [illegible] |
| 5 号高炉（$620m^3$） | 米³/座 | 万 t/年 | 620/1 | 620/1 | 4[illegible] |
| 6 号高炉（$750m^3$） | 米³/座 | 万 t/年 | 750/1 | 750/1 | [illegible] |
| 2. 铸铁机 | 台 | 万 t/年 | 3 | 3 | 2[illegible] |
| $L_2$—44—T 双带滚轮固定式 | 台 | 万 t/年 | 2 | 2 | 1[illegible] |
| 滚轮固定式双链带 | 台 | 万 t/年 | 1 | 1 | 7[illegible] |
| 四、炼钢设备 | | | | | |
| 2. 转炉 | 吨/座 | 万吨/年 | 75/3 | 75/3 | 9[illegible] |
| 其中：25 吨转炉 | 吨/座 | 万吨/年 | 75/3 | 75/3 | 9[illegible] |
| 3. 电炉 | 千伏安/座 | 万吨/年 | 22000/4 | 22000/4 | 1[illegible] |
| 其中：1 号炉（5t） | 千伏安/座 | 万吨/年 | 5500/1 | 5500/1 | 3.[illegible] |
| 2 号炉（5t） | 千伏安/座 | 万吨/年 | 5500/1 | 5500/1 | 3.[illegible] |
| 3 号炉（5t） | 千伏安/座 | 万吨/年 | 5500/1 | 5500/1 | 3.[illegible] |
| 4 号炉（5t） | 千伏安/座 | 万吨/年 | 5500/1 | 5500/1 | 3.[illegible] |
| 11. 连续铸坯机 | 流/套 | 万吨/年 | 1 | 1 | 2[illegible] |
| 其中：四机四流 ROKOP 型、$150m^2$小方坯连铸机 | 流/套 | 万吨/年 | 1 | 1 | 2[illegible] |
| 12. 制氧机 | 米³/时、台 | 万米³/年 | 12900/7 | 12900/7 | 1114[illegible]60 |
| 其中：$150m^3/h$（特钢厂、机械厂） | 台 | 万米³/年 | 3 | 3 | 388.[illegible] |
| $50m^3/h$（机械厂） | 台 | 万米³/年 | 1 | 1 | 43.[illegible] |
| $3200m^3/h$（动力部） | 台 | 万米³/年 | 2 | 2 | 5529[illegible]0 |
| $600m^3/h$（动力部） | 台 | 万米³/年 | 1 | 1 | 51[illegible] |
| 五、钢压延加工设备 | | | | | |
| 1. 初轧机 | 套 | 万吨/年 | 1 | 1 | 4[illegible] |
| 辊径 750 毫米×1 机架 | 套 | 万吨/年 | 1 | 1 | 4[illegible] |
| 附：均热炉 | 坑 | 万吨/年 | 12 | 12 | 5[illegible] |
| 2. 开坯 | 套 | 万吨/年 | 1 | 1 | 1[illegible] |
| 辊径∅650×1/550×21（特钢） | 套 | 万吨/年 | 1 | 1 | 1[illegible] |
| 5. 小型轧机 | 套 | 万吨/年 | 3 | 3 | 31 |
| 辊径∅300×5/400×2（特钢） | 套 | 万吨/年 | 1 | 1 | 13 |
| 辊径∅330×3/∅280×5（特钢） | 套 | 万吨/年 | 1 | 1 | 5 |
| 辊径 450×2/430×4/300×3/300×1 | 套 | 万吨/年 | 1 | 1 | 13 |

续表

| 设备名称及规格型号 | 计算单位 | | 年末已安装设备 | | |
|---|---|---|---|---|---|
| | 数 量 | 能 力 | 数量合计 | 使用数 | 能 力 |
| 甲 | 乙 | 丙 | 1 | 2 | 3 |
| 12.热轧窄钢带轧机 | 套 | 万 t/年 | 1 | 1 | 20 |
| 七、洗煤、炼焦及化学设备 | | | | | |
| 3.机械化焦炉 | 座 | 吨/年 | 2 | 2 | 560000 |
| 其中:1号炉 58—Ⅱ型 | 孔 | 吨/年 | 42 | 42 | 280000 |
| 每孔有效容积 23.9 米$^3$ | | | | | |
| 2号炉 58—Ⅱ型 | 孔 | 吨/年 | 42 | 42 | 280000 |
| 每孔有效容积 23.9 米$^3$ | 孔 | 吨/年 | | | |
| 八、耐火材料设备 | | | | | |
| 1.破碎机 | 台 | 吨/年 | 2 | 2 | 75600 |
| 其中:400×250 鄂式粗破 | 台 | 吨/年 | 1 | 1 | 37800 |
| 500×400 反击式中破 | 台 | 吨/年 | 1 | 1 | 37800 |
| 2.粉碎机 | 台 | 吨/年 | 1 | 1 | 37800 |
| 其中:1500×300 球磨机 | 台 | 吨/年 | 1 | 1 | 37800 |
| 4.压砖机 | 台 | 吨/年 | 2 | 2 | 6000 |
| 其中:300 吨摩擦玉砖机 | 台 | 吨/年 | 1 | 1 | 3000 |
| 400 吨摩擦玉砖机 | 台 | 吨/年 | 1 | 1 | 3000 |
| (一)冶金机械修造关键机床 | | | | | |
| 1.∅1000×5000mm 及以上立式车床 | 台 | | 2 | 2 | |
| 2.∅3400mm 及以上立式车床 | 台 | | 2 | 2 | |
| 其中:∅5000mm 立式车床 | 台 | | 1 | 1 | |
| ∅3400mm 立式车床 | 台 | | 1 | 1 | |
| 4.∅80 毫米及以上摇臂钻床 | 台 | | 2 | 2 | |
| 5.全部龙门铣床 | 台 | | 1 | 1 | |
| 6.2000×6000 毫米及以上龙门刨床 | 台 | | 1 | 1 | |
| 7.∅2000 毫米及以上滚齿机 | 台 | | 1 | 1 | |
| 9.行程 1000 毫米及以上插床 | 台 | | 1 | 1 | |
| 11.∅1000 及以上伞齿轮加工机床 | 台 | | 2 | 2 | |
| (二)冶金机械修造主要锻压设备 | 台 | | | | |
| 1.空气锤 | 台 | | 3 | 3 | |
| 其中:750 千克空气锤 | 台 | | 1 | 1 | |
| 1000 千克空气锤 | 台 | | 1 | 1 | |
| (三)冶金机械修造主要铸造设备 | | | | | |
| 1.铸造用化铁炉 | 座 | 吨 | 2 | 2 | 12 |
| 5 吨化铁炉 | 座 | 吨 | 1 | 1 | 5 |

续表

| 设备名称及规格型号 | 计算单位 |  | 年末已安装设备 |  |  |
|---|---|---|---|---|---|
|  | 数　量 | 能　力 | 数量合计 | 使用数 | 能　力 |
| 甲 | 乙 | 丙 | 1 | 2 | [illegible] |
| 7吨化铁炉 | 座 | 吨 | 1 | 1 | [illegible] |
| (四)冶金机械修造主要起重设备 |  |  |  |  |  |
| 30吨及以上桥式吊车 | 台 | 吨 | 8 | 8 | 3[illegible] |
| (五)冶金机械修造用于生产程序控制电子计算机 | 台 |  | 1 | 1 |  |
| 1.用于7吨化铁炉上料生产程序 | 吨 |  | 1 | 1 |  |
| (六)冶金机械修造用于企业管理科研电子计算机 | 台 |  | 10 | 10 |  |
| 2.管理用 | 台 |  | 10 | 10 |  |

(鹿　霞)

## 1993年莱钢房屋及住宅面积情况表

|  | 年末实有面积(米$^2$) | 其中:本年新建 |
|---|---|---|
| 房屋建筑总面积 | 1828101 | 230144 |
| ①厂房 | 591351 | 156490 |
| ②办公室 | 97493 | 7346 |
| ③仓库 | 128498 | 125 |
| ④附属学校 | 43713 | 2007 |
| ⑤住宅 | 775332 | 56803 |
| 单身宿舍 | 167607 | 863 |
| 家属宿舍 | 607725 | 55940 |
| ⑥文化体育用房 | 5615 | 0 |
| ⑦科学实验研究用房 | 2557 | 0 |
| ⑧福利设施 | 133108 | 6604 |
| 其　它 | 50434 | 769 |

住宅内的居住人数(人)

|  | 合计(含家属) | 其中:职工人数(不含家属) |  |  |
|---|---|---|---|---|
|  |  | 单身职工 | 带家属职工 |  |
|  |  |  | 人　数 | 户　数 |
| 上年 | 52253 | 17286 | 15519 | 1197 |
| 本年 | 55439 | 17944 | 22599 | 1271 |

平均住宅建筑面积(米$^2$/人)

|  | 按居住人数(含家属)计算 | 按据住职工计算 |  |
|---|---|---|---|
|  |  | 单身职工每人 | 带家属职工每户 |
| 上年 | 13.75 | 9.65 | 46.07 |
| 本年 | 13.99 | 9.34 | 47.80 |

新建住宅面积(米2)

|  |  |
|---|---|
| 自建国以来至本年止累计 | 852591 |
| 上年 | 39106 |
| 本年 | 56803 |

(王钦[illegible])

# 1993年莱钢改扩建投资完成情况表

单位:万元

| 序号 | 项目名称 | 项目总投资 | 本年计划 | 本年实际完成 | | | | | | 自开始建设累计完成 | | | | | |
|---|---|---|---|---|---|---|---|---|---|---|---|---|---|---|---|
| | | | | 合计 | 建筑 | 安装 | 设备 | 其它 | 实现率% | 合计 | 建筑 | 安装 | 设备 | 其它 | 总投资率 |
| | 总计 | | 52983 | 44012.63 | 14909.87 | 3521.30 | 17388.66 | 8192.80 | 83.07 | | | | | | |
| 一、 | 利用外资改扩建工程 | | 40854 | 36109.48 | 11459.50 | 3339.01 | 13708.95 | 7602.02 | 88.39 | 69452.71 | 24943.21 | 5575.40 | 25006.18 | 13927.92 | |
| (一) | 改扩建一期工程 | 34779.00 | 9857 | 13865.33 | 1926.48 | 2115.69 | 6051.48 | 3771.68 | 140.66 | 34371.49 | 11942.45 | 3277.64 | 12413.59 | 6737.81 | 98.83 |
| (1) | 原料车间扩建 | 5619.00 | 2419 | 2802.72 | 698.32 | 490.49 | 1478.29 | 135.62 | 115.86 | 7099.25 | 3699.49 | 666.17 | 2326.48 | 407.11 | 126.34 |
| (2) | 105m²烧结车间 | 8981.00 | 2568 | 2836.18 | 524.06 | 864.43 | 1279.40 | 168.29 | 110.44 | 9571.29 | 3853.13 | 1319.09 | 3958.37 | 440.70 | 106.57 |
| (3) | 750m³高炉车间 | 9936.00 | 3235 | 4777.66 | 606.75 | 677.37 | 3287.31 | 206.23 | 147.69 | 11377.80 | 3979.87 | 1170.87 | 5612.54 | 614.52 | 114.51 |
| (4) | 铁区公用辅助设施 | 1444.00 | 146 | 193.61 | 97.35 | 83.40 | 6.48 | 6.38 | 132.61 | 1140.99 | 408.00 | 123.47 | 516.20 | 93.32 | 79.02 |
| (5) | 一期其它费用 | 8800.00 | 1489 | 3255.16 | | | | 3255.16 | 218.61 | 5182.16 | | | | 5182.16 | 58.89 |
| (二) | 二期工程 | | 30997 | 22244.15 | 9533.02 | 1223.32 | 7657.47 | 3830.34 | 71.76 | 35081.22 | 13000.76 | 2297.76 | 12592.59 | 7190.11 | |
| (1) | 石灰石矿扩建 | 3381.00 | 1530 | 1853.92 | 845.20 | 18.33 | 328.82 | 661.57 | 121.17 | 2269.58 | 967.22 | 18.33 | 496.32 | 787.71 | 67.13 |
| (2) | 脱硫设施 | 424.00 | 418 | 368.38 | 368.38 | | | | 88.13 | 374.81 | 368.38 | | | 6.43 | 88.40 |
| (3) | 3#转炉 | 5527.00 | 3619 | 2618.73 | 525.09 | 225.50 | 1851.78 | 16.36 | 72.36 | 2744.28 | 525.09 | 229.37 | 1925.85 | 63.97 | 49.65 |
| (4) | 2#连铸机 | 2000.00 | 1993 | 4610.05 | 1330.29 | 375.83 | 2767.37 | 136.56 | 231.31 | 4617.15 | 1330.29 | 375.83 | 2767.37 | 143.66 | 230.86 |
| (5) | 3#连铸机 | 3702.00 | 821 | 370.38 | | | 370.38 | | 45.11 | 370.38 | | | 370.38 | | 10.00 |
| (6) | 6000m³/h制氧机 | 3878.00 | | | | | | | | 3418.87 | 227.88 | 264.64 | 2541.79 | 384.56 | 88.16 |
| (7) | 中小型轧钢车间 | 15567.00 | 3348 | 60.45 | 55.39 | | | 5.06 | 1.81 | 90.45 | 55.39 | | | 35.06 | 0.58 |
| (8) | Φ114焊管车间 | 10715.00 | 2014 | 0.86 | | | | 0.86 | 0.04 | 39.86 | | | | 39.86 | 0.37 |
| (9) | 活性石灰车间 | 1112.00 | 700 | 203.27 | 63.02 | 23.25 | 117.00 | | 29.04 | 203.27 | 63.02 | 23.25 | 117.00 | | 18.28 |
| (10) | 炉衬车间 | 401.00 | 405 | 755.42 | 380.69 | 81.72 | 293.01 | | 186.52 | 787.42 | 398.69 | 81.72 | 293.01 | 14.00 | 196.36 |
| (11) | 2×1.2万kw自备电站 | 5570.00 | 1022 | 1613.40 | 72.82 | 230.67 | 1167.02 | 142.89 | 157.87 | 5953.14 | 1865.08 | 1003.52 | 2817.50 | 267.04 | 106.88 |
| (12) | 总图运输 | 4978.00 | 3568 | 1874.51 | 1500.80 | 99.47 | 157.76 | 116.48 | 52.54 | 3078.89 | 2091.42 | 99.47 | 284.76 | 603.24 | 61.85 |
| (13) | 废钢车间 | 2007.00 | 700 | 964.69 | 941.07 | | | 23.62 | 137.81 | 966.69 | 941.07 | | | 25.62 | 48.17 |
| (14) | 供水设施 | 1089.00 | 200 | 379.89 | 117.50 | 72.50 | 177.50 | 12.39 | 189.94 | 587.23 | 138.50 | 74.50 | 199.50 | 174.73 | 53.92 |
| (15) | 科技中心 | 1444.00 | 300 | | | | | | | 68.00 | | | 68.00 | | 4.71 |
| (16) | 环保监测站 | 87.00 | 87 | | | | | | | | | | | | |
| (17) | 电讯设施 | 2271.00 | 260 | 425.07 | 57.90 | 67.00 | 298.00 | 2.17 | 163.49 | 553.07 | 88.90 | 67.00 | 367.00 | 30.17 | 24.35 |
| (18) | 机修设施 | 1856.00 | 608 | 378.51 | 251.20 | 11.05 | 105.83 | 10.43 | 62.25 | 412.31 | 251.20 | 12.85 | 137.83 | 10.43 | 22.21 |
| (19) | 汽修设施 | 450.00 | 200 | 148.82 | 144.19 | | | 4.63 | 74.41 | 148.82 | 144.19 | | | 4.63 | 33.07 |
| (20) | 供配电设施 | 411.00 | 200 | 47.85 | 6.00 | 18.00 | 23.00 | 0.85 | 23.93 | 47.85 | 6.00 | 18.00 | 23.00 | 0.85 | 11.64 |
| (21) | 热力设施 | 840.00 | 250 | | | | | | | | | | | | |
| (22) | 福利设施 | 21681.00 | 4304 | 2201.04 | 2005.24 | | | 195.80 | 51.14 | 2235.94 | 2040.14 | | | 195.80 | 10.31 |
| (23) | 其它费用 | | 4450 | 3368.91 | 868.24 | | | 2500.67 | 75.71 | 6113.21 | 1497.25 | 27.73 | 184.49 | 4403.74 | |
| (24) | 工程咨询费 | 10416.00 | | | | | | | | | | | | | |
| 二、 | 其它基建及技改项目 | 24240.00 | 7540 | 7425.39 | 2972.61 | 182.29 | 3679.71 | 590.78 | 98.48 | 7425.39 | 2972.61 | 182.29 | 3679.71 | 590.78 | 30.63 |
| (1) | 马庄三期工程 | 4827.00 | 645 | 704.91 | 443.77 | | 39.32 | 221.82 | 109.29 | 1339.06 | 774.65 | 2.45 | 188.02 | 373.94 | 27.74 |
| (2) | 谷家台矿试采 | 4820.00 | 1500 | 1392.28 | 558.40 | 128.36 | 482.83 | 222.69 | 92.82 | 1640.86 | 604.53 | 156.62 | 627.64 | 252.07 | 34.04 |
| (3) | 韩旺铁矿上河区扩建 | 3000.00 | 570 | 360.40 | 273.40 | 3.00 | 60.00 | 24.00 | 63.23 | 3000.50 | 1370.50 | 3.00 | 470.00 | 1157.00 | 100.02 |
| (4) | 转炉煤气回收工程 | 1306.00 | 1286 | 451.92 | 297.04 | 50.93 | 103.95 | | 35.14 | 460.72 | 305.84 | 50.93 | 103.95 | | 35.28 |
| (5) | 特钢厂电炉改造 | 9490.00 | 2770 | 3668.25 | 612.27 | | 2993.61 | 62.37 | 132.43 | 4141.19 | 834.42 | | 2993.61 | 313.16 | 43.64 |
| (6) | 技校迁建 | 605.00 | 119 | 309.83 | 255.64 | | | 54.19 | 259.27 | 79310 | 674.39 | 0.01 | 2.60 | 116.10 | 313.09 |
| (7) | 一中教学楼 | 192.00 | 150 | 87.99 | 86.59 | | | 1.40 | 58.66 | 129.90 | 86.59 | | | 43.31 | 67.66 |
| (8) | 莱钢医院病房大楼 | | 500 | 449.81 | 445.50 | | | 4.31 | 89.96 | 449.81 | 445.50 | | | 4.31 | |
| 三、 | 1#高炉系统大修 | 17616.00 | 4589 | 477.76 | 477.76 | | | | 10.41 | 477.76 | 477.76 | | | | 2.71 |
| (1) | 原料场工程 | | 998 | | | | | | | | | | | | |
| (2) | 105m²烧结工程 | | 2000 | 144.28 | 144.28 | | | | 7.21 | 144.28 | 144.28 | | | | |
| (3) | 1#高炉大修 | | 1591 | 333.48 | 333.48 | | | | 20.96 | 333.48 | 333.48 | | | | |

(陈作贤)

## 1993年莱钢干部基本情况表

| 项目<br>职别 | 总人数 | | | 文化程度 | | | | 技术职务 | | | | | 政治面貌 | | | |
|---|---|---|---|---|---|---|---|---|---|---|---|---|---|---|---|---|
| | 计 | 女 | 少数民族 | 大专以上 | 中专 | 高中 | 初中以下 | 高级 | 中级 | 助级 | 员级 | 政工 | 党员 | 团员 | 民主党派 | 无党派 |
| 总计 | 7382 | 2235 | 68 | 3011 | 2316 | 623 | 1432 | 558 | 1584 | 2298 | 743 | 686 | 3177 | 1857 | 17 | 2331 |
| 总厂正职 | 2 | | | 2 | | | | 2 | | | | | 2 | | | |
| 总厂副职 | 11 | | | 9 | 2 | | | 7 | 1 | | | 3 | 11 | | | |
| 正副处级 | 376 | 15 | 4 | 248 | 64 | 17 | 47 | 163 | 70 | 12 | | 114 | 375 | | | 1 |
| 正副科级 | 1788 | 157 | 16 | 655 | 428 | 144 | 561 | 219 | 480 | 354 | 54 | 362 | 1503 | 32 | 4 | 249 |
| 一般干部 | 5205 | 2063 | 48 | 2097 | 1822 | 462 | 824 | 167 | 1033 | 1932 | 689 | 207 | 1286 | 1825 | 13 | 2081 |

注：正副处级干部总数中包括已不再担任实职的正副处级干部。政工职务中，高级政工职务的39人、中级的245人、初级的402人。技术职务人员中不包括1993年底以前离退休人员。

（于国镇）

## 1993年莱钢职工劳保福利费用情况表

单位：千元

| 合计 | 离休金 | 退休金 | 退职生活费 | 医疗卫生费 | 丧葬抚恤救济费 | 生活补贴 | 职工生活困难补助 | 上下班交通补贴 | 冬季取暖补贴 | 洗理费与计划生育补贴 | 集体福利事业补贴与集体福利设施费 | 文体宣传费 | 其他 |
|---|---|---|---|---|---|---|---|---|---|---|---|---|---|
| 39930 | 3041 | 12528 | 152 | 11400 | 601 | 2586 | 193 | 373 | 817 | 2686 | 2521 | 435 | 2597 |

（马[illegible]华）

## 1993年莱钢职工增减变动情况表

单位：人

| 上年末全部职工总数 | 新增职工人数 | | | | | | 减少职工人数 | | | | | | | | 本年末全部职工总数 |
|---|---|---|---|---|---|---|---|---|---|---|---|---|---|---|---|
| | 合计 | 从农村招收 | 统配复转军人 | 统配大中专技校毕业生 | 集体单位转入 | 调入 | 合计 | 离休 | 退休 | 转入集体单位 | 开除辞退 | 死亡 | 其他 | 调出 | |
| 32630 | 938 | 38 | 65 | 764 | 71 | 108 | 4888 | 16 | 201 | 4287 | 25 | 46 | 313 | 203 | 285[illegible] |

（马[illegible]华）

## 1993年莱钢厂办集体企业职工情况表

单位：人

| 年末人数 | | 按性质划分 | | | 按类别划分 | | | | | |
|---|---|---|---|---|---|---|---|---|---|---|
| 合计 | 其中：女性 | 集体职工 | 合同制职工 | 全民职工 | 工人 | 学徒 | 工程技术人员 | 管理人员 | 服务人员 | 其他人员 |
| 6635 | 2632 | 728 | 1043 | 4864 | 3018 | 310 | 90 | 569 | 2229 | 4[illegible] |

（马[illegible]华）

## 莱钢1991～1993年职工基本情况表

| 项　　目 | 单　位 | 1991年 | 1992年 | 1993年 | |
|---|---|---|---|---|---|
| 一、职工总数 | 人 | 28732 | 32630 | 28585 | |
| (一)职工分类：工人 | 人 | 16932 | 18885 | 17992 | |
| 学徒工 | 人 | 1277 | 2072 | 1400 | |
| 工程技术人员 | 人 | 1465 | 1714 | 1734 | |
| 管理人员 | 人 | 3067 | 3372 | 3014 | |
| 服务人员 | 人 | 4972 | 5510 | 3600 | |
| 其他人员 | 人 | 1019 | 1077 | 845 | |
| (二)用工性质：固定工 | 人 | 23772 | 25739 | 22700 | |
| 合同工 | 人 | 4816 | 6496 | 5790 | |
| 临时工 | 人 | 144 | 395 | 95 | |
| (三)年平均职工人数 | 人 | 27905 | 31280 | 28796 | |
| 二、总产值全员劳动生产率 | 元/人年 | 30432 | 32261 | 44470 | 90年不变价计算 |

（马敏华）

## 莱钢1991～1993年主要生产经营指标完成情况表

| 指　标　名　称 | 计　量<br>单　位 | 1991年 | | 1992年 | | 1993年 | |
|---|---|---|---|---|---|---|---|
| | | 实际完成 | 比上年增减±% | 实际完成 | 比上年增减±% | 实际完成 | 比上年增减±% |
| 1.全民工业总产值(90年不变价) | 万元 | 75012 | 0.02 | 87394 | 16.51 | 101646 | 16.31 |
| 全民工业总产值(现价) | 万元 | 84367 | 9.06 | 126779 | 50.27 | 247259 | 95.03 |
| 2.工业增加值 | 万元 | — | — | 39361 | — | 107899 | 174.13 |
| 3.销售产量(现价) | 万元 | — | — | 118992 | — | 243602 | 104.72 |
| 4.出口交货值(RMB) | 万元 | 3009 | 746.75 | 2817 | -6.38 | 3188 | 13.17 |
| 5.利税总额 | 万元 | 11411 | -2.85 | 23053 | 102.02 | 39143 | 69.80 |
| 其中:利润 | 万元 | 3098 | -17.83 | 11890 | 283.80 | 22310 | 87.64 |
| 税金 | 万元 | 8313 | 4.23 | 11163 | 34.28 | 16833 | 50.79 |
| 6.销售收入 | 万元 | 86060 | 15.33 | 130433 | 51.56 | 233322 | 78.88 |

（卢美昌）

## 莱钢1991～1993年主要产品产量表

| 产品名称 | 计量单位 | 1991年 | | 1992年 | | 1993年 | |
|---|---|---|---|---|---|---|---|
| | | 实际 | 比上年增减±% | 实际 | 比上年增减±% | 实际 | 比上年增减±% |
| 1.钢 | 吨 | 553248 | 2.01 | 680250 | 22.96 | 816743 | 20.06 |
| 其中:电炉钢 | 吨 | 121012 | 8.91 | 133754 | 10.53 | 161720 | 20.91 |
| 转炉钢 | 吨 | 432236 | 0.24 | 546496 | 26.43 | 655023 | 19.86 |
| 其中:连铸 | 吨 | — | — | — | — | 201364 | 100.00 |
| 2.生铁 | 吨 | 596970 | -6.89 | 652852 | 9.36 | 761414 | 16.[illegible]3 |
| 其中:炼钢铁 | 吨 | 408076 | -13.31 | 511094 | 25.24 | 606996 | 18.[illegible]6 |
| 铸造铁 | 吨 | 188894 | 10.86 | 141758 | -24.95 | 154418 | 8.[illegible] |
| 3.钢材 | 吨 | 308611 | 8.78 | 403771 | 30.83 | 550137 | 36.[illegible]5 |
| 4.初轧坯 | 吨 | 371485 | 2.65 | 432875 | 14.10 | 393598 | -7.[illegible] |
| 5.大锻件 | 吨 | 8108 | 45.07 | 7855 | -3.12 | 8004 | 1.[illegible] |
| 6.焦炭 | 吨 | 526339 | -2.32 | 541249 | 2.83 | 527074 | -2.[illegible] |
| 7.铁矿石 | 吨 | 311811 | -22.46 | 663907 | 112.92 | 805614 | 21.[illegible] |
| 8.铁精粉 | 吨 | 226943 | -2.21 | 362598 | 59.77 | 387988 | 7.[illegible] |
| 9.石灰石 | 吨 | 192328 | -28.35 | 289129 | 50.33 | 347147 | 20.[illegible] |
| 10.水泥 | 吨 | 80011 | 11.83 | 125179 | 56.45 | 131059 | 4.7[illegible] |
| 其中:鲁碧公司 | 吨 | 80011(石矿) | 11.83 | 105179 | 31.46 | 110059 | 4.6[illegible] |
| 11.电解铜 | 吨 | 866 | 6.78 | 826 | -4.62 | 1169 | 41.[illegible] |
| 12.金刚石 | 克 | 308000 | 43.93 | 647600 | 110.26 | 1361615 | 110.[illegible]6 |
| 13.聚合铝 | 吨 | 1232 | 11.19 | 1312 | 6.49 | 1284 | -2.1[illegible] |
| 14.烧结矿 | 吨 | 831174 | -12.10 | 958972 | 15.38 | 1059412 | 10.4[illegible] |
| 15.球团矿 | 吨 | 274770 | 5.43 | 278015 | 1.18 | 268904 | -3.2[illegible] |

（卢美昌）

## 莱钢1991～1993年主要技术经济指标完成情况表

| 指　标　名　称 | 计量单位 | 1991年 | 1992年 | 1993年 |
|---|---|---|---|---|
| 1.选矿金属回收率 | % | 88.73 | 72.60 | 66.70 |
| 其中:莱矿 | % | 88.73 | 86.69 | 87.72 |
| 韩旺 | % | — | 59.07 | 51.80 |
| 2.铁精矿品位 | % | 66.26 | 64.73 | 64.34 |
| 其中:莱矿 | % | 66.26 | 66.15 | 66.27 |
| 韩旺 | % | — | 62.83 | 62.16 |
| 3.冶金焦合格率 | % | 93.54 | 95.16 | 98.99 |
| 4.冶金焦灰分 | % | 13.96 | 13.84 | 13.50 |
| 5.冶金焦硫分 | % | 0.87 | 0.87 | 0.79 |
| 6.炼铁折算综合焦化 | kg/t | 585.14 | 587.42 | 610.08 |
| 其中:一铁厂 | kg/t | 583.26 | 593.00 | 614.53 |
| 二铁厂 | kg/t | 587.59 | 583.00 | 605.41 |
| 7.炼铁入炉品位 | % | 53.82 | 52.94 | 52.93 |
| 其中:一铁厂 | % | 54.57 | 54.09 | 54.40 |
| 二铁厂 | % | 53.17 | 52.06 | 52.24 |
| 8.高炉利用系数 | $t/m^3 \cdot d$ | 1.75 | 1.79 | 1.59 |
| 其中:一铁厂 | $t/m^3 \cdot d$ | 2.06 | 2.07 | 2.05 |
| 二铁厂 | $t/m^3 \cdot d$ | 1.52 | 1.59 | 1.27 |
| 9.生铁合格率 | % | 99.98 | 99.96 | 99.97 |
| 其中:一铁厂 | % | 99.97 | 99.98 | 100.00 |
| 二铁厂 | % | 99.99 | 99.93 | 99.93 |
| 10.转炉钢锭合格率 | % | 99.55 | 99.60 | 99.23 |
| 11.转炉钢铁料消耗 | kg/t | 1124.96 | 1125.41 | 1124.77 |
| 其中:生铁 | kg/t | 987.05 | 989.76 | 1001.87 |
| 12.转炉炉衬寿命 | 炉 | 1853 | 1583 | 927 |
| 13.转炉铸锭收得率 | % | 99.89 | 99.79 | 99.74 |
| 14.合格连铸锭合格率 | % | — | — | 94.38 |
| 15.连铸锭收得率 | % | — | — | 91.43 |
| 16.连铸比 | % | — | — | 24.66 |
| 17.电炉钢锭合格率 | % | 99.32 | 99.31 | 99.30 |
| 18.电炉金属料消耗 | kg/t | 1083.63 | 1083.81 | 1120.83 |
| 其中:废钢 | kg/t | 909.94 | 893.67 | 892.87 |
| 19.电炉冶炼电耗 | kwh/t | 598.26 | 588.13 | 581.33 |
| 20.电炉电极消耗 | kg/t | 6.29 | 5.94 | 6.03 |
| 21.钢材合格率 | % | 98.22 | 98.76 | 98.39 |
| 22.钢材综合成材率 | % | 81.25 | 82.78 | 85.28 |
| 23.初轧坯合格率 | % | 99.97 | 99.98 | 99.97 |
| 24.初轧坯成坯率 | % | 89.70 | 89.81 | 89.68 |
| 25.大锻件成材率 | % | 63.65 | 63.18 | 62.92 |
| 26.电解铜一级品率 | % | 98.46 | 98.60 | 98.60 |
| 27.总能耗 | 万吨 | 87.36 | 94.11 | 97.52 |
| 28.吨钢综合能耗 | kg/t | 1579.04 | 1383.46 | 1194.00 |
| 29.吨钢可比能耗 | kg/t | 987.4 | 994.00 | 985.9 |
| 30.万元产值能耗 | 吨/万元 | 11.65 | 10.77 | 9.59 |

（卢美昌）

## 莱钢 1991～1993 年主要财务指标完成情况表

| 指 标 名 称 | 单 位 | 1991 年 | 1992 年 | 1993[illegible] |
|---|---|---|---|---|
| 固定资产年末原值 | 万元 | 75.700 | 84.329 | 142.1[illegible] |
| 固定资产年末净值 | 万元 | 47.802 | 51.427 | 102.9[illegible] |
| 百元固定资产实现产值 | 元 | 102.04 | 108.45 | 103.[illegible] |
| 百元固定资产实现利润 | 元 | 4.21 | 14.75 | 39.7[illegible] |
| 提取的固定资产折旧 | 万元 | 3.559 | 3.821 | 6.57[illegible] |
| 定额流动资金年末占用额 | 万元 | 17.952 | 20.704 | 55.1[illegible] |
| 定额流动资金平均占用 | 万元 | 17.187 | 16.075 | 38.31[illegible] |
| 百元产值占用定额流动资金 | 元 | 22.91 | 18.39 | 37.7[illegible] |
| 利税总额 | 万元 | 11.411 | 23.053 | 39.14 |
| 其中：利润 | 万元 | 3.098 | 11.890 | 22.31[illegible] |
| 税金 | 万元 | 8.313 | 11.163 | 16.83[illegible] |
| 上缴利润 | 万元 | 2.011 | 2.211 | 2.211 |
| 销售收入 | 万元 | 86.060 | 130.433 | 233.32 |
| 销售成本(含销售费用) | 万元 | 73.034 | 106.390 | 165.98 |
| 全部商品产品总成本 | 万元 | 69.808 | 90.989 | 130.11[illegible] |
| 可比产品总成本 | 万元 | 61.268 | 72.380 | 115.63[illegible] |
| 对外投资 | 万元 | | | 5.380 |
| 投资收益 | 万元 | | | 82 |
| 所有者权益 | 万元 | 54.120 | 65.441 | 121.60[illegible] |
| 其中：实收资本 | 万元 | 54.120 | 60.506 | 65.259 |
| 资本公积 | 万元 | — | — | 2.259 |
| 盈余公积 | 万元 | — | 4.935 | 54.082 |

吴成[illegible]

## 莱钢1991～1993年财务指标分析表

| 指标名称 | 单位 | 1990年实际完成 | 1991年实际完成 | 1991年比上年± | 1992年实际完成 | 1992年比上年± | 1993年实际完成 | 1993年比上年± |
|---|---|---|---|---|---|---|---|---|
| 产值利润率 | % | 10.99 | 9.31 | -1.68 | 13.61 | +4.30 | 21.95 | +8.34 |
| 产值利税率 | % | 34.23 | 15.21 | -19.02 | 26.38 | +11.17 | 38.51 | +12.13 |
| 销售利润率 | % | 5.05 | 3.60 | -1.45 | 9.12 | +5.52 | 9.56 | +0.44 |
| 销售利税率 | % | 15.74 | 13.26 | -2.48 | 17.67 | +4.41 | 16.78 | -0.89 |
| 成本利润率 | % | 6.14 | 4.33 | -1.81 | 12.65 | +8.32 | 35.69 | +23.04 |
| 成本利税率 | % | 19.14 | 15.97 | -3.17 | 24.53 | +8.56 | 47.39 | +22.86 |
| 资金(净)利润率 | % | 6.82 | 4.79 | -2.03 | 18.13 | +13.34 | 18.35 | +0.22 |
| 资金(净)利税率 | % | 21.26 | 17.65 | -3.61 | 35.16 | +17.51 | 32.19 | -2.97 |
| 定额流动资金周转天数 | 天 | 71.36 | 71.90 | +0.54 | 44.37 | -27.53 | 59.12 | +14.75 |
| 产值资金率 | % | 161.01 | 194.27 | +33.26 | 75.03 | -119.24 | 119.63 | +44.60 |
| 销售成本率 | % | 82.26 | 83.04 | +0.78 | 72.05 | -10.99 | 61.67 | -10.38 |
| 可比产品成本降低率 | % | -7.83 | -8.71 | -0.88 | 0.18 | +8.89 | -45.50 | -45.68 |
| 产值增长率 | % | | 0.02 | +0.02 | 16.51 | +16.49 | 16.31 | -0.20 |
| 销售收入增长率 | % | 8.03 | 15.33 | +7.30 | 34.02 | +18.69 | 78.88 | +44.86 |
| 利润增长率 | % | -34.42 | -17.83 | +16.59 | 283.81 | +301.64 | 87.63 | -196.18 |
| 利税增长率 | % | -9.93 | -2.85 | +7.08 | 102.03 | +104.88 | 69.79 | -32.24 |
| 企业留利 | 万元 | 164.21 | | | | | 4019.81 | |
| 单项留利 | 万元 | 1593.99 | 1086.96 | -507.03 | 9679.17 | +8592.21 | 16079.24 | +6400.07 |
| 人均产值 | 元/人 | 27340 | 26881 | -459 | 27939 | +1058 | 35299 | +7360 |
| 人均留利 | 元/人 | 1374 | 1110 | -264 | 3801 | +2691 | 7748 | +3947 |
| 人均利税 | 元/人 | 2908 | 2979 | +71 | 3569 | +590 | 5846 | +2277 |
| 吨钢利税 | 元/吨 | 217 | 206 | -11 | 339 | +133 | 479 | +140 |
| 吨钢产值 | 元/吨 | 1383 | 1356 | -27 | 1285 | -71 | 1245 | -40 |
| 吨钢商品产品成本 | 元/吨 | 1201 | 1262 | +61 | 1338 | +76 | 1593 | +255 |

（吴成海）

## 莱钢1991～1993年固定资产投资完成情况表

单位：万元

| 年份 | 合计 | 基本建设 小计 | 基本建设 投资构成 建筑工程 | 安装工程 | 设备工具购置 | 其它 | 更新改造 小计 | 更新改造 投资构成 建筑工程 | 安装工程 | 设备工具购置 | 其它 |
|---|---|---|---|---|---|---|---|---|---|---|---|
| 1991 | 8125 | 4496 | 2192 | 264 | 74 | 1966 | 3629 | 1503 | 211 | 1612 | 303 |
| 1992 | 33347 | 23351 | 10584 | 1359 | 8338 | 3070 | 9996 | 4136 | 522 | 5178 | 160 |
| 1993 | 63129 | 44012 | 14909 | 3521 | 17389 | 8193 | 19117 | 6761 | 1881 | 9711 | 764 |

（赵光林）

统计资料

## 莱钢 1991～1993 年设备管理主要技术经济指标完成情况表

| 年份 | 主要生产设备完好率% | 主要生产设备大修实现率% | 主要生产设备可开动率% | 主要设备故障停机率% | 主要设备有效利用率% | 千元产值事故损失(元/千元) | 主要生产设备利用率% | 设备维修费(万元) | 备注 |
|---|---|---|---|---|---|---|---|---|---|
| 1991 年 | 95.48 | 100.00 | 97.10 | 0.42 | 99.42 | 0.27 | 72.29 | 5312.08 | |
| 1992 年 | 95.95 | 100.00 | 97.64 | 0.38 | 99.52 | 8.81 | 77.21 | 5897.24 | |
| 1993 年 | 97.16 | 100.00 | 97.13 | 0.37 | 99.49 | 1.46 | 71.92 | 8523.16 | |

（韩应战）

## 莱钢 1991～1993 年铁路、公路运输量完成情况表

| 项目 \ 指标 \ 年份 | 1991 年 | | | 1992 年 | | | 1993 年 | | |
|---|---|---|---|---|---|---|---|---|---|
| | 计划 | 实际 | 完成% | 计划 | 实际 | 完成% | 计划 | 实际 | 完成% |
| 铁路货运量(万吨) | 502 | 506.73 | 100.94 | 482 | 527.68 | 109.48 | 559 | 588.07 | 1[illegible].20 |
| 周转量(万吨、公里) | 2532 | 2745.98 | 108.45 | 2428 | 2847.16 | 117.26 | 2715 | 3265.40 | 1[illegible].27 |
| 公路货运量(万吨) | 70 | 80.08 | 114.40 | 72 | 104.23 | 144.76 | 94 | 121.40 | 1[illegible].15 |
| 周转量(万吨、公里) | 2900 | 3069.84 | 105.86 | 2900 | 3619.44 | 124.81 | 3400 | 3992.04 | 1[illegible].41 |
| 说明：公路运输指标系指汽运公司的运输量完成情况。 | | | | | | | | | |

（崔[illegible]义）

## 莱钢 1991～1993 年主要原燃料、材料消耗定额执行情况表

| 指标名称 | 计量单位 | 1991 年 | | 1992 | | 1993 年 | |
|---|---|---|---|---|---|---|---|
| | | 定额 | 实际消耗 | 定额 | 实际消耗 | 定额 | 实际消耗 |
| 电炉耗钢铁料 | 千克/吨 | 1060 | 1055 | 1060 | 1070 | 1060 | 10[illegible] |
| 其中：废钢 | 千克/吨 | 860 | 910 | 860 | 909 | 860 | 8[illegible] |
| 生铁 | 千克/吨 | 200 | 145 | 200 | 161 | 200 | 1[illegible] |
| 转炉耗钢铁料 | 千克/吨 | 1135 | 1132 | 1135 | 1125 | 1135 | 11[illegible] |
| 其中：废钢 | 千克/吨 | 110 | 116 | 110 | 136 | 110 | 12[illegible] |
| 生铁 | 千克/吨 | 1025 | 1016 | 1025 | 990 | 1025 | 10[illegible] |
| 炼铁耗铁矿石 | 千克/吨 | | 1786 | | 1791 | | 12[illegible] |
| 其中：一铁 | 千克/吨 | | 1742 | | 1735 | | 18[illegible] |
| 二铁 | 千克/吨 | 1930 | 1825 | 1930 | 1836 | 1930 | 17[illegible] |
| 炼铁综合焦比 | 千克/吨 | 590 | 620 | 590 | 611 | 590 | 63 |
| 其中：一铁 | 千克/吨 | 651 | 648 | 651 | 642 | 651 | 64 |
| 二铁 | 千克/吨 | 560 | 594 | 560 | 586 | 560 | 62[illegible] |
| 炼铁毛焦比 | 千克/吨 | 628 | 669 | 628 | 660 | 628 | 70[illegible] |
| 其中：一铁 | 千克/吨 | 740 | 752 | 740 | 744 | 740 | 77[illegible] |
| 二铁 | 千克/吨 | 553 | 594 | 553 | 590 | 553 | 63[illegible] |
| 高炉喷吹煤粉 | 千克/吨 | 56 | 72 | 56 | 78 | 56 | 70[illegible] |
| 高炉喷吹煤粉折焦 | 千克/吨 | 36 | 52 | 36 | 60 | 36 | 45 |

续表

| 指标名称 | 计量单位 | 1991年 | | 1992 | | 1993年 | |
|---|---|---|---|---|---|---|---|
| | | 定额 | 实际消耗 | 定额 | 实际消耗 | 定额 | 实际消耗 |
| 炼焦耗洗精煤 | 千克/吨 | 1485 | 1490 | 1485 | 1490 | 1485 | 1490 |
| 蒸汽锅炉耗标煤 | 千克/吨 | 128 | 125 | 128 | 118 | 128 | 129 |
| 烧结耗煤及焦末 | 千克/吨 | 75 | 77 | 75 | 76 | 75 | 76 |
| 开坯耗重油 | 千克/吨 | 65 | 64 | 65 | 59 | 65 | 75 |
| 铁矿井下采掘耗坑木 | 立方米/万吨 | 65 | 51 | 65 | 63 | 65 | 60 |
| 其中 采矿耗坑木 | 立方米/万吨 | 30 | 21 | 30 | 23 | 30 | 28 |
| 掘进耗坑木 | 立方米/万吨 | 200 | 133 | 200 | 126 | 200 | 102 |
| 铁矿井下耗炸药 | 千克/万吨 | 5500 | 5337 | 5500 | 6967 | 5500 | 5628 |
| 其中：采矿耗炸药 | 千克/万吨 | 5340 | 4592 | 5340 | 6847 | 5340 | 5506 |
| 掘进耗炸药 | 千克/万吨 | 6500 | 7377 | 6500 | 7158 | 6500 | 5792 |
| 石灰石采剥耗炸药 | 千克/万吨 | 2050 | 1890 | 2050 | 1945 | 2050 | 2149 |
| 石灰石采剥耗雷管 | 个/万吨 | 200 | 250 | 200 | 295 | 200 | 311 |
| 铁矿石采掘耗雷管 | 个/万吨 | 5800 | 5543 | 5800 | 6923 | 5800 | 5344 |
| 铁矿石采掘耗导火线 | 米/万吨 | 9100 | 9174 | 9100 | 11423 | 9100 | 8992 |

## 莱钢1991—1993年辅助材料、油料收销存情况表

| 物资名称 | 计量单位 | 1991年 | | | 1992年 | | | 1993年 | | |
|---|---|---|---|---|---|---|---|---|---|---|
| | | 收入 | 消耗 | 库存 | 收入 | 消耗 | 库存 | 收入 | 消耗 | 库存 |
| 钢材 | 吨 | 15000 | 10265 | 4625 | 22067 | 12749 | 3895 | 22247 | 16155 | 4756 |
| 金属制品 | 吨 | 343 | 311 | 100 | 627 | 567 | 151 | 829 | 869 | 105 |
| 铸铁管 | 吨 | | 72 | 133 | 28 | 33 | 13 | 160 | 161 | 12 |
| 有色金属 | 吨 | 401 | 163 | 67 | 276 | 108 | 71 | 80 | 87 | 23 |
| 硫酸 | 吨 | 1074 | 1039 | 36 | 1724 | 1759 | 1 | 1382 | 1246 | 137 |
| 烧碱 | 吨 | 455 | 457 | | 734 | 694 | 40 | 714 | 744 | 10 |
| 纯碱 | 吨 | 568 | 492 | 117 | 327 | 419 | 10 | 533 | 472 | 69 |
| 电石 | 吨 | 758 | 746 | 8 | 476 | 742 | 2 | 827 | 821 | 2 |
| 沥青 | 吨 | 491 | 262 | 73 | 1016 | 613 | 126 | 473 | 462 | 41 |
| 炸药 | 吨 | 310 | 306 | 7 | 464 | 437 | 8 | 659 | 603 | 13 |
| 雷管 | 万发 | 19 | 20 | 8 | 37 | 33 | 12 | 36 | 36 | 12 |
| 导火线 | 千米 | 430 | 425 | 114 | 455 | 521 | 40 | 560 | 501 | 99 |
| 轮胎外胎 | 条 | 1859 | 1808 | 335 | 1893 | 1944 | 284 | 2806 | 2793 | 208 |
| 轮胎内胎 | 条 | 1614 | 1435 | 208 | 1586 | 1497 | 212 | 1976 | 1906 | 195 |
| 水泥 | 吨 | 19663 | 13776 | 404 | 34399 | 17508 | 577 | 33640 | 21337 | 519 |
| 原木 | 立方米 | 5375 | 4866 | 616 | 6290 | 4487 | 490 | 8502 | 4855 | 2139 |
| 锯材 | 立方米 | 509 | 511 | 217 | 586 | 586 | 90 | 355 | 365 | 72 |
| 平板玻璃 | 平方米 | 16201 | 13995 | 460 | 20930 | 9386 | 2784 | 29177 | 13717 | 4619 |
| 汽油 | 吨 | 2275 | 1686 | 45 | 2528 | 1737 | 89 | 2784 | 1950 | 101 |
| 柴油 | 吨 | 3372 | 2963 | 180 | 3829 | 3487 | 163 | 4836 | 4226 | 408 |
| 润滑油 | 吨 | 661 | 600 | 51 | 814 | 735 | 96 | 1292 | 1086 | 145 |

（李庆才）

## 莱钢1991～1993年工业、民用建筑抗震加固统计表

| 单位 | 合计 | | | | | | 1991年 | | | | | | 1992年 | | | | | | 1993年 | | | | | |
|---|---|---|---|---|---|---|---|---|---|---|---|---|---|---|---|---|---|---|---|---|---|---|---|---|
| | 项数 | 面积 m2 | 投资 万元 | 其中:民用 | | | 项数 | 面积 m2 | 投资 万元 | 其中:民用 | | | 项数 | 面积 m2 | 投资 万元 | 其中:民用 | | | 项数 | 面积 m2 | 投资 万元 | 其[illegible]民用 | | |
| | | | | 项 | 面积 m2 | 投资 万元 | | | | 项 | 面积 m2 | 投资 万元 | | | | 项 | 面积 m2 | 投资 万元 | | | | 项 | 面[illegible] m[illegible] | 投资 万元 |
| 总计 | 148 | 186984.9 | 545.17 | 91 | 133247.3 | 393.82 | 35 | 43229.3 | 100.83 | 26 | 31233 | 73.77 | 65 | 98831 | 225.77 | 45 | 73746.6 | 191.43 | 48 | 44924.6 | 218.57 | 20 | 282[illegible]7 | 128.62 |
| 莱芜铁矿 | 8 | 6899.8 | 20.98 | 3 | 5727.1 | 15.2 | 1 | 345.8 | 1.8 | | | | 1 | 37 | | | | | 6 | 6517 | 19.18 | 3 | 572[illegible]1 | 15.2 |
| 石灰石矿 | 5 | 1492.7 | 10.5 | 1 | 1067.3 | 10.4 | 1 | 24 | 0.1 | | | | 4 | 1468.7 | 10.4 | 1 | 1067.3 | 10.4 | | | | | | |
| 焦化厂 | 12 | 11662.1 | 47.39 | 5 | 8730.7 | 21.28 | 3 | 2973.5 | 9.28 | 2 | 2833.8 | 7.28 | 5 | 6871.2 | 20.1 | 3 | 5896.9 | 14 | 4 | 1817.4 | 18.01 | | | |
| 一铁厂 | 10 | 13077.3 | 38.98 | 9 | 11964.2 | 35.35 | 3 | 3958.5 | 6.82 | 3 | 3958.5 | 6.82 | 5 | 6657.1 | 19.77 | 4 | 5544 | 16.14 | 2 | 2461.7 | 12.39 | 2 | 246[illegible] | 12.39 |
| 二铁厂 | 6 | 9750.3 | 25.66 | 4 | 6856.7 | 17.16 | 1 | 1587 | .4 | | | | 4 | 6856.7 | 17.16 | 4 | 6856.7 | 17.16 | 1 | 1306.6 | 4.5 | | | |
| 特钢厂 | 19 | 19242.5 | 88.44 | 11 | 14538.9 | 49.23 | 4 | 5274 | 19.98 | 3 | 5274 | 14.53 | 9 | 8143.7 | 28.58 | 5 | 5828 | 14.84 | 6 | 5824.8 | 39.88 | 3 | 343[illegible] | 19.86 |
| 炼钢厂 | 4 | 18767.3 | 3.12 | | | | | | | | | | 2 | 18119.5 | 0.62 | | | | 2 | 647.8 | 2.5 | | | |
| 轧钢厂 | 4 | 856.6 | 8.75 | | | | | | | | | | 2 | 278.7 | 2.91 | | | | 2 | 577.9 | 5.84 | | | |
| 机械厂 | 16 | 23321 | 34.24 | 9 | 14675 | 24.05 | 5 | 10469 | 7.87 | 4 | 3347 | 4.87 | 7 | 11996 | 22.33 | 5 | 11328 | 19.18 | 4 | 856 | 4.04 | | | |
| 动力部 | 12 | 22936 | 58.31 | 7 | 13672 | 36.55 | 3 | 6349.4 | 17.13 | 2 | 4232.9 | 9.06 | 5 | 7531.1 | 20.93 | 4 | 7086.1 | 18.49 | 4 | 9055.5 | 20.25 | 1 | 235 | 9 |
| 运输部 | 13 | 10288.6 | 51.1 | 8 | 8913.6 | 38.86 | 2 | 1350.5 | 4.11 | 1 | 1062.9 | 2.71 | 5 | 4811.9 | 15.87 | 4 | 4407.9 | 14.12 | 6 | 4126.2 | 31.12 | 3 | 3442[illegible] | 22.03 |
| 汽运公司 | 6 | 7354.4 | 32.07 | 5 | 7354.4 | 25.07 | 2 | 1860 | 4.5 | 2 | 1860 | 4.5 | 2 | 4082.8 | 14.37 | 2 | 4082.8 | 14.37 | 2 | 1411.6 | 13.2 | 1 | 1411[illegible] | 6.2 |
| 锻压厂 | 6 | 5383.9 | 13.29 | 4 | 5010.2 | 12.05 | 3 | 988.2 | 3.11 | 2 | 614.5 | 1.87 | 2 | 4395.7 | 10.18 | 2 | 4395.7 | 10.18 | 1 | | | | | |
| 冶炼厂 | 2 | 1136.6 | 5 | 1 | 808.9 | 5 | | | | | | | 1 | 327.7 | | | | | 1 | 808.9 | 5 | 1 | 808. | 5 |
| 建安公司 | 1 | 837.5 | 2.36 | 1 | 837.5 | 2.36 | 1 | 837.5 | 2.36 | 1 | 837.5 | 2.36 | | | | | | | | | | | | |
| 医院 | 3 | 3245 | 9.75 | 3 | 3245 | 9.75 | 2 | 1089 | 2.7 | 2 | 1089 | 2.7 | 1 | 2156 | 7.05 | 1 | 2156 | 7.05 | | | | | | |
| 附企公司 | 2 | 4048.6 | 11.34 | 2 | 4048.6 | 11.34 | 1 | 1657.3 | 6.51 | 1 | 1657.3 | 6.51 | 1 | 2391.3 | 4.83 | 1 | 2391.3 | 4.83 | | | | | | |
| 城建房产公司 | 14 | 21498.7 | 64.26 | 14 | 21498.7 | 64.26 | 3 | 4465.6 | 10.56 | 3 | 4465.6 | 10.56 | 7 | 9957.9 | 24.5 | 7 | 9957.9 | 24.5 | 4 | 7075.2 | 29.2 | 4 | 7075. | 29.2 |
| 商业公司 | 3 | 2401.1 | 11.63 | 3 | 2401.1 | 11.63 | | | | | | | 1 | 850.6 | 1.89 | 1 | 850.6 | 1.89 | 2 | 1550.5 | 9.74 | 2 | 1550. | 9.74 |
| 自动化部 | 1 | 1897.4 | 4.28 | 1 | 1897.4 | 4.28 | | | | | | | 1 | 1897.4 | 4.28 | 1 | 1897.4 | 4.28 | | | | | | |
| 供销处 | 1 | 887.5 | 3.72 | | | | | | | | | | | | | | | | 1 | 887.5 | 3.72 | | | |

（抗震办）

# 1992年莱钢土地资产清查明细表

| 计算机编码 | 类别及名称 | 计量单位 (m2) | 全部面积及使用情况 |  |  |  |  |  |  |  | 实际占用面积 |  | 已计价入帐的土地 |  | 新计价入帐的土地 |  |
|---|---|---|---|---|---|---|---|---|---|---|---|---|---|---|---|---|
|  |  |  | 合计 | 在用 | 待用 | 借出 | 租出 | 集体企业占用 |  | 其它 | 小计 | 其中:生产用 | 面积 | 金额 | 面积 | 金额 |
|  |  |  |  |  |  |  |  | 小计 | 其中:无偿占用 |  |  |  |  |  |  |  |
| 01 | 土地 |  | 16243974.24 | 14346396.32 | 1239592.89 | 118758.02 |  | 355783.04 | 355783.04 | 183443.97 | 14361093.32 | 8019098.39 | 2888358.607 | 18278609.74 |  |  |
| 1.莱芜铁矿 |  |  | 4166657.77 | 4070521.28 |  | 98136.49 |  |  |  |  | 4070521.28 | 2024548.24 | 1433932.627 | 236711.26 |  |  |
| 2.韩旺铁矿 |  |  | 2878777.29 | 1970478.54 | 893331.34 |  |  |  |  | 14967.41 | 1970478.54 | 1482927.07 |  |  |  |  |
| 3.石灰石矿 |  |  | 932404.6 | 927655.34 |  |  |  | 4749.26 | 4749.26 |  | 927655.34 | 846079.55 |  |  |  |  |
| 4.焦化厂 |  |  | 419721.65 | 372192.30 | 35414.35 |  |  | 12115 | 12115 |  | 372192.30 | 253752.72 |  | 57043.29 |  |  |
| 5.一铁 |  |  | 523035.4 | 424159.57 |  |  |  | 66428.6 | 66428.6 | 32447.23 | 424159.57 | 257419.41 | 170758.19 | 26645.08 |  |  |
| 6.二铁 |  |  | 648210.7 | 644408.04 |  |  |  | 3802.66 | 3802.66 |  | 644408.04 | 556034.97 | 507438.49 | 58404.82 |  |  |
| 7.特钢 |  |  | 1221319 | 1112616 |  | 14697 |  | 94006 | 94006 |  | 1112616 | 629861 | 865501 | 221910.83 |  |  |
| 8.炼钢 |  |  | 320917.50 | 320917.50 |  |  |  |  |  |  | 320917.50 | 252179.50 |  |  |  |  |
| 9.轧钢 |  |  | 459400.9 | 199135.15 | 240781 |  |  | 19484.75 | 19484.75 |  | 199135.15 | 150649.85 | 455779.4 | 19822.40 |  |  |
| 10.机械厂 |  |  | 468358 | 420842.03 | 44135 |  |  | 3380.97 | 3380.97 |  | 420842.03 | 109299.87 |  | 14323.10 |  |  |
| 11.动力部 |  |  | 508864.8 | 502973.19 |  |  |  | 5889.61 | 5889.61 |  | 502975.19 | 180708.39 | 508864.8 | 568409.46 |  |  |
| 12.运输部 |  |  | 897781 | 881667.09 |  |  |  | 16113.91 | 16003.91 |  | 881667.09 | 762797.67 | 897781 | 355961.56 |  |  |
| 13.汽运公司 |  |  | 109655.1 | 104801.74 |  |  |  | 4853.36 | 4853.36 |  | 104801.74 | 42832.52 |  |  |  |  |
| 14.锻压厂 |  |  | 173577.4 | 173577.4 |  |  |  |  |  |  | 173577.4 | 172337.58 | 173577.4 | 77478.00 |  |  |
| 15.新太冶炼厂 |  |  | 67192.5 | 66862.5 | 330 |  |  |  |  |  | 66862.5 | 58164.5 | 66579.17 | 30186.14 |  |  |
| 16.沂蒙冶炼厂 |  |  | 235981 | 235981 |  |  |  |  |  |  | 235981 | 76059 | 235981 | 60548.72 |  |  |
| 17.建安公司 |  |  | 339578.3 | 331063.78 |  |  |  | 8514.52 | 8514.52 |  | 331063.78 | 140467.65 | 2111557.6 | 211459.89 |  |  |
| 18.技工学校 |  |  | 107649.6 | 107649.6 |  |  |  |  |  |  | 107649.6 |  | 75215.33 | 30800 |  |  |
| 19.教育中心 |  |  |  |  |  |  |  |  |  |  |  |  |  |  |  |  |
| 20.医院 |  |  | 75316 | 74597 |  |  |  | 719 | 719 |  | 74597 |  |  |  |  |  |
| 21.商业公司 |  |  | 56977.3 | 48149.9 | 8827.4 |  |  |  |  |  | 48149.9 |  |  |  |  |  |
| 22.附属企业公司 |  |  | 114674.4 |  |  |  |  | 114674.4 | 114674.4 |  |  |  |  |  |  |  |
| 23.供销处 |  |  | 164519.5 | 164519.5 |  |  |  |  |  |  | 179216.5 |  |  |  |  |  |
| 24.城房公司 |  |  | 1353404.53 | 1191625.87 | 16773.80 | 7924.53 |  | 1051 | 1051 | 136029.33 | 1191625.87 | 22979.90 | 385392.6 | 8638583.19 |  |  |

（土地审报办）

## 1992年莱钢土地资产清查登记表

| 计算机编码 | 类别及名称 | 计量单位(m²) | 全部面积及使用情况 |  |  |  |  |  |  |  | 实际占用面积 |  | 已计价入帐的土地 |  | 新计价入帐的土地 |  |
|---|---|---|---|---|---|---|---|---|---|---|---|---|---|---|---|---|
|  |  |  | 合计 | 在用 | 待用 | 借出 | 租出 | 集体企业占用 |  | 其它 | 小计 | 其中:生产用 | 面积 | 金额 | 面积 | 金额 |
|  |  |  |  |  |  |  |  | 小计 | 其中:无偿占用 |  |  |  |  |  |  |  |
|  | 1 | 2 | 3 | 4 | 5 | 6 | 7 | 8 | 9 | 10 | 11 | 12 | 13 | 14 | 15 | 16 |
| 01 | 土地 |  | 16243974.24 | 1434639632 | 1239592.89 | 118758.02 |  | 355783.04 | 355783.04 | 183443.97 | 14361093.32 | 8019098.39 | 2888358.607 | 18278609.74 |  |  |
| 01 1 | 生产用地 |  | 8527043.45 | 7108763.70 | 1185430.43 |  |  | 232849.32 | 232849.32 |  | 7108763.7 | 6678540.27 | 2134917.48 | 8396329.37 |  |  |
| 01 1 1 01 | 生产车间用地 |  | 3189445.24 | 2663296.77 | 293299.15 |  |  | 232849.32 | 232849.32 |  | 2663296.77 | 2663296.77 | 1686525.93 | 8322309.30 |  |  |
| 01 1 1 03 | 矿山用地 |  | 4907374.78 | 4015243.50 | 892131.28 |  |  |  |  |  | 4015243.50 | 4015243.50 | 448391.55 | 74020.07 |  |  |
| 01 1 1 09 | 其他工业生产用地 |  | 430223.43 | 430223.43 |  |  |  |  |  |  | 430223.43 |  |  |  |  |  |
| 01 2 | 交通用地 |  | 2867554.04 | 2860055.63 | 1200.06 |  |  | 6298.35 | 6298.35 |  | 2860055.63 | 671963.44 | 1949167.884 | 8254701.59 |  |  |
| 01 2 1 00 | 铁路交通用地 |  | 1566848.56 | 1566848.56 |  |  |  |  |  |  | 1566848.56 | 574136.61 | 1324259.474 | 239322.92 |  |  |
| 01 2 2 00 | 公路交通用地 |  | 802784.51 | 802784.51 |  |  |  |  |  |  | 802784.51 | 66220.33 | 543015.21 | 7928948.12 |  |  |
| 01 2 9 00 | 其他交通用地 |  | 497920.97 | 490422.56 | 1200.06 |  |  | 6298.35 | 6298.35 |  | 490422.56 | 31606.50 | 81893.20 | 86430.55 |  |  |
| 01 3 | 科学试验用地 |  | 8877.43 | 8877.43 |  |  |  |  |  |  | 8877.43 | 3279.89 | 3120 | 798.72 |  |  |
| 01 3 3 00 | 实验室用地 |  | 8877.43 | 8877.43 |  |  |  |  |  |  | 8877.43 | 3279.89 | 3120 | 798.72 |  |  |
| 01 4 | 办公及业务用地 |  | 187376.13 | 182595.73 |  | 4370.90 |  | 409.50 | 409.50 |  | 182595.73 | 7096.70 | 39009.66 | 64016.36 |  |  |
| 01 4 9 00 | 其他办公及业务用地 |  | 187376.13 | 182595.73 |  | 4370.90 |  | 409.50 | 409.50 |  | 182595.73 | 7096.70 | 39009.66 | 64016.36 |  |  |
| 01 5 | 市政公用设施用地 |  | 406778 | 406059 |  |  |  | 719 | 719 |  | 4060.59 | 9632 | 95918 | 84526.64 |  |  |
| 01 5 1 00 | 供应设施用地 |  | 150028.14 | 150028.14 |  |  |  |  |  |  | 1500028.14 | 9632 | 75735 | 79354.64 |  |  |
| 01 5 3 00 | 环境卫生设施用地 |  | 253891.19 | 253172.19 |  |  |  | 719 | 719 |  | 253172.19 |  | 20183 | 5172 |  |  |
| 01 5 9 00 | 其他市政公用设施用地 |  | 2858.67 | 2858.67 |  |  |  |  |  |  | 2858.67 |  |  |  |  |  |
| 01 6 | 生活服务设施用地 |  | 2767989.62 | 2605889.45 | 8827.40 | 99690.12 |  | 53582.65 | 53582.65 |  | 2605889.45 |  | 811978.403 | 1772006.08 |  |  |
| 01 6 1 | 居住用地 |  | 1914642.06 | 1785072.44 |  | 98109.82 |  | 31459.80 | 31459.80 |  | 1785072.44 |  | 699990.803 | 1545058.41 |  |  |
| 01 6 1 02 | 职工及单宿舍用地 |  | 1850311.37 | 1720741.75 |  | 98109.82 |  | 31459.80 | 31459.80 |  | 1720741.75 |  | 6999908.03 | 1545058.41 |  |  |
| 01 6 1 99 | 其他居住用地 |  | 64330.69 | 64330.69 |  |  |  |  |  |  | 64330.69 |  |  |  |  |  |
| 01 6 2 | 公共服务设施用地 |  | 853347.56 | 820817.01 | 8827.40 | 1580.30 |  | 22122.85 | 22122.85 | 820817.01 |  | 111987.60 | 226947.67 |  |  |  |
| 01 6 2 02 | 商业用地 |  | 75614.08 | 58780.38 | 8827.40 |  |  | 8006.30 | 8006.30 |  | 58780.38 |  | 3416 | 874.50 |  |  |
| 01 6 2 03 | 服务业用地 |  | 346079.11 | 336269.55 |  | 1580.30 |  | 8229.26 | 8229.26 |  | 336269.55 |  | 26772.20 | 6367.57 |  |  |
| 01 6 2 04 | 旅馆业用地 |  | 30182.59 | 24551.30 |  |  |  | 5631.29 | 5631.29 |  | 24551.30 |  | 5017.40 | 170345.60 |  |  |
| 01 6 2 05 | 娱乐用地 |  | 94440.76 | 94184.76 |  |  |  | 256 | 256 |  | 94184.76 |  |  |  |  |  |
| 01 6 2 99 | 其它公共服务用地 |  | 307031.02 | 307031.02 |  |  |  |  |  |  | 307031.02 |  | 76782 | 49360 |  |  |
| 01 8 | 其他用地 |  | 1034025.93 | 777341.71 |  | 14697 |  | 58543.25 | 58543.25 | 183443.97 | 792038.71 | 251773.78 | 48820.63 | 190392.03 |  |  |
| 01 8 1 00 | 仓储用地 |  | 623194.87 | 570629.04 |  | 14697 |  | 37868.83 | 37868.83 |  | 585326.04 | 121434.78 | 34744.33 | 35460.52 |  |  |
| 01 8 3 00 | 录　地 |  | 75586.72 | 54912.30 |  |  |  | 20674.42 | 20674.42 |  | 54912.30 |  | 14076.30 | 147888.22 |  |  |
| 01 8 9 00 | 其它用地 |  | 335244.34 | 151800.37 |  |  |  |  |  | 183443.97 | 151800.37 | 130339 |  | 7043.29 |  |  |

# 1990年莱钢抗震普查建筑物综合分析表

| 建筑面积项目 | 单位类别 | 总计 | 莱矿 | 石灰石矿 | 焦化厂 | 一铁 | 二铁 | 特钢 | 炼钢 | 轧钢 | 机修厂 | 动力部 | 运输部 | 汽运公司 | 锻压厂 | 冶炼厂 | 计控室 | 技工学校 | 医院 | 商业公司 | 针织厂 | 开发公司 | 设备管理处 | 机动处 | 供销处 | 生活服务公司 | 印刷厂 | 建安公司 |
|---|---|---|---|---|---|---|---|---|---|---|---|---|---|---|---|---|---|---|---|---|---|---|---|---|---|---|---|---|
| 现有总数 | 栋数 | 4288 | 791 | 145 | 325 | 201 | 165 | 564 | 92 | 54 | 284 | 230 | 278 | 79 | 81 | 45 | 18 | 60 | 42 | 62 | 61 | 57 | 26 | 4 | 90 | 331 | 1 | 202 |
| | 建筑面积 | 1708125.87 | 248016.69 | 44309.32 | 64412.59 | 78148.35 | 81549.60 | 229045.82 | 50318.17 | 54023.76 | 1111.19 | 94386.49 | 11771.62 | 32923.77 | 47005.58 | 26000.23 | 6266.99 | 11784.66 | 34500 | 11731.89 | 19756.73 | 11693.70 | 7726.60 | 2449.06 | 29819.91 | 268568.86 | 1157.76 | 88640.32 |
| | 占总数% | | 14.52 | 2.59 | 3.77 | 4.58 | 4.77 | 13.41 | 2.95 | 3.16 | 6.51 | 4.35 | 3.91 | 1.93 | 2.75 | 1.52 | 6.37 | 0.69 | 2.02 | 1.04 | 1.16 | 0.68 | 0.45 | 0.14 | 1.75 | 15.72 | 0.07 | 5.19 |
| 符合要求 | 栋数 | 104 | 2 | 26 | | 6 | 12 | 2 | | 13 | 14 | 4 | | | 2 | | | | 1 | | 1 | | | 1 | | 7 | | 13 |
| | 建筑面积 | 75102.05 | 5905.84 | 21961.09 | | 3149.92 | 9535.44 | 2545.78 | | 3907.63 | 5082 | 3569.1 | | | 2016.89 | | | | 1356 | | 1750 | | | 117.76 | | 6485.22 | | 7719.38 |
| | 占总数% | 4.39 | 2.38 | 49.56 | | 4.03 | 11.69 | 1.11 | | 7.23 | 4.57 | 4.80 | | | 4.30 | | | | 3.93 | | 8.86 | | | 4.81 | | 2.42 | | 8.71 |
| 勿需加固 | 栋数 | 1586 | 566 | 35 | 35 | 58 | 37 | 167 | 26 | 5 | 25 | 80 | 139 | 5 | 50 | 14 | 7 | 23 | 12 | 8 | 8 | 18 | 8 | 1 | 27 | 161 | | 71 |
| | 建筑面积 | 347092.83 | 105079.99 | 2828.90 | 2258.37 | 17715.89 | 8481.40 | 23119.48 | 1866.80 | 342.83 | 2677 | 15859.61 | 18636.66 | 1247.38 | 13008.67 | 2380.90 | 1295.79 | 3328.53 | 2075 | 1028.65 | 776.17 | 1767.43 | 2155.23 | 939 | 8803.79 | 94411.95 | | 15007.41 |
| | 占总数% | 20.32 | 42.37 | 6.39 | 3.51 | 22.67 | 10.40 | 10.09 | 3.71 | 0.63 | 2.41 | 21.32 | 27.91 | 3.79 | 27.67 | 9.16 | 20.68 | 28.25 | 6.01 | 5.80 | 3.93 | 15.11 | 27.90 | 38.34 | 29.52 | 35.15 | | 16.93 |
| 需要加固 | 栋数 | 1585 | 118 | 68 | 259 | 50 | 99 | 208 | 63 | 29 | 143 | 88 | 59 | 44 | 15 | 27 | 6 | 3 | 23 | 22 | 18 | 9 | 9 | 1 | 31 | 113 | 1 | 79 |
| | 建筑面积 | 1056736.62 | 115717.43 | 16367.33 | 52843.70 | 38703.34 | 60882.51 | 161790.90 | 47814.71 | 46074.45 | 78658 | 43233.53 | 35299.07 | 25797.79 | 26758.44 | 20530.13 | 4717.98 | 2704.70 | 29390 | 11469.64 | 10921.59 | 3575.43 | 2973.5 | 1266.7 | 13564.48 | 147275.89 | 1157.76 | 57037.62 |
| | 占总数% | 61.87 | 46.66 | 36.94 | 82.04 | 49.53 | 74.66 | 70.64 | 95.02 | 85.28 | 70.97 | 58.12 | 52.87 | 78.36 | 56.93 | 78.96 | 75.28 | 22.95 | 85.19 | 64.69 | 55.33 | 30.58 | 38.48 | 51.72 | 45.49 | 54.84 | 100 | 64.35 |
| 无加固价值 | 栋数 | 1013 | 105 | 16 | 31 | 87 | 17 | 187 | 3 | 7 | 102 | 58 | 80 | 30 | 14 | 4 | 5 | 34 | 6 | 32 | 34 | 30 | 9 | 1 | 32 | 50 | | 39 |
| | 建筑面积 | 229194.37 | 21313.43 | 3152 | 9310.52 | 18519.20 | 2650.25 | 41589.66 | 636.66 | 3698.85 | 24502 | 11724.25 | 12835.89 | 5879.60 | 5221.58 | 3089.20 | 253.22 | 5751.43 | 1679 | 5233 | 6298.17 | 6349.84 | 2507.87 | 125.6 | 7451.64 | 20395.80 | | 8675.91 |
| | 占总数% | 13.42 | 8.59 | 7.11 | 14.45 | 23.77 | 3.25 | 18.16 | 1.27 | 6.84 | 22.05 | 15.76 | 19.22 | 17.85 | 11.10 | 11.85 | 4.04 | 48.80 | 4.87 | 29.51 | 31.88 | 54.31 | 33.62 | 5.13 | 24.99 | 7.59 | | 10.01 |

（抗震办）

# 16. 附　录

## 总厂领导出席省以上会议简介

**【李景常厂长出席全国冶金工作会议】** 1993年1月6日至8日，莱芜钢铁总厂厂长李景常出席了冶金部在北京召开的全国冶金工作会议。各省、市冶金厅局、钢铁企业的负责人参加了会议。江泽民总书记，李鹏总理，朱镕基、邹家华副总理对会议作了重要批示，冶金工业部部长戚元靖作了题为《在党的十四大精神指引下推进钢铁工业再上新台阶》的工作报告，冶金工业部副部长黎明在闭幕会上讲了话。

会议学习了中央四位领导同志的批示精神，讨论了戚元靖部长代表部党组所作的工作报告，回顾了改革开放以来钢铁工业发展的情况，分析了当前和今后钢铁工业面临的形势，研究了钢铁工业进一步加快改革开放步伐，在九十年代再上新台阶的基本任务和思路。与会人员经过讨论与交流，表示一定要按照四位领导同志提出的要求，全面贯彻党的十四大精神，进一步深化改革，推进技术进步，调整结构，提高质量，增进效益，不断增强企业活力，为国民经济发展做出新的贡献。

**【省人大代表王认清出席山东省七届六次人民代表大会】** 山东省第七届人民代表大会代表、莱钢总厂副厂长兼总工程师王认清，于1月6日至9日在济南出席山东省七届六次人民代表大会。会上，李景常厂长当选为第八届全国人大代表。王认清代表回厂后，于4月29日向职工代表传达了省八届人大会议精神。

**【王认清副厂长兼总工程师参加全省经济工作会议】** 1993年2月15日至17日，莱钢总厂副厂长兼总工程师王认清在济南参加了全省经济工作会议。会议的中心议题是传达贯彻全国经济工作会议精神，总结交流经验，研究进一步落实省委经济工作指导思想的政策措施，动员全省工交财贸战线广大干部职工，认清形势、努力工作、促进全省经济更好更快的发展。山东省省长赵志浩到会并做了重要讲话，强调要进一步解放思想，增强加快发展的紧迫感，抓好深化企业改革，扩大对外开放；大力推进技术进步，推进结构调整；做好支农工作和加强领导，提高驾驭市场经济能力等工作。勉力大家进一步发扬不怕困难、不甘落后，争创一流的精神，把各方面工作做的更好，推动我省经济更好更快地向前发展。

马世忠副省长在讲话中指出，1993年工交、财贸工作的指导思想是：以党的十四大精神为指针，解放思想、实事求是，大力发展社会主义大市场经济，加大改革开放力度，真抓实干，把经济工作切实转到优化结构，提高素质，增进效益的轨道上来。马世忠还对1993年的工作做了全面部署。

**【全国人大代表、厂长李景常出席八届全国人民代表大会】** 第八届全国人民代表大会代表、莱钢总厂厂长李景常，于3月10日至4月2日在京出席第八届全国人民代表大会第一次会议。李景常代表回厂后，于4月13日在工人文化宫向全厂千余名干部、工人代表传达了八届全国人大会议精神。

**【赵和德等4人出席省政协七届一次会议】** 七届省政协委员、莱钢党委统战部部长赵和德，七届省政协委员、莱钢钢研所副总工程师徐中和，七届省政协委员、莱芜铁矿技术科科长李云，七届省政协委员、炼钢厂技术科主任工程师马春云4人，于5月15日赴济南出席省政协第七届委员会第一次会议。会上，徐中和当选为第七届委员会常务委员。

**【李景常厂长、姜开文书记参加全省经济工作座谈会】** 5月20日至22日，莱钢总厂厂长李景常、党委书记姜开文参加了山东省委在济南召开全省经济工作座谈会。会上，省委书记姜春云传达了江泽民同志在华东六省一市经济工作座谈会上的重要讲话精神，并代表省委常委就如何搞好当前经济工作讲了重要意见。指出今年以来全省经济形势是好的，但也必须清醒地看到，在加速发展中出现了一些新的矛盾和问题。强调要把调整优化结构，作为整个经济持续发展的战略问题来抓；继续深化改革，务使城乡改革有新的突破；对外开放要迈出更大的步子，提倡发扬顾全大局的精神，各级党政领导要真正做到两手抓，两手硬。省委副书记、省长赵志浩介绍了到江苏考察学习的情况。

会议提出今年经济工作的指导思想是：积极、全面、正确地贯彻邓小平同志的重要讲话和党的十四大精神，认真落实党中央、国务院关于经济工作的一系列方针、政策、措施，解放思想、实事求是、振奋精神、知难而进，通过进一步深化改革、加快建设和完善社会主义市场经济体制，解决深层次的矛盾，确保整个国民经济高速高效正常健康地发展。

与会同志经过座谈，分析了我省当前的经济形势，交流了经验，统一了认识，进一步理清了当前经济工作的思路。

（丁志刚　侯祥银）

**【李名岷副书记参加全国国有企业党建工作座谈会】** 1993年9月21日至23日，莱钢总厂党委副书记李名岷作为企业代表出席了在北京召开的全国国有企业党的建设工作座谈会。会议主要议题是在加快建立社会主义市场经济体制的新形势下，如何适应贯彻落实国有工业企业转换经营机制条例，深化企业内部改革，进一步搞好国有大中型企业的要求，切实加强和改进企业的党建工作。

会议由中共中央组织部和中央政策研究室共同召集，中组部副部长赵宗鼐主持。来自全国各省、自治区、直辖市党委组织部的负责人，部分省、市委企业工委的负责人，部分国有大中型企业的党委书记、厂长（经理）以及中央国家机关有关部门的负责人近100人参加。山东省共有4人出席了本次会议。

会议结束前中共中央政治局常委、书记处书记胡锦涛与出席座谈会代表进行了座谈。胡锦涛听取代表发言之后作了重要讲话。中共中央政治局委员、书记处书记尉健行以及吕枫、王维澄、陈清泰、刘志峰等有关部门负责同志出席座谈会。

（组织部）

**【王认清副厂长兼总工程师参加冶金部地方钢铁工业结构优化研讨会】** 1993年9月25日至27日，冶金部地方钢铁工业结构优化研讨会在浙江省建德市召开。部分省、市冶金厅局和地方骨干钢铁企业的负责人共60多名代表参加了会议。会议由冶金部经济发展研究中心主任刘勇昌主持，冶金部副部长段瑞钰作了题为《关于钢铁工业结构优化的战略思考》的讲话。

这次会议的主要议题是：从行业管理的角

度，就优化结构问题进行深入研讨，以促进钢铁工业健康发展。与会代表经过深入研讨，一致认为：结构问题是钢铁工业的基础性问题，在市场经济体制下，特别是“复关”后，企业竞争能力的强弱取决于结构优化的程度，企业的兴衰成败也取决于结构的优劣，优化结构势在必行。

莱芜钢铁总厂副厂长兼总工程师王认清参加了会议，并作了题为《优化结构，势在必行》的发言。发言从钢铁工业发展的战略角度，分析了优化结构的必要性和迫切性，并结合莱钢的工作实际，提出了优化产品结构，适应市场需要；优化工艺技术结构，提高技术装备水平等结构优化的思路与途径。

**【省六次党代会代表姜开文等3人出席山东省第六次党代大会】** 省六次党代会代表姜开文、顾兰芳、钟其昌等3人，于11月19日至26日在济南出席中国共产党山东省第六次代表大会。李景常厂长作为第五届省委委员列席会议。会上，总厂党委书记姜开文当选为中共山东省第六届委员会候补委员。

（丁志刚　侯祥银）

## 省、部有关单位在莱钢召开会议简介

**【全国地方骨干钢铁企业政策信息调研网成立大会在莱钢召开】** 1993年6月17日至19日，全国地方骨干钢铁企业政策信息调研网成立大会在莱钢召开。安阳钢铁公司、邯郸钢铁总厂、济南钢铁总厂、新余钢铁总厂、邢台钢铁厂、青岛钢铁总公司、通化钢铁公司、凌源钢铁公司、兰州钢铁（集团）公司、新疆钢铁公司、合肥钢铁公司、江阴钢绳厂、莱芜钢铁总厂等13个单位的19名代表参加了会议。

这次会议的中心内容是成立全国地方骨干钢铁企业政策信息调研网，讨论通过网的《章程》，并座谈讨论地方钢铁企业走向市场面临的问题及对策。

会议由莱钢总厂调查研究室主任薛克治主持。莱钢总厂副厂长李庆代表莱钢党政领导和全体职工向大会祝贺，薛克治主任代表建网筹备单位莱钢和邢钢汇报了会议筹备工作情况，冶金部政策法规司政研处处长李沛林到会，并就地方骨干钢铁企业在新形势下加强企业政策信息调研工作作了重要讲话。

会议经过充分酝酿讨论，一致通过了《全国地方骨干钢铁企业政策信息调研网章程》，并选举莱钢、邢钢为首届地方骨干钢铁企业政策信息调研网网长单位。与会代表还就地方钢铁企业在建立和发展社会主义市场经济过程中，取得的经验和存在的问题进行了广泛深入的讨论与研究。

会议期间，代表还参观了莱钢新建750立方米高炉、500毫米热带和连铸车间。

全国地方骨干钢铁企业政策信息调研网的成立，在网员单位之间架起了一座相互联系桥梁，为进一步推动地方钢铁企业的信息调研工作和企业的发展打下了基础。

（侯祥银）

**【全国冶金系统大中型企业干部岗位培训制度研究课题研讨会在莱钢召开】** 冶金部人事司于1993年8月26日至30日在莱钢召开了冶金系统大中型企业干部岗位培训制度研究课题研讨会。这次研讨会，一是研究课题的进展情况；二是检查阶段研究成果，交流经验；三是讨论今后如何深入研究。参加这次会议的有承担课题研究任务的大中型企业、4所冶金管理干部学院的课题组成员、专家学者共计36人。会议收到综合报告7份、专题报告5份、论文10篇。

会上，莱钢总厂副厂长宋兰祥、中国岗位培训制度研究总课题综合组副组长华建宁、冶金部人事司刘世武处长分别讲了话。

宋副厂长全面介绍了莱钢的发展过程，特别是改革开放以来所取得的长足进步，以及在干部培训方面所取得的成绩和经验。

华副组长在讲话中肯定了冶金系统课题研究工作所取得的成绩，并对下一阶段工作提出了具体要求。

刘世武处长就冶金系统干部岗位培训工作和课题研究工作做了全面的回顾和展望。并指出，近几年来冶金部为企业制定和试行了《冶金企业干部岗位规范》；编写了大量干部岗位培训教材；制定和实施了干部岗位培训制度；建立和扩大了干部培训基地；干部教育的理论研究也取得了一定的进展。由于狠抓了以上几项基本建设，冶金系统干部岗位培训工作有了较快的发展。这对提高企业干部的素质，提高企业的劳动生产率，提高企业的经济效益都发挥了一定的作用。

会议进行了大会交流。鞍钢、武钢、莱钢、宝钢、攀钢、太钢、长城特钢和五冶等8个单位在大会上发了言，他们就本单位承担的课题研究工作分别介绍了情况。有的是岗位培训工作的现状和趋势走向；有的是岗位培训制度建立的必要性和可行性；有的是岗位培训制度的内容；有的是岗位培训制度的实施等等。各单位研究的问题都有一定的深度和广度。

经过讨论，大家一致认为：干部岗位培训制度研究，是一项具有长远历史意义和深刻现实意义的工作，是利在当今，功在长远的大事。这项研究工作，对于冶金企业适应社会主义市场经济的要求和将来与国际市场接轨都是极为重要的。

（职工培训处）

**【中国老年大学协会企业校委员会成立大会在莱钢召开】** 中国老年大学协会企业校委员会成立大会于1993年10月11日至13日在山东莱钢召开。

出席这次代表大会的有：宝山钢铁（集团）公司、鞍山钢铁公司、武汉钢铁公司、太原钢铁公司、本溪钢铁公司、莱芜钢铁总厂、大庆石油管理局、胜利石油管理局、江汉石油管理局、广州铁路集团公司、柳州铁路局、第一汽车集团公司、东风汽车公司、中国第二重型机械集团公司、成都发动机公司、上海石化总厂、上海梅山冶金厂、株州南方动力机械公司、山西铝厂、齐鲁石化总厂、南京晨光机械厂、山西经纬纺织机械厂、株州冶炼厂、第十三冶金建设公司、枣庄矿务局、杭州钱江啤酒集团公司、济南铁路局等34个单位56名代表参加大会。

全国老龄委副主任、中国老年大学协会常务副会长张亚群和秘书长刘平生等领导同志到会指导。《老年学习生活》杂志社主编张弛、副主编王杰、山东老年大学副校长田焕美、杭州老年大学常务副校长马志华等同志应邀出席了会议。

莱钢总厂党委书记姜开文向大会致欢迎词，总厂副厂长兼总工程师王认清向代表介绍了莱钢生产、经营、发展情况，总厂副厂长宋兰祥主持了大会。

大会听取了大会筹委会的工作报告，讨论审议通过了《企业校委员会工作条例》、《企业校委员会1993～1994工作安排计划》、《企业校委员会条件及产生办法》，选举产生了委员会主任、副主任、秘书长、副秘书长。主任是东风汽车公司党委副书记张旭东，副主任是莱钢总厂党委副书记李名岷、柳州铁路局副局长叶春华、二重机械集团公司党委副书记安桂芳、宝山钢铁（集团）公司党委副书记关壮民、大庆石油管理局党委副书记徐绍铭、太原钢铁公司副经理陈春远。秘书长夏国雄，副秘书长谢瑞建、张子成、安一鸣、侯吉明、王守文、蔡葆晨。

企业校委员会是中国老年大学协会成立的第一个专业委员会，发挥了先导作用，充分发挥企业的优势，将为加速发展企业老年大学、加速发展中国老年教育事业作出贡献。

（谢瑞建）

**【全国地方钢铁企业宏观管理信息（简称冶金部**

**3 号软件）推广座谈会在莱钢召开】** 冶金部 3 号软件推广座谈会于 1993 年 11 月 22 日在莱钢召开，冶金部原中小办主任、中国冶金企业管理协会副秘书长胡景泰、高级统计师赵镜蓉及全国 56 家地方骨干钢铁企业的 73 名代表参加了会议。

受冶金部委托，莱钢独立承担了 3 号软件的程序设计、指标体系及表式设计、计算方法及指标目录的编写工作。研制推广 3 号软件是为地方骨干企业的厂长（经理）提供全国同类企业的统计资料，为加强企业宏观管理和经营决策提供综合信息，以推进全国地方骨干钢铁企业的发展。

3 号软件主要包括 14 个方面，即：工业产值、生产销售库存、经济效益、资金占用、投资建设、设备拥有、出口进口、人员配备、技术进步、企业管理、人员效率、资金效率、设备效率、吨钢（铁）综合指标。这套资料的数据全部运用微机处理和传输，具有现代化程度高、反馈及时、各项指标均有排序等特点。3 号软件的研制与推广对于加强地方骨干钢铁企业之间的联系，促进企业之间的相互学习以及各企业领导的经营决策都将发挥重要作用。

总厂副厂长亓儒柱出席了会议，并向与会代表介绍了莱钢生产经营及改扩建情况。

这次会议对 3 号软件的推广应用作了具体安排。

（卢[illegible]昌）